编辑委员会

（按姓氏拼音排序）

浙江省援疆指挥部
浙江海洋大学学术著作出版基金　　　　　资助
阿克苏教育学院学术著作出版基金
新疆维吾尔自治区 2016 年双语教育研究项目（重大课题）
"'互联网+'背景下双语智力援疆体制创新研究"（SY2016114）

援疆梦 浙阿情

——双语援疆在路上

黄洁清　张淑萍　等 ◎著

YUANJIANG MENG ZHE A QING

SHUANGYU YUANJIANG ZAI LUSHANG

ZHEJIANG UNIVERSITY PRESS
浙江大学出版社

图书在版编目(CIP)数据

援疆梦 浙阿情：双语援疆在路上 / 黄洁清
等著. —杭州：浙江大学出版社,2020.12
ISBN 978-7-308-20759-1

Ⅰ.①援… Ⅱ.①黄… Ⅲ.①汉语—少数民族教育—
青年教师—师资培训—概况—阿克苏地区 Ⅳ.①H19

中国版本图书馆 CIP 数据核字(2020)第 221702 号

援疆梦　浙阿情

——双语援疆在路上

黄洁清　张淑萍　等著

策划编辑	吴伟伟 weiweiwu@zju.edu.cn
责任编辑	陈　翩
责任校对	丁沛岚　袁朝阳
封面设计	春天书装
出版发行	浙江大学出版社
	（杭州市天目山路 148 号　邮政编码 310007）
	（网址：http://www.zjupress.com）
排　　版	浙江时代出版服务有限公司
印　　刷	广东虎彩云印刷有限公司绍兴分公司
开　　本	710mm×1000mm　1/16
印　　张	36
字　　数	590 千
版 印 次	2020 年 12 月第 1 版　2020 年 12 月第 1 次印刷
书　　号	ISBN 978-7-308-20759-1
定　　价	108.00 元

致　谢

　　"千淘万漉虽辛苦,吹尽狂沙始到金。"这本凝聚双语援疆教师们智慧心血和幸福汗水的《援疆梦　浙阿情——双语援疆在路上》终于付梓了!

　　首先,要感谢省援疆指挥部领导、浙江省教育厅领导、阿克苏教育学院领导、浙江双语支教团领导、浙江海洋大学领导,你们的关心和关注让双语援疆教师们的智慧财富得以完美呈现,让这种可复制、可推广的精准传帮带模式得以延续。你们卓有成效的顶层设计催生了他们的精准帮扶;你们的率先垂范让他们的援疆之行有了浓墨重彩的一笔;你们的关心关爱让他们的工作充满温情!

　　其次,要感谢参与帮扶的双语援疆教师们。在你们身上有一种力量,叫援疆,就如"天山雪莲根连根,浙阿人民心连心",总能让人热泪盈眶;在你们身上有一种精神,叫援疆,就如"精准发力传帮带,厚德载物助成长",总能让人激情飞扬;在你们身上有一种幸福,叫援疆,就如"春风化雨润边疆,真心实意融心房",总能让人充满温暖的力量!"为什么我的眼里常含泪水,因为我对这土地爱得深沉!"正因为心怀这种大爱,你们将聪明才智展示得淋漓尽致,让双语教育教师培训之花开遍阿克苏的每个角落!

　　最后,要感谢每一位辛勤的编委会成员。你们的辛勤付出让本书揭下神秘的面纱,露出了娇媚的容颜! 也是你们的不辞劳苦,字斟句酌,才让本书变得更加清丽!

序

按照党中央的部署和要求,浙江省对口支援新疆的结对关系由原先的和田地区调整为阿克苏地区(包括 1 市 8 县)和新疆生产建设兵团第一师阿拉尔市。浙江省教育厅、省援疆指挥部等有关部门于 2010 年赴阿克苏实地调研,在充分论证的基础上,启动实施"浙江省援助阿克苏地区 35 岁以下少数民族双语教师培训项目",投入硬件设施 1.79 亿元,7 年时间(2010—2017 年)共派出 317 名援疆教师,完成对 5072 名阿克苏地区尚不具备双语教学能力的初中、小学教师的培训任务,通过双语培训全面带动阿克苏教育事业全面发展。

当时,国家在教育方面对新疆阿克苏地区的双语合格情况有特殊的要求,教师必须通过少数民族汉语水平等级考试。现在,阿克苏要求幼儿园三年教育和小学起始年级必须用国家通用语言文字教学。浙江双语援疆项目在 2010 年就启动,具有前瞻性。

培训初期资源极其匮乏,没有可供借鉴的模式,参训教师集思广益,寻方探策,走出了一条"抓关键、大集中、全脱产"的浙江双语教师培训的援疆路。之后的双语培训提升计划不仅不能削弱力量,反而更要加大力度。

在各级领导关怀支持下,阿克苏教育学院浙江双语结对工作室于 2014 年正式成立。作为浙江省援疆指挥部试点工作室之一,其宗旨就是充分发挥援疆教师的自身优势,秉承"培训一批永远带不走的队伍"的工作理念,力求实现从"输血"向"造血"的转型,大力推进师徒结对、工作室建立、精准帮扶等工作。随着工作的不断推进,工作内涵不断提升,工作特色逐步彰显,工作成果日益显现,对参与培训的教师及阿克苏教育学院青年教师的专业成长起到了很好的助推作用。工作室成立 3 年来,启动了 3 批结对工作,共 72 名援疆支教教师与阿克苏教育学院的 111 名青年教师结对,起到了很好的传帮带作用。

　　在各级领导高度关注和全力支持下，在全体工作室成员努力下，工作室成员砥砺前行，积极探索，大胆尝试，倾情奉献，探索出了具有可操作性的模式。为总结经验，推广可复制的、创新性的工作机制和模式，推广有成效的做法和理念，现将结对工作室的成果整理成册并出版，旨在交流工作模式、巩固创新成果、优化操作方法，为今后更好地开展双语教师培训工作提供参考和借鉴。

目　录

上　篇

万里长征第一步
——浙江援阿双语教师培训之探索

中 篇

智力援疆在路上

——浙江援阿双语教师培训之践行

下　篇

教育援疆"浙江模式"

—— 浙江双语支教团结对导师成果汇编

上 篇

万里长征第一步
——浙江援阿双语教师培训之探索

第一章 浙江智力援疆与阿克苏教育学院 浙江双语结对工作室

第一节 浙江智力援疆概述

一、浙江智力援疆的背景

2010年3月30日，全国对口支援新疆工作会议在北京闭幕，会议传递出党中央通过推进新一轮对口援疆工作加快新疆跨越式发展的信号，新疆维吾尔自治区的80余个县，将获得来自19个省（直辖市）的对口支援。中央将浙江省对口支援新疆的结对关系由原先的和田地区调整为阿克苏地区（1市8县）和新疆生产建设兵团第一师阿拉尔市。

党中央特别指出：对口援疆工作中，要以人才援助为支点，着力增强智力支持，用心援疆，用情援疆，用智援疆。浙江省是我国东部教育发达省份，阿克苏是西部教育相对落后地区，二者在援建过程中如何实现有效对接？浙江省通过援疆教师支教，让浙江先进的教育经验和理念在阿克苏落地生根。援疆工作既要"输血"，更要"造血"，只有援疆一批人才、带出一批人才，才能打造一支永远带不走的队伍。对口援助工作如何从"输血"向"造血"转变，是值得我们思考和实践的课题。

对口援疆是党中央、国务院交给浙江的一项重大政治任务，也是我们应尽的政治责任。浙江省教育厅、省援疆指挥部等有关部门在2010年赴阿克苏实地调研、充分论证基础上，启动实施"浙江省援助阿克苏地区35岁以下少数民族双语教师培训项目"，计划在2010—2017年完成5072名阿克苏地区尚不具备双语教学能力的初中、小学教师的培训任务。然而，当浙江确定对阿克苏地区和兵团一师35岁以下5072名少数民族教师进行双语培训时,有一个严峻的现实摆在大家面前:这里的学员起点低、基础差,国家通用语言词汇量和口语水平普遍相当于内地小学一、二年级的水平,开展双语教学更是无从谈起。时任浙江省教育厅厅长刘希平指出:"教师问题不解决,全面提高阿克苏教育水平就没有基础,而抓好青年教师队伍建设又是其中的关键和根本。我们要将双语教师培训作为教育援疆的重中之重。"在深入调研的基础上,浙江决定从2010年起投入援疆资金1.79亿元,分别在阿克苏地区本级和库车县全额援建两个双语教师培训中心,同时每年增派120名援疆支教教师组成浙江双语培训支教团开展培训,计划用7年时间对5072名少数民族教师集中开展大规模的双语培训。刘希平在不同场合反复强调,双语培训现成的路没有,我们要努力走出一条独具特色的"浙江路"。按照"抓关键、大集中、全脱产"的师资培训路子,浙江积极探索双语师资培训的新模式。针对阿克苏地区和兵团一师35岁以下少数民族教师国家通用语言基础较差的实际情况,采取为期2年的全脱产培训,确保少数民族教师能用双语教学;以两个教师培训中心为主阵地,分6期对少数民族教师集中开展就近全覆盖的系统培训,整个培训计划做到统一学员管理、统一培训标准、统一评价体系、统一结业考核;在具体教学中,采用分层建班和分类建班教学,即第一学年进行国家通用语言基础强化学习和训练,第二学年采用专业建班教学,强化专业知识,加强教学技能训练。2010年以来,浙江省选派了6批共计317名双语培训援疆教师,其中70%在阿克苏教育学院支教,30%在库车支教。2017年5月,完成最后一批双语教师培训项目的收尾工作。

2014年以来,浙江人才援疆开创了"结对交流带动、项目带人才、人才带团队"的援疆人才传帮带工作室机制,每名援疆干部明确一个或多个重点帮扶对象,开展一对一、一对多辅导,推进交往、交流、交融。从"智力输血"转向"智力造血"、从"人才顶岗"转向"人才帮带",人才援疆正在升级。仅2014年,浙江省市共投入援疆资金1000余万元(其中计划外资金200余万元),专项支持援疆人才传帮带工作,共在阿克苏地区和兵团一师建设试点援疆人才传帮带工作室24个,实现了地区和各市(县)援疆人才传帮带工作室全覆盖。以援疆人才传帮带工作室为载体,所有援疆人才先后与当地人才签订帮带协议书,建立帮带关系,合力推进当地教育服务能力提升和人才队伍建设。通过一年的结对帮带,提高了本地教师的业务水平,一批帮带对象在全国和自治区大赛中获奖。通过实施援疆人才传帮带这种针对性、实用性强的项目，当地人才队伍结构不断优化，人才整体水平得到提升。

2014 年，阿克苏教育学院首批确定 26 位双语援疆教师结对培养 51 位阿克苏教育学院青年教师，其中汉族教师 30 人，少数民族教师 21 人，少数民族教师占 41%。2015 年 5 月，第二批确定 20 位双语援疆教师结对 34 名阿克苏教育学院青年教师，其中汉族教师 13 人，少数民族教师 21 人，少数民族教师占 62%。2016 年 9 月，第三批结对工作启动。时任浙江省援疆指挥部指挥长、党委书记，阿克苏地委副书记徐纪平对援疆结对的"浙江模式"评价道："双语师资培训本是浙江省教育厅的一个'自选动作'，如今却成了援疆尤其是教育援疆的一个重点和亮点，浙江坚持'抓关键、大集中、全脱产'，为当地培养带不走的高水平双语师资。在双语培训中，'浙江模式'是一个创造性、可复制的模式，可以说是又好又快，浙江双语师资培训是一项着眼长远的基础工程、战略工程、希望工程和种子工程，功在当代，利在千秋。"浙江省援疆指挥部人才组组长、阿克苏地区教育局副局长张华良说："我们的目标是要为当地培养一支带不走的高水平师资队伍，为阿克苏教育的内涵发展打下坚实的基础。"

二、浙江智力援疆的意义

（一）双语教学的意义

2004 年，新疆维吾尔自治区党委、人民政府印发《关于大力推进"双语"教学工作的决定》，提出了实施双语教育的方针，对双语教育提出全面要求，并将其纳入各级党委和人民政府的主要工作议程，这是具有里程碑意义的文件。2005 年，自治区党委办公厅、人民政府办公厅印发《关于加强少数民族学前"双语"教育的意见》，把双语教育的范围扩大到学前教育，强调双语教育从小抓起，从教师抓起。2008 年，自治区党委办公厅、人民政府办公厅印发《关于进一步加强少数民族学前和中小学"双语"教育的意见》，进一步完善了实施双语教育的政策措施。

双语教育即通过国家通用语言文字（汉语）来学习中华民族文化、国家主流文化、现代科技文化，使少数民族学生能够面向全国、面向世界、面向未来，获得更大发展。在双语教育课程体系中，明确规定了用汉语授课的课程和用少数民族语授课的课程,通过双语课程体系来培养学生的综合素质和双语能力,达到民汉兼通的培养目标。

浙江智力援疆中的双语教学是汉语和少数民族语言之间的教学和交流,它的目的和意义就不仅仅表现在文化交流方面,更多的是增强少数民族民众对祖国的认同感,为少数民族的人才发展建立更高层次的平台,更深远的意义是有利于全国各民族人民的大团结,有利于国家的稳定昌盛。

(二)网络帮带平台的意义

第一,网络帮带平台的情报价值。网络帮带平台是一个数字化的动态情报平台,它有助于援疆工作通览全局,少走弯路,做出正确的判断和决策;同时,无论是教育援疆还是项目援疆,都能从该平台获得有用信息。

第二,网络帮带平台的史料价值。网络帮带平台的所有数据和信息反映了援疆工作的不同侧面,内容翔实且连续性强,具有较高的史料价值。

第三,网络帮带平台的文化价值。我国援疆事业源远流长,网络帮带平台完整记载了浙江省援疆工作的点点滴滴,以及帮带工作的具体操作方法和步骤,是"浙江模式"在援疆工作中的重要体现,具有一定的文化价值。

在援疆工作中,帮带平台将推动援疆工作由传统的援疆模式(费人力、费财力、费物力)向数字援疆模式转型,打造一支真正带不走的援疆队伍。

第二节   浙江智力援疆的重要试点:
阿克苏教育学院浙江双语结对工作室

一、阿克苏教育学院浙江双语结对工作室简介

(一)结对活动总体目标

以浙江省援疆指挥部"智力援疆"方针为抓手,以浙江省双语支教团优秀师资为配置资源,以资源共享、互助互动、优势互补为途径,以相互促进、共同提高、优质办学为目的,开展帮带交流活动,全面提升青年教师素

质,促进青年教师专业成长,为阿克苏教育学院的快速发展打好坚实的基础。

(二)工作制度建设情况

阿克苏教育学院于 2014 年 4 月专门制定《阿克苏教育学院浙江双语教师与教育学院青年教师结对培养实施办法(试行)》(阿教院行发〔2014〕18号),制作《阿克苏教育学院青年教师结对培养档案袋》《阿克苏教育学院青年教师结对培养手册》等管理文档,并制订结对培养工作总体计划,保障结对指导工作的计划性、针对性和有效性。

成立结对工作小组,由浙江双语教师培训支教团①团长金祖庆和教科研负责人马丽敏任组长,阿克苏教育学院教务处、政治处、督导处负责人等为组员。结对工作小组制订帮扶结对计划,落实帮扶结对措施。支教团与学院的联络事宜、各项活动的组织安排由马丽敏具体负责。

(三)团队建设情况

浙江双语教师与阿克苏教育学院青年教师的结对培养工作以文件形式加以明确,2014 年由 26 名浙江双语教师(均为高级职称)结对 51 名学院青年教师。

工作室传帮带工作的具体目标是:努力加快阿克苏教育学院青年教师成长,充分利用支教团教学师资,为学院留下一支永远带不走的队伍。

工作室每年选聘部分在疆骨干双语教师,对学院青年教师进行为期1 年的结对培养。考虑到结对双方语言交流、学科背景、专业特长等具体情况,在初期结对基础上进行必要的人员调整。

二、阿克苏教育学院浙江双语结对工作室成立文件

关于确定首批浙江省援疆人才传帮带试点工作室的通知
(浙援疆指〔2014〕28 号)

各市援疆指挥部:

---

① 后文中提到的"浙江双语支教团""浙江双语培训支教团""支教团"等,均指浙江双语教师培训支教团。

　　《关于组织推荐 2014 年度浙江省援疆人才传帮带试点工作室的通知》
（浙援疆指〔2014〕15 号）下发后,各地高度重视,结合本地实际认真组织了
试点工作室的推荐。经研究,现确定阿克苏教育学院双语教师结对工作室
等 13 个援疆人才传帮带工作室为首批浙江省援疆人才试点工作室(名单
附后)。

　　援疆人才传帮带工作是智力援疆的重要内容和抓手,开展援疆人才传
帮带试点工作室建设对于充分发挥援疆人才帮带提升本地人才作用,有效
帮助本地人才进一步解放思想、更新观念,提升工作能力和业务水平,增强
维护社会稳定、服务长治久安的本领,打造一支带不走的爱国爱疆、团结融
合的人才队伍,具有十分重要的意义。各地、各单位要高度重视,切实加强
对援疆人才试点工作室的领导和支持,积极探索、精心实施,及时总结提炼
工作经验,认真研究解决困难问题,确保试点工作顺利开展并取得实效。省
援疆指挥部、地委组织部、一师阿拉尔市党委组织部将加强对试点工作的指
导,适时开展检查评估工作。

　　附件:首批浙江省援疆人才传帮带试点工作室名单

　　　　　　　　　　浙江省对口支援新疆阿克苏地区指挥部

　　　　　　　　　　　　2014 年 10 月 27 日

　　附件

首批浙江省援疆人才传帮带试点工作室名单

阿克苏教育学院双语教师结对工作室

阿克苏职业技术学院援疆教师传帮带工作室

阿克苏地区妇幼保健院浙江援疆医师帮带提升工作室

阿克苏市高级中学杭阿共建青蓝工作室——高中数学

库车县第二中学镇海中学名师工作室

沙雅县人民医院红船领航·杏林之家工作室

新和县人民医院援疆人才传帮带工作室

拜城县人民医院温州援疆医疗队工作室

温宿县人民医院金华援助温宿卫生培训中心传帮带工作室

阿瓦提县人民医院浙江援疆人才传帮带工作室

乌什县人民医院手牵手工作室

柯坪县人民医院南太湖杏林工作室

第一师阿拉尔市人民医院台州市援疆人才传帮带工作室

三、阿克苏教育学院浙江双语结对工作室相关管理文件

（一）《关于下发〈阿克苏教育学院浙江双语教师与教育学院青年教师结对培养实施办法（试行）〉的通知》

各办、处、室：

为加快阿克苏教育学院青年教师成长，充分利用浙江支教团教学师资，为学院留下一支永远带不走的队伍，学院决定开展青年教师结对培养活动，具体要求如下：

一、结对培养对象

具有以下情况之一，年龄在 35 周岁及以下者，作为结对培养对象：

1. 新聘任的教学一线教师；

2. 高校教学工作经历不足 3 年的教师；

3. 学院认为有必要接受结对培养的其他教师。

二、培养对象基本要求

1. 树立正确的世界观、人生观、价值观和先进的教育教学理念，忠诚于党的教育事业，遵守教师职业道德和行为规范要求，遵守学校规章制度，认真履行教书育人职责。

2. 积极参加教研活动，虚心向结对指导教师和其他教师学习，尽快掌握各教学环节基本要求和方法，了解教学管理和运行的规章制度，明确人才培养的目标、规格要求和学校办学定位，掌握教学计划的基本结构、课程构成等。

3. 完成结对指导教师指定的学习任务，跟听指导教师讲授的课程（每月不少于 4 课时），并参加与课程相关的辅导答疑、批改作业及其他教学相关工作，每学期参与学科教学研讨不少于 1 次、撰写教学反思或体会不少于 1 篇。

4. 每学期至少准备 6 节课接受结对教师指导。课前与结对指导教师沟通教学内容、要点及主要教学方法，按结对教师要求认真备课、撰写教案及

制作多媒体课件,课后听取结对教师指导意见。

5.结对指导期满,按要求提交相关材料,接受考核。

三、结对指导教师选聘条件及职责

1.担任学院结对指导教师应具备以下条件:

(1)具有高尚的师德、强烈的事业心和责任感,教学能力强,教学效果好,原则上具有副高及以上职称、教龄满8年。

(2)学科与被指导的青年教师相同或相近。

2.结对指导工作职责:

(1)关心青年教师的思想状况和师德修养,培养青年教师坚定的政治立场、严谨的教学态度和对学生高度负责的执教精神。

(2)每学期指导课不少于6课时,做好《青年教师培养档案袋》的填写和管理工作。从各教学环节(包括听课、备课、编写教案或讲义、试讲、辅导、答疑、批改作业等)入手,对青年教师进行认真具体的指导。

(3)指导期满,参与指导对象的培养考核,填报《青年教师结对培养综合考评表(指导教师)》,对其能否独立开展教学工作提出意见和建议,并提交结对培养工作小结。

四、管理工作

1.学院成立青年教师结对培养工作领导小组,由分管教学副院长担任组长,成员由教务处、政治处(人事处)、教科研督导室、青年教师论坛等相关负责人组成。

2.教科研督导室负责青年教师结对培养制度的实施、监督和日常管理,教务处、政治处(人事处)、青年教师论坛协助做好有关工作。

3.学院定期组织指导教师团队,经学院统一调配、审核通过后,正式确立结对关系。

五、考核工作

1.青年教师结对培养期为1年。结对指导期满,被指导教师上报《青年教师结对培养综合考评表》及公开课开设计划,由学院组织考核组对其通过试讲、说课等方式进行综合评议,并确定考核等级。

2.被指导教师的考核结果分优秀、良好、合格、不合格4个等级(其中优秀不超过20%,良好及以上不超过60%)。考核优秀者,可作为学院优秀教师评选的重要参考依据;考核不合格者,视具体情况延长培养期半年至一年,到期重新接受学院考核。

3.结对培养考核合格者,由学院颁发结对培养合格证书,并报学院政治处备案,作为其教学业绩考核、专业技术职称和职务晋升、岗位聘任的依据之一。

4.指导教师按要求完成指导任务,指导1人每学期按30课时计教学工作量。指导对象考核优秀,对应的指导教师每人每学期追加10课时。

附件:浙江教师与学院青年教师结对一览表(略)

阿克苏教育学院
2014 年 4 月 18 日

(二)《阿克苏教育学院浙江双语教师与教育学院青年教师结对培养实施办法(试行)》

为加快阿克苏教育学院青年教师成长,切实保障和提高教育教学质量,充分利用浙江支教团的教学资源,"让这支援疆队伍永远留在阿克苏",阿克苏教育学院实行浙江双语教师与教育学院青年教师结对培养活动,具体要求如下:

一、教育学院青年教师结对培养的对象

具有以下情况之一者,应作为青年教师结对对象:

1.新聘用到学校从事教学工作的在岗教师;

2.高校教学工作经历不足3年,年龄在35周岁及以下,未接受过学院结对培养的教师;

3.学院认为有必要安排参加青年教师结对培养的中青年教师。

二、结对培养对象的基本要求

1.树立正确的世界观、人生观、价值观和先进的教育教学理念,忠诚于教育事业,遵守高校教师职业道德和行为规范要求,遵守学校规章制度,认真履行教书育人职责。

2.积极参加教研活动,虚心向浙江教师和其他教师学习,尽快掌握教学各个环节的基本要求和方法,了解教学管理和运行的规章制度,明确人才培养的目标、规格要求和学校办学定位,掌握教学计划的基本结构、课程构成等。

3. 完成浙江指导教师指定的学习任务，全程跟听浙江指导教师讲授的课程，并参加与课程相关的辅导答疑、批改作业及其他教学相关工作，参与学科教学研讨不少于 1 次，撰写教学反思论文不少于 1 篇。

4. 教育学院青年教师须按浙江指导教师要求认真备课、撰写教案及制作多媒体课件。试教前与浙江指导教师沟通试教内容、要点及主要教学方法，试教后征求浙江指导教师意见，及时改进教学中的不足。

5. 培养期满，被培养教师需填报《阿克苏教育学院青年教师结对培养考核综合评价表》。

三、结对指导教师的选聘条件及职责

1. 担任教育学院青年教师导师应当具备以下条件：

（1）指导教师应当具有高尚的师德、强烈的事业心和责任感，教学能力强，教学效果好，原则上具有副高以上职称，教龄 5 年以上。

（2）与被指导的青年教师归属同一学科或相近学科。

（3）指导教师和青年教师的指导关系的确定实行双向选择，由青年教师提出申请，指导教师确定，学院审核通过后正式确立结对指导关系。

2. 担任青年教师导师应履行以下职责：

（1）关心青年教师的思想状况和师德修养，培养青年教师严谨的教学态度和对学生高度负责的执教精神。

（2）指导教师应从教学的各个环节（包括听课、备课、编写教案或讲义、试讲、辅导、答疑、批改作业等）入手，对青年教师进行认真具体的指导。每学期听被指导教师的课不少于 6 课时，并做好《青年教师培养档案袋》的建设与管理工作。

（3）参与或承担青年教师结对培养考核对青年教师是否具有开课能力提出意见和建议，对达不到培养要求的青年教师提出延长培养期等建议。

（4）指导期满，指导教师需填报《阿克苏教育学院青年教师结对培养考核评价表（指导教师）》，并向学院提交青年教师结对培养总结。

四、结对培养的管理

1. 学院成立青年教师培养工作领导小组，由分管教学的副院长担任组长，成员由教务处、政治处（人事处）、教科研督导室、青年教师论坛等相关负责人组成。

2. 教科研督导室负责青年教师结对培养制度的实施、监督和日常管理，教务处、政治处(人事处)、青年教师论坛协助做好有关工作。

五、结对培养的考核

1.青年教师结对培养的期限一般为 1 学年。培养期满,经指导教师同意,被培养教师需向学院教科研督导室报送《阿克苏教育学院青年教师结对培养考核评价表》及公开课开设计划,由学院组织相关专家对培养对象通过试讲、说课等方式进行综合评议后确定考核等级。

2.考核结果分优秀、良好、合格、不合格四个等级(良好以上不超过 60％,其中优秀不超过 20％)。考核优秀者,给予奖励;考核不合格者,延长培养期至一年半或两年。

3.结对培养考核合格的青年教师由学院教务处颁发结对培养合格证书,并报学院政治处备案,作为教师的教学业绩考核、专业技术职务申报与评审、职务晋升、岗位聘任的依据之一。

4.指导教师考核合格及以上者,按照每人每学期 30 课时计入教学工作量,并由学院给予相应的指导工作补贴,被指导结对对象的考核结果为优秀的,其指导工作补贴额可以适当予以增加。指导教师考核优秀者经学院认定给予表彰,并在职务晋升及评优评先中优先考虑。考核不合格者取消工作量及补贴,连续 2 年考核不合格者取消指导教师资格。

(三)《阿克苏教育学院浙江双语教师与教育学院青年教师结对培养实施办法》

为加快阿克苏教育学院青年教师成长,充分利用浙江支教团教学师资,为学院留下一支永远带不走的队伍,学院决定开展青年教师结对培养活动,具体要求如下:

一、结对培养对象

具有以下情况之一,年龄在 35 周岁及以下者,作为结对培养对象:

1.新聘任的教学一线教师;

2.高校教学工作经历不足 3 年的教师;

3.学院认为有必要接受结对培养的其他教师。

二、培养对象基本要求

1.树立正确的世界观、人生观、价值观和先进的教育教学理念,忠诚于党的教育事业,遵守教师职业道德和行为规范要求,遵守学校规章制度,认真履行教书育人职责。

2.积极参加教研活动,虚心向结对指导教师和其他教师学习,尽快掌握各教学环节基本要求和方法,了解教学管理和运行的规章制度,明确人才培养的目标、规格要求和学校办学定位,掌握教学计划的基本结构、课程构成等。

3.完成结对指导教师指定的学习任务,跟听指导教师讲授的课程(每周至少2课时),并参加与课程相关的辅导答疑、批改作业及其他教学相关工作,每学期参与学科教学研讨不少于1次、撰写教学反思或体会不少于1篇。

4.每学期至少准备6节课接受结对教师指导。课前与结对指导教师沟通教学内容、要点及主要教学方法,按结对教师要求认真备课、撰写教案及制作多媒体课件,课后听取结对教师指导意见。

5.每学期至少深入基层准备2次送教的教学活动;至少深入基层参加2次听评课活动。

6.结对期间至少申报1项校级或者以上课题,并立项;至少在《阿克苏教育学院学报》及以上级别刊物公开发表1篇论文。

7.结对期间,被指导教师积极参加学院开展的公开课听课活动,听课记录不少于2次,优质观摩课不少于5次。

8.结对指导期满,按要求提交相关材料,接受考核。

三、结对指导教师选聘条件及职责

1.担任学院结对指导教师应具备以下条件:

(1)具有高尚的师德、强烈的事业心和责任感,教学能力强,教学效果好,原则上具有副高及以上职称、教龄满8年。

(2)学科与被指导的青年教师相同或相近。

2.结对指导工作职责:

(1)关心青年教师的思想状况和师德修养,培养青年教师坚定的政治立场、严谨的教学态度和对学生高度负责的执教精神。

(2)每学期指导课不少于6课时,做好《青年教师培养档案袋》的填写和管理工作。从各教学环节(包括听课、备课、编写教案或讲义、试讲、辅导、答疑、批改作业等)入手,对青年教师进行认真具体的指导。

(3)对硕士研究生以上学历的青年教师,以增强科研意识,课题申报、论文撰写为重点培养目标。要求1年期内指导青年教师完成校级或校级以上级别课题1项,公开发表论文1篇。

(4)指导学院教师做好送教活动的各个环节,并传授给学院教师听评课的经验。

(5)指导期满,参与指导对象的培养考核,填报《青年教师结对培养综合考评表(指导教师)》,对其能否独立开展教学工作提出意见和建议,并提交结对培养工作小结。

四、指导的基本步骤

(一)学习团体的专业问题

根据学院现阶段的教学实际和成员专业情况,学习紧紧围绕中学语文教学展开。集中培训全部围绕对语文的学习开展,单独指导以语文专业为主、数学专业为辅。

(二)指导原则

指导团队要以提高学院本土教师的综合素质为核心,不能局限于针对中小学生的课堂教学,要注重知识的系统性、教材的整体性和发展性,以语文教学为"引子"传授教学经验和技能。

(三)基础知识的奠定

基础知识采取团队专题指导和自主学习相结合的方式。

1.基础语法知识(词法分析、句子分析、句法分析、短语等)。

2.朗诵的基础知识,常见文体的朗读方法。

3.修辞与写作。

4.文体鉴赏能力培养。

(四)教学理论学习

1.自主学习

(1)开展读书活动,书目由指导团队指定。举行读书心得交流会,成员必须完成读后感一篇,字数1000字以上。

(2)学习教学大纲。

2.集中指导

指导团队指派教师进行教学理论专题指导,分享自己的教学经验。学习团体成员结合自己的教学经历书写心得体会,字数在600字以上。

3.在对话中促进对理论的理解和吸收

指导团队和学习团体定期开展讨论会,在对话中实现精神的交流和价值的分享。

4.学以致用

成员以自己的所看、所知、所行为出发点,充分分析新疆当前或自己所从教过的学校存在的问题,结合学习到的理论,提出改进意见和措施,以论文的形式上交。

(五)教学技能学习

坚持"行动学习法"理念,将理念与实践相结合,通过实实在在的"手把手"的帮扶活动,让学习成员在具体的操作和真实的情景中去感受教学理念,去体会教学技能,进而实现灵活运用,把指导团队的先进理念和技能真正变成自己的能力。

1."教学案例"促其快速成长

指导团队根据自己的教学经验撰写教学案例,通过集中培训的形式跟学习团体分享心得。

2."示范教案"促其快速掌握窍门

指导教师书写示范案例,并给帮扶对象讲解,让帮扶对象从中学习书写教案的流程、重难点的突破方法,学习指导教师的教学思想和实际处理教学问题的办法。

3."合作教案"促其快速自立

指导教师选择典型知识模块,和帮扶对象一起备课,指导教师参与到备课的各个环节,"手把手"教。合作教案不得少于8篇。

4."指导教案"促其快速自强

指导教师给帮扶对象指定知识点或章节,由帮扶对象独自备课,指导教师只需给予必要的指点。帮扶结束后,帮扶对象必须上交独立备课教案3篇。

5.听课

帮扶对象必须跟班听课,每周不少于2节。

6.总结提升

帮扶对象要积极总结、归纳学习内容,把学到的技能运用到实际的工作中去。

(六)MHK课程研讨

1.指导老师分析 MHK 题型,对 MHK 的教学提出具体意见和措施,提高学员的 MHK 过关率。

2.以提高学生的学习兴趣为出发点,提出合理的教学策略。

五、管理工作

1.学院成立青年教师结对培养工作领导小组,由支教团教科研负责人及支教团团长担任组长,成员由教务处、政治处(人事处)、教科研督导室、青年教师论坛等相关负责人组成。

2.督导室负责青年教师结对培养制度的实施、监督和日常管理,教务处、政治处(人事处)、青年教师论坛协助做好有关工作。

3.学院定期组织指导教师团队,经学院统一调配、审核通过后,正式确立结对关系。

4.教育学院教师在结对期间的学习相关材料需提交支教团教科研、结对工作室负责人处,并由教科研、结对工作室负责人验收,最终学习情况归总到教务处。

六、考核工作

1.青年教师结对培养期为 1 年。结对指导期满,被指导教师上报《青年教师结对培养综合考评表》及公开课开设计划,必须完成规定的学习任务,心得体会、教案等必须按质按量按时完成。由学院组织考核组对其通过试讲、说课等方式进行综合评议,并确定考核等级。具体考核量化指标如下:

(1)读后感 1 篇,字数在 1000 字以上。

(2)心得体会 2 篇,字数在 600 字以上。

(3)公开发表论文 1 篇。

(4)合作教案 8 篇,指导教案 6 篇,独立备课教案 3 篇。

(5)听课:每周 2 节。

(6)深入基层中小学送教 2 次,听评课 2 次。

(7)学院公开听课活动中听课记录不少于 2 次;优质观摩课不少于 5 次。

(8)至少申报校级或者校级以上课题 1 项。

2.被指导教师的考核结果分优秀、良好、合格、不合格 4 个等级(其中优秀不超过 20%,良好及以上不超过 60%)。考核优秀者,可作为学院优秀教师评选的重要参考依据;考核不合格者,视具体情况延长培养期半年至一年,到期重新接受学院考核。

3.结对培养考核合格者,由学院颁发结对培养合格证书,并报学院政治处备案,作为其教学业绩考核、专业技术职称和职务晋升、岗位聘任的依据之一。

4.指导教师按要求完成指导任务,指导1人每学期按40课时计教学工作量。指导对象考核优秀,对应的指导教师每人每学期追加20课时。

5.结对期间,导师和被指导教师应积极参加教科研处、结对工作室开展的各项工作和学习活动。

6.学习不达标者的处理

(1)学习过程中态度不端正,敷衍了事者,学院对其给予警告处分,并要求在学院教职工大会上公开检讨。

(2)对不按时完成学习指标者,取消"评优、评先"资格。

(3)对拒不完成学习指标者,本年度不得晋升职称,情况严重者,年终考核不合格。

七、课时计算方法

(一)管理方面

1.指导团队协调督促工作的人员:2课时/周。

2.对学习成员学习情况进行督促检查人员:2课时/周。

(二)教学方面

1.制订指导计划、确定指导步骤和措施:1课时。

2.集中培训

(1)30分钟至1小时,1课时。

(2)1～2小时,2课时。

3.单独指导

(1)合作教案:每个教案2课时。

(2)指导教案:每个教案1课时。

(3)论文指导:每篇论文3课时。

(4)课题指导:校级课题3课时,厅局级课题6课时,省部级课题10课时,国家级课题20课时。

(三)成效方面

1.论文

(1)论文在国家级刊物上发表的,给予指导老师15课时奖励。

（2）论文在省级刊物上发表的，给予指导老师 8 课时奖励。

（3）论文在厅局级及以下正式刊物上发表的，给予指导老师 4 课时奖励。

2. 讲课比赛或其他教学作品

（1）讲课比赛或其他教学作品在自治区级获得前三名的，给予指导老师 10 课时奖励。

（2）讲课比赛或其他教学作品在地区级获得前三名的，给予指导老师 5 课时奖励。

（3）讲课比赛或其他教学作品在县级获得前三名的，给予指导老师 3 课时奖励。

3. 课题立项

（1）国家课题立项的，给予指导老师 40 课时奖励。

（2）省部级课题立项的，给予指导老师 30 课时奖励。

（3）厅局级课题立项的，给予指导老师 20 课时奖励。

（4）校级课题立项的，给予指导老师 10 课时奖励。

4. 双语论坛

积极参加双语论坛活动，被指导教师做一期双语论坛报告记 4 课时，指导教师记 2 课时。

八、奖励工作

结对期间完成基本工作之外，超出部分记为超工作量，奖励办法如下：

1. 被指导教师在导师的指导下发表 1 篇 5000 字以上的教学心得体会或者公开发表 1 篇学术论文，国家级、省部级、厅局级、校级分别记 12 课时、7 课时、3 课时、2 课时，导师记 15 课时、10 课时、5 课时、3 课时。

2. 被指导教师在导师的指导下申报并立项 1 项，国家级、省部级、厅局级及校级的课题，分别记 30 课时、25 课时、15 课时、5 课时，导师记 40 课时、30 课时、20 时、10 课时。

3. 被指导教师在导师的指导下参加 1 次教学竞赛，国家级、省部级、厅局级及校级的竞赛，分别记 8 课时、6 课时、4 课时、2 课时，导师记 7 课时、5 课时、3 课时、1 课时。

4. 被指导教师在导师的指导下深入中小学送教 1 次，记 2 课时，导师记 1 课时。

5.被指导教师在导师的指导下深入中小学听课 1 次,记 2 课时,导师记 1 课时。

6.学院公开听课活动中听课 1 次,记 2 课时;听优质观摩课 1 次,记 2 课时。

九、相关要求

结对导师和被指导对象在结对期间积极参加学院及结对工作室的各项活动。评估考核工作,做好自查工作总结,配合好结对工作室考核工作要求。紧紧围绕"确保干成事、绝对不出事、人人长本事"的要求,深入推进援疆人才传帮带工作,以传帮带工作室建设为切入点和着力点,拉高标杆,支受联动,齐心协力,善作善成,切实将援疆人才传帮带打造成智力援疆的精品和亮点工程。要进一步推进传帮带工作深化拓展,提升内涵和层次,提高实效和水平,探索、建构行之有效、可传承、可复制的工作经验、机制和模式。要注重传帮带工作的总结宣传,挖掘和宣传好的做法、优秀案例和先进典型,激发、放大传帮带工作活力和成效,提高阿克苏教育学院的影响力,传播浙江人才援疆正能量。

阿克苏教育学院

2016 年 3 月 28 日

(四)阿克苏教育学院青年教师结队培养工作表格

阿克苏教育学院青年教师结对培养计划

所在科、室(部门):_____

	姓名		性别		出生年月		学历/学位	
青年教师	来校时间		职称				任职时间	
	本科毕业学校				所学专业			
	最高学历毕业学校				所学专业			
	专业方向			拟授课程				
	电子邮箱			手机				

续表

指导教师	姓名		性别		年龄		职称	
	专业方向				讲授课程			
	电子邮箱				手机			

培养期限	_____年_____月至_____年_____月

培养目标	

培养计划	1. 听课
	2. 备课
	3. 教案或讲义编写
	4. 课程试讲与诊断
	5. 辅导、答疑与学生作业批改

续表

培养计划	6.实验、实习与实训
	7.教学反思
	8.其他工作
指导教师意见	指导教师签字：_____ 　　　年　　　月　　　日
学科、教研室意见	负责人签字：_____ 　　　年　　　月　　　日
学院意见	负责人签字：_____ 　　　年　　　月　　　日

注：按照《阿克苏教育学院浙江双语教师与教育学院青年教师结对培养实施办法》的要求，认真做好青年教师培养计划的制订，每项计划工作均应具有实质性内容，具备可操作性，给出实施时间表。

阿克苏教育学院青年教师结对培养课程试讲评价表

<table>
<tr><td rowspan="2">试讲教师</td><td>姓　名</td><td></td><td>所在科室</td><td></td></tr>
<tr><td>所属专业</td><td></td><td>试讲内容</td><td></td></tr>
<tr><td rowspan="2">序号</td><td rowspan="2">评价指标</td><td colspan="5">评分</td></tr>
<tr><td>10</td><td>8</td><td>6</td><td>4</td><td>2</td></tr>
<tr><td>1</td><td>教态大方、得体,教风亲切、自然</td><td></td><td></td><td></td><td></td><td></td></tr>
<tr><td>2</td><td>语言标准,吐字清晰,声音洪亮,表述流畅</td><td></td><td></td><td></td><td></td><td></td></tr>
<tr><td>3</td><td>备课充分,教案、讲义完善,课件设计精美</td><td></td><td></td><td></td><td></td><td></td></tr>
<tr><td>4</td><td>板书工整,布局合理,图文规范</td><td></td><td></td><td></td><td></td><td></td></tr>
<tr><td>5</td><td>教学目标明确,教学思路清晰</td><td></td><td></td><td></td><td></td><td></td></tr>
<tr><td>6</td><td>师生互动良好,课堂氛围活跃</td><td></td><td></td><td></td><td></td><td></td></tr>
<tr><td>7</td><td>教学内容熟练,不照本宣科,能脱稿授课</td><td></td><td></td><td></td><td></td><td></td></tr>
<tr><td>8</td><td>教学内容充实,重难点突出,详略得当</td><td></td><td></td><td></td><td></td><td></td></tr>
<tr><td>9</td><td>教学方法有效,能激发学生兴趣,启发学生思维</td><td></td><td></td><td></td><td></td><td></td></tr>
<tr><td>10</td><td>教学手段恰当,能提高教学效率与教学效果</td><td></td><td></td><td></td><td></td><td></td></tr>
<tr><td>问题与建议</td><td colspan="6"></td></tr>
<tr><td colspan="7">总评分:＿＿＿＿＿　　等级:＿＿＿＿＿＿</td></tr>
</table>

注:1.请在"评价指标"对应的评分栏中画"√"。

2.评价等级:优秀(总评分≥90分)、良好(90分＞总评分≥80分)、一般(80分＞总评分≥70分)、不合格(总评分＜70分)四个等级。

3.青年教师试讲最终评分为去掉专家评分最高分与最低分,取平均值。

专家签名:＿＿＿＿＿＿　评价日期:＿＿＿＿＿＿

阿克苏教育学院青年教师结对培养课程试讲考核计划表

所在科、室（部门）：＿＿＿＿＿＿＿＿＿＿＿＿＿＿＿＿＿＿＿

青年教师	姓名		性别		出生年月		学历/学位	
	来校时间		职称				任职时间	
	专业方向				拟授课程			
	电子邮箱				手机			
指导教师	姓名		性别		年龄		职称	
	专业方向				讲授课程			
	电子邮箱				手机			

培养期限	＿＿＿＿年＿＿＿＿月至＿＿＿＿年＿＿＿＿月
试讲课程	
试讲内容	章节名称、内容及参考资料等。 （篇幅不够，可续页）
课堂设计	教学理念、方法、手段及效果评价等。 （篇幅不够，可续页）
授课对象	
授课地点	
授课时间	

阿克苏教育学院青年教师结对培养考核评价表

所在科、室（部门）：＿＿＿＿＿＿＿＿＿＿＿＿＿＿＿＿

<table>
<tr><td rowspan="8">青年教师</td><td>姓名</td><td></td><td>性别</td><td></td><td>出生年月</td><td></td><td>学历/学位</td><td></td></tr>
<tr><td>来校时间</td><td></td><td>职称</td><td colspan="3"></td><td>任职时间</td><td></td></tr>
<tr><td colspan="2">本科毕业学校</td><td colspan="2"></td><td>所学专业</td><td colspan="3"></td></tr>
<tr><td colspan="2">最高学历毕业学校</td><td colspan="2"></td><td>所学专业</td><td colspan="3"></td></tr>
<tr><td colspan="2">专业方向</td><td colspan="2"></td><td>拟授课程</td><td colspan="3"></td></tr>
<tr><td colspan="2">电子邮箱</td><td colspan="2"></td><td>手机</td><td colspan="3"></td></tr>
<tr><td rowspan="3">指导教师</td><td>姓名</td><td></td><td>性别</td><td></td><td>年龄</td><td></td><td>职称</td><td></td></tr>
<tr><td colspan="2">专业方向</td><td colspan="2"></td><td>讲授课程</td><td colspan="3"></td></tr>
<tr><td colspan="2">电子邮箱</td><td colspan="2"></td><td>手机</td><td colspan="3"></td></tr>
<tr><td colspan="2">培养期限</td><td colspan="7">＿＿＿＿年＿＿＿＿月至＿＿＿＿年＿＿＿＿月</td></tr>
<tr><td>个人总结</td><td colspan="8">

青年教师签名：＿＿＿＿＿＿
　　　　　　年　　月　　日

（结合培养学习情况撰写个人总结，可续页）
</td></tr>
</table>

续表

指导教师考核意见	评分： 意见与建议： 指导教师签名：＿＿＿＿＿ 年　月　日 （需说明青年教师是否具有单独开课能力，对达不到培养要求的要提出延长培养期限等建议）
专家组考核意见	评分： 意见与建议： 专家组签名：＿＿＿＿＿ 年　月　日
学院审核意见	 负责人签名：＿＿＿＿＿ 年　月　日

注：1.本表一式一份，由青年教师填写，经指导教师签署考核意见后，报送至教务处。

2.考核方式：导师评定（占总评 30％）＋专家评定（占总评 30％）＋课程试讲（占总评 40％）。

3.考核等级：优秀（总评分≥90 分）、良好（90 分＞总评分≥80 分）、一般（80 分＞总评分≥70分）、不合格（总评分＜70 分）四个等级，其中优秀不超过 20％、良好不超过 60％。

（五）《阿克苏教育学院浙江双语结对工作室结对工作计划》

根据《阿克苏教育学院浙江双语教师与教育学院青年教师结对培养实施办法》（以下简称《办法》）要求，遵照《办法》预期部署和安排，特制订2014年度结对帮扶工作的具体实施计划，以扎实推进阿克苏教育学院青年教师结对帮扶工作，快速而稳定地实现学校教育教学工作高效、持续、健康的发展。

一、总体目标

以浙江省援疆指挥部"智力援疆"方针为抓手，以浙江省双语支教团优秀师资为配置资源，以资源共享、互助互动、优势互补为途径，以相互促进、共同提高、优质办学为目的，开展帮带交流活动，全面提升青年教师素质，促进青年教师专业成长，进一步为阿克苏教育学院的快速发展打好坚实的基础。

二、具体措施

1.加强组织纪律性

成立结对工作小组，由金祖庆副院长任组长，学院教务处处长武瑶、政治处处长旦丽江、督导处处长阿布拉，支教团教科研负责人马丽敏等为组员，制订帮扶结对计划，落实帮扶结对措施。支教团与学院联络和各项活动的组织安排暂由马丽敏具体负责。

2.围绕师徒结对帮扶开展活动

根据《办法》的要求，安排每位教师与两位青年教师结成对子，采取上示范课、做讲座、听课评课等形式，在教育管理、教学理念、教学方法、教育科研、教学评价等多方面互相切磋，相互促进，共同提高。

重点突出为人师表和献身教育的精神理念。推荐其阅读教育教学书籍，使其懂得言传身教的关系，懂得既教书又育人的道理。

互相听课评课，开展重点学科"同课异构"的指导模式，根据课堂了解的情况，详细地对其进行分析、评述。通过导师上示范课，让其明白自己课堂教学哪些方面是成功的，值得肯定，应该发扬光大；哪些方面存在问题，原因是什么，该怎么改进，并且提出整改要求。

加强培养本科学院需求的科研人才，重点帮扶学院有硕士学历的青年教师，由支教团中有高校副教授职称的指导教师全程指导课题申报、科研论文撰写等。力争在指导期内,让更多青年教师增强科研意识,突破"只上课,不写论文"的现有状况,硕士以上学历的青年教师至少公开发表论文1～2篇。

本期以艺术和汉语言文学两个学科为重点指导学科。对艺术学科的教师以提高专业技术、增强教学水平为目标;对汉语言文学学科教师以提高科研水平为重点。

3.目标考核总结

每学期定期召开帮扶结对研讨会议,共同研究和探讨结对管理、工作步骤和教育教学等方面问题,及时掌握每一位指导教师及结对教师开展的结对活动情况,加强信息交流,了解青年教师需求,以便有针对性地开展结对帮扶活动。为保障结对帮扶计划的贯彻落实,每学期将对结对帮扶工作进行考核总结,要求每位结对指导教师写好书面总结,查验听课笔记、讲座资料、示范课教案、评课反思等材料。

三、工作安排

(一)每年第一学期工作安排

1.制订结对帮扶计划;支教团选派指导教师。

2.结对帮扶启动仪式:浙江省援疆指挥部人才组组长张华良,阿克苏教育学院院长李健,浙江省双语支教团团长金祖庆、童陈军,学院全体青年教师和支教团2013级全体教师参加。

3.支教团建"2014结对工作群",由教科研负责人通知支教团指导教师,联络学院有关部门通知学院青年结对教师加入。

4.师徒结对座谈会:结对教师相互交流开课时间地点、听课日程安排等工作。

5.结对活动及时间要求:5月初,学院下发《青年教师结对培养手册》;5月底前,各位指导教师听青年教师讲课每人次不少于2课时,给出理论辅导及教学实践建议等,并指导青年教师完成《青年教师结对培养手册》中"培养计划"的撰写。

6.结对教师研讨会。

7.教育学院督导组联合青年论坛检查青年教师听课记录及《青年教师结对培养手册》部分表格的完成情况。

（二）每年第二学期工作安排

1.相关领导联席会议；结对指导教师会议，布置9月的院级课题申报工作，督促青年教师积极申报。

2.筹建工作室，购置设备，制作验收材料。

3.指导教师至少听青年教师讲课2课时，并在月底上交听课指导记录。

4.教学开放月活动，组织结对指导教师和青年教师积极开课、听课，并参加教学研讨活动。

5.指导老师抽查青年教师备课教案、听课记录及教学反思。

6.结对工作组抽查指导教师听课记录及辅导建议。

7.指导教师检查青年教师听课记录和《青年教师结对培养手册》完成情况。

8.结对工作组组织召开学期结对工作研讨会。

9.青年教师准备开设公开展示课，导师积极指导。

10.总结、表彰。

（六）《阿克苏教育学院浙江双语结对工作室教科研工作奖励办法》

2011年5月开始，浙江支教教师陆续申报多个与双语教师培训有关的课题并成功立项，为鼓励更多的浙江教师参与教科研工作，特制定如下奖励办法。

一、奖励范围

1.浙江教师在援疆期间立项的课题。其中阿克苏教育学院立项的课题，必须结题。

2.浙江教师在援疆期间撰写并发表（获奖）的论文。

3.浙江教师在援疆期间编写的双语培训校本教材或学习资料。

4.浙江教师在援疆期间撰写并公开发表的与援疆生活、工作有关的非科研作品。

5.参加浙江省援疆指挥部统一组织的优质观摩课、讲座等送教下乡活动，以及学院和支教团组织的优质观摩课、讲座等教学活动。

二、课题立项奖励

1.在原单位"县级以上（含高校校级）"立项的课题：300元。

2. 阿克苏教育学院校级课题并结题：一般项目 500 元；重点项目 1000 元。

3. 自治区级校本小课题立项：一般项目 600 元。

4. 省厅直属单位立项：一般课题 800 元；重点课题 1200 元。

5. 厅级立项：一般课题 1200 元；重点课题 2000 元。

6. 省部级立项：一般课题 2000 元；重点课题 4000 元。

7. 省部级以上课题：一般课题 4000 元；重点课题 8000 元。

凡是以阿克苏教育学院为单位或选派单位名誉报送立项的，都予以奖励，但与浙江支教工作无关的课题奖励额度减半。在援疆期间撰写但未来得及发表的论文，须在离疆前上交论文全文，待离疆一年内发表可在今后支教团教科研奖励中申请（要求发表的论文与离疆前上交的论文内容基本相同）。

三、论文奖励

1. 原单位"县级教育行政部门（含高校）以上"获二等奖及以上的论文，一篇奖励 100 元。

2.《阿克苏教育学院学报》发表一篇奖励 200 元。

3. 一般公开刊物发表一篇奖励 1000 元。

4. 核心刊物（北大目录）发表一篇奖励 2000 元。

5. CSSCI 刊物（南大目录）发表一篇奖励 3000 元。

6. 一级刊物（浙大目录）发表一篇奖励 4000 元。

7. 权威刊物（浙大目录）发表一篇奖励 8000 元。

论文内容要求与浙江支教工作有关或署名单位为阿克苏教育学院。在援疆期间撰写但内容与浙江支教工作或阿克苏教育学院无关的论文奖励额度减半；正文字数少于 4000 字的论文奖励额度减半。

四、校本教材编写

1. 双语培训校本教材编写，每万字 150 元。

2. 正式出版且没有得到阿克苏教育学院任何形式资助的双语教材或专著，每万字 300 元。（资助的另外协商）

3. 双语培训一般读物，每万字 80 元。

五、非科研作品

1. 万字以内的新闻报道类（不含网络、电视等媒体），每篇 100 元。

2. 长篇报道、文学作品类，每万字 50 元。

3. 浙江双语教师支教团教学心得体会，每篇 200 元。

六、观摩课、讲座

1. 浙江省援疆指挥部组织送教下乡活动中的优质观摩课、讲座,每场200元。

2. 学院和支教团组织的校际交流观摩课、讲座,每场200元。

3. 学院和支教团组织的校内优质观摩课,每堂100元。

七、其他

1. 奖励为课题主持人或第一作者,课题参与者或第二作者不建奖。

2. 奖励资金在支教团工作经费中列支。

3. 奖励与阿克苏教育学院不兼得,阿克苏教育学院奖励未达到支教团标准的,由支教团补足。奖励可与其他单位的奖励兼得。

4. 优质观摩课和讲座等由教务部门统计、核实;科研奖励采取自我申报的形式,申报教师需在规定的时间内填写上交《科研奖励申报表》,并附相关材料原件及复印件。

八、本办法最终解释权归双语教师支教团党总支委员会。

(七)《阿克苏教育学院浙江双语结对工作室关于送教、讲座奖励的补充规定》

送教、讲座是指省援疆指挥部、学院(中心)和支教团组织开展的有计划的教学研究和交流活动。近年来,随着支教团送教、讲座的形式和频率日益增多,2014年3月21日修订的支教团科研工作奖励办法中对于送教和讲座的奖励规定有待进一步明确,现补充规定如下:

1. 省援疆指挥部、学院(中心)和浙江支教团计划安排,以及根据支教团工作需要临时指派的教学课和讲座,纳入奖励范围。

2. 送教课内容须为中小学基础学科课堂教学内容,课外兴趣班、活动辅导等不作为送教内容。讲座内容须为与中小学教学和管理工作直接相关的内容,其他内容不予奖励。

3. 主体内容基本相同的送教课,主体内容基本相同的讲座,均只计一次奖励。

4. 上述内容的奖励标准不变,自2015年5月起实施。

浙江双语支教团党总支

2015年5月

附 录 领导关怀:各级领导先后来阿克苏教育学院 浙江双语结对工作室考察指导

一、浙江省援疆指挥部开展欢庆中秋节、喜迎教师节包饺子和文体健身活动

正值中秋佳节和第 30 个教师节来临之际,浙江省援疆指挥部所有在疆干部人才与省双语支教团全体援疆教师,在阿克苏教育学院职工活动之家,欢聚一堂,开展包饺子和文体健身活动。省援疆指挥部副指挥长、党委副书记劳泓代表省援疆指挥部党委走访了教师宿舍,看望慰问了双语教师代表,并饶有兴趣地参加了有关文体健身活动。省援疆指挥部副指挥长、党委委员诸葛建带领有关干部人才包饺子。阿克苏教育学院李健院长全程参加活动。整个活动意兴盎然、其乐融融。干部人才一致表示,感谢省援疆指挥部党委在节日里为他们送来了真情和关怀,让他们深切感受到了大家庭的温暖,一定会把阿克苏当成自己的第二故乡,以满腔热情投入援疆工作,为驱动阿克苏社会稳定和长治久安做出应有贡献,不负省委省政府和家人的嘱托、期望。(浙江援疆网,2014 年 9 月 9 日)

二、地区举行庆祝第 30 个教师节表彰大会,49 名浙江援疆教师受表彰

"作为一名援疆教师代表,我十分荣幸地站在这里代表全体浙江援疆教师发言,我要感谢领导、受援单位及援友们的大力支持和帮助,让我和另外 23 名援疆教师获此殊荣。作为浙江援疆教师的一员,我承诺,我们将继续践行戈壁红柳的吃苦耐劳、团结奋斗的精神,'用情、用心、用力'教学,努力为阿克苏地区及兵团一师培养一支带不走的教师人才队伍……"9 月 9 日,来自浙江金华职业技术学院的陈青老师,作为阿克苏教育学院的一名双语教师,出席阿克苏地区第 30 个教师节表彰大会并代表援疆教师发言。

在当天的表彰大会上,阿克苏地委书记窦万贵代表地区 4 套班子及地区近 260 万各族干部群众,向受到表彰的优秀教师、先进个人和集体表示热烈的祝贺,向全地区广大教师和教育工作者以及浙江援疆教师致以节日的问候和崇高的敬意,向关心支持地区教育事业的社会各界表示衷心的感谢。

窦万贵指出,教育是民族振兴和社会进步的基石,要进一步提升办教育的能力,统筹发展好各级各类教育;认真贯彻落实地委行署《关于进一步加强双语教育工作、提高教育质量、积极推进素质教育的决定》要求,优化推进双语教育,全面提升义务教育办学水平,因地制宜、结合实际推进有条件的中小学实行民汉合校、混班教学、混合住宿,以学校"相互嵌入"推动社会结构的"相互嵌入";要加快发展职业教育,加强对现代就业观念的培养,破解富余劳动力"就业难"与企业"招工难"瓶颈问题。

窦万贵强调,各级党政要始终坚持"教育优先"战略,切实把教育作为一项根本大计,认真落实政策、制度、措施、要求,时时刻刻关注教育,千方百计支持教育,切实保证教育投入,全力促进教育事业健康发展。教育部门要担负起牵头抓总职责,引领各类学校提升办学质量、教学水平、管理水平、育人水平,为地区教育发展"把好关""掌好舵"。各类学校要切实加强自身建设和常规管理,着力把教育打造成保障改善民生、促进民族团结、助力长治久安的工程。广大人民教师要牢记"身正为范、德高为师"的职业要求,着力提升学识水平,担负起"传道、授业、解惑"的神圣职责。各级有关部门以及社会各界要关心支持教育、关爱尊重教师,在全社会营造尊师重教的浓厚氛围,推进教育事业高标、高质、高效发展。各级领导干部、党员和人民教师要进一步提升抓执行的能力,确保各项工作在一线贯彻落实。

阿克苏地委副书记、行署专员麦尔丹·木盖提在主持会议时强调,各级党政、教育部门和广大教师要坚定不移地坚持正确的办学方向,发挥教师的为人师表作用,营造全社会尊师重教的浓厚氛围,坚定不移地推进双语教学,大力提升教育教学质量。始终保持政治上的清醒和坚定,不断增强政治敏锐性和政治鉴别力,坚决反对西方敌对势力对我实施"西化""分化"的险恶图谋,自觉站在反分裂斗争的第一线,以实际行动维护祖国统一、维护民族团结、维护社会稳定,为各族青少年学生做出表率,坚决打赢意识形态领域反分裂斗争这场硬仗。

地委委员、宣传部部长刘宝升宣读了表彰决定,对全地区 18 个先进集体、150 名优秀教师、70 名优秀教育工作者、49 名浙江优秀援疆教师及 100 名优秀班主任进行表彰。

浙江省援疆指挥部党委副书记、副指挥长,兵团一师党委常委、副师长

劳泓等领导出席会议并为获奖代表颁奖。(浙江援疆网,2014 年 9 月10 日)

三、地区庆祝第 30 个教师节座谈会在阿克苏教育学院举行,省援疆指挥部领导慰问援疆教师

9 月 9 日下午,正值第 30 个教师节来临之际,地区举行庆祝第 30 个教师节座谈会,来自浙江双语支教团的援疆教师和学员代表齐聚一堂,欢度节日。阿克苏地委委员、宣传部部长刘宝升,浙江省援疆指挥部党委副书记、副指挥长,兵团一师党委常委、副师长劳泓到场祝贺并作重要讲话。

座谈会上,劳泓代表省援疆指挥部党委向工作在教育一线的阿克苏教育学院全体教职工人员和浙江双语支教团的老师们致以节日的问候和诚挚的感谢,并表示浙江省援疆指挥部将全力以赴,紧抓双语教师培训项目,努力助推阿克苏地区社会稳定和长治久安。劳泓指出,双语教师培训既是推动人才培养的一个重要途径,也是维护社会稳定、增进民族团结、促进就业惠及民生的一项战略性基础工作。双语支教是一项光荣的任务,希望支教的教师们珍惜为期两年的支教生涯,继续发扬"六个特别"的浙江援疆精神,刻苦钻研,教好书、帮带年轻教师,为阿克苏地区教育事业的发展贡献自己的一分力量。同时,省援疆指挥部也将一如既往地为各位支教老师提供服务,为大家"真情援疆、精准援疆、实干援疆、快乐援疆、平安援疆"保驾护航。

刘宝升代表地委、行署向阿克苏教育学院的全体老师致以节日的祝福和崇高的敬意,并对远道而来的浙江双语支教团的老师们及后方的家属们表示衷心的感谢。刘宝升说,双语教育是维护新疆社会稳定和长治久安的一项基础工程,实施双语教学更是一项重要的国家战略举措,希望教育学院的每一位教职工、全体援疆教师以及在此学习的全体学员,都能够正确认识双语教学的重大意义,担负起这一神圣的历史使命,不辜负重托。他鼓励在此培训的少数民族教师学员要善于学习、不断提高自身道德修养和教育教学水平,忠诚于党的教育事业,争当教书育人模范;他也希望在此支教的浙江双语教师能不遗余力地教书育人,努力成为浙阿两地教育交流的友好使者和推进地区素质教育的播种者,通过授受双方通力合作,出色完成双语培训这项重大的基础工程,真正实现新疆的社会稳定和长治久安。

座谈会后,省援疆指挥部党委副书记、副指挥长,兵团一师党委常委、副师长劳泓先后走访了阿克苏教育学院、地区实验中学,地区一中、二中、阿克

苏职业技术学院、一师阿拉尔职业技术学校、地区中等职业技术学校等 7 所地直院校,慰问我省在地直单位工作的援疆教师。(浙江援疆网,2014 年 9 月 10 日)

四、浙江省教育厅刘希平厅长一行来到阿克苏教育学院调研并看望援疆双语教师

援疆双语老师们现在过得怎么样?生活中、工作上存在哪些困难?浙江援阿双语教师培训项目进展情况怎么样了?带着对援疆双语教师的关爱和项目进展情况的高度重视,9 月 24 日晚,浙江省教育厅刘希平厅长一行在地区教育局孙长波书记陪同下再次专程来到阿克苏教育学院看望了双语培训援疆教师。

刘希平厅长在实地察看了援疆教师的生活设施条件、详细询问他们的工作和生活情况后,勉励大家自觉以"六个特别"的援疆精神激励自己,积极弘扬"红柳精神",胸怀援疆大局,牢记援疆使命,勇于吃苦,不断提高教学水平,并发挥好"传、帮、带"作用,为阿克苏地区尽早实现双语教育全覆盖做出努力,为帮助受援地高质量地完成培训任务做出积极贡献。

紧接着,刘希平厅长一行与阿克苏教育学院领导及部分教师代表进行了亲切座谈。会上,听取了阿克苏教育学院李健院长就双语培训项目的进展情况、实施过程中的具体举措、项目发展至今取得的成效、项目后续发展设想以及援疆教师选派期望(标准)等有关内容的汇报。

地区教育局孙长波书记首先在会上表达了对浙江省教育厅积极援助阿克苏地区双语教育事业的感谢,并希望今后继续对阿克苏地区双语教育、师资培训下一步规划及职业教育等工作给予更多的支持与援助。

浙江省教育厅刘希平厅长也在会上做了重要讲话。首先,他充分肯定了浙江援阿双语教师培训项目取得的成效。该项目开展以来,教育教学硬件得到了迅速改善,受训教师的语言水平与教学能力也得到了有效的提升。其次,他还提出了四点希望与要求:一是要求按期保质完成浙江援阿双语教师培训五年计划;二是项目完成过程中要充分重视培训效果的提升及成果的巩固;三是在阿克苏地区双语教师培训基本完成的基础上,开展教师专业发展培训与提升工作,促进阿克苏地区教育事业进入可持续发展的良性循环;四是要求援疆教师们继续学习和发扬红柳的吃苦、耐寂寞、团结三大精

神品质,同时也要积极学习学院教师和受训学员身上的优点,扎根教学,做好双语教育培训。最后,他再次感谢阿克苏教育学院在本项目实施过程中的辛勤付出及对全体援疆教师的贴心关怀,并祝愿全体援疆教师在阿克苏期间工作顺利、生活愉快,也祝愿阿克苏教育学院越办越好,更祝愿阿克苏地区教育事业更上一层楼,争取成为南疆地区教育的典范,并积极拓展争取在全疆有地位!(浙江援疆网,2014年9月26日)

五、葛慧君一行来阿克苏调研文化教育援疆工作

9月23日至25日,浙江省委常委、宣传部部长葛慧君一行来阿克苏调研文化教育援疆工作。

葛慧君率浙江省委宣传部常务副部长胡坚,浙江省教育工委书记、省教育厅厅长刘希平,浙江广电集团总编辑吕建楚,浙江省委宣传部部务会议成员、办公室主任琚朝晖,华数数字电视传媒集团有限公司总裁曹强等人,在自治区新闻出版广电局党组成员、纪检组长西林,阿克苏地委及浙江省援疆指挥部领导窦万贵、徐纪平、李更生、刘洪俊、劳泓、诸葛建的陪同下,先后赴阿克苏市喀拉塔勒镇、地区电视台、阿克苏高级技工学校、阿克苏教育学院等地进行了考察调研。

在考察调研过程中,葛慧君一行出席了阿克苏市喀拉塔勒镇博斯坦村农村文化礼堂(村民活动服务中心)落成揭牌仪式,并赠送了家庭影院设备,参观了该村民俗展品、民俗歌舞演出,考察了浙江援建地区无线数字覆盖工程、阿克苏高级技工学校援建项目,出席该校学生宿舍楼改造项目投用仪式,考察了阿克苏教育学院浙江双语教师培训中心,亲切看望了浙江省援疆干部,并与地区进行了座谈。阿克苏地委副书记、行署专员麦尔丹·木盖提汇报了地区宣传文化教育工作。徐纪平汇报了浙江省第八批援疆工作开展情况。

座谈会上,葛慧君充分肯定了近年来阿克苏地区在经济社会发展所取得的成绩,对在复杂形势下地区以社会稳定和长治久安为总目标开展的各项工作给予高度赞许,同时,对我省各项援疆工作的全面展开、扎实推进,以及我省援疆干部人才饱满的精神状态和工作热情感到由衷欣慰。她指出,文化教育援疆是浙江援疆工作的重要组成部分,特别是中央第二次新疆工作座谈会后,对新疆工作以及援疆的着力点、着眼点做了进一步的明确,特

别是今年 4 月,习近平总书记在新疆调研时指出,要让老百姓"口袋鼓囊囊,精神亮堂堂",突出强调了精神文化建设的重要性。因此,今后要把文化教育援疆放在援疆工作更加重要的位置,充分发挥文化教育工作先导性、基础性作用,以及充分利用浙江文化大省、教育强省、人才大省的优势,在新一轮援疆工作中统筹兼顾,将文化教育援疆工作的方方面面最大限度地与地区改革发展稳定各项事业紧密结合起来,完成好党中央赋予的神圣使命,为地区的社会稳定和长治久安,为地区各族人民群众的美好明天贡献一分力量。

葛慧君强调,要切实组织好文化教育援疆重点项目,高质量推进项目建设。其中,在双语教育教师培训上不仅要使广大受培训少数民族教师在语言上得到很大提高,同时还要积极传导先进的教育理念,使广大双语教师牢牢树立爱国、爱疆思想。新一轮文化援疆项目要提前研究,特别是文化馆、图书馆等项目要提前规划,优化布局,以突出集聚效用功能,确保项目建成后管理科学、运行顺畅,发挥最大的公益作用。农村文化礼堂项目意义重大,要与村民活动服务中心结合起来。项目要建管并重,不仅确保硬件高质量完成,而且要保证投用后活动内容丰富多彩、利民便民、群众广泛参与,做到"四个进礼堂"——教育教化进礼堂、民俗风情进礼堂、礼节礼仪进礼堂、文化文艺进礼堂,让文化礼堂在农村扎根,真正发挥农村文化礼堂接地气、聚人气、树正气的作用,最终达到:以文化人,村民素质得到提升;以文惠民,村民生活得到好处;以文乐民,村民身心得到愉悦。教育援疆项目上要高度重视职业教育和师资培训。

葛慧君强调,要加强浙阿两地文化交流。进一步加强人员的交流交往,筑牢文化思想提升的基础;不断加强文化节目资源的交流合作,努力提升两地文化事业水平;要更好地挖掘和宣传龟兹文化与多浪文化,在此基础上加强两地的交流合作;全方位加强文化人才的培养培训;要加大力度对阿克苏特色农副产品进行宣传推介,以多种形式进行策划,不断提升阿克苏特色农副产品的知名度,更好地打开市场销路。

窦万贵表示,浙江省援疆工作开展以来成效显著,为改善阿克苏地区的民生、经济等各项事业奠定了良好基础。今后将围绕浙江省援疆工作重点,各地各部门协力配合,不断提升援疆项目建设水平,同时将科学规划、统筹安排、加速推进,细化责任、强化监督,以对人民负责的态度认真抓好落实,不辜负中央和浙江省的亲切关怀,不断巩固和提升浙阿两地人民的友谊。

浙江省援疆指挥部领导劳泓、诸葛建,各市援疆指挥部指挥长及地直有关部门负责人参加了座谈会。(浙江援疆网,2014年9月27日)

六、浙江省委副秘书长、省直机关工委书记施利民一行来阿克苏慰问援疆干部人才

近日,浙江省委副秘书长、省直机关工委书记施利民率省直机关工委副书记鲁维明等领导干部和省直机关青年艺术团有关成员来阿克苏慰问浙江省援疆干部人才。慰问期间,召开了省援疆指挥部干部人才座谈会,省援疆指挥部指挥长、党委书记徐纪平代表指挥部汇报了援疆工作情况,副指挥长、党委副书记劳泓代表指挥部纪委和机关党委汇报了指挥部机关党建与党风廉政建设工作。施利民书记对援疆工作和机关党建工作予以充分肯定,认为第八批援疆工作思路和理念贯彻中央意图、符合新疆实际、切合浙江省委省政府的要求,援疆干部人才精神饱满、思想稳定、融合良好,安全防范周密细致,措施到位、保障有力,组织建设和思想作风建设扎实,援疆工作在原有的基础上又有新的提升发展,成效明显。对如何做好下一步的援疆工作,施利民书记提出,要进一步确立全面援疆的理念,以促进民族团结、共同发展为根本目的,通过援疆工作,使新疆维吾尔族同胞更好地从心底认同、接受援疆工作,与汉族同胞一起共同建设好新疆;要进一步提升全面援疆的本领,援疆干部人才要加强学习,注重调研,为提升新疆的整体社会治理能力发挥作用;要进一步加强作风和党风廉政建设,确保平安援疆、廉洁援疆;要进一步加强对援疆干部人才的人文关怀。座谈会后,施利民书记来到阿克苏教育学院实地察看了援疆双语支教团教师的生活设施和条件,慰问了援疆教师,并勉励大家发扬"六个特别"的援疆精神,为帮助受援地高质量地完成培训任务做出新的贡献。

省直机关青年艺术团有关成员还进行了专场慰问演出,并与省指挥部援疆干部人才进行了文艺联欢活动。(浙江援疆网,2014年9月29日)

七、全国晚报采访团来阿克苏,聚焦浙江援阿工作

10月26日,由全国晚报协会主办,乌鲁木齐晚报社承办的"新疆行·援疆情"采访团到达阿克苏市,采访浙江省援疆的整体情况和援疆干部积极

融入当地经济社会、真情奉献的动人事迹。

采访团记者首先来到阿克苏教育学院,与浙江省援疆指挥部指挥长、党委书记,阿克苏地委副书记徐纪平,阿克苏地委委员、宣传部部长刘宝升,阿克苏教育学院院长李健,以及浙商代表等进行了座谈。浙江省援疆指挥部指挥长徐纪平介绍了自 2010 年新一轮援疆工作启动以来浙江省援建的总体成果、进展、思路和特色,并重点介绍了今年启动的第八批援疆工作的理念、思路和工作重点。他指出,浙江省第八批援疆工作紧紧围绕有利于助推当地社会稳定和长治久安这条主线,紧抓就业、教育、人才和基层基础等四个方面的工作重点,精心组织实施农村文化礼堂、农业一县一品、人才帮带提升等三个援疆特色品牌,全面开启了真诚援疆、精准援疆、快乐援疆、平安援疆的新局面。他同时也介绍了浙江省援疆指挥部抓教育、抓融合、抓安全、抓廉政等干部人才自身建设的有关情况。随后,阿克苏教育学院院长李健介绍了浙江省对口援助阿克苏地区 35 岁以下少数民族教师双语培训项目,阿克苏纺织产业园区负责人介绍了产业园规划设想、实施情况以及发展规划与前景。记者们边听边记,并就自己感兴趣的内容与在座负责人进行了简短交流。

采访团一行来到阿克苏纺织工业城。阿克苏纺织工业城于 2010 年10 月经自治区人民政府正式批准成立,规划区域面积 54.58 平方公里。工业城定位为新型现代化的纺织工业城,力争成为东部纺织服装产业向新疆转移的示范基地;工业城也是浙江省援疆指挥部产业援疆的重要助推器,是促进当地就业的重要抓手。采访团一行先后来到华孚色纺等浙江企业在工业城的分公司,现场观摩,了解企业建设的背景、运行情况,建成后对当地经济发展和居民生活的重大意义。采访团还来到杭州市援建的阿克苏高级中学以及阿克苏冰糖心苹果的重要产地——红旗坡进行实地参观、采访。采访过程中,记者们表示,希望可以走进基层感受新疆、感受援疆干部和当地百姓的生活,并用有温度的图片和文字呈现出来让更多的家乡人了解新疆、理解援疆,同时也让全国人民看到一个真实的新疆。

据了解,此次由全国晚报协会主办,乌鲁木齐晚报社承办的"新疆行·援疆情"19 个援疆省市所属晚报援疆干部大型纪实采访活动,参与着包括《北京晚报》《钱江晚报》《新民晚报》《扬子晚报》《辽沈晚报》在内的全国 20多家晚报的记者,采访历时近一个月,记者将走遍天山南北,探寻援疆干部的心路历程,以及援疆工作给新疆带来的翻天覆地的变化,同时向全国人民展示新疆的美丽富饶。

自 2010 年新一轮对口援疆工作开展以来,浙江省按照"以改善民生为重点、以产业发展为亮点、以促进受援地跨越式发展和长治久安为落脚点"的援疆总体要求,弘扬"六个特别"的浙江援疆精神,全面开展援疆工作。截至去年底,共选派援疆干部人才 855 人次,累计完成民生项目、智力支持、产业援疆等各类项目 317 个,到位援疆资金 43 亿元,获得新疆优质工程奖"天山杯"14 个,在全国 19 个对口援疆省市中,浙江派的人、"交钥匙"项目数排第一位,到位资金额列第四位,建设项目质量安全奖获得数目占近一半。(浙江援疆网,2014 年 10 月 27 日)

八、浙江省政协副主席汤黎路到阿克苏调研

10 月 27 日至 29 日,浙江省政协副主席汤黎路、浙江省政协办公厅副主任项力克、浙江省经合办副主任郑宪宏等一行 5 人到阿克苏调研。浙江省政府副秘书长,省援疆指挥部指挥长、党委书记,阿克苏地委副书记徐纪平,省援疆指挥部副指挥长、党委副书记,兵团一师党委常委、副师长劳泓,与省援疆指挥部副指挥长、党委委员,阿克苏地区行署副专员诸葛建等陪同考察调研。

10 月 27 日下午,一下飞机,汤黎路副主席一行直奔阿克苏教育学院,看望浙江双语支教团的援疆教师。汤黎路走进 212 教室,勉励正在接受汉语培训的维吾尔族教师为实现中华民族的伟大复兴共同奋斗,还当场请教了"中国梦"的维吾尔语读音。随后,汤黎路副主席赶到阿克苏地区高级技工学校,考察浙江的援建项目。

10 月 28 日上午,汤黎路赴浙江省援疆指挥部看望慰问了浙江援疆干部并座谈。徐纪平主持座谈。在会上,徐纪平汇报了阿克苏地区和兵团一师基本情况及反恐维稳形势,重点汇报了浙江第八批援疆干部进阿克苏以来的工作。他指出,浙江省第八批援疆干部圆满完成了第七批项目交接扫尾工作,紧紧围绕"有利于推进当地社会稳定和长治久安"这个根本目标,确立"产业项目促就业、民生项目聚民心、智力项目育人才"的理念,做好就业、教育、人才和阵地基础建设等四个方面的工作重点,精心组织实施农村文化礼堂、农业一县一品、人才帮带提升等三个援疆特色品牌。同时,他还介绍

了省援疆指挥部加强援疆干部队伍教育管理方面的做法。

汤黎路在听取汇报后,肯定了援疆指挥部干部的辛勤工作以及取得的可喜成绩,认为取得这样的成绩很不容易、很不简单、很不一般,称赞援疆干部在阿克苏地区援疆是一项"插柳成荫"的伟大事业。他指出,仅仅500人的浙江援疆干部以及相关人员在短短的一年内却完成了如此之多的工作,取得了如此之大的进展,可以想象是付出了何等的艰辛和努力,第八批援疆干部可敬。随后,他对援疆指挥部未来的工作提出了自己的要求:在保证各个项目进展的同时要保证各个项目的可持续性,要持续落实中央、浙江省委省政府的相关要求以及关键精神,要多为阿克苏人民做实事、做好事,进一步维护社会稳定,并促进民生发展。

28日下午,汤黎路一行前往阿克苏纺织工业城参观考察。在参观阿克苏纺织工业城一期污水处理工程时,汤黎路强调废水废气的排放标准一定要符合产业政策和清洁生产原则,实现达标排放,满足总量控制要求,并强调,要把浙江正在力推的"五水共治"理念引导到工业城的污水处理工程中来,所排污染物严格控制在允许排放范围之内,不可马虎大意。随后,考察团还考察了华孚色纺、巨鹰服饰、浙江物产南疆物流园、浙江能源集团热电厂项目。(浙江援疆网,2014年10月29日)

九、政协阿克苏地区工作委员会部分委员视察浙江援疆工作

为了进一步了解浙江援疆工作开展情况,有力配合实施浙江援疆工作,促进政协委员知情建言,11月18日,阿克苏地区政协工委党组副书记、主任阿不力孜·吐尼亚孜率领政协阿克苏地区工委部分委员视察浙江援疆项目实施情况并与援疆干部座谈。浙江省援疆指挥部指挥长、党委书记,阿克苏地委副书记徐纪平主持工作会议,浙江省援疆指挥部副指挥长、党委副书记,兵团一师党委常委、副师长劳泓陪同视察。

委员们先后赴阿克苏纺织工业城内巨鹰服饰、诸暨袜业园,阿克苏地区高级技工学校,以及阿克苏教育学院浙江双语教师培训中心现场考察浙江援建项目。在纺织工业城,政协委员详细询问了企业招工情况、职工福利、工人工作情况等相关信息,对浙江企业对阿克苏地区经济发展的帮助表示了肯定并提出了感谢。在阿克苏地区高级技工学校,政协委员考察了浙江援疆的实训楼、综合楼以及后勤保障楼,旁听了该校学生的中文计算机课

程,对该校的教育方式以及部分成果,各政协委员均十分满意。在行程的最后阶段,政协阿克苏地区工作委员会视察了阿克苏教育学院浙江双语教师培训中心,在人才传帮带工作室内听取了浙江援疆以来尤其是第八批援疆干部抵达阿克苏以后的相关工作情况,并对浙江教师以及援疆干部对阿克苏教育事业的帮助表示了感谢。

结束实地项目视察后,政协阿克苏地区工作委员会与浙江省援疆指挥部在阿克苏地区宾馆座谈,徐纪平主持工作会议,劳泓简要汇报了第八批援疆干部抵阿以来的相关工作以及取得的相关成绩。

徐纪平在会议上表示,会继续以习近平总书记重要讲话精神为统领,深入贯彻落实第二次中央新疆工作座谈会和省委常委扩大会议精神,提高认识,聚焦目标,突出重点,精准发力,为驱动新疆社会稳定和长治久安做出新贡献。同时,会通过援疆项目的建设进一步促进阿克苏地区就业、民生、教育、经济等相关方面的发展,通过不懈的努力让两族人民相亲相敬、共同发展。

阿不力孜·吐尼亚孜代表政协阿克苏地区工作委员会对浙江援疆以来取得的工作成绩表示了极大的肯定与感谢,并提出,要高度重视交流交往,加强民族团结。随后,部分政协委员在表示对浙江援疆工作的感谢之余提出了关于促进阿克苏地区红枣、苹果、核桃等特色产品的推广销售,加强浙江社区化教育模式的借鉴交流等方面的意见。(浙江援疆网,2014 年 11 月18 日)

十、阿克苏地区部分人大代表考察浙江援疆工作

11 月 20 日,阿克苏地区人大工委党组书记、副主任卢法政率领地区人大代表、阿克苏地区工委部分人员视察浙江援疆项目实施情况并与援疆干部座谈。浙江省援疆指挥部指挥长、党委书记,阿克苏地委副书记徐纪平主持工作会议,浙江省援疆指挥部副指挥长、党委副书记,兵团一师党委常委、副师长劳泓陪同视察。

人大代表先后赴阿克苏纺织工业城内巨鹰服饰、诸暨袜业园,阿克苏地区高级技工学校,以及阿克苏教育学院浙江双语教师培训中心现场考察浙江援建项目。在纺织工业城,人大代表详细询问了企业目前情况以及相关困难,同时与当地职工沟通职工福利、工人工作情况等相关信息,人大代表

在对浙江援疆工作表示肯定之余希望能够为阿克苏地区的经济发展进一步做出努力以及贡献。在阿克苏地区高级技工学校,人大代表考察浙江援疆的实训楼、综合楼以及后勤保障楼,还前往浙江援建的男生宿舍了解当地学生的生活、学习情况。在行程的最后阶段,人大代表还视察了阿克苏教育学院浙江双语教师培训中心。在双语学校内,他们与拜城小学赴双语学院学习维吾尔语的汉族老师做了亲切交流。在交谈过程中,拜城小学的杨清照用维吾尔语进行了自我介绍,并回答了人大代表的问题;杨静则用维吾尔语讲述了自己学习的情况。

结束实地项目视察后,人大阿克苏地区工作委员会与浙江省援疆指挥部在阿克苏地区宾馆座谈,徐纪平主持工作会议,劳泓简要汇报了第八批援疆干部抵阿以来的相关工作以及取得的相关成绩。

徐纪平在会议上表示,各市指挥部将会在明年的工作上厘清思路,做好项目准备,打好项目基础;同时会在指导思想上更好地贯彻二次会议的精神,坚持把中央的精神、地方的需求以及浙江的优势相结合,从这"三个结合"上找项目、做项目,希望阿克苏地区人大代表针对明年浙江援疆关于就业援疆、教育援疆、文化援疆、人才援疆、维稳以及民生建设等六大项目的工作多监督、多提意见。

卢法政代表人大阿克苏地区工作委员会做总结发言,他首先对浙江援疆以来取得的工作成绩表示了极大的肯定以及感谢,并提出,希望浙江援疆干部与人才能够一如既往地多为阿克苏地区做贡献,多为地区民生发展与社会稳定工作做实事、做好事。列席的人大代表还针对高考改革、教育、社区建设等相关工作表达了对口帮助的意愿。(浙江援疆网,2014 年 11月20日)

十一、浙江省援疆指挥部召开青年教师帮带提升座谈会——共享结对经验,共促帮带成效

为了进一步共享青年教师结对经验,促进青年教师帮带成效,11 月24 日下午,省政府副秘书长,省援疆指挥部指挥长、党委书记,阿克苏地委副书记徐纪平主持召开阿克苏教育学院青年教师帮带提升专题座谈会。阿克苏地区教育局领导、阿克苏教育学院领导、浙江双语支教团代表及结对青年教师代表等 30 余人参加会议,其中包括在浙江援疆双语支教教师结对帮

助下刚刚荣获自治区双语教师培训优质课大赛二等奖的浙江双语结对工作室青年教师吴丽娜。

据悉,2014 年 11 月 17—19 日,由新疆维吾尔自治区教育厅主办的双语教师培训优质课、说课比赛在新疆师范大学召开。浙江双语结对工作室结对的青年教师吴丽娜在与南京师范大学、天津师范大学、新疆师范大学、乌鲁木齐职业大学、北京教育学院、新疆教育学院等单位参赛选手的同台竞技中脱颖而出,荣获自治区二等奖,这是阿克苏教育学院办学 30 年来的"零的突破",也为帮带提升工作添上了浓墨重彩的一笔。

座谈会上,吴丽娜详细汇报了如何在浙江教师的帮助下取得优异成绩的过程。浙江双语支教教师以及结对青年教师分别介绍了结对帮带工作进展情况和取得的成就,并对省援疆指挥部智力援疆所做出的工作表示感谢,青年教师们希望在未来能够有更多的机会向浙江援疆教师学习优秀的教学和管理经验。

阿克苏地区教育局党组书记孙长波、阿克苏教育学院院长李健分别从不同角度介绍了开展教师帮带提升工作的有关情况,并表示要积极创造条件,从制度层面营造氛围,总结经验,不断推广以工作室为载体的帮带工作机制。

徐纪平对阿克苏教育学院青年教师帮带提升取得的成绩表示祝贺,指出成绩的取得离不开帮带团队的心血和努力,下一步的青年教师帮带提升工作要突出以下三个方面:一是坚定方向,找准差距。要学会扬长避短,认真研究目前工作中还存在的问题;要学会反思,让青年教师动起来,不断完善工作机制。二是要深化帮带工程,加强顶层设计。帮带工作要在目标化、紧密型、激励式和连续性方面下功夫。三是要积极思考帮带成果化。工作室建设要及时改版升级,认真研究成果的显性化,要按照既定目标,争取使帮带工作再上台阶。(浙江援疆网,2014 年 11 月 26 日)

十二、浙江省教育厅副厅长于永明慰问援疆双语教师

11 月 27 日晚,浙江省教育厅副厅长于永明利用赴新疆参会机会专程赴阿克苏教育学院,看望慰问援疆双语支教教师。在援疆教师宿舍,于永明副厅长代表省教育厅表达了对援疆教师的亲切问候,并详细了解了双语支教教师的生活和工作情况,叮嘱援疆教师一定要遵守管理制度,认真完成使

命,同时也希望援疆双语教师继续发扬红柳精神,在做好本职工作的同时,积极做好传帮带,帮助当地培养一支带不走的教师队伍。(浙江援疆网,2014年12月4日)

十三、浙江省委常委、常务副省长袁家军一行莅临阿克苏教育学院视察指导工作

2015年9月7日,在新疆维吾尔自治区人大常委会约尔古丽·加帕尔副主任,兵团党委常委、副司令员孔昌隆,阿克苏地区人大常委会主任吐鲁洪·阿不都热依木等领导陪同下,浙江省委常委、常务副省长袁家军一行于上午10:30莅临阿克苏教育学院视察指导工作。

在学院"校训碑"前,袁家军常务副省长听取浙江省援疆指挥部劳泓副书记汇报双语援疆项目概况。阿克苏教育学院张淑萍院长结合双语教师培训宣传展板,汇报学院2010年以来承担阿克苏地区少数民族双语培训工作的具体做法和取得的成果,袁家军常务副省长不时询问培训工作成效和培训过程中出现的有关问题,充分肯定双语培训工作重要性。

随后,袁家军常务副省长一行进入教学楼进行视察,在教室里,他与维吾尔族学员亲切交谈,仔细了解学员在校住宿、饮食和培训学习等情况,告诉学员学习汉语的重要意义,希望学员勇于担当,做好新疆汉语教学工作接班人。

在双语教师结对工作室,浙江双语支教团团长、阿克苏教育学院金祖庆副院长向袁家军常务副省长一行汇报浙江双语支教工作概况,并重点介绍了2014年以来工作室结对帮带工作开展情况。

汇报结束后,袁家军常务副省长向有关人员了解了结对工作室建设情况和结对帮带工作开展情况,要求浙江双语支教团借助结对桥梁,集思广益,加强与受援地的交流、交融,为新疆双语教育事业做贡献。

考察结束,袁家军常务副省长一行与有关人员合影留念。

十四、教育部南疆调研组一行赴阿克苏教育学院调研指导

3月12日上午,教育部民族教育发展中心副主任卢胜华率教育部南疆调研组专家一行8人来到阿克苏教育学院,对学院双语教育开展情况进行了细致全面的调研。自治区教育厅双语办副主任向阳和基础教育处干部方

健,浙江省援疆指挥部指挥长、党委书记徐纪平,党委副书记、副指挥长劳泓,地委委员、宣传部部长吴宕,行署副专员买买提·沙吾提,地区教育工委副书记、教育局党组书记孙长波等陪同调研。

调研组一行认真考察了阿克苏教育学院校容校貌,高度肯定了对口援助省市对学院硬件建设的大力支持;在"浙江省援助阿克苏地区和兵团一师少数民族教师双语培训班"教室,调研组除了随堂听课,还仔细询问了学员学习情况。浙江省双语教师培训支教团和学院青年教师结对工作室自成立以来,已开展两批结对帮带活动,取得了良好的成效。支教团团长、总领队金祖庆向调研组详细汇报了工作室各项工作开展情况,得到了调研组的高度肯定。

随后,调研组分教师组和学生组举行了座谈会。调研组首先听取了阿克苏教育学院院长张淑萍关于学院双语教育开展情况的汇报,全面了解学院在双语师资培养、培训方面的做法、成绩以及存在的困难。座谈会在热烈的交流气氛中进行,来自浙江双语教师培训支教团的戴敏、郑春燕和本院教师阿依加玛丽、吴丽娜等知无不言言无不尽,提出自己在援疆支教工作中的一些想法和建议,引起了调研组、自治区、援疆指挥部和地区教育局领导的高度重视。

向阳副主任介绍了现阶段自治区双语教育发展的一些情况,赞扬了浙江省为阿克苏地区教育的硬件和软实力提升做出的巨大贡献,她建议阿克苏教育学院采用多渠道师资培训,浙江支教老师和学院老师一起,深入阿克苏地区教学一线,尤其可深入农村中小学校,从而更好地为双语培训课堂服务。

浙江省援疆指挥部指挥长、党委书记徐纪平说了自己参加柯坪一所小学升旗仪式的感受,他说双语教育是新疆的一项"希望工程",新疆教育要发展提升,就必须把双语教育的普及进行到底。而教育援疆是浙江省援疆的重点工程,阿克苏教育学院依托援疆项目,在针对整个阿克苏地区的师资培养、培训方面成绩斐然,接下来应在双语教师培训方面总结已有经验,不断创新,做好学前教育师资培养的可持续发展规划,辅助推进阿克苏地区乃至整个南疆地区的双语教育发展。

卢胜华副主任代表教育部有关领导对援疆的双语支教教师表达亲切的问候,充分肯定了浙江省教育援疆取得的成果。他说,通过本次调研发现,阿克苏地区变化很大,双语教育氛围很好。"十三五"规划对南疆发展有着至关重要的作用,阿克苏教育学院应在依托援疆省市的基础上,做好优质师资重组,通过远程培训等渠道,培养、培训好我们的老师,实现民族教育现代化。(浙江援疆网,2016年3月12日)

十五、浙江省教育厅教育教学能力提升工程调研组莅临阿克苏教育学院开展调研工作

2016年4月25日,浙江省教育厅教育教学能力提升工程调研组一行6人,在浙江省教育厅师范教育处牟凌刚副处长的带领下,不远万里来到阿克苏教育学院,就"浙江省对口援助阿克苏地区(兵团第一师)中小学双语教师教育教学能力提升工程"开展调研。

"浙江省对口援助阿克苏地区和兵团一师35岁以下少数民族双语教师培训"项目是针对阿克苏地区少数民族教师的一项全员培训、兜底培训,培训对象覆盖面广,培训效果显著。随着该项目进入收官阶段,如何在全员培训的基础上,充分利用好浙江优质教育资源,对阿克苏地区中小学进行更有针对性的能力提升培训,深化推进教育援疆工程,成为浙江教育和阿克苏教育共同面临的重要课题。

继2015年12月中共阿克苏地委办公室、阿克苏地区行署办公室印发《2016—2020年浙江省对口援助阿克苏地区(兵团第一师)中小学双语教师教育教学能力提升工程实施方案》(阿地党办发〔2015〕146号)后,浙江省教育厅和阿克苏地区教育局就该方案及时对接,开展各项工作。此次调研组将全面调研阿克苏地区中小学师资现状,掌握素质能力提升工程的第一手数据。作为项目工程的承训单位,阿克苏教育学院是调研组选择的第一站。

调研组一行在阿克苏教育学院党委书记吉利力·海利力和院长张淑萍等的陪同下,参观了阿克苏教育学院校园并随堂听课,同时还走访了浙江双语教师培训支教团教师公寓,听取了浙江双语援疆教师和阿克苏教育学院青年教师结对工作室的工作汇报,肯定了阿克苏教育学院双语培训工作的显著成就。

随后,调研组在综合楼二楼会议室召开了由浙江省援疆指挥部人才组组长、阿克苏地区教育局副局长张华良主持的座谈会。张淑萍院长向调研

组汇报了学院承训"浙江省对口援助阿克苏地区和兵团一师35岁以下少数民族双语教师培训"项目实施概况,同时真诚地期望通过"2016—2020年浙江省对口援助阿克苏地区(兵团第一师)中小学双语教师教育教学能力提升工程",为阿克苏地区锻造出一支精干的、带不走的教师队伍。阿克苏地区教育党工委委员、教育局党组成员、副局长杨洪军向调研组解读了由阿克苏教育局拟定的《2016年"浙江省对口援助阿克苏地区(兵团第一师)中小学双语教师教育教学能力提升工程"实施办法(草案)》。阿克苏教育学院教师、浙江双语教师培训支教团教师、浙江援阿少数民族双语教师培训班学员也表达了自己对双语教师培训的意见和建议,大家根据阿克苏地区中小学教育的现状进行了充分交流。

十六、各级领导来阿克苏教育学院浙江双语结对工作室考察指导

2011年9月,浙江省委常委、宣传部部长茅临生视察浙江援建的双语教师培训中心。

2011年9月1日,阿克苏地委书记黄三平、浙江省教育厅厅长刘希平看望援疆教师和当地学生。

2012年3月31日,新疆维吾尔自治区党委常委胡伟参加阿克苏浙江双语教师培训中心一期交付二期开工仪式。

2012年7月30日,浙江省省长夏宝龙参观阿克苏浙江双语教师培训中心。

2012年8月22日,浙江省政协副主席陈艳华赴阿克苏考察援疆工作,在地区教育学院双语培训中心调研。

2014年5月18日,浙江省援疆指挥部副指挥长、党委副书记,兵团一师党委常委、副师长劳泓欢送第三批双语支教教师。

2014年6月25日,浙江省援疆指挥部指挥长、党委书记,阿克苏地委副书记徐纪平参加浙江双语培训班第三批结业典礼。

2014年8月26日,浙江省委副书记王辉忠一行考察阿克苏教育学院。

2015年教师节,浙江省教育厅副厅长韩平慰问支教教师。

2016年4月25日,浙江省教育厅教育教学能力提升工程调研组来阿克苏教育学院开展调研工作。

2016 年 9 月 9 日,阿克苏教育学院院长张淑萍陪同浙江省援疆指挥部指挥长王通林慰问支教教师。

2016 年 10 月 14 日,结对工作室负责人向莅临工作室的浙江师范大学杭州幼儿师范学院领导汇报工作。

2017 年 3 月,浙江省援疆指挥部指挥长、党委书记,阿克苏地委副书记王通林陪同援疆调研组来结对工作室考察指导。

2017 年 5 月 17 日,浙江省援疆指挥部王通林指挥长、洪国良副指挥长参加在阿克苏教育学院举行的第六批双语支教教师表彰欢送会。

十七、阿克苏教育学院领导在人力、物力、财力等方面给予结对工作室大力支持

1.学院领导为结对工作室提供良好的办公场所。

工作室办公场所面积 87 平方米,会议桌椅、沙发、茶几以及办公电脑、打印机等设备投资 25.7 万元。

2.学院领导与结对工作室负责人共同制定结对实施办法。

3.学院领导与结对工作室负责人共同制定结对指导手册。

4.学院领导在日常生活中对结对导师关怀备至。

第二章 阿克苏教育学院浙江双语结对工作室的结对工作与工作案例

第一节 2014—2016年阿克苏教育学院浙江双语结对工作室结对工作

一、2014年阿克苏教育学院浙江双语结对工作室结对工作

（一）2014年浙江教师与阿克苏教育学院青年教师结对（见表2-1）

表2-1 2014年浙江教师与阿克苏教育学院青年教师结对一览

序号	指导教师	学科专业	学院教师	学科专业
1	马丽敏	汉语言文学	刘明丽	汉语言文学
			赵莉	学前教育
2	王小勇	体育	朱彦伟	体育
			艾尼卡尔·吐尔逊	体育
3	王成兴	汉语言文学	热依兰·艾则孜	中文
			阿丽亚·阿不来提	中文
4	王能	汉语言文学	颜喜燕	口语
			阿依古丽·艾麦尔	中文
5	邓为民	思政	温静	思政
			张利娟	思政
6	龙佳韵	数学	西热古丽	数学
			阿依古丽	数学

序号	指导教师	学科专业	学院教师	学科专业
7	叶旭华	汉语言文学	古扎丽努尔·艾尼瓦尔	汉语言文学
			侯玲彦	汉语言文学
8	史晓东	汉语言文学	欧小蓉	汉语言文学
			李金华	汉语言文学
9	刘海燕	体育	陈艳玲	体育
10	杨兆君	语文教育	何兰	中文
			阿达来提	教育学
11	吴小伟	汉语言文学	古丽克孜·吾甫尔	中文
			王志芳	中文
12	余红刚	音乐	时晓倩	音乐
			热依拉·艾合买提	音乐
13	谷珍娣	汉语言文学	谢富	中文
			嘉晓蕾	学前教育
14	应中	汉语言文学	吴丽娜	汉语言文学
			李晶晶	汉语言文学
15	汪益娟	汉语言文学	谢燕春	学前教育
			王月仙	学前教育
16	陈月燕	汉语言文学	热娜古丽.艾尔肯	中文
			阿比旦·努尔东	中文
17	陈青	汉语言文学	陈晓雅	汉语言文学
			李玲	汉语言文学
18	陈临州	汉语言文学	宋军华	中文
			组力胡马尔·艾合麦提	汉语言文学
19	范芙斌	汉语言文学	古扎丽努尔·卡米力	汉语言文学
			茹克牙木·马木尔	汉语言文学
20	钟凯	汉语言文学	李广进	汉语言文学
			高婷婷	汉语言文学

续表

序号	指导教师	学科专业	学院教师	学科专业
21	徐斌华	数学	薛 刚	数学
			任红梅	数学
22	黄 乐	汉语言文学	刘 华	汉语言文学
			张 莉	汉语言文学
23	童佳敏	汉语言文学	萨吉旦·阿吉	中文
			哈尼克孜·祖农	中文
24	童镇镇	美术	买尔旦·毛尼亚孜	美术
			韦国宝	美术
25	曾伟新	汉语言文学	颜 梅	中文
			阿迪拉·阿不来提	汉语言文学
26	谢 翔	音乐	王 桐	音乐
			库尔班江·阿巴斯	音乐

（二）2014 年浙江教师与阿克苏教育学院青年教师结对仪式上导师代表发言稿

尊敬的各位评委、各位老师：

大家好！我叫叶旭华，是浙江双语支教团的一名教师。今天，我将以帮带导师的身份向大家汇报我的帮带之路。

那是一个美丽又美好的春天，在支教团和学院的安排下，我收了两个徒弟，一个是女的，另一个也是女的。自此，我的援疆生活又翻开了浓墨重彩的一页。

维吾尔女孩古扎丽努尔·艾尼瓦尔，直到今天，我也没有见过她，教务处告诉我，她 5 月就休产假了，给了我一个悄然远去的背影，也给了我一丝不小的遗憾。

老天垂怜，没有完全剥夺我当导师的权利，我还有另一个徒弟——侯玲彦，一个生在山东长在新疆的汉族女孩，一个 2013 年参加工作的新教师，一个学物理教汉语的跨专业老师。

听了侯老师的几节课，我发现：由于专业不对口，她专业知识欠缺；由于资历不足，她的课堂掌控能力欠缺。在几次交往之后，我也发现：侯老师责任心很强,上进心极强,特别虚心好学。

有句话说得好:站在岸上是永远学不会游泳的。这体现了实践的重要性。于是,我把所有的帮带内容全都融入课前指导和课后研讨中,我们约定:每周相互听课至少一节。

课前,我们一起细心处理教材,潜心厘清思路,精心设计环节,专心制作课件,只为信心百倍地走上讲台。一次次的并肩作战,渐渐加深了师徒间的友谊,现在的我们,亦师亦友。

由于种种原因,很多听课指导我没有及时记录,有记录的一共13节,它们记录着徒弟日趋成熟的成长史,也记录着师徒日渐深厚的友谊。

有2份听课记录很有意思。这是侯老师的课:先叙后议,轻松作文。细心的你不难发现右上角那触目惊心的"正",那是我统计的侯老师的口头禅"那么",1个"正"字就是5个"那么"。

在我向她指出并指导克服的方法之后,我又去听了她在另一个班的课,细心的你不难发现,"正"字少了一大半。这难道不是一个莫大的进步吗?

在我的教室里,有这么一位特殊的学员,她每星期来听一两节课,她的笑靥总是那么甜,她的眼神总是那么专注,渐渐地,班里的学员把她当作班级的一员,每次大型活动也总是要叫上她。

听完课后,我们会在教室里找一个角落,潜心研讨。课间原本是我的抽烟时间,现在也被侯老师剥削了。侯老师还开玩笑地说:"叶老师,你该谢谢我,因为少抽了不少烟。"

经过几个月的帮带,侯老师的专业知识和课堂掌控能力都有了长足的进步,能够更加自信地站稳讲台。在青年教师教学技能比武大赛上,经过激烈的角逐,侯老师从22个参赛选手中脱颖而出。

拿着鲜艳的证书,侯老师满心欢喜地告诉我:这是她从教以来的首个一等奖。看着她的灿烂笑容,想着她的快速成长,我很欣慰,她终于迈出了坚实的一步。

其实侯老师最大的改变绝不在此,在哪里呢?先卖个关子,稍后再告诉你们。

这是我在教育学院上的一节示范课,课题是:张开联想与想象的翅膀。

下课后,我被潮水般的学生围了个水泄不通,他们一个个向我要签名,我再一次找到了当明星的感觉,你看,俺们最尊敬的团长只配为咱拍照片。

哈哈！

　　就在第二个星期，侯老师主动申请承包了学院优秀青年教师的观摩课，虽然还存在着这样那样的不足，但可贵的是她终于迈出了这艰难的第一步。因为她性格内向，跟人说话就会脸红，更别说在大庭广众面前展示自己了。

　　在这一年多时间里，我除了帮带侯老师之外，还默默地帮带着不少青年教师。因为，我觉得，作为援疆教师，我应该积极响应省指挥部"援疆一批人才、带出一批人才"的号召，不让自己这两年的援疆生涯留下任何遗憾。

　　最后，衷心祝愿：青年教师飞得更高，浙江援疆硕果累累，浙阿情谊地久天长。谢谢！

　　（三）2014年阿克苏教育学院浙江双语结对工作室导师工作会议精神

帮带工程初见成效　省指推动深化目标
——浙江双语培训支教团帮带工作打开新格局

　　一、援疆传帮带，"留下一支带不走的队伍"

　　浙江双语培训支教团是浙江省教育厅派出的一支援疆队伍，完成对口援助阿克苏少数民族双语教师培训项目。以2010—2013年为项目前期，顺利开展为阿克苏地区培养合格的中小学双语教师的基本工作。2014年4月初，浙江省援疆指挥部指挥长徐纪平同志在援疆2014年度智力项目启动仪式上讲话，他指出，援疆工作要确立"进疆为什么、在疆干什么、离疆留什么"的理念；并在讲话中突出援疆人才"传帮带"的作用，既做好本职工作，又带好徒弟。浙江双语培训支教团及时响应号召，于2014年4月20日启动"浙江双语培训支教团指导教师和阿克苏教育学院青年教师结对活动"仪式，筹建"浙江双语结对工作室"，积极思考帮带策略，以"多样化、目标化、互动化"的多种模式开展结对活动。这既为学院跨越式发展奠定了人力资源基础，也切合了项目中后期援疆工作的重点。

　　二、深入调查研究，厘清帮扶工作思路

　　浙江双语培训支教团成立了以团长和教科研主任为负责人，26位优秀援疆教师为指导教师的结对工作室。结对工作室一开始对学院青年教师专业、任教科目和工作时间等基本信息以及教育教学现状进行了认真调查，在充分调研的基础上，从三个方面入手，构建科学有效的结对模式。一是教育教学结对，强调结对导师指导、带动，以青年教师教育教学能力显著提升、能熟练运用多媒体网络教学资源为目标。二是开展科研结对，强化科研意识，带出科研队伍。三是通过帮助青年教师优化暑期培训项目、鼓励青年教师参加送教活动、指导青年教师教学技能比赛等形式，强化青年骨干教师的理论学习和实践，为阿克苏教育学院的发展衍生教育产能，扩大社会影响力。

三、举办技能大赛，让青年教师"动起来"

2014年11月中旬，在浙江省援疆指挥部及阿克苏教育学院的支持下，由浙江双语结对工作室策划的阿克苏教育学院首届青年教师技能大赛成功举办。结对导师全程指导，青年教师虚心请教，突出结对目标中强调的共同协作、交流、共融的特点。方案公布后，青年教师的图书借阅率大大提高，和导师的联系更加紧密，结对的青年教师真正地"动起来"了。

大赛获得省援疆指挥部人才组组长、阿克苏地区教育局副局长张华良的高度评价。据悉，这次由浙江双语结对工作室策划的技能大赛是南疆地区中职教育学校首次以说课的形式进行的技能大赛，不仅为浙江双语支教团帮带工作初期成果的展示提供了平台，也为阿克苏教育学院全体教师互相学习、互相激发提供了契机。对整个阿克苏地区的教育发展来说，这次大赛具有里程碑式的促进意义。

经过学院结对技能大赛前期准备，吴丽娜老师被阿克苏教育学院派出参加新疆维吾尔自治区教育厅主办的"双语教师技能大赛"。经过支教团组织骨干教师听课磨课、导师重点辅导，吴丽娜老师最终获得二等奖，这是阿克苏教育学院目前为止在自治区级别获得的最高荣誉。这得益于浙江教师的有效指导，凸显了浙江双语支教团帮带工作的意义。

四、科研项目申报，让青年教师"勤起来"

按照科研结对帮扶计划，学院对结对青年教师进行师徒一对一辅导，改变教师只上课不做研究的现状。只有勤于教学，才能找到科研的入口；反过来，要想做好科研工作，就得精心教学。"勤于思"方能"思而研"。经过半年多的互动互助，阿克苏教育学院青年教师科研成绩有了明显提高。

2014年上半年至今，阿克苏教育学院承担的自治区课题"避免学前教育小学化倾向与学生进入小学后接受双语教育的适应性研究"，以结对帮带为合作背景，支教团部分高校教师为主要参与成员，由学院青年教师共同完成。有 5 位青年教师在支教团科研骨干的帮扶带动下,独立撰写了 8 篇论文(包括调研报告),作为项目中期成果的一部分。

2014 年,青年教师以负责人身份由导师指导参与申报院级课题 37 项,比 2013 年增加 50%;青年教师申报教育厅课题的积极性明显提高,经过结对导师的督促和指导,课题数量从 2013 年的 2 项增加到今年的 10 项。支教团结对导师多次倾听青年教师汇报思路,分析可行性,提出改进意见。经过下半年 2 次组织课题申报,青年教师对课题的理解更加深入,研究方向和策略更加明确,对"科研兴教"更有信心。

五、努力帮扶学院打造南疆教师队伍中的先锋,把骨干青年教师"亮出来"

做好结对帮扶的重中之重,是培养优秀骨干教师,先让一批优秀教师"走出去",面向整个地区推动软实力资源共享,充分提升"人才产能效益",为阿克苏地区建设一支模范、先锋队伍,以引领之势带动整个地区教育发展。这项工作主要从三个方面入手。

一是建立一批由青年教师主持的暑期教师培训项目,为阿克苏教育学院"亮出品牌"。2014 年 6 月,由浙江双语结对工作室牵头,学院音体美组教师与支教团音体美专业指导教师就"如何策划暑期中小学教师专业培训项目"召开研讨会。为准备此次研讨会,导师们热心搜集材料,甚至不遗余力从原单位寻找项目书,以供借鉴,将自己所掌握的材料和培训思路倾囊相传,这种共融互助的精神得到青年教师们的热烈反响。据反馈,暑期项目得到阿克苏地区接受培训教师的好评。

二是由教学技能型的骨干教师开设优质观摩课,在学院队伍里"亮出水平"。11 月 28 日,学院组织 3 位骨干教师进行面向全院的优质观摩课:一堂作文课和两节口语课。在各自的认真准备和指导教师的帮助下,课堂从教学内容导入、教学过程设计到教师语言,都得到了修正。课后,导师们分别从教学目标设计、课程特色及教学过程等方面做了全面而专业的点评。

三是优秀青年教师首次参加送教并开设讲座,"亮出功底"。有两位主持或参与幼儿教育领域科研项目的幼儿教育专业青年教师被送往地区幼儿园,一位地理教师被送往地区高级中学。送教效果良好,得到送教学院的好评和聆听讲座教师的赞扬。

六、浙江省援疆指挥部关怀重视,后期努力再上台阶

活动自开展以来,得到了浙江省援疆指挥部领导的悉心关怀和指导。11月24日,以"共享结对经验、共促帮带成效"为主题的阿克苏教育学院青年教师帮带提升座谈会在浙江省援疆指挥部三楼会议室召开。传帮带归结到底是发挥一个团队的作用,徐纪平在座谈推进会上提出,希望下一步的青年教师帮带提升工作要突出重点,依照三个方面来开展:一是坚定方向,找准差距。要学会扬长避短,认真研究目前工作中还存在的问题;要学会反思,让青年教师"动起来",不断完善工作机制。二是要深化帮带工程,加强顶层设计。帮带工作要在目标化、紧密型、激励式和连续性方面下功夫。三是要积极思考帮带成果化。工作室建设要及时改版升级,认真研究成果的显性化,要按照既定目标,争取使帮带工作再上台阶。

二、2015 年阿克苏教育学院浙江双语结对工作室结对工作

(一)2015 年浙江教师与阿克苏教育学院青年教师结对(见表 2-2)

表 2-2　2015 年浙江教师与阿克苏教育学院青年教师结对一览

序号	指导教师	学科专业	学院教师	学科专业
1	邓伏云	地理科学	阿曼图尔·艾合麦提	地理信息系统
2			古丽柯孜·艾尔肯	地理科学
3	范平志	中共党史	阿依古丽·艾麦尔	汉语言
4			谌冬梅	思想政治教育
5	丰爱静	汉语言文字学	玉素甫江·赛麦提	汉语言
6	冯宇	汉语言文学	热依兰·艾则孜	汉语言
7			刘　华	汉语言文学
8	龚罗平	计算机网络与软件	尼加提·阿吾提	计算机科学与技术
9	顾梓华	计算机科学与技术	迪丽努尔·麦麦提	教育技术学
10			郭　倩	计算机科学与技术
11	黄小刚	数学与应用数学	卡德也·阿布拉	数学与应用数学
12			薛　刚	数学与应用数学

续表

序号	指导教师	学科专业	学院教师	学科专业
13	贾珍妮	语言学及应用语言学	麦尔哈巴·帕尔哈提	生物科学
14			李　静	语言学及应用语言学
16	金永潮	思想政治教育	古扎努尔·艾尼瓦尔	化学
17			邵　蓓	中国少数民族语言文学
17	金祖庆	教育经济与管理	李广进	汉语言文学
19	李　挺	美术教育	李鹏春	美术油画学
20			赵婷婷	美术学
20	吴颂华	体育教育	单世杰	体育教育
21	李政林	物理学	阿曼古丽·玉山	物理学
22			古丽巴努尔·吐尔洪	应用物理学
24	施伟伟	语言学及应用语言学	古扎努尔·卡米力	汉语言
25			王小苗	语文教育
25	翁舟英	生物化学	阿依古丽·阿不力克木	生物学
26			尼加提·阿布都赛米	生物技术
27	谢建强	汉语言文学	哈尼克孜·祖农	汉语言
28			吴丽娜	汉语言文学
29	熊永洪	音乐学	热米拉·图尔苏	汉语言
30	叶卫飞	生物学教育	木努尔丁·托合尼牙孜	生物学
31	郑春燕	汉语言文学	阿迪拉·阿布来提	汉语言
32			刘爱华	维吾尔语言
33	郑乐良	物理学	陈自娇	高分子化学与物理
34			王　伟	化学

（二）2015 年浙江教师与阿克苏教育学院青年教师结对仪式上导师代表发言稿

尊敬的学院领导、亲爱的全体教师们：

大家下午好！很高兴我们齐聚一堂，参加浙江教师与阿克苏教育学院青年教师结对仪式。作为第四批浙江援疆教师的一员，今天在这里代表

26 名指导老师发言,深感荣幸。在此,感谢双语支教团全体教师对我的信任,感谢阿克苏教育学院,为我们搭建这样一个真诚合作相互交流、共同进步的平台。

我们第四批援疆教师来到学院工作已半年有余,我们收获了自治区、援疆指挥部领导对我们的悉心培养,半年以来,我们食无忧,居无惧,思无乏。同时,我们看到阿克苏教育学院的蓬勃发展,也感受到学院青年教师身上的朝气、活力。教育学院的领导着眼于学校的长远发展,充分利用我们浙江教师的教育资源,为培养和提高学院青年教师教育教学水平,开展了这次结对活动。不知大家注意到没有,4 月 15 日,援疆网报道了省指挥长徐纪平同志在援疆 2014 年度智力项目启动仪式上的讲话。他指出,援疆工作要确立"进疆为什么、在疆干什么、离疆留什么"的理念;在讲话中他还突出强调了援疆人才"传帮带"的作用,希望大家既做好本职工作,又带好徒弟。由此可见,学院开展浙江教师与青年教师结对活动,既为学院跨越式发展奠定了人力资源基础,也切合了援疆工作的重点。因此,今天的结对仪式,绝不是一个虚空的形式,它承载的是一份责任,它内在的意义在于合作之上的携手前进、同生共长。我们将欣喜于这种成长,感动于这种民族团结的齐心协力。

为此,请允许我代表全体结对指导老师表决心。作为指导老师,我们首先要做到言传身教、率先垂范,在教学上、在师德上、在业务技能上都要做出表率。我们将结合自己的学科专业特长,尽职尽责,把我们的工作和教学经验毫无保留地传给各位青年教师,在你们遇到困难时一定给予真诚的关心和帮助。同时也希望各位青年教师,有什么问题及时提出,我们一起探讨解决,使结对工作更有针对性,更有实效性。此外,我们将按照结对方案确立的目标要求,严格开展工作,充分发扬我们浙江人援疆精神的"六个特别"——特别能吃苦、特别能团结、特别能学习、特别能干事、特别能自律、特别能奉献,认真履行我们的所有职责,从严从高要求学院的青年教师。帮助他们成长,我们义不容辞;阿克苏教育学院的繁荣,我们责无旁贷。

各位老师,当下,漫步于阿克苏教育学院的校园内,草坪齐绿,柳树换新,绿意盎然,生机绽放,这是一个播撒种子和希望的季节。此时此刻,我想与所有参与结对的指导老师和学院的青年教师们做个美好的约定:一年后,我们的结对工作在学院领导的关心支持下,在我们结对双方教师的共同努力下,一定会有一份满意的收获。将那棵不屈的红柳种在心中,成长在这片广袤的土地,播撒无尽的绿色。愿我们今天结成的亲密师徒,能乘风破浪,早日驶达理想的彼岸。

最后,再次感谢阿克苏教育学院为我们搭建的平台。衷心地祝愿教育学院取得更快更好发展,祝愿阿克苏地区教育事业明天更美好! 谢谢!

(三)2015 年阿克苏教育学院浙江双语结对工作室导师工作会议精神

交流互动开展传帮带

走进浙江双语结对工作室,一股"热浪"扑面而来:20 位 2015 年度结对导师齐聚一堂,畅所欲言:如何搭建双语论坛新平台,如何高质量地推进结对帮带工作……场面热烈,令人印象深刻。

为统一部署新一轮结对工作,充分调动全体结对导师的积极性,更好发挥双语教师结对工作室这一平台的重要作用,9 月 15 日下午,双语结对工作室负责人召集支教团全体结对导师,召开本学期首次结对导师工作会议,集中研讨学期结对工作计划,部署具体工作事项。

会上,结对工作室负责人范平志老师强调本次会议的重要性,要求结对导师与结对青年教师实质性推进结对帮带工作,加强交流、互动,并提出今后工作重点:落实导师指导,推动平台发展,组织教师送教,开展研讨和比赛,注重结对工作室考察、交流和宣传等工作。

最后,支教团金祖庆团长发言:新一轮的结对工作要在前期工作基础上,更认真细致、扎实有效地做好帮带的基础工作;要充分考虑结对导师和帮带对象的特点,突破常规,有所创新,开展更有针对性的帮带活动。

三、2016 年阿克苏教育学院浙江双语结对工作室结对工作情况

(一)2016 年浙江教师与阿克苏教育学院青年教师结对(见表 2-3)

表 2-3　2016 年浙江教师与阿克苏教育学院青年教师结对一览

序号	指导教师	学科	学院教师	学科专业
1	周绿萍	写作	李晶晶	汉语言文学
2	诸葛进宽	MHK	热那古丽·艾尔肯	地理信息

序号	指导教师	学科	学院教师	学科专业
3	曾一晖	MHK	萨吉旦·阿吉	汉语言
4	陈思群	口语	古丽克孜·吾甫尔	汉语言
5	黄洁清	口语	宋军华	维吾尔语
6	黄洁清	口语	艾尼瓦尔·亚森	思想政治
7	黄洁清	口语	颜梅	维吾尔语
8	宣玉梅	口语	哈尼克孜·祖农	文学
9	沈明亮	教法	吴丽娜	汉语言
10	赵祖耀	教法	石丽萍	思政
11	叶祖贵	口语	李娜	教育学
12	徐海虎	教法	欧小蓉	历史学
13	赵刚锋	教法	汪洋森	计算机
14	詹喜庆	教法	楚兴旺	美术
15	倪福伟	教法	祖木来提·玉山诺	思想政治
16	连夺回	备课指导	刘晶晶	音乐学
17	叶蓓蕾	教法	热米拉·图尔荪	汉语言
18	刘学峰	教法	阿依古丽·艾麦尔	汉语言
19	黄思海	教法	王艳云	学前教育
20	何华飞	教法	徐媛媛	课程与教学论
21	姜清	教法	赵玥	美术学
22	姜清	教法	田芳芳	美术学
23	郭英丹	教法	张彩霞	学前教育
24	郭英丹	教法	马瑜	应用心理学
25	傅军	口语	刘白仓	数学
26	王琼	教法	赵丽	语文
27	叶政军	教法	时晓倩	音乐

续表

序号	指导教师	学科	学院教师	学科专业
28	叶政军	教法	张　嫒	舞蹈
29	黄思海	教法	张　平	数学
30	何华飞	教法	赵莹莹	数学
31	曾一晖	口语	吕佩佩	汉语言
32	朱双芝	教法	张　群	汉语言
33	朱双芝	教法	张　娟	汉语言
34	顾青峰	教法	卢国富	数学应用
35	顾青峰	教法	赵　娟	数学应用
36	许　剑	MHK	王　伟	汉语言

（二）2016年浙江教师与阿克苏教育学院青年教师结对仪式上导师代表发言稿

各位领导、各位导师、老师们：

大家下午好！我是来自浙江海洋大学的第六批援疆教师黄洁清，作为阿克苏教育学院双语结对工作室负责人，同时担任结对导师工作，现结合工作室工作谈一下个人的想法。

浙江省教育厅、省援疆指挥部等有关部门在2010年启动实施"浙江省援助阿克苏地区35岁以下少数民族双语教师培训项目"，计划在2010—2017年完成5072名阿克苏地区尚不具备双语教学能力的初中、小学教师的培训任务。为完成这个项目，浙江省教育厅先后派了6批援疆教师共计316人，截至今年6月，浙江省已为阿克苏地区和兵团一师培养了3955名合格的双语教师，并已结业，在校的还有1117名教师。

2014年以来，浙江人才援疆创出了"结对交流带动、项目带人才、人才带团队"的援疆人才传帮带工作室机制，推进交往、交流、交融。从"智力输血"转向"智力造血"、从"人才顶岗"转向"人才帮带"，浙江人才援疆正在升级。在指挥部的领导下，浙江双语支教团结对工作室于2014年成立。首批确定26位双语援疆教师结对培养51位阿克苏教育学院青年教师，其中汉族教师30人，少数民族教师21人，少数民族教师占41％；2015年5月，第二批确定20位双语援疆教师结对34名阿克苏教育学院青年教师，其中汉族教师 13 人,少数民族教师 21 人,少数民族教师占 62％。两年完成了 85 名青年教师的结对工作。针对这次结对工作,严团长提出创新结对、精准结对理念。根据阿克苏教育学院每位教师的实际情况和不同需求,我们设计了三种结对方式:第一种是纯粹的教学型结对,就是在教学方面进行指导;第二种方式就是科研型结对;第三种就是"教学＋科研"型结对。

张华良说:我们的目标是要为当地培养一支带不走的高水平师资队伍,为阿克苏教育的内涵发展打下坚实的基础。通过几年的努力,我们培养了一批又一批的少数民族双语教师,双语培训项目马上就要结束,老师们结业后回到自己原来的岗位,他们是否把双语能力应用于他们的工作中? 如何构建考核评价体系和激励机制,使他们在一线岗位最大限度地发挥所长? 我们辛勤劳动的成果转化如何? 如何对已有的结对帮带成果进行跟踪,如何客观评价 7 年来的援疆成果? 如何延续我们的帮带工作,使援疆成果得以扩大? 如何打造一支真正带不走的援疆队伍? 这些都是值得我们思考的问题。

我有一个想法:开展浙江省创新推进援疆人才传帮带工程持续效应激励机制对策研究。我想构建网络帮带平台、构建帮带考核评价体系、制定相应的激励机制,留下一支真正带不走的援疆队伍。这将是浙江积极探索双语师资培训的新模式后的又一创新,希望领导给予指导和支持,也希望我们的努力能为浙江援疆事业添砖加瓦,使援疆事业再续辉煌。

(三)2016 年阿克苏教育学院浙江双语结对工作室导师工作会议精神

导师们真传实帮　青年教师们积极主动
——做好传帮带工作

2016 年 10 月 26 日 15 点 30 分,阿克苏教育学院双语结对工作室第三期双语结对工作推进会在阿克苏教育学院综合楼二楼会议室召开。支教团严柏炎团长介绍了结对工作室和结对工作的整体情况,对双语支教团结对导师提出了结对指导工作的要求:敬业精神。阿克苏教育学院张淑萍院长对工作室提出的"精准结对"理念非常赞同,同时对阿克苏教育学院青年教师提出希望:在有限的时间内成长,虚心主动向导师请教。浙江省援疆指挥部人才组组长、阿克苏地区教育局副局长张华良在会上做了重要讲话,回顾了 2014 年结对工作室成立至今的三批结对工作。他提出了三点要求:第一,坚持"三真"理念。导师真心帮,带动对象真心学,最终目标真实效;双语支教教师要做到真实干、真水平、真感情、真实用。第二,坚持模式理念。传帮带工作永远在路上,没有休止符,永远是进行时;坚持品牌模式,坚持组团模式,坚持接力特色模式,取长补短,"三留三访"("三留"即留下口碑、留下经验、留下感情)。第三,坚持进行理念。把创意进行到底(有实干有成效);把互动进行到底(通过一定的载体开展互动);把品牌进行到底(不为活动而活动);把长效进行到底(建立完整的机制,打造一套人才评价机制、绩效评价机制、帮带运作机制)。

第二节　阿克苏教育学院 浙江双语结对工作室工作案例

一、工作室案例

(一)"携手双语梦,传递浙阿情"

新疆的人文特点是"多民族聚居""文化多元"。将"全球化""信息化"与新疆的人文特点"多民族聚居""文化多元"输入大脑,很快就会输出"文化交汇"一词,如何实现不同文化的相互交流与理解?文化交流与文化理解的基础是什么?——语言。当推演到这一步时,阿克苏教育学院浙江双语结对工作室的工作特点就明晰了:与双语教师结对,提高当地教师教学质量,力图解决的就是多民族地区文化交流与文化理解的问题。因此,将工作目标聚焦于新疆双语教育,让援疆教师与当地民族双语教师结对,共同学习、共同进步,可谓抓住了时代特点与地域特点,把握了主要矛盾。

双语结对工作室成立以来,在实践层面推进速度很快,可以用"轰轰烈烈、热火朝天、精神倍增、斗志昂扬"来形容支教团以及结对工作室对待结对工作的热情与态度。蓬勃发展局面的形成,离不开省援疆指挥部以及社会力量的积极参与。阿克苏教育学院教师 210 人,工龄在 3 年以下的有 87人,占 41%。2014 年结对青年教师占阿克苏教育学院教师人数的 19%,占青年教师人数的 61％,由于发展速度很快且具有较强的导向而备受瞩目。结对过程中,工作室明晰教学、科研思路,看清问题,修正教学,做到了长足发展。

结对工作室根据青年教师的情况,开展有针对性的个性化结对。

教育教学结对,强调结对导师指导、带动,以提高青年教师教育教学能力、多媒体网络教学资源运用能力。阿克苏教育学院首届青年教师技能大赛中,全院教师与支教团教师都报名参与,结对导师全程指导,大赛获得浙江省援疆指挥部人才组组长、阿克苏地区教育局副局长张华良的高度评价。这也是南疆地区中职教育学校首次以说课形式进行的技能大赛,让结对的青年教师们真正地"动起来"了。

学科内部开展研讨交流活动。2014 年上半年,工作室召开了主题为"如何策划暑期中小学教师专业培训项目"的研讨会,结对导师从原单位寻找项目书,将自己所掌握的材料和培训思路倾囊相传,这种共融互助的精神得到了青年教师的热烈反响。

开展科研结对,强化科研意识。针对青年教师存在的科研意识薄弱、科研能力发展不平衡的现象,双语支教团尝试开展了以科研结对为模式的结对活动,探索教师教育科研均衡发展的有效途径。学院承担的自治区课题"避免学前教育小学化倾向与学生进入小学后接受双语教育的适应性研究",以结对帮带对象为课题组主要成员,已提交结题报告。2014 年,青年教师以负责人身份由导师指导参与申报院级课题,立项数量比 2013 年增加50％;青年教师申报教育厅课题的积极性明显提高,申报课题达到 10 项。

与兄弟结对工作室交流经验,加强导师队伍建设。拜访温州大学拜城实验高中结对工作室,接待阿克苏职业技术学院导师代表,为进一步打造科研型团队提供新思路。

结对工作室目前所取得的成绩离不开浙江省援疆指挥部领导对双语培训工作的科学有序规划,以及阿克苏教育学院的有力配合与支持。结对工作室将按照更高的目标要求,带领结对的指导教师把结对传帮带活动推向新的高度,再踏新征程。

(二)"组团式"精准传帮带,拓展"互联网＋援疆"工程

在 3 年的帮扶共建过程中,浙江双语培训支教团集体力量得到了充分

发挥,取得了显著的成绩。这从三个方面体现。

1.领导的关怀、学院的重视是做好传帮带工作的前提

工作室自 2014 年 10 月被确认为试点工作室以来,各级领导给予了大力支持并先后来工作室进行指导、考察。同时,学院领导高度重视,为工作室提供良好的办公场所,共同制定结对实施办法和工作手册,在人力、物力、财力等方面给予大力支持。

在各级领导的指导下,我们成立了工作室领导小组,由支教团教师作为结对导师,学院青年教师作为培养对象,3 年启动了 3 批结对工作,共 73 名导师结对了 111 名学院青年教师。

2.真传实帮是取得显著成绩的关键

(1)工作中的具体做法

“团队协作”开展传帮带。在教学方面,我们按“学科组团”进行教学对接。平时开展一系列的教学活动,3 年来辐射周边 8 所中小学,送教 60 次,送讲座 15 次,听评课 32 次,上优质课 23 次,上示范课 15 次,办教学技能大赛 2 次,办双语论坛 7 场,等等。在科研方面,我们按“项目组团”进行科研攻关。平时开展各种形式的课题研讨会等活动,从项目的选题、申报、立项到中期检查再到结题,导师们都尽心尽力。

“多方联动”提升传帮带。我们开展多种形式的活动为教学和科研服务:举办“浙阿情 双语梦”双语论坛;先后邀请专家进校讲座;兄弟结对工作室之间相互交流学习。

“资源整合”促进传帮带。针对阿克苏教育学院的教学和科研方面的需求,我们整合支教团教师原学校的特色资源,进行有效的资源利用来帮助阿克苏教育学院。比如,浙江海洋大学图书馆为阿克苏教育学院开通数据库端口,为阿克苏教育学院的师生提供所需资料和数据的参考咨询服务等。

“辐射周边”带动传帮带。我们按照“地区分队组团”进行结对帮扶,3 年来辐射周边 8 所中小学,在结对帮带过程中取得了一定的成绩。

“叠加效应”延续传帮带。我们为阿克苏教育学院带出了一批青年教师,这批青年教师作为导师再结对阿克苏市、县中小学的青年教师,让我们的结对帮扶劳动成果得以延续和扩大。

(2)工作取得的显著成绩

导师获奖。在 2014 年的浙江省援疆人才传帮带大赛上,有 1 位结对导

师获得导师组一等奖,并被评为"十佳帮带导师";在 2015 年的浙江省援疆人才传帮带大赛上,1 位结对导师获得导师组二等奖;在 2016 年的浙江省援疆人才传帮带大赛上,1 位结对导师获得导师组三等奖。

青年教师获奖。阿克苏学院青年教师吴丽娜荣获自治区教育厅级"优质课大赛"二等奖。青年教师赵莉分别荣获自治区教育厅级一等奖和国家级二等奖,并在 2016 年浙江省援疆人才传帮带大赛上荣获一等奖。阿克苏市第九中学青年教师吕佩佩分别荣获自治区级二等奖和国家级二等奖等奖项。

科研收获。科研方面取得了可喜的成绩。2016 年的自治区校本小课题中,阿克苏教育学院立项 8 项,其中 6 项是由结对导师主持并由青年教师参与的。结对 3 年中,导师和青年教师主持了浙江省教育厅项目 10 项,自治区校本小课题 9 项,地区级校本小课题 3 项,校级课题 53 项,其中有 37 名结对青年教师参与地区级及以上课题研究,29 名结对青年教师主持校级及以上课题。

学术成果。导师和青年教师发表教学心得体会 115 篇、德育论文 16 篇,自编教材 28 套,在《阿克苏教育学院学报》上发表论文 76 篇,在其他学术期刊发表论文 29 篇,出版著作 5 部。

工作室荣誉。2014 年 10 月,被评为"十佳工作室"。2014 年、2015 年,在浙江省援疆人才传帮带大赛上两次荣获工作室组一等奖。2015 年,被评为阿克苏教育学院"民族团结先进集体"。2016 年,获"自治区工人先锋号"光荣称号;在浙江省援疆人才传帮带大赛上,荣获工作室组二等奖。

3.创新思路是巩固成果的保障

思路决定出路,只有不断地创新思路才能维护好传帮带成果。

(1)在结对形式上提出创新思路

按结对导师学校性质组团,根据阿克苏教育学院师资状况,开展有针对性的"教学型""教学科研型"和"科研型"精准结对(见图 2-1)。

(2)针对今后的传帮带工作,提出"互联网＋援疆"工程新概念

作为最后一批双语援疆教师,我们一直在反思:如何让双语援疆工作具有浙江特色？如何巩固几年来的帮扶成果？如何真正做到为当地培养一支带不走的援疆队伍？为此,工作室提出"互联网＋援疆"工程新概念。我们对网络平台的可操作性进行了可行性数据分析和研究,重点工作是网络平

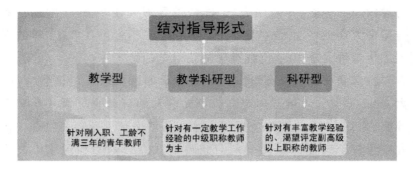

图 2-1　精准结对模式

台的构建,各个功能模块的设计,网络平台的管理、运行、维护,考核评价体系和激励机制的制定。主要创新之处有二。第一,理论创新。"互联网＋援疆"工程是我们首创,具有鲜明的原创性,对深化我国援疆事业的整体认知与研究有开创性意义。第二,实践创新。我们构建网络平台的宗旨是推动传统援疆模式向"互联网＋援疆"模式的转变,着力探索保障这一新模式可持续运行的体制机制。

"互联网＋援疆"工程将使我们的双语援疆工作达到最大限度的持续效应,为浙江智力援疆事业再添辉煌。

二、导师案例

(一)马丽敏:爱上智慧是生命中最大的善

"智力援疆是智慧与力量的合作,在传帮带的事业中,爱上智慧就是爱上奉献,爱上这份充满艰辛却昭示光明的事业。"这是来自衢州学院的双语援疆教师马丽敏在传帮带工作中的深刻领悟。

春天的约定

2014 年 4 月,阿克苏教育学院校园内,草坪齐绿,柳树换新,这是一个播撒种子和希望的季节。4 月 20 日,致远楼 109 室响起一阵热烈的掌声,李健院长宣读结对方案,浙江省援疆指挥部人才组组长张华良致辞,2014年度阿克苏教育学院的结对活动正式拉开帷幕。从那刻起,有了一个属于春天的约定:马丽敏老师和阿克苏教育学院两位青年教师签下协议,正式结下师徒关系并彼此承诺一年后的成长。还记得那天她作为代表的发言:"认真履行我们的所有职责,从严从高要求学院的青年教师。帮助他们成长,我们义不容辞,阿克苏教育学院的繁荣,我们责无旁贷。"这些誓词至今依然回响在她的心中。

兑现承诺,用成绩来说话

作为导师的她,在一年的结对期间,认真思考带徒策略,力争做到"率先垂范",她凭着在帮带工作中的努力和成绩获得了2014年度援疆人才传帮带"十佳导师"称号。"带出精兵,带出骨干",是她精益求精的帮带理念。马老师从徒弟自身现状出发制定个性化发展目标,教学帮带、管理帮带和科研帮带一起抓,通过师徒共同努力,帮带工作初显成效。师徒三人一起参与自治区校本小课题一项,共同完成论文(中期成果)四篇。

两位帮带对象都在各自岗位上取得了骄人的成绩:学有所成,成长为示范辐射的标兵;教学水平经过一学年每周师徒互听互评6节课的形式得到明显提高;第一次以课题负责人的身份完成2014年院级课题的申报并且都成功立项;在2014年分别获得学院优秀教师、学院先进个人以及地区级先进个荣誉称号。

帮带无私,爱无界

马老师除了是两位帮带对象的导师,还是整个结对工作的负责人。只要大家有需求,她再忙再累也会尽力满足年轻人渴望成长的愿望。学院青年教师王月仙在参加教学技能大赛时主动找到马老师,通过她热情有效的辅导,王月仙老师最终获得首届青年教师技能大赛一等奖。谢富老师是新疆师范大学地理学专业的本科生,马老师得知他因为学院未开设地理课而无课可上后,主动和教务部门联系商榷,提议帮其落实代课点,新学期来临,谢老师如愿以偿到地区实验中学做了一名代课老师。

导师的职责在于坚守,马老师的帮带对象从两个到三个,再到四个,凸显了我们传帮带中无私无畏的大爱精神。她从秀美的江南来到了祖国最西北的阿克苏,播撒下爱的种子,被她帮扶的这些年轻教师们竞相接力,让这些种子落地生根、开花结果。"离疆留什么?"她回答:"留下了我们不算朝气但依然激情的后青春,离疆,我不惭愧!"

（二）叶政军：情定阿克苏

情定阿克苏
——浙江双语支教团援疆教师叶政军的一天
（电视专题片脚本）

创作背景

2010 年 8 月至 2017 年 7 月，浙江省教育厅先后选派 6 批共计 317 名骨干教师赴疆开展每期两年的 35 岁以下共 5072 名少数民族教师双语培训工作。7 年来，他们舍家为国，倾情援疆，秉承"六个特别"的浙江援疆精神，践行"三问四为"的家国情怀。为了把这段光荣且难忘的工作经历最真实地记录下来，在众多领导和援友的帮助支持下，我以个人事例为题材，独立策划、摄制完成了这部教育纪实类专题片，希望能给每一个援疆人留下最鲜活的记忆。

解说

来自浙江省绍兴市树人小学的叶政军老师是第六批浙江双语支教团的一员，也是浙江省对口支援新疆阿克苏地区双语教师培训项目的最后一批教师。2015 年 8 月底，他来到由浙江省援建的"阿克苏·浙江双语教师培训中心"即阿克苏教育学院工作，与另外 59 名援疆教师一起对新疆阿克苏地区 1072 名少数民族中小学教师开展为期两年的双语培训。

字幕（2016 年 5 月 16 日，北京时间 9:00）

2016 年 5 月 16 日，星期一，天气晴朗。按照惯例，学院要进行升国旗仪式，全体师生着正装参加。由于南疆地区在祖国的最西边，与浙江有着 2.5 小时的时差，学院食堂开饭时间在 9:20，而升旗仪式是 9:45 开始。从教师宿舍到食堂，再从食堂到学院广场这段路，对于其他老师来说不算长，可对于来疆后不久突发"骨关节炎"，双膝髌骨软骨严重磨损，刚做过一次关节镜手术的叶政军老师来说，却很艰难。特别是上下台阶，完全得借助手杖，但每天的疼痛都没能把他打垮。

字幕（北京时间 9:45）

远在祖国边陲参加这样隆重的升旗仪式，与民族同胞一同仰望国旗冉冉升起,每一个援疆教师的表情都是庄严的。

上午第一节课的时间在 10:10,叶老师上课的教室位于教学楼的 4 楼音乐实训室,这段台阶对他来说最为困难,每次都得两步一级慢慢挪,速度会比学员们慢许多,因此他得抓紧时间赶去教室。

字幕(北京时间 10:10)

点名是上课前的第一件事,由于维吾尔族教师的名字都比较长,为了能快速记住学员的名字,叶老师别出心裁地想出了一个妙招。他设法制作了一张图文并茂的座位表,并把座位表设置成手机锁屏壁纸。"一键查阅"的效果体现了智能管理的理念。

自述(采访)

亲其师而后信其道。用汉语实施学科专业知识的教学,他把学员当成"小学生",而非以成人的标准。采用生动活泼的教学语言、轻松愉悦的教学方式,首先让这些学员消除了学习汉语的压迫感。在一个个游戏活动中,渗透口语和专业知识的教学,让学员喜欢他,并喜欢上他的课。用教师的人格魅力去潜移默化地影响学员,让民族教师乐于跟汉族老师交流,为学好普通话创设了良好的环境基础。

采访

不仅如此,叶老师新颖的教学理念还受到了阿克苏教育学院同行的肯定。

在短短的几个月时间里,叶老师收获了信任和友谊。

学员吐尼萨古丽就是叶老师的一位爱徒。在一次优质课比赛中,叶老师帮助她设计教案、课件,反复磨课,花了整整一个星期时间。就在比赛前一天的晚上,吐尼萨古丽在零点过后用社交软件求助叶老师,询问视频资料剪辑后如何插入幻灯片。阿克苏的网速跟内地相比很慢,等叶老师接收、剪辑、发送完文件,已经将近凌晨 2 点。

字幕(北京时间 13:30)

午餐时间为下午 2:00。食堂里的厨师是四川人,无菜不辣,大多数援友时常会有不对胃口的时候。叶老师特意让家属从浙江绍兴寄来了家乡特产霉干菜和虾干,这可是正宗的绍兴火锅底料。有了这些底料,可以加入各种食材炖成汤,算是偶尔给援友们加个菜解解馋。

字幕(北京时间 15:00)

明天是学前教育专业毕业班的汇报演出,有个语言类节目需要进一步提炼,叶老师就抽午休时间给 2 名学员细心指导。这位叫艾克拜尔的学员性格活泼,汉语讲得很流利,他的表演总能给老师和同学带来欢笑。

字幕(北京时间 17:00)

明天的课程是汉语精读,除了备课,叶老师还要修改课件。这是一项细活,得一丝不苟地找资料、搞设计。

字幕(北京时间 18:30)

正在备课的时候,接到 2014 级双语培训学员阿依努尔的电话,说是明天她所实习的学校要进行一场微课比赛,自己心里还没底。叶老师当即让阿依努尔来学院教室,现场帮她磨课,改进设计和纠正汉语发音。

阿克苏位于塔克拉玛干沙漠北缘,属于干旱型气候。这里的天气刚刚还是蓝天白云,马上会沙尘四起,呛得人满嘴的沙子。回宿舍的路上,恰好就遇上了沙尘暴,叶老师一进宿舍就得先洗澡更衣。

字幕(北京时间 19:30)

到了跟儿子约定视频聊天的时间。因为这个时候儿子基本已经完成了家庭作业,同时也是叶老师下班后晚餐前的半小时空当;儿子习惯每天20:30左右就寝,所以也不会影响儿子的休息。对家人的思念全都寄托在这网络之间,最怕有时网络不佳,只能看到黑屏一片。

字幕(北京时间 21:00)

新疆的夏天,过了 22:00 天色才会渐渐暗下来。援友们都会趁天黑前去操场锻炼身体,而叶老师因为膝盖有疾而只能宅着。多才多艺的叶老师此时会拿出他的口风琴吹奏几个小曲自娱自乐,算是劳逸结合。

结语

援疆干什么? 对于我们这些援疆教师们来说,踏实工作就是援疆。于是,我们常常又把"援疆"二字深深埋在心底,不再轻易说出口,因为每个人都在认真践行,都在积极努力。

2016 年 5 月 1 日 星期日 沙尘天

悟

也许将来我老了,我想不起每一位民族学员的名字,他们可能也想不起我的名字,但我会永远祝福他们!愿他们努力拼搏,让双语教育在新疆扎根开花!

阿克苏就是我的第二故乡,来到了阿克苏,我今生无悔!

脚本撰写:叶政军

摄像:叶政军、刘学峰

制作:叶政军

选送单位:浙江双语支教团,2016年5月

(该纪录片在绍兴市第五届优秀教育视频评选中获得二等奖)

(三)童镇镇:重要的不是教之、授之,而是感之、悟之

背　景

结对导师:童镇镇,浙江双语支教团教师,来自有"书画之乡"美誉的浦江。

结对青年教师:韦国宝,专业特长是国画书法,任教班级是学前教育班,讲授"三笔一画"、美术手工。

结对青年教师:买尔丹·毛尼亚孜,专业特长是油画,任教班级是学前教育班,讲授绘画、美术手工。

结对目标:提高课堂教学效率、发展自身专业特长、凸显学前教育特色。

做　法

制订了"疯狂计划"。①教学篇:疯狂的葫芦、疯狂的石头、疯狂的帽子、疯狂的……寻找身边现有的资源(如:葫芦、石头、帽子、废旧材料等),通过课堂教学、实践操作来实现教学目标。②教研篇:每周互听一节课、合作完成课题、共同开发校本教材。以教学常规为基础,做好课堂教学的课后反思;以专业理论为导向,切实提升自身的专业水平。

从四个方面努力实现结对计划。第一,童老师通过公开课展示了实力,在徒弟们看来,公开课新鲜活泼有创意。在童老师的启发和带动下,徒弟韦国宝老师也参加了学院组织的青年教师教学技能大赛。第二,童老师带动徒弟申报校级课题,两个徒弟都分别承担了不同的任务。第三,童老师主动联合学院的其他美术专业老师,着手开发校本教材。第四,弘扬民族文化方面,师徒三人将维吾尔族的文化艺术元素和学前教育的课堂教学相融合作

为切入点,有效地利用和开发民族美术资源。

成　效

韦国宝老师在学院组织的青年教师教学技能大赛中获得了三等奖。此外,他们用刻刀、颜料、清漆这些简朴的工具,做出了很多有创意的艺术作品。童老师说:"铁丝,丝袜,做一些手工,就在这些细细的铁、薄薄的丝袜中,让彼此看到永不凋零的师徒感情绽放在心间!"

启　示

在这里,重要的不是教之、授之,而是感之、悟之。

童镇镇老师用一句话来总结传帮带工作的启示:师徒携手传帮带,东西传递浙阿情,你我共圆中国梦!

三、青年教师案例

(一)古扎努尔·卡米力:师徒结对,成绩显著

2014年,我迎来了不同凡响的春天,因为这个春天我院来了一批援疆教师,而幸运的我也有了自己的导师范芙斌老师。借此机会,像我这样仅有3年教龄的新教师能够获得经验丰富的教师的帮助,更快成长起来。

在三年的教学工作当中,我在知识上有了一定的积累,但缺少教学经验。我面对的学员都是有着最少5年工作经验的中小学老师,如何上好一堂课,如何正确把握老师与学员之间的互动和交流,对我来说都是非常头疼的事。这次传帮带活动,使我深深地体会到作为一名教师应该怎样去促进专业上的成长。这一年的拜师学艺,可谓收获满满。

开学不久,范老师就从备课入手,检查了我的备课笔记,就教学常规要求做了说明,让我及时明确了备课要求。针对我对教材重难点把握不够准确这一缺陷,范老师给我制订了听课计划。每次听课都让我有不同的感受和新的收获。在听课方面,我不仅关注范老师讲授哪些知识,而且还注意范老师怎样突破教学中的重点和难点,如何对学员进行启发和诱导。尤其是控制课堂秩序和调动课堂气氛的手段,对我启发很大。

我结合自己的教学实际,模仿范老师的课堂形式,取得了良好效果。经常观摩范老师的教学使我对教材的理解更为深入,教学意图在我的面前日益变得明朗化,为我在教学上的探索节省了时间。

另外，下误后如果我还有问题，范老师会不顾疲劳地为我讲授。督促我不断优化教学实践的还是范老师不定期的随堂听课，虽然这让我有些措手不及，但它毫无隐藏地暴露了我的缺陷，便于范老师对每次听课中发现的不足和需要改进的地方进行具体点评。我们还就共同关注的问题进行了深入探讨。

浙江双语支教团与阿克苏教育学院联合举办了 2014 年结对青年教师教学技能大赛，我在范老师的细心指导和热心帮助下积极参与这次比赛并取得了好成绩。

范老师和其他支教团领导肯定了我在教学方面的进步和突出成绩，推荐我参加第一届浙江省援疆人才传帮带大赛，我有幸获得帮带对象组一等奖、优胜奖。

范老师还与学院、支教团领导到我家看望我这位准妈妈，使我感受到组织的温暖。我们携手努力把民族团结的种子播撒在了每一个学院教师和浙江援疆教师的心里，像一家人一样共同为教育学院的发展做出贡献。

今后，我会继续努力，为做好一名优秀的双语教师而努力奋斗。

（二）吴丽娜：传智慧，帮成长，带成效

根据上级及学院的相关文件要求，2014 年 4 月初学院下发了《阿克苏教育学院浙江双语教师与教育学院青年教师结对培养实施办法（试行）》，18 日启动了结对仪式。

师徒相识

通过结对仪式，我认识了我的导师——应中。他是来自温州大学的一名副教授，专业为汉语言文学。你若问我他是怎样的一个人，我想用三个词来告诉你：温文尔雅、睿智、真诚。而我，是一名进校刚满三年的青年教师，在校主要承担双语口语课程。

经过"师徒交流—教学观察—挖掘优势—目标确立"这四个环节，导师帮助我明确了自身的发展方向，最终确立了短期、中期和长远目标。短期目标主要是打好教学基本功，中期目标是成为学院的优秀教师，长远目标是成为南疆的专家型双语教师。

具体实施传帮带

首先，传智慧，导师传授教学经验和推荐教学资源。传授的教学经验包括教学方法、教学技能、教学设置、学情分析、学生学法指导以及自我修养等多个方面。推荐的教学资源主要有书籍资源和网络资源，前者包括教育学、心理学以及文学等方面的书籍，后者主要包括期刊网站、论文网站以及优质课视频网站等。

其次，帮成长，提升教科研实践能力。具体表现在教学、科研以及优质课的帮助。在教学方面，督促我掌握课标、教材以及了解学情，就教案编写、课堂讲授等给予我巨大帮助，同时帮助我养成写教学日志以及不定期写教学反思的良好习惯。在科研方面，不论是论文还是课题，都从选题、开题报告、格式、内容、结题报告等方面进行了具体指导。在优质课方面，从选课、教案编写、模课、公开课展示等方面进行了全面指导。

取得的成效

教学成绩：2013—2014 学年，我被评为校级优秀教师。2014 年 11 月 18 日，自治区教育厅举办了新疆双语教学优质课（说课）大赛，我代表学院同来自北京教育学院、天津师范大学、南京师范大学、新疆师范大学、新疆教育学院以及乌鲁木齐职业技术大学的教师同台竞技，最终荣获二等奖。2014 年 12 月，我参加阿克苏地区援疆指挥部组织的第一届阿克苏地区暨第一师传帮带汇报比赛，荣获二等奖。

科研成绩：2014 年，完成论文《〈欧也妮·葛朗台〉与〈悭吝人〉艺术形象之探析》，并发表于学报，完成课题"对阿克苏地区少数民族语言环境的探析"，成果发表于校报。2015 年，参与自治区校本小课题"双语教学中口语课程的导学案"。

经过一年的结对活动，我有收获也有遗憾。今后，我会着重在科研能力方面以及维吾尔语学习方面加大力度，并不断向着专家型双语教师的方向努力。我坚信：只有努力才能改变，只要努力就能改变！

第三章　2014—2016 年阿克苏教育学院 浙江双语结对工作室导师风采

第一节　2014 年阿克苏教育学院 浙江双语结对工作室导师风采

王小勇

【个人信息】

王小勇,男,1976 年 8 月生。援疆前任职于绍兴市新昌县南岩小学,中学高级教师;援疆期间在阿克苏教育学院从事双语教师培训工作。

【援疆感言】

两年的援疆生活说长不长说短不短,却给我留下人生中最美的记忆。当初抱着一颗体验之心来到这万里之遥的阿克苏,带着矛盾的心情踏上了援疆之路。在这两年里,我深刻感受到了新疆之美、中国之大,感受到了新疆人民之热情、援友之深情。新疆的烤肉处处飘香,浓浓的风土人情让我依依不舍,舍不得和你说再见。哎……阿克苏,我会回来的,我的第二故乡!

陈　青

【个人信息】

陈青,女,1977 年 9 月生。援疆前任职于金华职业技术学院师范学院,副教授,省级普通话测试员;援疆期间在阿克苏教育学院从事双语教师培训工作,任浙江双语教师培训支教团办公室负责人、阿克苏教育学院党政办副主任。

【援疆感言】

为一窥南疆教育真实风貌,为一圆助力南疆双语教育梦想,为一睹南疆大地风采,我,选择了援疆。两年来,我努力做到了"用心、用情、用力"工作。两年了,留下的是青春、智慧与友谊,带走的是真情与无悔!

叶旭华

【个人信息】

叶旭华,男,1973年4月生。援疆前任武义县下杨中学办公室主任,中学高级教师;援疆期间在阿克苏教育学院从事双语教师培训工作。

【援疆感言】

经常有学员跟我说:"老师,我们回原单位教的仍然是维语语文,你教的汉语我们很快就会忘掉的。"

我总是笑笑。

或许,我教你的汉语很快就会忘,但,请相信,咱们一起走过的日子不会忘,维汉的深情厚谊不会忘。

也不能忘。

童镇镇

【个人信息】

童镇镇,男,1986年1月生。援疆前任职于浦江县壶江初级中学,中学一级教师;援疆期间在阿克苏教育学院从事双语教师培训工作。

【援疆感言】

援疆,让我了解到新疆经济社会发展任务的艰巨;

援疆,也让我倍加珍惜民族团结、社会稳定的大好形势;

援疆,更让我感受到党和国家赋予我们的历史责任!

吴小伟

【个人信息】

吴小伟,男,1968年11月生。援疆前任义乌市尚经小学校长助理兼教导主任,中学高级教师;援疆期间在阿克苏教育学院从事双语教师培训工作。

【援疆感言】

两年双语援疆,传播了先进文化,缔结了珍贵友谊,增进了民汉交流,维护了祖国统一,践行了崇高理想,丰富了人生阅历……能成为援疆队伍一分子,真乃三生有幸也。

马丽敏

【个人信息】

马丽敏,女,1979 年 6 月生。援疆前任职于衢州学院,副教授,省级普通话测试员;援疆期间在阿克苏教育学院从事双语教师培训工作,任浙江双语教师培训支教团教科研负责人、阿克苏教育学院教科研室副主任。

【援疆感言】

感悟匆匆两年行走和流逝在援疆岁月的真谛,回望行走在阿克苏的足迹和背影,那份援疆人的浪漫与厚重,即刻将成为永恒的定格。援疆留下什么? 我只想说:"留下我的一段激情满怀,留下我援疆工作的脚踏实地,留下我对维吾尔族朋友的真诚和友谊。"愿阿克苏明天更美好!

汪益娟

【个人信息】

汪益娟,女,1978 年 10 月生。援疆前任职于衢州市开化县实验小学,中学高级教师;援疆期间在阿克苏教育学院从事双语教师培训工作。

【援疆感言】

天山脚下客,两年援疆情。在双语课堂这方土地,我怀着赤诚之心,勤恳钻研,精心教学,以民族团结为己任,做文化、友谊的使者。大漠胡杨,戈壁红柳,所有关于阿克苏的点点滴滴,都是我生命中无可复制的唯一。

余红刚

【个人信息】

余红刚,男,1975 年 11 月生。援疆前任杭州市萧山区第一实验小学副校长,中学高级教师;援疆期间在阿克苏教育学院从事双语教师培训工作,任浙江双语教师培训支教团教务负责人、阿克苏教育学院教务处副处长。

【援疆感言】

作为一名援疆教师,承载着"风""媒""花"的希冀与梦想,践行人生中一段不一样的信念与价值。

"风"是信使，是智慧和热情，她很温暖很无私；"媒"是过程，是传递和解读，她很和蔼很厚重；"花"是果实，是收获和传承，她很灿烂很幸福。

援疆情怀耿耿，勒马回首依依……

龙佳韵

【个人信息】

龙佳韵，女，1978 年 10 月生。援疆前任职于杭州第十中学，中学高级教师；援疆期间在阿克苏教育学院从事双语教师培训工作。

【援疆感言】

漫天的风沙阻挡不了我的一颗支援新疆的炽热之心，离开两岁的女儿来到这大漠边陲，虽然两年来掉下无数思念的泪水，但是我要说，两年的经历，我无怨无悔。培训的维吾尔族教师、结识的援疆兄弟姐妹、了解的维吾尔族风情，这些都是我生命中最绚丽永恒的记忆。

曾伟新

【个人信息】

曾伟新，男，1970 年 12 月生。援疆前任职于杭州市下城区风帆中学，中学高级教师；援疆期间在阿克苏教育学院从事双语教师培训工作。

【援疆感言】

荣幸。能与全省各地优秀教师一道成为援疆支教团的一员，感到万分荣幸。

骄傲。身负浙江人民的深情厚谊，奋斗在援疆工作的最前沿，骄傲之至。

歉疚。当妻子风里来雨里去地奔忙时，当孩子渴望支持时，这种感觉就会不时袭来。

惶恐。面对民族老师的一知半解，面对导师这一称呼，总是深感自身能力不足，满怀惶恐，鞭策自己还要多多学习，努力提高。

童佳敏

【个人信息】

童佳敏，男，1972 年 11 月生。援疆前任职于杭州市江干区茛山路学校,省级普通话测试员;援疆期间在阿克苏教育学院从事双语教师培训工作。

【援疆感言】

满江红

一别江南,已两载,岁月如烟。黄风烈,漫天飞沙,土饰尘颜。白日炎炎呕心血,暮色深深对无眠。援边关,满腔雄壮志,筑大业!

思故乡,梦团圆;建新疆,心真切!为双语,舍小家甘奉献。今夕浓情润黄沙,千年狼烟不复还。盼明日,胡杨牵碧柳,喜开颜!

王　能

【个人信息】

王能,女,1972 年 6 月生。援疆前任杭州市江南实验学校学生处主任,中学高级教师;援疆期间在阿克苏教育学院从事双语教师培训工作。

【援疆感言】

从江南到南疆——万里之遥,双语教学让"秀丽江南"与"苍茫南疆"唇齿相依,让"民族之花"与"友谊之花"同枝飘香!

援疆之路,红柳依依,胡杨毅屹,我们将用心、用情精心浇灌!

谷珍娣

【个人信息】

谷珍娣,女,1976 年 7 月生。援疆前任杭州市余杭区塘栖镇塘南中心小学教科室主任;援疆期间在阿克苏教育学院从事双语教师培训工作。

【援疆感言】

当我老了,头发白了,炉火旁打盹,仍会记起你青春的模样,记起多浪河温柔的目光。

也曾伤心落泪,也曾放声歌唱,不经意间学会成长。

你记得我也好,你忘了也罢。

而你,

阿克苏,

永远在我的心头回放……

杨兆君

【个人信息】

杨兆君,男,1970 年 2 月生。援疆前任职于杭州师范大学,副教授;援疆期间在阿克苏教育学院从事双语教师培训工作。

【援疆感言】

双语援疆支教,承担的是责任和使命,付出的是辛劳和汗水,收获的是希望和精彩。

播撒下双语教学的种子,期待着双语教学之树在南疆大地成长壮大。

南归,是家人的期盼;北望,是难舍的情怀。

两载时光,倏忽而过;两年坚守,永难相忘……

陈临州

【个人信息】

陈临州,男,1970 年 3 月生。援疆前任临海市大洋中心学校副校长,中学高级教师,省级普通话测试员;援疆期间在阿克苏教育学院从事双语教师培训工作,任浙江双语教师培训支教团总务负责人、阿克苏教育学院总务处副处长。

【援疆感言】

两年援疆,算是对从小立下的报效祖国这个宏伟理想的践行。不到新疆,不知道祖国有多大;不到新疆,不懂得推广国家通用语言文字的重要性。开展双语教学,是一项确保国家长治久安、社会繁荣昌盛的重要方针。

史晓东

【个人信息】

史晓东,男,1972 年 7 月生。援疆前任职于台州市椒江第二职业技术学校,中学高级教师;援疆期间在阿克苏教育学院从事双语教师培训工作。

【援疆感言】

两年来,我以西域铿锵的风情为友,和不畏荒芜孤独、依旧婆娑的红柳相恋,与扎根于大漠,将无垠沙土踩在脚下,每当秋风起,便一身绚丽的金黄傲视整片蓝天的胡杨为师,饱尝了北国风光,领悟了生命内涵。于此,我唯有感恩。

谢 翔

【个人信息】

谢翔，男，汉族，1976年7月生。援疆前任温岭市第五中学团委书记，中学高级教师；援疆期间在阿克苏教育学院从事双语教师培训工作。

【援疆感言】

不是所有的花都可以生长在天山，只有雪莲；不是所有的树可以生长在沙漠，只有胡杨；不是所有的人都可以来援疆，只有我们……

两年援疆路，一生情悠悠。在阿克苏教育学院支教的日子，必将成为生命长河中永恒的记忆，值得铭记与回味。曾经的离别与团聚，孤寂与幸福，希望与迷惘，如今变成收获的甜美，承载着今生的激情与感动。那颗牵挂的心，那份执着的情，那首曾经的歌，那滴感动的泪，如影随形……新疆，我们来过。援疆，一生不悔！

邓为民

【个人信息】

邓为民，男，1975年10月生。援疆前任职于台州学院人文学院，副教授；援疆期间在阿克苏教育学院从事双语教师培训工作。

【援疆感言】

于我而言，援疆支教有着双重的意义。

十年前，曾于新疆求学三年，在这里我收获了很多，也留下我美好的记忆。援疆支教，贡献我自己的微薄力量，也是一种感恩！

作为一名汉语言文学专业毕业的高校教师，有幸能为提高民族教师的双语水平而努力，为新疆社会的稳定与发展而出力，让我真正实现了学以致用，我倍感幸福！

援疆，一生不悔！

王成兴

【个人信息】

王成兴，男，1982年2月生。援疆前任湖州市长兴县林城镇太傅中心小学副校长，中学高级教师；援疆期间在阿克苏教育学院从事双语教师培训工作,任浙江双语教师培训支教团湖州分队领队。

【援疆感言】

回望援疆路,有欢笑也有烦恼,有梦想也有彷徨,感悟颇多,收获颇多——收获的是和援友们真诚相待的兄弟姐妹亲情,收获的是与当地学院同事相互信任的真挚友情,收获的是我人生旅途中一份永远值得骄傲的经历。

黄　乐

【个人信息】

黄乐,女,1980 年 9 月生。援疆前任职于湖州师范学院文学院,副教授,省级普通话测试员;援疆期间在阿克苏教育学院从事双语教师培训工作。

【援疆感言】

到祖国最需要的地方撒播教育的种子,是青春历程中最绚烂的一笔。我愿用语言架起民族团结互助的桥梁,传递和平、友爱与美。

徐斌华

【个人信息】

徐斌华,男,1974 年 12 月生。援疆前任职于温州市第八中学,中学高级教师;援疆期间在阿克苏教育学院从事双语教师培训工作,任浙江双语教师培训支教团总支委员、温州分队领队,浙江省援疆指挥部机关直属双语党总支第四支部书记。

【援疆感言】

"万里援疆路,浓浓援疆情。"

援疆,让我领略了大美新疆的波澜壮阔;

援疆,让我感受了戈壁红柳的顽强生命;

援疆,让我懂得了沙漠胡杨的坚强不屈。

援疆,让我的人生多姿多彩。

我援疆,我无悔!

范芙斌

【个人信息】

范芙斌,男,1975 年 4 月生。援疆前任温州市龙湾区灵昆镇第一小学副校长、办公室主任、支部委员,中学高级教师;援疆期间在阿克苏教育学院从事双语教师培训工作,任浙江双语教师培训支教团总务助理。

【援疆感言】

援疆是清苦的,因为奉献,我感受到了成功的喜悦;支教是单调的,因为付出,我感受到了生活的丰富多彩;援疆又是寂寞的,因为真诚,我收获了友情。援疆支教,无怨无悔!

刘海燕

【个人信息】

刘海燕,女,1979 年 10 月生。援疆前任温州市平阳县萧江镇第三小学体育教研组组长,中学高级教师;援疆期间在阿克苏教育学院从事双语教师培训工作。

【援疆感言】

边塞的劲风,沙漠的胡杨,涤荡了我的浮躁之气,丰富了我的人生内涵,援疆岁月铸就了我人生最美的风景。

陈月燕

【个人信息】

陈月燕,女,1971 年 5 月生。援疆前任职于温州市瓯海区景山小学,中学高级教师;援疆期间在阿克苏教育学院从事双语教师培训工作。

【援疆感言】

两年援疆,就像蒲公英一样随遇而安,在天之涯疆之南,默默播撒希望的种子。两年援疆,在这块充满异域风情的土地上,大漠的风沙将我磨砺成遒劲的红柳,耐风蚀耐干旱,坚强成长。无悔援疆!

应　中

【个人信息】

应中,男,1968 年 5 月生。援疆前任温州大学就业工作处办公室主任,副研究员;援疆期间在阿克苏教育学院从事双语教师培训工作。

【援疆感言】

阿克苏支教两年,家庭支持太多,帮助家人太少。

单位付出太多,回报单位太少。

援友友谊太多,交流时间太少。

学员真诚太多,给予帮助太少。

获得荣誉太多,取得成绩太少。

白水风景太多,我的眼睛太少。

民族风俗太多,我的脑袋太小。

钟　凯

【个人信息】

钟凯,男,1972 年 3 月生。援疆前任职于绍兴文理学院上虞分院,副教授;援疆期间在阿克苏教育学院从事双语教师培训工作,任浙江双语教师培训支教团工会主席、浙江省援疆指挥部机关直属双语党总支委员。

【援疆感言】

援疆生活,有苦有甜。

第二节　2015 年阿克苏教育学院 浙江双语结对工作室导师风采

金祖庆

【个人信息】

金祖庆,男,1974 年 10 月生。援疆前任浙江师范大学党委组织部副处级干部(现职),副研究员;援疆期间任浙江双语教师培训支教团团长、浙江省援疆指挥部机关直属双语党总支书记、阿克苏教育学院副院长兼党委委员。

【援疆感言】

不经意间,与新疆结缘,三载春秋,与数批援友携手而行,以双语名义相约,在这片广袤神秘的土地上,留下不倦的身影。

寒来暑往,谆谆嘱托记心上,离愁别绪藏心间,胡杨、红柳、戈壁、沙漠……融入民族元素,深深刻入心底,铸就不屈的援疆精神!

丰爱静

【个人信息】

丰爱静,女,1980年10月生。援疆前任衢州学院党委宣传部理论教育科科长,副教授;援疆期间在阿克苏教育学院从事双语教师培训工作,任浙江双语教师培训支教团衢州分队领队。

【援疆感言】

两年前,从心出发,我遇见你,林林总总;

两年后,背起行囊,我记得你,点点滴滴。

昔我来思,雨雪霏霏;今我往矣,杨柳依依。

叶卫飞

【个人信息】

叶卫飞,男,1977年9月生。援疆前任职于龙游县横山中学,中学高级教师;援疆期间在阿克苏教育学院从事双语教师培训工作。

【援疆感言】

有一个地方,来过,就不曾离开;爱过,就不曾遗憾。这个让我心有所动、情有所牵的地方,就是阿克苏。

万里援疆路,一生援疆情。这是值得珍藏一生的感情,也是一笔人生财富,于无声处,我和阿克苏共同成长。

郑乐良

【个人信息】

郑乐良,男,1965年4月生。援疆前任职于金华市婺城区蒋堂镇初级中学,中学高级教师;援疆期间在阿克苏教育学院从事双语教师培训工作。

【援疆感言】

两年的援疆经历,我感受多多,体会多多。援疆让我感受到双语教育的重要性,真切地感知国家战略和民族团结的深意,让我在寂寞中体会到这片土地上的胡杨千年屹立终不倒的精神。保稳定谋发展,我为自己的付出而自豪。援疆丰富了我的人生内涵,磨砺了我的性情,是我人生中最美的一道风景。两年援疆,一生无悔。愿援疆建设在未来会像发酵的酒,愈久愈烈;愿文化的交流像陈年的醋,愈久愈香。

郑春燕

【个人信息】

郑春燕,女,1977 年 5 月生。援疆前任金华职业技术学院国际商务学院教科办副主任,讲师;援疆期间在阿克苏教育学院从事双语教师培训工作。

【援疆感言】

几多艰辛、诸多思念、甚多幸福,只因我们共同走过的双语援疆路……

谢建强

【个人信息】

谢建强,男,1976 年 6 月生。援疆前任职于杭州市下城区春蕾中学,中学高级教师;援疆期间在阿克苏教育学院从事双语教师培训工作。

【援疆感言】

与风沙红柳共度日,与双语教师共进步,与援疆战友共举杯;两年援疆,一生无悔!

黄小刚

【个人信息】

黄小刚,1972 年 6 月生。援疆前任职于杭州市富阳区贤明中学,中学高级教师;援疆期间在阿克苏教育学院从事双语教师培训工作。

【援疆感言】

援疆,既是担当,也是荣耀!

能为阿克苏双语教学尽自己的微薄之力,值!

李政林

【个人信息】

李政林,男,1978 年 10 月生。援疆前任职于杭州市桐庐城关初级中学,中学高级教师;援疆期间在阿克苏教育学院从事双语教师培训工作。

【援疆感言】

援疆之行,圆了我的支教梦,阿克苏更是多次出现在我的梦中,那里有我很多至诚至真的朋友,课上我们分享彼此的思考成果、经验和知识,课外我们交流彼此的情感、观点和理想。人生道路上能有这样一段经历,我无怨无悔!

龚罗平

【个人信息】

龚罗平,男,1977 年 9 月生。援疆前任职于杭州市余杭区教育局教研室,中学高级教师;援疆期间在阿克苏教育学院从事双语教师培训工作。

【援疆感言】

援疆是一段历史,援疆是一种精神,援疆是一份骄傲,人生因这两年援疆而与众不同,生命因援疆而格外厚重。无论是得与失、喜与忧,还是感与悟,都让我一生受用。这片土地,我来过,留下痕迹,不留遗憾。

李　挺

【个人信息】

李挺,男,1976 年 10 月生。援疆前任杭州市滨江区西兴中学总务副主任,中学高级教师;援疆期间在阿克苏教育学院从事双语教师培训工作,担任浙江双语教师培训支教团总务负责人。

【援疆感言】

手中的画笔还未来得及将这里画尽,不知不觉到了该走的时候。不舍窗前绿了又黄的梧桐、不舍维族兄弟的大手、不舍路边的顽石……太多不舍封藏心底,续写无悔青春!

范平志

【个人信息】

范平志,男,1968 年 4 月生。援疆前任浙江外国语学院社会科学教研部工会副主席、社科部直属教工党支部宣传委员,副教授;援疆期间在阿克苏教育学院从事双语教师培训工作,任浙江双语教师培训支教团双语教师结对工作室负责人,挂职阿克苏教育学院德育办副主任兼德育教研室副主任。

【援疆感言】

作为汉族同胞，我们讲汉语母语十分自然；作为中国公民，少数民族教师学会并使用汉语开展教学义不容辞；而远离家乡亲人的浙江援阿教师与暂离教学讲台的民族教师的汇合，意味着深情厚谊、历史责任……

翁舟英

【个人信息】

翁舟英，女，1967 年 8 月生。援疆前任职于舟山市普陀区东港中学，中学高级教师；援疆期间在阿克苏教育学院从事双语教师培训工作。

【援疆感言】

两年援疆——雪山雄鹰、草原羊群，学员的热情，让我留下一份真情，珍藏一生。

两年援疆——我不辱使命，不损形象，不虚此行！

施伟伟

【个人信息】

施伟伟，女，1981 年 2 月生。援疆前任职于湖州师范学院文学院，副教授；援疆期间在阿克苏教育学院从事双语教师培训工作，任浙江省援疆指挥部机关直属双语党总支第一党支部副书记、浙江双语教师培训支教团湖州分队领队。

【援疆感言】

不到新疆，不知中国之大；不到新疆，不知中国之美；不到新疆，不知汉语之浑厚；不到新疆，不知汉语教育之价值。新疆之美，乃天下至大至刚至善之美。美在何处？美事、美景、美食、美人而已。汉语教育之美，乃天下至情至性至真之美。美在何时？美音、美形、美义、美文而已。

吴颂华

【个人信息】

吴颂华，男，1974 年 6 月生。援疆前任湖州市南浔区体育教研大组组长，中学高级教师；援疆期间在阿克苏教育学院从事双语教师培训工作。

【援疆感言】

援疆生活,让我领略到不同的民族文化、不同的地域风情,更让我学会了从不同的视角看待问题、思考问题。纯净的蓝天、巍峨的天山、可爱的你们……感谢这一切能出现在我生命里。

熊永洪

【个人信息】

熊永洪,男,1975年3月生。援疆前任职于湖州市德清县钟管中心学校,中学一级教师;援疆期间在阿克苏教育学院从事双语教师培训工作,任浙江双语教师培训支教团总务助理。

【援疆感言】

大漠戈壁无边无际,碧绿草原鲜花遍地,西域风光千姿百态,新疆维吾尔歌舞万种风情。过去,新疆是我心中最向往的地方。一次支教的机会让我如愿踏上了新疆的土地,用生命中珍贵的两年时光,投身边疆少数民族双语教育,践行民族团结方针。"无悔援疆路,一世援疆情"——新疆,我来过;阿克苏,我奉献过!

金永潮

【个人信息】

金永潮,男,1979年5月生。援疆前任职于绍兴市柯桥区平水镇中学,中学高级教师,社会思想品德学科带头人;援疆期间在阿克苏教育学院从事双语教师培训工作,任浙江省援疆指挥部机关直属双语党总支委员兼第四党支部书记、浙江双语教师培训支教团绍兴分队领队。

【援疆感言】

回首两载援疆路,最不能忘却的是家人的默默付出,最要感谢的是后方的坚定支持。我怀着一腔热血和真情,为边疆的双语教育无怨无悔地付出着。730多个日日夜夜,在我生命的轨迹里留下了抹不去的烙印,让我在短短的两年时间里,体验到或许别人一辈子都难以经历的复杂而丰富的生活。今天是句号,是过去的总结;明天是冒号,是未来的开启。

顾梓华

【个人信息】

顾梓华,男,1973 年 6 月生。援疆前任绍兴市上虞区盖北镇中学副校长,中学高级教师;援疆期间在阿克苏教育学院从事双语教师培训工作。

【援疆感言】

南疆风光无限好,西域风情难忘却。

双语培训融汉维,拳拳援情铭心间。

邓伏云

【个人信息】

邓伏云,男,1979 年 6 月生。援疆前任绍兴市上虞区小越中学教研组组长,中学高级教师;援疆期间在阿克苏教育学院从事双语教师培训工作,任浙江双语教师培训支教团教务助理。

【援疆感言】

今生有缘赴新疆,意志坚定未彷徨。

时光飞驰两年过,援疆生活以为常。

学员徒弟皆上进,相互探讨不知忙。

课堂内外双语热,民族团结情谊长。

冯　宇

【个人信息】

冯宇,男,1978 年 7 月生。援疆前任职于台州市黄岩区江口中学,中学高级教师;援疆期间在阿克苏教育学院从事双语教师培训工作。

【援疆感言】

一个舞台,一段历程。

一场修行,一份成长。

也许一个人的力量是渺小的,但一群人共同的力量是无穷的。

也许援疆工作更多的是平凡的小事,但援疆的使命和担当是光荣的。

多年以后,当我回想起自己走过的路,这一段一定是最难忘、最坚实的。

两年援疆路,一生新疆情!

严柏炎

【个人信息】

严柏炎,男,1963 年 7 月生。援疆前任杭州师范大学人文学院党委书记、副院长,副教授;援疆期间在阿克苏教育学院从事双语教师培训工作,任阿克苏教育学院副院长、党委委员,浙江双语教师培训支教团总领队。

【援疆感言】

援疆三年,我深切感受到个人是渺小的,小到犹如沙漠戈壁中的一颗沙粒。尽管生命艰难,但始终不忘坚守。

第三节 2016 年阿克苏教育学院浙江双语结对工作室导师风采

沈明亮

【个人信息】

沈明亮,男,1977 年 6 月生。援疆前任职于杭州天成教育集团,集团党总支纪检委员、教导处主任;援疆期间在阿克苏教育学院从事双语教师培训工作,任杭舟支部组织委员、教法与模拟组学科组长、"青年教师结对培养"指导老师。

【援疆感言】

缘疆,缘于一份万缕千丝的牵挂,手足情深的惦念;援疆,援一份不忘初心的选择,不辱使命的誓言;圆疆,圆一份浙阿双语的梦想,灵魂涤荡的震撼! 偶然的选择,一生的怀恋! 两年前,我只是种下了一株幼小苗;两年后,我却意外收获了一片参天林!

许 剑

【个人信息】

许剑,男,1976 年 12 月生。援疆前任杭州市建德市新安江第一初级中学副校长,中学高级教师;援疆期间在阿克苏教育学院从事双语教师培训工作,任浙江双语教师培训支教团总支委员、杭州分队领队。

【援疆感言】

凡人、凡心,抱着"恒""恬""诚""勇"的信念,和所有的援友一起从事着不凡的事业。两年援疆，我们一直在路上，共筑同一个梦想！

顾青峰

【个人信息】

顾青峰，男，1979年3月生。援疆前任职于杭州市萧山区高桥小学，中学高级教师；援疆期间在阿克苏教育学院从事双语教师培训工作。

【援疆感言】

常说，人生就像旅行，不在乎目的地，在乎的是沿途的风景。感谢阿克苏这方美丽的土地，两年的援疆经历必将是我人生旅途中最绚丽的风景。

詹喜庆

【个人信息】

詹喜庆，男，1972年10月生。援疆前任职于杭州市莫干山路小学教育集团，中学高级教师；援疆期间在阿克苏教育学院从事双语教师培训工作，任浙江双语教师培训支教团总务负责人、阿克苏教育学院总务处副主任。

【援疆感言】

两年援疆路，一生天山情。两年前，为了给自己的教育人生添彩，我踏上了万里之遥的援疆之路。两年来，"用心、用情、用力"为双语援疆事业倾情奉献，留下的是民族之间的真情与友谊，传递的是教育教学的智慧和力量！

刘学峰

【个人信息】

刘学峰，男，1972年2月生。援疆前任职于杭州市江城中学，中学高级教师，上城区学科带头人、上城区教坛新秀、杭州市教坛新秀；援疆期间在阿克苏教育学院从事双语教师培训工作。

【援疆感言】

双语南疆且徐行，二载甘苦写春秋。

大漠黄沙折杨柳，兴疆吾辈志不休。

三尺讲台传善意，授业解惑结缘友。

和谐共赢时代曲，心中有爱就有情。

最普通的生命,带着心与灵魂,参与时代最强音,何其大幸!

叶祖贵

【个人信息】

叶祖贵,男,1973 年 2 月生。援疆前任职于绍兴文理学院,副教授;援疆期间在阿克苏教育学院从事双语教师培训工作。

【援疆感言】

援疆两年来,尽管与家人远隔万里,尽管身体出现种种不适,我仍努力坚持,无怨无悔,"用心、用情、用力"工作。

叶政军

【个人信息】

叶政军,男,1976 年 1 月生。援疆前任职于绍兴市树人小学,中学高级教师,教研组组长;援疆期间在阿克苏教育学院从事双语教师培训工作,任教学班主任、"青年教师结对培养"指导老师。

【援疆感言】

君不见走马川,行雪海边,平沙莽莽黄入天。援疆是一项责任,援疆是一段经历,援疆是一种精神,援疆是一份骄傲。两年援疆路,终生援疆情——酸甜苦辣皆营养,喜怒哀乐尽收获,所以我们甘之如饴、无怨无悔、终身受益。

连夺回

【个人信息】

连夺回,男,1984 年 6 月生。援疆前职教于绍兴市上虞区小越镇中学,中学高级教师,任政教处主任兼团支部书记;援疆期间在阿克苏教育学院从事双语教师培训工作,任浙江双语教师培训支教团办公室助理,浙江省援疆指挥部机关直属双语党总支第四支部组织委员。

【援疆感言】

曾经绽放,便无悔;懂得珍惜,就无憾!

叶蓓蕾

【个人信息】

叶蓓蕾,女,1979 年 11 月生。援疆前任职于温州瑞安市飞云中心小学,中学高级教师,温州市骨干班主任、瑞安市教坛新秀;援疆期间在阿克苏教育学院从事双语教师培训工作,任浙江双语教师培训支教团办公室负责人、阿克苏教育学院党政办副主任。

【援疆感言】

一片叶子,来自江南,行走南疆。

我是一片叶子,是大地的孩子,

走过沙尘,走过风暴,

走过孤寂,走过苦难。

一片叶子,行在南疆,行在阿克苏,行在一树叶子的双语教学梦里。

一片叶子,用生命讴歌,一路圆梦,青春无悔!

何华飞

【个人信息】

何华飞,女,1982 年 8 月生。援疆前任职于台州市椒江区前所中学,中学高级教师,数学教研组组长;援疆期间在阿克苏教育学院从事双语教师培训工作。

【援疆感言】

两年前,我选择了一份责任,我选择了一份付出,我选择了援疆。

两年来,我虽逝去了岁月年华,但我履行了自己的职责,领略了南疆风情,顿悟了维汉情深。

感谢援疆,给了我一个无悔的青春!

黄洁清

【个人信息】

黄洁清,女,1976 年 7 月生。援疆前任教于浙江海洋大学,副研究馆员;援疆期间在阿克苏教育学院从事双语教师培训工作,任浙江双语教师培训支教团教科研、结对工作室负责人,阿克苏教育学院科研处副处长。

【援疆感言】

援疆是一份责任,援疆是一段经历,援疆是一种精神,援疆是一份骄傲。援疆,让我荡涤浮躁之气,丰富人生内涵。两年中的所见、所闻、所学、所得,将使我终身受益。援疆梦,浙阿情! 援疆无悔,援疆有爱!

黄思海

【个人信息】

黄思海,男,1977 年 11 月生。援疆前任职于舟山市岱山县高亭中心小学,中学高级教师,办公室主任,岱山县第四、五、六届数学 A 级骨干教师;援疆期间在阿克苏教育学院从事双语教师培训工作,任浙江双语教师培训支教团舟山分队领队、杭舟支部副书记,"青年教师结对培养"指导老师。

【援疆感言】

乙未盛夏,响应号召,舍家为国,入疆支教;

两度春秋,尽吾所能,传道授业,砥砺奋进;

双语教学,深入人心,晨起答疑,暮来解惑,模拟授课,实属难得;

送教下乡,余亦尽职,常驻九中,出入八中,温宿五中,余皆往之;

维汉友谊,任重道远,入村慰问,结亲帮扶,不亦乐乎!

曾一晖

【个人信息】

曾一晖,女,1980 年 7 月生。援疆前任职于舟山市嵊泗县初级中学,中学高级教师;援疆期间在阿克苏教育学院从事双语教师培训工作,任浙江双语教师培训支教团杭舟支部宣传委员、"青年教师结对培养"指导老师。

【援疆感言】

两载援疆,三生有幸!

万里情谊,寸心聊记!

宣玉梅

【个人信息】

宣玉梅,女,1975 年 9 月生。援疆前任职于湖州师范学院,副教授;援疆期间在阿克苏教育学院从事双语教师培训工作,任教学班主任、"青年教师结对培养"指导老师。

【援疆感言】

历史丛林中,有一支浩浩荡荡的队伍,那是张骞、班超、解忧、玄奘、林公……他们走出了一条民族团结大道,有幸步入他们之后,今生何求!

唯叹时光匆匆,才来到即别离。世间安得两全法,不负中原不负疆?

赵祖耀

【个人信息】

赵祖耀,男,1980 年 9 月生。援疆前任职于湖州市吴兴区织里镇第二中学;援疆期间在阿克苏教育学院从事双语教师培训工作,任浙江双语教师培训支教团总务助理、"青年教师结对培养"指导老师。

【援疆感言】

为一窥南疆教育真实面貌,为一圆助力南疆双语教育梦想,为一睹南疆大地风采,我,选择了援疆。两年来,我努力做到了"用心、用情、用力"工作。两年了,留下的是青春、智慧与友谊,带走的是真情与无悔!

傅 军

【个人信息】

傅军,男,1971 年 9 月生。援疆前任职于金华职业技术学院,讲师;援疆期间在阿克苏教育学院从事双语教师培训工作。

【援疆感言】

支教最宝贵的是经历,这段经历值得我回味一生。临别之际,回首往事,我为自己真心面对每一位学员而心安,也为尽力上好每一堂课而无悔。因而我敢说:我的一段生命和精力,都献给了祖国的双语援疆事业。

朱双芝

【个人信息】

朱双芝,女,1977年9月生。援疆前任浦江县黄宅镇第二小学校长助理、教务主任,中学高级教师;援疆期间在阿克苏教育学院从事双语教师培训工作。

【援疆感言】

因为梦想,我来到了新疆,从东海之滨到西北大漠,万里之遥的阿克苏,从此成了我的第二故乡。生命历程中短短的两年,却给了我人生永恒的精彩。脉脉援友谊,款款维汉情,离别即是相思时……

陈思群

【个人信息】

陈思群,女,1969年9月生。援疆前任职于浙江师范大学杭州幼儿师范学院,副教授,省级普通话测试员;援疆期间在阿克苏教育学院从事双语教师培训工作。

【援疆感言】

"迎春踏雪赴边疆,三问四为记心上。传播汉学促融合,舍家为国倾真情。"历经两年淬炼,觉悟了思想,磨炼了心性;"用情、用心、用力"践行"文化援疆"之梦;播下的是双语教育的种子,留住的是人生最美的珍藏与记忆!

王 琼

【个人信息】

王琼,女,1978年12月生。援疆前任职于金华市第五中学,中学高级教师,学科教研组组长;援疆期间在阿克苏教育学院从事双语教师培训工作,任浙江双语教师培训支教团教务处负责人、阿克苏教育学院教务处副处长。

【援疆感言】

追梦西行,最美遇见。从都市奔忙的书生,到戍边守土的勇士,从此,生命中多了一份幸福坚守。

万里援疆,真心真情。粒粒黄沙,记录着辛苦的汗水;片片白雪,刻下了铿锵的脚步。

回首此行,无怨无悔。在这片土地上,有我挚爱的亲人,有我最深的情谊!

郭英丹

【个人信息】

郭英丹,女,1973年2月生。援疆前任职于东阳市东阳江镇初级中学,教研组组长;援疆期间在阿克苏教育学院从事双语教师培训工作,任"青年教师结对培养"指导老师。

【援疆感言】

人这一生能力有限,但是努力无限。既然来援疆,既然成为"青年教师结对培养"指导老师,就不能辜负生命的赐福。用阳光的心态激励自己,也感染身边的朋友,包括拥有无限潜力的青年教师。他们的成长,就是双语教育最灿烂的明天。

徐梅虎

【个人信息】

徐梅虎,男,1980年5月生。援疆前任衢州市东港学校政教主任;援疆期间在阿克苏教育学院从事双语教师培训工作,任浙江双语教师培训支教团教务助理、"青年教师结对培养"指导老师。

【援疆感言】

"到最艰苦的地方去,到祖国最需要的地方去。"这是母亲的殷切召唤。

"在塔河岸边,在祖国边陲播撒教育的种子。"这是儿女的赤诚之心。

爱在浙疆传递,我在家校奔跑,这是我真实的写照。

两年援疆路,一生浙阿情!

此生,都为两年援疆而骄傲!

周绿萍

【个人信息】

周绿萍,女,1970年9月生。援疆前任职于衢州学院教师教育学院,副教授;援疆期间在阿克苏教育学院从事双语教师培训工作。

【援疆感言】

真情援疆,收获真情。援疆前,浙江到阿克苏的距离很远;援疆后,阿克苏到浙江的距离很近。为双语教育生根发芽而来,结浓浓维汉民族情而归。两年援疆路,一世缘疆情。阿克苏,我永远的第二故乡!

姜 清

【个人信息】

姜清,男,1974 年 11 月出生。援疆前任江山市大溪滩小学校长,中学高级教师;援疆期间在阿克苏教育学院从事双语教师培训工作,任浙江双语教师培训支教团衢州分队领队、"青年教师结对培养"指导老师、教学班主任、汉语精读学科教研组组长等。

【援疆感言】

人这一辈子,很多地方可以不去,但新疆不行。能以一滴水的姿态汇入援疆大潮,滋润胡杨,绽放雪莲,我备感荣幸。虽然付出只是点滴,但每一步的前行都烙着印记。终于更懂袁鹰先生笔下的白杨,如何能于风沙中巍然屹立。试问:若非此番西行,我的生命何来这份炫丽?

倪福伟

【个人信息】

倪福伟,男,1979 年 6 月生。援疆前任诸暨市马剑镇中德育主任,中学高级教师;援疆期间在阿克苏教育学院从事双语教师培训工作,任浙江双语教师培训支教团绍兴分队领队。

【援疆感言】

响应号召倾情援疆促团结,落实培训不忘初心献青春。

未敢比大禹过家门而不入,只愿做红柳历风沙添光彩。

赵刚锋

【个人信息】

赵刚锋,男,1980 年 11 月生。援疆前任职于绍兴市越城区东浦镇三川小学,中学高级教师;援疆期间在阿克苏教育学院从事双语教师培训工作,任浙江双语教师培训支教团绍温支部纪检委员。

【援疆感言】

铁打营盘流水兵,青春无悔军旅情;

戈壁茫茫寄壮志,万里援疆情意真。

诸葛进宽

【个人信息】

诸葛进宽,男,1974 年 1 月生。援疆前任职于温州市鹿城区教师培训和科研中心,中学高级教师;援疆期间在阿克苏教育学院从事双语教师培训工作。

【援疆感言】

支边,儿时情怀;援疆,是为圆梦。两年,长也短。之于亲情别离,是为长;之于百年人生,是为短。或长或短,两年,终成过往。平添白发无怨,圆梦人生无憾。

附　录　阿克苏教育学院浙江双语工作室
结对导师与记者、专家面对面

一、浙江教育报刊记者团采访双语援疆工程

2015 年 11 月 25 日,浙江教育报刊总社副社长、副总编薛平,摄影记者高亦平及总社刘丹丹、童抒雯记者一行 4 人,在阿克苏地区教育局副局长、浙江省援疆指挥部人才组组长张华良的陪同下,专程来到阿克苏教育学院,采访双语教育援疆工作,并进行座谈。会议由艾尼瓦尔书记主持,党政办、学生处、教务处等相关领导出席会议,教育学院教师代表、学员代表与双语支教团各地区领队和主要行政事务负责人一起参加座谈会。

会上,艾尼瓦尔书记简单说明了学院基本情况后,重点向记者们汇报双语援疆工程相关情况。他从培训工作管理、评价机制、设施配置、培训对象以及最后取得的成效等几方面详细介绍,并对浙江双语援疆教师付出的辛勤劳动给予高度肯定和赞扬。随后,记者们参观了浙江双语教师结对工作室,走进双语课堂,并对相关教师和学员进行采访。

据悉,2010 年至 2017 年,浙江省教育厅、阿克苏地区和兵团一师合力

实施双语培训工作分六批完成,浙江省教育厅先后派出 317 名援疆教师,共培训 5072 名学员,并投巨资进行基础设施建设,添置相关教学设备和各种所需软硬件,开设浙江双语教师结对工作室、浙江教师班主任工作室、心理咨询室、职工之家等;援疆教师授课,送教,自编教材,还开展教学活动月、传帮带等工作,通过多种活动提高教学质量。

最后,记者们在有关领导和教师陪同下,参观了学院校史馆,考察了浙江援疆教师的住宿楼,实地了解浙江教师在疆生活情况。

二、阿克苏教育学院浙江双语结对工作室邀请外校专家进校讲座

(一)邀请乌鲁木齐职业大学孙文娟、谌梅芳两位专家进校讲座

根据教育部、自治区教育厅有关文件精神,乌鲁木齐职业大学对口帮扶阿克苏教育学院。2016 年 11 月 12 日,乌鲁木齐职业大学孙文娟、谌梅芳两位专家送讲座进校园,利用周末来阿克苏教育学院开展专题讲座。

阿克苏教育学院(阿克苏地区师范学校)致远楼 209 报告厅,聚集了前来听讲座的各学科专业教师。孙文娟博士、副教授在"关于课程和专业建设"的讲座中对课程建设的概念、课程建设的思路与方法、课程建设的难点和案例展开分析研讨。孙教授还结合多年从事课程建设的经验,谈了自己如何把课程建设成果转化成为科研成果,以及自身的成长体会。讲座深入浅出,理论联系实际,老师们反映,孙教授的讲座"管用、实用、接地气,大家受益匪浅"。

在各位老师的期盼中,谌梅芳教授的"汉语预科教学与管理"专题讲座开始了。讲座分四块展开,分别是汉语教学部简介、汉语教学部常规教学、汉语教学部学生管理和个人感悟。谌梅芳教授系统、全面介绍了乌鲁木齐职业大学汉语教学部的经验做法,还借用"鸡蛋破裂的启示"告诉大家,对于学生来说,外力只能是压力,只有内力才能形成学习动力。

这次讲座让学院教师对双语教学和专业课程建设有了更深的认识,也为学院的专业发展提供了借鉴。

(二)邀请新疆教育学院王学昭教授、李军杰教授来校讲座

为了提高学员 MHK 考试通过率,提升教学质量,2016 年 9 月 23—25

日,阿克苏教育学院邀请新疆教育学院的王学昭教授和李军杰教授来为学院师生进行了 MHK 强化培训暨专题辅导。学院浙江支教团全体教师、学院全体汉族老师、学院民族汉语老师以及学院报考此次 MHK 考试的全部学员、学生参加了培训。

严柏炎团长在外校专家讲座会议上做了讲话。MHK 是中国少数民族汉语水平等级考试(简称"民考汉"),是面向朝鲜语、藏语、蒙古语、维吾尔语、哈萨克语系考生的语言水平考试。这项考试与我们的普通话考试既有相同点又有区别,它除了口试还有笔试。口试部分主要考查考生使用汉语进行表达的能力;笔试部分主要包括三部分内容——听力理解、阅读理解和书面表达,主要考察考生的汉语语言能力。

两位专家具有深厚的学术造诣和较高的理论水平,并在教育教学中积累了丰富的 MHK 授课经验,这次培训层次高、理论新、形式灵活,提高了广大教职工的 MHK 授课辅导能力,教会了学员、学生应试技巧。

学院从 2011 年开始,以校本培训为抓手,采取"走出去,请进来"培训模式,每年举行 2～3 次大型培训,4～5 次中小型培训,通过专家引领和校本培训的方式来帮助教职员工适应现代教育教学环境,从而推动学院整体的教育教学改革,实现学院教师群体素质的全面提升。

第四章　阿克苏教育学院浙江双语结对工作室的特色成果:"传帮带比武大赛"

第一节　2014年浙江省援疆指挥部组织"传帮带大比武活动"

一、"传帮带大比武活动"相关通知

(一)《关于举办第一届援疆人才传帮带大比武活动的通知》(阿地党组通字〔2014〕86号)

各市援疆指挥部,各县(市)委组织部,地区人社局、教育局、卫生局:

为进一步深化援疆人才传帮带工作内涵,提升传帮带工作水平,激发和调动传帮带工作热情,根据《援疆干部人才帮带提升工作暂行办法》(阿地党组通字〔2014〕31号)和智力援疆年度计划,决定举办第一届援疆人才传帮带大比武活动(以下简称大比武活动)。现将有关事项通知如下:

一、指导思想

以中央第二次新疆工作座谈会精神为指导,以为阿克苏本地培养一支带不走的人才队伍为目标,坚持"援疆一批人才、带出一批人才"的理念,科学、公平、公正地开展大比武活动,不断提升援疆人才传帮带工作的科学化、标准化和规范化水平,充分发挥援疆人才示范引领和助推本地人才队伍建设作用。

二、组织机构

大比武活动由省援疆指挥部、地委组织部共同主办。省援疆指挥部人才组、地委组织部人才办负责地区大比武活动的具体组织实施,各市援疆指挥部、县（市）委组织部负责县（市）大比武活动的具体组织实施。地区、县（市）成立由主办单位领导和有关同志组成的大比武活动组委会，负责大比武活动实施方案审定、评委及监督工作。

三、比赛形式

大比武活动分预赛和决赛两个阶段进行。预赛由各市援疆指挥部、县（市）委组织部组织实施；决赛由省援疆指挥部、地委组织部组织实施。预赛采取实践操作和汇报展示相结合的形式进行，如教师的选拔可采取同课异构、说课、示范课等形式进行，医生的选拔可采取技能操作、诊疗病例分析等形式进行，也可根据实际情况自行确定预赛形式。决赛采取综合汇报展示的形式进行（应制作与汇报内容匹配的 VCR 或 PPT）。分传帮带工作室、传帮带导师、传帮带对象等三个类别分类进行，其中传帮带工作室汇报展示的主要内容为工作室开展传帮带工作的整体情况及取得成效，传帮带导师、传帮带对象汇报展示的主要内容为本人开展（或接受）传帮带工作的主要情况及取得成效。每位参赛代表汇报展示的时间限定为 10 分钟。

四、时间安排

各县（市）大比武活动预赛时间为 2014 年 12 月中旬，具体时间、地点及活动方案由各市援疆指挥部与县（市）委组织部商定后报省援疆指挥部和地委组织部备案。根据预赛综合情况，各县（市）推荐 1 名传帮带工作室成员代表、2 名传帮带导师代表和 2 名传帮带对象代表参加地区大比武决赛。决赛时间暂定为 2014 年 12 月下旬，具体时间、地点另行通知。

五、决赛项目

（一）先进传帮带工作室。名额 10 个，面向参加决赛的传帮带工作室选拔。

（二）先进传帮带导师。名额 10 个，面向参加决赛的传帮带导师选拔。

（三）先进传帮带对象。名额 10 个，面向参加决赛的传帮带对象选拔。

六、奖励办法

本次大比武活动坚持精神奖励与物质奖励相结合，以精神奖励为主的原则。预赛奖项属于县（市）级奖励，决赛奖项属于地区级奖励，决赛的结果作为确定地区年度传帮带"十佳传帮带工作室""十佳传帮带导师""十佳传帮带对象"的依据，届时将统一进行表彰。

七、有关要求

（一）各地、各单位要高度重视大比武活动，精心组织、周密安排。通过大比武活动开展和人员选拔，进一步掀起援疆人才传帮带工作的热潮，更好地发挥智力援疆资源助推本地人才队伍建设的绩效。

（二）大比武活动组委会要切实加强对大比武活动的领导，确保大比武活动的有序开展。各有关单位要将大比武活动与日常工作、岗位培训和考核结合起来，处理好大比武活动与日常工作的关系，努力营造有利于援疆人才开展传帮带工作和本地人才锻炼成长的良好环境和氛围。

（三）各县（市）应于 2014 年 12 月 24 日前将参加地区大比武决赛代表名单报送省援疆指挥部和地委组织部（参赛代表推荐表见附件 1、附件 2、附件 3）。地区人社局、教育局、卫生局各推荐一名同志担任大比武决赛评委，并于 12 月 24 日前将人员名单报送省援疆指挥部和地委组织部。

（四）各地、各单位要创新思路，加大对大比武活动的宣传，扩大传帮带工作的影响。可参照本通知精神，制定本地、本部门的具体奖励办法。对大比武活动如有意见和建议，请及时与省援疆指挥部或地委组织部联系。

联系方式：省援疆指挥部人才组　刘炜彬　李万虎

地委组织部人才办　邓　轶

附件：1. 第一届援疆人才传帮带大比武活动参赛代表推荐表（传帮带工作室）

2. 第一届援疆人才传帮带大比武活动参赛代表推荐表（传帮带导师）

3. 第一届援疆人才传帮带大比武活动参赛代表推荐表（传帮带对象）

浙江省对口支援新疆阿克苏地区指挥部

中共阿克苏地委组织部

2014 年 12 月 10 日

（二）《关于举办第一届援疆人才传帮带大比武大赛决赛的通知》
（浙援疆指〔2014〕33 号）

各市援疆指挥部：

根据《关于举办第一届援疆人才传帮带大比武活动的通知》（阿地党组通字〔2014〕86 号）和浙江对口智力援疆工作安排，决定举办第一届援疆人才传帮带大赛决赛。现就有关事项通知如下。

一、比赛时间

2014 年 12 月 28—29 日，为期一天半（27 日下午报到，29 日下午离场）。

二、比赛地点

阿克苏地区宾馆三号楼 6 号会议室。

三、有关要求

（一）各市援疆指挥部要高度重视，认真组织，广泛宣传，积极为参赛人员创造条件，切实把传帮带大赛打造成助推援疆人才传帮带工作水平提升、促进支受双方交往、交流、交融的重要载体和抓手。

（二）请各市援疆指挥部商各县（市）委组织部确定 1 名领队，负责本县（市）参赛人员的组织联络工作，并于 12 月 24 日前将领队和参赛人员名单报送省援疆指挥部。

（三）请领队和参赛人员于 12 月 27 日下午到地区宾馆三号楼前台报到，并请领队携带本县（市）参赛人员参赛 VCR、PPT 于 27 日下午 6:30 到省援疆指挥部三楼会议室参加领队会议，进行参赛人员参赛顺序抽签和 VCR、PPT 的汇总与编号。为确保比赛公平、公正，参赛人员的 VCR、PPT 一经提交，不得再行修改。为便于操作，参赛人员的 VCR、PPT 的格式建议统一设置为"标准"。

（四）为加强联系，促进交流，本次比赛要求领队和参赛人员全程参加观摩，请有关人员安排好工作和生活。

（五）比赛期间，领队、参赛人员的餐饮由大赛组委会承担，交通、住宿及其他费用由各县（市）负责。

联系方式：省援疆指挥部人才组 刘炜彬 李万虎

浙江省对口支援新疆阿克苏地区指挥部

2014 年 12 月 23 日

（三）2014年"传帮带大比武活动"中阿克苏教育学院浙江双语结对工作室参赛汇报材料

1.工作室组参赛汇报材料(参赛汇报人:浙江双语结对工作室负责人金祖庆)

双语支教团自2010年始,在立足做好双语培训教学工作的同时,以不同形式开展了传帮带活动,2014年前基本形成了送教下乡、公开观摩课、学科交流研讨以及课题共建等多种活动形式,都得以顺利完成,产生了良好的帮带效果。2014年上半年,省援疆指挥部提出"智力援疆升级版"的口号,在这样的前提下,阿克苏教育学院和浙江双语支教团共同筹划"师徒结对"活动,并于2014年4月18日启动结对仪式,成立结对帮带工作领导小组,建设浙江双语结对工作室,制定活动方案,集思广益,研究帮建措施,充分发挥人才和智力优势,帮助学院结对青年教师快速成长,为阿克苏留下一支永远带不走的队伍。现对结对活动的启动背景、总体目标和成效汇报如下:

一、启动背景

按照浙江省教育厅对口援疆双语教师培训项目的总体规划,目前项目已进入中后期阶段,面对新形势和新要求,2014年度智力援疆项目着眼于阿克苏地区发展中的现实需求,以提升当地干部人才的思想理念和能力水平为落脚点,以促进当地社会长治久安为根本出发点,以为当地培养一支带不走的人才队伍为工作亮点,着力打造"智力援疆升级版"。因此,援阿双语培训项目的目标也从"普及双语教育"延伸拓展到"智力援疆传帮带"。浙江紧紧围绕"进来一批人才、带出一批人才",打好人才"帮带"牌的理念,在培训、培养方面突出针对性、实用性,既增强交流、交往,又强调学以致用、提高能力、促进工作,使智力援疆工作实现"多样化、目标化、互动化"。

二、总体目标

以浙江省援疆指挥部"智力援疆"方针为抓手,以浙江省双语支教团优秀师资为配置资源,以资源共享、互助互动、优势互补为途径,以相互促进、共同提高、优质办学为目的,开展帮带交流活动,全面提升青年教师素质,促进青年教师专业成长,进一步为阿克苏教育学院的快速发展打好坚实的基础。具体为:

一个理念:同在一片蓝天,共同成长,让每位结对教师都有所进步。

两项原则：资源共享原则，优势互补原则。

三个发展：均衡发展，特色发展，协调发展。

四种措施：建设完善结对帮扶制度，课堂同研打造优质教学，经费保障激励交流活力，合作科研打造科研团队。

三、活动开展及成效

（一）坚持因地制宜，帮助均衡教育资源

1.送教下乡活动。将教育理论、教学方法与现代教学操作手段同时呈现在师生面前的送教形式，对于缩小东西部教育差距，落实"和谐教育""公平教育"理念具有重大意义。以省、市指挥部提供受援学校及所需专业学科信息，支教团择优选聘教师，以讲座、同课异构等形式开展送教活动。陈慧静老师的讲座"棉花姑娘"、刘国宏老师的讲座"小学语文'单元整组'教学的实践策略"、高晓燕老师的讲座"统计——折线统计图"、黄赛月老师的讲座"七颗钻石"、方丽萍老师的讲座"教师的亮相"，都得到受援学校的好评。

2.每学期开展"公开课活动月"。双语支教团联合教务处，共同策划每学期一次的"公开课活动月"，每位援疆教师都要准备一节优质公开课，并重点开展供全院教师学习的观摩课，每门课程由两位支教团教师完成备课展示。活动月结束后，开展同学科教学研讨会。2012—2014年，共开展了46次观摩课活动，为两地教师共同创设了专业发展的新平台，有效地增强了传帮带口号下交流合作的针对性和实用性。

（二）落实帮扶责任，以"结对工程"助力学院青年教师全面发展

1.教育教学结对，以优化专业规划设置、优化教学软件建设、优化浙阿教育合作为目标。导师和青年教师之间互相听评课，导师根据课堂了解的情况，详细地对青年教师的教学过程进行分析、评述。青年教师通过听导师的示范课，对自己有了更全面清醒的认识。

2.学科内部开展研讨交流活动，强化青年骨干教师的理论学习和培训。2014年上半年，由支教团教科研负责人马丽敏、教务处武瑶主持，学院音体美组教师与支教团音体美专业指导教师就"如何策划暑期中小学教师专业培训项目"召开研讨会，指导教师不遗余力，将自己所掌握的材料和培训思路倾囊相传，这种共融互助的精神引起了青年教师的热烈反响。

3.开展"科研结对"，强化科研意识，带出科研队伍。《阿克苏教育学院

浙江双语教师与教育学院青年教师结对培养实施办法》公布后，针对学院青年教师存在的科研意识薄弱、能力发展不平衡的现象，双语支教团尝试开展了以"科研结对"为模式的结对活动，强化教师科研意识，营造科研氛围，探索教师教育科研均衡发展的有效途径。

2012—2013 年，阿克苏教育学院院长李健主持的自治区课题"避免学前教育小学化倾向与学生进入小学后接受双语教育的适应性研究"，由支教团中具有副教授职称的教师刘岩、盛礼萍、黄赛月等为主要成员，由学院具有硕士学历的学前教育专业教师共同参与。

2014 年结对活动实行导师负责制，活动启动后，导师带领所指导的青年教师筹备院级课题申报，重点帮扶学院有硕士学历的青年教师，由支教团中具有副教授职称的指导教师全程指导课题申报、科研论文撰写等。导师以课题研究为载体，以科研引领为主要形式，指导青年教师剖析课题的内涵，阅读相关理论书籍，开展课题实践，真正提升科研能力。

4. 本期结对活动以艺术学科和文科为重点指导学科。对艺术学科的教师以提高专业技术、教学水平为目标，每学期开展指导教师示范课，并召开学科研讨会；文科以提高汉语言文学和学前教育教师的科研水平为帮扶工作重点，已基本改变了部分教师课题项目数量、科研论文数量为零的局面。

5. 考核特色之处在于，结对期内取得成绩作为学院优秀教师评选的重要参考依据，以及教学业绩考核、专业技术职称和职务晋升、岗位聘任的依据之一。

（三）筹建浙江双语结对工作室，支持结对工程基础设施建设

双语教师结对工作室位于阿克苏教育学院培训楼 2 楼（面积约 30 平方米），内有电脑、投影仪、讲台、黑板、打印机、文件柜、展板、桌椅等，主要供结对教师进行课堂展示、业务培训、工作交流等使用，同时存放工作室运行管理档案资料，作为展示传帮带工作成效的主要平台，也为保证结对活动有序开展提供办公条件。

各位领导，我们深感所取得的成绩离不浙江省教育厅对双语培训项目科学有序的整体规划，离不开浙江省援疆指挥部的政策号召和指导，离不开阿克苏教育学院的有力配合和支持。我们也深知自己的工作与要求还有一定的差距，通过这次指导，我们将按照更高的目标要求，带领结对的指导教

师再添措施,再鼓干劲,把我们的结对传帮带活动推向一个更新的高度,再踏新征程!

2.导师组参赛汇报材料(参赛汇报人:浙江双语结对工作室导师马丽敏)

各位领导、评委,援友们:

大家上午好!听着这首《赢在中国》的主题曲《在路上》。在阿克苏的一个冬日,来自浙江的老师、医生、领导干部相约在这里讲述着援疆的故事,谈论着有关"来疆干什么,离疆留什么"的话题,激情澎湃,浅吟低唱,理性梳理。在我看来,这都是浪漫的。我是一名教师,他是一名医生,您是一名援疆干部,角色不同,但我们拥有一个共同的名字——"浙江援疆人"。接下来,我对帮带工作做简要汇报。

首先自我介绍一下。

我叫马丽敏,来自衢州学院,2013年8月底响应浙江省教育厅对口支援阿克苏双语培训的政策号召,从浙江来到阿克苏,完成为期两年的援疆使命。

浙江双语支教团响应号召,于2014年4月成立浙江双语结对工作室,并有序开展结对计划。支教团由26名导师帮带学院51名青年教师,1名导师带2名徒弟,呈现的特点是精英式的指导方略。作为一名结对导师,我的口号是"传播、激发、成就"。我的指导工作从以下三个步骤开展:"制订帮带计划是直达,传播使其有知";"实施落实是关键,激发热情肯干";"学以致用、学有所成是目标,使其成为真正的骨干教师"。

作为结对工作室负责人,又是结对导师,我肩负着率先垂范、引领全体导师做出实效的帮带使命。我从课堂风采上严格要求自己,开设优质示范课;科研上不放松,凸显帮带实力;面向全院青年教师开设讲座。

以身示范,帮带徒弟用实力来说话。我指导的徒弟是刘明丽和赵莉。从结对计划来说,教师的第一职责是教学,要求在指导每一位徒弟上课时,必须认真负责,并提出具有可行性的改进建议。但同时,帮带工作要科学合理,因材施教,才尽其用。所以这又要求我们从徒弟自身现状出发确定个性化目标。刘明丽老师分管学院科研工作,除日常教学外,还承担科研管理工作。作为她的导师,我担任支教团教科研负责人一职,所以我们在管理帮带上有对接基础。通过帮带,刘明丽老师在科研文件的撰写、课题申报以及科研管理工作上都有明显的进步。青年教师赵莉，专业为学前教育，是阿克苏教育学院重点学科教师，自身也具有较好的科研基础，所以我对她的帮带主要是科研帮带，比如指导她参与新疆维吾尔自治区课题。

落实是关键，注重激发青年教师的工作热情，使其愿意学、肯于做。导师每周要有两次听课、评课，及时反馈意见，从教育教学目标、教学风格、教师语言方面给予青年教师全方位指导。青年教师由此有了追求进步的压力和动力。在接受指导一段时间后，刘明丽老师在现代汉语教学中引入文学素材，使课堂活力大大增强。赵莉老师过去上课重形式轻内容，我建议她课后多拓展理论知识。一段时间后，她的讲课内容就丰富了许多。我与赵莉老师共同参与了自治区校本小课题一项，完成论文四篇。导师主持徒弟参与、徒弟主持导师参与，这两种课题研究形式使我的两位徒弟都成功申报院级课题。学习是落实的保障，所以，我要求徒弟每月读书并撰写笔记，每周下载两篇学术论文学习并做学术性小结。

学以致用、学有所成是目标。自建立帮带关系以来，刘明丽和赵莉两位老师通过个性化培养计划，勤奋学习，扎实工作，各自在岗位上取得骄人的成绩：教学水平提高；积极申报课题并皆成功立项，在2014年分别获得学院优秀教师、学院先进个人以及地区级先进个荣誉称号。遗憾的是，在教学技能大赛中，赵莉老师作为骨干教师被派往浙江省教育厅挂职培训，没能参赛；刘明丽老师在预赛当中表现出色，因临时家中有事没能参加决赛。但作为导师，只要青年教师有困难，我就会义不容辞地给予帮助。在另外一组导师队的王月仙老师因准备不充分而没能进入决赛，但她本人参赛意愿较强烈，于是联系我，寻求支持。我帮助她整理思路，在修改说课稿、制作PPT上悉心指导，她最终勇夺首届青年教师技能大赛一等奖，成为比赛中的黑马。经过活动的开展，优秀教师浮出水面，对于所看好的骨干教师，我不辞辛劳地进行一对一的帮带。目前正在指导谢富老师、何兰老师和王月仙老师筹备地区一中、地区幼儿园的送教与讲座活动。

作为帮带导师，"听听"是一种名分，"想想"要的是智慧，"做做"真的是要付出辛劳。但作为一名援疆教师，我们不畏艰辛，不辱使命。浙江省援疆指挥部指挥长提出的"智力援疆升级版"，理念是"带进一支队伍，带出一支队伍"，"来疆为什么、在疆干什么、离疆留什么"，这一串发问引人深思。从一名教师，到青年教师的导师，再到结对工作室负责人，我的身份也逐步升级。支教团中担任导师的那些援友们总是开玩笑说:"你是我们的导师啊。"我受之有愧,但细想一下,结对工作室负责人担当着筹划双语支教团帮带工作总体思路、工作方案等很多重任,那我就姑且以"导师的导师"来戏称自己吧。

首先,我全程参与了"示范结对工作室"的建设工作,在阿克苏教育学院院领导及各个部门的支持和配合下,我和同事们完成了从工作室选址到硬件设施的置备等前期工作,建成了规模大、特色鲜明的浙江省援疆指挥部授予的首批"示范结对工作室"。相关文件文档、方案计划书,由我负责起草,在省援疆指挥部人才组的领导下,在阿克苏教育学院副院长金祖庆的支持下,工作室逐步建立与完善。

其次,在活动策划上,以扎实推进帮带工作、活动意义最大化为理念。①策划首届青年教师技能大赛。结对导师全程指导,青年教师虚心请教,青年教师第一次在学院崭露头角,大展身手,在综合素质和专业实力上都得到了锻炼与提升。大赛获得省援疆指挥部人才组组长张华良的高度评价。②作为帮带工作的负责人,为打造一支精英化、专业素质过硬的导师团队,组织全体导师就"说课的标准和意义"和"如何加强青年教师科研意识"等话题展开讨论,导师们的帮带工作得到了质的提升。③得益于省援疆指挥部的指导和牵线,带领导师团前往温州大学拜城实验高中结对工作室,其分层分类的帮扶策略启发了我们建构结对新模式。

再次,做好总结宣传工作,及时总结结对工作的经验,积极开展专题宣传,扩大帮带工作的影响力。

最后,各级领导肯定了我们帮带工作的成绩。9月,浙江省宣传部部长葛慧君,浙江省教育厅厅长刘希平等来浙江双语结对工作室视察指导并讲话。葛部长重心长地说:"这个工作你们要好好地做下去,双语老师的培养是个大事。"刘厅长亲切地说:"这是一个功在当代、利在千秋的事业。"他肯定了自双语项目实施以来浙江双语支教团取得的成绩,并肯定了结对工程的重大意义。

习近平总书记在中央第二次新疆工作座谈会上指出,对口援疆是国家战略,要把对口援疆工作打造成加强民族团结的工程。所以,我们双语支教团时刻不忘响应党中央的号召。

我们结对活动的宗旨和口号是:携手双语梦,传递浙阿情。让我们紧握双手,为普及国家共同语而努力;浙阿两地齐心协力,为实现祖国繁荣统一的中国梦共同努力。

(四)2014年"传帮带大比武活动"比赛结果文件

关于表彰第一届浙江省援疆人才
传帮带大赛先进集体、先进个人的决定

浙援疆指〔2015〕1号

各市援疆指挥部,各县(市)委组织部,地区人社局、教育局、卫生局:

2014年,浙江省援疆指挥部、阿克苏地委组织部组织开展了第一届浙江省援疆人才传帮带大赛活动。各地、各单位高度重视,认真组织,周密安排,积极为参赛人员创造条件。各参赛对象积极参加,精心准备,充分展现了援疆人才传帮带的工作特点、成效及自身风采,涌现出了一批先进集体和个人。

为表彰先进,进一步将援疆人才传帮带工作推向深入,决定授予阿克苏市高级中学杭阿共建青蓝工作室——高中数学等13家单位为先进传帮带工作室,授予汤晓风等23位同志为先进传帮带导师,授予马超等24位同志为先进传帮带对象。其中,获得一、二、三等奖的传帮带工作室、传帮带导师、传帮带对象为第一届浙江省援疆人才传帮带"三十佳"获奖人选。

希望受表彰的单位和个人珍惜荣誉、不断进取,在援疆人才传帮带工作中取得新的更大的成绩。

附件:第一届浙江省援疆人才传帮带大赛先进集体、先进个人名单

浙江省对口支援新疆阿克苏地区指挥部
中共阿克苏地委组织部
2015年1月10日

附件

第一届浙江省援疆人才传帮带大赛
先进集体、先进个人名单

一、先进传帮带工作室（13个）

一等奖（3个）

阿克苏市高级中学杭阿共建青蓝工作室——高中数学

浙江双语结对工作室

温州大学拜城实验高中援疆教师工作室

二等奖（3个）

阿克苏职业技术学院援疆教师帮带提升工作室

沙雅县人民医院红船领航杏林之家工作室

新和县人民医院援疆人才传帮带工作室

三等奖（4个）

乌什县人民医院手牵手工作室

库车县第二中学镇海中学名师工作室

阿克苏地区妇幼保健院浙江援疆医师帮带提升工作室

柯坪湖州双语小学红沙子援疆教师帮带提升工作室

优胜奖（3个）

温宿县人民医院金华援助温宿卫生培训中心传帮带工作室

阿瓦提县人民医院浙江援疆人才传帮带工作室

第一师阿拉尔市人民医院台州市援疆人才传帮带工作室

二、先进传帮带导师（23个）

一等奖（3个）

汤晓风　阿克苏市高级中学

张　霖　阿瓦提县人民医院

龚昌耍　拜城县人民医院

二等奖（3个）

娄雨奇　阿克苏市第六中学

贾宝芳　阿克苏职业技术学院

钱小英　柯坪湖州双语小学

三等奖（4个）

马丽敏　阿克苏教育学院

吴亚明　阿克苏地区第一人民医院

周巧慧　新和县第二中学

袁银锁　温州大学拜城实验高中

优胜奖（13个）

胡　婷　库车县传染病医院

胡俊杰　库车县第二中学

黄建忠　沙雅县嘉兴第一实验学校

罗开涛　沙雅县维吾尔医医院

吴　邦　新和县人民医院

徐爱芳　温宿县第二中学

宋兵华　温宿县人民医院

陈友泽　阿瓦提县第四中学

章　杰　乌什县第二中学

姜纪敏　乌什县人民医院

杨　海　兵团第一师阿拉尔市人民医院

夏冰姿　塔里木高级中学

苏建明　兵团第一师阿拉尔市人民医院

三、先进传帮带对象（24个）

一等奖（3个）

马　超　新和县人民医院

周　兰　沙雅县第二中学

廉　芳　阿克苏市第四小学

二等奖（4个）

吐尼亚孜汗·买买提　温州大学拜城实验高中

刘　茵　阿克苏职业技术学院

唐乾荣　温州大学拜城实验高中

三等奖（4个）

王能靠　阿克苏市高级中学

史华杰 塔里木高级中学

窦 农 温宿县第二中学

裴和平 沙雅县人民医院

优胜奖(14个)

郑登莉 库车县传染病医院

刘业雯 库车县第二中学

杨 妮 新和县第二中学

党邱宏 温宿县第二中学

韩海洋 阿瓦提县人民医院

张雅岚 阿瓦提县第四中学

艾尼江·毛拉艾莎 乌什县职业高中

陈 健 乌什县人民医院

刘世桂 柯坪湖州双语小学

吾斯曼江·艾买尔 柯坪县人民医院

吴明东 兵团第一师阿拉尔市人民医院

严海燕 阿克苏地区第二人民医院

古扎努尔·卡米力 阿克苏教育学院

陈 东 兵团第一师盛源热电公司

第二节 2015年浙江省援疆指挥部组织 "传帮带创意大赛"

一、"传帮带创意大赛"相关通知

(一)《关于举办2015年援疆人才传帮带创意大赛的通知》(浙援疆指〔2015〕28号)

各市援疆指挥部,各县(市)委组织部,地区教育局、卫生局、林业局,一师阿拉尔市教育局、卫生局:

为进一步深化援疆人才传帮带工作内涵,提升传帮带工作水平,激发和调动新一批援疆人才传帮带工作热情,根据《援疆干部人才帮带提升工作暂行办法》(阿地党组通字〔2014〕31号)和智力援疆年度计划,决定举办援疆人才传帮带创意大赛(以下简称大赛)。现就有关事宜通知如下:

一、指导思想

以中央第二次新疆工作座谈会和第五次全国对口援疆工作会议精神为指导,以为阿克苏地区和兵团一师培养一支带不走的人才队伍为目标,坚持在"人才顶岗"中促进"人才帮带"、在"人才帮带"中促进民族团结的理念,进一步深化拓展援疆人才传帮带工程,不断提升援疆人才传帮带工作的科学化、标准化和规范化水平,充分发挥援疆人才助推本地人才队伍建设作用。

二、组织机构

大赛由省援疆指挥部、地委组织部、一师党委组织部共同主办。省援疆指挥部人才组、地委组织部人才办、一师党委组织部干部科负责地区、一师大赛的具体组织实施,各市援疆指挥部、县(市)委组织部负责县(市)大赛的具体组织实施。

三、比赛形式

大赛分预赛和决赛两个阶段进行。预赛由各市援疆指挥部、县(市)委组织部组织实施;决赛由省援疆指挥部、地委组织部、一师党委组织部组织实施。比赛采取综合汇报展示的形式分传帮带工作室、传帮带导师两个类别进行(应制作与汇报内容匹配的PPT,并可设计相应的背景音乐)。汇报展示的主要内容为进一步推进传帮带工作的创意构想、实施方案、具体举措、进度计划及科学性、针对性、可行性分析等。每位参赛代表汇报展示的时间限定为7分钟。

四、时间安排

各县(市)大赛预赛时间为2015年11月中下旬,具体时间、地点及活动方案由各市援疆指挥部与县(市)委组织部商定。根据预赛综合情况,各县(市)推荐1名传帮带工作室负责人代表、2名传帮带导师代表参加地区大赛决赛(地直单位、一师省派人才所在单位推荐情况由省援疆指挥部、地委组织部、一师党委组织部另行研究确定)。决赛时间暂定为2015年11月底12月初,具体时间、地点另行通知。

五、决赛项目

(一)传帮带工作室优秀创意奖。名额10个,面向参加决赛的传帮带工作室选拔。

（二）传帮带工作导师优秀创意奖。名额 10 个，面向参加决赛的传帮带导师选拔。

六、奖励办法

本次大赛坚持精神奖励与物质奖励相结合，以精神奖励为主的原则，届时将统一进行表彰。

七、有关要求

（一）各地、各单位要高度重视大赛活动，精心组织、周密安排。通过大赛开展和人员选拔，进一步掀起援疆人才传帮带工作的热潮，更好地发挥智力援疆资源助推本地人才队伍建设作用。

（二）各地党委组织部门、援疆指挥部要切实加强对大赛的领导，确保大赛活动有序开展。各有关单位要将大赛与日常工作、传帮带工作结合起来，努力营造有利于援疆人才开展传帮带工作和本地人才锻炼成长的良好环境和氛围。

（三）各参赛单位与人员应将少数民族人才培养作为展示汇报的重要内容，比赛评委在评分时会对其进行考量。

（四）各县（市）应于 2015 年 11 月 25 日前将参加地区大赛决赛代表名单报送省援疆指挥部和地委组织部。地区教育局、卫生局、一师党委组织部各推荐 1 名同志担任大赛决赛评委，并于 11 月 25 日前将人员名单报送省援疆指挥部。

（五）各地、各单位要创新思路，加大对大赛的宣传，扩大传帮带工作的影响。对大赛如有意见和建议，请及时与省援疆指挥部或地委组织部联系。

联系人：李万虎　刘炜彬

浙江省援疆指挥部

阿克苏地委组织部

一师阿拉尔市党委组织部

2015 年 11 月 2 日

（二）《关于举办 2015 年援疆人才传帮带创意大赛决赛的通知》（浙援疆指〔2015〕29 号）

根据《关于举办 2015 年援疆人才传帮带创意大赛的通知》（浙援疆指〔2015〕28 号）和浙江对口智力援疆工作安排,决定举办 2015 年援疆人才传帮带创意大赛决赛。现就有关事项通知如下：

一、比赛时间

2015 年 11 月 29 日,为期一天（28 日下午报到,29 日下午离场）。

二、比赛地点

阿克苏地区宾馆 5 号楼二楼会议室

三、比赛形式

决赛采取综合汇报展示的形式进行（应制作与汇报内容匹配的 PPT）。分传帮带工作室、传帮带导师两个类别分类进行,其中传帮带工作室汇报展示的主要内容为如何传承接力前一期援疆人才工作室建设的经验、做法及下一步工作的创意构想、实施方案、目标任务、具体举措、进度计划及科学性、针对性、可行性分析。传帮带导师汇报展示分为导师汇报和帮带对象汇报两个连续环节（两个环节综合打分）,主要内容为导师开展传帮带工作的基本情况、下一步创意构想、实施方案、目标任务、具体举措、进度计划及科学性、针对性、可行性分析,以及帮带对象如何根据导师要求开展工作的情况。每位工作室参赛代表汇报展示的时间限定为 7 分钟,每位传帮带导师汇报展示的时间限定为 7 分钟,每位帮带对象的汇报展示时间限定为 3 分钟。

四、有关要求

（一）各市援疆指挥部要高度重视,认真组织,广泛宣传,积极为参赛人员创造条件,切实把传帮带大赛打造成助推援疆人才传帮带工作水平提升、促进支受双方交往、交流、交融的重要载体和抓手。

（二）请各市援疆指挥部商各县（市）委组织部确定 1 名领队,负责本县（市）参赛人员的组织联络工作,并于 11 月 26 日前将领队和参赛人员名单（含帮带对象）报送省援疆指挥部人才组。

（三）请领队和参赛人员于 11 月 28 日下午到地区宾馆 5 号楼前台报到,并请领队携带本县（市）参赛人员参赛 PPT 于 28 日下午 6：30 到省援疆指挥部三楼会议室参加领队会议,进行参赛人员参赛顺序抽签和 PPT 汇总、编号。为确保比赛公平、公正,参赛人员的 PPT 一经提交,不得再行修改。为便于操作,参赛人员的 PPT 的格式建议统一设置为"标准"。

(四)为加强联系,促进交流,本次比赛要求各援疆指挥部分管领导、领队和参赛人员全程参加观摩,请有关人员安排好工作和生活。

(五)比赛期间,领队、参赛人员的餐饮由大赛组委会承担,交通、住宿及其他费用由各县(市)负责。

联系方式:省援疆指挥部人才组 刘炜彬 李万虎

浙江省对口支援新疆阿克苏地区指挥部

2015 年 11 月

(三)2015 年"传帮带创意大赛"中阿克苏教育学院浙江双语结对工作室参赛汇报材料

1.工作室组参赛汇报材料(参赛汇报人:浙江双语结对工作室负责人金祖庆)

动起来 勤起来 亮出来
——浙江双语支教团帮带工作创新开展

浙江双语支教团是浙江省教育厅派出的一支援疆队伍,主要负责援助阿克苏地区和兵团一师少数民族双语教师培训项目。根据徐纪平指挥长在2014 年智力项目启动仪式上提出的"援疆人才要积极发挥传帮带作用,既要做好本职工作,又要带好徒弟"的精神,浙江双语支教团于今年4月20日启动了浙江双语支教团教师和阿克苏教育学院青年教师结对活动,并筹建了浙江双语结对工作室,全面实施青年教师帮带工作,在帮带过程中积极思考帮带策略,创新工作手段,以"多样化、目标化、互动化"的多种模式开展结对活动,成果初显。

一、技能大赛让青年教师"动起来"

今年11月,由浙江双语结对工作室策划,在省援疆指挥部及阿克苏教育学院的支持下,开展了阿克苏教育学院首届青年教师技能大赛。结对导师全程指导,青年教师虚心请教,突出结对目标中强调的共同协作以及交流共融的特点。这次由浙江双语支教团结对工作组策划的技能大赛是南疆地区中职教育学校首次以说课的形式进行的技能大赛,不仅为浙江双语支教团帮带工作初期成果的展示提供了平台,也为阿克苏教育学院全体教师互相学习、互相激发创造了契机。经过学院前期准备,青年教师吴丽娜代表阿克苏教育学院参加了自治区双语教师技能大赛,最终获得二等奖,这是阿克苏教育学院迄今为止在自治区级别获得的最高荣誉。这一成绩的取得离不开浙江教师的有效指导,体现了双语支教团帮带工作的重要意义。

二、科研项目申报让青年教师"勤起来"

支教团按照科研结对帮扶计划,对学院青年教师进行师徒"一对一"辅导,改变青年教师只上课不做科研的现状。经过半年多的互动互助,阿克苏教育学院青年教师科研成绩有了明显提高。今年以来,阿克苏教育学院自治区课题"避免学前教育小学化倾向与学生进入小学后接受双语教育的适应性研究",以结对帮带为合作背景,以支教团部分高校教师为主要参与成员,由学院青年教师共同完成,学院有 5 位青年教师在支教团科研骨干的帮扶带动下,独立撰写了 8 篇科研论文,作为项目中期成果的一部分。以青年教师为负责人,由导师指导参与申报的院级课题达 35 项,比上年增加50%;经过结对导师的督促和指导,青年教师申报自治区教育厅课题的积极性明显提高,从去年的 2 项增加到今年的 10 项。支教团结对导师积极指导徒弟申报课题,提出改进意见,经过下半年的 2 次组织课题申报,青年教师对课题的理解更加深入,研究方向和策略更加明了,对"科研兴教"更有信心。

三、集中力量帮扶把青年骨干教师"亮出来"

一是建立一批由青年教师主持负责的暑期教师培训项目,为阿克苏教育学院"亮出品牌"。今年 6 月,由浙江双语结对工作室牵头,学院音体美组教师与支教团音体美专业指导教师就"如何策划暑期中小学教师专业培训项目"召开研讨会。导师们热心收集材料,将自己所掌握的材料和培训思路倾囊相传,这种共融互助的精神得到青年教师的积极反馈,也得到地区受训教师的好评。二是由教学技能型的骨干教师开设优质观摩课,在学院队伍里"亮出水平"。今年 11 月,支教团组织骨干教师开设面向全院的优质观摩课：一堂作文课和两节口语课。在各自的认真准备和指导教师的帮助下，课堂从教学内容导入、教学过程设计到教师语言，都得到了修正。课后，导师们分别从教学目标设计、课程特色及教学过程分析等方面做了全面而专业的点评。三是组织优秀骨干青年教师送教开设讲座，"亮出功底"。送教活动效果良好，得到送教学院的好评和聆听讲座教师们的赞扬。

最近，以"共享结对经验、共促帮带成效"为主题的阿克苏教育学院青年教师帮带提升座谈会在省援疆指挥部召开。徐纪平指挥长在座谈会上提出，双语支教团青年教师帮带提升工作要突出重点：一是要坚定方向，找准差距。要学会扬长避短，认真研究目前工作中还存在的问题；要学会反思，让青年教师"动起来"，不断完善工作机制。二是要深化帮带工程，加强顶层设计，帮带工作要在目标化、紧密型、激励式和连续性方面下功夫。三是要积极思考帮带成果化。工作室建设要及时改版升级，认真研究成果的显性化；要按照既定目标，争取使工作再上台阶。这给支教团的青年教师帮带工作指明了方向。

2. 导师组参赛汇报材料（参赛汇报人：浙江双语结对工作室导师张亚萍）

各位尊敬的领导、评委、援友：

大家上午好！在两年的帮扶共建过程中，支教团库车教学点充分发挥集体的力量，在硬件帮扶、软件提升等方面，都取得了明显的成效。接下来，我们将以库车县第十三小学为基地，把精品"1＋6"打造成可互动、可推广，重内涵、重应用，促造血、促长效的支教团帮扶结对"库车模式"。

何谓"1＋6"？

"1"，就是留下教育教学理念。

在疆干什么？离疆留什么？我们认为在新疆可做的事有千万件，但最重要的是留下这样的理念：成长自己，成就学生，发展学校！导师们通过系列专题讲座，如师德建设、班主任培训、教学科研、家校共建等，将学校管理理念、教育教学理念"散入春风满龟兹"。我们深信，如果每一位新疆老师都能主动寻找途径提升自己，何愁不能推动我们的教育革新？何愁不能培养好我们的学生？何愁不能树立新疆教育的品牌？

所谓"6"，就是通过我们和本地教师的 6 种互动途径，和"1"相辅相成。

具体而言就是：结对一位浙江导师、做一个职业规划、上一堂优质公开课、写一篇教育教学论文、读一本教育专著、做一项微课题。

结对一位浙江导师：支教团组织管理能力强、教科研业务水平高的老师，和库车当地学校的年轻教师结成师徒对子，明确结对任务，落实培养目标。

做一个职业规划："教师到底应该教什么？""为什么我怎么都教不会他们？""当教师这么累，我的快乐在哪里？"我们的徒弟基本上是教龄不到3年的年轻教师，在他们的成长起步阶段，如果导师能指导他们做好科学、专业的职业规划，其成长速度会是相当可喜的，上述困惑也会迎刃而解。

上一堂优质公开课：年轻教师每学期至少要上一堂优质展示课，由导师指导，由同行教师听评。优秀者可被推荐代表学校参加各级比赛，成绩作为个人考评的加分依据之一。必要时，导师和年轻教师进行"同课异构"，组织同行教师进行观摩研讨，切实提升年轻教师的课堂教学能力。

写一篇教育教学论文：导师指导年轻教师做好教学"五认真"（认真备课、认真上课、认真批改作业、认真辅导、认真检测），注重教学反思的撰写，定期检查完成情况。导师通过手把手的实战训练，提高年轻教师发现问题、解决问题、提炼经验的能力，指导年轻教师一学期至少完成一篇较高质量的教育教学论文，汇编结集，并推荐发表或评奖，提高其积极性。

读一本教育专著：导师针对年轻教师的薄弱方面，推荐若干教育专著，指导年轻教师一学期至少阅读一本教育类专著，且必须撰写读书体会或感悟。在此基础上，组织读书交流会、报告会等，相互促进、共同提高。

做一项微课题："问题即课题，对策即研究，收获即成果"，师徒共同针对日常教育教学过程中遇到的问题，即时梳理、筛选和提炼，使之成为一个微课题，并展开扎实的研究。研究的着眼点主要在教育教学细节，研究内容最好是教育教学实践中碰到的真问题、实问题、小问题。导师就如何写立项申请报告、开题报告、中期报告、结题报告等，对年轻教师进行全程指导，培养年轻教师的科研意识和科研能力。

苏格拉底说：教育不是灌输，而是点燃火焰。

我们说：支教帮扶不是替代完成，而是留下种子，播撒希望！

第三节 2016 年浙江省援疆指挥部组织 "传帮带组团大赛"

一、"传帮带组团大赛"相关通知

关于举办 2016 年度"组团式"援疆人才传帮带大赛的通知

浙援疆指〔2016〕26 号

各市援疆指挥部,各县(市)委组织部,地区教育局、卫生局、林业局,一师阿拉尔市教育局、卫生局:

为贯彻落实中央和自治区关于"组团式"援疆工作要求,进一步深化援疆人才传帮带工作内涵,总结交流传帮带工作经验,提升"组团式"援疆工作水平,根据年度智力援疆工作计划,决定举办 2016 年度"组团式"援疆人才传帮带大赛(以下简称大赛)。现将有关事项通知如下:

一、指导思想

以中组部、自治区"组团式"援疆工作推进会精神为指导,以为阿克苏地区和兵团一师培养一支带不走的人才队伍为目标,坚持在"人才顶岗"中促进"人才帮带"、在"人才帮带"中促进民族团结的理念,进一步深化拓展"组团式"援疆人才传帮带工作,不断提升援疆人才传帮带工作的科学化、标准化和规范化水平,充分发挥和放大援疆人才助推本地人才队伍建设作用。

二、组织机构

大赛由省援疆指挥部、地委组织部、一师党委组织部共同主办。省援疆指挥部人才组、地委组织部人才办、一师党委组织部人才科负责大赛的具体组织实施。

三、比赛形式

比赛采取综合汇报展示的形式进行(汇报展示时应播放与汇报内容匹配的 PPT 或 VCR)。大赛分教育和卫生两个领域,每个领域分传帮带工作室、传帮带导师、传帮带对象三个类别进行,其中传帮带工作室汇报展示的主要内容为工作室所在单位支持传帮带工作室的情况及工作室取得成效,传帮带导师、传帮带对象汇报展示的主要内容为本人开展(或接受)传帮带工作的主要情况及取得成效。每位参赛代表汇报展示的内容须重点突出"组团式"援疆工作精神(如:团队协作、多方联动、资源整合、辐射带动、叠加效应等),时间限定为 8 分钟。

四、时间、地点

大赛定于 10 月 19 日至 20 日在地区宾馆 5 号楼二楼会议室举行。18 日下午报到,18:00 进行抽签。19 日上午 10:00 开始比赛。

五、评选项目

(一)十佳传帮带工作室。面向参加大赛的传帮带工作室选拔。

(二)十佳传帮带导师。面向参加大赛的传帮带导师选拔。

(三)十佳传帮带对象。面向参加大赛的传帮带对象选拔。

六、评选方式

大赛采取评委综合打分制,设奇数评委若干名,采用去掉最高分和最低分后确定综合成绩排序的方式确定获奖对象。

七、奖励办法

本次大赛坚持精神奖励与物质奖励相结合,以精神奖励为主的原则。大赛奖项属于地区级奖励。

八、有关要求

(一)各地、各单位要高度重视大赛活动,精心组织、周密安排。通过大赛开展和人员选拔,进一步掀起"组团式"援疆人才传帮带工作的热潮,更好地发挥智力援疆资源助推本地人才队伍建设的绩效。

(二)各县(市)应确定 1 名领队,负责参赛人员联络等有关事宜,并在教育、卫生领域各确定 1 名传帮带工作室参赛代表、1 名传帮带导师参赛代表、1 名传帮带对象参赛代表,于 10 月 14 日前连同领队名单一同报送省援疆指挥部,其中传帮带导师代表须为援疆人才,传帮带对象代表须为本地人才。

(三)各有关单位要将大赛与日常援疆工作、工作总结交接、经验挖掘盘点结合起来,处理好大赛与日常工作的关系。要创新思路,加大对大赛的宣传,扩大"组团式"援疆工作和传帮带工作的影响,努力营造有利于传帮带工作开展和智力援疆向下一批传承接力的良好环境和氛围。

联系方式:省援疆指挥部人才组 刘炜彬

附件：1. 2016 年度"组团式"援疆人才传帮带大赛参赛代表推荐表（传帮带工作室）

2. 2016 年度"组团式"援疆人才传帮带大赛参赛代表推荐表（传帮带导师）

3. 2016 年度"组团式"援疆人才传帮带大赛参赛代表推荐表（传帮带对象）

浙江省援疆指挥部

中共阿克苏地委组织部

兵团一师党委组织部

2016 年 10 月 4 日

二、2016 年"传帮带组团大赛"阿克苏教育学院浙江双语结对工作室参赛汇报材料

（一）工作室组参赛汇报材料（参赛汇报人：浙江双语结对工作室负责人黄洁清）

尊敬的各位领导、评委、援友：

大家下午好！我是阿克苏教育学院结对工作室负责人黄洁清。

我们工作室在 3 年的帮扶共建过程中，支教团集体力量得到了充分发挥，在人才传帮带工程中取得了显著的成绩。接下来，我从 3 个方面进行汇报。

一、领导的关怀、学院的重视，是做好传帮带工作的前提。

自 2014 年 10 月被确认为试点工作室以来，工作室一直受到各级领导的大力支持，他们先后来工作室进行指导、考察。同时，学院领导高度重视，为工作室提供良好的办公场所，共同制定结对实施办法和工作手册，在人力、物力、财力等方面给予大力支持。

在各级领导的指导下，我们成立了工作室领导小组，支教团教师作为结对导师，学院青年教师作为培养对象，3 年启动了 3 批结对工作，共有 78 名导师与 143 名学院青年教师结对。

二、工作中取得的显著成绩

(一)团队协作开展传帮带

在教学方面,我们按学科组团进行教学对接。平时,我们开展一系列的教学活动。3年来辐射周边8所中小学,送教60次,送讲座15次,听评课32次,开设优质课23次,开设示范课15次,举办教学技能大赛2次,举办双语论坛7次……

在科研方面,我们按项目组团进行科研攻关。平时开展各种形式的课题研讨会等活动,从项目的选题申报、立项到中期检查再到结题,导师们都尽心尽力。

(二)多方联动提升传帮带

我们开展了多种形式的活动服务于教学和科研,举办了7期双语论坛,先后邀请14位专家进校讲座,兄弟结对工作室之间相互学习交流。

(三)资源整合促进传帮带

针对阿克苏教育学院的教学和科研方面的需求,我们整合支教团教师原学校的特色资源,并加以充分利用。比如,浙江海洋大学图书馆为阿克苏教育学院开通数据库端口,阿克苏教育学院的师生可以利用浙江海洋大学的数据库查询所需资料。

(四)辐射周边带动传帮带

我们按照地区分队组团进行结对帮扶,3年来辐射周边8所中小学,并取得了一定的成绩。

(五)叠加效应延续传帮带

我们带出了一批青年教师,这批青年教师作为导师再结对阿克苏市、县中小学的青年教师,让我们的结对帮扶劳动成果得以延续和扩大。目前培养出的学院青年教师在阿克苏教育学院刚刚成立的学前双语教育人才培养工作室中担任负责人和结对导师,并与当地的青年教师结对。这为我们实现留下一支真正带不走的援疆队伍这一目标奠定了基础。

我们的工作取得了显著的成绩。

教学奖项:在2014年的浙江省援疆人才传帮带大赛上,有1位结对导师获得导师组一等奖,并被评为"十佳帮带导师"。2015年的帮带大赛上,1位结对导师获得导师组二等奖。学院青年教师吴丽娜荣获自治区教育厅级"优质课大赛"二等奖,赵丽分别荣获自治区教育厅级一等奖和国家级二等奖。

科研收获:2016年的自治区校本小课题,阿克苏教育学院立项8项,其中6项是结对导师主持并由青年教师参与的。结对以来,我们主持了浙江省教育厅项目10项,自治区校本小课题9项,地区校本小课题3项,校级课题53项,有37名结对青年教师参与地区级及以上课题,29名结对青年教师主持校级及以上课题。

学术成果:导师和青年教师发表教学心得体会115篇、德育论文16篇,自编教材28套,在《阿克苏教育学院学报》发表论文76篇,在其他学术期刊发表论文29篇,出版著作5部。

工作室荣誉:2014年10月,作为试点工作室被评为"十佳工作室";在2014年和2015年的浙江省援疆人才传帮带大赛上,均荣获工作室组一等奖;2015年被评为阿克苏教育学院"民族团结先进集体";2016年,被评为"自治区工人先锋号"。

三、思路决定出路,只有不断地创新思路,才能进一步维护好传帮带的成果

在今年的结对形式上,我们创新思路,按结对导师学校性质组团,根据阿克苏教育学院师资状况,开展有针对性的教学型、教学科研型和科研型精准结对。

作为最后一批援疆教师,我们一直在反思:如何让我们的双语援疆工作具有浙江特色?如何巩固我们几年来的帮扶成果?如何真正做到为当地培养一支带不走的援疆队伍?为此,工作室设想了"互联网+援疆"工程,并进行了可行性分析。主要创新之处有二。第一,理论创新。"互联网+援疆"网络帮带平台是我们首创,具有鲜明的原创性,对我国援疆事业的研究有开创性意义。第二,实践创新。我们构建这一平台的宗旨是推动传统援疆向"互联网+"援疆模式转变,并着力探索保障这一新模式可持续运行的体制机制,为浙江智力援疆事业再添辉煌。

以上是我们工作室的汇报,不妥之处敬请批评指正。谢谢!

(二)导师组参赛汇报材料(参赛汇报人:浙江双语结对工作室导师王琼)

浙江双语教师支教团在传帮带结对中采取组团式帮扶,取支教团教师

的专业之长,持续对阿克苏教育学院青年教师的课堂教学、教育科研和教学管理等方面进行多角度、全方位的帮扶,取得了显著的成效,许多青年教师进入专业成长的快车道。

一、组团式帮扶之引导示范

目标:帮助当地青年教师寻找专业上的突破点,提升他们的教育教学能力,培养一支永远带不走的队伍,有效推动阿克苏地区教育事业的发展。

理念:发挥"前后联动、示范引领"的传帮带作用。

二、组团式帮扶之接棒接力

接棒:从援友马丽敏的手中接过指导青年教师赵莉的任务,专门负责赵莉的教学、科研、管理能力的提升。

教学指导:和她一起修改教案,采用说课、磨课等方式提高她的课堂掌控能力;和她一起撰写教学反思,一起解读教材,提高她的教材分析能力;和她一起回看录像课,并对教案进行深度再加工,提高她的理论水平。

示范引领:导师主动承担观摩课、公开课的上课任务;先后前往温宿五中、阿克苏市第九中学进行送课活动。

理念渗透:让赵莉充分感受浙江教育的先进理念,进一步帮助她提高课堂掌控能力。

专业成长:赵莉有了较为扎实的专业理论功底,有了较高的教学水平,也有了较强的实践能力。

三、组团式帮扶之实战

鼓励赵莉报名参加班主任基本功大赛;指导赵莉收集教学素材、讨论热点问题、设计主题班会;在赵莉参加比赛时全程陪同、现场指导。

四、组团式帮扶之成效(赵莉老师)

理念:发挥"资源整合、团队协作"的传帮带作用。

大赛成果:获自治区首届中等职业学校班主任基本功大赛一等奖;获全国中等职业学校班主任基本功大赛二等奖。

教学成果:公开课被评为院级优质课;参与完成自治区课题"避免学前教育小学化倾向与学生进入小学后接受双语教育的适应性研究";参与金华市职业技术学院课题"国家学前资源库建设";主持校级课题"城市独生子女隔代教育";参加全国学前教育研讨会。

个人荣誉:被评为地区教育体制改革先进个人;被评为学院优秀班主

任;被任命为学院学前双语教育人才培养工作室领衔人;被提拔为教育学院教务处副处长,负责学前双语专业相关工作。

五、组团式帮扶之愿景

传道、授业、解惑;传递先进的教学理念;打造一支带不走的队伍;援疆事业蓬勃、健康、持续发展。

（三）青年教师组参赛汇报材料（参赛汇报人:浙江双语结对工作室青年教师赵莉）

浙江双语支教团的帮扶工作已经在阿克苏教育学院薪火相传了5年,传帮带工作主要采取传承式、组团式帮扶,对被帮扶的青年教师,在课堂教学、教育科研和教学、班级管理等方面进行多层次、全方位的帮扶,取得了显著成效。一批青年教师快速成长起来,成为学院的中流砥柱。

一、师徒结对

赵莉,毕业于云南师范大学,学前教育专业,新疆师范大学硕士研究生在读,学院骨干教师、班主任,讲授学前双语教育专业课。

马丽敏导师,浙江衢州学院副教授,浙江双语支教团教科研负责人,科研理论基础深厚、课堂驾驭能力强。

王琼导师,金华第五中学高级教师,浙江双语支教团教务处负责人,拥有丰富的班级和教学管理经验。

二、目标培养

1.进行帮扶评估。两位导师多次深入课堂,通过听课、评课等环节全面了解我的优缺点,在掌握了我的实际情况后,有针对性地采取帮扶措施。

2.挖掘帮扶优势。

3.确定帮扶目标。短期目标:提高教学基本功。中期目标:成为学院骨干教师。长期目标:成为专家型、管理型学前教育教师。

三、传帮带指导

传智慧,教学引领示范;帮成长,全方位提升个人能力;带成效,助我取得进步、获得成绩。

中 篇

智力援疆在路上

——浙江援阿双语教师培训之践行

第一章　以学科组团巩固传帮带

第一节　浙江双语结对工作室教师优质课与观摩课

一、MHK 专项辅导优质课

2016 年 10 月 28 日,浙江双语支教团在阿克苏教育学院(地区师范学校)致远楼 109 室开展了浙江班"卓越教学·优质课堂"——教师优质课观摩活动。浙江省援疆指挥部人才组组长、阿克苏地区教育局副局长张华良,浙江双语支教团总领队严柏炎等领导参加观摩,浙江双语支教团教师、学院教职员工及浙江班相关学科学员齐聚一堂,认真观摩浙江教师展示的MHK 专项辅导优质课。

本次活动共组织顾青锋、朱双芝、应中、徐梅虎等四位教师授课,涵盖MHK 专项辅导培训的口语、阅读、写作等学科,内容丰富多彩。四位老师的教学设计生动活泼,各具特色,精彩不断,充分展现了浙江教师扎实的专业知识和较好的课堂教学能力,真正做到教师和学员共同提升,得到观摩教师和学员一致好评。

据悉,为进一步扎实有效地实施浙江援助阿克苏地区少数民族双语教师培训项目,提高培训质量,不断探索开展高效课堂的新方法、新途径,推动双语教学的深入发展,特别是更有效促进 MHK 专项辅导的效果,促进教师之间的学习交流,提高全体浙江班教师的业务素质,浙江双语支教团教务处根据阿克苏教育学院教务处本学期教学工作总体安排,充分考虑 MHK 专项辅导学科特点,认真组织,积极协调,有效落实了本次"卓越教学·优质课堂"展示活动的各项工作。

二、观摩课

（一）2014—2015学年第二学期教学活动月"课堂开放周"（见表1-1）

表1-1 2014—2015学年第二学期教学活动月"课堂开放周"安排

日期	学科	节次	授课教师	课程内容	教室
4月6日	读写	1	赵宇灿	修鞋修出身家百万	406
	口语	5	王 能	第十课课文	210
	口语	5	李卫星	第九课主课文	412
	口语	6	刘保冬	第九课主课文	401
	听力	6	夏 风	第十课	407
	课堂模拟	7	顾黎毅、徐斌华	待定	221
4月7日	口语	1	胡佳丽	第九课副课文	112
	专汉	2	吴颂华	体育课的结构	418
	读写	2	谷珍娣	向大树道歉	413
	口语	3	吴颂华	第九课副课文	410
	口语	3	李 挺	第九课主课文	420
4月7日	读写	3	周 晶	向大树道歉	117
	听力	5	邵 瑜	第十课	410
	专汉	5	陈烈杰	体育课的类型	405
	课堂模拟	6	吴晓春、陈菊玲	待定	218
4月8日	读写	1	丰爱静	修鞋修出身家百万	401
	精读	1	施伟伟	红灯	406
	精读	1	郑春燕	山村教师	414
	精读	2	张 升	山村教师	410
	口语	3	范芙斌	第十一课课文	321
	口语	3	陆晓华	朗读、口语训练	417
	专汉	5	董益军	学会调控情绪	108
	专汉	7	邓伏云	待定	419
	课堂模拟	7	李利平、黄小刚	待定	320

续表

日期	学科	节次	授课教师	课程内容	教室
4月9日	口语	1	陈临州	第十课生词	212
	读写	1	陈　贤	看海	410
	专汉	1	李政林	物态变化	112
	专汉	1	龚罗平	Windows 操作系统	115
	精读	1	范平志	吐鲁番的"巴士"	420
	口语	4	翁舟英	第九课副课文	415
	口语	5	贾珍妮	第九课主课文	108
	听力	5	卢丽娟	第十课第二部分	115
	专汉	5	叶卫飞	待定	413
	专汉	5	熊永洪	待定	417
	读写	6	戴　敏	三姐妹	108
	听力	7	王小勇	第十课	419
	课堂模拟	7	顾梓华、龙佳韵	待定	321
4月10日	口语	2	黄　乐	第十课练习	215
	听力	2	胡群英	第十课第二部分	112
	精读	3	陈兰江	吐鲁番的"巴士"	112
	精读	4	邓为民	吐鲁番的"巴士"	108
	听力	4	刘海燕	第十课	418
	读写	5	许　烽	人为什么越长越高	419

（二）2014—2015学年第二学期教学活动月"优质培训观摩课"（见表1-2）

表1-2　2014—2015学年第二学期教学活动月"优质培训观摩课"安排

时间	学科名称	节次	授课教师	课程内容	上课班级	旁听班级
4月14日下午	口语	5	陆晓华	20美金的价值	2014级浙江14班	4班,6班,11班,12班,13班
	听力	6	胡群英	第十三课第二部分（三）	2014级浙江6班	4班,11班,12班,13班,14班

续表

时间	学科名称	节次	授课教师	课程内容	上课班级	旁听班级
4月15日上午	阅读与写作	3	丰爱静	谁最倒霉	2014级浙江2班	1班,3班,5班,21班
	专汉	4	李政林	能量转化的量度——功	2014级浙江5班	1班,2班,3班,18班,21班
4月15日下午	汉语口语	5	赵 莉	怎么评三好学生	2013级浙江9班	(2013级)1班,2班,7班,8班,10班
	精读	6	张 升	梅子酒吧	2014级浙江7班	8班,9班,10班,15班,16班,17班
4月14日	小学数学学科专业知识	7	瓦哈甫	分数的初步认识	2014级国培小学数学班	学院指定
4月15日上午	基础维吾尔语	1	古丽其曼	问候信	2013级浙江17班	2013级浙江16班(汉族维吾尔语班)
	汉语口语	2	热娜	80年代出生的青年	2014级国培学前双语班	学院指定

说明:(1)授课地点致远楼109室;(2)浙江援疆教师参加1~6项观摩课教学活动;(3)旁听班级由该班原任课教师带到教室指定区域听课;(4)同一年级的同学科教师全部参加听课,有空课的教师每半天至少听课1节,所有听课教师需签到(每半天签到1次)。

(三)阿克苏教育学院2013级浙江班学员观摩课(见表1-3)

表1-3 2013级浙江班学员观摩课安排

班级	上课学员姓名	学科	年级	课程内容	节次	指导教师
2013级15班	阿依古丽·谢日普	汉语	七年级下	地震中的父与子	1	徐文辉、汪益娟
2013级13班	卡哈尔江·克尤木	汉语	七年级下	鹭鸟去留,牵动人心	2	叶旭华、陶如明
2013级5班	阿孜古丽·莫明	汉语	九年级	大自然的文字	3	朱君祥、应中
2013级7班	米孜古丽·吾斯曼	数学	八年级	二元一次方程	5	黄小刚、李利平

续表

班级	上课学员姓名	学科	年级	课程内容	节次	指导教师
2013 级 9 班	待定	数学	八年级	二元一次方程组	6	顾黎毅、徐斌华

说明:(1)地点:109 教室。(2)时间:4 月 22 日(周三)。(3)学员观摩课要求教务处老师、学科组长、本班任课教师参加,同学科平行班参加旁听,浙江空课教师要求参加听课。参加听课的老师如有带课任务,可安排学员自学内容,并由学科组汇总上报教务处,由学生处组织班主任进班管理。

第二节　2014—2016 年阿克苏教育学院浙江双语结对工作室结对青年教师教学技能大赛

一、2014 年阿克苏教育学院浙江双语结对工作室结对青年教师首届教学技能大赛

(一)教学技能大赛通知

关于举办阿克苏教育学院和浙江双语支教团"结对活动"
第一次结对青年教师教学技能大赛的通知

阿教院各处室、浙江双语支教团:

为贯彻落实《阿克苏教育学院浙江双语教师与教育学院青年教师结对培养实施办法》和《2014 年度结对实践活动开展计划》,推动我院青年教师在结对培养期能够进行更为高效的教学反思,创新教学方法与教学模式,提升青年教师应用现代化教育技术手段和数字化资源能力,浙江双语支教团与阿克苏教育学院联合举办 2014 年结对青年教师教学技能大赛。具体内容如下:

一、参赛对象

参赛对象为阿克苏教育学院 2014 年度结对青年教师。按每位指导老师选择一名青年教师的比例推荐比赛。指导教师可根据两位徒弟个人意愿和综合教学能力推荐人选。参赛人数计划为 26 人。

二、比赛时间

11 月 14 日 16:00—19:00(周五下午停课),全体教师参加。

三、比赛地点

致远楼 109 教室举行启动仪式。

A 组在致远楼 109 教室,B 组在致远楼 209 教室。

四、比赛要求

1.比赛形式:时间为 8～10 分钟的说课。

2.PPT 制作:与说课内容一致的 PPT 电子演示稿。

3.说课内容:青年教师所在年级现任学科,针对 1～2 课时或一个教学单元的教学内容进行设计。一般包括:授课班级的年级、专业、学生数和授课时间;授课使用的教材;教学内容;教学目的及要求;授课类型;学情分析;教学方法;教学环境设计及资源准备;教学重点和难点;教学过程、教学反思等。从说教材、说学生、说教法、说学法、说教学程序等方面进行。

4.赛前需提交材料(以下材料需在 11 月 7 日前提交):

①说课 PPT(电子稿)一份;说课稿一份(电子稿和纸质稿)。

注:说课稿纸质版用 A4 纸打印,格式及字体要求如下:

标题:居中,黑体小 2 号。

教师姓名、指导教师姓名:居中,楷体小 4 号。

正文:宋体小 4 号。

②电子稿请发送至:347088408@qq.com(支教团教师童镇镇邮箱或 QQ 传送)。

5.其他重要事项:

①活动按照 26 位青年教师参赛的计划,分为 A、B 两组,每组 13 人,每组一套评委班子;

②比赛选手请在 11 月 10—11 日空课时到教务处刘明丽老师处抓阄,确定比赛次序;

③两组分别安排在致远楼 109、209 阶梯教室两个比赛地点,开赛前所有选手和领导评委在致远楼 109 教室参加启动仪式;

④阿教院全体在岗教师,浙江支教团 26 名结对导师务必参加。

五、活动组成员

组　　长:李　　健

副组长:金祖庆　马丽敏　武　　瑶

六、奖项设置及奖励

本次比赛设一、二、三等奖,颁发荣誉证书。初步定为一等奖 4 人,奖金 200 元/人;二等奖 8 人,奖金 100 元/人;三等奖 14 人,奖金 50 元/人。

浙江双语支教团

2014 年 10 月 24 日

(二)教学技能大赛议程

时　　间:2014 年 11 月 14 日 16:00

地　　点:致远楼 109 教室

主持人:马丽敏

出席领导:浙江省援疆指挥部人才组组长张华良,阿克苏教育学院院长李健,阿克苏教育学院副院长金祖庆。

议　　程:

1.李健院长致开幕辞;

2.比赛开始(介绍评委,宣读评分标准);

3.选手按次序比赛;

4.汇总比赛评分,宣布比赛结果;

5.比赛颁奖;

6.金祖庆副院长致闭幕词。

(三)教学技能大赛主持词

尊敬的各位领导、老师们:

大家下午好! 在这个初冬的午后,我们欢聚一堂,举办阿克苏教育学院首届青年教师教学技能大赛,创设擂台,搭建舞台。今天,将有 22 名学员与浙江双语支教团结对的青年教师在这里现场竞技,一展风采。

本次活动由浙江双语支教团结对工作室率先策划,得到学院领导和各个处室的大力支持与配合。活动倡导全院在岗教师与支教团教师都参与,体现了全员、全面的特点。结对导师全程指导,青年教师虚心请教,也体现了我们结对活动目标中强调的共同协作与交流、共融的特点。

首届阿克苏教育学院青年教师技能大赛正式开始。首先,有请阿克苏教育学院李健院长致开幕辞！……

感谢李院长的鼓励和祝愿。（今天来到我们活动现场的还有浙江省援疆指挥部人才组组长张华良，对他百忙之中的到来表示热烈欢迎。）现在，介绍为本次大赛担任评委的老师和每组参赛人员及顺序。

A组评委：学院教务处处长武瑶，汉语教研室主任阿依加玛丽·吾买尔，学院自治区优秀教师马旭，支教团教师贾珍妮（浙江师范大学对外汉语硕士），支教团教师姚圩。

A组参赛人员：A1 艾尼卡尔·吐尔逊，A2 颜喜艳，A3 谢富，A4 萨吉旦·阿吉，A5 何兰，A6 时晓倩，A7 谢艳春，A8 阿依古丽·玉素甫，A9 热娜古丽·艾尔肯，A10 欧小蓉，A11 温静。

A组评审计分人员：童镇镇。

B组评委：政治处处长旦丽江，自治区优秀教师玛依拉·米尔孜，支教团教师龚罗平（杭州市余杭区教研员），支教团教师谢建强，支教团教师周晶。

B组参赛人员：B1 薛刚/任红梅，B2 王桐，B3 侯玲彦，B4 李广进，B5 王志芳，B6 李晶晶，B7 颜梅，B8 韦国宝，B9 王月仙，B10 古扎努尔·卡米力，B11 祖力胡玛尔·艾合买提。

B组评审计分人员：钟靖龙。

大赛采用百分制，时间为8～10分钟。8分钟时记分员会提示一次，10分钟第二次提示。超出10分钟会扣分。

按原定大赛方案分组进行。A组评委、参赛人员和导师留在109教室，B组人员到209教室，结束比赛仍然返回109教室，我们将进行最后颁奖环节，致闭幕词。现在辛苦我们的B组评委和B组的参赛教师以及指导教师到209教室。不参赛的教师可选择任意一组观摩指导。

……

最后，请阿克苏教育学院副院长、浙江双语支教团团长金祖庆致闭幕词。

阿克苏教育学院首届青年教师技能大赛到此结束，谢谢大家！

（四）教学技能大赛结果（见表 1-4）

表 1-4 阿克苏教育学院首届结对青年教师教学技能大赛成绩

姓名	比赛内容	获奖等级	指导教师
颜喜艳	咱们新疆好风光	一等奖	王 能
何 兰	幼儿心理学	一等奖	杨兆君
王月仙	幼儿教育活动设计与指导	一等奖	汪益娟
侯玲彦	按空间顺序描写环境	一等奖	叶旭华
时晓倩	常用音符、休止符的名称、形状与时值	二等奖	余红刚
谢艳春	幼儿游戏概述	二等奖	汪益娟
欧小蓉	隋唐文化	二等奖	史晓东
温 静	初中思想品德课堂教学模拟训练	二等奖	邓为民
李广进	教师职业道德	二等奖	钟 凯
王志芳	培训生活	二等奖	吴小伟
李晶晶	词义的变迁	二等奖	应 中
颜 梅	小学汉语教材研读与课堂教学实践	二等奖	曾伟新
艾尼卡尔·吐尔逊	排球双手正面垫球	三等奖	王小勇
谢 富	人类认识宇宙	三等奖	谷珍娣
萨吉旦·阿吉	幸福的感觉	三等奖	童佳敏
阿依古丽·玉素甫	集合的概念（第一课）	三等奖	龙佳韵
热娜古丽·艾尔肯	婚礼的变迁	三等奖	陈月燕
任红梅	孩子在什么环境中成长	三等奖	徐斌华
王 桐	库尔班大叔喜洋洋	三等奖	谢 翔
韦国宝	综合材料造型的艺术	三等奖	童镇镇
古扎丽努尔·卡米力	孩子在什么环境中成长	三等奖	范芙斌
组力胡玛尔·艾合买提	他学得很好	三等奖	陈临州

二、2015 年阿克苏教育学院浙江双语结对工作室结对青年教师第二届教学技能大赛

（一）教学技能大赛通知

关于举办阿克苏教育学院结对青年教师
教学技能大赛的通知

阿教院各处室、浙江双语支教团：

为贯彻落实《阿克苏教育学院浙江双语教师与教育学院青年教师结对培养实施办法》和《2015 年度结对实践活动开展计划》，使我院青年教师在结对培养期能够进行更为高效的教学反思，创新教学方法与教学模式，提升青年教师应用现代化教育技术手段和数字化资源能力，浙江双语支教团与阿克苏教育学院联合举办结对青年教师教学技能大赛。具体内容如下：

一、参赛对象

参赛对象为阿克苏教育学院结对青年教师。按每位结对导师选择一名青年教师的比例推荐比赛。结对导师可根据两位徒弟个人意愿和综合教学能力推荐人选。参赛人数计划为 15 人左右。

请各位结对导师填写《阿克苏教育学院结对青年教师模拟课比赛报名表》（附件 1），截止日期前，将报名表电子稿用 QQ 发送至结对工作室邮箱。

二、比赛时间

11 月 20 日 16：00—19：00（周五下午停课），全体教师参加。

三、比赛地点

致远楼 109 教室举行结对青年教师教学技能大赛启动仪式。

A 组在致远楼 109 教室，B 组在致远楼 209 教室。

四、比赛要求

1. 比赛形式：时间为 15 分钟左右的模拟课。

2. 上课内容：从双语培训课程口语、阅读与写作、汉语精读这三门中，任选一门所指定的两个比赛题目中的一个，进行模拟上课。具体题目及评分

标准见附件 2、附件 3。

3.参赛材料:教学设计、上课课件。

4.材料的格式要求与上交方式:

(1)教学设计

①纸质稿一份,用 A4 纸打印,格式及字体要求如下:

标题:居中,黑体小 2 号。

教师姓名、结对导师姓名:居中,楷体小 4 号。

正文:宋体小 4 号。

②电子稿(格式同纸质稿,供比赛评委作为评分依据)。

(2)上课课件

课件要求能在 Windows 7 环境下运行。

(3)上交时间与方式

①上交时间:截至 11 月 17 日上交教学设计和上课课件。

②上交方式:纸质稿上交结对工作室邮箱。

5.其他重要事项:

①活动按照 15 位青年教师参赛的计划,分为 A、B 两组,每组 7～8 人,每组一套评委班子;

②比赛选手请在 11 月 16 日空课时到教务处石丽萍老师处抓阄,确定比赛次序;

③两组分别安排在致远楼 109、209 阶梯教室两个比赛地点,开赛前所有选手和领导、评委在致远楼 109 教室参加教学技能大赛启动仪式;

④阿克苏教育学院全体在岗教师、浙江双语支教团老师务必参加。

五、活动组成员

组　　长:张淑萍

副组长:金祖庆　范平志　武　瑶

六、奖项设置及奖励

本次比赛设一、二、三等奖,颁发荣誉证书。初步定为一等奖占参赛选手的 30% 左右,二等奖占参赛选手的 30% 左右,三等奖占参赛选手的 40% 左右。

附件:1.阿克苏教育学院结对青年教师模拟课比赛报名表

2.阿克苏教育学院结对青年教师模拟课比赛题目及要求

3.阿克苏教育学院结对青年教师模拟课比赛评分标准

阿克苏教育学院

2015 年 11 月

附件 1

阿克苏教育学院结对青年教师模拟课比赛报名表

序号	结对青年教师	所在部门	所学专业	课程内容	导师
1	古丽巴努尔·吐尔洪	理科教研室	物理	你用明天的钱吗	李政林
2	郭 倩	电教信息中心	计算机科学与技术	富有的标准	顾梓华
3	王 伟	总务处	化学	富有的标准	郑乐良
4	薛 刚	学生处	数学与应用数学	富有的标准	黄小刚
5	吴丽娜	德育办公室	汉语言文学	富有的标准	谢建强
6	古丽·柯孜艾尔肯	文科教研室	地理科学	新疆茶俗	邓伏云
7	阿曼图尔·艾合麦提	党政办	地理信息系统	一支铅笔	
8	阿依古丽·艾麦尔	汉语教研室	汉语言文学	一支铅笔	范平志
9	王小苗	文科教研室	汉语言文学	新疆茶俗	施伟伟
10	古扎努尔·艾尼瓦尔	理科教研室	化学	新疆茶俗	金永潮
11	热依兰·艾则孜	汉语教研室	汉语言文学	新疆茶俗	冯雨锦
12	热米拉·图尔苏	党政办	汉语言文学	牵挂父母	熊永洪
13	木努尔丁·托合尼牙孜	德育办	生物学	心态	叶卫飞
14	玉素甫江·赛麦提	学生处	汉语言文学	心态	丰爱静
15	尼加提·阿吾提	电教信息中心	计算机科学与技术	牵挂父母	龚罗平
16	尼加提·阿布都赛米	学生处	生物技术	牵挂父母	翁舟英

附件 2

阿克苏教育学院结对青年教师模拟课比赛题目及要求

一、"阅读与写作"比赛题目及要求

比赛题目:第一单元《牵挂父母》、第三单元《心态》。

教学要求：①课堂环节呈现出完整性（导入、复习旧知、教授新知、巩固拓展）；②内容正确，层次清楚，方法灵活，突出重点，突破难点；③语言准确，板书清晰，体现师生互动，时间把握恰当（波动时间为1分钟）。

二、"汉语精读"比赛题目及要求

比赛题目1：第八课"一支铅笔"语言强化训练

教学要求：从课文中提出重点词语和语法点，理解后设计情景运用。

比赛题目2：第十课"新疆茶俗"阅读短文

教学要求：扫除字词障碍，并给学生设计恰当的问题，让学生带着问题阅读课文，理解课文的主要内容。

三、"口语"比赛题目及要求

比赛题目1：《你明天用钱吗》

大家都知道这样一个故事：一个美国老太太和一个中国老太太一起到了天堂。美国老太太说："我真高兴，我昨天还完了买房子的钱，在自己买的房子里住了一天，我也满意了。"中国老太太说："我真高兴，我总算攒够了买房子的钱，住了一天，我也满意了。"这个故事想说明中国人和美国人的消费观念不同：中国人习惯存钱，美国人喜欢超前消费，用明天的钱改变今天的生活。

教学要求：导入课文自然、不生硬；生词发音标准，词语讲解到位。

比赛题目2：《富有的标准》

范华：什么是富有？我觉得富有的人不一定有很多钱。钱比别人多，不算真正的富有，但是一定要拥有知识。就像我哥哥，他不是太有钱，生活当然没有问题，只不过有时买些贵点儿的东西，心里还是要想一想。表面看来他不富有，但是他很有知识，是博士。在我心里，他就是一个富有的人。

李晓丽：我的钱也不太多，可是在我看来，别人有的我也有，高兴、健康，就可以算是富有了。比如说，有喜欢的工作，有可爱的孩子，有幸福的家，都可以算是富有。

教学要求：从课文中提出重点词语和语法点，理解后设计情景运用。

附件 3

阿克苏教育学院结对青年教师模拟课比赛评分标准

一、说课设计评分标准(15 分)

项目	内容	评价标准	得分
目标设计(1 分)	目标表述	教学目标清楚、具体,易于理解,便于实施,行为动词使用正确	
	要求与宗旨	符合课标要求、学科特点和学生实际;体现对知识、能力与创新思维等发展要求	
内容分析(1 分)	教学内容	教学内容前后知识点关系、地位、作用描述准确,重点、难点分析清楚	
学情分析(1 分)	学生情况	学生学习水平表述恰当,学习习惯和能力分析合理	
教学方法与教学过程(10 分)	教学思路	教学主线描述清晰,教学内容符合课程标准要求,具有较强的系统性和逻辑性	
	教学重点与难点	重点突出,点面结合,深浅适度;难点清楚,把握准确;化难为易,处理恰当	
	教学方法	教学方法清晰适当,符合教学对象要求,有利于教学内容完成、难点解决和重点突出	
	教学手段	教学辅助手段准备与使用说明清晰,教具及现代化教学手段运用恰当	
	教学环节	内容充实精要,适合学生水平;结构合理,过渡自然,便于操作;理论联系实际,注重教学互动,启发学生思考及问题解决	
	教学评价	注重形成性评价及生成性问题解决和利用	
延伸设计(1 分)	课时分配与作业答疑	课时分配科学、合理;辅导与答疑设置合理,练习、作业、讨论安排符合教学目标,有助于强化学生反思、理解和问题解决	
设计创新(1 分)	设计创新	教学方案的整体设计富有创新性,较好体现课程改革的理念和要求;教学方法选择巧妙,教学过程设计有突出的特色	

二、多媒体课件制作评分标准（15分）

项目	内容	评价标准	得分
多媒体课件	科学性（4分）	课件取材适宜，内容科学、正确、规范，课件演示符合现代教育理念	
	教育性（6分）	课件设计新颖，能体现教学设计思想；知识点结构清晰，能调动学生的学习热情	
	技术性（3分）	课件制作和使用上恰当运用多媒体效果，操作简便、快捷，交流方便，适于教学	
	艺术性（2分）	画面设计具有较高艺术性，整体风格相对统一	

三、模拟上课、板书设计评分标准（70分）

项目	内容	评价标准	得分
模拟上课（65分）	教学目标（5分）	目标设置明确，要求具体，符合课标要求和学生实际	
	教学内容（10分）	重点内容讲解明白，教学难点处理恰当，关注学生已有知识和经验，注重学生能力培养，强调讲练结合，知识传授正确	
	教学方法（13分）	按新课标的教学理念处理教学内容以及教与学、知识与能力的关系，较好落实三维目标；突出自主探究、合作学习，体现多元化学习方法；实现有效师生互动	
	教学过程（13分）	教学整体安排合理，环节紧凑，层次清晰；创造性使用教材；教学特色突出，恰当使用多媒体课件辅助教学，教学演示规范	
	教学素质（8分）	教态自然亲切、仪表举止得体，注重目光交流，教学语言规范准确、生动简洁	
	教学效果（8分）	按时完成教学任务，教学目标达成度高	
	教学创新（8分）	教学过程富有创意；能创造性地使用教材；教学方法灵活多样，有突出的特色	
板书设计（5分）	内容匹配（3分）	反映教学设计意图，凸显重点、难点，能调动学生主动性和积极性	
	构图（1分）	构思巧妙，富有创意，构图自然，形象直观，教学辅助作用显著	
	书写（1分）	书写快速流畅，字形大小适度，清楚整洁，美观大方，不写错别字	

（二）教学技能大赛主持词（开场）

尊敬的各位领导、老师们：

下午好！为贯彻落实《阿克苏教育学院浙江双语教师与教育学院青年教师结对培养实施办法（试行）》和《2015 年度结对实践活动开展计划》，推动学院青年教师在结对培养期进行更为高效的教学反思，创新教学模式与教学方法，提升应用现代化教育技术手段和数字化资源能力，浙江双语支教团与阿克苏教育学院今天在这里联合举办第二届结对青年教师教学技能（模拟上课）大赛。

本次活动由浙江双语支教团与学院教务处精心策划，得到了学院领导的大力支持、各职能处室的有效配合与结对青年教师的积极响应，16 位老师在结对导师的推荐和全程指导下，通过前期的认真准备，将参加下午的比赛，同时，全院在岗教师和浙江支教团全体教师都现场参与，充分体现了双语教师结对培养所强调的共同协作、全员参加、交流促进的特点和作用。

（三）教学技能大赛现场

一、启动仪式

我们首先举行阿克苏教育学院第二届结对青年教师教学技能（模拟上课）大赛启动仪式。

出席启动仪式的领导有：

阿克苏教育学院院长张淑萍，阿克苏教育学院副院长阿迪力·吐尼亚孜，阿克苏教育学院副院长、浙江双语支教团总领队金祖庆，阿克苏教育学院教务处处长武瑶，阿克苏教育学院双语结对工作室负责人、挂职阿克苏教育学院德育办副主任范平志。

现在，请阿克苏教育学院院长张淑萍致开幕词，大家欢迎！

……

感谢张淑萍院长热情洋溢的讲话和对青年教师的殷切期望！

现在，请阿克苏教育学院副院长、浙江双语支教团总领队金祖庆讲话，大家欢迎！

……

感谢金祖庆副院长的讲话！

现在介绍一下本次大赛的比赛规则、参赛教师和评委分组情况。

1.比赛形式：本次大赛的比赛形式是模拟上课，时间15分钟左右。

2.上课内容：参赛教师从双语培训课程口语、阅读与写作、汉语精读三门中，任选一门所指定的两个比赛篇目中的一个进行模拟上课。

3.评分标准：比赛成绩由教学设计（15分）、多媒体课件制作（15分）、模拟上课和板书设计（70分）三部分组成。

评委对每位参赛教师提供的教学设计、多媒体课件等参赛材料质量与水平高低，以及今天现场模拟上课、板书设计等各个环节进行综合评判后，评定每位参赛教师的最后成绩。

本次比赛按参赛人员的比例设一、二、三等奖，将现场颁发获奖荣誉证书。

4.参赛教师分组：16位参赛教师分为两个小组，分别在109、209两个赛场比赛。抽签序号1～8号的教师在109赛场，9～16号的教师在209赛场，按照抽签号码由小到大的顺序进行。

5.评委分组：

第一赛场（109教室）的评委是：学院教务处处长武瑶，学院地区优秀教师马旭，（身份介绍）盛少华。

第二赛场（209教室）的评委是：（身份介绍）马依拉·米尔孜，（身份介绍）陈思群，（身份介绍）许剑。

二、宣布比赛开始

秋高气爽，瓜果飘香，在这个充满丰收喜悦之情的日子里，阿克苏教育学院第二届结对青年教师教学技能（模拟上课）大赛正式开始！

请参赛教师和评委到各自的赛场，准备比赛。

三、宣布比赛成绩暨颁奖仪式

经过一个下午的紧张比赛和评委们的辛勤工作，阿克苏教育学院第二届结对青年教师教学技能（模拟上课）大赛的最终成绩已经出来了。

1.现在有请×××宣布比赛获奖情况，大家欢迎！

2.颁奖、拍照

（1）有请×××、×××为获得三等奖的6位老师颁奖；

（2）有请×××、×××为获得二等奖的6位老师颁奖；

（3）有请×××、×××为获得一等奖的4位老师颁奖。

四、结束语

阿克苏教育学院第二届结对青年教师教学技能（模拟上课）大赛现已圆满落幕，谢谢各位领导、评委、参赛教师、结对导师、大赛工作人员，以及在座的阿克苏教育学院教师、浙江双语支教团教师！

让我们共同期待明年有更多的青年教师脱颖而出，让我们共同期待明年的比赛更成功，成绩更辉煌！

谢谢！

（四）教学技能大赛启动仪式上领导讲话

尊敬的各位领导，各位老师，同志们：

大家下午好！今天我们在这里隆重举行阿克苏教育学院结对青年教师教学技能大赛。这是自实施"浙江省援助阿克苏地区35岁以下少数民族双语教师培训项目"以来，学院开展的第二届结对青年教师教学技能大赛。

本次技能大赛在学院和浙江双语支教团的共同努力下，认真组织实施，学院共有16名青年教师在结对导师的推荐和全程指导下参赛。支教团的教师（师父）重点在教学技能、课堂教学及现代化教学手段等方面认真指导结对青年教师，学院青年教师（徒弟）克服困难，积极向自己的指导教师学习教学经验和教学技巧，通过前期的认真准备，将参加接下来的比赛。在此，我谨代表大赛组委会对大赛的开幕表示热烈的祝贺！

近年来，学院紧抓浙江援疆教师团教师支教的有利时机，积极开展支教教师与学院青年教师师徒结对活动。这项活动使年轻教师尽快成长起来，是我院教师队伍建设的需要，也是教师专业成长的需要，更是学院发展的需要。

本次结对青年教师教学技能大赛，既是学院青年教师教学技能水平的一次展示，也是对学院青年教师基本素质和教学技能的一次检验。这项活动的深入开展，不仅激励青年教师重视基本功训练，提升青年教师以课堂教学为中心的业务能力，而且为学院教师提供了一个观摩学习、交流展示的平台，促进了学院教师队伍素质的整体提升。

借此次技能大赛，我对学院今后结对工作的深入开展再提几点希望：

一是希望各职能处室部门要进一步加大对结对工作的支持力度，有效配合结对工作室开展活动，鼓励和支持本处室部门的青年教师积极参加结对活动。

二是希望各位结对师父切实承担起责任,认真做好传帮带工作,做到既要带德,把自己丰富的教学经验、朴实严谨的教风、爱岗敬业的奉献精神,通过言传身教的方式传递给徒弟,使他们具有良好的师风师德,又要带才,切实对徒弟进行业务指导;既要带教,通过多种途径和方法,指导徒弟的教育教学实践,帮助他们尽快掌握教育教学的技能和方法,又要带研,带领徒弟在做好教学工作的同时,做好教学研究工作,实现由教书匠向研究型教师的转变。

三是希望结对徒弟以师父榜样,积极主动联系指导教师,主动向指导老师请教,以学而不厌的态度虚心地学习他们爱岗敬业、吃苦耐劳的高尚师德,学习他们精湛的教学技艺,按照《阿克苏教育学院浙江双语教师与教育学院青年教师结对培养实施办法(试行)》的要求,多听课、多思考、多改进,要学会扬弃,根据自己的专业特长,创造性地实施教育教学,逐步形成自己的教学思路、教学特色和教学风格,努力追求自身教学的高品位。

同志们,今年的教学技能大赛,是学院双语教育教学水平的一次集中展示,希望各参赛教师能够保持"友谊、学习、交流、提高"的宗旨,以良好的心理素质、精湛的教学技能和饱满的精神风貌,赛出风格、赛出水平、赛出成绩。希望大赛评委和工作人员能够坚持公平、公正的原则,认真负责,公平评审,确保大赛顺利进行。

最后,预祝本届教学技能大赛取得圆满成功!

(五)教学技能大赛相关报道

第二届结对青年教师教学技能大赛启动仪式在阿克苏教育学院隆重举行

11月20日下午,阿克苏教育学院、阿克苏市第九中学部分教师和浙江双语支教团全体教师在致远楼109教室齐聚一堂,参加学院举行的第二届结对青年教师教学技能大赛启动仪式暨大赛具体活动和颁奖仪式。浙江省援疆指挥部人才组组长、阿克苏地区教育局副局长张华良在会上做重要讲话,学院张淑萍院长,阿迪力·莫拉麦提副院长,纪委王国栋书记,学院副院长、浙江双语支教团总领队金祖庆等出席会议。本次有关仪式和赛事由支教团结对工作室范平志老师主持。

启动仪式上,浙江省援疆指挥部人才组组长、阿克苏地区教育局副局长张华良致辞,强调结对帮扶工作要注重"四可"(可看、可信、可互动、可推广)、"四重"(重内涵、重导向、重应用、重宣传)、"四促"(促交流、促教学、促提升、促长效),切实提高结对青年教师教学技能,为阿克苏地区教育教学培育一批优良的双语培训师资队伍。

学院张淑萍院长在会上热烈祝贺大赛开幕,提出三点要求:第一,希望结对带教的力度有提高,努力重视、支持此项工作;第二,希望"师父"做好传帮带工作;第三,希望"徒弟"积极主动向"师父"学习。

学院副院长、浙江支教团总领队金祖庆简述了结对青年教师培训情况,并着重介绍今后培训具体内容和规划,通过模拟课堂、同课异构、专业培训等多种形式有效提升青年教师专业素质和教学能力。

随后,阿迪力副院长宣布教学技能大赛正式开始,尼加提·阿布都塞米等16位结对青年教师分109、209两个教室进行比赛,由评委组现场打分,评出等级并颁奖。

另悉,在启动仪式前还举行了支教团部分教师挂职阿克苏教育学院行政副职的聘任仪式,支教团朱君祥、陈菊玲、李挺、贾珍妮、范平志等5位教师自2015年9月起挂职学院行政副职,聘期一学年。

（六）教学技能大赛结果（见表1-5）

表1-5　阿克苏教育学院第二届结对青年教师教学技能大赛成绩

抽签号码	参赛教师姓名	总平均得分	全校排名	获奖等级	导师
11	吴丽娜	93.67	1	一等奖	谢建强
2	古扎努尔·艾尼瓦尔	92.33	2	一等奖	金泳潮
7	尼加提·阿布都赛米	92.00	3	一等奖	翁舟英
10	王小苗	91.67	4	一等奖	施伟伟
15	玉素甫江·赛麦提	90.67	5	二等奖	丰爱静
16	古丽巴努尔·吐尔洪	90.67	6	二等奖	李政林
5	热依兰·艾则孜	89.67	7	二等奖	冯宇

续表

抽签号码	参赛教师姓名	总平均得分	全校排名	获奖等级	导师
14	阿依古丽·艾麦尔	89.33	8	二等奖	范平志
4	热米拉·图尔荪	88.33	9	二等奖	熊永洪
9	尼加提·阿吾提	87.00	10	二等奖	龚罗平
8	薛　刚	86.00	11	三等奖	黄小刚
6	王　伟	85.00	12	三等奖	郑乐良
3	阿曼图尔·艾合麦提	84.67	13	三等奖	邓伏云
1	古丽柯孜·艾尔肯	83.67	14	三等奖	范平志
13	木努尔丁·托合尼牙孜	83.67	15	三等奖	叶卫飞
12	郭　倩	80.00	16	三等奖	顾梓华

三、2016 年阿克苏教育学院浙江双语结对工作室结对青年教师第三届教学技能大赛

（一）教学技能大赛通知

关于举办阿克苏教育学院结对青年教师
第三届教学技能大赛的通知

阿教院各处室、浙江双语支教团：

为贯彻落实《阿克苏教育学院浙江双语教师与教育学院青年教师结对培养实施办法（试行）》和《2016 年度结对实践活动开展计划》，使我院青年教师在结对培养期能够进行更为高效的教学反思，创新教学方法与教学模式，提升青年教师应用现代化教育技术手段和数字化资源能力，浙江双语支教团与阿克苏教育学院联合举办结对青年教师教学技能大赛。具体内容如下：

一、参赛对象

参赛对象为阿克苏教育学院结对青年教师。教学型和教学科研型的青年教师必须参加，科研型青年教师自愿参加。请各位结对导师填写《阿克苏教育学院 2016 年度结对青年教师教学技能比赛报名表》（附件 1），于 3 月 27 日上午 11 点前将电子稿发送至黄洁清老师的邮箱（286306852.@qq.com）。

二、比赛时间（暂定）

3 月 31 日 15:30—19:00（周五下午停课），全体教师参加。

三、比赛地点

致远楼 109 教室举行结对青年教师教学技能大赛启动仪式。

A 组在致远楼 109 教室，B 组在致远楼 209 教室。

四、比赛要求

1. 比赛形式：时间为 8～15 分钟的模拟课。

2. 上课内容：从双语培训课程口语、阅读与写作、汉语精读这三门中任选一门进行比赛。具体题目及评分标准见附件 2。

3. 为便于存档，需要提交的材料要求如下：

比赛课件（PPT）和说课稿（电子稿），上交时间为 4 月 5 日上午 11 点之前，由导师将电子材料发至黄洁清老师的 QQ 邮箱。

4. 其他重要事项：

①活动分为 A、B 两组进行；

②比赛选手请在 3 月 28—29 日空课时到教务处石丽萍老师处抓阄，确定比赛次序；

③两组分别安排在致远楼 109、209 阶梯教室两个比赛地点，开赛前所有选手和领导、评委在致远楼 109 教室参加教学技能大赛启动仪式；

④阿克苏教育学院全体在岗教师、浙江双语支教团导师务必参加。

五、活动组成员

组　　长：张淑萍

副组长：严柏炎　武　瑶　黄洁清

六、奖项设置及奖励

本次比赛设一、二、三等奖，颁发荣誉证书。

附件：1. 阿克苏教育学院 2016 年度结对青年教师教学技能比赛报名表

2. 阿克苏教育学院结对青年教师模拟课比赛评分标准

阿克苏教育学院

2016 年 3 月 21 日

附件1(略)

附件2

阿克苏教育学院结对青年教师模拟课比赛评分标准

一、说课设计评分标准(15分)

项目	内容	评价标准	得分
目标设计 (1分)	目标表述	教学目标清楚、具体,易于理解,便于实施,行为动词使用正确	
	要求与宗旨	符合课标要求、学科特点和学生实际;体现对知识、能力与创新思维等发展要求	
内容分析 (1分)	教学内容	教学内容前后知识点关系、地位、作用描述准确,重点、难点分析清楚	
学情分析 (1分)	学生情况	学生学习水平表述恰当,学习习惯和能力分析合理	
教学方法 与教学过程 (10分)	教学思路	教学主线描述清晰,教学内容符合课程标准要求,具有较强的系统性和逻辑性	
	教学重点 与难点	重点突出,点面结合,深浅适度;难点清楚,把握准确;化难为易,处理恰当	
	教学方法	教学方法清晰适当,符合教学对象要求,有利于教学内容完成、难点解决和重点突出	
	教学手段	教学辅助手段准备与使用说明清晰,教具及现代化教学手段运用恰当	
	教学环节	内容充实精要,适合学生水平;结构合理,过渡自然,便于操作;理论联系实际,注重教学互动,启发学生思考及问题解决	
	教学评价	注重形成性评价及生成性问题解决和利用	
延伸设计 (1分)	课时分配 与作业答疑	课时分配科学、合理;辅导与答疑设置合理,练习、作业、讨论安排符合教学目标,有助于强化学生反思、理解和问题解决	
设计创新 (1分)	设计创新	教学方案的整体设计富有创新性,较好体现课程改革的理念和要求;教学方法选择巧妙,教学过程设计有突出的特色	

二、多媒体课件制作评分标准(15分)

项目	内容	评价标准	得分
多媒体课件	科学性(4分)	课件取材适宜,内容科学、正确、规范,课件演示符合现代教育理念	
	教育性(6分)	课件设计新颖,能体现教学设计思想;知识点结构清晰,能调动学生的学习热情	
	技术性(3分)	课件制作和使用上恰当运用多媒体效果,操作简便、快捷,交流方便,适于教学	
	艺术性(2分)	画面设计具有较高艺术性,整体风格相对统一	

三、模拟上课、板书设计评分标准(70分)

项目	内容	评价标准	得分
模拟上课 (65分)	教学目标 (5分)	目标设置明确,要求具体,符合课标要求和学生实际	
	教学内容 (10分)	重点内容讲解明白,教学难点处理恰当,关注学生已有知识和经验,注重学生能力培养,强调讲练结合,知识传授正确	
	教学方法 (13分)	按新课标的教学理念处理教学内容以及教与学、知识与能力的关系,较好落实三维目标;突出自主探究、合作学习,体现多元化学习方法;实现有效师生互动	
	教学过程 (13分)	教学整体安排合理,环节紧凑,层次清晰;创造性使用教材;教学特色突出;恰当使用多媒体课件辅助教学,教学演示规范	
	教学素质 (8分)	教态自然亲切、仪表举止得体,注重目光交流,教学语言规范准确、生动简洁	
	教学效果 (8分)	按时完成教学任务,教学目标达成度高	
	教学创新 (8分)	教学过程富有创意;能创造性地使用教材;教学方法灵活多样,有突出的特色	
板书设计 (5分)	内容匹配 (3分)	反映教学设计意图,凸显重点、难点,能调动学生主动性和积极性	
	构图(1分)	构思巧妙,富有创意,构图自然,形象直观,教学辅助作用显著	
	书写(1分)	书写快速流畅,字形大小适度,清楚整洁,美观大方,不写错别字	

（二）教学技能大赛议程

时　　间：2016 年 3 月 31 日 15：30

地　　点：致远楼 109 教室

主持人：黄洁清

出席领导：浙江省援疆指挥部人才组组长陈常龙，阿克苏教育学院副院长李校军，阿克苏教育学院副院长严柏炎。

议　　程：

1.严柏炎副院长致开幕词。

2.比赛开始（介绍评委，宣读评分标准）；

3.选手按次序比赛；

4.汇总比赛评分，宣布比赛结果；

5.比赛颁奖；

6.李校军副院长致闭幕词。

（三）教学技能大赛主持词

尊敬的各位领导、老师们：

大家下午好！在这里我们欢聚一堂，举办阿克苏教育学院第三届结对青年教师教学技能大赛，创设擂台，搭建舞台。今天，将有学院青年教师在这里现场竞技，一展风采。

本次活动由学院科研处和浙江双语支教团结对工作室策划，得到学院领导和各处室的大力支持与配合。活动倡导全院在岗教师与支教团教师都参与，体现了全员、全面的特点。结对导师全程指导，青年教师虚心请教，也体现了我们结对活动目标中强调的共同协作与交流、共融的特点。

出席本次大会的领导有：浙江省援疆指挥部人才组组长陈常龙，阿克苏教育学院副院长李校军，阿克苏教育学院副院长、浙江双语支教团团长严柏炎，学院科研处处长武瑶，以及担任本次大赛评委的浙江双语支教团老师。

第三届阿克苏教育学院结对青年教师技能大赛正式开始。首先有请严柏炎副院长致开幕词！……

感谢严院长的鼓励和祝愿。现在，介绍为本次大赛担任评委的老师和每组参赛人员及顺序：

A组评委：支教团李新老师，支教团叶良志老师，支教团陈先友老师，支教团赵东强老师，支教团谢根委老师，支教团崔淑芳老师。

A组评审计分人员：支教团曾一晖老师，支教团赵刚锋老师。

A组参赛人员：A1楚兴旺，A2赵玥，A3王艳云，A4阿依古丽·艾麦尔，A5时晓倩，A6田芳芳，A7张彩霞，A8马瑜，A9张媛，A10徐媛媛，A11刘晶晶。

B组评委：支教团许剑老师，支教团付卓伟老师，支教团何银松老师，支教团方建文老师，支教团陈永飞老师，支教团孟艳芬老师。

B组评审计分人员：支教团沈明亮老师，支教团黄思海老师。

B组参赛人员：B1张群，B2李晶晶，B3吴丽娜，B4哈尼克孜·祖农，B5石丽萍，B6颜梅，B7欧小蓉，B8汪洋淼，B9萨吉旦·阿吉，B10热那古丽·艾尔肯，B11古丽克孜·吾甫尔，B12赵莹莹。

大赛采用百分制，时间为8～10分钟。8分钟时，记分员会提示一次；10分钟第二次提示。超出10分钟会扣分。

按原《大赛方案》分组进行。A组评委、参赛人员和导师留在109教室，B组人员到209教室，结束比赛仍然返回109教室，我们将进行最后的颁奖环节，致闭幕词。现在，辛苦我们的B组评委和B组的参赛教师以及指导教师到209教室。不参赛的教师可选择任意一组观摩指导。

……

最后，请阿克苏教育学院副院长、浙江双语支教团团长严柏炎致闭幕词。

阿克苏教育学院第三届结对青年教师教学技能大赛到此结束，谢谢大家！

（四）教学技能大赛启动仪式上领导讲话

尊敬的各位领导，各位老师，同志们：

大家下午好！今天我们在这里隆重举行阿克苏教育学院结对青年教师教学技能大赛。这是自实施"浙江省援助阿克苏地区35岁以下少数民族双语教师培训项目"以来，学院开展的第三届教学技能大赛。

本次技能大赛在学院和浙江双语结对工作室的共同努力下，认真组织实施，阿克苏教育学院和市九中的青年教师共有23名在结对导师的推荐和全程指导下参赛。支教团的教师（师父）重点在教学技能、课堂教学及现代化教学手段等方面认真指导结对青年教师，学院青年教师（徒弟）克服困难，积极向自己的指导教师学习教学经验和教学技巧，通过前期的认真准备，今年的教学技能大赛，是学院双语教育教学水平的一次集中展示，参赛教师能够保持"友谊、学习、交流、提高"的宗旨，以良好的心理素质、精湛的教学技能和饱满的精神风貌，赛出了风格，赛出了水平，赛出了成绩。

在此，我谨代表学院首先对这次大赛辛勤付出的评委、会务组成员深表感谢；其次，感谢结对导师的真传实帮精神，也感谢青年教师的努力！

近年来，学院紧抓浙江援疆教师团教师支教的有利时机，积极开展支教教师与学院青年教师师徒结对活动。这项活动使年轻教师尽快成长起来，是我院教师队伍建设的需要，也是教师专业成长的需要，更是学院发展的需要。

这项活动的深入开展，不仅激励了青年教师重视基本功训练，提升了青年教师以课堂教学为中心的业务能力，而且为学院教师提供了一个观摩学习、交流展示的平台，促进了学院教师队伍素质的整体提升。

借此次技能大赛，我对学院今后的结对工作的深入开展再提几点希望：

一是希望各职能处室部门要进一步加大对结对工作的支持力度，有效配合结对工作室开展活动，鼓励和支持本处室部门的青年教师积极参加结对活动。

二是希望各位结对师父切实承担起责任，认真做好传帮带工作，做到既要带德，把自己丰富的教学经验、朴实严谨的教风、爱岗敬业的奉献精神，通过言传身教的方式传递给徒弟，使他们具有良好的师风师德；又要带才，切实对徒弟进行业务指导；既要带教，通过多种途径和方法，指导徒弟的教育教学实践，帮助他们尽快掌握教育教学的技能和方法，又要带研，带领徒弟在做好教学工作的同时，做好教学研究工作，实现由教书匠向研究型教师的转变。

三是希望结对徒弟以师父为榜样，积极主动联系指导教师，主动向指导老师请教，以学而不厌的态度虚心地学习他们爱岗敬业、吃苦耐劳的高尚师德，学习他们精湛的教学技艺，按照《阿克苏教育学院浙江双语教师与教育学院青年教师结对培养实施办法（试行）》的要求，多听课、多思考、多改进，要学会扬弃，根据自己的专业特长，创造性地实施教育教学，逐步形成自己的教学思路、教学特色和教学风格,努力追求自身教学的高品位。

最后,祝大赛顺利结束,各位导师、青年教师友谊天长地久,祝阿克苏教育学院明天更美好!

（五）教学技能大赛相关报道

第三届结对青年教师教学技能大赛
在阿克苏教育学院隆重举行

为了促进学院青年教师的专业教学发展,创新教学方法与教学模式,提升青年教师专业素质和教学能力,加强教学交流,3月31日下午,浙江双语结对工作室与阿克苏教育学院联合举办第三届结对青年教师教学技能大赛。学院副院长李校军,学院副院长、浙江支教团团长严柏炎,学院副院长童志斌,以及学院科研处处长武瑶出席会议。本次赛事由结对工作室黄洁清老师主持,阿克苏教育学院全体教职工、浙江双语支教团导师及部分学员参加观摩。

比赛开始之前,阿克苏教育学院副院长、支教团团长严柏炎致开幕词,阐述此次比赛的目的及其重要性,对各位评委老师提出严格的打分标准及要求,对参加比赛的青年教师提出期望并给予鼓励。随后,严柏炎副院长宣布教学技能大赛正式开始。

这次比赛内容包括设计说课稿、制作教学课件、模拟上课等三个方面,参赛对象为阿克苏教育学院结对青年教师。萨吉旦·阿吉等23位结对青年教师分别在109、209两个教室进行比赛,比赛过程中,各位参赛青年教师依次上台进行精彩的模拟上课。各位教师在比赛中生动形象地展示出自己的教学技能与教学方法。评委老师认真聆听、高标准进行打分。现场氛围融洽,掌声不断,无论是参赛教师还是评委教师都得到了学术上的交流。

支教团的教师（师父）重点在教学技能、课堂教学及现代化教学手段等方面认真指导结对青年教师,学院青年教师（徒弟）克服困难,积极向自己的指导教师学习教学经验和教学技巧。教学技能大赛是学院双语教育教学水平的一次集中展示,参赛教师能够保持“友谊、学习、交流、提高”的宗旨,以良好的心理素质、精湛的教学技能和饱满的精神风貌,赛出风格,赛出水平,赛出成绩。最后,由评委组现场打分,评出一等奖7名,二等奖9名,三等奖

7名,并进行现场颁奖。此次比赛,体现了学院对青年教师教学的重视,使青年教师在教学理念、教学方法等多个方面进行了交流与借鉴,部分青年教师也对自身的不足有了正确的认识,有助于在以后的教学中积极改进。

学院副院长李校军致闭幕词,除了对结对导师的付出深表感谢外,还对阿克苏教育学院今后的教学工作提出了几点希望。最后,李校军副院长祝大赛顺利结束,祝各位导师和青年教师友谊天长地久,祝阿克苏教育学院明天更美好!

（六）教学技能大赛结果（见表1-6）

表1-6　阿克苏教育学院第三届结对青年教师教学技能大赛成绩

序号	姓名	比赛内容（课程名称/章节内容）	得分	名次	导师
A组					
1	王艳云	幼儿园社会教育活动的设计	92.85	1	黄思海
2	时晓倩	教唱儿歌《娃哈哈》	91.35	2	叶政军
3	徐媛媛	学前儿童语言教育总目标	89.325	3	何华飞
4	田芳芳	纸塑——纸筒人	88.75	4	姜　清
5	马　瑜	幼儿想象力的培养	88.525	5	郭英丹
6	张彩霞	幼儿园社会教育概述	88.225	6	郭英丹
7	刘晶晶	C大调圆舞曲	87.475	7	连夺回
8	赵　玥	剪纸——囍字	85.525	8	姜　清
9	楚兴旺	神笔马良之简笔画	85.125	9	詹喜庆
10	张　媛	幼儿舞蹈组合《小铃铛》	83.2	10	叶政军
11	阿依古丽·艾麦尔	影响幼儿生长发育的外在因素	82.6	11	刘学峰
B组					
1	张　群	两只狮子	91.575	1	宣玉梅
2	李晶晶	读听后写（写幼儿故事）	90.625	2	赵刚锋

续表

序号	姓名	比赛内容（课程名称/章节内容）	得分	名次	指导教师
3	吴丽娜	《发展汉语——中级口语教程》（新疆版上）第二课副课文	90.55	3	何华飞
4	哈尼克孜·祖农	流蜜的巴扎	90.1	4	赵祖耀
5	石丽萍	影响价格的因素	88.675	5	朱双芝
6	颜　梅	通过外貌、语言、行动等描写人物	87.475	6	黄洁清
7	欧小蓉	民族团结，从我做起	87.4	7	周绿萍
8	汪洋淼	计算机应用基础公式与函数	87.275	8	徐梅虎
9	萨吉旦·阿吉	培养良好的饮食习惯	84.6	9	沈明亮
10	热那古丽·艾尔肯	我在草原上长大	82.075	10	曾一晖
11	古丽克孜·吾甫尔	培养良好的饮食习惯	80.275	11	陈思群

填报时间：2017 年 3 月 31 日。

第二章　以项目组成员组团进行科研帮带

第一节　科研项目评审活动

　　阿克苏教育学院浙江双语结对工作室平时开展各种形式的课题研讨会等活动,从项目选题、项目申报,到立项、中期检查,再到结题,导师们都尽心尽力。

阿克苏教育学院浙江双语结对工作室开展
2016年校级课题立项和2015年校级课题结题评审工作

　　6月7日下午,阿克苏教育学院浙江双语结对工作室负责人组织2016年校级课题立项评审和2015年校级课题结题评审工作,在综合楼二楼会议室召开。此次评审工作,经过学院领导讨论,成立评审专家组,专家评审组评委由学院和支教团在科研方面有突出贡献与丰富经验的老师组成。各位评委老师在评审过程中做到公平、公正、公开、公信,确保做细、做实、做好此次校级课题的评审工作。

　　评委老师认真评阅论文,严把质量关,把具有较高理论水平和指导意义的质量较高的课题推荐出来,也指出了个别课题存在的问题,肯定了学院近些年在校级课题研究中的不断进步和所取得的成绩,比如很多教师开始掌握做课题研究的基本思路与方式方法,在科研方面有很大的进步。评委老师也对此次评审工作提出了意见和建议,例如结题成果存在以下问题:材料中出现错字、别字;内容偏题、跑题;形式不规范;选题太过宽泛,资料查询不深入;等等。

　　此次评审中,共有27项2015年校级课题参与结题评审,其中24项顺利通过,3项延期;还有29项2016年校级课题参与立项申报评审,其中23

项顺利通过,1 项不予通过,5 项需要进一步完善。

在浙江双语支教团的援助下,阿克苏教育学院的科研工作有了明显进步。有多位教师秉着严谨的治学态度成功申报了国家课题、自治区双语课题、自治区校本小课题,并且顺利结题。也有越来越多的教师勇于尝试和探究,悉心学习,以踏实进取的精神参与到学校科研工作中,教研结合,推动了阿克苏教育学院的教育教学工作。相信在自身不断努力和援疆教师的帮助下,阿克苏教育学院科研工作将会取得新进展。

第二节　2014—2016 年阿克苏教育学院浙江双语结对工作室各类项目立项及结题文件

一、2014 年各类项目立项及结题文件

(一)浙江省教育厅一般科研项目立项清单

在个人申报基础上,经双语支教团组织专家组评审,确定推荐以下两项课题立项浙江省教育厅一般科研项目,报浙江省教育厅审批备案。

推荐立项课题名单:

序号	主持人	工作单位	课题名称
1	金祖庆	浙江师范大学	阿克苏中小学少数民族双语教师培训工作调查与政策研究
2	马丽敏	衢州学院	文化视野下提升少数民族学员汉语口语实践能力的研究

浙江双语支教团

2014 年 11 月

(二)阿克苏教育学院校级课题立项及结题清单

关于 2014 年校级科研课题立项通知

(阿教院行发〔2014〕48 号)

各办、处、室,浙江双语支教团:

经个人申请、评审专家审议、学院研究,同意批准"阿克苏地区初中少数民族双语教师队伍状况调查"等 29 项课题为 2014 年度校级课题,同意"阿克苏少数民族中小学教师汉语学习动机研究"等 14 项校级课题结题。根据评审意见和本人申请等,确定"幼儿期逆反问题探究"等 8 项课题延期结题,"阿克苏地区少数民族双语教师培训教学方法研究"课题作撤项处理。现一并公布,并将有关事项通知如下:

一、各有关科室要大力支持课题研究工作,为研究提供必要的支撑条件,加强对立项课题的管理、检查和指导,督促课题组按计划开展研究工作,按时完成研究任务。

二、各课题负责人在接到立项通知后,应进一步完善和细化研究方案,及时启动并按计划实施研究工作,确保项目按期完成。

三、学校将不定期对在研项目进行检查评估,到期后将组织专家进行结题评审。

四、2014 年度课题研究时间截至 2015 年 9 月 30 日,2013 年度延期课题的结题时间截至 2015 年 5 月 31 日。逾期未交结题材料,按自动放弃处理,三年内不得申报校级课题。

五、学院将科研经费纳入全年预算,并按照学院科研奖励办法对按时结题者或在科研上做出成绩者进行奖励。

附件:阿克苏教育学院 2014 年校级立项课题名单

阿克苏教育学院

2014 年 12 月 26 日

附件

阿克苏教育学院 2014 年校级立项课题名单

序号	项目负责人	申报项目名称	课题组成员
1	金祖庆 (导师)	阿克苏地区初中少数民族双语教师队伍状况调查	武瑶、李岩、马丽敏、余红刚、贾珍妮

续表

序号	项目负责人	申报项目名称	课题组成员
2	李　健	对龟兹壁画的思考与美术教学创新实践研究	李鹏春、韦国宝、买尔丹·毛尼亚孜
3	武　瑶	阿克苏地区新入职教师教育培训模式的实践研究——以课程设置为例	邱明、陈自娇
4	倪素萍	提高中职学生化学学习兴趣的策略研究	
5	陈晓雅	基于MHK考试的汉语阅读理解教学资源建设研究	陈青
6	刘明丽	汉字文化教学策略在新疆少数民族汉语教学中的实践研究——以阿克苏教育学院为例	马丽敏
7	时晓倩	师徒结对环境下中师乐理课"同课异构"实践研究	余红刚
8	王月仙	阿克苏地区农村双语幼儿园教师教学行为存在的问题分析及其策略研究	汪益娟
9	朱彦华	少数民族双语教师学习汉语过程中同义词辨析的难点分析与研究	李晶晶、宋海萍
10	玉苏甫·塔西	阿克苏地区小学科学课程与科学实验教学现状及其未来发展趋势研究	玉苏甫·塔西、阿依古丽·阿巴斯
11	陈志宏	阿克苏教育学院学前双语教育专业学员心理健康教育研究	
12	马哈热提·阿布拉	教学活动电子白板教学的应用研究	巴格拉·吾守尔、哈力旦·买苏木、尼加提·阿吾提
13	赵　莉	对城市独生子女家庭隔代教育的思考	马丽敏
14	马丽敏（导师）	师徒结对实施策略的新思考——以阿教院和浙江双语支教团结对活动为研究对象	金祖庆、刘明丽、童镇镇、钟靖龙
15	黄　乐（导师）	MHK视野下维汉双语学员汉语口语教学模式研究	刘华、施伟伟、张莉、贾珍妮
16	陈　青（导师）	基于MHK（三级）的汉语写作教学研究——以阿克苏教育学院双语受训教师为例	陈晓雅、李玲
17	金永潮（导师）	口语中级教程中学生易读错字成因分析的实践与研究	黄乐、周晶、丁根明、邓伏云

续表

序号	项目负责人	申报项目名称	课题组成员
18	戴 敏	双语教师口语培训"听说一体化"教学模式的实证研究	黄乐、丁根明、卡迪尔·阿布拉
19	邓伏云（导师）	实现双语培训中"语言与专业成长双赢"的策略探究	叶卫东、吴小伟
20	谷珍娣（导师）	构建对话、互动的双语培训口语课堂的研究	汪益娟、陈月燕
21	贾珍妮	汉维辅音齿龈音对比及双语教学正音策略研究	李影、黄乐、施伟伟、古丽柯孜·艾尔肯
22	施伟伟（导师）	MHK 模式下新疆维吾尔族学习者汉语虚词习得研究——以阿克苏双语培训项目为例	黄乐、贾珍妮、熊永洪、吴颂华
23	童镇镇（导师）	小组合作·感悟生活——中小学双语美术教学中激励性评价机制的探究	韦国宝、李鹏春、买尔丹·毛尼亚孜
24	邬 翼	"逐层推进式"阅读指导在维语学员"读写"课堂中的应用研究	朱君祥、史晓东
25	熊永洪（导师）	少数民族音乐双语教师教学模式研究	
26	钟靖龙	双语培训"读写"课程学习积极性的实践研究	马丽敏、史晓东、丁根明、范平志
27	朱聪富	双语教师培训中的口语教学与 MHK 口语考试研究	彭莉、方丽萍、胡泽球、夏江宁、项爱钗、张亚萍
28	余厚洪	双语培训中特色教学资源的整合研究	杜娅林、彭莉、陈善军、周伟松、叶性武、邵钱、方丽萍、曹汉华
29	宋军华	提高初中民族学生汉语阅读能力的对策研究	陈临州、李玲

（三）浙江双语支教团教科研成果（见表 2-1）

表 2-1　2014 年浙江双语支教团教科研成果

序号	姓名	项目	教科研成果
1	曹汉华（导师）	教学体会	"科学专汉"教学中的几点做法
2	陈菊玲	观摩课	几何图形
		教学体会	双语情景下的教材教法课堂教学落实模式
3	陈兰江	优质课	散步
4	陈立敢	教学体会	对教材教法课程建设的几点思考
5	陈青（导师）	一般期刊	维汉双语教学中的普通话声调教学问题探析
		金华市社科联课题	电子传媒时代的婺剧传承与发展研究
		教育部文秘教指委	基于工作室模式的文秘专业实践教学研究——以金职院师范学院文秘专业为例
		一般期刊	浅论基于工作室模式的文秘专业实践体系的构建
6	陈青 徐文俊	一般期刊	"由外到内"的转变——高职生学习时机的培养方法和策略
7	陈善军	送教下乡	教育科研与教师专业成长
		教学体会	"精读"词语的组合关系和词语教学
8	戴敏	台州市社科联课题	魅力台州：旅游业国际市场营销战略及景点导游词的翻译研究
		浙江省社科联课题	"云时代"高校英语教师专业发展途径探索
		台州学院校立科研项目	大数据视域下双语师资的现状分析及对策研究
9	邓伏云（导师）	优质课	贷款买房
		论文二等奖	例谈"实现习题价值最优化"的策略
		原单位课题	"实现习题价值最优化"的策略研究
10	邓为民（导师）	一般期刊	在实践中保持党的纯洁性——基于高校学生思政工作的思考
		台州市社科联课题	地域文化在大学生思想政治教育中的作用与途径研究——以台州和合文化为例
11	杜娅林	厅级课题	"语言焦虑"对民族学生汉语口语习得之影响
		教学体会	口语应试辅导中的汉语上声变调问题
		教学体会	MHK 模式下的汉语教学

续表

序号	姓名	项目	教科研成果
12	范芙斌 (导师)	一般期刊	你也可以很阳光
		《温州日报》	援疆支教，无怨无悔
13	范平志 (导师)	优质课	默默的帮助
14	方丽萍	讲座	教师的有效沟通
		讲座	家校协作，寻找班级文化创新点
		讲座	教育是爱的陪伴
		讲座	教育需要好的心态
		讲座	教育需要多方协作
		讲座	反思我们的家教用语
		送教	快乐是什么
		讲座	如何撰写教育案例
		讲座	我们的教育案例
		送教下乡	教育是优雅而缓慢的过程
		送教下乡	谈教师素养
		送教下乡	班主任情景事件机智处理擂台赛
		送教下乡	请鼓励孩子做一个幸福的普通人
		送教下乡	谈谈家庭教育的几个关键点
		教学体会	让学员在口语交际中有话可说
15	丰爱静 (导师)	优质课	谁最倒霉
16	顾黎毅	优质课	二元一次方程组
17	谷珍娣 (导师)	优质课	咱们新疆好风光
18	胡群英	优质课	第十三课第二部分(三)
19	胡文平	优质观摩课	伟大的先人
20	胡泽球	优质观摩课	第五课副课文

续表

序号	姓名	项目	教科研成果
21	黄 乐（导师）	优质课	你用明天的钱吗
		一般期刊	副词"幸亏"的语义指向
		论文二等奖	MHK模式下的汉语口语教学研究（湖州语言文字工作优秀论文评选二等奖）
		浙江省教育科学规划课题	新课标视野下的师范院校"现代汉语"课程改革研究
		浙江省教育厅课题	MHK模式下的汉语口语教学研究
		教学体会	MHK模式下的汉语口语教学研究——以阿克苏双语培训项目为例
22	黄赛月	教学体会	口语教学之汉语拼音及声调朗读的指导
23	黄小刚（导师）	优质课	课例教学设计
24	贾珍妮	优质课	任务型教学法与汉语课教学
		浙江师范大学预研项目	语音类型学视角下汉维声母匹配及双语教学策略（浙江师范大学省预研项目青年教师预研专项人文社科类）
		浙江师范大学教改建设立项	汉语国际教育专业实用礼仪课程学生学业课程学生学业评价方式改革研究（浙江师范大学国际学院第二期过程性评价教学改革建设立项）
25	姜富锵	送教	我们周围的材料
		送教下乡	导体和绝缘体
		教学体会	小学科学模拟上课之我见
26	姜乃君	优质观摩课	笔画竖的写法
		教学体会	如何提高维吾尔族学员汉字书写能力
27	金祖庆（导师）	浙江省教育厅课题	阿克苏中小学少数民族双语教师培训工作调查与政策研究
28	金永潮（导师）	浙江援疆网	用心 用诚 用情
		浙江教育频道	大爱为梦 筑梦边疆
		浙江援疆网	我与学员二三事
		浙江教育频道	人在塞外情不断 不远万里家乡情
		《柯桥日报》	姐弟援疆情
		《绍兴日报》	援疆教师思乡情切 定期交流一解乡愁

续表

序号	姓名	项目	教科研成果
29	蓝龙菊	优质课	散步
30	李天翼	优质课	梅子酒吧
		教学体会	"精读"教学思考
31	李艳芳	优质课	谈话
32	李政林（导师）	优质课	能量转化的量度——功
33	刘保冬	优质课	听对话或短文，做练习
		论文二等奖	高中学生数学作业错误中思维特点分析及对策探讨
34	刘国宏	教学体会	课堂模拟"四个一"教学模式浅谈
35	刘 岩	北大核心	韩国留学生习得现代汉语运动事件句的偏误分析
36	刘永坚	优质观摩课	方程
		教学体会	"数学专汉"教学体会
37	龙佳韵（导师）	优质课	第十四课
		教学体会	听力课教学随感
		教学体会	提高"听力"教学有效性的几点策略
38	楼新强	教学体会	"听说"教学的点滴感悟
39	卢丽娟	教学体会	小学数学备课指导的有效备课探究
40	陆晓华	优质课	20美金的价值
41	马丽敏（导师）	一般期刊	女性小说到影视生成的性别文化整合
		一般期刊	文学创作与地域文化主体精神——以衢籍两位当代作家为中心
		浙江省教育厅课题	文化视野下提升少数民族学员汉语口语实践能力的研究
42	毛宇尧	优质观摩课	间架结构学习
		教学体会	春风化雨，润物细无声——记新疆维吾尔族双语教师培训的点滴感受
43	彭 莉	教学体会	如何提高维吾尔族学员的口语表达能力
44	沈云平	教学体会	数学模拟课堂教学中的要点汇总

续表

序号	姓名	项目	教科研成果
45	施伟伟（导师）	优质课	同义词
		北大核心	高校师范生口语表达能力培养模式研究
		一般期刊	非目的语环境中韩国大学生汉语声母习得偏误及教学策略研究
		论文一等奖	高校师范生口语表达能力培养模式研究（湖州语言文字工作优秀论文评选一等奖）
		浙江省教育科学规划课题	高校师范生口语表达能力培养模式研究
		原单位课题	现代汉语传信标记"X说"研究
46	史晓东（导师）	教学体会	关于双语教学读写课的几点思考
47	苏志富	一般期刊	新疆少数民族小学教师汉语学习观调查研究
48	童佳敏（导师）	教学体会	系统推进"精读"教学之策略浅谈
49	童镇镇（导师）	优质课	汉字的书写
50	汪益娟（导师）	优质课	第十一课主课文
51	王军伟	优质观摩课	第七课第一部分
52	王中新	优质观摩课	平行四边形面积
53	吴小伟（导师）	教学体会	维吾尔语地区汉语培训语文专汉课堂教学策略管窥
54	吴晓春	优质课	新疆茶俗
55	项爱钗	优质观摩课	80年代出生的青年
56	谢建强	教学示范课	皇帝的新装
57	谢宇宁	教学体会	语文课堂模拟的特点及做法
58	忻盛杰	送教	笔算乘法多位数乘一位数（不进位）
		送教下乡	数的认识
		送教下乡	同分母分数加减法
59	熊永洪	优质课	打错电话
60	徐斌华	教学体会	"数学专汉"教学实践与思考
61	许烽	教学体会	提高维吾尔族学员汉语口语交际能力路径研究

续表

序号	姓名	项目	教科研成果
62	严昆荣	教学体会	浅谈少数民族汉语听力能力的提高
		教学体会	MHK教学中学法指导浅析
63	叶丽霞	教学体会	语文备课指导教学中的问题与对策
64	叶卫东	教学体会	"现代汉语"教学实践初探
65	叶旭华（导师）	教学示范课	展开联想和想象的翅膀
		教学体会	浅谈维吾尔族学员听说读写能力的培养
66	应中（导师）	优质课	新疆的羊肉菜
67	游怡	一般期刊	谈地方本科院校音乐人才的培养
		一般期刊	高校学前教育专业学生音乐素质培养现状与对策
68	於金龙	教学体会	"大学汉语读写"教学体会
69	余厚洪	优质观摩课	综合训练：做一个幸福的人
		北大核心	论丽水畲族民间契约文书的语言特色
		一般期刊	丽水畲族民间契约之物权变动论析
		一般期刊	MHK课堂"快乐"教学法探析
		一般期刊	浅谈双语教师培训档案的整合
		一般期刊	基于分层分类培养模式的秘书专业教学探究
		论文二等奖	清代处州畲族民间田契的分类与特色探析
		自治区校本小课题	MHK课堂"快乐"升级研究
		浙江省哲学社会科学规划课题	畲族契约多重文化价值研究——基于浙江畲族契约文书的考察
		《处州晚报》	库车杏花开
		《处州晚报》	杏子和其他
		《兵团日报》	库车多桑树
		《处州晚报》	于触摸心灵中前行——在新疆读《援疆兄弟》有感
		《处州晚报》	新疆的果实
		《兵团日报》	库车秋色
		《处州晚报》	岁末感怀
		教学体会	MHK课堂"快乐"教学法举隅

续表

序号	姓名	项目	教科研成果
70	俞建锋	优质观摩课	第十二课第一部分
71	张 升	优质课	梅子酒吧
72	张亚萍	优质观摩课	MHK模拟试卷阅读理解讲解
		送教下乡	《少年中国说》第一课时
		论文三等奖	我也想做一个好学生——浅谈我的潜质生转化案例（浙江省高等教育学会）
		论文二等奖	"全人生指导"下初中学生耐挫力培养的初探（宁波市教育学会）
		《余姚日报》	西出阳关支教去
		《余姚日报》	出发
		《余姚日报》	我的支教第一课
		《余姚日报》	逛街记
		《余姚日报》	库车之春
		《余姚日报》	吾斯曼和小塔
		教学体会	浅谈我的口语观
73	钟靖龙	优质课	二百元
		一般期刊	设生处地，身临其情——走出信息技术教学中情境创设的误区
		教学体会	双语课程"阅读与写作"教学心得
74	周 晶	浙江省教育学会高校师资管理分会	基于专项数据共享的专技职务水平互认
75	周云光	优质观摩课	习作讲评
		优质观摩课	写作指导
76	朱君祥	优质课	大自然的语言——教学过程与设计

二、2015 年各类项目立项及结题文件

（一）自治区以校为本小课题立项清单（见表 2-2）

表 2-2　2015 年自治区以校为本小课题立项清单

序号	课题编号	课题名称	课题负责人	工作单位
1	2015-xkt-001	提高文言文断句能力的策略研究	蔡　敏	阿克苏地区第二中学
2	2015-xkt-002	提高高中学困生背诵古诗文效率的策略研究	罗小芫	阿克苏地区第二中学
3	2015-xkt-003	高一新生适应期心理特点研究	田卫周	阿克苏地区第二中学
4	2015-xkt-004	新课标高中物理校本练习选用和编写策略研究	蒋红英	阿克苏地区第二中学
5	2015-xkt-005	寄宿制高中有效开展阳光体育活动的实践研究	马　荣	阿克苏地区第二中学
6	2015-xkt-006	双语高中物理分层次教学有效性研究	加拉尔丁·斯依提	阿克苏地区第一中学
7	2015-xkt-007	MHK 模式下双语教师汉语副词习得研究	施伟伟（导师）	阿克苏教育学院/浙江双语支教团
8	2015-xkt-008	双语教师培训对话式课堂的构建研究	郑春燕（导师）	阿克苏教育学院/浙江双语支教团
9	2015-xkt-009	特殊教育学校数学课堂有效互动策略研究	陈　才	阿克苏地区启明学校
10	2015-xkt-010	新教材初中英语阅读课堂教学模式研究	于　静	阿克苏市第九中学
11	2015-xkt-011	"自主阅读＋疑点探究"在高中语文阅读教学中的应用研究	陶玉彬	阿克苏市第三中学
12	2015-xkt-012	一年级学生数学书写习惯的培养研究	陈晓瑛	阿克苏市第四小学
13	2015-xkt-013	基于现代教育技术的翻转课堂应用策略研究	尹　海	阿克苏市高级中学
14	2015-xkt-014	新课标物理教材插图在教学中高效应用的策略研究	袁飞宇	阿克苏市高级中学
15	2015-xkt-015	巧用经济案例，提高课堂教学效果研究	卢润华	阿克苏市高级中学

续表

序号	课题编号	课题名称	课题负责人	工作单位
16	2015-xkt-016	小学语文高段说明文文体教学精品课例的标准和打造途径研究	徐 红	阿克苏市教育局
17	2015-xkt-017	运用小练笔加强初中生细节描写的实践研究	赵国丽	阿瓦提县第二中学
18	2015-xkt-018	小学高段习作分层教学指导策略研究	许世强	阿瓦提县第四小学
19	2015-xkt-019	在历史教学中通过导学案实行分层教学的实践研究	魏晓兵	阿瓦提县第五中学
20	2015-xkt-020	初中双语数学利用导学案实施分层教学研究	丁凤琴	阿瓦提县第一中学
21	2015-xkt-021	幼儿园晨间游戏活动的有效方法研究	马 荣	阿瓦提县幼教中心
22	2015-xkt-022	小学生习作起步阶段教师指导策略研究	魏雅文	拜城县第二小学
23	2015-xkt-023	小学一至三年级语文易错字归因及教学策略研究	黄娟娟	拜城县许昌团结小学
24	2015-xkt-024	基于学生"最近发展区"实现数学课堂有效性研究	姜德俊	拜城县雪莲小学
25	2015-xkt-025	小学学困生转化策略研究	古丽帕尔·佐伦	柯坪县教育和科学技术局
26	2015-xkt-026	在语文实践活动中调动学生收集运用资料方式研究	段 晴	库车县第七小学
27	2015-xkt-027	小学低段双语班学生汉字认读能力提升实践研究	戴梅丽	库车县第十三小学
28	2015-xkt-028	利用课堂小练笔提高中段学生写作能力的策略研究	郝 燕	库车县第十小学
29	2015-xkt-029	小学数学预学案设计的实践研究	杜 文	库车县第十小学
30	2015-xkt-030	"我手写我心"对中学生写作能力培养的有效性研究	郑爱玲	库车县实验中学
31	2015-xkt-031	初中民考汉学生管理策略研究	张红松	沙雅县第三中学
32	2015-xkt-032	农村寄宿制中学生良好行为习惯养成教育的实践研究	周俊玲	沙雅县古勒巴格镇九年一贯制学校

续表

序号	课题编号	课题名称	课题负责人	工作单位
33	2015-xkt-033	双语学校小学语文低年级趣味性作业设计的有效性研究	付建芳	沙雅县嘉兴第一实验学校
34	2015-xkt-034	小学生计算错误原因分析及矫正策略研究	刘思君	温宿县第二小学
35	2015-xkt-035	民族学生语文学习常见困难的原因分析及对策研究	陈　勇	温宿县第二中学
36	2015-xkt-036	"以生为本，学为中心"的课堂教学改革实践研究	王永平	温宿县第二中学
37	2015-xkt-037	小学数学中开放性作业设计研究	宋鸿雁	乌什县第二小学
38	2015-xkt-038	高一数学教材课堂阅读策略研究	袁国颖	新和县第二中学

（二）阿克苏地区以校为本小课题立项清单（见表 2-3）

表 2-3　2015 年阿克苏地区以校为本小课题立项清单

序号	课题名称	课题负责人	工作单位
1	高中数学课后作业有效性设计	刘月东	阿克苏地区第二中学
2	高中英语学习者输出性写作中汉语思维的影响成因及对策研究	田　波	阿克苏地区第二中学
3	基于高中生在化学学习中分组预习效率的探究	魏　敏	阿克苏地区第二中学
4	我校水资源利用状况研究	董雪梅	阿克苏地区第二中学
5	高中历史教学课堂导入的多样性	李　涛	阿克苏地区第二中学
6	小学双语班语文阅读能力的培养研究	马　莉	新和县新和镇第五小学
7	高中《弟子规》育人良效的实践与研究	许炎平	新和县第二中学
8	在小学数学教学中培养学生倾听能力的实践研究	李翠红	新和县第二小学
9	微信在双语教师培训中应用研究	钟靖龙（导师）	阿克苏教育学院/浙江双语支教团
10	MHK 口语考试有效辅导方式探析——以阿教院少数民族初中汉语教师培训为例	贾珍妮	阿克苏教育学院/浙江双语支教团

续表

序号	课题名称	课题负责人	工作单位
11	对口援助结对培养本土教师的实践探索 ——以阿克苏教育学院为例	金祖庆 （导师）	阿克苏教育学院/浙江双语支教团
12	培养小学生数学自主性学习能力的研究	运　爽	拜城县察尔齐镇中心小学
13	民汉合校高中历史课堂及作业分层教学的研究	刘　英	拜城县第四中学
14	初高中英语衔接过渡教学的探索研究	赵翠梅	拜城县第四高级中学
15	通用技术高效课堂教学如何有效落实教学目标的研究	张安滨	拜城县第四高级中学
16	小组学习模式下高效课堂教学策略探究	孙喜平	拜城县第二中学
17	提高中段小学生口算能力的研究	周建平	拜城县许昌团结小学
18	关于巧用词语盘点，盘活词语积累的研究	郑晓莉	拜城县第二小学
19	中学生"诵读经典"模式及成效探究	周亚玲	库车县实验中学
20	小学语文近义词与反义词教学策略研究	李红卫	库车县教研中心
21	低年级数学教学中提高少数民族学生数学语言表达能力的研究	刘碧英	库车县林基路小学汉语学校
22	提升中学生数学计算能力的探究	木尼拉·依明	库车县第六中学
23	小组合作学习中提高学困生学习水平的方法研究	杨　颖	库车县第七小学
24	特殊教育学校听障学生中段口语交际教学策略的研究	黄　宁	阿克苏地区启明学校
25	在小学一年级数学课堂教学中提高学生参与程度的研究	冉　英	阿克苏市第七小学
26	在六年级数学教学中尝试设计导学案实施教学的初探	岳　芳	阿克苏市第七小学
27	小学综合实践活动课程评价方式的研究	董文平	阿克苏市第十一小学
28	信息技术环境下初中生探究性学习的研究	蒲　玲	阿克苏市第九中学

续表

序号	课题名称	课题负责人	工作单位
29	中考古诗文复习课教学策略研究	吕佩佩	阿克苏市第九中学
30	高中语文课外自主阅读的实践与思考	邓春融	阿克苏市高级中学
31	高中语文经典名著"导读"技巧的研究	王月梅	阿克苏市高级中学
32	通过分析句子结构，提升学生阅读能力的研究	郝东云	阿克苏市高级中学
33	高中物理教学讲练测评的有效性实践与思考	马文争	阿克苏市高级中学
34	高中数学利用纠错本，提高学生成绩的探究	吴春蓉	沙雅县第二中学
35	反复刺激记忆在高中英语词汇和语法学习中的探究	韩艳红	沙雅县第二中学
36	环保意识在中学地理教学中渗透的研究	郑成红	沙雅县第二中学
37	八年级语文教学优化小组合作学习的策略研究	张龄元	温宿县第二中学
38	温宿二中七年级上册数学易错题提前干预的研究	张美娟	温宿县第二中学
39	温宿二中七年级学生有效记忆英语单词的策略探究	王　芳	温宿县第二中学
40	温宿二中七年级英语学科讲学稿模式下学生课前预习现状的研究	王晓丽	温宿县第二中学
41	关于我校高中双语数学教学质量提高的研究	陈良俊	温宿县第二中学
42	温宿县第二中学在高中物理教学中利用生活化实验进行情境导入的研究	魏福胜	温宿县第二中学
43	培养小学生学习儿童国画的兴趣	孙瑞峰	温宿镇第六小学
44	阿克苏地区一中高一年级走读生和住宿生汉语学习状况对比与分析	喀哈尔·如孜	阿克苏地区第一中学
45	研究学生对生物课不感兴趣的问题及原因	麦提尼亚孜·莫甫吐拉	阿克苏地区第一中学
46	浅谈师生中探索精神的淡化	牙森·吐尔逊	阿克苏地区第一中学

续表

序号	课题名称	课题负责人	工作单位
47	小学数学作业布置与批改方法优化研究	古力给乃·吉力力	柯坪县启浪乡中心学校
48	关于低段小学生错别字诊断的一点探讨	牛 莹	柯坪县柯坪湖州双语小学
49	小学低段语文识字教学策略研究	陈文贵	阿瓦提县实验小学
50	双语班模式二低年级学生规范汉字书写能力培养的研究	周星园	阿瓦提县实验小学
51	初中语文课堂师生互动有效性探究	胡云帆	阿瓦提县第五中学
52	小学六年级数学课堂教学中提高学生参与度的实践研究	富轶群	阿瓦提县第四小学
53	小学中段数学教学中常见问题的研究策略	张爱梅	阿瓦提县第四小学
54	提升初中语文早读课有效性的研究	杨美芹	阿瓦提县第二中学
55	强化实验教学激发初中生学习化学兴趣的研究	甄世源	阿瓦提县第二中学
56	农村双语班学生养成习惯的有效策略研究	殷新华	阿瓦提县第四中学
57	阅读教学中"读"的有效性策略探究	武爱霞	阿瓦提县第四中学
58	初中模式二《语文》（新疆专用）教材有效实施的策略研究	周保存	阿瓦提县第一中学
59	对初中英语阅读欣赏课的研究	马君霞	乌什县第二中学
60	数字化实验设备在教学中的应用	仇争霞	阿克苏地区第二中学
61	小学语文中段神话故事类文体教学精品课例研究	于 梅	阿克苏市第二小学
62	小学语文低段阅读教学中语言文字训练教学精品课例研究	林春梅	阿克苏市第十小学

（三）浙江省教育厅一般项目立项清单

双语支教团 2015 年浙江省教育厅一般科研项目推荐公告

在个人申报基础上，经双语支教团组织专家组评审，确定推荐以下三项课题立项浙江省教育厅一般科研项目，报浙江省教育厅审批备案。

推荐立项课题名单：

序	主持人	工作单位	课题名称
1	贾珍妮	浙江师范大学	汉维声母匹配机制及南疆双语正音教学策略研究
2	戴　敏	台州学院	大数据视域下双语教育师资培训的现状分析及对策研究
3	胡泽球	宁波大学	探究式教学理论在少数民族汉语口语教学中的应用

浙江双语支教团

2015 年 4 月

（四）阿克苏教育学院校级课题立项及结题清单

阿克苏教育学院关于 2015 年校级课题立项和
2014 年校级课题结题的通知

阿教院行发〔2015〕58 号

各办、处、室，浙江双语支教团：

经个人申请、评审专家审议、学院研究，同意批准"汉语精读课中的文化教学研究——以饮食文化为例"等 23 项课题为 2015 年校级课题，同意"阿克苏地区初中少数民族双语教师队伍状况调查"等 22 项 2014 年校级课题结题。根据评审意见和本人申请等，确定"双语教师培训中的口语教学与 MHK 口语考试研究"等 4 项课题延期结题，"阿克苏地区小学科学课程与科学实验教学现状及其未来发展趋势研究""构建对话、互动的双语培训口语课堂的研究"2 项课题作撤项处理。现一并公布，并将有关事项通知如下：

一、各有关科室要大力支持课题研究工作，为研究提供必要的支撑条件,加强对立项课题的管理、检查和指导,督促课题组按计划开展研究工作,按时完成研究任务。

二、各课题负责人在接到立项通知后,应进一步完善和细化研究方案,及时启动并按计划实施研究工作,确保项目按期完成。

三、学校将不定期对在研项目进行检查评估,到期后将组织专家进行结题评审。

四、2015年校级课题研究时间截至2016年5月底,2014年校级课题延期结题时间截至2016年3月底。逾期未交结题材料,作撤项处理,撤项课题负责人两年内不得申报校级课题。

五、学院将科研经费纳入全年预算,并按照学院科研奖励办法对按时结题者或在科研上做出成绩者进行奖励。

附件:1.阿克苏教育学院2015年校级课题立项名单
2.阿克苏教育学院2014年校级课题结题名单

阿克苏教育学院
2015年12月6日

附件1

阿克苏教育学院2015年校级课题立项名单

序号	课题编号	课题名称	课题负责人	课题组成员
1	2015-xj-01	汉语精读课中的文化教学研究——以饮食文化为例	李 静	贾珍妮、邵蓓、张莉、麦尔哈巴·帕尔哈提
2	2015-xj-02	中等幼儿师范《职业生涯规划》校本教材开发与研究	欧小蓉	温静、祖木来提·玉山、何兰
3	2015-xj-03	阿克苏地区新入职教师培训需求调查分析	石丽萍	武瑶、倪素萍、张利娟
4	2015-xj-04	针对阿克苏地区小学汉语教材中小作文教学探究	刘爱华	高婷婷、颜梅、郑春燕、阿迪拉·阿布来提
5	2015-xj-05	中师数学教学中如何渗透德育教育的研究	瓦哈甫·依斯马依力	热依拉·阿不都热西提、马哈热提·阿布都拉、尼加提·阿吾提

续表

序号	课题编号	课题名称	课题负责人	课题组成员
6	2015-xj-06	"基础维语"课课堂教学有效性研究	阿孜古丽·尼亚孜	刘华、张利娟
7	2015-xj-07	少数民族"学前教育专业"学生"双语教学"适应性研究	西日古力·塔瓦库力	热依拉·阿布都热西提、阿衣古力·阿巴斯
8	2015-xj-08	阿克苏地区少数民族初中教师继续教育问题研究	阿依古丽·玉素甫	木努尔丁·托合尼牙孜、古丽巴努尔·吐尔洪、石丽萍
9	2015-xj-09	双语培训院校图书资源建设与管理研究	胡尔西旦木·胡达尤木	古尼切·艾则孜、木尼热·买买提
10	2015-xj-10	阿克苏教育学院师资队伍状况调查研究	金祖庆（导师）	贾珍妮、宋军华、邱明、陈贤、李广进
11	2015-xj-11	阿克苏初中双语教师专业发展现状研究	贾珍妮	金祖庆、米娜瓦尔·努尔、李影、李静、麦尔哈巴·帕尔哈提
12	2015-xj-12	MHK书面表达语用失误分析及对策研究	戴敏	宋军华
13	2015-xj-13	双语培训班班级管理与评价机制优化策略	邓伏云（导师）	阿曼图尔·艾合买提、古丽·克孜艾尔肯
14	2015-xj-14	阿克苏教育学院教师结对工作的创新实践研究	范平志（导师）	金祖庆、李新、刘学峰、詹喜庆、谌冬梅、阿依古丽·艾麦尔
15	2015-xj-15	双语教师培训中少数民族学员汉语写作的困境及对策	丰爱静（导师）	叶卫飞、玉素甫江·赛买提、周绿萍
16	2015-xj-16	"一带一路"背景下新疆双语教师培训策略研究	黄洁清（导师）	金祖庆、许烽、丁根明、朱双芝
17	2015-xj-17	少数民族双语教师汉语水平综合评价研究	姜清（导师）	赵刚锋、朱双芝、徐梅虎、周绿萍
18	2015-xj-18	生活化教学在双语口语交际课堂中的应用研究	连夺回（导师）	叶祖贵、赵钢锋、倪福伟
19	2015-xj-19	利用微课提高少数民族教师汉语教学能力的实践研究	刘学峰（导师）	范平志、贾珍妮、沈明亮、许剑、詹喜庆、顾青峰
20	2015-xj-20	以"模拟教学"提升汉语培训学员专业能力的实践研究	沈明亮（导师）	范平志、许剑、刘学峰、詹喜庆、孟艳芬

续表

序号	课题编号	课题名称	课题负责人	课题组成员
21	2015-xj-21	MHK 模式下新疆双语教师汉语副词习得偏误分析及教学策略研究	施伟伟（导师）	王小苗、宣玉梅、古扎努尔·卡米力、赵祖耀、盛少华
22	2015-xj-22	微信在中学教学管理中应用研究	钟靖龙	范平志、贾珍妮、陈菊玲
23	2015-xj-23	基于建模思想的小学数学双语教学研究	陈叶波	何立民、励锡钢、汪海潮、陈坚、王日红、陈兆琴

附件 2

阿克苏教育学院 2014 年校级课题结题名单

序号	课题编号	课题名称	课题负责人	课题组成员
1	2014-xj-02	阿克苏地区初中少数民族双语教师队伍状况调查	金祖庆（导师）	武瑶、李岩、马丽敏、余洪刚、贾珍妮
2	2014-xj-04	提高中职学生化学学习兴趣的策略研究	倪素萍	
3	2014-xj-05	基于 MHK 考试的汉语阅读理解教学资源建设研究	陈晓雅	陈青
4	2014-xj-07	师徒结对环境下中师乐理课"同课异构"实践研究	时晓情	余红刚
5	2014-xj-08	阿克苏地区农村双语幼儿园教师教学行为存在的问题分析及其策略研究	王月仙	
6	2014-xj-09	少数民族双语教师学习汉语过程中同义词辨析的难点分析与研究	朱彦华	李晶晶、宋海萍
7	2014-xj-11	阿克苏教育学院学前双语教育专业学员心理健康教育研究	陈志宏	
8	2014-xj-12	教学活动电子白板教学的应用研究	马哈热提·阿布拉	尼加提·阿吾提、巴格来·吾守尔、哈力旦·麦苏尔

续表

序号	课题编号	课题名称	课题负责人	课题组成员
9	2014-xj-13	师徒结对实施策略的新思考——以阿教院和浙江双语支教团结对活动为研究对象	马丽敏（导师）	金祖庆、武瑶、童镇镇、钟靖龙
10	2014-xj-14	MHK视野下维汉双语学员汉语口语教学模式研究	黄乐	刘华、施伟伟、张莉、贾珍妮
11	2014-xj-15	基于MHK（三级）的汉语写作教学研究——以阿克苏教育学院双语受训教师为例	陈青（导师）	陈晓雅、李玲
12	2014-xj-16	口语中级教程中学生易读错字成因分析的实践与研究	金永潮（导师）	黄乐、周晶、丁根明、邓伏云
13	2014-xj-17	双语教师口语培训"听说一体化"教学模式的实证研究	戴敏	黄乐、丁根明、热娜古丽·艾尔肯
14	2014-xj-18	实现双语培训中"语言与专业成长双赢"的策略探究	邓伏云（导师）	叶卫东、吴小伟
15	2014-xj-20	汉维辅音齿龈音对比及双语教学正音策略研究	贾珍妮	李影、黄乐、施伟伟、古丽克孜·艾尔肯
16	2014-xj-21	MHK模式下新疆维吾尔族学习者汉语虚词习得研究——以阿克苏双语培训项目为例	施伟伟（导师）	黄乐、贾珍妮、熊永洪、吴颂华
17	2014-xj-22	小组合作感悟生活——中小学双语美术教学中激励性评价机制的探究	童镇镇（导师）	韦国宝、李鹏春、买尔丹·毛尼亚孜
18	2014-xj-23	"逐层推进式"阅读指导在维语学员"读写"课堂中的应用研究	邬翼	朱君祥、史晓东
19	2014-xj-24	少数民族音乐双语教师教学模式研究	熊永洪（导师）	
20	2014-xj-25	双语培训"读写"课程学习积极性的实践研究	钟靖龙	马丽敏、史晓东、丁根明、范平志
21	2014-xj-27	双语培训中特色教学资源的整合研究	余厚洪	杜娅林、彭莉、陈善军、周伟松、叶性武、邵钱、方丽萍、曹汉华

续表

序号	课题编号	课题名称	课题负责人	课题组成员
22	2014-xj-28	提高初中民族学生汉语阅读能力的对策研究	宋军华	李玲

（四）浙江双语支教团教科研成果（见表 2-4）

表 2-4　2015 年浙江双语支教团教科研成果

序号	姓名	项目	教科研成果
1	曹汉华	教学体会	"科学专汉"教学中的几点做法
2	陈菊玲	观摩课	几何图形
		教学体会	双语情景下的教材教法课堂教学落实模式
3	陈兰江	优质课	散步
4	陈立敢	教学体会	对教材教法课程建设的几点思考
5	陈青（导师）	一般期刊	维汉双语教学中的普通话声调教学问题探析
		金华市社科联课题	电子传媒时代的婺剧传承与发展研究
		教育部文秘教指委	基于工作室模式的文秘专业实践教学研究——以金职院师范学院文秘专业为例
		一般期刊	浅论基于工作室模式的文秘专业实践体系的构建
6	陈青 徐文俊	一般期刊	"由外到内"的转变——高职生学习时机的培养方法和策略
7	陈善军	送教下乡	教育科研与教师专业成长
		教学体会	"精读"词语的组合关系和词语教学
8	戴敏	台州市社科联课题	魅力台州：旅游业国际市场营销战略及景点导游词的翻译研究
		浙江省社科联课题	"云时代"高校英语教师专业发展途径探索
		台州学院校立科研项目	大数据视域下双语师资的现状分析及对策研究
9	戴敏 夏俊峰	一般期刊	网络培训对教师专业发展的促进作用研究
10	邓伏云（导师）	优质课	贷款买房
		论文二等奖	例谈"实现习题价值最优化"的策略
		原单位课题	"实现习题价值最优化"的策略研究

续表

序号	姓名	项目	教科研成果
11	邓为民 （导师）	一般期刊	在实践中保持党的纯洁性——基于高校学生思政工作的思考
		台州市社科联课题	地域文化在大学生思想政治教育中的作用与途径研究——以台州和合文化为例
12	杜娅林	厅级课题	"语言焦虑"对民族学生汉语口语习得之影响
		教学体会	口语应试辅导中的汉语上声变调问题
		教学体会	MHK模式下的汉语教学
13	范芙斌 （导师）	一般期刊	你也可以很阳光
		《温州日报》	援疆支教，无怨无悔
14	范平志 （导师）	优质课	默默的帮助
15	方丽萍	讲座	教师的有效沟通
		讲座	家校协作，寻找班级文化创新点
		讲座	教育是爱的陪伴
		讲座	教育需要好的心态
		讲座	教育需要多方协作
		讲座	反思我们的家教用语
		送教	快乐是什么
		讲座	如何撰写教育案例
		讲座	我们的教育案例
		送教下乡	教育是优雅而缓慢的过程
		送教下乡	谈教师素养
		送教下乡	班主任情景事件机智处理擂台赛
		送教下乡	请鼓励孩子做一个幸福的普通人
		送教下乡	谈谈家庭教育的几个关键点
		教学体会	让学员在口语交际中有话可说
16	丰爱静 （导师）	优质课	谁最倒霉
17	顾黎毅	优质课	二元一次方程组
18	谷珍娣 （导师）	优质课	咱们新疆好风光

续表

序号	姓名	项目	教科研成果
19	胡群英	优质课	第十三课第二部分（三）
20	胡文平	优质观摩课	伟大的先人
21	胡泽球	优质观摩课	第五课副课文
22	黄乐（导师）	优质课	你用明天的钱吗
		一般期刊	副词"幸亏"的语义指向
		论文二等奖	MHK模式下的汉语口语教学研究（湖州语言文字工作优秀论文评选二等奖）
		浙江省教育科学规划课题	新课标视野下的师范院校"现代汉语"课程改革研究
		浙江省教育厅课题	MHK模式下的汉语口语教学研究
		教学体会	MHK模式下的汉语口语教学研究——以阿克苏双语培训项目为例
23	黄赛月	教学体会	口语教学之汉语拼音及声调朗读的指导
24	黄小刚（导师）	优质课	课例教学设计
25	贾珍妮	优质课	任务型教学法与汉语课教学
		浙江师范大学预研项目	语音类型学视角下汉维声母匹配及双语教学策略（浙江师范大学省预研项目青年教师预研专项人文社科类）
		浙江师范大学教改建设立项	汉语国际教育专业实用礼仪课程学生学业课程学生学业评价方式改革研究（浙江师范大学国际学院第二期过程性评价教学改革建设立项）
26	姜富锵	送教	我们周围的材料
		送教下乡	导体和绝缘体
		教学体会	小学科学模拟上课之我见
27	姜乃君	优质观摩课	笔画竖的写法
		教学体会	如何提高维吾尔族学员汉字书写能力
28	金祖庆（导师）	浙江省教育厅课题	阿克苏中小学少数民族双语教师培训工作调查与政策研究
29	金永潮（导师）	《柯桥日报》	姐弟援疆情
		《绍兴日报》	援疆教师思乡情切 定期交流一解乡愁

续表

序号	姓名	项目	教科研成果
30	蓝龙菊	优质课	散步
31	李天翼	优质课	梅子酒吧
		教学体会	"精读"教学思考
32	李艳芳	优质课	谈话
33	李政林（导师）	优质课	能量转化的量度——功
34	刘保冬	优质课	听对话或短文,做练习
		论文二等奖	高中学生数学作业错误中思维特点分析及对策探讨
35	刘国宏	教学体会	课堂模拟"四个一"教学模式浅谈
36	刘岩	北大核心	韩国留学生习得现代汉语运动事件句的偏误分析
37	刘永坚	优质观摩课	方程
		教学体会	"数学专汉"教学体会
38	龙佳韵（导师）	优质课	第十四课
		教学体会	听力课教学随感
		教学体会	提高"听力"教学有效性的几点策略
39	楼新强	教学体会	"听说"教学的点滴感悟
40	卢丽娟	教学体会	小学数学备课指导的有效备课探究
41	陆晓华	优质课	20美金的价值
42	马丽敏（导师）	一般期刊	女性小说到影视生成的性别文化整合
		一般期刊	文学创作与地域文化主体精神——以衢籍两位当代作家为中心
		浙江省教育厅课题	文化视野下提升少数民族学员汉语口语实践能力的研究
43	毛宇尧	优质观摩课	间架结构学习
		教学体会	春风化雨,润物细无声——记新疆维吾尔族双语教师培训的点滴感受
44	彭莉	教学体会	如何提高维吾尔族学员的口语表达能力
45	沈云平	教学体会	数学模拟课堂教学中的要点汇总

续表

序号	姓名	项目	教科研成果
46	施伟伟 （导师）	优质课	同义词
		北大核心	高校师范生口语表达能力培养模式研究
		一般期刊	非目的语环境中韩国大学生汉语声母习得偏误及教学策略研究
		论文一等奖	高校师范生口语表达能力培养模式研究（湖州语言文字工作优秀论文评选一等奖）
		浙江省教育科学规划课题	高校师范生口语表达能力培养模式研究
		原单位课题	现代汉语传信标记"X说"研究
47	史晓东 （导师）	教学体会	关于双语教学读写课的几点思考
48	苏志富	一般期刊	新疆少数民族小学教师汉语学习观调查研究
49	童佳敏 （导师）	教学体会	系统推进"精读"教学之策略浅谈
50	童镇镇 （导师）	优质课	汉字的书写
51	汪益娟 （导师）	优质课	第十一课主课文
52	王军伟	优质观摩课	第七课第一部分
53	王中新	优质观摩课	平行四边形面积
54	吴小伟 （导师）	教学体会	维吾尔语地区汉语培训语文专汉课堂教学策略管窥
55	吴晓春	优质课	新疆茶俗
56	项爱钗	优质观摩课	80年代出生的青年
57	谢建强 （导师）	教学示范课	皇帝的新装
58	谢宇宁	教学体会	语文课堂模拟的特点及做法
59	忻盛杰	送教	笔算乘法多位数乘一位数（不进位）
		送教下乡	数的认识
		送教下乡	同分母分数加减法
60	熊永洪 （导师）	优质课	打错电话
61	徐斌华 （导师）	教学体会	"数学专汉"教学实践与思考
62	许　烽	教学体会	提高维吾尔族学员汉语口语交际能力路径研究

续表

序号	姓名	项目	教科研成果
63	严昆荣	教学体会	浅谈少数民族汉语听力能力的提高
		教学体会	MHK教学中学法指导浅析
64	叶丽霞	教学体会	语文备课指导教学中的问题与对策
65	叶卫东	教学体会	"现代汉语"教学实践初探
66	叶旭华（导师）	教学示范课	展开联想和想象的翅膀
		教学体会	浅谈维吾尔族学员听说读写能力的培养
67	应　中（导师）	优质课	新疆的羊肉菜
68	游　怡	一般期刊	谈地方本科院校音乐人才的培养
		一般期刊	高校学前教育专业学生音乐素质培养现状与对策
69	於金龙	教学体会	"大学汉语读写"教学体会
70	余厚洪	优质观摩课	综合训练：做一个幸福的人
		北大核心	论丽水畲族民间契约文书的语言特色
		一般期刊	丽水畲族民间契约之物权变动论析
		一般期刊	MHK课堂"快乐"教学法探析
		一般期刊	浅谈双语教师培训档案的整合
		一般期刊	基于分层分类培养模式的秘书专业教学探究
		论文二等奖	清代处州畲族民间田契的分类与特色探析
		自治区校本小课题	MHK课堂"快乐"升级研究
		浙江省哲学社会科学规划课题	畲族契约多重文化价值研究——基于浙江畲族契约文书的考察
		《处州晚报》	库车杏花开
		《处州晚报》	杏子和其他
		《兵团日报》	库车多桑树
		《处州晚报》	于触摸心灵中前行——在新疆读《援疆兄弟》有感
		《处州晚报》	新疆的果实
		《兵团日报》	库车秋色
		《处州晚报》	岁末感怀
		教学体会	MHK课堂"快乐"教学法举隅

续表

序号	姓名	项目	教科研成果
71	俞建锋	优质观摩课	第十二课第一部分
72	张升	优质课	梅子酒吧
73	张亚萍	优质观摩课	MHK 模拟试卷阅读理解讲解
		送教下乡	《少年中国说》第一课时
		论文三等奖	我也想做一个好学生——浅谈我的潜质生转化案例(浙江省高等教育学会)
		论文二等奖	"全人生指导"下初中学生耐挫力培养的初探(宁波市教育学会)
		《余姚日报》	西出阳关支教去
		《余姚日报》	出发
		《余姚日报》	我的支教第一课
		《余姚日报》	逛街记
		《余姚日报》	库车之春
		《余姚日报》	吾斯曼和小塔
		教学体会	浅谈我的口语观
74	钟靖龙	优质课	二百元
		一般期刊	设生处地,身临其情——走出信息技术教学中情境创设的误区
		教学体会	双语课程"阅读与写作"教学心得
75	周晶	浙江省教育学会高校师资管理分会	基于专项数据共享的专技职务水平互认
76	周云光	优质观摩课	习作讲评
		优质观摩课	写作指导
77	朱君祥	优质课	大自然的语言——教学过程与设计

附件 3(略)

三、2016年各类项目立项及结题文件

（一）自治区以校为本小课题立项清单（见表2-5）

表 2-5 2016年自治区以校为本小课题立项清单

序号	课题编号	课题名称	课题负责人	工作单位
1	2016-xkt-001	思维方式对高中语文学习的影响研究	陈宏霞	阿克苏地区第二中学
2	2016-xkt-002	古诗文教学中课前预习有效方法研究	崔雯娟	阿克苏地区第二中学
3	2016-xkt-003	构建"有效性课堂"——问题教学法研究	高 强	阿克苏地区第二中学
4	2016-xkt-004	南疆双语班高中化学迷思概念探查与转化策略研究	侯晓敏	阿克苏地区第二中学
5	2016-xkt-005	巧用微课提高高中政治教学效率的策略研究	李 俊	阿克苏地区第二中学
6	2016-xkt-006	利用数学纠错本提高学生学习效率的策略研究	刘 峰	阿克苏地区第二中学
7	2016-xkt-007	高中英语语法填空与短文改错相结合的解题策略研究	汪 蕾	阿克苏地区第二中学
8	2016-xkt-008	"模型法"对高中学生物理学习效率的影响的研究	王 莉	阿克苏地区第二中学
9	2016-xkt-009	引导高一寄宿学困生适应高中学习环境的策略研究	闫 虎	阿克苏地区第二中学
10	2016-xkt-010	促进高三物理课堂教学中知识迁移的有效策略研究	易 奎	阿克苏地区第二中学
11	2016-xkt-011	高中思想政治综合探究课有效教学策略研究	张素兰	阿克苏地区第二中学
12	2016-xkt-012	农村双语学校创设汉语学习环境的有效途径研究	李 瑛	阿克苏地区教育局教研中心
13	2016-xkt-013	初中汉语阅读教学中提升学生"说"的能力的有效途径研究	王中华	阿克苏地区教育局教研中心
14	2016-xkt-014	网络信息时代双语教育师资培训的现状分析及对策研究	黄洁清（导师）	阿克苏教育学院/浙江双语支教团
15	2016-xkt-015	中职学校两后生半军事化管理模式研究	杨 杉	库车中等职业技术学校

续表

序号	课题编号	课题名称	课题负责人	工作单位
16	2016-xkt-016	正强化在智障儿童生活自理能力培养中的应用的研究	李　丹	阿克苏地区启明学校
17	2016-xkt-017	对维修电工理实一体化教学实践的研究	周　旭	阿克苏地区中等职业技术学校
18	2016-xkt-018	维汉双语教学中声调教学困惑与策略研究	鲁云华	阿克苏教育学院/浙江双语支教团
19	2016-xkt-019	基于"双语"培训中提升少数民族初中语文教师"模拟教学"能力的实践研究	沈明亮（导师）	阿克苏教育学院/浙江双语支教团
20	2016-xkt-020	建构汉语口语课堂教学语境的实践与研究	沈月娥	阿克苏教育学院/浙江双语支教团
21	2016-xkt-021	双语教学中以读带写拓展阅读空间的实践研究	许　剑	阿克苏教育学院/浙江双语支教团
22	2016-xkt-022	多模态课堂教学模式在双语教学听说课教学中应用研究	詹喜庆（导师）	阿克苏教育学院/浙江双语支教团
23	2016-xkt-023	"MHK（三级）实战"教学与考试面临的问题与对策研究	张蒲荣	阿克苏教育学院/浙江双语支教团
24	2016-xkt-024	少数民族汉语教学中近义词偏误辨析教学策略研究	赵刚锋（导师）	阿克苏教育学院/浙江双语支教团
25	2016-xkt-025	小学语文中段阅读教学中，主题式小组合作学习策略研究	徐　红	阿克苏市教研室
26	2016-xkt-026	培养七年级学生的数学审题能力的策略研究	郭　艳	阿克苏市第三中学
27	2016-xkt-027	微课在高中语文诗歌教学中的应用策略研究	陶玉彬	阿克苏市第三中学
28	2016-xkt-028	利用生物工作室提高师生实验技能的有效策略研究	杨开梅	阿克苏市第三中学
29	2016-xkt-029	小学中段"单元整组"习作教学有效策略研究	蒋新玲	阿克苏市第十二中学
30	2016-xkt-030	班级家长委员会组织开展社会实践活动的策略研究	许　娜	阿克苏市第四中学
31	2016-xkt-031	指导小学高段学生修改习作策略的研究	李清明	阿瓦提县第四小学

续表

序号	课题编号	课题名称	课题负责人	工作单位
32	2016-xkt-032	小学语文高段找准小练笔与课文契合点的指导策略研究	冉春梅	阿瓦提县第四小学
33	2016-xkt-033	初中物理"121"课堂模式下学生有效评价策略研究	王光俊	阿瓦提县第五中学
34	2016-xkt-034	提高小学高年级学生语文阅读能力的策略研究	郑元琳	阿瓦提县实验小学
35	2016-xkt-035	提升小学四年级英语学困生认读能力的策略研究	马淑娟	拜城县第二小学
36	2016-xkt-036	小学低段"写字课"以评促写的有效性研究	郑晓莉	拜城县第二小学
37	2016-xkt-037	通用技术电子集体备课实施策略研究	张安滨	温州大学拜城实验高中
38	2016-xkt-038	把乡土文化引入"文化生活"教学的策略研究	钟迎春	温州大学拜城实验高中
39	2016-xkt-039	小学双语课堂教学中小组合作学习实效性研究	杨爱慧	拜城县许昌团结小学
40	2016-xkt-040	利用新疆基础教育资源公共服务平台优化化学课堂教学的策略研究	早尔古力·萨塔尔	拜城县亚吐尔乡九年一贯制学校
41	2016-xkt-041	简单数学建模思想在初中双语教学中的教法研究	马吉明	柯坪县第二中学
42	2016-xkt-042	初高中物理衔接问题的研究	陈多亮	库车县第二中学
43	2016-xkt-043	高中语文话剧教学方法研究	黄洁	库车县第二中学
44	2016-xkt-044	利用微课提高高中化学教学有效性的研究	胥志斌	库车县第二中学
45	2016-xkt-045	提高小学生语文课前预习能力的方法研究	罗婷	库车县第七小学
46	2016-xkt-046	"141有效课堂教学模式"中优化导学案的策略研究	刘凌霞	库车县第三中学
47	2016-xkt-047	实验教学在地理学习的有效应用研究	叶强	库车县第三中学
48	2016-xkt-048	初中数学小组合作学习有效性研究	朱筱	库车县实验中学

续表

序号	课题编号	课题名称	课题负责人	工作单位
49	2016-xkt-049	双语班汉语听力课堂有效教学策略研究	王　瑛	沙雅县第二小学
50	2016-xkt-050	小学低年级学生口语交际能力培养策略研究	田　玲	沙雅县第三小学
51	2016-xkt-051	初中语文分层互动阅读教学模式研究	李青云	沙雅县第三中学
52	2016-xkt-052	初中化学教学情境的创设的方法研究	彭铁乔	沙雅县第三中学
53	2016-xkt-053	民族小学不同教学模式下数学学业成绩差异性研究	何懋蓉	沙雅县教育局
54	2016-xkt-054	远程直录播教室多样化应用研究	陈良俊	温宿县第二中学
55	2016-xkt-055	思想品德课课外作业设计的有效性研究	喻小玲	温宿县第二中学
56	2016-xkt-056	小学数学分层作业设计策略研究	宋鸿雁	乌什县第二小学
57	2016-xkt-057	培养低年级民族学生口语表达能力的有效途径研究	胡茂香	新和县第二小学
58	2016-xkt-058	初中英语课堂有效导入方法研究	徐　薇	新和县第二中学

（二）浙江省教育厅一般项目立项清单

双语支教团 2016 年浙江省教育厅一般科研项目推荐公告

在个人申报基础上，经双语支教团组织专家组评审，确定推荐以下三项课题立项浙江省教育厅一般科研项目，报浙江省教育厅审批备案。

推荐立项课题名单：

序号	主持人	工作单位	课题名称
1	黄洁清	浙江海洋大学	新疆高校数字图书馆馆际合作策略研究
2	孟艳芬	杭州外国语学院	利用微课提升维吾尔族双语教师教学能力的实证研究
3	赵　丹	杭州师范大学	新疆库车地区双语教育历史与现状

浙江双语支教团

2016 年 11 月

（三）阿克苏教育学院校级课题立项及结题清单

关于 2016 年校级课题立项和 2015 年校级课题结题的通知
（阿教院行发〔2016〕37 号）

各办、处、室，浙江双语支教团：

经个人申请、评审专家审议、学院研究，同意批准"利用微课提升汉族学员维吾尔语培训效果的实践研究"等 28 项课题为 2016 年校级课题，同意"少数民族'学前教育专业'学生'双语教学'适应性研究"等 25 项 2015 年校级课题结题。根据评审意见和本人申请等，确定"双语培训院校图书资源建设与管理研究"等 3 项课题延期结题。现一并公布，并将有关事项通知如下：

一、各课题负责人在接到立项通知后，应进一步完善和细化研究方案，及时启动并按计划实施研究工作，确保项目按期完成。

二、各有关科室要大力支持课题研究工作，为研究提供必要的支撑条件，加强对立项课题的管理、检查和指导，督促课题组按计划开展研究工作，按时完成研究任务。

三、学校将不定期对在研项目进行检查评估，到期后组织专家进行结题评审。

四、2016 年校级课题研究时间截至 2017 年 5 月初，2015 年校级课题延期结题时间截至 2016 年 9 月底。逾期未交结题材料，作撤项处理，撤项课题负责人两年内不得申报校级课题。

五、学院将科研经费纳入全年预算，并按照学院科研奖励办法对按时结题者或在科研上做出成绩者进行奖励。

附件：1.阿克苏教育学院 2016 年校级课题立项名单

2.阿克苏教育学院 2015 年校级课题结题名单

3.阿克苏教育学院 2015 年校级课题延期名单

阿克苏教育学院

阿克苏地区师范学校

2016 年 6 月 24 日

附件1

阿克苏教育学院 2016 年校级课题立项名单

序号	课题编号	课题名称	课题负责人	课题组成员
1	2016-xj-01	学前教育专业音乐教学中存在的问题与对策探究	张 灵	王桐、王娟
2	2016-xj-02	浅析歌曲《乡音乡情》的艺术特征及演唱处理	王 娟	王桐、张灵
3	2016-xj-03	对健美操教学动作编排和音乐选用技巧的研究	陈艳玲	
4	2016-xj-04	手工教学活动与培养学生创新思维能力的研究	赵婷婷	
5	2016-xj-05	如何开展好幼儿课间游戏	木尼拉·阿布都尼亚孜	古丽娜尔·赛买提
6	2016-xj-06	双语教学中"课前三分钟"德育渗透模式探究	石丽萍	艾则孜·尼亚孜、吴丽娜、张利娟、木努尔丁·托合尼牙孜
7	2016-xj-07	对阿克苏教育学院双语教学口语课的微课程设计研究	吴丽娜	严坤荣
8	2016-xj-08	阿克苏地区初中生物教师继续教育现状分析及对策研究	木努尔丁·托合尼牙孜	艾尼喀尔·吐尔逊、麦尔旦·毛尼亚孜、库尔班江·阿巴斯
9	2016-xj-09	"汉语精读"课课堂教学有效性研究	卡哈日曼·麦麦提艾力	卡哈日曼·麦麦提艾力、马旭、玉素甫江·赛麦提、马哈热提·阿布拉
10	2016-xj-10	农村少数民族双语幼儿园教师职业倦怠感调查及干预策略研究——以阿克苏地区级培训双语教师学员为例	李 娜	武瑶、何兰、张伟
11	2016-xj-11	对《幼儿卫生学》教材教法的研究	如先古力·艾拉	木尼尔丁·托合尼亚孜、卡德也·阿不都拉、古扎丽努·艾尼瓦尔、阿依古丽·玉素甫、阿曼古丽·玉山

续表

序号	课题编号	课题名称	课题负责人	课题组成员
12	2016-xj-12	中职生德育现状分析与德育渗透有效途径研究——以阿克苏教育学院（地区师范学校）中师生为例	艾尼瓦尔·亚森	艾斯卡尔·艾则孜、陈志宏、木尼尔丁·托合尼亚孜
13	2016-xj-13	阿克苏教育学院科教精细化管理平台可行性分析研究	黄洁清（导师）	张淑萍、严柏炎、武瑶、宋军华、石丽萍
14	2016-xj-14	基于双语培训中提高参与培训教师课堂有效教学的建构与实践研究	沈明亮（导师）	许剑、詹喜庆、谢根委、孟艳芬、刘学峰、顾青峰
15	2016-xj-15	少数民族双语教师汉语口语表达能力培养的方法与策略研究	赵刚锋（导师）	连夺回、叶祖贵、黄洁清
16	2016-xj-16	利用微课提升汉族学员维吾尔语培训效果的实践研究	刘学峰（导师）	陈思群、阿依古丽·艾买尔、热娜古丽·艾热肯、单轶文、顾青峰、郭宗哲、郭英丹
17	2016-xj-17	双语教学中听力教学与 MHK 听力考试进一步研究	曾一晖（导师）	黄洁清、阿依加马力·塞麦提
18	2016-xj-18	初中物理课堂教学模式研究	陈先友	朱斌欢、刘晓佳、李欠龙、李政林
19	2016-xj-19	美术教学中激励性评价机制在双语培训中的进一步研究	詹喜庆（导师）	黄洁清、阿丽木尼沙·肉孜、许剑、石丽萍
20	2016-xj-20	社会主义核心价值观引领下中专学生社会责任感培养的实践研究	姜　清（导师）	张刚锋、徐梅虎
21	2016-xj-21	少数民族地区历史双语教学有效教学策略研究	徐梅虎（导师）	周绿萍、倪福伟、赵祖耀、应中
22	2016-xj-22	小组合作学习在双语培训"听力"教学中的实践与研究	黄思海（导师）	黄洁清、何华飞、曾一晖
23	2016-xj-23	音乐教学与模拟课堂中创设教学情境的实践研究	连夺回（导师）	赵刚锋、黄思海、叶蓓蕾、何华飞
24	2016-xj-24	多模态课堂教学模式在双语教学听说课中的研究	何华飞（导师）	黄洁清、古丽努尔·阿吾提、赵刚锋

续表

序号	课题编号	课题名称	课题负责人	课题组成员
25	2016-xj-25	基于培训学员 MHK 三级考试提高口语表达能力的实证研究	孟艳芬	沈明亮、刘学峰、许剑
26	2016-xj-26	维汉语言培训中以读带写拓展阅读空间的实践研究	倪福伟（导师）	黄洁清、阿丽木尼沙·肉孜、徐梅虎、姜清、赵刚锋、连夺回
27	2016-xj-27	"抓活双语、深化母语"开拓新疆双语师资培训教学的"一带一路"创新研究	陈思群（导师）	黄洁清、古丽努尔·阿吾提
28	2016-xj-28	双语支教培训中口语交际能力训练模式的研究	许　剑（导师）	黄洁清、阿依加马力·塞麦提、沈明亮、詹喜庆

附件 2

阿克苏教育学院 2015 年校级课题结题名单

序号	课题编号	课题名称	课题负责人	课题组成员
1	2015-xj-01	汉语精读课中的文化教学研究——以饮食文化为例	李　静	贾珍妮、邵蓓、张莉、麦尔哈巴·帕尔哈提
2	2015-xj-03	阿克苏地区新入职教师培训需求调查分析	石丽萍	武瑶、倪素萍、张利娟
3	2015-xj-04	针对阿克苏地区小学汉语教材中小作文教学探究	刘爱华	高婷婷、颜梅、阿迪拉·阿布来提、郑春燕
4	2015-xj-05	中师数学教学中如何渗透德育教育的研究	瓦哈甫·依斯马依力	热依拉·阿不都热西提、马哈热提·阿布都拉、尼加提·阿吾提
5	2015-xj-07	少数民族"学前教育专业"学生"双语教学"适应性研究	西日古力·塔瓦库力	热依拉·阿布都热西提、阿衣古力·阿巴斯

续表

序号	课题编号	课题名称	课题负责人	课题组成员
6	2015-xj-08	阿克苏地区少数民族初中教师继续教育问题研究	阿依古丽·玉素甫	木努尔丁·托合尼牙孜、古丽巴努尔·吐尔洪、石丽萍
7	2015-xj-10	阿克苏教育学院师资队伍状况调查研究	金祖庆（导师）	黄洁清、宋军华、李广进
8	2015-xj-11	阿克苏初中双语教师专业发展现状研究	贾珍妮	金祖庆、木乃瓦尔·努尔、李颖、李静、麦尔哈巴·帕尔哈提
9	2015-xj-12	MHK 书面表达语用失误分析及对策研究	戴敏	宋军华
10	2015-xj-13	双语培训班班级管理与评价机制优化策略	邓伏云（导师）	阿曼图尔·艾合买提、古丽·克孜艾尔肯
11	2015-xj-14	阿克苏教育学院教师结对工作的创新实践研究	范平志（导师）	金祖庆、李新、刘学峰、詹喜庆、谌冬梅、阿依古丽·艾麦尔
12	2015-xj-15	双语教师培训中少数民族学员汉语写作的困境及对策	丰爱静（导师）	叶卫飞、玉素甫江·赛买提、周绿萍
13	2015-xj-16	"一带一路"背景下新疆双语教师培训策略研究	黄洁清（导师）	金祖庆、许烽、丁根明、朱双芝
14	2015-xj-17	少数民族双语教师汉语水平综合评价研究	姜清（导师）	赵刚锋、朱双芝、徐梅虎、周绿萍
15	2015-xj-18	生活化教学在双语口语交际课堂中的应用研究	连夺回（导师）	叶祖贵、赵钢锋、倪福伟
16	2015-xj-19	利用微课提高少数民族教师汉语教学能力的实践研究	刘学峰（导师）	范平志、贾珍妮、沈明亮、许剑、詹喜庆、顾青峰
17	2015-xj-20	以"模拟教学"提升汉语培训学员专业能力的实践研究	沈明亮（导师）	范平志、许剑、刘学峰、詹喜庆、孟艳芬

续表

序号	课题编号	课题名称	课题负责人	课题组成员
18	2015-xj-21	MHK 模式下新疆双语教师汉语副词习得偏误分析及教学策略研究	施伟伟（导师）	王小苗、宣玉梅、古扎努尔·卡米力、赵祖耀、盛少华
19	2015-xj-22	微信在中学教学管理中应用研究	钟靖龙	范平志、贾珍妮、陈菊玲
20	2015-xj-23	基于建模思想的小学数学双语教学研究	陈叶波	何立民、励锡钢、汪海潮、陈坚、王日红、陈兆琴
21	2015-xj-24	新疆少数民族双语教师汉语近义词辨析的教学对策研究	马依拉·米尔孜	木乃瓦尔·努尔、张海燕、刘爱华、高婷婷
22	2015-xj-25	新入职教师教育培训模式的实践研究——以课程设置为例	武 瑶	陈自娇、邱明
23	2015-xj-26	幼儿逆反期行为探究	严昆荣	赵莉
24	2015-xj-27	对城市独生子女隔代教育的思考	赵 莉	马丽敏
25	2015-xj-28	双语教师培训中的口语教学与MHK 口语考试研究	朱聪富	彭莉、方丽萍、胡泽球、夏江宁、项爱钗、张亚萍

附件 3（略）

（四）浙江双语支教团教科研成果（见表 2-6）

表 2-6 2016 年浙江双语支教团教科研成果

序号	姓名	项目	教科研成果
1	贾珍妮	教学体会	如何上好汉语听力课？
		一般期刊	汉维辅音齿龈音对比及双语教学正音策略研究
		课题	汉维辅音齿龈音对比及双语教学正音策略研究（2014年阿克苏教育学院校级课题）
			阿克苏初中双语教师专业发展现状研究（2015 年阿克苏教育学院校级课题）
			MHK 口语考试有效辅导方式探析——以阿教院少数民族初中汉语教师培训为例（阿克苏地区以校为本小课题）
			语音类型学下汉维齿龈音对比及双语教学研究（浙江省教育厅课题）
			浙江省普通话实用手册（浙江省社科联课题）

续表

序号	姓名	项目	教科研成果
2	姜　清（导师）	教学体会	简简单单教汉语
		优质课	流蜜的巴扎
		课题	少数民族双语教师汉语水平综合评价研究（2015 年阿克苏教育学院校级课题）
3	沈明亮（导师）	教学体会	立足学情渐推进 探索方法求成效——维语班中学语文教法与模拟课程教学点滴
		一般期刊	"共生"视野下提升初中语文作业品质的实践与思考
			构建研训联盟 助力专业成长
		课题	以模拟教学提升汉语培训学员能力的实践研究（2015 年阿克苏教育学院校级课题）
4	黄洁清（导师）	课题	"一带一路"背景下新疆双语教师培训策略研究（2015 年度阿克苏教育学院校级课题）
			利用图书馆资源检索课题前沿信息的十种方法（浙江省社科联课题）
			浙江古代海洋文献整理与数据库的构建（浙江省哲学社会科学规划项目）
		教学体会	浅谈 MHK 教学中教师的定位
		送教	传统礼仪
		一般期刊	关于图书馆采编业务外包工作的建议与思考
			如何用以人为本的管理理念创建和谐图书馆
			双语教学中科学整合资源 全面深化德育
5	刘学峰（导师）	课题	利用微课提高少数民族汉语教学能力的实践研究（2015 年阿克苏教育学院校级课题）
		一般期刊	民族双语教师教学现状研究提高汉语教学能力的微课设计
6	范平志（导师）	课题	阿克苏教育学院教师结对工作的创新实践研究（2015 年阿克苏教育学院校级课题）
7	丰爱静（导师）	课题	双语教师培训中少数民族学员汉语写作的困境及对策（2015 年阿克苏教育学院校级课题）

续表

序号	姓名	项目	教科研成果
8	施伟伟（导师）	教学体会	新疆双语教师培训汉语精读课程课堂教学研究
		一般期刊	新疆双语教师培训汉语精读课堂教学研究
		课题	MHK 模式下新疆维吾尔族学习者汉语虚词习得（2014 年阿克苏教育学院校级课题）
			MHK 模式下新疆双语教师汉语副词习得研究（2015 年新疆维吾尔自治区以校为本小课题）
			MHK 模式下新疆双语教师汉语副词习得偏误分析及教学策略研究（2015 年阿克苏教育学院校级课题）
			现代汉语传信标记"X 说"研究（2016 年浙江省社科联课题）
9	钟靖龙	教学体会	MHK 考试口语教学心得体会
			"大学汉语——听力"课程教学心得体会
		一般期刊	让小组合作学习落到实处——如何提高信息技术课堂的有效性
			微信在教育领域应用研究综述——基于中国知网文献分析
			如何调动学生阅读与写作课程学习的积极性——以阿克苏教育学院双语培训教师为例
			如何开展教师心理健康教育
			校园信息化建设过程中常见问题及对策
		课题	双语培训"读写"课程学习积极性的实践研究（2014 年阿克苏教育学院校级课题）
			微信在中学教学管理中应用研究（2015 年阿克苏教育学院校级课题）
			微信在双语教师培训中应用研究（2015 年阿克苏地区以校为本小课题）
10	连夺回（导师）	课题	以本土文化为载体,探索乡情教育的实践与研究（上虞区教育科研所规划课题）
			初中音乐课堂教学生活化的实践研究（上虞区教育科研所专项课题）
			生活化教学在双语口语交际课堂中的应用研究（2015 年阿克苏教育学院校级课题）
		报纸	构建生活化教学,提高音乐课堂教学的有效性
		报纸	援疆路上,我无怨无悔

续表

序号	姓名	项目	教科研成果
10	连夺回（导师）	一般期刊	音乐课如何开展"听"的教学
		德育论文	关于中职"问题学生"的原因分析及对策探究（一等奖）
		教学体会	试论音乐模拟课堂中的五部曲"听、记、背、唱、想"
		优质课	音乐课堂导入教学
11	金永潮（导师）	论文	谈谈口语教学在教学过程中的教学相长
		观摩课	中国古代"一带一路"的历史
		讲座	谈对课堂教学模式的几点思考
		课题	双语学员易读错字成因分析的实践与研究（2014年阿克苏教育学院校级课题）
12	崔淑芳（导师）	优质课	伊力特烦恼
		送教	麻雀
13	邓伏云（导师）	教学体会	教法与模拟课堂的效率提升策略
		课题	实现双语培训中"语言与专业成长双赢"的策略探究（2014年阿克苏教育学院校级课题）
			双语培训班班级管理与评价机制优化策略（2015年阿克苏教育学院校级课题）
14	董益军	教学体会	"思想政治专汉"教学体会汇编
		一般期刊	丝路流芳
			两年援疆路，一生边疆情
			"思想政治专汉"教学实践刍议
15	傅军（导师）	教学体会	浅谈MHK测试中的问题及应对策略
		优质课	20美金的价值
16	李新	优质课	太太做饭先生吃
		简报	2015年度浙江双语结对工作总结
17	陈思群（导师）	优质课	一切都会好起来的

续表

序号	姓名	项目	教科研成果
18	许烽	教学体会	提高维吾尔族学员汉语阅读写作能力路径小析
		一般期刊	适应新时期高校思政理论课发展新特点的青年师资队伍的建设
			新形势下海岛共青团和青年工作发展现状与路径思考——以浙江舟山群岛为例
19	叶蓓蕾（导师）	教学体会	倾注情感的雨露,浇灌读写教学的花朵
		优质课	心态
		优质课	新疆人的待客礼
20	郑春燕（导师）	教学体会	支教团2015学年第一学期听力学科教学体会
		课题	双语教师培训对话式课堂的构建研究（2015年自治区以校为本小课题）
21	钟锦昌	一般期刊	导听,释疑,延伸——浅探听力教学模式的有效性
22	陆晓华	一般期刊	说总比不说好
23	戴敏	一般期刊	网络培训对教师专业发展的促进作用研究（署名阿克苏教育学院）
			国外旅游业发展研究的新进展——《旅游与休闲:当前热点及发展视角》评介（署名阿克苏教育学院）
		课题	双语教师口语培训听说一体化教学模式的实证研究（2014年阿克苏教育学院课题）
			MHK书面表达语用失误分析及对策研究（2015年阿克苏教育学院校级课题）
			大数据视域下双语教育师资培训的现状分析及对策研究（2015年浙江省教育厅一般项目,援疆专项）
			新疆双语教师培训研究——以阿克苏地区浙江双语师资培训中心为例（2015年自治区双语教育研究课题）
		讲座	双语论坛如何做好科研和教学
24	徐梅虎（导师）	送教	中外交往与冲突
25	何华飞（导师）	送教	图像问题
			一元一次方程的实际应用

续表

序号	姓名	项目	教科研成果
26	金祖庆 （导师）	课题	阿克苏教育学院师资队伍状况调查研究 （2015年阿克苏教育学院校级课题）
			阿克苏地区中小学少数民族双语教师队伍状况调查 （2014年阿克苏教育学院校级课题）
			对口援助结对培养本土教师的实践探索——以阿克苏 教育学院为例（2015年阿克苏地区以校为本小课题）
27	李　挺 （导师）	一般期刊	用情行走援疆路
			爱
		省部级奖	阿克苏巴扎（阿克苏教育学院美术专汉课成果，获浙 江省一等奖）
			顽石［阿克苏教育学院美术专汉课程成果，获浙江省 首届最高奖（优秀奖）］
28	丁根明	教学体会	MHK（三级）辅导心得体会
		送教	学会合理消费
29	顾梓华 （导师）	教学体会	着力培养教师亲和力延伸课堂模拟内涵
30	盛少华	教学体会	汉语精读课程教学初探
		优质课	吐鲁番的巴士
		送教	观舞记
31	许　剑 （导师）	德育论文	细爱滋润干涸处 微风扶蕾花自开——基于中等职业 学校学生心理现状分析及对策的实践研究（二等奖）
		送教	作文课
32	孟艳芬	优质课	太太做饭先生吃
33	陈先友	优质课	力
34	付卓伟	优质课	抽屉原理
35	赵祖耀 （导师）	优质课	盛唐的背影
36	黄思海 （导师）	送教	简单的推理
		送教	图形的复习
		优质课	我怀疑
37	郭英丹 （导师）	优质课	吐鲁番的巴士
		送教	小练笔大世界

续表

序号	姓名	项目	教科研成果
38	冯宇（导师）	送教	你想成为怎样的老师
		送教	跑操经验交流
39	张升	送教	如何上好模拟课
40	何银松	送教	班级文化建设漫谈
41	顾青峰（导师）	送教	图形的旋转运动
42	王琼（导师）	送教	平均数
			数据的分析
43	朱双芝（导师）	送教	夸父追日
44	詹喜庆（导师）	送教	城市的雕塑
45	熊永洪（导师）	课题	少数民族音乐双语教师教学模式研究
46	马丽敏（导师）	课题	师徒结对实施策略新思考——以阿教院和支教团结对活动为研究对象
47	黄乐（导师）	课题	MHK 视野下维汉双语学员汉语口语教学模式研究
48	陈青（导师）	课题	基于 MHK（三级）的汉语写作教学研究——以阿教院双语受训教师为例
49	童镇镇（导师）	课题	小组合作感悟生活——中小学双语美术教学中激励性评价机制的探究
50	邬翼	课题	逐层推进式阅读指导在维语学员"读写"课堂中的应用研究
51	余厚洪	课题	双语教学中特色资源的整合研究
52	朱聪富	课题	双语教师培训中的口语教学与 MHK 口语考试研究（2014 年阿克苏教育学院校级课题）
53	胡泽球	教学体会	探究式教学理论在少数民族汉语口语教学中的应用
		报纸	今年的五月
54	王中新	教学体会	MHK 学科指导与对策
55	周云光	教学体会	课前读故事,让双语培训课堂轻松又高效
56	项爱钗	教学体会	我爱你,更爱你身后的孩子
57	张亚萍	教学体会	以学定教,向课堂要成效
58	李天翼	教学体会	"精读"课中的朗读技巧指导

续表

序号	姓名	项目	教科研成果
59	姜富锵	教学体会	"教学技能考核"之我见
60	蔡　吉	教学体会	双语教师培训中"政治理论课"课程开设的策略分析与反思
		观摩课	流蜜的巴扎
61	赵　丹	教学体会	语块运用在双语教学中的作用
		观摩课	一切都会好起来的
		德育论文	双语教师班主任班级管理的几点思考（阿克苏教育学院首届德育工作研讨会论文二等奖）
62	何立民	教学体会	"肖像和姓名中的权利"教学体会
		优质课	肖像和姓名中的权利
63	王日红	教学体会	口语教学心得体会
		观摩课	孩子在什么环境中成长
64	陈兆琴	教学体会	如何应对 MHK 考试中的材料作文
		观摩课	库车的杏子
		优质课	词语的分类
65	励锡钢	教学体会	学会"五想"、"读好"文章
		观摩课	散步
66	陈叶波	教学体会	汉语口语教学策略例谈
		观摩课	我也不明白
		优质课	内高班
		送教	数字编码
		课题	小学高段数学建模教学的实践与研究（宁波市基础教育重点教研课题）
			基于建模思想的小学数学双语教学研究（2015 年阿克苏教育学院校级课题）
67	汪海潮	观摩课	第五课第一部分（二）
		优质课	汉字结构特点之左收右放
68	陈　坚	教学体会	口语教学的一点心得体会
		观摩课	我也不明白
		送教	麻雀

续表

序号	姓名	项目	教科研成果
69	张蒲荣	教学体会	如何引导学员在口语课堂上学习说话
		观摩课	孩子在什么环境中成长
		优质课	声调变调和语调
70	单菊伟	教学体会	尊重、倾听，纠正"新疆普通话"
		观摩课	x、sh、s语音练习
		优质课	听对话或短文做练习
71	包永明	教学体会	口语教学策略谈
		观摩课	孩子在什么环境中成长
72	沈月娥	教学体会	浅谈双语教学中口语课堂语境的创建
		观摩课	一切都会好起来的
		课题	农村小学中老年教师专业能力现状调查及对策研究（嘉兴市南湖区规划课题）
73	朱燕峰	观摩课	流蜜的巴扎
74	陆卫强	教学体会	精耕细作教精读 真情付出促真知
		观摩课	秋天的怀念
75	鲁云华	教学体会	"专汉"教学中的点滴体悟
		观摩课	文字知识总复习
76	刘继明	教学体会	求真——我的成人口语教学观
		观摩课	我也不明白
77	赵子三	教学体会	维吾尔族学员在学汉语听力教学中困惑之一二
		观摩课	第五课第二部分
78	廖春梅	教学体会	寻梦援疆路
		观摩课	第五课第一部分
79	黄红日	教学体会	学国语·传文化·促和谐
		优质课	美丽的歧视
80	曾一晖（导师）	送教	画家乡

第三章 以"浙阿双语论坛"深化传帮带

第一节 "浙阿双语论坛"之启动

一、阿克苏教育学院浙江双语结对工作室 2015 年首届双语论坛启动仪式

（一）"浙阿双语论坛"启动仪式主持词

金秋十月，金风送爽，这是一个收获的季节，也是一个充满希望、催人奋进的季节。在这个美好的时刻，我们十分高兴地在这里举办"浙阿情·双语梦——浙阿双语论坛启动仪式"。

"浙阿双语论坛"是由阿克苏教育学院主办、浙江双语教师结对工作室承办的一项有意义的活动，目的是深化和升华浙阿双语教师结对工作。我是浙江双语教师结对工作室负责人范平志，下面请允许我介绍出席今天论坛启动仪式的各位领导和来宾。

一、介绍领导、来宾

浙江省援疆指挥部人才组组长、阿克苏地区教育局副局长张华良；阿克苏教育学院党委副书记、院长张淑萍；阿克苏教育学院党委委员、副院长阿迪力·吐尼亚孜；浙江双语支教团总领队、阿克苏教育学院副院长金祖庆；浙江双语支教团教师、阿克苏教育学院教职工及参加双语培训的部分学员。

二、主持词

"浙阿双语论坛"启动仪式第一项：请阿克苏教育学院党委副书记、院长张淑萍同志致辞。

仪式第二项：请浙江双语支教团总领队、阿克苏教育学院副院长金祖庆

同志讲话。

仪式第三项：请浙江省援疆指挥部人才组组长、阿克苏地区教育局副局长张华良同志讲话。

仪式第四项："浙阿双语论坛"首届论坛现在开讲。

本期主讲专家：施伟伟，浙江省援疆教师、浙江湖州师范学院文学院副教授、吉林大学语言学及应用语言学专业博士。

本期论坛主题：新疆双语教师普通话声韵调偏误及正音策略。

仪式第五项（点评）：施伟伟副教授结合新疆双语教师在普通话声韵调方面存在的各种偏误作了具体讲解、深刻分析，并提出了有针对性的正音策略，事例详尽，内容充实，论述到位，具有很好的启发性和可操作性。让我们再一次用热烈的掌声对施伟伟副教授精彩的报告表示衷心的感谢！

"浙阿双语论坛启动仪式暨首届论坛"到此结束，谢谢！

（二）"浙阿双语论坛"启动仪式领导讲话（阿克苏教育学院党委副书记、院长张淑萍）

尊敬的张华良副局长、浙江双语支教团全体教师、与会的阿克苏教育学院教职工及参加双语培训的部分学员：

大家下午好！

"浙阿双语论坛"是在阿克苏教育学院"青年教师论坛"基础上，充分发挥浙江双语支教团、阿克苏教育学院各自优势，在浙江省援助阿克苏地区指挥部、阿克苏地区教育局等相关部门领导的直接关怀与指导下，由我院主办、浙江双语结对工作室承办，经过紧张而有序的筹备，今天终于启动了。首先，我谨代表阿克苏教育学院党委、行政机关对"浙阿双语论坛"顺利启动及首期论坛的成功推出表示衷心的祝贺！向为该论坛的启动付出辛勤努力的所有部门、领导、专家表示诚挚的感谢！对各位的积极参与表示热烈的欢迎！

扎实推进双语教学与培训，尽快提升我院教师与培训学员的双语教学水平，为早日实现阿克苏地区双语教学全覆盖做贡献，是我院的一项长期的中心工作。学院党委、行政机关历来重视双语教学与培训，鼓励并积极探寻如何更有效开展双语教学与培训的平台、载体。这次由我院主办、浙江双语结对工作室推出并承办的"浙阿双语论坛"就是一个本着互相促进、共同提高的理念,遵循资源共享、优势互补原则,实现双语教学与培训的均衡发展、特色发展、协调发展目标的有效平台,作为主办方与受益方,学院将协调各职能部门,为论坛提供必要的支持与保障!

借此机会,就"浙阿双语论坛"今后的运行与开展,我提如下要求:

一、希望"浙阿双语论坛"能紧密依托浙江双语结对工作室这一有效平台,充分发挥浙江双语支教团所有教师尤其是结对导师的专业特长与丰富的教学科研经验,精心谋划、科学选题,推出有利于促进我院发展与教职工尤其是青年教职工成长的论坛活动,实现论坛效益的最大化。

二、希望我院所有教职工尤其是青年教职工能克服种种困难,像积极主动承担原有本职工作一样,以饱满的精神状态和满腔的热情,以主人翁的姿态参与"浙阿双语论坛"组织的所有活动,提高自己的双语教学与科研水平,条件具备的教职工积极争取论坛的主讲任务。

三、希望参与"浙阿双语论坛"的培训学员服从教务处、学生处的管理与安排,正确处理好第一课堂与第二课堂的关系,自觉遵守各项规章制度,确保学有所思、学以致用。

我们有理由相信:在"浙阿双语论坛"各方的共同努力下,论坛必将达到预期的目的与效果。预祝论坛圆满成功,谢谢!

(三)"浙阿双语论坛"启动仪式新闻报道

10月12日下午,阿克苏教育学院迎来2015年下半学年首场"学术盛宴"——"浙阿情·双语梦"双语论坛启动仪式暨首届论坛在学院致远楼隆重举行。浙江省援疆指挥部人才组组长、阿克苏地区教育局副局长张华良,阿克苏教育学院党委副书记、院长张淑萍,阿克苏教育学院副院长阿迪力,阿克苏教育学院副院长、浙江双语支教团团长金祖庆出席会议,阿克苏教育学院45周岁以下教师、浙江双语支教团全体教师和2014、2015级部分浙江班学员参加启动仪式,并全程聆听吉林大学语言学及应用语言学专业博士研究生、湖州师范学院施伟伟副教授的"双语论坛"专题讲座。"双语论坛"启动仪式和第一讲报告会由双语支教团结对工作室负责人范平志老师主持。

仪式伊始,张淑萍院长代表学院对论坛成功举办表示祝贺,她期待更多教师借助"双语论坛"这一平台,面向全校有关师生开设学术讲座,要求学院职能部门予以配合支持,同时希望学院教职工以主人翁姿态参与论坛活动。

会上,张华良副局长预祝"双语论坛"取得成功,他引用屠呦呦荣获诺贝尔生理学或医学奖等事例,要求广大教师从中得到启示,在开展援疆工作过程中,注重发扬团队精神,树立创新精神,以追求实效作为行动的唯一标准,扎扎实实办论坛,认认真真上好课。

金祖庆团长在启动仪式上说明了开设"双语论坛"的背景、"双语论坛"工作开展的基本思路。他指出,开设"双语论坛"旨在营造良好的学术氛围,着重围绕双语教学培训管理、中小学教师继续教育、语言文字教学等主题进行,论坛的讲师除了浙江援疆教师和学院骨干教师,还欢迎校外专家积极参与。

随后,支教团施伟伟副教授开始"双语论坛"第一讲——《新疆双语教师普通话声韵调习得偏误及正音策略》。在近一小时的演讲中,施教授通过教学中遇到的案例,利用实验语音学、心理语言学、认知语言学、语言类型学和第二语言习得的最新研究成果,对新疆双语教师普通话习得进程中的声母、韵母和声调偏误进行了系统的总结,并从第一语言的负迁移、目的语的负迁移、习得策略失当等角度挖掘了偏误原因,最后总结了具有较强针对性和较高可行性的普通话正音策略。施教授亲切和蔼的笑容、娓娓动听的女中音、生动别致的演讲内容,赢得了与会领导和师生们的好评。

第二节　"浙阿双语论坛"之举办

一、第一期双语论坛:《新疆双语教师普通话声韵调习得偏误及正音策略》

(一)讲座介绍

主讲专家:施伟伟,湖州师范学院文学院副教授,吉林大学语言学及应用语言学专业博士研究生,研究方向为对外汉语教学、现代汉语语法、普通话测试与正音、吴方言与地方文化等。

时间:2015 年 10 月 12 日 18:00—19:30

地点:致远楼 109 室

主办:阿克苏教育学院

承办:浙江双语结对工作室

(二)讲座说稿材料

尊敬的各位领导、老师们:

大家好! 今天我演讲的题目是《新疆双语教师普通话声韵调习得偏误及正音策略》。

一、引言

(一)新疆双语教师汉语习得的本质

本质上属于汉语作为第二语言的成人习得。

(二)什么是普通话?

以北京语音为标准音,以北方话为基础方言,以典范的现代白话文著作为语法规范的现代汉民族共同语。

(三)什么是偏误?

第二语言习得进程中有规律性的错误。

二、新疆双语教师普通话声母习得偏误

(一)普通话的声母

(二)声母的发音

1.按照发音部位分类

(1)双唇音:b、p、m。

(2)唇齿音:f。

(3)舌尖前音:z、c、s。

(4)舌尖中音:d、t、n、l。

(5)舌尖后音:zh、ch、sh、r。

(6)舌面音:j、q、x。

(7)舌根音:g、k、h。

2.按照发音方法分类

(1)阻碍的方式

塞音:b、p、d、t、g、k。

擦音:f、h、x、、sh、r、s。

塞擦音:j、q、zh、ch、z、c。

鼻音:m、n。

边音:l。

(2)清音与浊音

发音时声带颤动的是浊音,又叫带音:m、n、l、r。发音时声带不颤动的是清音,又叫不带音。其余声母都是浊音。

(3)送气音与不送气音

塞音和塞擦音发音时,口腔呼出的气流比较强的叫送气音:p、t、k、q、ch、c。口腔呼出的气流比较弱的叫不送气音:b、d、g、j、zh、z。

(三)新疆双语教师普通话声母习得难点

1.j、q、x 与 zh、ch、sh

示例:张老师找江老师

江老师找张老师

张老师没找见江老师

江老师也没找见张老师

2.r 与 l

用维吾尔语中的卷舌音 r 代替汉语的 r。

示例:今日天气热,让让嚷着吃肉肉,妈妈让他忍忍。

三、新疆双语教师普通话韵母习得偏误

(一)普通话的韵母

(二)韵母的发音

1.舌面元音的发音条件

①舌位的高低;②舌位的前后;③唇形的圆展。

2.单元音韵母

单元音韵母是由单元音构成的韵母,除 er 外都有单纯的动作,共 10 个,其中 7 个是舌面元音,3 个是舌尖元音。

舌面元音:a、o、e、i、u、ü、ê。

舌尖元音:—i(前)、—i(后)、er。

单元音指发音时舌位、唇形及开口度始终不变的元音。

3.复元音韵母

由两个或三个元音组合成的韵母叫复合元音韵母,共有 13 个。

前响复韵母(4 个):ai、ei、ao、ou。

后响复韵母（5 个）：ia、ie、ua、uo、üe。

中响复韵母（4 个）：iao、iou、uai、uei。

复韵母的发音过程是从一个元音的舌位向另一个元音的舌位滑过去的，中间包括一连串的过渡音。在这个过程中，舌位的前后、口腔的开合、唇形的圆展都是逐渐变动的，而不是跳跃性的。

4.鼻韵母

由一个或两个元音与鼻辅音 n 或者 ng 组合成的韵母叫鼻韵母，共有 16 个。鼻音尾韵母可以分带舌尖鼻音的 n（前鼻音韵母）和带舌根鼻音的 ng（后鼻音韵母）两类。

前鼻音韵母（8 个）：an、ian、uan、üan、en、in、uen、ün。

后鼻音韵母（8 个）：ang、iang、uang、eng、ing、ueng、ong、iong。

鼻韵母的发音。元音同后面的鼻辅音不是生硬地拼合在一起，而是由元音的发音状态向鼻辅音过渡，鼻音的色彩逐渐增加，最后发音部位闭塞，形成鼻辅音。鼻辅音韵尾发音时，除阻阶段不发音，即发"唯闭音"。

（三）新疆双语教师普通话韵母习得难点

1.单韵母习得难点

o e ü er

2.复韵母习得难点

uo—ou ei—uei

3.鼻韵母习得难点

in—ing en—eng iong

四、新疆双语教师普通话声调习得偏误

（一）普通话的声调

（二）声调的发音

1.阴平

起音最高，声音高且平，即由 5 度到 5 度，中间没有升降变化，通常称为高平调或 55 调，如"春天花开"。

2.阳平

起音不高，声音由中音升到高音，即由 3 度升到 5 度，通常称为高升调、中升调或 35 调，如"人民团结"。

3.上声

起音较低,然后降到最低,继而升到半高,即由 2 度降到1度再升到 4 度。是先降后升的调子,通常称为降升调或 214 调,如"永久友好"。

4.去声

起音最高,接着降到最低,即由 5 度降到 1 度,是一个全降的调子,通常称为全降调、高降调或 51 调,如"胜利万岁"。

(三)新疆双语教师普通话声调习得难点

1.阳平(35):同意

2.阴平(55):同一

3.上声(214):统一

4.去声(51):同异

五、新疆双语教师普通话正音策略

(一)宁枉毋纵,严把语音关

(二)扩大普通话语音输入,增加多重感知线索

(三)化枯燥为生动,丰富语音教学形式

二、第二期双语论坛:《普通话朗读技巧》

(一)讲座介绍

主讲专家:丰爱静,衢州学院中文系副教授,省级普通话测试员,硕士研究生,毕业于华中科技大学中文系汉语言文字学专业,研究方向为现代汉语语法、普通话测试与正音等。

时间:2015 年 10 月 15 日 18:00

地点:致远楼 109 室

主办:阿克苏教育学院

承办:浙江双语结对工作室

(二)讲座说稿材料

尊敬的各位老师,亲爱的同学们:

大家晚上好!今天我演讲的题目是《普通话朗读技巧》,主要内容包括以下几个方面。

一、词语轻重格式

二、停顿

受作品基调和思想内容制约，朗读时应注意抑扬顿挫、轻重缓急。

1.这是虽在北方的风雪的压迫下却保持着倔强挺立的一种树。哪怕只有碗那样粗细，它却努力向上发展，高到丈许，两丈，参天耸立，不折不挠，对抗着西北风。（高亢型）

2.大雪整整下了一夜，今天早晨，天放晴了，太阳出来了，嗬！好大的雪啊！山川、河流、树木、房屋，全都罩上了一层厚厚的雪，万里江山，变成了粉妆玉砌的世界。（轻快型）

3.我常想读书人是世间幸福人，因为他除了拥有现实的世界之外，还拥有另一个更为浩瀚也更为丰富的世界。现实的世界是人人都有的，而后一个世界却为读书人所独有。（普通型）

4.读小学的时候，我的外祖母去世了。外祖母生前最疼爱我，我无法排除自己的忧伤，每天在学校的操场上一圈儿又一圈儿地跑着，跑得累倒在地上，扑在草坪上痛哭。（低沉型）

5.江南的山水是令人难忘的，缭绕于江南山水间的丝竹之音也是令人难忘的：在那烟雨滚滚的小巷深处，在那杨柳依依的春江渡口，在那黄叶萧萧的乡村野店，在那白雪飘飘的茶馆酒楼……谁知道，那每一根颤动的丝弦上，曾经留下多少生离死别的故事。（舒缓型）

谢谢！

（三）讲座相关新闻报道

10月15日下午，阿克苏教育学院致远楼109室不时传出热烈的掌声，由学院主办、浙江双语结对工作室承办的"浙阿情·双语梦"双语论坛第二讲正在进行，省级普通话测试员、浙江双语支教团丰爱静副教授主讲《普通话朗读技巧》。学院和浙江双语支教团有关老师，2014、2015级浙江班部分学员参加了本次论坛活动。

丰爱静是衢州学院中文系副教授，华中科技大学中文系汉语言文字学专业硕士，主攻现代汉语语法、普通话测试与正音等。在本期论坛中，丰教授围绕普通话测试过程中常见的问题，介绍了词语轻重格式、停顿、重音、节奏等普通话朗读技巧，运用大量的例子与现场教师、学员进行互动，深入浅出,理论结合实际,集理论性与趣味性于一体,使现场人员深刻领会了汉语的韵律美、节奏美、语言美。她清脆动听的语音、生动优美的演讲,让在场的教师和学员经历了一次语言的洗礼。

三、第三期双语论坛:《积跬步至千里,积小流成江海——我的成长之路》

(一)讲座介绍

主讲专家:吴丽娜,阿克苏教育学院教师、自治区级普通话测试员,本科毕业于新疆财经大学汉语言文学专业。2012 年至今承担浙江班的口语课程。

时间:2015 年 10 月 30 日 17:15—18:30

地点:致远楼 109 室

主办:阿克苏教育学院

承办:浙江双语教师结对工作室

(二)讲座说稿材料

尊敬的各位老师,亲爱的同学们:

大家晚上好! 今天我演讲的题目是《积跬步至千里,积小流成江海——我的成长之路》,主要内容包括以下几个方面。

一、梦想篇

(一)坚持梦想,收获仁心

片段回忆(一)

时间:2012 年 3 月

主题:被学生抛弃

主要内容:

对于从未上过讲台的我来说,初次就承担双语教学是一个严峻的考验。第一天,当我带着满满的自信给学员们授完课,回报我的不是掌声和称赞,而是不满和牢骚;第三天,我就被 17 班的学员们"炒鱿鱼"了。

片段回忆(二)

时间:2013 年 9 月

主题:被学生"埋怨"

主要内容:

2013年3—7月,我承担2013级浙江15班的口语课教学工作。9月,根据学院教学安排,我承担了其他课程,15班的多名学员多次找到教务处,请求我继续带他们的口语课。每次见到我,他们就埋怨说:"老师,你为什么不带我们了? 你不喜欢我们吗?"

片段回忆(三)

时间:2013年下半年

主题:努尔老师为我点赞

主要内容:

2013年下半年,努尔白克力主席来我院视察,来到班级对我们师生表达了亲切的问候,并且与学员做了深入的交流。主席询问了我的基本情况,最后主席问学员:"老师好不好?"在得到答案后,主席对我说:"学生说你好,所以你是一个真正的好老师。"

片段回忆(四)

时间:2014年11月

主题:登上舞台,绽放梦想

主要内容:

2014年,我参加了新疆双语优质课大赛,我代表阿克苏教育学院同来自天津师范大学、北京教育学院、南京师范大学、新疆师范大学、新疆教育学院、乌鲁木齐职业技术大学六所院校的教师同台竞技,最终荣获自治区二等奖。

片段回忆(五)

时间:2015年3月

主题:相识恨晚

主要内容:

新学期,根据学院教学调整,我承担了2013级3班的口语课教学工作。刚刚上满一周的6节课,3班的学员就对我说:"老师,一年前你到哪去了,怎么不早点带我们啊?"这时,我能做的只是对大家笑笑。

(二)努力蜕变,让梦想起飞,让青春绽放

二、参赛篇

(一)全力以赴

(二)拜良师结益友

真正的朋友太少，言行不一的朋友太多。他们只是语言上的君子，行动上的矮子，像月亮那样，时而亏缺，时而盈满。我们只得宣布，把他们看成还没有用上就知道其价值的货币吧！——克书多

（三）团队力量

（四）自我反思

（五）学会感恩

三、外出学习篇

（一）保持阳光心态

我们是人，一撇一捺就构成了"人"，一撇代表物质，一捺代表精神。光有肉体没有精神是行尸走肉，光有精神没有肉体是鬼、幽灵。一撇一捺写不好也不是"人"，有可能是"八""入""X"。

（二）乐于分享

青春是有限的，不能在犹豫和观望中度过。（《致我们终将逝去的青春》）

四、共勉篇

年轻人，你不去创业，不去旅游，不去接受新鲜事物，不去给身边的人带去正能量，整天挂着QQ，看看微信，逛逛淘宝，拿着包月的工资，干着不计流量的工作，千篇一律地重复着昨天的生活，干着80岁老人都能做的事，等着天上掉馅饼的美事，你要青春有什么用？

有目标的人在奔跑，没目标的人在流浪；有目标的人在感恩，没目标的人在抱怨；有目标的人睡不着，没目标的人睡不醒；给人生一个梦，给梦一条路，给路一个方向！跌倒了要学会自己爬起来，受伤了要学会自己疗伤！生命只有干出来的精彩，没有等出来的辉煌！

（三）讲座相关新闻报道

10月30日下午，阿克苏教育学院致远楼109室不时传出热烈的掌声，由学院主办、浙江双语结对工作室承办的"浙阿情·双语梦"双语论坛第三讲正在进行，阿克苏教育学院优秀教师、自治区级普通话测试员吴丽娜主讲《积跬步至千里，积小流成江海——我的成长之路》。学院和浙江双语支教团有关老师，2014、2015级浙江班部分学员参加了本次论坛活动。

吴丽娜老师毕业于新疆财经大学汉语言文学专业，2012年至今承担学

院双语教学浙江班口语课程。在本期论坛中,吴老师围绕"积跬步至千里,积小流成江海"主题,通过"梦想篇""参赛篇""外出学习篇"以及"共勉篇"介绍自己的成长之路和心路历程。该讲座结合其本人经历,明确表达内心感悟,鼓励青年教师做事要全力以赴,保持阳光、平和心态,乐于与他人分享,并运用大量例子讲述自己教学成长过程中的曲折经历,使现场人员受益匪浅。

四、第四期双语论坛:《文化传承和教师的使命》

(一)讲座介绍

主讲专家:宣玉梅,湖州师范学院副教授、副处长,中南财经政法大学硕士,主要研究方向为汉语言文化和公共管理。

时间:2015 年 11 月 5 日 16:00—17:00

地点:致远楼 109 室

主办:阿克苏教育学院

承办:浙江双语结对工作室

(二)讲座说稿材料

尊敬的各位老师:

大家下午好!很荣幸在"浙阿双语论坛"与大家交流。讲座之前,先许一个小小的愿望:希望"双语论坛"能成为阿克苏地区乃至新疆的"稷下学宫"。可能在座的民族老师对稷下学宫了解不多,我简单介绍一下。稷下学宫是战国时期齐国创办的一所高等学府,诸子百家代表人物几乎都到过这里,使得它成为当时中国最大规模的精神会聚处、最高等级的文化哲学交流地。在这里,学者通过阐述与驳难完成学术交流。学术的最高境界是:主讲者充分阐述观点以后,得到充分的驳难,最后,谁也不是彻底的胜利者,谁也不是彻底的失败者,大家都在"你中有我、我中有你"的境界中同上一个台阶。

今天,我将与大家共同探讨"文化传承和教师的使命",希望讲完以后能听到各位热烈的回应。

双语教育在新疆开展得较早,2004 年之后发展得更快。2004 年新疆推出《关于大力推进"双语"教学工作的决定》,明确提出:"到 2020 年,接受双语教育的少数民族中小学生占少数民族中小学生的 90%以上,少数民族高中毕业生基本熟练掌握和使用国家通用语言文字。"11年过去了,双语教育取得了巨大的成绩,数据显示:"到2012年年底,新疆地区学前教育阶段,接受双语班教育的少数民族学生和'民考汉'学生,合计超过这一年龄段少数民族学生的92%。中小学阶段双语班学生和'民考汉'是59.33%,到2013年,这一数据增长到65%。"中央民族大学教授、中国语言学会副会长戴庆夏认为:"双语政策有利于少数民族的发展,对于国家通用语言文字的推进,需要的只是时间。"由此可见,《关于大力推进"双语"教学工作的决定》中所提的2020年的目标,只是时间问题。

但是我认为,在巨大的成绩面前,教育工作者应当保持清醒的头脑。因为语言只是工具,掌握语言的目的是为传承文化而服务。新疆双语教育已经发展到了一个新的历史阶段,其工作重心应该适时发生转移,应从以"语言培训"为主转向以"文化传承"为主。

新疆师范大学语言学院教授方晓华说:"双语教育不是语言问题,转换语言只是一个手段,通过语言转换打开老师的视野,由此让师生们接触外面的世界。"双语教育的最终目标,是通过语言让少数民族人民走进一个更强大的文明,当然最重要的是走进这种文明中的文化(文明包括政治、经济和文化,其中文化是构成一个文明的精髓),只有走进文化才能走进彼此的心里,才能产生心理认同,才能实现真正意义上的民族团结。

因此,从民族团结的角度来说,迫切需要把"文化传承"放到主要的位置上来探讨、来实践。这是我们双语教师面临的第一大历史使命。

我们从文脉兴盛的角度来谈谈。说起中国文脉,我向大家介绍两位研究世界文明的近现代大师,一位是英国的历史学家汤因比(后面会介绍),一位是中国的著名学者余秋雨。20世纪末,余秋雨冒着生命危险赴世界各地考察人类最重要的文明故地,考察之后,他对当代世界文明做出了一系列全新的思考和紧迫提醒,写了很多书。其中在《中国文脉》一书中,他对中国几千年的文化进行了全面梳理和思考,他认为,"中国文脉的各个条块,发展到明清两代,都已在风华耗尽之后自然老化,进入萧瑟晚景",甚至到现代,"也没有出现兴盛的迹象","要想继续往前,必须大力改革"。

由此可见,文脉兴盛的使命,也摆在我们面前。这是我们双语教师面临的第二大历史使命。

民族团结与文脉兴盛,这两大历史使命都让我们遇上了,这是我们双语教师的荣幸(包括在座的每一位阿克苏教育学院老师、阿克苏各县区中小学老师代表、支教团老师)。越是在这样特定的历史时期,越能体现知识分子的价值。

两大历史使命归根结底就是要做好文化的传承。这里就涉及两大课题:一是文化是什么? 二是如何传承文化?

文化是什么? 由于时间关系,今天不能展开讲,推荐大家看余秋雨的书《何谓文化》,书中从多个方面对文化是什么做了回答。今天只摘取部分重要观点供大家参考:"文化是一种包含精神价值和生活方式的生态共同体。它通过积累和引导,创建集体人格";"中华文化的最重要的成果,就是中国人的集体人格";"文化的最终目标,是在人世间普及爱和善良"。请大家记住"文化的最终目标"这句话。

如何传承文化? 中国文化博大精深,要完成"文化传承"这个使命,很不容易。我认为,作为老师主要做好两点:一是文本知识的传授。目前老师们在课堂上所做的事情,大多是以应试为目的的文本知识的传授。二是人文精神的传承。要推进中国文脉,就必须进行人文精神的传承,必须"引导学生领略两种伟大:古代的伟大和国际的伟大。之后,学生才有可能重建人格,创造未来"。所谓领略伟大,简单地说就是引导学生走进经典文化。

一个人的生命是有限的,如何让一个人在有限的生命中尤其是在学生时代就走进文化呢? ——把生命浸润在经典文化当中。经典之所以成为经典,是因为它们以各自独特的魅力经历了时间和空间的洗礼,经历了一代又一代人们的选择,才流传到现在。每一部经典文化都散发出独特的人文气息,都从正面或反面引导人类走向文化的终极目标——"在人世间普及爱和善良"。它自身散发出来的魅力就足以让学生震撼、让学生沉醉。教师的任务,就是引导。

举一个引导学生走进维吾尔文化的例子。

今年10月我在浙江16班上课时,给学员们讲了一堂跟平时不一样的课,介绍了维吾尔文化中的经典之一"新疆维吾尔木卡姆"。在这堂课中,我从汤因比关于"来生"的选择说起,逐渐谈到学员们个个都会表演的"木卡姆",并借助一部纪录片,展示了他们民族文化经典的魅力。学员们大为震撼! 他们说自己虽然从小就会表演"木卡姆",却从未思考过它的意义,更没有认真地研究如何继承和发扬。努尔艾麦提说:"老师,在我们农村,家家户户都会木卡姆表演,我从小就会,它是我们生活的一部分,可我从来没想过它的历史和意义。"古丽比亚说:"老师,听完您的课,我觉得自己有责任去研究木卡姆,还要把它讲给我的学生们听。"一堂课收到如此效果,我真是特别高兴。接下来,我打算在其他班级也讲一讲。

下面,我把当时课堂的内容简要介绍一下:

几年前,我在一本书中看到了一个人的一句话,这句话促使我来到新疆支教。这个人是英国近代著名的历史学家汤因比。汤因比博学多才,被称为近代以来最伟大的历史学家。他写了12册巨著《历史研究》,详细比较了世界各大文明的兴盛和衰落。他一生去过很多地方,他说:"如果生命能够重来一次,最希望投生在中国古代的西域。"

对汤因比的选择,大家是不是很奇怪? 一般来说,一个人不管年轻时漂泊何处,晚年最大的向往就是回归故乡。为什么汤因比最希望生活在中国古代的西域呢? ——这就是文化的感召力、文化的魅力。

历史上的西域不仅是商品贸易的集散地,也是精神文化的集散地。当丝绸之路横贯欧亚大陆之时,西域即成为当时世界各大文明的交汇中心。让我们一起想象一下当时西域的繁华:一场场古代的世博会、交易会、嘉年华,不断地在这里开幕又闭幕,闭幕又开幕。这一切,在汤因比眼里,实在是壮美至极,向往至极。

汤因比的选择极大地诱惑了我,使我对西域大地开始充满了向往,以至连续两年报名最终如愿来到这个魂牵梦萦的地方。来了以后,我对新疆更是越来越喜欢,越来越着迷,因为维吾尔文化深深地吸引了我,尤其是那些经典文化,比如"木卡姆"。

新疆维吾尔木卡姆是世界非物质文化遗产。它是一种集歌曲、舞蹈、音乐于一体的大型综合古典音乐艺术形式。著名导演刘湘晨把它拍成了纪录片,通过一个维吾尔族男孩卡迪木江学习木卡姆的故事,展现维吾尔族人民千百年来的社会生活。可以说,维吾尔木卡姆就是一部维吾尔人的民族史诗。

在这部纪录片中,有3个人物——卡迪木江、阿曼尼莎汗、木卡姆其,他们是维吾尔族不同阶层的代表。

卡迪木江(播放纪录片3分钟):一位普通的维吾尔族农家男孩。按照维吾尔族传统,男孩满7岁之后,都要学习木卡姆的演奏。卡迪木江7岁后,爷爷带他选琴买琴、拜师学艺,从此,他的一生就与那把萨塔尔琴、与木卡姆结下了不解之缘。卡迪木江和他的爷爷,就是千千万万个维吾尔族人民的代表。

阿曼尼莎汗(播放纪录片 2 分钟):16 世纪中期,在西域叶尔羌国有一位美丽的女子,她叫阿曼尼莎汗,是叶尔羌国的王妃,著名的"木卡姆之母"。据说她生在一个普通的农户家,从小天资聪颖、能歌善舞、能诗能文,是位才华出众的奇女子,与叶尔羌国的一位国王有一段浪漫的爱情故事。入宫以后,她遇到了很多艰难困苦,但苦难没有消磨掉她对艺术的追求,她带领一批艺术家,包括著名的诗人、音乐家喀迪尔汗,一起整理木卡姆,把当时许多著名诗人(鲁特菲、纳瓦依)的诗歌、她自己写的诗歌填入曲调中,使木卡姆变得更加流畅、动听、高雅,极大地提升了木卡姆的艺术性。五百多年过去了,尽管有一些发展和完善,但木卡姆的主体、形态、结构、排列顺序等,都没有发生根本性的变化。可以说,是阿曼尼莎汗给了木卡姆第二次生命,她是当之无愧的"木卡姆之母"。

木卡姆其(播放纪录片 5 分钟):以传唱木卡姆音乐为生的民间艺人,被维吾尔人尊称为"木卡姆其",意思是精于弹唱木卡姆的琴师。在维吾尔人看来,"木卡姆其"就是音乐的精灵和化身。木卡姆其的歌声有一种强大的感染力,他们走到哪里,就把音乐和歌声带到哪里。尤其是在"刀郎木卡姆"的表演中,"木卡姆其"歌唱时纯粹依靠本色嗓音,不使用任何技巧,类似"吼喊"。这种"吼喊"就是对生命原始意义的呼唤和问询。似乎,他们的嘴一张开、脚一挪动,生活中的苦难就走了,新的希望就孕育了。那种来自生活、源自生命的艺术带给心灵的触动,真是无法用语言来表达,在那种原生态的艺术面前,只有震撼,深深的震撼!只有迷醉,深深的迷醉!当你在观看这样一种艺术时,起先你还是一个观众,不知不觉,歌声融化了你、你也想呼唤,舞蹈诱惑了你、你也想旋转,于是,你情不自禁地投身木卡姆表演,和他们一起歌唱、一起舞蹈,一起演绎生命最原始的壮美。

前不久,我们去参观了苏巴什遗址。曾经无比繁华的地方现在只剩下断壁残垣。我在一个高高的土堆上站了一会儿,举目四望,四周是一望无际的戈壁滩,一种巨大的孤独感、沧桑感扑面开来,紧紧将我裹卷,那一刻,我才深深地体会到为什么维吾尔人要纵情歌唱了。因为,对维吾尔人来说,那片透着无限沧桑感的土地就是他们相依为命的母亲,他们要用歌声和舞蹈来为白发苍苍的母亲制造一些快乐,同时也为自己的人生增添一抹绚丽的色彩。于是,那片极度空旷、极度荒凉的土地,就成为维吾尔人的生命大舞台。在这个生命大舞台中,阿曼尼莎汗是导演,是灵魂;"木卡姆其"是主演,是精灵;以卡迪木江和他爷爷为代表的维吾尔人民就是全体演员。他们在这个生命大舞台上演绎着木卡姆,演绎着无数个生命的悲欢离合,演了千百年,还将继续演下去。生活就是艺术,艺术就是生活,维吾尔人把这两者结合得如此完美,实在令人羡慕。

这就是新疆维吾尔木卡姆这个世界文化遗产的魅力!

那节课,当我把这部维吾尔文化艺术经典介绍给我班学员的时候,他们无比惊讶的表情至今仍让我百感交集!我相信,这些青年老师们的心灵一旦被打开,接下来的事情就好办了,他们自然会积极主动地去学习,去研究,去探索,去追逐,再传给他们的学生,这个过程很可能持续他们的一生、他们的某位学生的一生,从年轻到年迈,甚至不惜生命。而文化,也就在这一系列从年轻到年迈的学习、研究、探索和追逐中,得到滋养,得到继承,得到发展。

当然,文化传承这个过程很漫长,或许我们终其一生也看不到什么结果。但是,这不重要,重要的是我们要真正投入,只问耕耘不问收获,大地定会记住我们的。在中国漫长的历史中,许多前辈表现出的文化自觉性和坚韧性,很值得我们学习。比如,岳麓书院的文化大师们。

岳麓书院是我国古代四大书院之一,开办于北宋,距今已有1000多年,诸多一流的教育家、思想家、哲学家先后在这里讲学,比如朱熹、王阳明等。大师云集之下,岳麓书院英才辈出,书院正门口骄傲地挂着一副对联——"惟楚有才,于斯为盛",口气比较大,但说得很有底气,比如仅在清代,就培养了哲学大师王夫之、理财大师陶澍、启蒙思想家魏源、军事家左宗棠、学者和政治家曾国藩,还有外交家郭嵩焘,维新运动领袖唐才常、沈荩,教育家杨昌济等,整整一个清代,大批社会精英从这个书院里走出来。

按理说,培养了这么多人才,那些大师们应该很受当时社会尊重,但实际情况并非如此,他们反而承受了很多的苦难。比如朱熹,他自己承受了种种诬陷和攻击,被朝廷的高官们攻击"不学无术",说他讲授的理学是"伪学",再后来升级为"逆党",以致著作被禁,学生受牵连。尽管如此,朱熹始终没有停止讲学,后来避到东阳石洞继续讲学,直到病死。比如王阳明,这位在中国历史上能文能武,并在文武两方面都臻于极致的人物,同样难逃被诬陷和攻击的命运,后来 50 多岁时他干脆辞官回乡办学。

这里就出现一个很悲壮又很高贵的生命现象:朱熹、王阳明,还有很多历史上没有留下名字的前辈,并没有人要求,但他们却要在承受诸多苦难的情况下坚持办教育、坚持讲学。这就是中国知识分子代代相传的文化良知,因自觉而坚韧,因坚韧而高贵。

几年前我去过岳麓书院,书院青砖石地、粉墙黛瓦,一派素净,我很喜欢那种素雅幽静的氛围。在那个庭院里流连忘返的时候,依稀看见当年那些清瘦飘逸的身影,是他们,在这里集体写下了中国文化史上壮丽的篇章。那些身影,已成为我们整个中华民族的精神楷模。我曾在书院里的一棵大树下许愿,愿大师们留下的精神种子随风飘散,飘散到祖国的各个地方,开花结果。

我想,这个愿望现在实现一部分了。来阿克苏两个多月,每当看到学院老师们辛勤的身影,我就想起岳麓书院大师们的身影。一定是天佑中华,冥冥之中投下一股神秘的力量,指引在座的老师接过岳麓书院大师的精神接力棒,在这里孜孜不倦地培养着学生。

汤因比说,19 世纪是英国人的世纪,20 世纪是美国人的世纪,而 21 世纪将是中国人的世纪,当然,他说的主要是指中国的文化尤其是儒家思想,引领人类走出迷雾和苦难,走向和平安定的康庄大道。

汤因比的话实在太具诱惑力,如果真有来生,我也想投生在这里,与阿尔泰山、与天山、与昆仑山共度一个百年,一起见证中国文脉的兴盛,一起见证一个世界大和平年代的到来。

最后,借岳麓书院的那副对联,改一个字,以"楚"换"西",送给阿克苏教育学院,送给新疆人民——"惟西有才,于斯为盛"。期盼着,在祖国的西边,在西域大地上,阿克苏教育学院英才辈出,新疆大地英才荟萃,为中华文化的再生、为世界的和平发展贡献应有的智慧和力量。

谢谢大家!

(三)讲座相关新闻报道

11 月 5 日下午,由阿克苏教育学院主办、浙江双语结对工作室承办的"浙阿情·双语梦"双语论坛第四讲正在致远楼 109 教室进行,浙江双语支教团宣玉梅副教授主讲《文化传承和教师的使命》。学院和浙江双语支教团有关老师,2014、2015级浙江班部分学员参加了本次论坛活动。

宣玉梅老师系湖州师范学院副教授、副处长,中南财经政法大学硕士,主攻汉语言文化和公共管理。在本期论坛中,宣教授从开办"双语论坛"的意义说起,简述了双语教育的发展历程和现状,提出应在"语言培训"基础上关注"文化传承"。她指出,文化传承是一个漫长的过程,中华文化之所以成为世界唯一没有中断和湮灭者,很重要的一个原因就是代代前辈们的高贵文化良知在起作用,她期望与大家一起继承那些前辈们的高贵精神,为中华文明的复兴、为世界的和平发展贡献智慧和力量。讲座图文并茂、生动风趣,让在场观众赞叹不已……

五、第五期双语论坛:《如何开展双语教学与研究》

(一)讲座介绍

主讲专家:戴敏,台州学院副教授,主要研究二语习得和教师专业发展。

时间:2016年5月12日18:30

地点:致远楼109室

主办:阿克苏教育学院

承办:浙江双语结对工作室

(二)讲座说稿材料

尊敬的各位老师:

大家好! 我今天演讲的题目是《如何开展双语教学与研究》,这次讲座的主要内容有以下几个方面。

一、为什么要做科研

二、如何开展科研

(一)时间管理

(二)查找资料

(三)论文写作

三、双语教学与科研

(一)双语教学与科研:学习充电,教学反思,申报课题。

(二)学术会议

（三）讲座相关新闻报道

5月12日下午,由阿克苏教育学院主办、浙江双语结对工作室承办的"浙阿情·双语梦"双语论坛第五期双语论坛在致远楼109教室进行,浙江双语支教团教师戴敏副教授主讲《如何开展双语教学与研究》,学院和浙江支教团有关老师参加了本次论坛活动。

戴敏老师系台州学院副教授,主要研究二语习得和教师专业发展。在本期论坛中,戴教授从为什么要做科研、如何开展科研、双语教学和科研三个方面,举例说明了科研对教学工作、专业发展及未来规划的重要性。通过时间管理、查找资料、论文写作和课题申报等四个方面说明了科研工作的具体流程、注意事项、技巧方法及投稿要求等。他尤其强调了参加学术会议的重要性,鼓励大家多出去聆听学界大咖的主旨发言,参与感兴趣的小组讨论,紧跟学术前沿和最新发展,结合当前热门的"一带一路"研究及阿克苏教育学院双语教师培训和基础教育教师培养基地的实际,可以在双语教育这片沃土上耕耘出丰硕的成果。

与此同时,戴教授还以自治区2015年双语教育研究项目重点课题立项为例,分享课题申报的研究框架、研究构想等,号召大家积极参与课题研究,推广双语QQ群、微信群,创建双语教师专业发展数据库及互动网站、公众号等,为打造高水平的"大智慧"阿克苏教育学院微平台而奋斗。

六、第六期双语论坛:《如何做好科研项目申报书》

（一）讲座介绍

主讲专家:黄洁清,浙江海洋大学副研究馆员,援疆前从事科研管理工作,现任浙江双语结对工作室负责人。近5年来,主持省部级项目2项、厅局级项目5项、校级项目3项,并发表多篇学术论文。

时间:2015年11月4日16:00

地点:致远楼109室

主办:阿克苏教育学院

承办:浙江双语结对工作室

（二）讲座说稿材料

尊敬的各位领导、老师们:

大家好！我今天讲的题目是《如何做好科研项目申报书》，主要内容包括以下几个方面。

一、科研相关理论

（一）什么是科研？

科研就是在理论上有所创新，或者说是解决理论和实践上的一些难题，找到相关答案，做一些人家没有做或者做得还不太好的工作。一般的科研工作需要做三件事：①提出一个前沿性的问题；②了解国内外的研究现状；③用自己的手段解决这个前沿问题。

传统科研与现代科研的区别是：①传统科研注重的是个体，现代科研注重的是团队；②传统科研注重的是单一学科的问题，现代科研注重的是学科间的交叉性问题；③传统科研解决的是战术上的问题，现代科研解决的是战略上的问题；④传统科研注重发现，现代科研注重创新。

（二）科研与创新的关系

真正的科学研究需要的是创新，创新包括理论创新、技术创新、方法创新、研究对象的创新等。例如，中国特色社会主义理论的创新，关于真理问题的模型论研究，关于东海海疆问题研究，非洲问题研究，等等。

要真正做到科学研究的创新，需要有四个方面的意识。①问题意识。例如，道德旁观现象的研究，大中小学道德教育的衔接研究，我国传统德育与现代德育的比较研究，中韩道德观比较研究，中日道德教育方式比较研究等，都是属于解决当前问题的研究。②多视角的思维方式。从细微处入手，例如，从民国时期以来小学语文课文变化看道德与知识教育一体化的必要性。③综合性的解决问题的方式。例如，钓鱼岛问题的解决、南海问题的解决等都需要有综合性的考虑；又如，中小学生普遍存在着片面发展的问题，那么中学学分制的设置就带有综合性解决问题的考量。④创新意识。不重复别人走过的路，不抄袭别人的理论，不重复别人的观点，不把别人的观点当作自己的创新。但是，可以利用别人的观点解决不同的问题。

（三）科研与教学的关系

科研与教学孰先孰后？这个问题应当根据学校性质区别看待。现在的学校有教学型的、科研型的、教学科研型的、科研教学型的，等等。由于每所大学所发挥的职能重要性程度的不同，科研在其中所占的地位也不相同。

二、科研项目种类

(一)国家级项目

(二)省部级项目

(三)厅局级项目

(四)校级项目

(五)其他项目

三、科研项目选题

(一)选题基本原则

1.前沿性

2.现实性

3.独特性

4.交叉性

(二)项目申报成功的条件与前提

1.申报书的质量

2.前期研究成果

3.所做项目是否得到专家的认可

四、填写项目申请书

(一)项目申报书

1.填写数据表

2.课题设计论证

(1)选题依据

国内外相关研究的学术史梳理及研究动态;相对于已有研究的独特学术价值和应用价值等。

主要阐述本课题的国内外研究动态,最好是分成国内的研究现状与国外的研究现状两部分来写。研究现状必须有述有评,只述不评或只评不述都会影响申报书质量。

选题的价值和研究的必要性:相关说明要具有一定的高度,分成"第一、第二、第三"等来写,内容要恰到好处,不能太草率。

这部分内容一般占整个申报书的 30%,在设置页面时要考虑这个比例。

（2）研究内容

包括研究对象、总体框架、重点难点、主要目标。①研究对象：较详细地表述自己研究所要做的是什么，必须以较概括的形式叙述研究的主要内容，不要以书的章节目录来表示，因为书的章节目录不能最有效地表明研究的主要内容。这个部分是申报书的最重要部分，所以分量较重。②总体框架：整个项目的总体结构；往往用图表来表示，也可用文字说明。③重点难点：要用简练的语言来阐述。④主要目标：课题研究项目所要达到的目的。

（3）思路方法

包括基本思路、研究方法、研究计划及可行性等。①基本思路：用图表来表示从事本项研究的步骤。②研究方法：概括性地表明自己的研究需要用到的方法，例如调查问卷法、数理统计方法、案例法、文献解读法、历史与逻辑相统一的方法，等等。③研究计划：从项目的申报到结题的时间安排。④可行性：通过对项目基本思路和研究方法进行分析，证明研究具有可行性。

（4）创新之处

包括在学术思想、学术观点、研究方法等方面的特色和创新，要用极其谨慎的语言文字来总结研究中的创新点。

（5）预期成果

包括成果形式、使用去向及预期社会效益等。①成果形式：研究报告、论文、专利、著作等形式。②使用去向：研究成果适用于相关单位。③预期社会效益：预计所取得的社会效益。

（6）参考文献

申报书中要列出课题研究中的主要中外参考文献。参考文献需要精选：①具有权威性；②具有代表性；③具有时效性。

3.研究基础和条件保障

（1）学术简历

包括：①课题负责人的主要学术简历、学术兼职，在相关研究领域的学术积累和贡献等。②课题负责人以前所从事的与该课题相关的学术简历、研究过程、学术成果等。

（2）研究基础

课题负责人前期相关研究成果、核心观点及社会评价等。

（3）承担项目

课题负责人承担的各级各类科研项目情况，包括项目名称、资助机构、资助金额、结项情况、研究起止时间等。

（4）与已承担项目或博士学位论文的关系

凡以各级各类项目或博士学位论文（博士后出站报告）为基础申报的课题，须阐明已承担项目或学位论文（报告）与本课题的联系和区别。

（5）条件保障

完成本课题研究的时间保障、资料设备等科研条件。

4.经费概要

经费开支表的填写需要根据各类项目的经费管理办法，并结合学校科研经费管理办法进行具体填写。比如：劳务费和绩效费不能超过15％；文科类项目的设备费相对要少；等等。

（二）活页

1.活页详细内容

（1）选题依据：国内外相关研究的学术史梳理及研究动态；相对于已有研究的独特学术价值和应用价值等。

（2）研究内容：包括研究对象、总体框架、重点难点、主要目标等。

（3）思路方法：包括基本思路、研究方法、研究计划及可行性等。

（4）创新之处：在学术思想、学术观点、研究方法等方面的特色和创新。

（5）预期成果：成果形式、使用去向及预期社会效益等。

（6）研究基础：课题负责人前期相关研究成果、核心观点及社会评价等。

（7）参考文献：开展本课题研究的主要中外参考文献。

2.活页整体要求

（1）课题活页要求不超出4000字，即总字数不超出三页纸。其中第一页是评审意见，第二页至第三页为设计内容部分。

（2）课题活页主要体现三个方面：①选题的意义及价值：包括学术价值或应用价值（权重3）。②课题论证：研究的思路、研究内容、研究的重点难点、研究方法、基本观点和创新之处（权重5）。③研究基础：课题负责人的前期研究成果和主要参考文献（权重2）。

（三）其他要求

1. 格式及字体要求

一般用五号字体，标题可以略大一些；所有标题应当用黑体字标明，这样可以获得较好的视觉效果。

2. 填报要点

（1）所有的数据要符合格式的要求，例如学科分类、研究专长、学位、职称、职务、所在省、所属系统。这些全都要填代码和文字，不能填错。

（2）必须构建一个课题团队。团队的实力有时并不重要，但有时也会成为不予立项的原因。

（3）经费预算：一般按照要求填写，一般项目 15 万～20 万元，重点项目 30 万元。预算额度不要填多也不要填少。

3. 从事科研的一般要求

（1）平台建设是根本，做科研要有氛围，学校要有支持政策，这样才有动力。

（2）立志科研是主观条件，甘愿坐冷板凳是必要条件。

（3）孜孜不倦埋头钻研于同一领域，是做好科研的充分条件，一个人的精力是有限的，不能三心二意。

（4）善于思考、勤于思考是做出科研成果的先决条件，不能自以为是，要多与别人讨论。

（5）勤写论文，善于接纳别人的批评，不断地修改论文，才能做出较高质量的成果。

（6）项目要反复申报。

（三）讲座相关新闻报道

11 月 4 日下午，阿克苏教育学院致远楼 209 室齐聚百人，由学院主办、浙江双语结对工作室承办的"浙阿情·双语梦"双语论坛有声有色地开展着。

本期论坛是由浙江双语支教团黄洁清老师主讲《如何做好科研项目申报书》，学院全体教师和浙江支教团老师参加了论坛活动。黄洁清系浙江海洋大学副研究员，援疆前从事科研管理工作，现任浙江双语结对工作室负责人，近 5 年来，主持省部级项目 2 项、厅局级项目 5 项、校级项目 3 项，并发表多篇学术论文。

在本期论坛中,黄老师首先从什么是科研引入,由浅入深地讲解,使大家对科研的认识得到了提升。黄老师继而结合具体科研项目申报实例,从科研相关理论、科研项目种类、科研项目选题、填写项目申报书等四个方面为大家做了详细讲解,思路清晰,扎实有效,精彩的讲座博得多次热烈的掌声。

本次专题论坛让参加活动的教师受益匪浅,大家熟悉了科研项目申报思路及基本方法,掌握了项目申请书撰写的技巧,领悟了科研课题申报的精髓,增强了对科研工作的信心。

七、第七期双语论坛:《微课理论与实战操作》

(一)讲座海报

主讲专家:刘学峰,浙江双语支教团教师,选派于杭州市江城中学,中学高级教师。上城区信息技术学科带头人,杭州市教坛新秀。主持参与多项关于微课的课题,发表多篇关于微课的论文。

时间:2016 年 9 月 21 日 16:30

地点:致远楼 109 室

主办:阿克苏教育学院

承办:浙江双语结对工作室

(二)讲座说稿材料

环节	讲者活动	听众活动及设计意图
导入	教学活动中教师是主体还是客体?	由主客体的哲学概念引入,引起听众的思考。听哲学还是学微课?和学微课有关系吗?了解、厘清主客体概念。
	首先了解主客体概念。 主体:与客体相对应,对客体有认识和实践能力的人。 客体:可感知和想象到的外界事物,是主体认识和活动的对象。	
	教学活动是双边实践活动,那我们把"教"和"学"切开来分别研究。 从"教"的角度来看,教师是主体,学生是客体。 从"学"的角度来看,学生是主体,知识是客体。	以此讲解为何提出以"学生为本"的理念。提出将以往以"教"为主的课堂,改为以"学"为主的课堂。

续表

环节	讲者活动	听众活动及设计意图
导入	那么如何让学生更好地学习呢?	既然同意"学生是主体,教师是主导",那么怎么操作呢?
	一种方法就是改变学生接受式、被动式的学习方式,强调自主学习。 自主学习和现代信息技术结合,就催生了一个新的教学资源——微课。	引出微课,点明学习微课的意义。
了解微课的定义和组成	微课的定义: 按照课程标准及教学实践要求,以视频为主要载体,记录教师在课堂内外教育教学过程中围绕某个知识点或教学环节而开展的教与学活动全过程。	了解微课的"前世今生"。
	微课的组成: 微课的核心组成内容是课堂教学视频(课例片段),同时还包含与该教学主题相关的教学设计、素材课件、教学反思、练习测试及学生反馈、教师点评等辅助性教学资源。它们以一定的组织关系和呈现方式共同营造了一个半结构化、主题式的资源单元应用小环境。 微课视频时间控制在 2～10 分钟,一般为 5～8分钟。	
微课的实用意义	微课的出现,催生了一种新的教学模式——翻转课堂。教师可以尝试一种新的教学模式。 (1)提供自主的学习环境,让学生自己掌控学习时间;(2)满足学生对不同学科知识点的个性化学习需求,实现了个性化学习的课外延伸;(3)关注差异,帮助一些学习有困难的学生查漏补缺、巩固知识;(4)短小精悍,流媒体易于网上传播,有利于使用碎片化的时间学习;(5)5～8 分钟的微课,符合中小学生认知特点和学习规律,保证注意力集中;(6)主题突出,容易快速精确查找;(7)网络保存共享,可供随时查阅和修正。	不仅对学生的学习有助益义,对教师的成长帮助也非常大。
微课制作的原则	微课教学设计: (1)知识点选取;(2)课件资源准备;(3)教学过程设计;(4)学习评价设计;(5)录制方式设计。	注意:要以学生的角度去制作微课。 以自己制作的实例讲解。

续表

环节	讲者活动	听众活动及设计意图
微课录制所用的软件	(1)PPT＋录屏软件 Camtasia Studio； (2)录像机、绘声绘影； (3)Adobe After Effects 图形视频处理软件。	了解微课制作的方式方法。
录屏软件 Camtasia Studio 的使用	录屏软件 Camtasia Studio 实际是一个套装,包括一个视频编辑软件 Camtasia Studio 和一个录屏软件 Camtasia Recorder。	讲解如何使用这款录屏软件。
结束	总结。	

（三）讲座相关新闻报道

2016 年 9 月 21 日下午,阿克苏教育学院致远楼 109 室齐聚百人。由学院主办、浙江双语结对工作室承办的"浙阿情·双语梦"双语论坛第七讲正有声有色地开展。

本期论坛内容是浙江双语支教团刘学峰老师主讲《微课理论与实战操作》,学院全体教师和浙江双语支教团老师参加了论坛活动。

刘学峰老师系杭州市江城中学高级教师、上城区信息技术学科带头人、杭州市教坛新秀,曾主持或参与区级、市级、省级关于微课的课题多项,并有多篇关于微课的论文发表。在本期论坛中,刘学峰老师以"教师在教学活动中是主体还是客体"为敲门砖,导入本次论坛的主题内容,在讲解微课的定义、组成、实用意义的基础上,结合具体微课实例(课堂教学视频),将微课制作步骤一一道来。刘学峰老师的讲解深入浅出,实战过程指导有序,在当今对教师信息化教学设计能力、资源开发与利用能力、信息整合能力提出高要求的背景下,此次论坛活动让参加的每个教师皆受益匪浅,充分意识到只有不断学习、提高运用信息技术的能力,才能适应新的教育形势。

八、第八期双语论坛:《初中语文有效教学设计的几点思考》

（一）讲座介绍

主讲专家:沈明亮,杭州天成教育集团中学高级教师,浙江省优秀教师。曾主持区级、市级、省级课题 20 余项,发表及获奖论文共 30 余篇。

时间：2016 年 10 月 19 日 16：00

地点：致远楼 109 室

主办：阿克苏教育学院

承办：浙江双语结对工作室

（二）讲座说稿材料

美国心理学家布鲁姆的学习分类法有六个维度，分别是记忆、理解、应用、分析、评价和创造，其中记忆、理解、应用是属于初级认知，分析、评价和创造则属于高级认知。新课程标准也有这样的表述：培养学生独立阅读的能力，注重情感体验，有较丰富的积累，形成良好的语感；学会运用多种阅读方法，能初步理解、鉴赏文学作品。教学内容的确定，教学方法的选择，评价方法的选择，都应有助于这种学习方式的形成。

一、教学设计的内容

（一）制定教学目标，确定教学任务

（二）补充教学资料，创设教学情景

（三）规划教学步骤，设计主干问题

（四）预测学生疑难，建构优质答案

二、教学设计的功能

（一）教学目标明确，教学重点突出

（二）教学过程优化，教学活动有序

三、教学设计要精准

（一）优化教学设计

体现学生的主体地位——关注学生学习；确定学生的实践活动——外显学习行为；显示学习的具体内容——具有课文特点；提示学习的步骤方法——呈现教学思路；实现教学的多元功能——体现三维目标。

例 1：《走一步，再走一步》教学设计

①用简洁的语言概括文章的主要内容。（概括能力）

②文章最后提到了"我在那座小悬崖上所学到的经验"，在文中"经验"指的是什么？（理解能力）

③结合前面的分析，小组讨论最后一段蕴含什么样的生活哲理？（创造能力）

（二）谋求文本变式

1.原则

激发学习兴趣,增大思维容量;着眼整体感知,体现文体特点。

2.方法

力求把握两个转变:知识→能力;静态→动态。

3.操作

增补(重要的);删减(次要的、辅助的);重组(选择几项主要的,按一定的关系构成新的顺序);整合(形式与内容,部分与整体)。

例2:《秋天的怀念》教学设计

初读课文:概括筛选的能力。

①自由朗读课文,从文中你能感觉"我"是怎样一个人?

②文中的哪些词句可以感觉"我"的脾气暴躁?

再读课文:厘清文章的线索。

①采用跳读的方法找一找"我"脾气暴躁的原因。

②"我"的脾气暴躁都有哪些具体表现? 母亲又是怎么做的?

品读课文:深刻理解文章的主旨。

①文中有多处景物描写,请画出来并讨论其作用。

②读了这篇文章后你有什么启示?

③补充史铁生相关作品经典语段,理解文学作品与个人生活经历的关系。

(教材处理的特点:着眼整体——思维的整体性;逐步深入——思维的深刻性。)

（三）创设教学情境

1.教学情境的作用

激发学生的学习情绪,调动学生的生活积累;营造良好的学习氛围,触发学生的情感体验。

2.创设方式

教学导语、音乐歌曲、图片录像、文字材料等多种形式。

（四）设置优质问题

首先,要着眼文本。主要通过筛选信息、理解内容、分析写法、概括要点、赏析语言、体验情感等途径来实施教学。

其次,要抓住焦点。要针对文本主要特征,确定教学导向;针对学生疑难内容,突破教学难点;针对课文留白之处,引发学生思考。

再次,要做到:激活思维,适度开放——追求个性体验;讲究综合——引领整体把握;激活兴趣——具有探究欲望;把握难度——面向中等学生。

最后,要设置相应的教学问题。问题的设计应关注文本的核心价值,同时,在设计时要设置好梯度,由表及里、由浅入深、由易到难;从形式到内容,从语言到内涵;从具象到抽象,从分析到概括;从观点到阐述,从知识到方法。

例 3:《风筝》教学设计

①本文讲述的是在误解和冲突中有亲情的故事,你认为文中的误解是什么?"我"和小兄弟的冲突是什么?

②"我"和小兄弟之间的亲情具体表现在哪些方面?

③本文除了表达亲情外,你认为还表达了怎样的思想内容?

④读了这篇文章,你感受最深刻的是什么?

(上述问题设计综合运用了筛选信息、概括要点、挖掘内涵、表达感受等方法。)

(五)明晰教学过程

教学内容相对集中,刺激强烈,体现深度,思路明确。教学步骤力求简约,板块清楚,思考充分,节奏明快。教学环节有机联系,同时也要做到前后照应,水到渠成。教学过程符合认知,可通过调整行为来优化教学过程。

例 4:《杨修之死》教学设计

分析人物形象(解读文本):

①杨修和曹操具有怎样的性格特点?(概括能力)

②杨修和曹操的性格特点具体表现在哪里?(阐释能力)

深化人物形象(想象充实):

假如杨修不多次激怒曹操,他会死吗?为什么?

评价人物形象:

你对杨修和曹操有怎样的评价?请结合文本谈谈你的理由。

(纵观本文的教学设计,有几个明显的地方值得学习和效仿:着眼文本,落实语言;赏析程序,由浅入深;注重能力,突出实践;问题综合,过程开放。)

(六)开发创造潜能

首先,要遵循还原性阅读(作者的意义)的原则,在教学设计中做到揣摩作者的写作动机,厘清作者的写作思路,分析作者的写作技巧,领会作者的思想情感。让聚合和认同有机结合在一起,进一步优化了教学设计的效果,同时也开发了学生的潜能。其次,要遵循开放性阅读(读者的意义)的原则,利用阅读材料中的信息资源,带领学生去发现、拓展、延伸和评论。这样既有发散、开放模式,又保证了学生的自主性而让学生有独特的个人学习体验。

(七)提高活动成效

教学活动中成效是尤为重要的指标,具体表现在如下维度:体现语文教学的本质——植根语言;注重活动内容的价值——培养思维;关注内容与形式的统一——讲究效率;激发学生的学习兴趣——乐于参与;顾及学生的心理特征——张扬个性。同时,衡量学生的学习效果要看学生是否兼顾独立思考与合作探究(综合多元)、口头交流与书面表达(写作素养)。衡量教师的教学效果则要看教师的教学策略,教师应努力做到:多用归纳法,少用演绎法;多练后评析,少练前提示;多感性领悟,少理性概括。

例5:《孔乙己》教学设计

一、教学目标

1.分析、评价孔乙己这一典型人物形象

2.探究孔乙己这一人物形象的社会意义

二、教学过程:

1.写作背景分析

(1)本文写于哪一年? 发生了什么事件?

(2)提供背景资料:

小说所写的是清朝末年的事。1911年资产阶级领导的辛亥革命推翻了腐朽的清王朝,但反帝反封建的任务并没有完成,旧的封建教育制度根本没有改变。一些封建复古主义者顽固地维护着封建思想和封建文化教育制度。针对这种现状,新文化运动伟大的旗手鲁迅在五四前夕,写下了这篇战斗檄文。

2.分析孔乙己的人物形象

讨论题(1):

①小说最后写道:"我到现在终于没有见——大约孔乙己的确死了。"你认为孔乙己是死了,还是活着? 为什么?

死:最后一次来咸亨酒店的惨状;嗜酒如命而终于没见到他;掌柜没有再提十九个钱。

②为什么用"大约""的确"的说法?

没有亲见;没有再见。(世态炎凉)

讨论题(2):

①孔乙己为什么会死?(要求从文中筛选重点语句,进行理解、归类,多角度分析孔乙己惨死的原因)

原因:性格——好喝懒做、思想迂腐、自命清高;社会——人际冷漠、权势压迫、科举毒害。

②进一步走进孔乙己:

当有人说孔乙己"偷书被吊打"时,他便"涨红了脸","青筋绽出";而当有人说他"连半个秀才也没捞到"时,他却"立刻显示出颓唐不安模样,脸上笼罩一层灰色"。(神态描写)

孔乙己从衣袋里拿钱,前面写"排出九文大钱",后面写"摸出四文大钱",同一动作为什么用不同的动词?(动作描写)

"偷"和"窃"是同义词,孔乙己为什么说"窃书不能算偷"?(语言描写)

你认为文中还有哪些典型的描写最能反映孔乙己的性格? 找出来分析。

3.评价孔乙己人物的形象

讨论题(3):

①你对孔乙己这个人物是否同情? 为什么?

②你对孔乙己这个人物是否怨恨? 为什么?

(回顾案例,有以下几个方面值得我们效仿和借鉴:第一,教学内容集中,体现教学深度。第二,教学切口适中,激发了阅读兴趣。第三,教学态势开放,引发学生感悟。第四,教学问题综合,强调整体把握。)

俗话说:"教学有法,教无定法,贵在得法。"基于学生语文学科素养的教学设计都应该是有效的教学设计!

（三）讲座相关新闻报道

10月19日下午,阿克苏教育学院致远楼109室齐聚百人。由学院主办、浙江双语结对工作室承办的"浙阿情·双语梦"双语论坛第八讲正有声有色地开展。

本期论坛内容是浙江双语支教团沈明亮老师主讲《初中语文有效教学设计的几点思考》,学院全体教师和浙江双语支教团老师参加了论坛活动。沈明亮老师系杭州天成教育集团中学高级教师、浙江省优秀教师,曾主持省市区课题20余项,发表及获奖论文共30余篇。在本期论坛中,沈明亮老师从美国心理学家布鲁姆的学习分类法的六个维度(创造、评价、分析、应用、理解、记忆)切入,详解语文教学设计的内容、功能、有效性,在细品课文的基础上,结合具体实例,将语文教学设计的几点思考娓娓道来。

此次论坛活动让参加的每个教师充分理解了何谓"教学有法,教无定法,贵在得法"。

九、第九期双语论坛:《让反思成为一种品质》

（一）讲座介绍

主讲专家:姜清,援疆前为江山市上余镇中心小学校长,从事小学语文教学23年,先后获衢州市教科研先进个人、衢州市读书教育活动优秀导师、江山市首届农村学校名师、优秀共产党员、师德楷模、学科带头人等荣誉30多项,有40多项教科研成果获市级以上奖励,在市教育教学大比武中分获一等奖、三等奖,在全市校长展示课活动中连续两届被评为优秀。

时间:2016年11月2日16:00

地点:致远楼109室

主办:阿克苏教育学院

承办:浙江双语结对工作室

（二）讲座说稿材料

尊敬的各位领导、老师们:

大家好!今天我讲的题目是《让反思成为一种品质》。

蜜蜂要酿1公斤蜜,必须在200多万朵花上采集原料,往返飞行45万公里,相当于绕地球赤道11圈。两位美国生物学家做了这样一个实验:他们先在两个玻璃瓶中一个装进5只苍蝇,一个装进5只蜜蜂。几小时后,科学家们发现:5只苍蝇最后全找到了开口的一端跑掉了;5只蜜蜂在撞击瓶底无数次后全都死在了玻璃瓶里。

这是为什么呢?实验又能带给我们什么样的启示呢?教师要积累经验(蜜蜂的经验是什么),更要不断地反思经验和更新经验(蜜蜂需要反思什么、更新什么),这与教师的生存、发展是有着直接关系的。

如何让一个企业倒掉?

一位美国企业家曾说:"要想搞垮一个企业,很容易,只要往那里派一个具有40年管理经验的主管就行了。"

说明什么?说明只有经验而不反思,不创新,墨守成规,一桶水就会发臭,水质也就不好了。

这不是说我吗?教育离不开前沿的思想,思想需要有灿烂的智慧。智慧从何而来?读书启迪智慧,实践中的感悟产生智慧。智慧更来自反思的升华。

一、什么是教学反思

教师自觉地把自己的课堂教学实践,作为认识对象而进行全面深入的冷静思考和总结,积极探索与解决教育实践中的一系列问题,充实自己,优化课堂教学。

简单地说,教学反思就是教师研究自己如何教、如何学的一项活动,教中学、学中教。虽然教学反思强调对教学实践的独立思考,但并不排斥教师间的合作,而且它也离不开教师间的合作。教学协作是一项新的教学基本功。反思与行动密不可分,改进是反思的最终目标,反思是为了进行新的实践。

二、反思的"八面""五点"

"八面"即以下八个方面:①教学目标的科学性;②教学内容的有序性;③教学结构的整体性;④教学方法的适切性;⑤媒体运用的合理性;⑥学生参与的积极性;⑦反馈矫正的及时性;⑧教学管理的有效性。

"五点"即以下五个切入点:①成功点;②失败点;③机智点;④创新点;⑤改进点。

三、写教学反思

贵在及时,贵在坚持;有话则长,无话则短;以写促思,以思促教;集腋成裘，聚沙成塔。

四、如何培养教师的反思力

教研层面：各种教学比赛及教研课要将教师的反思力纳入评价与考核内容；改变较多关注教法和形式而忽视启发学生思考的倾向。

个人层面：及时总结，自我评价，提取经验，深度反思。如古人所言："吾日三省吾身。"

反思是一项满怀希望的活动，实践着反思的教师，总带着发展的愿望，充满超越自我的信心。

反思是从现实出发走向更美好明天的开始。将反思视为一种需求，让反思成为一种品质，那么，腾飞就离我们不远了！

（三）讲座相关新闻报道

11月2日下午，阿克苏教育学院致远楼109室齐聚百人，由学院主办、浙江双语结对工作室承办的"浙阿情·双语梦"双语论坛第九讲正有声有色地开展。

本期论坛内容是浙江双语支教团姜清老师主讲《让反思成为一种品质》，学院全体教师和浙江双语支教团老师参加了论坛活动。姜清老师是浙江省江山市上余镇中心小学校长，从事小学语文教学23年，先后获衢州市教科研先进个人、衢州市读书教育活动优秀导师、江山市首届农村学校名师、优秀共产党员、师德楷模、学科带头人等荣誉30多项，有40多项教科研成果在市级以上获奖，在两届市教育教学大比武中分获一等奖、三等奖，在全市校长展示课活动中连续两届被评为优秀。

本次论坛中，姜清老师先与大家探讨了"蜜蜂和苍蝇谁更聪明""如何搞垮一个企业"等看似无关的话题，由浅入深传递给听众一个强烈的信号：要想成长为一名优秀的教师，反思相当重要。同时，姜清老师向全体教师再次演绎了"要给学生一杯水，教师要有长流水""教育离不开前沿的思想，思想需要有灿烂的智慧"等先进的理念。

主体环节，姜清老师为大家梳理了教学反思的八个方面、五个切入点，引导教师围绕教学目标是否科学、教学方法是否适切、媒体运用是否合理、学生参与是否积极等八个方面，抓住课堂教学中的成功点、失败点、机智点、创新点和改进点进行系统回顾、梳理，并做深刻的反思、探究和剖析，以期推陈出新，改进完善，让自己的教学更上一层楼。姜老师还特别重视自问习惯的培养，从"问师"和"问生"两个角度向听讲者抛出了一系列充满前沿理念的问题。在"如何培养教师的反思力"这一板块，姜老师又分别从教研层面和个人层面提出建议，将制度推进、评价手段的改革及"吾日三省吾身"式的总结反思有机结合。

此次论坛活动鼓舞了在座同人积极参与教学反思活动，将反思视为一种需求，并努力发展为一种品质。

十、第十期双语论坛：《吃苦的幸福——班主任工作浅谈》

（一）讲座介绍

主讲专家：曾一晖，嵊泗县初级中学高级教师，任教中学语文，常年担任班主任。多次获得先进工作者、优秀班主任、"学生心目中的好老师"等荣誉。2013年至援疆前，所带班级连续在重大考试中获得进步奖，5项评比在全校24个班级中获得第二名，并被推送选评县级文明班级，获评校级文明班级。

时间：2016年11月23日16:00

地点：致远楼109室

主办：阿克苏教育学院

承办：浙江双语结对工作室

（二）讲座说稿材料

我从教10余年，真正做班主任工作，加起来也不超过5年，所以论经验，屈指可数，因而在这里是实打实地"浅谈"。

2013年年底，我接任3班班主任。这是我援疆前最后带的班级，带出了一点心得，因此将其中的感悟说出来同大家分享。

这个班级全校闻名，因为学习上连年级前150名，也只是偶尔一两人斩获（全年级不足300人），班级唯一一个英语及格的学生，数学不及格。如果抛开传统的评价标准，不看学习看素质，同样不尽如人意。体育文化节、科技艺术节、假期的社会调查，几乎无人主动参与，获奖更是奢望。假如这些归咎于小学时基础薄弱，学习能力欠佳，那么上课和老师斗嘴的，和同学吵架的，下课以后打架的、吃零食的，放学以后看偶像剧、打游戏到深夜一两点甚至三点的，又该找什么样的原因呢？

父亲年轻时候在新疆当过铁道兵,受父亲影响,我不允许自己弄虚作假,哪怕是面对几十个被远远抛在队伍后方的"后进生"。当然,我也清楚地知道我不可能"妙手回春",所以拔苗助长的事情我不做,我要做的是给他们自尊和信心,让他们把能力所及的事情做到极致!

面对一个松散的嘈杂的集体,最先要抓的是什么? 自尊和信心如何给?

一、先抓纪律,包括走好"一二一"

(一)纪律为先的意义

毫无疑问,任何一个团队,首要的保障是纪律,这是产生效益的前提条件。一个班级没有纪律或者约束力不够,一切基本学习行为、一切规章制度都会成为空谈,这样的情形下,老师上课,学生就会调皮捣乱,甚至出安全事故。

(二)因"班"而异的纪律如何抓

如果我始终用传统的模式来抓纪律,违反班规校规的,就是责罚或者上报政教处,那么还能给他们自尊和信心吗? 我又该采取什么样的办法呢?

1.简单训练,精心奖"惩"

我注意到,3班孩子大部分极好动,不管男生女生,不管上课下课,要么不停说,要么不停走,既然精力如此旺盛,那么就耗一耗精力。课间操,其他班级做完返回教室,我们留下跑一两圈,跑得不整齐,要加圈;周末,全体到校,训练走"一二一",哪一横排有人走神,就重新走。在这些活动中,表现良好的个人和小组,都有奖励,因而激发学生们骨子里"向上"的一面;而所谓的惩罚,因为有同伴一起承担,所以抵触情绪不会产生。

2.真诚待生,家校衔接

如果因为"训练"耽误吃饭,我自费买饭给他们吃,并奉上奶茶一杯,那些平时看上去顽劣不堪的孩子,看到老师的诚意,自然都不好意思起来,古话没错:人之初,性本善。当然,所有的事情都及时告知家长,以便家长掌握学生在校情况,做好配合。在实践中,我这样"负责到底"的态度得到了全体家长的理解、支持和配合。

时间一长,学生都知道,我看重精神面貌,注重纪律,并且,我们班级的规矩就是铁的,我不玩虚的,所以慢慢地学生们改了,或者被感动,或者被带动,或者被震慑,或者自己懂事了,总之,班级在变好。

二、再谈学习,合作学习与自主学习并行

纪律好转的同时,我腾出时间思考如何抓学习的事情。

(一)找准定位

考虑到学生的实际水平和能力,我认为不应该关注重难点,而是要求他们掌握各科的基础性知识,先打好基础,有了好的基础才有解决问题的资本。基础知识在考试中所占比例并不低,因此对于学困生来说,打好基础具有巨大现实意义。对基础知识的学习和巩固,我不再做退让,因为在教学实践中,我们会发现,人性总存在一个弱点,那就是,实际结果通常比预期要低,比如:要求达到 10 分,实际一般达到 7~8 分;要求达到 8 分,实际则随之降低到 5~6 分。

(二)制度护航

课堂内的学习,因为强调学生之间的合作,称为"合作学习",由各科老师负责,每节课的每个大组的积分均按不同表现被记录在黑板右下角表格内,由专人进行每节课、每天、每周的统计;课堂外的学习,称为"自主学习",主要为各科基础知识,学习任务每天由课代表公布在黑板上方,由各小组组长带领组员完成,学习情况记录在各组的本子上,在规定时间内完成并上交班主任,当晚评分,次日发下,以此类推,由专人进行每周的统计。

(三)时间保障

上午的 3 个课间,午自习前后,下午的 3 个课间,以及放学后的一小段时间,统统作为各小组的自主学习时间。逾期无法上交作业的个人、小组和大组均有相应的扣分,积分直接影响周末的评价,所以学生一般都会按时交上。

在合作学习和自主学习实行一段时间过后,总体学习风气有了好转,学生的时间观念也得到加强。慢慢地,部分学生的成绩开始提高,在之后的几次考试中,我们班级都获得了"重大考试进步奖"。

三、活动搞尽兴,学习可促进

如果我们一味强调纪律和学习,时间长了,弦绷得越来越紧就易脆易断,所谓"欲速则不达"。做班主任,要带好一个班,尤其是带好一个自我期望值那么低的班级,必须要设计走心而有意义的活动,如此调剂,以柔带刚,方能调动积极性,加强凝聚力。

（一）暖心设计班级活动

1.同月生日一起过

3班有大约1/3的学生是单亲家庭或是不和家庭，还有一小部分是外来务工子女，所以在个性上、在和同龄人的交往上存在问题，另外还考虑到他们过生日的草率，有的甚至被遗忘，所以我记下了每个学生的生日，每月选定一节班会课，给当月生日的学生一起"过寿"。

当然，我们不是简单地吹个蜡烛，吃个蛋糕，走个形式。"生日宴"进行之前，我们要提前约一周的时间进行统筹和设计。作为班主任的我，要准备一首歌献给寿星，其他同学或以个人或以小组的形式准备节目；班长要确定主持人并初步撰写主持稿；寿星要准备"生日感言"。

2.小小厨艺大比拼

学生们乐吃，好吃，但是我平时限制他们买零食。一是因为没营养；二是浪费金钱；三是影响卫生。不过一味限制达不到目的，所以我同样利用班会课来进行引导，给予适当满足。比如，"三明治制作大赛"就深受学生喜爱，食材均由学生自带，除了面包，学生还带了多种蔬菜、肉类和酱料，在自己的"一亩三分地"上尽情发挥创意，评分发奖后尽情享用，学生幸福感爆棚。

此外，我们还利用班会课采访教师节收获、讲讲青春期的那些事，所有的内容都从学生中来，再到学生中去，贴近生活和实际。

（二）全心参加学校活动

因为缺乏自信和才艺基础，3班的学生对参与学校活动的积极性并不高，一般是"羡慕恨"的"围观者"心态。我要求他们参加所有活动，当然，我们不打无准备之仗，要做好功课，在参与的过程中总结和成长，这个是我想要给他们的。

以我们参加学校的"十一三"诗歌朗诵比赛为例。

我首先对全体学生进行了动员，讲明白这样有意义的集体活动在学生时代是屈指可数的，而我们班级要证明自己的机会也是不多的，班级全员参与，既可通过背诵积累知识，又可通过活动加强团结，增加信心。然后我选择了中国不同历史时期的诗歌，中间用音效相衔接，串联起中国崛起的近现代史。接着，我们利用大课间或放学后的10～15分钟时间进行排练，在熟读基础上背诵，在自由背诵基础上配背景音乐，在配乐朗诵控制好时间后加上队形变化和领读人动作、说词。反复磨合,终得正品。

接近比赛,却被告知活动因故取消,这对等待机会的 3 班来讲,无疑是出了一记空拳。我去找了团委,团委决定让 3 班在后一周的周一升旗仪式上表演。表演的性质发生了变化,这是在全校面前露脸,级别提升了,学生都像打了一剂强心针,做什么都充满动力。在巨大的动力驱使下,我们的表演惊艳全校,而观众的反馈更是让学生兴奋,这个过程让大家都得到了磨炼,给整个班级面貌的改善加了一把柴。

我们参与的所有活动,在结束的时候我都让学生趁热打铁,抒发胸臆,形成文字,这是现成的"经历",新鲜的生活,学生能写,有料,有情。可谓既锻炼大家做事情,又增进了感情,还找到了写作素材,一举多得。

当班主任是非常辛苦的,每个工作完成的背后都有无数的前期准备和后期扫尾,需要的时间与最后的成果是不成正比的。可以说,带 3 班的这点经验,从思路萌芽到成熟再到实践,没有可以照搬的模板,也没有可以复制的经验,因为各班情况不同,同时本班学生的情况也在不同阶段呈现不同的问题和特点,所以我常常苦思冥想,不断否定,不断修改。庆幸的是,我和学生们在共同进步!

(三)讲座相关新闻报道

12 月 2 日下午,阿克苏教育学院致远楼 109 室,由学院主办、浙江双语结对工作室承办的"浙阿情·双语梦"双语论坛第十讲正有声有色地开展。

本期论坛内容是浙江双语支教团曾一晖老师主讲《吃苦的幸福——班主任工作浅谈》,学院全体教师和浙江双语支教团老师参加了论坛活动。曾一晖老师是嵊泗县初级中学高级教师,任教中学语文,常年担任班主任,多次获得先进工作者、优秀班主任、"学生心目中的好老师"等荣誉,2013 年至援疆前,所带班级连续在重大考试中获得进步奖,同时在学校活动中表现突出。

本次论坛中,曾老师先向在座的老师介绍了美丽的嵊泗,并与民族老师互动,认识"嵊泗列岛"四个字,赠予该民族老师嵊泗旅游宣传画册。接着,曾一晖老师将自己接任 3 班班主任之后所做的工作和心得进行了分享。

曾老师梳理了班主任工作的八项内容,分别为整顿纪律、课内外学习、班级机制、教室布置、班会活动、学校活动、假期活动和练字练文。她强调自己没有锦囊妙计,也不会做不切实际的设想,所有的活动和设计都在学生能力范围内,初衷都在于给学生自信和尊严,伴随的虽然是不计其数的"利用周末时间",但是收获的是学生心智的成长和"不起眼"的成绩。

曾老师特别重视笔头的功夫,所以有意将班主任工作和语文学科的要求结合在一起对学生进行培养,所有的经历都动笔记录,因此我们看到了3班班级后墙张贴的微博,看到了教室前门悬挂的信箱,看到了曾老师和学生的互动往来,也看到了3班学生的进步和发展,更看到了一个普通班主任在这当中的自我定位和付出。

此次论坛活动于北京时间18时许结束,在座同人表示"言犹未尽""意犹未尽"。班主任工作就是烦琐的良心活,做不完、说不完,"未尽"之处只有留到实际工作中再继续丰富和体会了。

十一、第十一期双语论坛:《东归启示》

(一)讲座介绍

主讲专家:宣玉梅,湖州师范学院副教授,现为浙江双语支教团口语教师,学院民族教师结对导师,先后在阿克苏教育学院、新疆生产建设兵团第一师四中开展有关西域文化的专题讲座。对西域文化情有独钟,并有个人独到的体会和见解,来疆后,写下有关双语教学和西域历史文化的散文游记20多篇。

时间:2017 年 3 月 15 日 15:30

地点:致远楼 109 室

主办:阿克苏教育学院

承办:浙江双语结对工作室

(二)讲座说稿材料

各位老师:

下午好! 很荣幸第二次来到"双语论坛"讲台。

我记得 2015 年第一次做讲座时,曾有个愿望,希望"双语论坛"成为阿克苏地区的稷下学宫、新疆的"稷下学宫"。第一次讲座时就介绍过稷下学宫,许多老师已经知道,我再重复一下:稷下学宫是战国时期齐国创办的一个高等学府,诸子百家代表人物几乎都去过,使得它成为当时中国最大规模的精神会聚处,最高等级的文化哲学交流地。在这里进行学术交流的两大途径是阐述、辩论。学术的最高境界是:主讲者充分阐述观点,得到热烈的回应,经过激烈的驳难与辩论后,大家都得到启发、得到提升。

"双语论坛"自开办到现在,已经有11期了,来自浙江的、新疆的老师,在这里阐述各自对双语教育、对人文历史的不同观点,我想无论是主讲还是听众,都有一定的收获。比较遗憾的是,"双语论坛"只是继承了稷下学宫的一个基因——"阐述",另一个更为重要的基因——"争辩",却开展得不多。因此,借今天讲座之机,再许一个愿望,期待在未来的几年里,教育学院的学术氛围越来越浓,双语论坛越办越好,真正成为阿克苏地区的稷下学宫。

时间过得很快,转眼两年援疆时间已过去了大半。在一年半时间里,我走过新疆一些地方,接触过新疆不同民族的人,有了一些体会和感悟,写了一些文章,得到我的同事们、朋友们,还有老师的赞赏,在他们的诸多评价中,出现最多的、我最看中的一句话是"重新认识了新疆"。我认为这是对我最好的褒奖。我一直认为,作为现代援疆人,做好双语培训只是一个最基本的使命,还有一个更神圣的使命,就是做好文化交流的使者,把新疆的各个民族的文化包括今天的现实情况,真实快速地传递到内地,让内地人重新认识一个有着丰富的民族文化的新疆、一个真实的新疆。同时把内地的文化带到这里。因为只有文化相通了,心灵才能相通,民族团结才能真正意义上实现。

第一次在这个讲坛上,是2015年11月,曾与大家一起交流过我的学习体会,那次说的是维吾尔族"木卡姆"文化(我在所在大学的音乐专业学生中也做过一次讲座,收效不错,许多老师带领学生来新疆采风,把新疆"十二木卡姆"作为研究课题)。今天,说一说蒙古族的一个部落的迁徙历史,这个部落名称叫土尔扈特,这个部落有一段令全世界瞩目的迁徙历史:东归。

从远古到现在,人类历史上的大迁徙非常多,或者是为了寻找生存和发展的资源,或者是因为战争、瘟疫、灾害而四处迁徙流动。中国历史上有大大小小十多次大迁徙,从先秦移民到衣冠南渡,再到近代熟知的走西口、闯关东、下南洋、移台湾,都是迁徙。但绝大部分迁徙都是在中国大地上的来来去去,从北到南,从东到西,很少有集体迁徙到国外去又集体迁回来的。

但历史上真有一次，先是迁到国外，生活了一百多年以后又回来。这是大迁徙的一个例外，这个例外就是蒙古族的土尔扈特部落。

1625—1630 年，蒙古族的土尔扈特部，因种种原因，被迫迁到了人烟稀少的里海边的伏尔加河下游定居下来。

1771 年，在伏尔加河下游生活了近一个半世纪以后，土尔扈特部的后代子孙，历尽千辛，迁回了祖国。恩格斯说，土尔扈特部落的东归是人类历史上最后一次悲壮的民族大迁徙。

当年为何要走？140 多年后为何又回来？

先说当年为何要走。一是经济原因，二是政治原因。明末清初的时候，生活在新疆一带的蒙古族分为四个部落，分别是和硕特、杜尔伯特、准噶尔、土尔扈特。起初大家相安无事，结成联盟，后来随着人口增多，四个部落之间因为争夺放牧地产生矛盾。为寻求新的放牧地而摆脱纷争，这是土尔扈特西迁的经济原因。后来准噶尔部渐渐强大起来，对其他部落造成严重威胁，意图吞并土尔扈特部。为了摆脱内讧而西迁，这是政治原因。正是这两大政治与经济原因，促使土尔扈特往西迁入一片荒无人烟的地方，这个地方就是今天伏尔加河下游的大草原。当时，土尔扈特首领和鄂尔勒克提前派人来查看，确定这个地方的领土没有被占领。西迁是个缓慢的过程，先后经过五年时间，到 1630 年，土尔扈特全部开始在这个新的地方定居下来。（注意 1625—1630 年这个西迁的时间段，当时中华大地兵荒马乱，多地出现灾荒，天灾人祸不断，百姓流离失所，各地农民起义此起彼伏，后金大军势如破竹，大明王朝气数已尽，正在做最后的挣扎。1636 年，清朝建立。）他们开拓家园，休养生息，建立起游牧民族的封建政权土尔扈特汗国。

再说为何要回归祖国。

一是怀念故土。

前面提到，人类历史上有很多次民族大迁徙。央视拍过一部纪录片《大迁徙》，再现了中华大地上两千多年来的民族迁徙史。从南迁先祖赵陀开始，一代代先祖们为了躲避战乱、寻求幸福生活而不断迁徙，但是无论到哪里，无论过去多少年、经过多少代，他们内心深处对故土的眷恋一直都在。叶落归根的愿望，深深地埋在每个移民心底。根，是埋藏在移民血液里的基因密码。

土尔扈特人的根在中国新疆。当初被迫离开，没多久就开始思念故土，曾多次计划重返故土。据俄国史料记载，土尔扈特人早在 1646 年就想迁回。后来因为种种原因，没有成功，只好从长计议。以阿玉奇汗为代表的几代汗王，精密筹划，总想着把回归的计划做得完美一些，把损伤降到最少。他们一边与沙俄周旋，一边做着回归祖国的各种准备。他们顽强地保持着本民族的文化传统和宗教信仰，保持与其他兄弟部落及祖国的联系，寻找合适的回归机会。

保持与其他部落的联络：政治联姻。通过联姻，改变了从前紧张的关系。

保持与清政府的联络：在清朝建立初期，就遣使进贡；帮助清政府平定准噶尔叛乱；多次派使者向清政府表达回归的想法，得到清政府的支持。

保持宗教信仰：一直保持藏传佛教的宗教信仰。西藏是中国藏传佛教的圣地，到西藏"熬茶礼佛"是信奉藏传佛教的人一辈子梦寐以求的愿望。土尔扈特王公贵族经常返回祖国，去西藏"熬茶礼佛"，得到清政府的支持。对土尔扈特汗国来说，取得西藏神权的支持也是十分重要的。

在他们为回归做准备时，沙俄也没有闲着，他们正忙着四处扩张。

二是沙俄的压迫。起初沙俄只要求土尔扈特部臣服，后来改为实行种族灭绝政策。

土尔扈特人民好不容易找到一个好地方安定下来，安宁的日子如此迅速地就被打破了。他们被当时正在四处扩张的沙俄盯上了，并且正好赶上俄国历史上最喜欢扩张的两个皇帝——彼得一世、叶卡捷琳娜在位。他们千方百计让土尔扈特部俯首称臣，土尔扈特人民当然不肯。沙俄见他们不肯臣服，便实行种族灭绝政策（从建国到东归，先后经过七代汗王，其中最强盛的是阿玉奇汗王在位时。这个时候，沙俄不敢把他们怎么样。阿玉奇是个非常有远见的汗王，他非常清楚沙俄的野心，因此一方面与沙俄周旋，一方面积极与祖国保持联系，探讨回归的可能性，当时正是清朝康熙年间。康熙、雍正、乾隆祖孙三代皇帝在这一点上是高度一致的，他们都热烈欢迎土尔扈特的回归。）

政治上：强行夺取汗王任命权，控制汗国最高权力机构"扎尔固"，扶植亲信（有一个在权力争斗中失败的家族逃到沙俄，角色类似汉奸）。

经济上：向伏尔加河流域移民，把大量哥萨克和俄国农民迁到土尔扈特汗国附近，并且挑唆哥萨克农民骚扰和侵袭土尔扈特百姓的生活，抢走土尔扈特人的牛羊,霸占土尔扈特人的牧场。随着移民的增多,土尔扈特人的牧场不断缩小,经济危机日益严重。

文化上:主要是宗教压迫。土尔扈特人信奉藏传佛教,但沙俄企图让土尔扈特人改信东正教。

军事上:征兵充当炮灰。沙俄对外争战需要大量的士兵,其向土尔扈特部无休止地征兵,在战争中,专挑土尔扈特人当先锋,死于战争的土尔扈特人成千上万。沙俄想借战争之机,把土尔扈特青壮年全部消灭掉。

人质事件:把汗王的儿子带到俄国作为人质,从小给他灌输东正教思想,汗王的儿子后来加入了东正教。此后又发展到不仅汗王的儿子要当人质,其他贵族的儿子(约 300 人)也要送去作为人质,企图消灭这个汗国所有新生力量。

沙俄变本加厉的压榨欺辱,逼得土尔扈特人民走投无路,原本想等候更好一些的时机回国,现在看来是不行了,如果再耽搁下去,等候他们的是被灭族或者当奴隶的命运。年轻的首领渥巴锡举起大旗,号召人民誓死不当奴隶,回到祖国,回到东方,回到太阳升起的地方去! 渥巴锡的号召得到土尔扈特人民的热烈响应,他们早已受够了沙俄的欺辱剥削,早就想回到东方。

1771 年 1 月 7 日凌晨,在首领渥巴锡的带领下,土尔扈特人民点燃居所,拖家带口,赶着牛羊,踏上回归的路程。1 月的严冬,寒风刺骨,这支 17 万人的队伍浩浩荡荡地向着东方前进。这不是一般的战斗部队,而是一支特殊的部队,即便是今天的职业军人也无法想象他们是怎么把妇女、儿童、老人、羊群带出那一片片枪林弹雨的战场!

我有许多军人朋友,我曾向他们咨询过这个问题,他们均表示非常震撼,就算是纯粹职业军人队伍,要摆脱敌人穿越草原、沙漠、黄草滩回到祖国都会非常难,何况是这样一支特殊的队伍。

这一路上,后面有沙俄的追兵,前面有哥萨克骑兵、哈萨克士兵的拦截,翻越大雪山,走过大草原,要穿越干旱的大沙漠和戈壁,走过沼泽地,被迫喝黄水草滩里的毒水,残酷的战争,恶劣的天气,饥饿、疲惫、疾病,土尔扈特人死伤非常惨重,出发时有 17 万人,到达伊犁时只剩下 7 万人,10 万人铺成了一条悲壮的回家之路。

真实的场景无法再现,我们通过电视剧来感受一下。2008 年播出的电视剧《东归英雄传》，著名导演塞夫的作品，当年收视率非常高。我们看该剧中的几个小视频。

第一个视频是一位老人为不拖累大部队，在东归之前自杀。

第二个视频是走在大雪地里的东归队伍。我相信当年东归路上的场景一定比这部电视剧里的镜头要悲惨很多倍，但无论是残酷的战争，还是恶劣的天气，都没有磨损掉土尔扈特人宁死不屈坚决回归祖国的信念。就像这首主题曲的歌词一样："赤子心，不能夺，今生不能吻故土，宁愿天来葬我。"为了这个信念，土尔扈特人付出了无比惨重的代价。17 万人死了 10 万人。可以说，从伏尔加河到伊犁的这条万里之路，是 10 万土尔扈特人用生命铺起来的。平均每一里路就有一颗倔强的灵魂在守护着。这是何等的悲壮、何等的伟大！

经过长途跋涉和战争损耗，到达伊犁河畔的 7 万土尔扈特人处境十分悲惨，清军现场记载：

"其投来者内，皆为老弱孤独，妇女幼儿甚众，摇晃行走而来。至其游牧处观之，则饥馑疲惫者甚多……看来已是甚为窘迫。"

"而策伯克多尔济所率之近百人，马驼混骑，驼上亦有双人骑者，马驼膘瘦多露疲惫不堪之貌。"

参赞大臣舒赫德给乾隆皇帝的奏折中说：

"目睹其穷困情状，实堪悯恻。土尔扈特投诚人众，御寒无具。或衣服破烂，或靴鞋俱无，其幼孩有无一丝寸缕者。"

我每次读到这里都会落泪：这是怎样的一个场面啊！失去了那么多青壮年劳动力，失去了赖以生存的全部牲畜，衣不蔽体、面容憔悴、疲惫不堪！人人处在生命极限边缘。悲惨，凄凉，悲壮，壮烈，任何一个词都不能完全描绘他们当时的状况。

比较欣慰的是，他们受到祖国和人民的热烈欢迎。上至朝廷下到百姓，都参与了当时的紧急大救援。乾隆给他们分封了水草丰美的地方，今天巴州的和静县、和硕县，伊犁的和布克赛尔蒙古自治县，还有阿勒泰地区等，都是回归的土尔扈特人后裔。今天，他们的后裔生活得很幸福。十万英魂，当含笑九泉。

听完土尔扈特部的这段历史，我相信在座的每一位老师都是震撼的。因为这段历史并不遥远，才过去两百多年；因为这段历史中的主人公的后代子孙离我们也不远,他们就生活在我们身边,他们在巴州的和静县、和硕县,在伊犁的和布克赛尔蒙古自治县,在阿勒泰地区。

今天,重温这段历史有何意义?各种史书上总结了很多条意义,我想最重要的有两个意义。

一是有个强大的祖国何其重要。虽然历史没有假如,但我们不妨设想一下。这里有两个"假如":

假如当年明朝强大一些,有能力把当时的新疆纳入版图,土尔扈特何苦万里迢迢跑到那个荒无人烟的地方去。他们内部的矛盾再大,也只是人民内部矛盾,完全可以寻求朝廷的调解与保护。只可惜当时的大明王朝根本无法自保。

假如1771年前后,清朝政府不够强大,即便是他们千辛万苦地回来,清朝政府也不敢接纳他们。历史有记载,沙俄女皇要求清政府遣返"叛臣",并以武力相威胁。乾隆答复:"土尔扈特人渥巴锡人等,与尔别一部落,原非属人,自准部入居尔境,尔国征调烦苛,不堪其苦,率众来投。……岂有将愿为臣仆之人拒而不纳之理?""或以兵戈,或守和好,我天朝惟视尔之自取而已。如尔等欲背弃前议,则亦听之。"乾隆这些话说得义正词严,理直气壮。他这么做是有底气的,当时的中国,正处于盛世,国富民强。如果是赶上清朝末期那就倒霉了,九死一生回来的7万人将会面临什么样的命运大家可想而知。

二是追求自由与和平的精神何其珍贵。

《东归英雄传》最后一集有一段视频:

在接近伊犁的地方,土尔扈特人弹尽粮绝,但是面对沙俄追兵,他们毫无畏惧,在渥巴锡的带领下,全体土尔扈特人唱起了悲壮的歌曲,迎着枪口向前大步走过去,走向死亡。这种视死如归的精神,感动了全世界。

美国著名学者芮弗说,土尔扈特人的悲壮之举不是消失在历史的传奇交界地区的一个孤立事件,而是人类永恒地追求自由与和平的一个真实范例,是值得我们传颂的一篇伟大的叙事史诗。

"人类永恒地追求自由与和平的一个真实范例"——芮弗的这句话概括了东归精神,这便是为了自由与和平,勇往直前、百折不挠、视死如归的精神。

东归精神,是全世界人民共同的精神财富。这种精神基因,已经得到传承,在西方,在东方,在身边。

在西方:

有一首关于自由的诗,大家应该很熟悉:生命诚宝贵,爱情价更高;若为自由故,二者皆可抛。

这是匈牙利著名诗人裴多菲·山陀尔的作品《自由与爱情》。裴多菲出生于渥巴锡死后 48 年,裴多菲生活的时代,他的祖国备受奥地利的统治压迫,匈牙利人民为争取自由独立的起义斗争此起彼伏。作为那个年代的热血青年,诗人裴多菲上了战场,后来壮烈牺牲,年仅 26 岁。

在东方:

东归之后 160 多年,人类历史上伟大的奇迹"万里长征"诞生了。一样为自由,一样为和平,一样悲壮,一样伟大。

在身边:

这种精神基因,在新疆更有传承。从清朝末期到现在,新疆人民一直为社会稳定与长治久安而战,即便是在相对和平的今天,仍然站在反恐维稳的第一线。

前些天,我为讲座做调研,在跟学院的几位老师交谈中提到最近的伊拉克战争。这里有几张令人心酸的照片:3 月 4 日,伊拉克摩苏尔西部城区平民撤离战场,那个地方,伊拉克政府军与恐怖分子正在打仗。一名男子脱下衣服证明自己不是恐怖分子,一名男子哭着抱着孩子逃离,还有全家老小一起走上逃亡的路,等等。每看一次,我都难过很久。

我跟这几位老师是分别交谈的,看到这些照片,大家的反应是一样的:都异口同声地说,绝不能让伊拉克的那种场景出现在新疆!

我相信,这不仅仅是教育学院老师们的心声,更是全体新疆人民的共同心声!

在支教的这一年半里,我们真真切切地感受到了新疆人民众志成城、可歌可泣的精神。除了公安民警以外,新疆各个阶层的人士都参与到维稳工作当中。

农民:在农村,我见证了农民在维稳工作中所做的贡献。他们在村庄的入口处搭一个简易的小屋,24 小时值班,冬天没有暖气,只有一个小炉子,非常艰苦。

公务员:从指挥部朋友那儿了解到,这儿的公务员非常辛苦,加班是家常便饭,夜班晚了干脆就在办公室里睡,周末很少休息。一位组工女干部说,孩子经常很长时间看不到妈妈,因为妈妈晚上回去时孩子已经睡着了,早上走的时候孩子还没醒来。还有一些干部要到农村驻村工作,工作条件非常艰苦,而且十分危险。

教师:比如阿克苏教育学院,这些年,全体教工为维稳工作做出了巨大的贡献。他们除了正常的教育教学工作以外,还有大量的维稳工作要做。比如值班,女老师白天值班,男老师值夜班,一夜不能睡觉,第二天还坚持上课上班,一个月夜班有6次左右。

新疆人民上上下下这种不畏艰险、勇往直前、矢志不渝的精神,正是东归精神的传承与体现。

这种精神深深地感染了我们每一位支教老师。

援疆一年多,我们得到了丰厚的精神回馈。就我个人来说,我的收获远远大于我的付出。这些收获包括:第一次讲座时提到的维吾尔族人的"艺术即生活,生活即艺术"的人生理念,今天说的蒙古人的东归精神,以及新疆各族人民乐观豁达的生活态度,等等。

再过两个月我们就要结束任务,回去以后我们不仅要把你们所做的贡献和新疆的真实情况带回内地,更重要的是会一如既往地关注新疆,继续探索传承东归精神与文化交流的新方法、新途径。这不是我一个人的心愿,这是我们所有浙江支教老师共同的心愿。

今天的讲座就到里,最后,祝愿新疆的明天越来越好,谢谢大家!

(三)讲座相关新闻报道

3月17日下午,"浙阿情·双语梦"双语论坛第十一期讲座在致远楼109教室正式展开。

此次"双语论坛"的主讲人为湖州师范学院副教授宣玉梅老师,宣老师以她温文尔雅的学者气质再次为阿克苏教育学院的全体教职工奉献了一场精彩的西域文化知识讲座。

宣老师对西域文化及历史颇有研究,对新疆的感情也很深厚,在阿克苏支教的一年多时间里,写下了关于双语教学和西域历史文化的散文、游记20多篇,长达5万余字。2015年11月,她曾举办过一次有关维吾尔族"木卡姆"文化的讲座,当时反响非常好,很多教师都期待她再次做讲座。

本次讲座围绕"土尔扈特部东归"的历史背景及历史事实展开,深入浅出地分析土尔扈特部落东归的原因。土尔扈特人的东归,是一段悲壮的迁徙史,土尔扈特部落东归的艰难坎坷让在座的每一位老师都为之震撼。丰富精彩的内容让在座的每位听者都为之动容,很多老师湿润了眼眶。

讲座升华到"东归精神",新疆各个阶层的人士众志成城,不畏艰险、勇往直前、矢志不渝为新疆的长治久安奉献力量的精神就是"东归精神"。今天,"东归精神"仍然在新疆传承着,各族人民为社会稳定与长治久安做出了巨大的贡献,可歌可泣。

在热烈的掌声中,宣老师结束了当天的分享,在座的每位教师都受到鼓舞,对此次精神文化大餐非常满意。虽然讲座已经结束,但此次讲座给我们的感动和领悟会一直延续下去,指引我们继续传承"东归精神"。

十二、第十二期双语论坛:《认识合成毒品——珍爱生命,远离毒品》

(一)讲座介绍

主讲专家:何华飞,援疆前任教于台州市椒江区前所中学,中学高级教师。在 10 多年的教育生涯里,她懂得教书的重要性,更深知育人的首要性。10 多年来,她钻研课堂高效性的同时关注家庭教育和毒品宣传工作,成为台州市禁毒宣讲团的主讲人之一。先后多次入校进行校园毒品宣传,取得了积极的反响。

时间:2017 年 4 月 12 日 15:00

地点:图书信息楼一楼多功能报告厅

主办:阿克苏教育学院科研处

承办:浙江双语结对工作室

(二)讲座说稿材料

尊敬的各位领导和老师,各位亲爱的同学们:

下午好! 在讲座开始之前,我首先感谢阿克苏教育学院科研处吴瑶处长和浙江双语支教团结对工作室的负责人黄洁清处长的精心组织与策划,让我们相聚在此,共同认识合成毒品;同时也感谢在背后默默给予技术指导的支教团老师赵刚峰同志。接着我简单地介绍一下我自己：我是浙江双语支教团的一名普通教师，在援疆前任教于台州市椒江区前所中学，中学高级教师。在 10 多年的教学生涯中，我懂得了教书的重要性，更深知育人的首要性。10 多年来，我在注重课堂高效性的同时关注家庭教育和毒品宣传工作，成为台州市毒品宣讲团主讲人之一，先后多次入校园进行毒品宣传，并取得积极的反响。希望我的讲座也能带给大家一点感触和收获。

下面我们言归正传。我的讲座是带领大家认识残酷的现实——毒品泛滥，吸毒人员低龄化的严峻形势。这是一个系列讲座，本来我将从四大方面（了解传统毒品、认识合成毒品、知晓禁毒法律和掌握拒毒技能）讲述，由于时间关系，今天以当下最流行的合成毒品为主讲内容，其他三方面内容则简单地穿插在讲座内容中。

一、情境引入

《2017 中国禁毒报告》显示，2016 年，全国共破获毒品刑事案件 14 万起，抓获毒品犯罪嫌疑人 16.8 万人，缴获各类毒品 82.1 吨，其中海洛因 8.8 吨、冰毒晶体 17.4 吨、冰毒片剂 11.6 吨、氯胺酮 10.4 吨。

【教师总结】看到 2016 年我国禁毒的成绩单，有喜有忧。喜的是破获毒品案件数量、抓获毒品犯罪嫌疑人、缴获毒品数量比去年有所下降（2015 年：16.5 万起，19.4 万人，102.5 吨），说明毒品犯罪形势转好，禁毒工作有效。忧的是吸毒人员的人数在增长（2015 年年底为 234.5 万人，2016 年年底为 250.5 万人），增长率为 6.5%，尤其是合成毒品，占据整个市场的近 90%，意味着毒品消费市场在扩大，毒品犯罪依然很猖狂。

请看 2017 年 3 月 16 日中央二套播出的"司法护航中国经济"特别报道之《伸向孩子的"毒手"》——毒品已经悄无声息地渗入青少年人群中，我们有必要保护好青少年。

二、内容展开

（一）合成毒品概述

案例：晶晶的困惑

16 岁的晶晶是个天真无邪的女孩。2005 年 9 月，她因为琐事与父亲吵了一架，负气离家出走，过后结识了一个"小哥们"。一天晚上，"小哥们"带她到某 KTV 唱歌。唱完歌喝酒时，有人拿出一些绿色的颗粒对晶晶说："吃吧，吃了这'好东西'，你就会忘记世界上的一切烦恼。"晶晶半信半疑，张嘴吃下一颗丸子。一会儿,她感到特别难受,蹲在墙角呕吐起来。随后,伴随着音乐,她不由自主地扭动起来……最后被警方带到了派出所。

提问:你知道晶晶吃下的绿色"好东西"是什么吗? 晶晶为什么被警方带到派出所?

【教师总结】晶晶吃的绿色"好东西"具体是哪一种毒品呢? 为何我吃巧克力等食品警方不管呢? "因为毒品有毒",对,很好。那毒品到底有哪些危害性呢? 为回答上述问题,下面老师带着大家一起来了解几种常见的合成毒品及其危害。

(二)常见的合成毒品及其危害

1.合成毒品的定义

2.合成毒品的种类

3.常见的合成毒品

【教师总结】随着人类跨入 21 世纪,合成毒品迅速流行,并以一种伪善、美丽的面孔出现在我们面前。很多人,尤其是广大的青少年,都认为这是"娱乐消遣品",不同于海洛因等毒品。在一些年轻人眼里,合成毒品"不会上瘾""没有什么不良后果""不会走上犯罪道路"。残酷的现实告诉我们,合成毒品对个人和社会的危害,绝不亚于传统毒品。近年来,由合成毒品引发的大量违法犯罪活动以及多种疾病扩散流行,严重影响着青少年的身心健康,使他们在违法犯罪的道路上越走越远。因此,我们要撕下合成毒品的美丽、伪善的面纱,揭露出毒品的本来面目,了解合成毒品的基本特征,让青年人都认识它们,远离它们,健康成长。

案例:杭州吸毒人员傅某吸毒驾车撞伤 17 人案;湖北武汉吸毒人员文梦飞砍死亲生父母;吸毒父亲将 2 岁女儿倒悬 8 楼窗外。

【教师总结】近年来,因为吸食合成毒品而引发的恶性治安案件在全国大中型城市频频发生。杀妻杀女杀父母,残忍至极,罪魁祸首全是毒品!

4.传统毒品与合成毒品的异同

合成毒品除了具有毒品都具备的成瘾性、危害性、违法性三大特征外,还具有以下三个突出的特点:①易合成;②易传播;③易隐蔽。

正是由于合成毒品具有传统毒品的特性,同时又具有易合成、易传播、易隐蔽三大特征,因此,合成毒品的危害性更大。

【教师总结】通过学习,我们了解了一些合成毒品的知识,认识到了合成毒品的真面目，并知道了合成毒品的危害。同学们，了解合成毒品，认识合成毒品对人的危害是我们远离合成毒品迈出的第一步。青少年正处于人生的转折期，青春是人生中最宝贵的阶段，生命只有一次，请时刻牢记：远离合成毒品，从我做起；珍爱生命，远离毒品。

（三）合成毒品与艾滋病

为什么说毒品、艾滋病和性三者相互影响？

首先，吸食合成毒品易引发性乱。吸食海洛因的人喜欢独处，往往躲在僻静无人的角落。而使用合成毒品的人却趋向于群体行为，他们聚集的地方有家庭、宾馆等少数人参与的场所，也有KTV、舞厅、酒吧、宾馆和私人会所等拥有较多人员的场所，他们将聚众吸食毒品称为"开会"。在一个合成毒品易得的环境里，"性"往往也是极易获得的东西。吸食合成毒品初期阶段，人体的中枢神经系统会受到刺激，使人处于一种迷幻及性兴奋状态，自我控制力极度降低，容易产生性兴奋，诱发吸食者的性冲动；在有多人参与的情况下，容易发生高频率、无保护的群体性滥交。

其次，性乱加剧了艾滋病的蔓延。一个人只要染上毒瘾，就得花巨资吸毒。大多数女性吸毒者为了筹集毒资，往往会卖淫，一旦卖淫，感染艾滋病的概率就会大大增加，感染艾滋病的卖淫者又会感染更多的健康人。这就是吸毒、卖淫、艾滋病的"三部曲"。如果吸毒、卖淫、艾滋病的链条不断延伸，相互交错，将会形成庞大的艾滋病感染辐射人群。

【活动】识别陷阱

情景1：有一种"神奇药"，据说这个药服用后能让人爽到极点，飘飘欲仙。但它的价格昂贵，贵比黄金，一朝服用，就再也离不开。你能猜出这种疑似"神奇药"的真正名字吗？如果有这样一瓶"神奇药"摆在这里，免费品尝，你愿不愿试试？

情景2：小美是个爱美的女孩子，有一天，要好的女同学晶晶把她拉到卫生间说："我跟你说，我朋友给我一个'好东西'，吃了这个'好东西'可以保持身材，还可以减肥，我试过了，是真的。吃过这个'好东西'之后不想吃饭，瘦得很快，你也试试吧。"小美该怎么办呢？

情景3：小白最近有点烦，心情总是不好。周末，朋友小强拖着小白来到了KTV，房间里有很多不认识的人，小白没有心情玩，在角落里自顾自地玩手机，这时过来一个陌生人递给小白一粒蓝色的药片，说："只要吃了这个药片,保准什么烦恼都没有。"小白应该怎么办?

【教师总结】我们要撕下合成毒品美丽、伪善的面具,学会识别合成毒品,深刻认识合成毒品的危害,在日常生活中时刻提高警惕,树立健康的生活观念,绝不放纵自己。

三、总结

老师刚才用一组组数据说明当下我国合成毒品泛滥和吸毒人员低龄化的严峻形势,用一段段视频全方位阐释了合成毒品的危害,用一个个案例撕下了合成毒品的美丽、伪善的面具,揭露了真面目……希望通过本次宣讲,大家能全面了解合成毒品的相关知识,深刻认识合成毒品的严重危害,掌握拒绝合成毒品的基本技能。

人的生命只有一次,我们要珍惜生命,要正确地认识毒品、远离毒品。从自己做起,从现在做起,树立正确的人生观,不盲目追求享受、寻求刺激、赶时髦。时刻记住,一旦沾上毒品,必将毁灭自己、祸及家庭、危害社会,毒品这东西碰都碰不得。

【宣誓】从今天开始,我牢记每年的 6 月 26 日是"国际禁毒日"。从自己做起,从现在做起,树立正确的人生观,时刻警惕,积极抵御,果断拒绝,永远不做毒品的受害者。

【活动】"小手牵大手":根据所学知识对亲人和朋友进行一次合成毒品知识的宣传。

(三)讲座相关新闻报道

在阿克苏教育学院领导的大力支持下,在阿克苏教育学院科研处领导的精心组织下,在阿克苏教育学院浙江双语支教团领导和结对工作室负责人的悉心策划下,4 月 12 日下午,600 余人齐聚学院信息楼学术报告厅,参加"浙阿情·双语梦"双语论坛第十二期讲座。浙江双语支教团支教导师何华飞,为学院全体 2016 级中职生及全院的教职工开设了一堂主题为《认识合成毒品——珍爱生命,远离毒品》的禁毒宣讲课,同时作为学院开展自治区第十四个"宪法法律宣传月"——"大力弘扬法制精神,服务新疆工作总目标"的专题讲座。

为了上好这堂课,履行好禁毒宣讲员的职责和使命,何华飞提早几个月开始广泛地搜集相关资料,并在紧张的支教工作之余紧锣密鼓地学习起来。

禁毒课上,她用一组组数据说明当下我国合成毒品泛滥的情况;她用一段段视频全方位阐释了合成毒品的危害;她用一张张图片形象地展示了吸毒人员低龄化的严峻形势;她用一个个案例撕下了合成毒品的美丽、伪善的面具,揭露了真面目……通过本次宣讲,她让听众全面了解了合成毒品的相关知识,深刻认识到合成毒品的严重危害,掌握了拒绝合成毒品的基本技能。最后,通过庄严的宣誓,大家都认识到:一旦沾上毒品,必将毁灭自己、祸及家庭、危害社会。

会场上,老师和同学们听得聚精会神,意犹未尽,精彩的讲座博得多次热烈的掌声。本次专题论坛让参加活动的每位师生都了解了远离合成毒品的必要性和重要性。

十三、第十三期双语论坛:《幼儿文学作品朗读技巧》

(一)讲座介绍

主讲专家:陈思群,中国艺术研究院艺术学(舞蹈方向)文学硕士,浙江师范大学杭州幼儿师范学院副教授,省级普通话测试员;在高校主要担任"普通话""教师口语""大学语文""美学与美育"等课程的教学;发表论文多篇、参与课题多项;辅导的学生在省市大学生语言技能比赛中多次获奖;负责浙江传媒学院(播音主持专业)、杭州师范大学等高校的普通话测试工作,曾被国家汉办驻浙江师范大学杭州校区对外汉语教师选拔培训班特聘为民族舞辅导教师。

时间:2016 年 5 月 10 日 18:30
地点:致远楼 109 室
主办:阿克苏教育学院
承办:浙江双语结对工作室

(二)讲座说稿材料

教师的职业语言运用能力包括书面语言运用能力和口语运用能力两方面。职业口语是开展教育教学活动的基本工具,是贯通教与学的"基本媒体",职业口语运用技能是评价教师专业素养的重要指标。

幼儿园教师应具备的口语能力:①具有准确、清晰、流利的普通话水平。教师的语言质量,在一定程度上决定着幼儿语言的发展水平。②具有较强的语言表现力。教师必须掌握一定的语言表达技巧,使语言富有儿童情趣,生动活泼,具有童话般斑斓的色彩。③具有良好的语言示范和评价能力。教师要注意自身语言的规范化,应善于利用自己的语言给幼儿以示范,同时辅以态势语。

文学作品(主要指儿童诗歌和儿童故事)的口头表达能力,在幼儿园和小学阶段的教育教学活动中具有极为广泛的应用性和实用性。因此,不仅要求学前教育专业的本、专科学生和中职生,也要求儿童艺术教育专业方向的学生均能掌握这一项实用技能,为学生今后的择业与就业奠定良好的基础。

一、口语运用基础技能(发声技能、朗读技能)

(一)发声技能

口语艺术表达的基本原则:以情运气,以气托声,以声传情,以情动人。

1.用气发声

日常生活中的一般呼吸方式:①胸式呼吸;②腹式呼吸;③胸腹联合呼吸。

有控制的胸腹联合呼吸法:吸气量大,有一定的深度,控制力强,支持的时间长,可根据各种感情运动状态的需要,自如地进行气息状态的调节。吸气时,两肋向上、向外提起,口鼻同时进气,口角向两侧微展,将气吸到肺的底部,横膈膜下降。感觉腹部发胀,小腹内收。小腹是气息的支点,是控制气息的重要部位。呼气时,小腹保持收缩状态,维持两肋的扩张。同时慢慢收缩腹部肌肉和横膈膜,产生一股压力,将气息缓缓呼出,小腹肌肉随之逐渐放松。

用气发声的基本要求:①保持稳定的气息压力;②保持较长的呼气时间;③声音松弛自然,圆润集中。

2.共鸣控制

共鸣的作用:扩大音量,美化音色。有共鸣的声音送得远,具有穿透力,可塑性强。

人体的共鸣器官：①胸腔共鸣——浑厚、洪亮；②口腔共鸣——结实、明亮；③鼻腔共鸣——高亢、明丽。

口语表达最理想的共鸣方式："口腔为主，三腔共鸣"的方式。

3.吐字归音

吐字归音是指把一个音节的发音过程分为出字、立字、归音三个阶段。出字是声母和韵头的发音过程，立字是韵腹的发音过程，归音是音节发音的收尾过程。

吐字归音的基本要求（枣核形）：①咬紧字头，出字有力；②发响字腹，立字饱满；③收全字尾，归音完整。

绕口令练习要求：①语音表达准确、清晰、流畅；②准确把握气口，调整气息状态；③把握好语言的节奏感。

（二）朗读技巧

朗读技巧是指把书面语言转化为有声语言时为表情达意而运用的技巧。朗读技巧由表达目的决定，是内部心理状态和外部表达技巧的结合体。内部心理状态包括形象感受、逻辑感受、内在语、语气。外部表达技巧包括停连、重音、语调、节奏。

1.朗读技巧之一：停连

停连，指朗读语流中声音的中断和延续。停连的设置可以使语言的链条井然有序，使语意的表达清晰明了。

例1：小白兔没有了兔妈妈就着急了。

小白兔没有了/兔妈妈就着急了。

小白兔没有了兔妈妈/就着急了。

2.朗读技巧之二：重音

（1）重音的特点

①重音不是"加重声音"的简称，重音也称"语句重音"，"语句重音"不同于"加重声音"。②重音不同于词或短语的轻重格式。词或短语的轻重格式一般是固定的，语句重音的位置并不固定。③朗读中使用重音是出于表情达意的需要——强调、突出的词或短语，甚至某个音节。④重音表示了句子中语词的主次关系。

（2）确定重音的方法

语句重音由表达目的决定，重音随着表达目的不同而改变。

例 2：我是阿克苏教育学院的学生。

强调"谁"——我是阿克苏教育学院的学生。

强调"是否"——我是阿克苏教育学院的学生。

强调"哪所学校"——我是阿克苏教育学院的学生。

强调"身份"——我是阿克苏教育学院的学生。

(3)重音的表现方法

基本原则：对比凸显。

①重音重读：以强音和高音加强音量和气势，使字音高亢响亮，饱满有力。

②重音轻读：常用来表示深沉、含蓄、细腻的思想感情，或者轻微、幽静的环境等。控制声带和气息，把强调的音节轻轻地读出来，使字音柔和亲切、悦耳动听。

例 3：小草／偷偷地／从土里钻出来，嫩嫩的，绿绿的。

例 4：漓江的水／真静啊！ 静得／让你感觉不到／它在流动。

③重音慢读、延长音节：特意放慢语速，或延长音节，以达到强调、突出的目的。

例 5：这太阳／像负着什么重担似的，慢慢儿，一步一步地／努力／向上面升起来。

例 6：家乡的桥啊，我／梦中的／桥。

④利用停顿：连中有停可以起到强调、突出的作用，使听者产生某种期待。

例 7：船桨／激起的微波，扩散出／一道道水纹，才让你感到／船／在前进，岸／在后移。

(4)重音的各种表现方法常常综合运用

①轻读与延音的结合。

例 8：大雪整～整下了一～夜。（《第一场雪》）

②停顿与重读的结合。

例 9：一个读书人，一个有机会拥有超乎个人生命体验的／幸福人。（《读书人是幸福人》）

3.朗读技巧之三:语气、语调、语势

(1)语气

语气是内在的思想感情的色彩与分量和外在的高低、强弱、快慢、虚实的声音形式的结合体。语气是隐含在语流声音之中的,它不可剥离,却又溢于言表,给人以"情"的感染。

例10:"现在,这海/就完全属于我们的了!"(提示:夜晚观赏海景时的语境。感情是兴奋的,气息是饱满的,声音是高昂的,充满了自信。)

(2)语调

语调是语气外在的快慢、高低、长短、强弱、虚实等各种声音形式的总和。语调是语气的载体,语气是借助于语调来表现的。

①平直调:语流的运行状态基本平直舒缓,没有显著的高低升降变化。

例11:这篇文章/收在我出版的/《少年心事》/这本书里。(叙述)

例12:想着/想着,我/不由得背靠着一棵树,伤心地/呜呜大哭起来。(悲伤)

②高升调:语流的运行状态由低向高升起,句尾音强而且向上扬起。

例13:这/不是很伟大的奇观吗?(反问)

例14:起来,不愿做奴隶的/人们!(号召)

③降抑调:语流的运行状态由高向低降落,句尾音强而短促。

例15:假若/你一直和时间比赛,你/就可以成功!(自信)

例16:面包/会有的,一切/都会有的!(坚信)

④曲折调:语流的运行状态呈起伏曲折形,或由高而低再扬起;或由低向高再降下;或更多曲折,起落部分声音强度较大。

例17:你问我?难道/你看不出/我/是这里的下士吗?(傲慢)

例18:你/又做买卖/又当兵,到底/是干什么的?(怀疑)

例19:人的身躯,怎能从狗洞子里爬出!(讽刺)

有声语言具有多样性与丰富性,因此在使用语调的过程中也带有一定的曲折性。曲折性是语调的根本特征。

(3)语势

语势是有声语言在发展或行进过程中形成的语句整体的趋向与态势。语势是由语调的曲折性规律造成的。在语流中,语势永远是波浪式向前行进的,从而造成了有声语言的抑扬顿挫、轻重缓急、曲折回环的艺术效果。

4.朗读技巧之四:节奏

节奏指由一定的思想感情的波澜起伏所造成的,在有声语言的表达上所显示的抑扬顿挫、轻重缓急、回环往复的声音形式。节奏是伴随着思想感情的运动状态而产生的,它立足于作品的全篇和整体。

语速指朗读中语流的快慢。它表现在作品的段落、层次、语句及它们互相之间的停顿、转换上,也表现在语句中音节的长短上。语速是构成节奏的重要内容,但节奏并不完全等同于语速。

节奏和语速的关系:①内心的情感节奏强烈,会导致语流的速度较快。如:喜悦、惊慌、愤怒、急切等。②内心的情感节奏缓弱,会导致语流的速度较慢。如:忧虑、迟疑、思念、劝慰等。③内心情感节奏与语速的矛盾。如用于特殊情感的表达时。

节奏的类型:①轻快型,多扬少抑,多连少停,语流轻快、欢畅。如:《小弟和小猫》《猴子捞月亮》。②紧张型,语流速度快,密度大,音节短促,语气急促、紧张。如:《飞夺泸定桥》《董存瑞舍身炸碉堡》。③低沉型,语调多抑,句尾沉重,停顿多而长,语流沉缓,声音偏暗。如:《卖火柴的小女孩》《十里长街送总理》。④高亢型,语流畅达,语速稍快,语气高昂、爽朗。如:《海燕》《开国大典》《白杨礼赞》。⑤舒缓型,声音清亮,语调较高但不着力,语气舒展自如,语速缓慢。如:《桂林山水》《春》《落花生》。⑥凝重型,多抑少扬,语气坚定而有力,语流平稳、凝重。如:《囚歌》《草地夜行》《最后一课》。

二、文学作品口头表达技能

(一)儿童诗的诵读

儿童诗指为儿童创作的,切合儿童的心理特点、适合儿童阅读欣赏的一种诗歌形式。

1.儿童诗的特征

儿童的情感和体验。以儿童为描写对象,表现儿童心理、儿童情趣、儿童幻想、儿童生活。容易为儿童心灵所感应,容易引起儿童的情感的共鸣。

具有儿童情趣的独特意境。以儿童特有的心灵展开独特的想象,将儿童活泼的天性与率朴的稚气灌注其间,使诗歌童趣盎然。

优美的语言和流畅的音韵。流畅而优美的语言构成了诗歌内在的节奏感,不仅读起来朗朗上口,易于儿童接受诗歌的内容,同时也潜移默化地发展着儿童的语言能力。

鲜明的形象性。优秀的儿童诗都具有鲜明的形象性。在抒情性作品中,形象性集中体现在抒情主人公上;在叙事性作品中,除人物外,还有可感可观的具体事物。

健康向上的主题。健康向上的主题是渗透在生动的形象描绘之中的,是和高度的艺术技巧紧密结合在一起的。

2.儿童诗的诵读要求

儿童诗的诵读要富有儿童情趣,节奏轻松、明快,语气夸张、生动,充满稚气,充分展现诗歌的音乐性。儿童情趣指符合儿童认知心理和水平的趣味性。即从儿童的心理出发,站在儿童的角度,用儿童的眼光去观察诗歌中的事物。

3.手势语的运用

幼儿教师要"以手势助说话"。儿童诗的诵读可以运用手势语增强趣味性,帮助儿童记忆诗歌的内容。手势语的运用要注意适度,把握好分寸,动作幅度不宜过分夸张,形式不宜复杂,力度和频度要适中,要有助于口语表达,不要喧宾夺主、哗众取宠。

(二)儿童故事讲述技能

1.儿童故事讲述的特征

儿童故事是指专为儿童创作的,具有生动的情节,可供儿童读和听的文学作品。它以极简练的笔墨勾勒人物和渲染环境,以合乎常理的艺术夸张和虚构表现精彩的故事情节。故事中的悬念、口语化、节奏感深深地吸引着孩子们。

在幼儿教育中,故事讲述是寓教于乐的一种有效手段,儿童不仅可以学习到科学知识,还可以获得心灵的愉悦,因而是课堂教学的极好形式。这就需要幼儿教师具有良好的口语表达能力,会运用故事讲述的技巧,绘声绘色、声情并茂地给儿童讲述精彩的故事,让儿童在听故事的过程中感受到无限的乐趣。

儿童故事讲述要达到较好的效果,就应该把故事中的人物形象、事件、环境立体地呈现在儿童面前,使听者如闻其声、如见其人、如临其境,从中受到感染、得到教育。

2.儿童故事的分类

儿童故事类型的划分,有不同的角度和标准。从内容来分,有神话故事、传说故事、动物故事、人物故事、历史故事、文学名著等；从形式来分，有文字故事、图画故事等。

3.讲故事的要求与方法

（1）熟悉故事

根据讲故事的目的、对象选择适当的材料。熟悉故事的内容，厘清情节结构，记住所讲故事的题目、人物、事件、环境，熟悉主要人物的对话，然后反复熟读、默记、练习，以便讲述时做到中心突出，条理分明，首尾呼应，轻松自如。

（2）对原材料做必要的处理

①故事的改编与加工。讲故事不是读故事、背故事。对原材料进行加工处理的目的在于使材料更故事化，说起来易于上口，听起来便于接受。方法有三：添枝加叶；修枝剪叶；尽量将书面语言改为口语，多使用儿童语汇。

②有针对性地加"楔子"。"楔子"原指杂剧里加在第一折前头或插在两折之间的片段，也指近代小说加在正文前面的片段。故事讲述一开头诱发儿童听故事的欲望和兴趣是至关重要的，它能使儿童集中注意力，并进行创造性的思维。根据目的，或用趣闻逸事，或提问，或讲些与故事有关的事，均可激发儿童听故事的欲望，吸引儿童的兴趣，引起儿童的思索，使儿童集中注意力。讲述时应设法创造一个良好的开端，为故事讲述铺平道路。讲述中也可插入"楔子"，留下悬念，使儿童保持听讲的兴趣。

（3）"表""白"分明

"表"是故事中的叙述语言，语气、语调要客观，表达出作者的褒贬。"白"是故事中的人物对话，要着力于表现人物性格和思想感情。例如，《陶罐和铁罐》中的人物形象，讲述时要运用不同的音色、语调、语速和语气来表达。铁罐——傲慢、目中无人、不屑一顾；陶罐——谦逊、友好、善良。

总之，故事讲述时必须根据儿童的心理特点，语气、语调可适当夸张，讲得趣味盎然，给儿童以强烈的艺术感染力。"表"和"白"的语言必须层次分明，注意区别。

（4）表情、动作的辅助

儿童的感知具有较强的直观性，故事讲述时面部表情要明确，略带夸张。喜怒哀乐的表情要随着故事内容的发展而变化，要有强烈的爱憎情感；手势动作幅度要小；眼睛要平视，照顾到点和面。借助表情、手势，目的在于帮助儿童理解故事的内容。但过多的手舞足蹈，往往会喧宾夺主，分散儿童的注意力。

(三)寓言的朗读

1.寓言及其特点

"寓"有寄托之意,"寓言"即寄托之言。寓言是一种隐含着明显讽喻意义的简短故事。其突出特点就是借事喻理,具有一定的讽刺和教育作用。

2.寓言的朗读技巧

有四个:①确定寓意;②抓住特点;③揣摩形象;④把握节奏。

(三)讲座相关新闻报道

5月10日下午致远楼109教室,浙江双语支教团第十三期"双语论坛"如期开讲,来自浙江师范大学杭州幼儿师范学院的副教授、省级普通话测试员陈思群老师为全院师生带来了一场别开生面的精彩讲座——《幼儿文学作品朗读技巧》。陈老师从学前教育专业的学生应掌握良好的语言表达技能谈起,介绍了浙师大杭幼师院在学前教育本、专科学生中开展的语言技能达标考核细则和"幼儿教师口语"课程设置的情况,着重强调了职业口语运用技能是评价教师专业素质的一项重要指标。她指出,幼儿教师的语言修养、语言能力和运用语言的艺术在幼儿教育活动中起着特别重要的作用。接着,她从教师口语运用的基础能力训练,即从发声技能(用气发声、共鸣控制、吐字归音)和朗读技能(停连、重音、语气语调语势、节奏)训练入手,结合形式多样的绕口令、幼儿诗歌和幼儿故事的示范朗读,把理论与实践、专业性与艺术性很好地结合起来。她凭借扎实的语言基本功、娴熟的语言表达技巧,艺术化地展示了口若翻飞的绕口令。绘声绘色充满童趣、生动与夸张相结合的幼儿故事讲述,赢得了在座师生的阵阵掌声和喝彩,将讲座气氛推向了高潮。在座的师生听后感受颇深,觉得受益匪浅,很多人都表示意犹未尽,认为陈老师的这场讲座内容正是学前中职的师生们所亟须汲取的营养。他们纷纷表示希望能跟随陈老师加强这方面的学习,同时对陈老师的即将离疆表达了深深的不舍和留恋,希望能加强与浙师大杭幼师院的交流,期盼阿克苏教育学院的学前教育也能开出绚烂之花。

为了开好这次讲座,陈老师花费了很多时间和精力,从作品的选择整理到修饰标注、制作PPT等,都精心准备。在第六批浙江双语支教团即将离疆之际,这次讲座给浙江双语支教团开设的"双语论坛"画上了精彩的句号。

第四章　携手并进，辐射周边，共促传帮带

第一节　交流学习，携手并进

一、兄弟工作室来阿克苏教育学院浙江双语结对工作室指导

（一）青海省教育厅考察组来阿克苏教育学院调研双语教育开展情况（2015 年）

3月18日上午，青海省教育厅副厅长杨发玉一行七人莅临阿克苏教育学院，专题调研双语教师培训等工作。

考察组一行首先在阿克苏教育学院吉利力·海利力书记、张淑萍院长和全体领导班子的陪同下，参观学院全貌并随堂听课，了解学院办学基础情况；在浙江省双语教师培训支教团结对工作室，考察组认真听取了工作室负责人关于青年教师结对帮教工作开展的具体情况汇报。

随后，在综合楼会议室，张院长代表学院向考察组详细介绍了阿克苏教育学院双语教育的历史和发展情况，她重点介绍了浙江省对口援助阿克苏地区和兵团一师35周岁以下少数民族教师双语培训、自治区教育厅双语骨干教师培训、地区中小学教师继续教育、中职双语学前教育，以及即将开展的浙江省对口援助阿克苏地区（兵团第一师）中小学双语教师教育教学能力提升等项目的开展情况。阿克苏地区教育局熊道喜副书记则代表地区教育局向考察组详细介绍了阿克苏地区双语教育发展的现状。他从师资队伍建设、制度建设、教学常规管理等方面，摆事实、析问题、萃经验。两位领导的汇报吸引了考察组的浓厚兴趣，双方展开了热烈的讨论交流，关于双语教育工作开展的美丽火花在不大的会议室激情碰撞。

最后，杨副厅长代表考察组讲话。他首先感谢了阿克苏地区教育局、阿克苏教育学院毫无保留地介绍双语教育工作开展的经验。他说，青海和新疆的双语教育既有相同点，也有不同之处，此次青海教育厅考察组南疆调研之行的所见所闻，对推进青海双语教育工作有极大的借鉴意义。他高度评价了自治区党委政府和阿克苏地区双语教育推进情况，认为"顶层设计，突破口准；因地制宜，分类推进；措施有力，可操作性强"，即使是幼儿园的小朋友，其双语能力也没有输在起跑线上。而阿克苏教育学院在自治区、地区、学院的三级师资队伍培训中，工作扎实，效果显著，值得青海学习。他赞扬浙江省援疆是"真金白银"，称颂在阿克苏教育学院支教的浙江援疆教师们是真抓实干，真情实意地投入，培训工作注意输血和造血相结合，留下了一支带不走的本地队伍。

随行调研的还有青海省教育厅民族教育处崔廷辉处长、语言文字工作处张永胜处长、中小学教研室申晓红副主任、中小学教研室吉文虎教研员、青海省民族大学政治学院张军教授、青海省师范大学教育学院达万吉副教授，新疆维吾尔自治区教育厅双语办曹刚副主任、自治区教育厅基教处调研员刘成龙、阿克苏地区教育局熊道喜副书记等。

（二）新疆大学科学技术学院阿克苏校区援疆教师来阿克苏教育学院浙江双语结对工作室交流工作（2016年）

国庆假期刚刚结束，新疆大学科学技术学院阿克苏校区和浙江双语支教团援疆教师就积极投入新学期传帮带工作当中。10月8日下午，新疆大学科学技术学院阿克苏校区援疆教师钱存阳等一行前来阿克苏教育学院，与浙江双语结对工作室有关负责人座谈交流。阿克苏教育学院副院长、浙江双语支教团团长金祖庆，浙江双语结对工作室负责人范平志等教师参加交流活动。

座谈中，金祖庆团长介绍了浙江双语教师结对工作室自2014年5月筹建以来的具体规划、工作情况、取得的成效以及在具体实施过程中遇到的问题等；结对工作室负责人范平志老师主要就结对青年教师传帮带具体操作方法进行交流介绍，具体包括课堂教学有效指导，课题研讨协作共商，平台建设横向学习等。

会上，钱存阳等援疆教师介绍了阿克苏校区结对工作室筹建工作思路，提出传帮带平台建设中面临的问题和存在的困惑,与双语结对工作室教师共同商讨了下一阶段传帮带的工作重点。

据悉,新疆大学科学技术学院阿克苏校区结对工作室正在积极筹建中,起点高,空间广,也面临起步晚等具体问题,但援疆教师们满怀信心,表示要多向有经验的工作室学习,携手共进,努力工作,争取早日建成结对工作室,并取得积极成效。

二、阿克苏教育学院浙江双语结对工作室赴兄弟工作室学习

(一)阿克苏教育学院浙江双语结对工作室组织结对导师赴拜城传帮带工作室交流学习(2016年)

为了让结对工作更为扎实有效地进行,在浙江省援疆指挥部人才组的大力支持和推动下,经过与拜城组织部门联系商榷,阿克苏教育学院决定在11月8日开展一次导师考察交流活动。

一、活动流程

1.时间安排

8:30 到学院食堂用早餐;

9:00 在校门口准时上车出发;

12:30 左右到达拜城进行交流活动;

14:00 左右用中餐;

16:00 左右返回阿克苏。

2.交流内容

示范工作室参观,座谈。

二、参加人员(18人)

导师团:金祖庆 马丽敏 王成兴 史晓东 吴小伟 谷珍娣
　　　　应　中 汪益娟 陈月燕 陈　青 钟　凯 黄　乐
　　　　童佳敏 童镇镇 曾伟新 钟靖龙 邬　翼 徐斌华

学院青年教师代表:温　静 王志芳

(二)阿克苏教育学院浙江双语结对工作室2014届、2015届导师先后赴塔里木大学交流学习

阿克苏教育学院浙江双语支教团两届导师于2014年12月、2015年12

月先后赴塔里木大学考察学习,参观了塔里木大学的校史馆。通过跟兄弟工作室的朋友们咨询,了解了他们如何开展帮带工作,如何进行帮带考核等,导师们受益匪浅,收获颇多。

(三)阿克苏教育学院浙江双语结对工作室结对导师赴新疆大学科学技术学院阿克苏校区红柳工作室交流学习(2016 年)

为深化援疆人才传帮带工作,深入推进"智力输血"向"智力造血"、"人才顶岗"向"人才帮带"双转变,积极探索"可互动、可推广、重内涵、重应用、促造血、促提升"的传帮带新模式,进一步提升传帮带"组团式"援疆工作水平,11 月 26 日,阿克苏教育学院浙江双语支教团结对工作室组织全体结对导师赴新疆大学科学技术学院阿克苏分院红柳工作室学习交流,共同探讨传帮带结对工作,并进行了研讨会。

研讨会上,新疆大学科学技术学院阿克苏分院红柳工作室钱存阳组长从前期调研工作、传帮带实绩、创新成果等方面详细介绍了红柳工作室在新疆大学科学技术学院中起到的传帮带作用。红柳工作室张静副组长介绍了如何组织开展结对帮带工作,分享了传帮带工作的宝贵经验,如充分发挥每位导师的专业和技术特长。接着,工作室宣传负责人张艳茹对学院工作室宣传报道等方面做了介绍。浙江双语支教团结对导师纷纷表示受益匪浅,将汲取这些宝贵的经验,并结合实际情况,进一步推进传帮带工作,为徒弟们的快速、优质成长付出最大的努力,留下口碑、留下经验、留下感情。

最后,浙江双语支教团结对导师在学院有关领导和教师陪同下,参观了学院的结对工作室,走进学院图书馆,实地了解学院的传帮带工作情况。

从 2014 年"浙江双语援疆支教团阿克苏教育学院双语教师结对工作室"首次成立开展第一批结对工作,到 2015 年第二批结对工作,再到 2016 年第三批结对工作,共计 78 位浙江双语援疆支教团导师结对帮带 143 名阿克苏教育学院青年教师。针对阿克苏教育学院师资现状,工作室今年在结对形式上提出教学型、教学科研型、科研型的"精准结对"模式。在课堂教学、课题研究、学术论文撰写等方面进行精心帮带,浙江双语援疆支教团导师们做到了"真传实帮",阿克苏教育学院青年教师做到了"虚心主动"。工作室组织开展了"课题研讨会""双语论坛""教学技能大赛""兄弟工作室学习交流"等活动,工作有声有色。

（四）阿克苏教育学院浙江双语结对工作室结对导师赴新疆阿克苏职业技术学院援疆支教工作室交流学习（2016 年）

12 月 16 日，阿克苏教育学院浙江双语支教团结对工作室全体结对导师在严柏炎团长、黄洁清老师的组织带领下赴新疆阿克苏职业技术学院传帮带工作室学习交流，共同探讨传帮带结对工作，并召开了研讨会。

导师们在葛高丰副院长等四位教师陪同下，参观校园，实地考察培训基地，了解学院的传帮带工作情况。随后，双方召开了研讨会，葛副院长首先介绍学院整体情况，接着详细从三个方面介绍结对工作实际情况和实践经验：①在科研方面指导进行帮带；②通过后方联动进行教学能力、教学水平等多方面的帮带指导；③通过各类讲座提高青年教师的整体水平。两校导师就此展开交流探讨，讲解在具体传帮带工作中的宝贵经验。最后，浙江双语支教团严柏炎团长对全体导师提出了寄语：每位导师要充分发挥自己的专业和技术特长，真正为当地留下一支带不走的援疆队伍。

第二节 特色引领，资源整合

一、浙江海洋大学帮带阿克苏教育学院（2014 年）

10 月 21 日上午，浙江海洋学院①党委书记周克非一行专程赴阿克苏，看望援疆教师并与阿克苏教育学院相关领导进行工作交流。省援疆指挥部副指挥长、党委副书记，兵团一师党委常委、副师长劳泓陪同。

在会上，周克非听取了关于阿克苏教育学院整体教育发展情况的介绍，随后，由浙江海洋学院选派的 2 名援疆老师就援疆以来的工作生活情况做了简要汇报。周克非在听完汇报后指出，援疆工作是一份责任，援疆期间要发扬浙江海洋学院作为一所以海洋教育、海洋人才培养为主的多科性省属大学的优势，让这些先进的教育方式与理念在当地生根、发芽，真正发挥传帮带作用，为当地的教育事业发光发热，为阿克苏地区的教育事业做出积极的贡献。座谈会上，双方还就如何完善教育工作进行了探讨。随后，周克非

---

① 2016 年更名为"浙江海洋大学"。

书记代表浙江海洋学院向阿克苏教育学院捐赠2万元教育资金。

劳泓表示,浙江海洋学院作为浙江省培养优秀人才的一所著名高校,选派的援疆人员优秀肯干,为阿克苏地区的教育事业的发展起到了极大的促进作用;浙江省援疆指挥部十分感谢浙江海洋学院对援疆事业做出的贡献,希望未来能够多选派优秀人员前来阿克苏支教帮扶。

当天下午,周克非一行还前往浙江省援疆指挥部看望援疆干部。

二、浙江师范大学、杭州市江干区教育局帮带阿克苏教育学院(2016年)

11月8日,浙江师范大学教务处傅江平副处长一行四人来阿克苏教育学院开展图书信息化、学前教育专业建设等对口帮扶活动。学院院长张淑萍、支教团团长严柏炎等全程陪同,傅江平副处长一行四人在学院领导陪同下参观了阿克苏教育学院校园,参观了新建的图书信息楼以及舞蹈室、手工室、琴房等专业实训场地,并在培训楼前合影留念。随后,他们与学院领导、中层干部负责人以及相关专业教师一起进行座谈交流。会上,张淑萍院长介绍了学院的办学规模和发展状况,并对学院下一步的规划做了详细报告,浙江师范大学的教授结合学前教育专业建设发展要求对其提出改善建议。11月8日当天,杭州江干区教育局、杭州天成教育集团领导一行四人也来到阿克苏教育学院调研并看望和慰问支教团沈明亮老师。同时,捐资5万元用于学院图书、设备资料的补充和更新,改善学院办学条件。

三、萧山区教育局帮带阿克苏教育学院(2016年)

12月9日,冒着阿克苏清晨的寒冷,萧山区教育局援疆教师慰问组一行七人在组长沈金华老师的带领下,专程前往阿克苏教育学院,看望并慰问萧山区派出的援疆教师顾青峰。

慰问组一行在学院院长张淑萍、书记艾尼玩尔·吐尔迪、支教团团长严柏炎等领导陪同下参观了学院教学楼。在参观过程中,张院长向慰问组一行介绍了阿克苏教育学院、浙江双语教师培训项目与支教团的基本情况,并对萧山区教育局长期以来对双语支教工作和双语教师的关心表示感谢。在援疆教师公寓,慰问组一行来到顾老师寝室,仔细查看了环境布置和住宿条件,对援疆教师表示诚挚问候,并对学院的后勤保障表示满意。

在会议室,学院领导和慰问组一行进行了简单的座谈,在会上,张院长向慰问组一行介绍了学院的历史沿革和未来发展规划,并简单介绍了顾老师在这一年半援疆双语教学工作中的表现和取得的成绩。随后,支教团团长严柏炎比较详细地介绍了顾老师,充分肯定了顾老师这一年半的援疆表现。最后,沈金华老师代表慰问组对阿克苏教育学院取得的成绩表示钦佩,同时感谢学院领导对顾老师的照顾和关心,并勉励顾老师继续努力,不辜负领导期望,为萧山区争光。

最后,大家在培训楼前合影留念,依依话别。

第三节　爱心接力,辐射周边

阿克苏教育学院浙江双语结对工作室按照地区分队组团进行结对帮扶,3年来辐射周边8所中小学,送教、送讲座,并取得了一定的成绩。

一、舟山分队导师走进吐木秀克镇斯日木小学开展传帮带(2016年)

爱心接力　我们同在
——舟山分队捐赠、送教活动

援疆是幸福的!在阿克苏,我们认识了很多可爱的孩子,更懂得有许多好心人在默默坚持着爱的传递、爱的接力!2016年5月20日是一个不平凡的"我爱你",民族团结月到来之际,浙江双语支教团舟山队三人在阿克苏地区旅游局刘奋伟副局长的带领下走进吐木秀克镇斯日木小学。

吐木秀克镇斯日木小学是温宿县一所农村小学,现有学生106人,教职工10人,教育教学硬件、软件设施都与阿克苏市区学校有很大差距。两年前援疆干部刘奋伟同志在走访过程中发现学校各方面条件比较落后,决心长期资助该校。

经济援疆暖人心

经过两年的援建,斯日木小学焕然一新。现在该校已经拥有一个藏书3000多册的图书室,生均拥有图书30余册,远远超过阿克苏市区学校生均拥有量;每个教室配有46英寸电视,并与多媒体讲台相连,教师授课运用现代化技术手段,教学质量稳步上升;每个办公室配备电脑,实现了办公教学一体化。

在改善学校硬件设施的同时,舟山队在刘奋伟副局长的带领下,保持每学期按照全校人数的10%的比例对贫困学生的家庭进行资助,已经资助贫困家庭30户。这学期由学校报送,由驻村工作组对买尔丹·吐尔洪等10户家庭进行现场调查,步步落实、精准扶贫,给予每户500元的资助。全校106名学生和10名教师的子女分别得到一套包含铅笔、水彩笔、橡皮、笔记本、尺子等文具的六一儿童节礼物。

文化支教促发展

爱心接力,我们同在。这次,我们舟山队三人组经过充分准备,利用形体语言、PPT动画制作等方式克服语言障碍,分别为维吾尔族学生和老师送上了精彩的讲座和课堂。

黄洁清老师执教"中华民族的传统",她从见面问候、待人接物、礼尚往来三方面入手,通过形象生动的图片和视频向维吾尔族学生、家长讲述汉族的礼仪和维吾尔族的礼仪是相通的,维汉自古就是一家人。

黄思海老师引导四年级学生从边的长短、角的大小认识梯形,通过在图形中找一找、猜一猜、画一画,由浅入深、由直观到抽象地描述了梯形的概念。学生在笑声中度过了快乐的时光。

"你的家乡在哪里呀……"曾一晖老师执教"画家乡",当她提到"四川""浙江"的时候,小朋友们便兴冲冲地跑到教室贴的地图旁,快速而准确地找到四川和浙江,并大声说:"是这里!"曾老师高兴地竖起大拇指。

民族团结话友谊

今年是民族团结年,五月是民族团结月。送教后的我们吃上了维吾尔族学生的家长送上的桑葚,甜甜的果实含在嘴里,耳边听到的是维吾尔族妇女用尚不流利的汉语一字一字地吐露她们的心声:"感谢你们的帮助!"用"心"援疆、用"情"做事是我们的宗旨,阿克苏教育学院的维吾尔族学员是质朴的,我们的交往是真诚的!斯日木小学的家长们更是一样。在欢笑声中,我们结束了本次捐赠、支教活动,期待着将爱延续下去。

二、杭州分队、金华分队、衢州分队导师赴阿克苏市第九中学送教(2016年)

为更好地开展双语支教团"教学活动月",充分发挥援疆教师的服务作用,促进教师之间的学习交流,扎实推进帮扶结对工作,加快青年教师成长,继"双语培训教师优质课"后,4月21日上午,浙江双语支教团又组织三位骨干教师赴阿克苏市第九中学送教。

本次送教活动中,支教团派出顾青峰等三位骨干教师授课,涵盖小学数学、初中历史、小学语文等多门学科。内容丰富多彩,教学设计生动活泼、精彩不断,充分展现了浙江骨干教师的专业知识和课堂教学能力。

顾青峰老师执教"旋转"一课时,紧紧抓住五年级学生好奇心强、模仿能力强、思维跳跃的年龄特点,精心设计教学过程,他从复习"平移"入手,巧设问题,整堂课氛围轻松、活跃。徐梅虎老师执教"中外交往与冲突"时,引导学生从学习历史的基本方法"论从史出,史论结合"入手,引经据典,以大量的史料为依据,帮助学生提高分析问题与解决问题的能力,指导学生掌握正确评价历史人物和事件的辩证方法。朱双芝老师讲授课文《夸父追日》,她围绕"神奇"展开教学,从题目"追"字入手,过渡到对"神奇"词句的理解与朗读,层层深入,为听课老师展示了一篇课文的完整教学。

浙江双语支教团还将充分利用双语教师资源,继续与结对学校开展教科研、德育等方面的交流学习,更有效地提升结对学校的教学研究水平以及课堂教学质量。

三、优秀导师走进阿克苏市第八中学开展传帮带(2016年)

为深入了解阿克苏地区当地基础教育状况,充分发挥援疆教师的先导、服务作用,扎实开展双语培训工作,受阿克苏市第八中学的邀请,经该校教研室与双语支教团教务处多次沟通,12月6日,浙江双语支教团沈明亮、黄思海两位老师参与阿克苏市第八中学"课堂开放日"活动,支教团其他老师与部分学院老师在严柏炎团长的带领下积极参与听课学习。

在本次活动中,全体教师不仅观赏了阿克苏市第八中学学生的活动——诵读《弟子规》,而且领略了黄思海老师执教的小学三年级数学课"集合"。黄老师的教学设计十分精巧,课堂驾驭能力突出,教学语言幽默风趣,教态自然,教学基本功扎实,学生参与度极高,可谓既轻松又不失深度思考。全体教师还感受了浙江省名优教师沈明亮的语文课堂——《皇帝的新装》。他从教学基础入手,娓娓道来,叙述生动形象,展示了深厚的教学功底、严谨的教学风格,引导学生积极主动探究,在讨论中质疑,在质疑中讨论,重点训练了学生的语言及思维能力,学生收获的不仅仅是一堂语文课,还有思想的碰撞,可谓"于无声处起波澜"!

课后,全体听课教师都积极参与了评课活动,大家从课堂导入、教师设问,到探究活动、板书设计等入手,阐述自己的教学理念,知无不言,言无不尽,研讨氛围热烈融洽,为有效推动教学质量的提高起到了积极作用。

四、舟山分队、台州分队导师走进阿克苏市第九中学送教(2016年)

为更好地开展双语支教团"教学活动月",扎实推进帮扶结对工作,提高浙江教师专业素质,加快青年教师成长,11月18日上午,浙江双语支教团部分教师在阿克苏教育学院副院长、支教团团长金祖庆的带领下赴阿克苏市第九中学送教;援疆教师台州分队在领队张升老师的组织下赴一师四中参加师徒结对签约仪式。

在九中,支教团曾一晖和何华飞两位教师送上了精彩纷呈的优质课。曾老师执教初中语文课文《塞翁失马》,课堂气氛活跃,得到师生一致好评;何老师执教数学课"实际问题与一元一次方程",他结合生活实际,循循善诱,一题多变,开拓了学生的思维空间。

在台州分队与四中青年教师师徒结对签约仪式上,四中校长姚朝庆做了热情洋溢的讲话,勉励学校青年教师利用好这次机会,多向浙江援疆教师学习,努力提高自身业务水平。该校白副书记宣读了师徒结对名单,明确了师徒各自职责。随后,台州分队领队张升老师就"如何上好模拟课"为大家做了专题讲座,正式拉开了帮扶工作的序幕。

五、绍兴分队导师走进阿克苏市第六中学举办讲座(2016年)

为更加深入地推进实习指导工作,近日,浙江双语支教团实习指导组组长金永潮老师在实习点阿克苏市第六中学做了题为《对课堂教学模式的几点思考》的专题讲座。阿克苏教育学院副院长、双语支教团团长严柏炎,双语结对工作室负责人黄洁清,支教团六中实习点全体指导老师、支教团部分教师,以及六中教研室主任,各教研组长、备课组长及相关学科教师共100余人参加了讲座。

金永潮老师在讲座中以自身的成长经历说明课堂教学模式改革中教师是关键,他以4月18日、19日在拜城召开的"阿克苏地区中小学教学常规管理暨课堂教学改革工作现场会"为切入点,展示了江苏、山东等地成功的课堂教学模式改革。他结合原单位绍兴柯桥平水镇中学正在进行的分层走班制教学模式改革的实践,与老师们分享了课堂教学模式改革的背景、措施、成效以及存在的问题等。

一个多小时的讲座引起了与会教师的共鸣,听课老师纷纷表示,金老师的讲座为他们了解课堂教学模式打开了一扇窗户。六中教研室主任武文东老师深有感触地说:"金老师的讲座正好是我们现在最为需要的,为我校即将推行课堂教学模式改革带来了内地宝贵的经验和成果,值得我们好好学习。"

据悉,自4月中旬开展浙江省援助阿克苏地区少数民族教师双语培训2014级培训学员教学实习工作以来,支教团各实习组深入实习学校课堂,指导民族教师听评课,撰写教案、说课稿,并参与了各实习学校的教科研活动。金永潮老师的讲座是支教团实习指导教师指导实习过程的一个缩影,同时也是支教团教师走出学院"接地气",深入阿克苏市和周边的一些中小学校,积极开展送教帮扶、教科研共建的一个生动事例。

六、杭州分队、舟山分队走进阿克苏市第二小学送教

日前,"国培计划(2016)"——新疆师范大学乡村中小学教师送教培训活动在阿克苏市第二小学举行,援疆教师团队送教进校,为全市小学数学国培班学员、阿克苏市第二小学全体数学教师等200人带来一股清新的教改之风。

本学期伊始,阿克苏地区全面推行"351"教学新模式,教师们在实践探索过程中遭遇了一系列难题和困惑,承受了前所未有的压力。怎样帮助老师们破除教学改革痛点,顺利度过转型期?阿克苏市第二小学副校长毛建和早在3月初就在思考这个问题。

"以学定教、顺学而导怎么做?要是能有杭州等地的名师来给老师们上

上示范课该有多好!"杭阿共建青蓝工作室小学数学导师朱慧平的一句话启发了毛建和。可是,新一批援疆工作才刚刚启动,联络邀请杭州名师来疆送教也需要一定的周期,而老师们的愿望却很迫切!

怎样在最短的时间里,给老师们做一些先期的引导?毛建和想起了还在阿克苏教育学院从事双语教师培训的援疆教师、天成教育集团教导主任沈明亮。沈明亮接到求助电话,二话不说,立即召集了同在教育学院的三位援友——杭州市教坛新秀顾青峰、舟山市小学数学学科带头人黄思海、杭州建德新安江第一初级中学副校长许剑,一个杭州援疆教师送教团队就迅速搭建起来了。

此后便是细致的对接、精心的备课、反复的研讨,这才有了这场精彩的培训。当天,顾青峰执教示范课"分数的意义",黄思海执教示范课"小数的初步认识",课后,毛建和作了题为《追寻小学教育的诗和远方》的专题讲座,为老师们驱散思想的迷雾,激发他们前进的动力。

参训教师们纷纷表示,杭州援疆教师团队真挚的情义、敏锐的思维、扎实的功力,为阿克苏市小学数学教师们点亮了"以学定教"的课改明灯。

七、衢州分队、杭州分队导师走进阿克苏市第九中学送教(2016年)

12月9日,浙江双语援疆支教团送教活动拉开序幕,在严柏炎团长带领下,参与送教活动的小学语文、小学数学等学科教师一同走进阿克苏市第九中学,该校小学部的全体语文、数学学科教师参加了听课、研讨活动。

在上午的活动中,来自衢州江山的姜清老师执教了人教版小学语文四年级上册课文《飞船上的特殊乘客》。姜老师紧紧抓住略读课文的特点,引导学生从"导读提示"入手,在学生读准读通、扫除字词障碍的基础上,以中心问题统领全文,化零为整,板块推进。在局部精读研讨中,学生们以小组合作学习的方式,自主选择研讨话题,从独学,到对学,再到群学,思维得到步步拓展。小组汇报交流环节一度将课堂气氛推向高潮,姜老师适时抓住学生汇报中的"节外生枝"以及对文本内容的独特理解和感悟,顺势迁移,其收放自如的课堂调控能力得到了全体听课同行的一致好评。姜老师还特别关注课文在语言表达上的特点,把原本枯燥乏味的说明文写作方法指导巧妙融入师生互动中。

　　下午,来自杭州萧山的顾青峰老师带来了一节六年级下册数学综合实践课"确定起跑线"。顾老师充分考虑学生的认知特点和九中学生的学习基础,有效地将学生独立思考和合作学习相结合、教师适度引导和学生自主探究相结合,让学生经历探究问题的过程,感受学习数学的乐趣。数学是思维的艺术,在顾老师的课中,既有安静的思索,又有思索后热烈的回答,整节课充满了数学思维的魅力。当最后问题解决时,学生们眼中闪烁的是一种发自内心的豁然开朗的喜悦,这正是思维的喜悦。"提出问题—分析问题—解决问题—应用拓展",是解决数学问题的基本思想方法,顾老师的课堂从始至终渗透着这样的数学思想方法。在课后的评课活动中,顾老师这节课的教学教法受到了全体听课老师的推崇。

　　课堂教学展示结束后,语文、数学教学组还分别进行了评课交流活动。上课、听课的教师们围绕教学内容的取舍、教学环节的呈现、师生课堂互动的有效性等话题各抒己见,相互切磋。"希望浙江的老师们在援疆结束回去之前能够把更多的好课送进我们学校,让我们的老师跟教育学院的青年教师一同成长、进步。"九中小学部的领导向支教团负责人表达了他们的期望。

八、叠加效应延续传帮带

　　支教团为阿克苏教育学院带出了一批青年教师,这批青年教师作为导师再结对阿克苏市、县中小学的青年教师,让结对帮扶劳动成果得以延续和扩大(见图 4-1、图 4-2)。

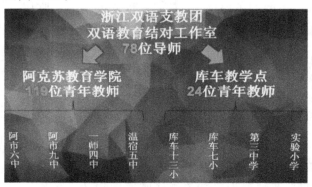

图 4-1　导师与阿克苏教育学院青年教师结对,
辐射周边 8 所中小学的结对工作

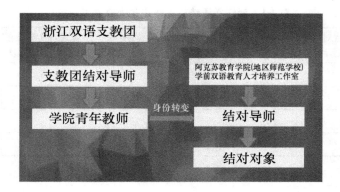

图 4-2 导师带出来的一批青年教师作为导师，
再与阿克苏地区中小学青年教师结对

附 录 阿克苏教育学院浙江双语结对工作室
传帮带成果

一、教学成果

2014 年浙江援疆人才传帮带大赛上，1 位结对导师获得导师组一等奖，并被评为"十佳帮带导师"。2015 年浙江援疆人才传帮带大赛上，1 位结对导师获得导师组二等奖。2016 年浙江援疆人才传帮带大赛上，1 位结对导师荣获导师组三等奖。

2014 年，学院青年教师吴丽娜荣获自治区教育厅级"优质课大赛"二等奖。2015 年，学院青年教师赵莉荣获自治区教育厅级一等奖。2016 年，赵莉代表自治区参加"全国中等职业学校班主任基本功大赛"并荣获全国二等奖。

二、工作统计

浙江双语结对工作室教师教学工作情况见表 4-1。

表 4-1 浙江双语结对工作室教师教学工作统计

年份	结对学校数目/所	送教/次	送讲座/次	听评课/次	优质课/次	示范课/次	教学技能大赛/次	双语论坛/次
2014	8	23	3	7	5	5	1	1
2015	8	27	5	8	7	5	1	4
2016	8	10	7	17	11	5	0	2
合计	8	60	15	32	23	15	2	7

三、科研收获

2016 年的自治区校本小课题中,阿克苏教育学院立项 8 项,其中 6 项是结对导师主持并由青年教师参与。2014—2016 年,主持浙江省教育厅项目 10 项,自治区校本小课题 9 项,地区校本小课题 3 项,校级课题 53 项;有 37 名结对青年教师参与地区级及以上课题研究,29 名结对青年教师主持校级及以上课题。

四、学术成果

导师和青年教师发表教学心得体会 115 篇、德育论文 16 篇,自编教材 28 套,在《阿克苏教育学院学报》发表论文 76 篇,在其他学术期刊发表论文 29 篇,出版著作 5 部。

五、工作室荣誉

2014 年,被评为援疆人才传帮带"十佳工作室"。

2014 年、2015 年、2016 年,在浙江省援疆人才传帮带大赛上,分获工作室组一等奖、一等奖、二等奖。

2014 年、2015 年,两次获评浙江省援疆指挥系统"先进基层党组织"。

2015 年,获评阿克苏教育学院"民族团结先进集体"。

2016 年,获评新疆维吾尔自治区、阿克苏地区"工人先锋号"。

下 篇

教育援疆"浙江模式"

——浙江双语支教团结对导师成果汇编

第一章　导师教学心得

立足学情渐推进　探索方法求成效
——中学语文"教法与模拟"课程教学点滴
（沈明亮　杭州天成教育集团）

有幸作为浙江双语支教团的最后一批双语教师之一，参与阿克苏地区35周岁以下少数民族教师的双语培训。来之前我就暗下决心，将自己的平生所学倾囊相授，努力培养一批能够独立上汉语课的维吾尔族教师。当得知自己负责2014级维语班语文教法与模拟课程的教学工作时，内心不免有些许的忐忑：如何与他们交流？如何将浙江现行的语文教学模式传授给他们？如何将教学方法渗透到课堂？如何让他们在培训结束后能胜任初中语文教学？这些都让我感觉有种无形的压力。

开学一段时间以来，我每天都会花大量的时间来精心备课，并对上课的内容多次删改，每次我都胸有成竹地走上讲台。当我滔滔不绝地将语文课程的教学理论讲授给学员时，我发现他们不仅不和我进行有效的互动，而且还十分茫然地望着我。学员模拟上课的场景更是让我困惑不已：他们或是简单地照本宣科，或是不能按照所讲文本的内容表述，或是曲解文本和作者的写作意图，或是无法多角度对文本进行有效解读，或是无法抓住教材的重难点，或是对模拟课的本质无法领会。

于是，我利用课余时间和学员交流，他们给我的课堂反馈令我着实吃惊：教学理论听不懂，文本解读太深奥，授课形式不适应，教学方法无法掌握。学员的坦诚令我陷入了沉思：我该怎么做、怎么讲，如何设计自己的教学才能让学员们每节课都能有所收获呢？如何让他们接受我的教学模式，参与课堂互动呢？我的课堂模式必须要转变，授课内容必须贴近学员的真实情况，教学手段必须更有针对性。只有根据学员现有的认知水平实施教学,才能让他们学有所获,达到学有所用,最终才能学有所成。为此,在之后的课堂教学中,我采用"六重"的模式来探索中学语文教法与模拟课程的教学,取得了一定的效果。

一、重学情,为学员选择适合教学的文本

班级学员的基础相对较弱,全班 55 人,其中通过 MHK 考试的不到 10 人,教学中如果选择的文本不合适,学员们就很难理解,也就无法对文本进行解读,在模拟教学环节他们更是无处着手。首先,选择维吾尔族学员十分熟悉的《流蜜的巴扎》《伊犁河大桥》等具有新疆特色和地域风情的文本,对文本产生兴趣才能进一步培养他们的学习热情和强烈的学习欲望。其次,考虑维吾尔族学员都很注重亲情,教学中我挑选了《老王》《地震中的父与子》等经典文学作品,学员深受感触,这就为进一步的文本解读奠定了扎实的基础;最后,选择短小而有教育意义的童话和寓言文本,比如《幸福是什么》《皇帝的新装》等,学员在阅读童话和寓言作品的过程中建立起对文本的初步感知能力。

二、重阅读,让学员能够初步多角度解读文本

一名合格的语文教师必须拥有对文本的解构与建构能力。由于维吾尔族学员接触汉语不多,在讲授时必须让学员从多个角度对文本进行多元解读。

首先,让学员从读者视角"陌生阅读",读出自己的独特理解。引导学员沉下心来细读文本,想方设法读进去、读出形象,走出来、细品味。例如,在杨绛的《老王》这篇课文中有如下句子:"有人说,这老光棍大约年轻时不老实,害了什么恶病,瞎掉了一只眼。"我就引导学员静下心来细品:"有人"是什么人? 我们会议论一个素未谋面、与己无关的人吗? 不会。这里"有人"应该是他认识的人。"这老光棍"四字让人汗颜,其中的"这"在情感上带有鄙视之意。而如果他确实如"有人"所言,因"不老实"而瞎了一只眼倒也罢了,关键是他们用了"大约"这个词,也就是言无实据。这就不能不引起读者对"有人"的愤慨与对老王的同情了!

其次,要学员从作者视角"智慧阅读",把握文本的价值取向。每篇文章都是作者表情达意的载体。我引导学员用自己的眼睛、自己的大脑来解读

文本。比如课文《地震中的父与子》中有一段话:"他挖了 8 小时、12 小时、24 小时、36 小时,没人再来阻挡他。他满脸灰尘,双眼布满血丝,衣服破烂不堪,到处都是血迹。挖到第 38 小时,他突然听见瓦砾堆底下传出孩子的声音:'爸爸,是你吗?'"作者在遣词造句上很用功夫——用"挖",而不是"搬",不是"挪",为什么? 挖什么? 砖块、木头、钢筋混凝土构件。怎么挖?手。挖了多少时间? 8 小时、12 小时、24 小时、36 小时……挖到什么程度?满脸灰尘,双眼布满血丝,衣服破烂不堪,到处都是血迹——那双手呢? 想象挖了 38 小时的手。38 小时的体力何在? 38 小时的信念何来? 有没有体力不支? 肯定有。信念有没有动摇? 没有! 他依靠巨大的精神力量,突破了有限的体能。"8 小时、12 小时、24 小时、36 小时"的书写方式重在突出时间之漫长,且选择的时间点似乎也在告诉读者:半天过去了,一昼夜了,已经一天半了……同时,作者并没有具体描述父亲的任何一个动作、任何一种姿态,把阅读空间留给读者的同时,拉长读者的焦灼感,以体验那位父亲的艰辛和爱子心切。引导过程中很多学员都能用较为准确的词语来评价这位父亲,如勇敢、坚强、爱子、执着等,十分恰当和准确。

最后,要学员从教者视角"立体阅读",凸显学科的本体特征。指导学员在进入教学之前,充分、细致地阅读教材文本。教师的教学其实是对文本进行再创造。在这个意义上,"超越教材"不仅是可能的,而且是必要的。但学员在解读时必须持之有据,这个"据",就是文本意蕴。如《老王》中介绍老王家庭情况时有这样一句描写:"有个哥哥,死了,有两个侄儿,'没出息',此外就没什么亲人。"这句话看似平常,但细品如茶,芳香清纯,韵味无穷,让人情感喷薄而出! 这归功于两个","。因为有了",",我们在阅读时就需要在","处来一个停顿,有了停顿,就有了思维的空间,有了思维的空间,就有了情感的跌宕起伏。"有个哥哥"的简要交代让我们因老王有亲人依靠而为之高兴,高兴之余,紧接着的"死了"两字却带给我们一种无言的悲伤;悲伤之后,紧接着的"有两个侄儿"又给我们以希望,表明他还是有亲人的,但"没出息"三字又让人的情感从希望的高峰跌至绝望的深渊。此外,将"死了"与"没出息"放在最后,更容易加深对老王孤苦无依的悲凉处境的同情。

通过多篇文本的练习,不少学员的文本解读能力有了进步,开始建构自己的解读思维和方法,这对他们以后的教学设计也有多方面的辅助作用。

三、重朗读，让学员在朗读中体会人物情感

维吾尔族学员朗读基础比较薄弱，发音不够标准，无形中就会形成文本理解的偏差，很难准确把握作者的情感。语言能力的提高，更多的时候不是靠掌握语言规则，而是靠语感能力。朗读，是把书面语言转化为发音规范的有声语言的再创作活动，是将抽象的字词用形象化的画面将其具体化。朗读也是一种艺术的再创造。它在使无声的书面语言变成有声有色的口头语言的过程中，眼、口、耳、脑、心等多种感官并用，既可以促进学员对文本的理解和记忆，又可以帮助学员积累大量的词汇。朗读训练有其阶段性。对学员来说，有基本要求（用普通话正确朗读）、较高要求（顺畅朗读）、最高要求（传神朗读）。具体的训练过程可分为：用普通话朗读→口齿清楚→声音响亮→停顿适当→语气连贯→语调自然，表情达意→速度适中，完美和谐→领会主旨。学员的理解过程是一个由不断接受、补充、整合而构建的过程，因此需要反复观察、比较和练习。

语感能力的提高，意味着语言直觉思维能力的形成，它在理解语言以及判断语言正误、优劣上比理性思维来得敏捷。反复诵读名家作品的目的就是模仿典范语言，接受其熏陶。把文章读得朗朗上口，熟悉文章里的字词、词语搭配、句子格式、语言气势与格调，这样，良好的语感就基本形成了。通过诵读培养语感，提高语言能力，是学习语文的传统经验和基本规律。比如在《地震中的父与子》中有一段话："在混乱中，一位年轻的父亲安顿好受伤的妻子，冲向他七岁儿子的学校。那个昔日充满孩子们欢声笑语的漂亮的三层教学楼，已变成一片废墟。"学员在朗读第一句的时候语速要稍快，以表现父亲的急切心情；朗读第二句的时候语调由高变低，音量由强减弱，因为这位父亲看到了他最不愿意看到的可怕景象。

本学期在讲授文本时，我基本上是以写人记事的记叙文为主。读好记叙文，要突出"情"字，"最动人的是情，而不是声音"。朗读达到语言与语境的融合、情感与情理的结合、体会与表达的结合、情思与情趣的一体，就要求朗读时"言自口出""情自心达"。如在讲授史铁生《秋天的怀念》一文时，讲到母亲为了"我"隐瞒病情这一部分，我着重引导学员重读"整宿""翻来覆去"等词，体会母亲的坚强与无私。在母亲央求"我"看花这一部分，我要求学员抓住几个关键词如"央求""喜出望外""高兴""絮絮叨叨""敏感"，来体

会母亲情感的变化,从而体会母亲深沉而无私的爱。朗读时,随母亲心情的变化,语速时而缓慢,读出央求的语气,时而欢快,读出如释重负、充满希望的语气,结尾时欢快的语调要戛然而止,在朗读中幻化出母亲因失言而重陷痛苦的画面。一段时间的实践后,尽管学员朗诵尚显稚嫩,但情感表达已能呼之欲出了。

四、重流程,让学员初步建构教学设计框架

教学设计包括两个方面,即"教的设计"和"学的设计",也就是教学设计时要考虑对教师的教的资源和教的过程的设计,以及对学生的学的资源和学的过程的设计。教师在考虑自己教学能力、教学风格等的同时必须分析学习者的特点、教学目标、教学条件、教学内容、教学策略、教学媒体以及教学系统组成部分的特点,统筹兼顾,以优化教学效果为目的,提出解决问题的最佳方案。

维吾尔族学员接触汉语的机会少,对教学设计则有基本了解,在讲授教学设计环节时,我按照最基本的环节让学员根据已讲授的文本进行设计。首先设计教学目标板块,在这一板块中我根据设计要求分为知识与能力目标、过程与方法目标、情感态度与价值观目标三个小板块。其次,根据文本的实际情况设计教学重点和教学难点,师生双方结合学情进行课前准备。再次,设计与文本相贴近的导语,符合学情的教学过程,简洁的教师总结,凸显文本的板书,有一定思维含量的作业,等等。最后,让学员根据所学过的教材进行教学设计。经过我的多次删改,不少学员的教学设计已经十分规范了。当我把一篇篇有代表性的教学设计电子稿打印出来拿给学员时,他们的高兴之情溢于言表。

五、重实践,让学员站上讲台模拟教学

模拟教学是一种将个人备课、教学研究与上课实践有机结合在一起的活动,突出教学活动中的主要矛盾和本质特征,同时又能摒弃次要的非本质因素,使教学研究的对象从客观实体中直接抽象出来,具有省时高效的特点。它把传统的说课和上课合二为一,展现了教师的综合素质。

模拟教学是教学流程的具体化,它把教材内容、教学目标、教学重难点等呈现出来,实践性强。教师模仿实际教学,在没有学生配合的情况下把

45 分钟的实际课堂教学在 15～20 分钟展现出来。在模拟上课中,教师需要更为集中地展示教学设计的重点和难点,以及如何突破,让听者直观地感受教师的文本驾驭能力和授课技巧。

根据学员的实际情况,我采用"集中展示→相互评价→多次修改→再次展示"的模式,让每位学员都有机会和时间来展示自己的教学模拟课,激励他们提高教案设计的质量和教学水平。

六、重交流,让学员看到自己的成长足迹

苏霍姆林斯基说:"常常以教育上的巨大不幸和失败而告终的学校内许许多多的冲突,其根源在于教师不善于与学生交往。"这就要求师生之间建立民主、平等的关系。我深知,我肩负的重任不仅有传授维吾尔族学员课堂教学技巧,更有促进维吾尔族和汉族的文化交流。下课时,我总是会和学员坦诚交流,向他们请教维吾尔语教学设计的思路、课堂驾驭的技巧和班级管理的经验。

同时,我在课堂中时刻牢记自己的身份,不让自己的课成为"一言堂",虚心和维吾尔族老师交换意见,并适时与他们谈论新疆的特色文化和深厚的人文底蕴。每当学员讲述他们的文化特色时,我都会表示认同和尊重,这无疑增进了我们彼此的感情。当他们问我要微信号、电话号码和 QQ 号时,我都会给他们;当他们平时和我交流时,我也会第一时间回复。而让我感动的是,国庆放假时,由于情况特殊,我没有回家,不少学员得知后打电话真诚地邀请我到他们家做客。

由于维吾尔族学员的汉语基础相对薄弱,课堂上经常出现对我提的问题回答不出来的情况,他们都觉得不好意思。下课后不少学员围着我问:"老师,您从来没有教过这么笨的学生吧?"我总是给予鼓励,让他们别着急,慢慢来。当学员将修改后的教学设计给我看时,我就不失时机地进行表扬,让他们感受到自己的进步。在他们模拟教学时我也会将视频拍下来,发给他们,增加他们的成就感。

我的这些不成熟的看法或许不能说是"经验",但我会不断地探索和实践,力争为阿克苏地区 35 周岁以下少数民族双语教学水平的提升持续发力,为培养一支"带不走的队伍"贡献自己的绵薄之力!

提高少数民族学员 MHK 三级考试写作技巧的几点思考
（沈明亮　杭州天成教育集团）

MHK 三级考试作文的基本类型有句首语写作、提纲写作、续写、扩写、读后感写作、看图写作和书信写作等形式。要求考生根据所给要求，在 30 分钟内写一篇 350 字左右的文章，用汉语简化字书写。每一个空格写一个汉字，汉字书写要清楚工整，每个标点符号占一个空格，标点符号使用要规范。保持卷面整洁，不得涂画损坏试卷。MHK 主要考查考生汉语综合运用能力，并对所写的文章提出了相应的要求：中心基本明确，语言基本流畅，内容基本完整，无明显的词语或语法错误；汉字书写规范、正确、清楚；卷面干净；等等。

笔者在教授学员写作时发现了不少问题，诸如审题不够仔细，叙事复杂，中心不明确，议论文体不会写，看图作文时中心把握不准确等，影响了他们的写作得分。在教学中，教师必须克服畏难情绪，在平时也要科学训练，要求学员能够较为熟练地运用汉语将自己的内心情感表达出来，在规定的时间内完成写作内容。写作完成后要仔细检查，包括语法错误和标点错误，并力求卷面整洁、字体工整。因此，学员要想在考试中取得理想的成绩，可以尝试从下面几个方面着手。

一、仔细审题，明确写作要求

在训练中，让学员在动笔之前一定要仔细阅读作文提示，明确写作要求和写作内容，确定写作主题。尤其是命题作文，一般都是要求考生写记叙文、议论文、说明文或应用型的文体，在确定文体后再思考题目有几层含义，如命题者要求考生写什么、中心是什么、从哪些角度表达等。在明确要求后，接下来就要分层次思考从哪些角度表达、如何确定写作思路、如何列好写作提纲等，从而形成写作的基本框架。比如"我的一位好同学"，从字面上看，这个命题作文至少有三层意思：①写的是人，这个人必须是你熟悉的，可以是小学同学、中学同学、大学同学或是参加双语培训的同学。②这个"好同学"肯定帮助过你或其他人，给你留下深刻印象。"好"就表明这位同学做的事情是值得肯定的或是值得学习的。③"一位"这个信息告诉我们，只要写一个人的事情就可以了，不能写成多个人。

在审题完成后,写作的要求就明确了,可以列出写作提纲。由于写作的时间比较短,考生只要简单列出即可,太复杂会耽误时间,造成叙事不清楚、中心不突出。接下来就是写作,一定要条理清楚,逻辑分明,把列好的提纲用简单的语言表述。

二、优化结构,简化写作内容

我们在教学中不建议参加考试的学员写过多的段落和过长的文章,因为在学员本身对汉语掌握不熟练的情况下,写得越多,写错的概率越大。一般情况下,建议他们写三到四个自然段即可。例如"我的一位好同学",先写这位同学给你留下的整体好印象,或是他给你或别人的学习、工作提供的帮助,接着写他是如何帮助你或者别人的具体事例,再写你接受这位同学帮助之后的感受。

简化写作内容在看图作文中也适用。在教学中,笔者要求学员先看懂漫画的内容并能总结出漫画背后隐藏的道理或哲理。若是多幅图,要按照顺序进行逐幅图描写,将故事情节叙述完整,接着对图中描写的事情发表自己的看法或建议,描述的时候力求简洁。如果是一幅图,则要分清图中的景物,加上适当的想象,将图中描绘的事情写清楚,将故事情节写完整,同样,也要在结尾发表自己的看法。

三、注重文体,巧妙转换方式

在教学中,笔者发现很多学员平时不注重积累,到考试的时候就临时拿几篇所谓的范文背一背,而试卷上的题目是千变万化的,能碰到自己背会的范文的概率非常之低。其实,学员根据学过的知识,是可以将很多作文题目打通的。我们以《MHK(三级)实战》16套试卷的作文题目为例来说明。这16道作文题分别是:(1)我的家乡;(2)知识就是力量;(3)心态决定一切;(4)材料作文;(5)成长的体验;(6)漫画;(7)我爱我家;(8)昂起头来真美;(9)材料作文;(10)倡议书;(11)我成长中的小故事;(12)那一幕,我难以忘怀;(13)我的童年;(14)什么是真正的友谊;(15)一次难忘的考试;(16)漫画。这些题目看似孤立,而我们通过分析都能找到其内部的规律并能通过转化将之变成我们熟悉的文体和熟知的内容。

2015年下半年MHK(三级)考试的作文题目是"世界那么大,我想去

_____",很多学员面对这道题目无从下笔,根本不知道怎么写,勉强写了几句也是套话,无法描述想去那个地方的理由。实际上,这个题目就是"我的家乡"的转化,先在横线上填上自己家乡的名字,就可以用自己熟悉的方式写作了。我们再看这套模拟试卷中的作文题目"成长的体验"(第5套)、"我成长中的小故事"(第11套)、"那幕我难以忘怀"(第12套)、"我的童年"(第13套)、"一次难忘的考试"(第15套),这些题目实际上就是有关小时候的一段难忘的人生经历,如果学员能够巧妙地转化,写作中肯定能得心应手,有话可说、有事可写、有情可抒。

笔者在和学员的交流中发现,他们最头痛的是议论文的写作,他们根本无法分清楚什么是论点、论据和论证,更不明白引论、本论和结论的区别,而在试卷中往往有这样的题目出现,这给他们造成很大的困扰。《MHK(三级)实战》中的作文题目"知识就是力量"(第2套)、"心态决定一切"(第3套)、"昂起头来真美"(第8套)、"什么是真正的友谊"(第14套),这些均可以写成议论文,但学员在看完例文后觉得这种类型的作文无从下手,尤其是例文中大量引用名言警句、成语俗语等,更是让他们头痛。学员的汉语基础尚显薄弱,知识储备不够深厚,掌握议论文的确很难,而考试一般只要350字左右,这就更难将议论文这种文体的特色发挥出来。既然这样,我们何不另辟蹊径呢?在教学中让学员列举生活中或工作中遇到的事例并印证观点,一般列举一两个小事例即可,这样他们既有话可说又能佐证观点。

四、关注细节,注重行文规范

知道写什么了,会写了,有素材了,还要注重细节和行文规范。MHK考试作文评分标准中有这样的要求:"卷面,书写、标点符号、格式等方面在打分时候都要综合考虑。"这就意味着在写好文章的同时更要关注细节和规范。

俗话说,"秧好一半谷,题好一半文",可见题目的重要性。有些学员先写正文再拟标题,文章写好后也许是没有时间写标题,也许是忘了补写标题。虽然评分规定无标题扣2分,但实际结果却远非丢掉2分。因为阅卷老师对无标题作文产生了一种心理距离,不知不觉便降低了分数等级。至于如何拟题,笔者建议应做到:①确切,指符合文章内容;②精练,指标题字数恰当;③生动,指题目能体现出一种活力,具有可读性;④新颖,指有新视角、新思路、新感悟，能够给人一种新鲜感；⑤有意蕴，指有内在的含义。段落其实就是文章的内部结构物，自然段分得越自然，越显得成熟老练。另外，要把每一段的首句写好。每一段的首句犹如人的眉目，把首句写好，"眉清目秀"，整个段落就显得精神。

语言要规范准确，具有个性和活力，少用长句，多用短句，适当引用名言警句以及流行歌曲。照理说，文章是表情达意的工具，有话则长，无话则短，似乎不应有字数的限制，但考试作文作为一种特殊形式的作文，为了达到一定的考查目的，并考虑到考试时间等因素，一般对字数作了规定，必须按照要求去做。限最低字数的，一定要写够字数或稍微超过 20～30 字才好。字数不足的作文往往被认为内容单薄，分数就很难上档次。另外，作文写得长，花的时间多，解答前面的题用的时间少，必定会影响总分。如果没有限最高字数，一般就是以作文纸为限，即要在作文纸格子内行文，千万不要超出作文格子，以免出力不讨好。

书写也占相当的分值。一般不要求写得好看，但要求书写整齐、易辨认，一笔一画清清楚楚，不写草字。标点符号书写也要规范，特别是格式要正确：句号、逗号、问号、叹号、顿号、分号不要出现在一行之首；引号、括号、书名号前一半不出现在一行之末，可以在这些符号后面挤着写一个字；引号、括号、书名号后一半不出现在一行之首，可以把这些符号挤在上一行之末。省略号、破折号占两个格，不能断开，写不下时挤在一行之末。作文的卷面，正如人的容貌一样，给人的印象是十分重要的，卷面整洁与否直接影响着阅卷老师的心理和情绪，书写工整，卷面清洁，让人一看心中先喜三分，其结果是可想而知的。

MHK 三级考试写作要求考生具备基本的运用汉语进行书面表达的能力。而写作水平和技巧的获得不可能一蹴而就，要靠平时的扎实训练。平时多读书、多思考、勤动笔、常总结，掌握要领和方法，就一定能在考试中取得优异的成绩！

"教法与模拟"课堂的效率提升策略
（邓伏云 绍兴市上虞区小越镇中学）

"教法与模拟"课堂的主要任务，简单地理解就是交流教学方法和技巧，通过模拟课堂训练提升课堂教学能力。不少学科没有配套的教法与模拟教材,一般都认为,没有配套教材的课堂感觉有点为难,其实真正了解了学员实际情况,把握了教法与模拟的课程特点后,教法与模拟课就能开展得高效而精彩。现在我任教双语培训班的教法与模拟课,我结合教学实践,谈谈自己的一些收获与体会。

一、"教法与模拟"课堂中可能遇到的难题

（一）学员语言表达能力不够强

我任教的班级学员全部来自阿克苏各县市的民族学校,年龄基本上在35周岁以下,有一定的普通话基础和语言学习能力。根据教育教学的发展趋势,双语教学受到高度重视,各位民族老师有较高的培训热情。但是,因为在原单位很少有汉族教师,各学员平时上课和交流使用的也都是维吾尔语,普通话使用较少。

据了解,部分参加工作不久的年轻学员,本来有较好的普通话表达能力,但受长时间语言环境的影响,普通话水平反而有所下降。在课堂内外,师生之间都是用维吾尔语交流。到阿克苏教育学院参加双语培训以后,很多学员都感觉到了语言表达尤其是用普通话表达专业知识的压力。

（二）学员教学方法和手段不够新

据了解,几年以前,部分县市的乡镇学校不是每个教室都有多媒体设备,所以多媒体辅助教学没有得到广泛的运用。教师办公室电脑配备数量比较少,教师在课件制作时也不是很方便。在课堂教学中,教学手段比较传统和单一。

近年来,随着教学设备的完善,电脑开始普及,而学员因为平时制作课件比较少,上课用的课件基本上都是从网络上查找,从教学配套资料中收集,或同事之间相互分享等。自己原创的课件少,教学思路和教学理念就受到别人课件的影响,创新比较少,影响了课堂教学效率。

（三）学员的学习热情不够持久

课堂教学是教师工作的主要组成部分,"教法与模拟"课在学员参加双语培训的第二学年开设,按照学员所学的专业进行分班。学员在第一学年参加了语言类学科的培训,也接触了"专业汉语"等专业类学科,学员的语言表达和专业汉语知识有了一定的基础。大部分学员在信心有所提升的同时，也有参与热情和积极性下降的趋势，这种情况在"教法与模拟"课堂的教学实践中体现得比较明显。

二、"教法与模拟"高效课堂的打造策略

"教法与模拟"是助力学员课堂教学能力提升的重要课程，对学员语言表达能力和专业水平的提升有重要作用。在课堂中，我们要结合学员和学科实际情况，注重教学方法和策略。

（一）了解学员，加强学科交流和联系

学员习惯了长期的维吾尔语环境，也习惯了用维吾尔语开展课堂教学。语言表达能力的提升，尤其是用普通话表达学科的专业术语是一个有难度且长期的过程。在课堂内外，教师要尽可能多地给学员创设语言环境，让学员多参与普通话交流与训练。"教法与模拟"的任课教师应该加强和语言类学科教师、专业汉语教师之间的交流，多了解学员的语言表达和专业水平，因材施教。

（二）根据学科特点，制订符合学员实际的教学计划

"教法与模拟"的重点是教学方法的培训和课堂教学能力的提升，需要教师的示范引领，更需要学员的积极参与。模拟课堂的打造，需要教师的示范，更需要学员的模拟和实践。根据学科特点和学员实际，我的教学计划分为三部分：教法培训指导、教学设计的撰写、课堂教学模拟。在实际教学中，还应该根据教学情况适当调整教学计划和安排。比如有的学员在按照预先排定的顺序完成课堂模拟教学之后意犹未尽，可以考虑在不影响总体进度的基础上，给部分上进心较强的优秀学员提供更多实践的机会。

（三）注重教法培训指导，增加教学的科学性

课堂教学包括教师的"教"和学生的"学"，教师的教法是否科学，对学生的学法指导是否到位，直接影响课堂教学效果，影响学生对知识的掌握和学习能力的培养。

在课堂教学模拟中，我发现部分学员基本上是按照教材内容带领学生一起阅读一遍，课堂氛围比较沉闷，设计的互动环节较少，不能调动学生的学习积极性，不符合新时期的课堂教学改革理念。教法必须依据学法展开，讲授法、讨论法、直观演示法等都是课堂中常用的教学方法。只有课堂教学

方法形式丰富、有效开展,课堂教学效率才能提升。

(四)注重教学设计的撰写,提升教学的有效性

教学设计是指根据课程标准和学生实际情况,将教学要素有序安排,落实教学内容,确定科学的教学方案和计划。教学设计的科学性直接影响到课堂教学各环节的顺利开展。在撰写教学设计时,教学目标、教学重难点、教学方法、教学导入、课堂教学操作安排和时间安排都不可忽视。

在撰写教学设计之前,要根据教材内容和生活实际准备教学素材。教学设计既要考虑教材内容的落实,还要考虑课堂教学效率的提升。结合教材和生活实际的课堂最受学生的欢迎。在教学设计的撰写指导中,我一直要求学员在完成常规教学设计的同时有所创新。一份教学设计的指导往往要经过课程标准研读、教学设计撰写、学员之间相互交流探讨、教师再指导、学员再修改等环节。在第一阶段,一般要求每位学员完成两份完整的教学设计。

(五)课堂教学模拟的展开必须稳步推进,强化课堂的参与性

课堂模拟是"教法与模拟"课程的核心环节。课堂模拟是学员根据撰写的教学设计,将教学环节进行实践的过程。

学员在参与课堂模拟教学时,普遍较积极,部分基础相对薄弱的学员则有点勉为其难的感觉。遇到这种情况,我一般是征求学员的意见,按照在班级中的学号每天提前确定参与模拟课堂的学员。对于准备比较慢的学员,允许与愿意提前上模拟课的老师调整顺序,但参与模拟课堂的学员人数不变。这样既保证了教学计划的进度,又保证了学员的有效参与。

在学员模拟课的准备中,教师也要提供帮助,比如教学设计的指导、课件的制作等。实际的指导和交流,对学员的教学能力提升会有较大帮助,会让模拟课堂更精彩高效。

(六)善于发现学员优点,相互促进、共同提高

大部分学员对专业知识和教法模拟课堂比较感兴趣,也愿意参与。我们要善于了解和发现学员的特长。学员都已经参加了工作,都有自己的工作经验积累。我们不能把学员一直当作学生,学员的很多教学经验是值得借鉴的。在学员上模拟课时,我一直坚持做听课记录,根据学员上课情况写评课意见,及时和学员交流。我也要求学员写听课记录和评课意见,在每次

的学员模拟课堂中,我都会请部分学员发表意见。这在一定程度上能督促学员认真听课,学习其他学员的上课经验,有利于上课、听课、评课水平的提高。

在课堂模拟活动全员参与的基础上,我鼓励部分专业知识基础比较好、语言表达能力比较强的学员参与"优秀学员模拟课堂展示"活动,对于其他学员,我也根据大家的特点要求参与评课活动。经过一个学期的实践,取得了比较满意的效果。

"教法与模拟"主要注重教学方法和课堂教学能力的提升,又锻炼了学员的语言表达能力。在学员参与双语培训的阶段,教师要多钻研教学方法与语言表达的有机结合技巧,促进学员教学能力的全面提升。

MHK 教学中教师的自我定位及思考

（黄洁清　浙江海洋大学）

从事教师职业工作已 17 年,回首教学生涯,不乏欣喜与自豪,自觉能紧跟时代步伐,与时俱进,心无旁骛,矢志于教。无论是业务还是管理,都可以独当一面。我喜欢学生,也算是被学生喜欢的教师。然而,新疆维吾尔自治区阿克苏教育学院援疆经历,让我有了新的认识。以往,我总是陷入为完成教学任务而忙碌的工作之中,没有真正关注每位学生。或者说,关心有,但很不到位。这里的文化基础和所面对的民族学生,让我重新审视了教学的要义:到底应该怎么样教? 应该教些什么? 我体会到了什么才是真正的"备学生"以及"备学生"意义之重要。我也深刻地认识到,作为教师,在"为学生的终生发展搭建平台"的劳动中责任是何其的重大! 我有不尽的感慨。在此就对 MHK 教学中教师的定位谈谈自己的想法。

教师的理念与做法是学生终生发展天平上的重要砝码。根据学科特点,听课对象——少数民族地区 35 周岁以下中小学教师的特点等因素,要求教师要真正领会新课标的深意,这样才能做到"学高为师,身正为范",成为心系学生的引领者。

学科有别,对象特殊,教材有度,课标有引。这些因素有时是我们的指南,然而,久赖于此,教师易生惰性,本应鲜活有趣的课堂学习被教师弄得失去了生机。学生不爱学习,教者或多或少是有责任的。我们不能再做机械讲授的工具。

我想，我们教师应做善于引领的导师，教学有目标、付出有动力、指导有针对性。明确了这一定位，我们在探索中就不会迷茫，生活便充满阳光。

MHK 这门学科由听力、阅读理解、写作和口语等部分构成，学员都是阿克苏地区 35 周岁以下的中小学教师，就学员的汉语能力来说，通过汉语考试是有一定难度的。首先，帮助学员消除对普通话的抵触心理，引导学员下功夫学习。其次，给学员制订了学习计划，每两天做一套模拟试题，并且同一套试题两天内做两遍。这样 20 天下来，学员大有收获；一个月过后，学员的汉语水平有了明显的提高，学习的积极性也调动起来了。在教学中，不厌其烦地解释每一种题型的做题技巧——直接法、排除法、根据答案选择法，根据阅读理解意思进行选择，等等，帮学员总结归纳了所有可能的做题方法，提高了学员答题的准确率。

针对学员的听力能力培养，我采取了三种教学方式：一个是我读学员听；二是一名学员读，其他学员听；三是播放录音磁带，让学员一遍一遍地重复听，锻炼学员的听力能力。

针对学员的阅读理解能力培养，我要求学员读完 MHK 课本上的作品后再读一些文学作品，每天阅读半小时。

针对学员的写作能力培养，我找到现实可行的方法：把写作的内容分成写人、记事、状物等，写作文体分为通知、检查、请假条、信件、通告、寻人启事等，整理不同内容、文体的文章的写作方法和模板，让学员按照模板举一反三。

针对学员的口语能力训练，考虑到他们不敢在众人面前讲话、口语不好的情况，我安排课前五分钟演讲；考虑到大多数学员知识面窄，我安排每天一节课的新知识分享。MHK 这门学科没有任何限制，我就打破教材篇目设计，以专题形式讲授相关知识，效果很好。讲解短文与生活相联系，帮助学员理解体会，提高了学员的理解力与表达能力。这样，我看到了学员的学习热情，看到了学员的方方面面的进步。

其实，不思考，定位不明确，你就会有诸多的烦恼，若能加以改变，扎实付出，你一定会体会到"柳暗花明又一村"的喜悦。

MHK 课程教学心得体会

（黄洁清 浙江海洋大学）

MHK 即民族汉考,全称为中国少数民族汉语水平考试,它是专门测试母语非汉语的少数民族汉语学习者汉语水平的国家级标准化考试。这项考试和普通话水平测试相似,又有其鲜明特点。它除了口试之外还有笔试,笔试部分又包括听力理解、阅读理解和书面表达三大模块。民族汉考明确规定:"民族汉考主要考查考生的汉语语言能力""强调考查考生的汉语交际能力"。所谓汉语语言能力,就是指考生的汉语听说读写能力,由汉字和汉语的词、句、段、篇章以及汉语常识性文化内容贯穿其中。而汉语交际能力则是指考生在一定语境中的汉语运用能力。对于在高等院校接受汉语培训的少数民族大学生来说,MHK 考试可能不是什么难事。但是对于汉语功底薄弱、长期使用维吾尔语从事教学的中小学教师来说,通过这样的考试着实不易。而这偏偏又是他们在阿克苏教育学院接受培训的必克难关,也是日后职称评定的必要条件。基于此,支教团和学院非常重视 MHK 考试,学院开设的口语、精读、读写和听力等课程,都是为 MHK 考试服务的课程。

双语教学是指学习本民族语言的同时用国家通用语言进行部分或全部学科的教学。目前,双语培训的对象是从事维吾尔语教学几年甚至十几年的学员,其在原来的教学中缺乏汉语学习的语言环境,汉语基础仅相当于小学生的水平。在相对偏大的年龄学习语言并通过 MHK 测试,难度可想而知。MHK 教学是语言教学,它包括无声语言和有声语言。无声语言主要体现在课堂板书上,在课堂有声语言教学中,语言表达方式尤为重要。

以下针对 MHK 课程的口语部分、听力部分、阅读理解部分和书面表达部分的教学,分别谈一下个人的感受。

一、口语部分

MHK 口语教学的目标是提高学生的口语表达能力,训练学生用目的语进行思维和表达。这一目标必须通过提高学生的开口度才能实现。因此,MHK 口语课教学要充分了解在阿克苏教育学院开设口语课的难点,针对学员在口语训练中的消极策略,采取各种措施加以应对。同时还要千方百计地激发学员开口说汉语的兴趣,引导学员克服心理障碍,让学员积极主动参与到说话训练中来,使教学真正成为以学员为中心的言语交际活动。

在阿克苏教育学院双语教师培训中从事 MHK 口语教学面临很多困难。首先,班级人数较多。其次,学员汉语水平参差不齐,而且差距很大。最后,学员学习汉语的动力不是很足。面对以上困难,MHK 教师需要努力做到语言知识的讲解深入浅出,语言知识的运用自然流畅,口语话题的设计贴近学生实际,训练活动灵活有趣。我在 MHK 口语课堂上采取了如下措施:①建立和谐的师生关系;②教学内容难度适中;③积极提问,贯穿课堂始终;④多举工作和生活中的实例;⑤运用游戏教学法;⑥运用现代信息技术调动学员积极性。为了让学员有更多的时间模拟训练,我在课堂上对口语部分的内容进行实战演练,努力提高学员的口语表达能力。另外,在教学中,我将集中辅导和个别辅导相结合,有的放矢地开展训练,让学员多说汉语。基础训练方面:①加强学员汉语发音的基础训练,尤其注意汉语的语音语调。②强化声调练习,注重咬文嚼字。学员易读错的字必须咬文嚼字,如他们会把"电视"读成"电系"、"冰箱"读成"奔箱"、"知识"读成"鸡西"等等,这都需要我们在上课时指出并予以纠正。③区分词义,口语表达更自信。可以说,通过日复一日对课文词语进行详细的讲解,学员的词汇量日益扩大,对课文的理解也日益深入,并且能够把学到的词汇灵活运用到其他学科中去。

口语教学的最终目的是让学员两年后能用汉语授课,通过对学员易读错字和音调的综合整理,使学员掌握汉语的基本词汇,提升他们使用汉语教学的信心,突破不敢用汉语上课的心理障碍和语言瓶颈,并注重积累相关的教学素材,注重对汉语言闪光点的挖掘和运用。

二、听力部分

目前,汉语的听力教学已经有了很大的进步,但仍然存在很多问题。在汉语听力教学中,我们应该遵循听力教学的原则,充分考虑影响听力教学的诸多因素,并在听力教学原则的指导下采取行之有效的教学方法,利用现代化的高科技教学手段,充分调动学员的主观能动性和学习兴趣,达到预期的目标。作为汉语教师,我们需要根据实际情况,不断汲取各种适用的理论,寻求适合自身的改进方法,充分发挥语言环境的优势,完善听力教学。对听力教学,很多人往往认为就是"放录音—看 PPT 文本—做练习"这样一个简单过程；在实际教学过程中，也存在部分教学人员局限于课本，做"词语理解—句子理解—对话理解"的循环动作，有意无意地将培训学员置于语料之外。从根本上说，双语培训的听力教学有两大教学目标，近期目标为帮助学员通过 MHK 的听力模块测试，远期目标为提高学员在中小学专业教学中的汉语应用能力。因此，从教学目标而言，听力教学不仅仅要关注语言的输入过程，同时也应重视语言的输出过程。在教学过程中，教师和学员存在对话需要；教师不是放映员和旁白人员，需要关注教学策略。

在这一部分，我要求学员尝试精听教材所配的录音，用一节课的时间，边听边练。对于基础比较弱的学员，要求他们在课后反复听，直到听懂。我要求学员在听的时候注意理解说话人的语气、态度以及说话人之间的关系，学会抓住话语所表达的主要内容、抓住话语中的关键词语进行合理推理与判断。对于一些口语化的词，尤其给予强调解释，并要求学员尝试应用。同时，要培养学员的专注力。听力理解题中，有些材料是很好笑的，如果听的时候光听热闹，精力不集中，不注意听要求，就会出现"听了后头，忘了前头"的现象。听力部分题目的答题技巧和注意事项：①根据听到的文章内容知道答案的直接选择；②听力题目中男女双方对话的内容，必须听清楚提问涉及的是哪一方，不要把题意理解错误；③可以根据选项内容利用排除法答题。听力课堂教学还要做到：①有讲解。课堂上不能只是放带子、对答案，听力课也应该讲解分析。讲解这是听力教学最重要的环节，因为有的学员可能答案对了，但是并不知道为什么对了，这就需要发挥老师的作用。②有重点。练习哪一种听力微技能、哪一种句型、哪一个语言项目（如听记数字、听记时间、听记方位词等），要有一个安排；语料中哪一段较难，习题中哪些要多练多花时间，等等，教师要心中有数，课上有重点地改进。③有变化。教学方法、教学步骤不要每节课、每本书都一样，要让学员有新鲜感。④有交流。语言教学与语言学教学不同，语言技能课也与专业课不同，应多实践多操练，随时与学员对话，不唱独角戏。听力练习除了采取这种方式教授外，还可以设置电影课程。汉语教学中电影欣赏课程的设置可以促进学员的语言学习和文化感知。

一堂汉语听力课应该保持节奏上的有张有弛，学员在高度集中注意力一段时间后一定要有间歇时间。学员只有适当放松了，才能更好地进行下一个阶段的学习。

三、阅读理解部分

阅读理解课程教学目的是加强学员对汉语语音、词汇、语法、汉字等语言要素的掌握,加强基本汉语教学技能的训练,着重提高学员理解、运用汉语的能力和用汉语进行逻辑思考的能力,提高学员使用现代汉语普通话进行交际和教学的能力,为将来更好地从事阿克苏地区民族学校中小学汉语教学打下坚实的汉语基础。

汉语阅读课既是阿克苏教育学院浙江援阿双语教师培训的重点,也是双语教师培训最大的难点。学员普遍反映难学,部分学员存在不同程度的畏难厌学情绪;授课教师普遍反映难教,难以取得令人满意的教学效果。究其原因,主要有以下两个方面:①学员汉语基础薄弱,包括汉语语言要素基础薄弱和汉语语言技能基础薄弱;②学员个体因素限制,包括生理因素、认知因素和情感因素。针对双语教师培训汉语精读课堂中存在的主要问题,我们认为,在新疆双语教师培训的阅读课教学中,要取得较为理想的课堂教学效果,真正发挥汉语精读课程核心课、基础课、综合课的作用,必须把握以下三个原则:①强化多重输入原则,因为语言的认识是通过对语言形式的认识达到对语言内容的理解;②严格贯彻精讲多练原则,在具体的课堂教学中尤其要妥善处理好讲与练、知识与技能的关系;③听说读写分阶段侧重原则,应贯彻"听说领先,读写跟上"的教学理念。

综上所述,阅读理解是 MHK 考试中比重最大的一部分。我们建议学员从以下两个方面来提高阅读成绩:①学员可以反复利用教材中所给的阅读材料,将精读和泛读相结合;②学员在做完试题之后可以结合答案对问题进行研究,观察每一种类型的问题,答案可能出现在什么地方。此外,学员在做阅读题时应注意以下三个方面:①正确把握好时间。阅读时,阅读速度要达到每分钟 200 字以上,要以较快的速度浏览全文,把握全文的内容。②答题要避免盲目性,要有针对性。与问题无关的内容要粗读、略读,要忽略,与问题相关的则一定要详读,认真去理解,以便选出正确的答案。③答题要有技巧性。对不懂的词,利用构词法猜测词义,还可利用上下文猜测词义;对不理解的长难句,利用缩减法排除冗余,找出主要成分,抓句子的骨干;在多项选择中,对选项没有把握时,可用排除法,把错误的选项逐个排除。

四、书面表达部分

书面表达对学员要求如下:可以用汉语口头和书面方式简单叙述事情的发展过程,做出简单的评论;能较熟练地正确书写常用语句,会使用常用标点符号;等等。

大部分学员的词汇量不够,对语句的理解能力不够,不能透彻感悟语言中的美感,因此不少学员对阅读教学没有什么好感,甚至感到枯燥。另外,学员对语法的掌握不够熟练,难以适应汉语的逻辑性思维等,致使学员的汉语写作水平低下,这也是双语教学中写作教学质量一直停滞不前的重要原因。阅读写作的文章素材都是源于生活并高于生活的,但在学习中不少学员习惯性地漠视生活中的新鲜事,致使生活中的大量素材得不到利用。学员的写作水平之所以难以提高,很大程度上是因为素材整理不足,因此,教师要鼓励学员多关注生活中发生的事件,并通过对事件的了解或文章的阅读练习积累素材的能力,进而提高自己理解问题、处理问题、评价问题的能力,通过这些训练逐渐培养自己理解汉语、应用汉语的能力。教师还要为学员提供接触阅读材料的途径,如可以通过为学员推荐经典书目、推荐微信公众号、推荐电视节目等途径来开阔学员的眼界,提高学员的阅读与写作水平。另外,还可鼓励学员到图书馆借阅中文名著,以此激发学员阅读汉语文章的兴趣,帮助学员养成阅读习惯。

书面表达分为客观选择题和作文两部分。客观选择题的题型与学员以往做过的改病句的练习不同,学员往往无从下笔,甚至放弃答题。对此,我们对各种类型的题进行了归类,如整理关联词、句子成分、复语等基础知识,这样,学员经过反复练习,心中就有了数,明白了怎么回事,遇到此类题目时不再瞎猜,而是有针对性地进行分析,然后找出正确答案。作文训练方面,我们主要是要求学员每种话题都背诵一篇文章,然后灵活运用,从平时测验来看,效果较好。

水到渠成,师生教学相长。回顾一学期以来的 MHK 教学,取得成果的关键是贴近学员的实际,使学员能够大胆地把所学、所想用汉语表达出来,运用到实际生活当中。其实在这个过程中,教师自身的汉语水平也在不断提高,实现了教学相长。

浅谈 MHK 测试中的问题及应对策略

（傅　军　金华职业技术学院）

　　双语培训伊始,我便承担了一门综合性、检验性课程——MHK。说它综合性,是因为 MHK 是通过听力理解、阅读理解、书面表达、口语表达等方式来综合训练学员的汉语运用能力;同时,MHK 教学是在听力、口语、精读等分项课程基础上进行综合辅导、训练以应对 MHK 测试。说它检验性,是因为 MHK 测试是对学员两年双语培训效果的全面检验,是对学员听说读写基本技能掌握与提高程度的一次总考核,而双语教学工作成效也要以MHK 通过率来衡量。

　　从一开始的不知所措到后来的渐入佳境,再到现在的小有体会,我深刻认识到作为少数民族教师职称认定和汉语教学资格的必考项,MHK 取得高通过率的关键是学员要有坚实的语言基础、丰富的文化背景知识和通过综合训练所获得的语言技能。据所教班级了解,造成部分学员通过 MHK困难的因素很多:听力部分,如语速、杂音;阅读理解部分,如生词、复杂的句子结构和段落中的汉语文化背景;口语表达部分,如学员的词汇储备和词汇运用能力等。因此,学员只有克服"不愿用、不敢用"的心理障碍,掌握基本的语法知识,养成汉语思维、汉语表达习惯,丰富汉语一般性文化背景知识,才能夯实汉语基础,逐步提高汉语水平。

　　与此同时,我从 2015 年 11 月的 MHK 测试中强烈意识到,加强考前应试技巧的训练,也是提高 MHK 通过率的有效途径。因此,本文将 MHK 听力、阅读理解、口语应试技巧作为探讨对象,根据自己的学习体会和教学经验,梳理学员参加 MHK 考试中出现的问题,探讨由此提高得分的策略。

一、听力理解

　　听力测试对部分学员来说是一大难关。一是心理方面,学员在考试时精神特别紧张,存在畏难情绪,导致一段对话结束时,大脑还未反应过来;二是内容方面,第二部分讲话或对话信息量大,有些段落题材对学员来说比较生疏,他们往往听不懂或听到后面忘记前面,无法准确判断。对此,我在课堂听力模拟测试中注意加强如下指导。

（一）控制情绪，摒除杂念，专心听"讲"

每次听力模拟时，让学员有意识地将之当作实战来对待，按照考试规定来操作。开听之前，训练学员连续深呼吸，平复不安情绪，消除紧张感、畏惧感，排除各种杂念，静心待听；听"讲"之中，碰到听不懂的生词、未听清的句子，不要急躁慌乱，以免着急之后漏听或无法续听下文。建议学员不妨继续往下听，有时听到后面，通过前后语境和对段落的整体把握，对前面内容就瞬间理解了；有时语段本身太过口语化、迷惑信息较多，但这并不妨碍整体理解和答题，此时别漏听后面内容而影响答题；听完一段之后，不可再寻思这段内容或答题情况，果断翻篇，控制好情绪，准备听下一段。

（二）快速浏览，提前预测，有的放矢地"听"

学员在听完语段之中，往往会有短时间空隙。应充分利用这段时间快速读取相应各选题的选项，了解大意，然后在头脑中结合已有生活经验、知识积累进行组合联想，大体预判该语段的题材范围、内容考查点。这样在听"讲"时心理上处于主动地位，信息筛选的针对性、准确性会更强。开听之后，带着各选题预判的题干，一边听"讲"，一边搜索相关信息，从而快速、准确地选择。当然，预测可能与实际听取内容有偏差，这就需要一边听讲，一边验证、调整之前的预判，不断修正以备答题。

（三）有选择地听，边听边记，简要记录

由于听力第二部分短文信息量大，内容要素较多，容易混淆，且只能听一遍，对学员来说，听懂并掌握段落内容，再根据提问写出正确答案确实很难。为使学员听得准、听得全、答得对，就必须对所听内容信息有选择地记录以防遗忘。根据此前预测的考查点，选择有关时间、地点、人物、数字、名称等及时记录，不可"眉毛胡子一把抓"地全部记下来。摘记过程中，按照听取内容先后顺序进行排位，以便对应选题顺序。为方便摘记，提高记录速度和记录内容的识别度，就需要学会运用最简单、最省时、最熟悉的符号，可采用自己易识别的维吾尔文、汉字、符号等进行速记。

二、阅读理解

阅读理解也是部分学员的一块难啃的骨头。它主要考查对阅读材料的理解能力和阅读速度，考查词汇量的掌握和运用情况，而学员要在规定的时间内(45分钟)完成大量阅读选择题(40道),其关键在于阅读速度和理解准确度。学员在测试中碰到的问题主要有:阅读短文数量多(11段),部分短文篇幅较长,阅读量较大,导致阅读时间相对较紧,来不及完成阅读,且相应待选问题题量大、难度不一;部分短文题材较为生疏,内容理解难度较大,加上文中有不少生词与术语,导致一些学员难以作答。对此,我认为阅读理解虽重在平时积累,但在测试中如能运用一些技巧,也可提高阅读速度、答题速度,并能减少失误、增加得分。

(一)改变低效阅读习惯

从课堂阅读理解模拟测试可看出,很多学员存在一些费时费力的阅读习惯。阅读短文时,习惯逐字逐句地细读,有时口手并用,读出声来,经常停留在某个生词或某个句子上,导致阅读时间过长,严重影响阅读速度。因此,考试中要做到心眼并用,快速浏览,弃用手指和笔头,只用眼睛扫视,随着视线移动,一目一行甚至几行,对短文进行完整、连贯感知。

(二)正确运用阅读方法

测试中,短文阅读方法一般有通读、略读、精读、查读等。非母语学员在有限时间内消化十余段短文并作出选择确非易事,学员们却常运用通读、精读法,逐字逐句地进行理解,碰到生词或难句就停下来,试图搞懂文中每一词句的确切含义,这样既拖慢阅读速度,又影响全文理解,不利于把握整个短文的结构、意图。对此,要向学员强调舍得放弃。如果遇到的生词不影响对短文的基本理解,可跳读过去,不作停留;如果生词涉及对短文理解的关键点或答题判断,可通过上下文反复研读,猜测生词的大概含义。万一碰到实在无法理解的词,也可暂时搁置,读完后再回来推断,有时候问题会在全盘把握的基础上迎刃而解;如果碰到好几个生词而影响到对该段落的基本理解,同样可以采用反复阅读、逐步理解的方法,先猜测词义,进而扩展到所在句子、所在段落以至全文。

此外,阅读短文时,找出各段的首尾主题句、表主题意图及情感态度的词语,对答题也有帮助。

(三)掌握高效答题技巧

学员在测试中大多先读短文,后看选题,再查短文。其实,每篇短文中都包含一些无用信息。因此,学员在阅读短文时应先看题项,带着问题读短文,快速搜索相关问题信息。这种阅读技巧对事实类选题非常适用,因为先带着题目阅读,明确了阅读考查点,能集中、及时抓住文中解题信息,从而节省了阅读时间,提高了阅读效果。此法对推断、隐含类选题也有一定助益,因为可以帮助学员短时间内抓住文中表主题意图、表态度情感的词语、句子,以便有针对性地进行判断。如果遇到无法做出准确判断的情况,还可用排除法,将其中明显错误的选项一一排除。

三、口语表达

口语是部分学员的一个老大难问题,很多学员总分偏低都是因为口试得分偏低。口语考试题型为朗读短文和回答问题并成段表达,采用"人机对话"考试方式进行,而这种题型和考查方式就导致一些学员屡试不过。据学员反映,口语考试屡屡受挫的具体原因有以下三个。

一是对口语测试流程缺乏体验。因为需要在计算机上操作,而学员平时上机进行仿真口试模拟训练机会较少,对测试流程了解不够,导致考试前、考试时心理紧张,进而影响正常发挥。对此,考前教学应尽可能安排上机仿真训练,让学员熟悉测试环境、测试流程、测试时间和操作要求。测试时要调整情绪,努力消除紧张、胆怯的消极心理,做到胸有成竹、心中有数,确保发挥正常。

二是在朗读短文、回答问题阶段时间分配不当。有些学员朗读短文时,因语音、语调问题导致语速过慢,短文未能读完。回答问题一时,因学员之前只顾朗读,不了解短文内容,只能乱答一气,答问时间多有剩余;回答问题二时,又因平时积累不够,词汇量有限,致使言不达意、言不尽意,往往短短几句草率了事。对此,除平时加强人机模拟训练和语音规范训练外,考前朗读、表达时间把控训练也很重要,让学员按照各环节准备时间、测试时间反复模拟,多次模拟,形成准确的时间节点意识。

三是对问题一无法作答,对问题二无话可说。一些学员在朗读短文阶段专注语音和声调,即便读完也对短文内容不大记得,了解甚少。而问题一属于封闭性问题,答案直接来自短文内容,学员对此只能凭零碎记忆回答或想当然地回答。其实,这一问题与学员未能充分利用准备时间和阅读方法不对有关。应先利用朗读前 60 秒通读短文,快速了解全文大意和各段主要内容,对文中暂时不理解的词语、句子,可以放在一边,特别注意一些事实、数据类信息,辅以必要的摘记,如果一遍看完还有时间剩余,可快速回顾各段关键语句。朗读开始后,一边慎读语音、声调,一边放慢速度(以不超朗读90秒时间为限),留意其中的事实、数据类信息和关键词句,加深印象以备作答。到问题一时,根据题目所问利用30秒准备时间努力回忆、搜索,然后使用文中原句回答问题。

问题二属于开放性问题,需要根据短文拓展谈谈自己的看法。有些学员先前不能很好地把握短文内容,导致表达时语句有重复、停顿,表达不连贯、不流畅,内容也单薄紊乱,甚至会偏离话题。这就需要教师平时指导学员积极地搜集和整理话题资料,并适当背诵、记忆以备灵活运用,有序组织口头内容。在测试中,学员若能利用答前120秒抓住文中主题句、结论句并用自己的说法加以发挥,另外结合自身实际铺展开来,也能起到良好的效果。这样既能保证围绕话题、观点明确,又能节省时间。

当然,上述三部分的应试技巧主要针对"临门一脚",MHK是对学员汉语知识、水平的全面考核,没有先前各门分项课程的"传接冲吊"建立的汉语基础,再高的应试技巧都是无本之木、空中楼阁。要想发挥应试技巧的作用,除了平时加强心理素质、强化听说读写基本功训练外,考前强化模拟测试也是非常必要的。一方面,它可以检查MHK应试准备程度,帮助学员发现自身不足,以便查漏补缺;另一方面,它可以帮助学员熟练掌握和运用应试技巧,在MHK测试中夺得"关键三分"。

双语培训听力教学策略浅谈

(郑春燕　金华职业技术学院)

对听力教学,很多人往往认为就是"放录音—看PPT文本—做练习"这样一个简单过程;在实际教学过程中,确有部分教学人员只是局限于课本,做"词语理解—句子理解—对话理解"的循环动作,有意无意地将培训学员置于语料之外。

从根本上说,双语培训的听力教学有两大教学目标:近期目标为通过MHK的听力模块测试;远期目标为提高学员在中小学专业教学中的汉语应用能力。因此,学员在两年的脱产培训中,第一年集中进行汉语学习,主要是围绕MHK所要求的听说读写能力开展,第二年以专业教学技能提升为主体,强调汉语教学应用能力。从教学目标而言,听力教学不仅仅要关注语言输入过程,同时也应重视语言输出过程。

一、夯实基础,拓展语料

语言的学习不是一蹴而就的事情,尽管我们对 2015 级学员进行了分层教学,但因为教学管理、学生管理等因素影响,分班的依据是学员入学时 MHK 的摸底总成绩,而不是依单科成绩进行不同课程的分层教学,因此,在同一档次总成绩的班级里,学员各科的成绩仍有差异,大部分学员有明显的长板和短板。教学过程中,不少教师仍会发现基础好的学员"吃不饱",相对落后的学员"撑得慌"。因此,教师需要掌握学员的基本情况,以绝大多数学员的基础来进行授课,调动基础好的学员成为教学助手,为学习困难的学员提供额外服务。

(一)适度纠音、正调

听声是听力教学的特点,而少数民族学员的普遍特点是声调不准,这是听力理解的一大难点。因此,教师可以利用每课的听后跟读和复述句子进行适度正音,以领读、个读、群体读等方式,从词语、短语逐步扩大到短句。而对于其民族语言中没有的语音或易错语音,针对性的单独训练可借助口语课补充。尽管语言学习是听说读写的一体化,但过度正音只会模糊口语课和各门汉语基础课程的界限。

(二)通俗易懂地释义

语声是语言信息的载体,只有借助语义才有存在价值。教师应采用多种方法,使学员将词语音义有效地结合起来。教师要充分备课,尽可能地用最简单直白的话进行字词释义,使学员理解;必要时可邀请班级中基础好的学员进行翻译,通过造句、模仿等了解其翻译理解情况。

(三)精选拓展语料

由于 MHK 的话题范围非常广泛,通观 MHK 考试真题和模拟题,除政治话题有所回避外,文学、教育学、经济学、建筑学、农学、医学、生物学等领域都有涉及,同时包括时事;而教材自成体系且多年同用一本,很难兼顾话题。因此,教师可在每次课前设置一个 3～5 分钟的话题时间,进行拓展;同时,在每课教学内容完成后,可引入相关话题的考试仿真题,或有意识地拓展该话题的相关词汇。

二、文化搭桥,关注技巧

语言是文化的载体,不同的文化形成各具特色的语言背景。双语培训学员均来自少数民族,其民族文化和汉文化有一定的差异,这使得他们在汉语学习中对口语化的表达方式和言外之意的掌握相当困难,需要教师在授课过程中适时地介绍一些跟听力材料有关的背景文化知识,导入一些相关话题领域的专用词语或习惯表达方式。如,教材中有这样一段对话:

女:真是太感谢您了,我怎么报答您呢?

男:瞧您说到哪儿去了,帮个忙算不了什么。

在这段对话中,不少学员无法理解"瞧您说到哪儿去了"的意思,需要教师引导学员理解类似的特殊表达形式,如"瞧您说的""您太客气了""谁和谁啊""哪儿啊""哪儿和哪儿啊"等在语言环境中的应用。

再如,因为地理环境差异,对于教材中的生词"竹子",学员从来没见过也无法理解,这就需要教师借助多媒体介绍竹子的样子及其在中国传统文化中被赋予的含义。

又如,学员对汉字结构理论几乎没有概念,对词语的字形和含义理解不透彻,教师可以从造字的方法入手,引导学生记忆和理解汉字的字词义及书写规律。如"休息"的"休",部分学员写成"修",教师可以通过解析"休"的造字方法("人靠在树上",会意字)来帮助其记忆。

三、习惯养成,相得益彰

受训学员基本是 35 周岁以下、来自中小学一线的教师,多数已成家。因此,在培训过程中,可以明显发现"5＋2＜7"的现象,即学员在周一到周五的 5 天中学习有成效,而双休后返校时的汉语水平和离校时相比,有不同程度的退化。究其原因,是学员的生活和工作环境为少数民族语言和文化环境,没有汉语交流的习惯。这就需要借助外部激励机制为其创造良好的语言学习情境。

第一,师生约定。约定课堂交流语言为汉语;约定培训期间课后尽可能地用汉语进行交流;约定每天听 10 分钟,模仿 1 句话。在约定的同时,要建立有效的监督机制。

第二，亲子交流。建议有子女的学员，在双休日和其他假期，每天花 20 分钟和低龄孩子进行汉语亲子共读，花 10 分钟和大龄孩子用汉语聊天。

第三，网络辅助。"互联网＋"已经融入人们的生活，学员所在班级普遍建有微信群。如果没有授课教师的加入，微信群的交流语言就是维吾尔语。而有教师加入的群，维吾尔语和汉语双语并用。因此，教师可主动发起话题讨论，或利用微信等社交软件，经常提供一些汉语的视频、音频文件，为学员创造汉语应用机会。

《中国教育改革与发展纲要》中明确提出："振兴民族的希望在教育，振兴教育的希望在师资。建设一支具有良好政治业务素质、结构合理、相对稳定的教师队伍，是教育改革和发展的根本大计。"在新疆这样一个全国范围内比较典型的少数民族聚居区，加强师资队伍建设，尤其是少数民族双语师资建设，是发展教育事业、促进社会发展的关键所在。浙江省作为对口支援的 19 个省市之一，将教育援疆的重点项目定为援助阿克苏地区 35 周岁以下少数民族双语教师培训，目前项目已近尾声。我们在欣喜于自己没有错过这一项目的同时，更需要总结教学经验，为项目的后续推进提供借鉴。

"三角形的内角和"（第 1 课时）教学反思
（何华飞　台州市椒江区前所中学）

"他山之石，可以攻玉。"自从参加了研修活动，我观看了许多新颖的课例，受益匪浅，再反观自己的"三角形的内角和"（第 1 课时）授课情况，感触颇多。

一、教学亮点

（一）情境创设新颖，课堂导入自然

我首先以"内角三兄弟之争"的故事提出疑惑，引发学员的思考和探究欲望，顺其自然地引出课题。

（二）通过动手实验，活跃课堂气氛

在探索怎么证明"三角形的三个内角和为 180°"时，我讲了两种方法，其中第二种方法是让学员通过拼图来探索。这个拼图过程，不仅活跃了课堂

气氛,让所有的学员都参与进来,而且学员在自己探索的过程中,慢慢地发现了证明方法,加深了对三角形内角和定理的理解。教师也可以参与到学员的探索过程,增进师生之间的感情。

（三）一题多解,引导学员发散思维

在证明"三角形的三个内角和为180°"时,我没有停留在课堂之内,而是布置课外思考任务,让学有余力的学员在课外继续探究其他的证明方法。进行一题多解的探究,不仅能开拓学员解题思路,提高学员的数学分析、概括、探究能力,还能帮助学员在以后的答题中快速有效地选择解题方法。他们回到教学岗位后,也能有效引导自己的学生在做题中抓住问题的本质,以不变应万变。

（四）适时总结数学思想

在教学过程中,与学员一起证明了"三角形的三个内角和为180°"后,我并没有就此结束,而是追问:"这三种方法是怎么想到的？ 它们有什么共同特点？"最后及时地进行思路总结:证明三个角的和为180°,可以转化为证明一个平角或同旁内角互补,这种转化思想是数学中的常用方法。这就顺理成章地教给学员转化的思想,为学员今后的学习和教学提供探究方向。

无独有偶,在后面应用"三角形的三个内角和为180°"定理时,即"已知一三角形三个内角的度数的比为2∶3∶4,求这个三角形各内角的度数",学员想到利用2/9、3/9、4/9,分别乘以180°。我肯定了学员的方法,并进一步变题:"如果题目改成第二个角是第一个角的2倍,第三个角比第一个角的4倍多50°,那么这三个角的度数分别为多少？"此时不能用刚才的方法做,那么怎么解比较方便呢？"当不能直接求出三角形三个角的度数时,我们可以选择方程思想来答题。"接着,我引导学员设未知数,列出方程,最后解决本题,同时提出一开始的那道题能否也应用方程来答题,并让学员自己练习解决,讲练结合。这样不仅让学员有练习的机会,而且让学员认识到用方程解决问题的方便和适用。与此同时,我进一步强调方程思想的作用。这样及时有效地落实数学思想方法,引导学员在今后的教学过程中抓住本质备课、教学,从而做到事半功倍。

数学思想方法是伴随着数学知识体系的建立而确立的,是数学知识体系的灵魂,是对数学事实、数学概念、数学原理与数学方法的本质认识;数学方法是解决数学问题的策略和程序,是数学思想的具体反映;数学知识是数学思想方法的载体。数学思想来源于数学基础知识及常用的数学方法,但相对于它们又处于更高层次,在运用数学基础知识及方法处理数学问题时,数学思想具有指导性的地位。因此,教师需要充分重视数学思想的渗透和总结提炼,真正重视通法,切实淡化特技,不过分追求特殊方法和技巧;把思维能力培养落到实处,用数学思想指导知识、方法的灵活运用,探索一题多解、引申推广,加以反思评估、不断优化,培养学生思维的发散性、灵活性、敏捷性、深刻性、抽象性、严谨性、批判性。如何在数学知识教学的过程中渗透数学思想、提炼数学思想,是值得所有数学教师研究的问题。

(五)有效利用多媒体课件

在教学过程中,有效地利用多媒体课件,可以形象地展示变化过程,能让学员一目了然,激发学员在自己今后的教学过程中利用课件的动力。

(六)讲课首尾呼应

在简单地应用了"三角形的三个内角和为 $180°$"定理后,提升该知识点时,我不是直接提出问题或例题,而是回到一开始的故事——"内角三兄弟之争",这样不仅首尾呼应,形成完整的体系,同时顺利地引出问题:

(1)一个三角形中最多有_____个直角？为什么？

(2)一个三角形中最多有_____个钝角？为什么？

(3)一个三角形中至少有_____个锐角？为什么？

(4)课后讨论:你能利用三角形的内角和求出四边形的内角和吗？五边形的呢？

以上问题的提出,深化了本节课的内容,提升了本节课的内涵。

二、教学中的不足

(一)师生互动不够

由于学员有一定的数学基础,而且已经是成年人,在让他们以拼图的方式证明"三角形的三个内角和为 $180°$"时,他们没有我想象中那么积极,说明我的组织能力不够强,引导能力不足,问题设计得不够完善。

（二）题目难度不够

就如上面提到的，学员不是真正意义上的学生，而是有一定数学基础的教师，所以在设计问题、例题的过程中，难度还需要再提高一个档次，这样才能让他们"吃得更饱"。

（三）没有充分利用信息技术

在探索怎么证明"三角形的三个内角和为 $180°$"时，我讲了两种方法，第二种方法是让学员自己拼图探索。采用这种方法时，可以让学员利用实物投影加以展示，这样便于学员之间的交流、探讨和互相学习，更有利于知识的落实。

总之，我执教的这节课若能克服以上不足，再充分运用交互式白板教学，融入更多的信息技术手段，或者仍然运用简易多媒体教学，在教学设计、批注技巧和快速默读技术等方面加以完善和改进，在问题设计上更加深入，学员可能会学得更投入，更有趣味，也更能体现信息技术应用教学的有效性。

关于 MHK 听力强化训练的几点思考
（黄思海　岱山县高亭中心小学）

MHK 是中国少数民族汉语水平等级考试，主要从口语、听力、阅读、书面表达四个方面考查少数民族学员学习汉语的水平。最近一个月，阿克苏教育学院对全体学员进行突击辅导。下面就辅导"听力理解"的一些思考和大家分享。

一、有效开展教研活动

（一）强化教材内容分析

"听力"，让学员听什么，怎样听，是摆在我们所有听力老师面前的一道难题。教研组全体老师从 10 多套听力模拟测试题中总结归纳出听力理解测试的七大领域：情景判断、话题内容判断、语气态度判断、人物身份关系判断、习惯用语判断、词汇与特定词语判断、推理判断。

教研组成员定时研讨，对每套听力模拟试卷的 40 道题进行对应的分类。对学员难以理解的词汇和特定词语（例如第 3 套试卷中的"喝西北风""睁一只眼闭一只眼"、第 4 套试卷中的"人有点儿滑"、第 7 套试卷中的"缺胳膊少腿""生米煮成熟饭")进行重点讲解。

（二）注重学员学情分析

就我任教的 2015 级浙江班 3、4 班的听力课来看，总的感觉就是第一遍讲解不如第二遍讲解到位。有些知识老师认为很简单，学员在听的过程中比较吃力，很难理解，因此，老师在第二遍讲解时会根据第一遍讲解中学员的课堂反应及时调整教学设计，该重点讲的重点讲，该放手让学员讨论的，老师就只做好组织者的角色。

为了确保时时处处都能开展教研活动，组内几位老师建立了 QQ 讨论组，坚持利用课余、餐前饭后、散步闲聊等零碎时间开展教研活动，坚持网上交流和线下研讨相结合，针对每节课上学员学习遇到的难题，研究如何有效地讲解、如何发挥优秀学员的帮带作用。

二、制定听力理解答题策略

以教促研，以研助教。课堂教学的有序开展伴随着教研氛围渐趋浓厚，通过教师课堂实践、课后反思、组内研讨，我们也总结出了听力题解答过程中的一些策略。

（一）听关键词语

听力考试的前 15 题是比较简短的两人对话，后 25 题是通过 300 字左右的一段话或者两人对话来回答问题。听的过程中，要求学员能抓住说话者的关键词语，例如时间、地点、人物、数字、年份、话题主题等，这样才能提高答题准确率。

（二）答案关注

听力理解的 40 题，考生不能接触听力的材料，因此在强化训练时我们要求学员根据选项来听内容。例如，第 1 套试卷第 15 题的选项是"A. 两天；B. 三天；C. 四天；D. 五天"，所以听力重点是天数；第 2 套试卷第 11 题的选项是"A. 黑色；B. 紫色；C. 蓝色；D. 绿色"，听的时候就要将关注点放在对应的颜色上；第 4 套试卷第 9 题的选项是"A. 赞扬；B. 高兴；C. 责备；D. 惋惜"，听的时候就要将关注点放在对应的态度、心情、说话者语气上。

（三）画线关注

听力材料的后 25 题是根据一段对话来回答问题，而设计的问题有时是

2 道,有时是 3 道,有时是 4～5 道。为了让学员在听材料时将关注点放在所要回答的题目上来,我们要求学员在听到听力材料提示答题道数与序号时,在相应的题目下画线,这样在答题时才能有的放矢。

(四)连线对应

听力材料的后 25 题是听一段对话,对话比较长,有的题目甚至是相关联的。我们要求学员将相关的材料连线对应。例如,第 9 套试卷第 39、40 题,要回答每种树木的落叶时间,当我们不知道题目考查的是哪种树木时,就可以采用连线法,提高解题正确率。

(五)快速记录

听力材料的播放速度很多时候比较快,我们要求学员用快速记录的方法写下听到的内容,然后根据所写内容回答问题。

(六)宣传正能量

在听力理解中,有小部分材料是宣传正能量的录音材料。很多时候,宣传正能量的选项就是正确答案。

三、关注学员答题心理

听力理解是笔答的第一部分,我们建议学员调整心态,即使有一题没听清楚,也不要纠结犹疑以致影响下一题,更不能因为听力理解完成得不理想,影响阅读理解和写作题。

以上分享的是教研组的一些教学方法与技巧,还有更多深入的解答方法值得我们思考和探索。

让"教学意外"成为 MHK 课堂"无法预约的精彩"
(连夺回　绍兴市上虞区小越镇中学)

"教学意外"是指在课堂教学过程中,背离教学预设而出现的异常情况。它可能是一个学员的错误答案、一个错误的解题方向,或反常的错误结果,也可能是学员不寻常的思维形式。对待教学意外的不同态度、处理教学意外的不同方式,直接影响着课堂的生成,甚至影响到课堂教学的顺利实施。叶澜教授曾做过精辟的论述:"课堂应是向未知方向挺进的旅程,随时都有可能发现意外的通道和美丽的图景,而不是一切都必须遵循固定路线而没有激情的行程。"教学过程中不能只有教师对学员的一味"塑造",应强调教学过程的互动,张扬学员的个性,追求学员的生命成长。当今教学所倡导的,是以学员为中心的课堂,学员的差异性决定了课堂教学不能完全按照教师课前的预设进行,出现教学意外是不可回避的事实。在 MHK 双语课堂中,对教学意外的巧妙利用,不但能有效地解决学员的疑惑、启迪学员的思维,而且能激发学员 MHK 探究的兴趣、活跃课堂气氛,从而使 MHK 双语课堂变得生动。教师要善于利用教学意外,创设问题情景,让教学意外成为课堂生成的宝贵资源,使教学意外变成 MHK 双语课堂中"无法预约的精彩"。当然,这需要双语教师具有高超的教学技能和教学智慧。

一、"教学意外"给我们带来了什么

教学意外反映了学员在对问题的理解、感悟中存在的疑问,反映了学员认知上的误区,这是学员思维状况和认知水平的真实反映。从教学意外中可以反映学员认知结构中存在的缺陷,为教师及时调整教学方案提供方向。可以说,没有教学意外的课堂,其实是不生动的课堂。

例如,在学习 MHK 模拟卷二中的书面表达《心态决定一切》这一内容时,多数学员认为文章的内容与心情有关,但教师在讲授这一内容时也会遇到教学意外,因为学员对心态的概念理解五花八门,这既是教师在讲授这一内容前必须了解的,也反映了每一位学员头脑中存在的误区。又如,在学习《成长的体验》这一内容时,不少学员认为成长的体验就是生活领域的成长,忽略了精神领域的成长体验。这些"意外"的回答,其实在告诉教师,学员对书面表达中的文章理解不全面、认识不清晰,教师需要做的是帮助学员厘清概念,而不是埋怨甚至批评学员。教学意外还可以反映出学员对某项 MHK 具体操作掌握不全或题目处理能力的缺失。

教学意外可以发生于课堂教学的各个环节中,从引入新课时学员南辕北辙的回答,到知识建构中学员反常的理解,这些教学意外的产生都有其深层次的原因。有的是概念掌握不明确,有的是理解方法不当,有的则可能是学员异常思维方式的反映。教师要充分利用教学意外带来的信息,对症下药,适时调整教学策略,在探究、互动中不断化解这些教学意外,帮助学员搭建正确的知识结构。

二、巧妙利用"教学意外"完善学员的认知结构

如何对待学员意外的回答,体现了教师的教学理念。在"学为中心"的课堂中,出现教学意外已成为一种常态,根据课堂中出现的教学意外,及时改变教学预设、调整教学策略,这既是课堂生成的需要,也是教师教学智慧的体现。教学不应该用僵化的形式作用于人,也不应拘泥于预先设定的程式,而应开放地纳入学员的直接经验、弹性灵活的思维和体验,鼓励学员在与教师的互动中即兴创造,超越预设目标,完善双语认知结构。

例如,在我参加的一次优质课听课活动中,先后有两位教师的课堂中都出现了这样的教学意外:在学习 MHK 阅读理解专题二中,教师让学员阅读短文,解答相关问题,学员直接拒绝。面对这一教学意外,两位教师采用了不同的做法。一位教师批评了学员,并指出"正确的阅读应该是这样的……";另一位教师面对这一教学意外,先是问学员的具体情况,在获知原因后,教师接着问:"你用自己的能力尽量完整地阅读文章并解答文章,可以吗?"这位同学受到了老师的鼓励,接着回答:"我来试试。"之后,学员给出了文章的正确答案。后一位教师对待教学意外的做法,无疑鼓励了全班同学,有助于他们掌握阅读理解的解题方法。

教学意外的出现,是真实的教学现象与学员的认知结构发生碰撞的结果,教师只有正确对待教学意外,才能使空洞、抽象的理论知识变得生动、具体,从而帮助学员完善认知结构。

三、巧妙利用"教学意外"让课堂变得生动

教学意外的存在既是鲜活的学员个体千差万别的认知水平和思维形式的反映,也是客观事实的真实反映。教师要秉着尊重科学、尊重事实的态度,正确地对待教学意外,敏捷地从教学意外中判断、捕捉不小心就会稍纵即逝的有用信息,并把这些信息加以整合与利用,让课堂生成变得精彩和生动。

例如,在听力教学中训练学生听短文答题,在展示环节,一位学员的听力题全部答错,面对这一"意外",老师并没有急着批评,而是因势利导:"我们一起来看看这些题目,问题到底出在哪里呢?""那么,我们可以如何解题呢?"……教师很自然地过渡到了听力材料的教学。这样的教学,让课堂不

再死板沉闷,也不会让学员显得尴尬。

四、巧妙利用"教学意外"激发学员探究欲望

学员探究的动机,不应该是由教师强加的,而应该是学员出于内在需要而自发产生的。教学意外恰好给了学员探究的动力,可以激发学员探究的欲望。

例如,在常用惯用词的新课教学中,教师预设:"八竿子打不着,如何理解?"学员可能回答"八根竿子打不到",这样就能顺利地引入主题。但是,学员们的答案可能背离教师的预设,比如学员 A 答"没关系",学员 B 答"竿子不够长"……教师对学员的每一种回答都没有直接否认,而是让学员设计探究方法,逐个检验答案正确与否。这样,在师生的互动过程中,顺理成章地建立了常用惯用词与深层次内涵的概念。

五、课堂中"教学意外"价值提升的策略

(一)及时收集教学意外,为后续教学提供借鉴

当今"以生为本"的教学理念,正在以这样或那样的方式冲击着传统的课堂形态,构建着新的教学文化模式。因此,那种迎合性的接力式问答正逐渐被带有个性色彩的自由式回答所取代,使学员的个性得以张扬。传统教学中环环相扣的问答、小心翼翼的求证,已越来越多地被学生"叛逆式"的回答所取代,随之带来的便是越来越多的教学意外。这些教学意外,既是师生思维碰撞的智慧火花,也是后续教学不可多得的素材,教师要十分珍惜这些教学意外,为以后的教学设计提供参考。因为,这些教学意外既带有个体性,也带有普遍性,教师不要认为它们只会出现于某位学员身上而不会出现于其他学员身上,只会发生于今天而不会发生于明天。教师要敏捷地判断、捕捉有可能就会稍纵即逝的有用信息,及时收集整理这些教学意外,精心设计、整合到后续的教学活动之中,使今天的"意外"成为明天的"预设",服务于高效课堂的生成。

(二)善于发现教学意外带来的信息,以便对症下药

苏霍姆林斯基说过:"教育的技巧并不在于能预见到课堂的所有细节,而在于根据当时的具体情况,巧妙地在学生不知不觉中做出相应的变动。"

面对教学意外,教师既不能漠然处之、避而不谈,按教师原来的教学预设上课,也不能脱离目标、纠缠不清,而是要因势利导、有的放矢,把教学意外转化为教学资源。教师在教学过程中,不但要妥善处理教学意外,更要以敏锐的眼光发现其背后的意义,及时收集教学意外所反馈的信息,对症下药。要做到这一点,教师必须在课前深入了解学员,研究学员的认知水平和认知倾向,要"为学习者设计教学"。同时要深入理解教材,了解哪些内容容易出现教学意外。只有这样,在遇到教学意外时才不会手忙脚乱,才能及时发现问题的根源,胸有成竹地处理。

(三)及时鼓励学员,让教学意外成为学习探究的源泉

开放式教学要求教师在课堂教学中诚心诚意地把学员当作学习的主人,建立合作型的师生关系。教师的微笑和鼓励,可以让学员敢想、敢说。面对学员的"错误",教师要以宽容的心态对待,发现其中有价值的教学资源,让"错误"闪光,推动课堂的有效生成。为此,教师要学会倾听,鼓励学员发表自己的"异端邪说";要学会观察,既要观察班级整体,也要观察个别学员对问题的反常言行,善于捕捉有价值的信息,让教学意外成为学习探究的源泉,使教学意外成为高效课堂生成的宝贵资源。

新课程理念引领下对音乐课备课指导的一些思考
(连夺回　绍兴市上虞区小越镇中学)

在新课程改革条件下,随着教师角色的转变和学生学习方式的改变,备课不再是教材内容的简单诠释、教学过程的简单安排,它的性质、功能、方法已经发生了很大的变化。它要求教师从新课程理念出发,在落实学生主体学习地位上,在落实每一个学生自主学习上,在落实学生合作学习上,在充分调动每一位学员的学习积极性上,在防止学员的学习活动流于形式、切实提高课堂效率上下功夫。因此,教师备课已成为教师教学研究的一个重要内容。音乐课的备课如何为教学服务,提高老师的教学效率?作为一名一线的双语音乐老师,我谈谈课改后自己在备课上的一些做法和思考。

一、备教法,把握课程主线

音乐教学中,教材各章节内容提供的只是一个大的教学方向,在实际的

备课过程中,一味地接受和照搬,老师就只能充当教科书的"传声筒"、知识的"贩卖者"角色,而没有了自己的思考,很难将课上出新意和深度,不利于学生音乐视野的拓展。按照新课程理念,老师必须对教材深度剖析,挖掘教材内容,对教材内容进行提炼,抓住课堂的教学主线,以主线形成教学目标。目标明确后教学思路就会清晰,接下来的备课活动都围绕这个主线来开展。

音乐鉴赏教材每节都有一个标题,这个标题是该堂课的主要教学内容,其中会涉及一些音乐作品和音乐鉴赏知识,如何运用这些教材内容就要看老师对"主线"的设定。比如"独特的民族风"这一节课,我把主线定位在"独特"上,让学员感受和体验少数民族独特的音乐,由此就可以围绕"独特"展开教学设计和制定教学方法:"独特"的民族音乐体现在哪里? 如何区别这些独特的民族音乐? 独特的民族音乐产生的根源是什么? ……一系列的问题马上出现在面前,接下来的备课活动自然水到渠成。

二、备学员,换位思考引导学员积极参与

教学的对象是学员,学员的真实状态是课堂教学一切活动的出发点。在教学过程中,不能忽视教学对象;在备课过程中,必须精心备学员,分析学员的需求。新课标强调"教"服务于"学",教师通过与学员合作,依靠学员自主学习、实践、合作与交流去实现教学任务;新课标要求教师以学员的心理发展为主线,以学员的眼界去设计教学思路,预测学员可能的思维活动并设计相应对策。这就要求老师学会换位思考,从学员的角度来审视教学内容和教学方法是否可行。我们在教学实践中看到一些现象:老师上课就唱独角戏,学员一听贝多芬就睡觉,问题抛给学生,学生没反应,一节课下来连老师自己都觉得没意思……究其原因,是老师在备课阶段没有从学员角度出发,只是想当然地备课,最终导致自己的诸多努力成为无用功。在备课阶段,老师就要从学员的角度出发:哪些是学员感兴趣的? 学员已有的音乐知识积累如何? 这节课的内容是否远离学员生活? 选择的音乐资料学员是否感兴趣? 教学活动这样设计,学员是否会参与? 问题的问法,学员能否理解? 拓展与探究环节应该怎样引导学员对音乐(现象)的思考? ……有了这些思考,备课的思路和想法都会发生很大转变,在实际教学中学员参与教学的积极性会不高吗?

教师备课,应吃透教材的重点和难点,立足于学员的自主学习,突出其

中的学案设计。而这种学案的内容、形式又要根据教材内容和学生实际确定。要明确知识与能力目标、过程与方法目标、情感态度与价值观目标，做出重点或难点分析，引导学员理解音乐、掌握音乐知识。在备课时，要设身处地，把自己摆在学员的位置上，多问几个"为什么""是什么""怎么办"。备课时教师头脑中要有"与学员对话""与教师自己对话""与音乐资料对话""与教参对话""与新理念对话""与同事对话""与网络对话"的意识，始终关注学生的发展需要。

三、备音乐多媒体资料，有效提高资料的有效性和利用率

实践证明，现代教育技术手段的应用极大地拓展了教育的时空界限，扩充了教学的内容资源，丰富了教育教学的方法，给音乐教学带来了无限的生机与活力，使学员通过多种感官的多重刺激，在有限的时间内，最大限度地获得信息，获得音乐审美体验。

多媒体教学只是一种辅助教学手段，合理运用才能真正为音乐教学服务，才能更好地发展学生感知音乐、理解音乐、表现音乐的能力。对于音乐课，在备课阶段老师花大量的时间通过网络媒介找到的音乐资料是否都能为本节课的教学服务呢？首先，我们要看所找到的资料是否在本课主线上，能否为主线服务。其次，还要看找到的资料对学生的理解、思考、研究是否有帮助。基于上面两点我们就可以对所找到的资料进行筛选。筛选后的音乐资料并不是直接就拿来用，音乐课的特殊性决定了在备课阶段大量的工作还应放在对资料的"包装"和整理上，比如：有些视频资料太长，而实际需要的只是中间的一个小片段，那我们就要用视频软件进行剪辑；为了便于学生对主题的理解，我们还要把主题音乐单独"拿"出来。资料整理好后，老师还要在把资料放在多媒体课件中的相应环节，要用得合理、用得恰当，发挥资料最大的价值。

教学应以学员为主体，老师是一个引导者，教学媒体作辅助，是为教学服务的。以下行为违背了音乐教学的本质，是教学禁忌：在课上把自己变成多媒体播放器；以多媒体为主体；备课的精力都用在制作花哨的课件上；教学中只是一味地把找到的音乐资料罗列给学员看……

四、备预案,设计弹性化教学预案

陶行知先生曾说:"教什么和怎么教,绝不是凌空可以规定的,他们都包含'人'的问题,人不同,则教的东西、教的方法、教的分量、教的次序都跟着不同了。"新课程理念下,老师都懂得"以人为本",以学生的学为本,那么在考虑教学内容、教学策略的时候,老师更应随机应变,精心设计、调整、修正,使之更适合学生的知识水平和能力结构。这样的备课才是有效的。

每一次备课,老师针对以下问题应当有多种预案:难点是否可以从其他角度来突破?同一音乐资料是否可以在课程不同阶段灵活运用?学生参与环节是否有更好的、更有效的引导方法?等等。备课的基本精神就是备活课、课备活、活备课。老师在备课阶段一定要有多种预设,毕竟我们面对的班级、面对的学生是不同的,有了应对方案,老师就可以根据学员在课堂上的表现和教学过程中遇到的问题进行及时的调整。

五、备反思,处理好教学前、教学中、教学后三阶段备课的关系

有人把教学前、教学中、教学后三阶段的备课工作比喻成播种、耕耘、收获。教学前的备课更多表现为一种教学的预设,是在课前进行的有目的、有计划的理性的设想与安排,还没有落实到实际课堂教学中,因此,这是播种阶段。教学中的备课已经把教学预设运用于课堂教学中,在这个过程中会出现很多与教学前的预设不相符的情况,也会发现不少教学前备课所忽略的东西。因此,老师应根据教学的生成情况,不断地调整教学思路、教学策略,把教学活动不断地向前推进。这个阶段是耕耘阶段。经过了辛勤的播种、耕耘后就到了收获阶段。这就是教学后的备课,也是教学行为结束后的反思阶段。这个阶段的反思往往带有批判性,具有个性化,老师可以思考教学预案的得失、课堂上采用的教学技巧、拓展探究中出现的问题、因知识储备不足而引起的尴尬等。教学后的备课是教学经验的理论化,也是第二次教学的预案。因此,这个阶段为收获阶段,它也是提高教学能力的必经阶段。老师应当尽可能做到"每课必有所得",这就要求在课后必须进行反思。但是,现在很多音乐老师只重视教学前的备课,对教学中和教学后的备课往往重视不够,平行班的课上下来千篇一律,这不利于老师个人的专业成长,也不利于教学质量的提高。

总之,新课程理念给老师教学提供了一个方向,教学理念的更新要体现在实际教学过程中,备课是课程开始的第一步,走好第一步是为了给接下来的教学打下良好的基础。备课是一个系统的工作,仅有认真的态度是不够的,还需要老师注重教学预设的有效性,充分发挥备课的作用,从而进一步优化课堂教学,为全面推进音乐素质教育发挥强有力的作用。

让每一个维吾尔族学员都能自信地开展双语教学
——"教法模拟"授课有感

（姜　清　江山市大溪滩小学）

承担阿克苏教育学院浙江班"教法模拟"授课任务已经整整一个学期,本班学员来院参训前多数从事的是维吾尔语教学,没有汉语教学经历,汉语水平在同期参训的浙江诸班中处于中下游位置。虽然之前在学院里接受过为期一年的汉语基础培训,但可以说,大部分学员的语言水平尚未过关,这给课堂教学模拟与实践带来了相当大的困难。

在本期的"教法模拟"授课中,我根据班级学员的现状,选择了三项教学内容:一是《义务教育语文课程标准》(2011年版)的学习与解读,二是备课的理论与实践,三是模拟上课实践。教学时间分配上,语文课程标准的学习与解读一个月左右,备课的理论与实践一个月左右,模拟上课实践两个月左右。从培训情况来看,上述三项内容的确立还是比较符合学员需求的,时间的分配也是相对合理和有效的。纵然如此,由于存在以下诸多不利因素,学员运用汉语开展教学的能力培养仍然不尽如人意。

不利因素一:学员的民族文化认同感不强。在和学员的交流沟通中,明显能感觉到他们对汉语言文化的陌生,他们对汉文化的了解也只停留在学校的课本内容上。"西部"和"内地"这种地域上的称呼无形中将他们和汉族人的距离拉远了,他们中很多人都没有去过内地或者说很少去内地,平时也很少主动与汉族人交往,很难真正地去感受和体会汉文化,汉文化也很少渗透到他们的生活习俗中。这就造成了维吾尔族学员民族文化认同感不强,对双语教育的实质理解不够透彻,对双语教育事业不够积极。

不利因素二:学员对教学能力的认识不充分,尚不明确双语教师应具备的素质。一些学员对双语教师应具备哪些素质不明确,他们不知道究竟符合哪些条件才称得上一名合格的双语教师。"双语教师的教学能力"这个概念对很多学员来说还很陌生,他们不知道双语教师的教学能力有哪些构成要素,即使认识到自身的一些不足,也很少能够从双语教师的教学能力这一角度去做教学反思。

不利因素三:学员用汉语统驭学科内容的能力有所欠缺。大多数学员无法从整体上把握所授汉语学科的内容,更无法根据情况灵活地使用教材。在用汉语进行教学设计时,很多学员表示在内容的选择、教学方法的使用、教学手段的运用和教案的编写等方面还存在很大的困难。在对学员模拟上课的听课观察中还发现,只有不到一半的学员在教学时会尝试创设有效的教学情境,教学活动结束后,很少有学员会针对学生的特点做出相应的评价,而且还有一些学员从不进行评价。

不利因素四:双语教师工作中的压力、困惑与难题。据学员反馈,目前不少民族学校特别是农村偏远学校的双语教师在日常的双语教学活动中面临许多的压力,同时也会遇到许多的困惑和一些令他们感到痛心、失望的事情。有学员反馈:"目前用的教材对民族学生来说实在是太难了,学生都不太理解,所以很多学生就干脆放弃,不听讲了。""教学任务重,另外就是学生的接受能力有限,上课很费力。""压力挺多的,来自社会的需要、学校的要求,双语老师少,没有培训的机会。""上面定的目标太高,但是老师和学生的水平跟不上,没有很好的语言环境。"

面对上述不利因素,作为一名不远万里赴疆培训指导的支教教师,我的内心自然是焦急的,也常在思考:如何更快地提升维吾尔族学员的汉语教学水平,使他们在培训结束返岗后,能够站稳双语教学的讲台?下面就简单谈谈几个可行的策略,不妨尝试。

策略一:加强对学员进行民族文化认同感的培养。在进行教学技能培训的同时,要不断引导学员学习和了解汉文化,将汉文化与维吾尔族文化很好地融合,使学员树立"中华民族多元一体"的思想,树立中华民族文化认同的核心价值体系,帮助他们真正融入中华民族大家庭,并为之感到自豪,认识到自身作为中华民族大家庭中的一员所享有的一切权利和荣誉,同时也明确自身的责任。这样,他们才能真正理解双语教育的实质和重要性,积极地从事双语教学工作,将双语教育工作作为自己一生为之努力奉献的事业。

策略二:提高学员对双语教师专业素质和教学能力的认识。双语教师的教学能力直接决定着双语教学的质量,目前很多学员对双语教师应具备的专业素质不明确,对双语教师的教学能力认识不足。笔者认为,当前的培训中,重要的一点就是转变学员的观念,加强其对双语教师应具备的专业素质和教学能力的认识。学员应从自身出发,从双语教师的素质和能力的构成要素出发,认识和发现自身的缺陷与不足,通过不断的学习和践行,切实提高专业素质和个人修养,提升自己的双语教学能力。具体来说,双语教师教学能力的构成要素至少应包括以下五个维度:①双语表达能力;②用双语统驭学科内容的能力;③用双语进行教学设计的能力;④用双语组织教学的能力;⑤教学监控能力。

策略三:结合具体情况进行差异化教学。目前,学院是按照参训学员原任教学科来编班的,同一个班级中,学员的汉语水平差异较大,辅导老师授课时必须实施差异化教学。授课时,我对学员的水平层次非常明晰,基本上可以归为三类:第一类是肚子里有东西,并且敢说;第二类是肚子里有东西,但由于性格等原因不敢说;第三类是语文积累不够,也不敢说。针对上述不同类型的学员,我采取了不同的教学方法。针对第一类学员,有什么疑难问题时就经常让他们解答,满足他们的成就感;针对第二类学员,主动提问,"逼"他们克服个性上的弱点,变得大胆敢言;针对第三类学员,一方面注重平时给他们提供一些有趣的小文章来背,一方面让他们回答简单的问题,鼓励他们说话。

策略四:引导学员多参与各类教学研讨实践。例如:创造机会让学员多进入学院周边汉族学校的课堂,听课、评课、说课、试讲,潜移默化,使他们多一些身临其境的体会;为学员摄制他们上课、评课的实录,供他们反复观看,强化成功的喜悦,同时发现自己在课堂上的问题,循序渐进,不断完善。指导学员写教学反思日记,引导他们及时记录自己在模拟上课中的成功点、失败点、创新点等,进行系统回顾、梳理,并做深刻的反思、探究和剖析,使之成为今后再教学时的借鉴。教学是一项技能,对维吾尔族学员来说,运用汉语开展课堂教学,更是一项需要反复实践方能不断提升的技能。在实践中检验教学理论,在实践中磨炼自己的教学基本功,在实践中感悟汉文化的博大精深,应该成为每一个维吾尔族学员专业发展的必由之路。

策略五:强化对学员培训后期的跟踪指导。学员经过两年的脱产培训毕业后,他们有没有走上双语教学的岗位?在这个岗位上干得怎么样?遇到了哪些培训时不曾出现的问题?有哪些困惑亟须专业性指导?作为培训组织方的阿克苏教育学院,应不定期地进行回访与跟踪,并安排导师进校蹲点解惑,或进行远程协助,共享优质教育资源,并通过再研究把最新的问题反馈给学院的辅导教师,使下一步的培训更具针对性。

"教法模拟"看似只是一门简单的培训学科,但对学员的汉语综合运用能力有相当高的要求,作为导师,不能仅停留在关门照本授课这个层面,而应该将提高学员的思想认识、转变教学理念、训练汉语基本功、指导课堂教学实践及长期的帮扶解惑等有机结合起来,只有这样,才有可能让每一个参训维吾尔族学员毕业后自信地站在双语教学讲台上。

简简单单教汉语
——2015 级浙江班汉语精读学科教学体会
（姜　清　江山市大溪滩小学）

来新疆之前,我已经通过多种渠道了解过此行的目的,以及身负的光荣使命,并天真地认为,自己作为一个地道的汉族人,而且是一个有着 20 多年小学语文教学经历的老师,教自己的母语,应该不是一件什么困难的事。但随着时间的推移,随着教学的推进,越来越发觉,教少数民族老师学汉语,远非我所想的那么简单。精读是汉语教学中的基础核心课程,担负着对学员进行听、说、读、写等综合技能训练的任务,对培养学员的综合汉语水平和跨民族文化交际能力有很重要的作用。一个学期的汉语精读教学即将结束,在这个过程中,我们学科组也曾经开展过多次的研讨交流活动,谈收获,谈困惑,在这里,仅记录一些真实的心得体会,希望对我们今后的教学有所借鉴和启发。

一、简单清晰是首选

教少数民族教师学汉语,要尽可能的简单清晰,因为对于他们来说,学习精读这门课程与我们汉族人从小学习语文是不一样的。我们从小就受到汉民族传统文化的熏陶,很多东西其实一点就知,比如学一首唐诗,在我们看来很简单,但是由于民族文化差异较大,少数民族教师学起来就比较吃力,一些我们从小就耳熟能详的东西,在他们看来却很陌生。如果我们的教学对象年龄小一些,学起来反而会更简单,而我们现在面对的教学对象都是成年人,由于接受了不同文化的熏陶,他们在汉语学习中难免会产生混乱,学习起来更困难。因此,我们的教学应该尽量的简洁清晰,避免内容冗长和过度跳跃。

二、循序渐进是渠道

精读教学一定要注重循序渐进持之以恒,不可急功近利。维吾尔族学员除了在汉语课堂上感受汉语语境外,其他时间都在用维吾尔语交流。在这样的背景下,学员的词汇储备少,易忘记,没有语境,因此,我们要帮学员不断重复,不断回顾,不断积累。也许我们辛勤的付出在短期内看不到明显的效果,但只要循序渐进、持之以恒,我们坚信学员的收获将是丰硕的。

以语法学习为例,语法是汉语学习的重点和难点,语法知识的讲解是精读课的主要教学内容,如果教师一次性讲的规则太多、太复杂,容易引起学员的厌学情绪或畏难心理。随着教学的推进,语法项目越来越多,有的是新的语法项目,有的是学员之前所接触的语法项目的新用法,所以教师要有目的、有计划地将其由浅入深地串联起来。在讲到一个新用法时,要联系前面已经学习过的相关内容,让学员回忆和复习一下,这样才能更好地把学员引入新知识的学习中。

三、轻松愉快很有效

教师应该努力在课堂教学中设计多种情景语境,为学员创造一种轻松愉快的学习气氛,充分调动学员的各种感官,让学员运用汉语积极思考。如果教师只是讲一些纯理论的东西,即使是汉族学员也不会感兴趣。

目前的精读课,教学方法还比较传统,即以教师为主,先解释词语,然后串讲课文,学员只是被动接受,课堂气氛比较沉闷。尤其是在讲语法知识的时候,往往是教师一条条讲,学员觉得很枯燥。如果教师能够充分调用各种语境,让学员在真实、自然的语境中体会、学习语言,明白语言结构,熟悉词语意义,教学效果一定会好得多。

例如,在讲一条语法规则时,可以在一定的语境中,先举例,再引导学员进行归纳,总结语法规律。举例的时候,要选择学员生活中经常遇到的情景,而且例句中尽量不要出现学员未掌握的词汇。如"把"字句的教学,上课时,教师可根据课堂语境,做一系列动作——把粉笔放在课桌上、把衣服脱下、把书拿出来、把书打开等,让学员描述老师的动作。很多学员刚开始可能会用一些非"把"字句,如"老师放粉笔在桌子上""老师拿书""老师打开书"。很显然,学员对于"主＋谓＋宾"的基本句式已经掌握,但是,如果要让他们将宾语放在谓语动词的前边,他们会感觉很难。这时,教师应该鼓励他们积极思考,让他们造出各种句子,然后引导他们使用"把"字句。简单举例后,再让学员按照这种句式去造句,教师给予评价,慢慢地,学员就会自己归纳出"把"字句的基本格式,并明白"把"字句的作用。在语境中进行语法教学,使抽象的语法知识具体化,这样做,比教师直接告诉学员语法规则效果要好得多,而且通过这种方式习得的语言结构,会让他们印象更深。

20世纪70年代末,美国语言教育家克拉申提出了"输入假说"。他认为,人类获得语言的方式是对信息的理解,也就是通过吸收"可理解的输入"习得语言知识。因此,在特定的语境中,教师所举的例子一定要根据学员的现有水平,把握难易程度,不要太难,也不要过于简单,让学员借助一定的语境稍微思考一下就可以理解信息,即对学员进行"可理解的输入",这样学员就自然地习得了所输入信息中包含的语言结构。

另外,在课堂上教师可以和学员多一些互动,同时还可以借助多媒体,放一些图片、音乐或者电影,使课堂更加生动有趣,学员学习起来也会更有兴趣、更有积极性。

四、讲练结合是关键

在课堂教学中,教师对知识点的讲解是必要的,在讲解时除了要细致之外,还要注意尽量少用专业术语,尽量通俗易懂,降低学员的理解难度。有些教材对语法知识的解释非常专业,教师可以选择学员容易理解的词语去解释,避免解释一个词语,又出现另一个不懂的词语,让学员越来越糊涂。如今,在教育领域,"以学员为中心"的理念已经十分普及,因此,我们在课堂上一定要贯彻"以教师为主导,以学员为主体"的思想,即要坚持精讲多练、讲练结合的原则。通过多练,学员可以及时发现错误,也可以提升语言运用的熟练度,最终使汉语水平迅速提高。这种练习,可以是综合性的,比如给学员一个交际话题,让学员分角色扮演,引导学员创造性地运用语言。同时,这种练习正好符合汉语教学的目的,即培养学员运用汉语进行交际的能力。课堂上的练习也可以是单项练习,对于一些比较难的语法项目,学员必须通过大量的练习才能掌握。例如副词"都"的教学,"都"在汉语中是范围副词,用来总括前面所提到的人或事物的全部,如"大家都同意"。这个例子学员比较容易理解掌握,但是对下面这个句子,他们就不是那么容易理解了:"这个人真没礼貌,见了人招呼都不打。""都"在这里是指极端或低于最低限度。再如:"都十一点了,你怎么还不起床?""都"表示超出预期限度。对于这些有难度的知识点,教师应该在学员理解的基础上,引导学员做大量练习,这样学员才能真正理解并运用于日常交际中。

五、正确朗读很重要

精读课同样要注重对学员的朗读指导。为了让学员学会朗读,教师在讲课的时候就要做到发音标准,语速适中,断句分明。教师发音标准,学员才能学到正确的读音。汉语对于少数民族学员来说是一门比较难学的语言,所以,教师在读课文的时候,如果语速过快,他们就会听不懂,很难进行学习。教师在读课文的时候还应注意在适当的地方断句,这样有助于学员更好地理解句子的意思和结构,从而更快地掌握所要学习的内容。

六、自主学习不可少

在精读课教学中,课堂上讲授的内容有限,学员要想真正提高汉语综合水平,更多的要靠自己。而事实也证明,学员在课外的交际运用中,汉语水平提高得更快。因此,我们需要培养学员的自主学习能力。实践中可以从两方面入手。

首先,学会预习。要想提高课堂教学效率,提前安排学员预习新课是非常必要的。例如让学员预习新的词语,上课时则可以讲解较难的词语,不必将时间浪费在学员通过预习已经掌握的词语上。对于学员在课堂上没有提出疑问的词语,教师应该根据经验,提前预测哪些词语学员可能理解掌握得有偏差,对于这些词语,可以让学员解释或造句,从而检验学员是否真正理解和掌握。

让学员预习课文,教师在课堂上检查预习情况时可以就课文内容进行提问,也可以列出一些提示性关键词语,让学员根据这些词语复述课文。这样做一来可以检查学员是否预习并理解了课文,二来锻炼了学员口语表达能力,同时充分调动了学员的学习积极性,使他们在预习时更加认真。

其次,布置作业。每节课结束时,教师应当对本节课所学内容进行归纳总结,并布置作业,让学员复习。每次布置的作业在下次上课时一定要检查,这样能对学员起到督促作用。例如,学习了有关介绍民族风俗的课文,课后可以要求学员写一写自己民族的其他风俗,上课时在班里读一读,这样既锻炼了学员用汉语写作的技能,也能够培养他们的表达能力。事实证明,布置适当的课外作业,对于学员汉语水平的提高有着至关重要的作用。

七、关心爱护添温暖

关心爱护学员,让他们感受到教师的温暖,他们才会接受教师,认可教师,从而乐意参与教学,这样就营造了一种融洽的师生环境,从而使教与学达到良性互动。如何去关心爱护学员呢?如:在短时间内记住学员的名字,能随时随地叫出他们的名字,让学员感受到自己在老师心中的地位及老师对自己的欣赏。课余可以和学员用简单的汉语交流,或向学员学习日常生活方面的维吾尔语,学会表扬他们,增进彼此之间的信任和感情。

伟大的人民教育家陶行知先生说过:"我们讲活的教育,就要随时随地拿些活的东西去教那些活的学生,养成活的人才。"在汉语精读教学中,只有教师拿出热忱,不断创新,寻求有效的教学方法,激发学员学习的乐趣,才能事半功倍。

援疆,是一种荣誉,一种历练,更是一种责任。做一名优秀的汉语教师,可以在教学过程中体会到传播不同文化所带来的快乐。通过传递中华民族文化,增进不同民族人民之间的友谊,责任重大。然而,要成为一名优秀的汉语教师,并非一朝一夕的事情,需要不断地去尝试,去努力,去奋斗。

"读"占鳌头,促进文本感悟
(赵刚锋　绍兴市越城区东浦镇三川小学)

文本是阅读教学的出发点,对于阅读教学来说,解读文本的重要性是毋庸置疑的。《义务教育语文课程标准》(2011年版)(以下简称《新课标》)指出:"阅读教学是教师、学生、文本、编者之间对话的过程。"这四者之间,学生为主体,教师为主导,文本为媒介。文本是教师和学生有效互动的纽带和桥梁,是教学过程的重要载体。文本解读出现问题,会让课堂教学出现蜻蜓点水、随心所欲的现象,从而影响教学效率,学生学习能力下降,高效课堂自然无从谈起。

阅读课堂承载着培养学生感知、感悟、解读、评价等能力的重任。教师在引导学生解读与感悟文本时,既不能束缚学生的思维,也不能信马由缰,听之任之。如何促进学生对文本的解读与感悟,笔者在此浅谈拙见。

一、"读清、读透"重点语段,培养学生概括能力与感悟能力

阅读实践活动离不开信息的提取,学生要从读过的句子、语段或整篇文章中获取信息,促进感知与理解。而要做到这一点,则要学会概括。缺乏概括能力的学生,只会糊里糊涂地读书,嘴里发出声音,而心中却不知其意——所谓"食而不知其味"。

《秋天的怀念》是中国当代作家史铁生先生的一篇怀念母亲的经典回忆性散文,作者借助对已故母亲的回忆,表现了复杂的思想情感:有对母亲深切的理解与怀念,也有对母亲无尽的热爱和对母爱的深情歌颂,还有一种"子欲养而亲不待"的悔恨之情。教学前,我做了认真的思考,结合散文的特点,最终确定了"读＋问"的教学策略。

讲授《秋天的怀念》一文伊始,我通过课件展示了作者的几张照片,让学生观察他的表情。我对学生说,史铁生是一位非常特殊的当代作家,他虽然名叫"铁生",但身体其实并不结实,用他自己的话说,就是业余在写作,职业是生病。他21岁瘫痪,长期坐轮椅,59岁因尿毒症病逝。虽然残疾,但他用文字为自己找到了一条鲜活的人生路。"最初,他是乐呵呵地面对不幸的吗?"(学生都否定了)"那么,失去双腿的他处于怎样的人生状态?他又是怎样走出人生低谷的呢?"……我的提问引起学生了解作者、走进文本的兴趣。对于作者的介绍,我一改以往对作家作品的枯燥罗列,将自己对作者的理解以及作者生活和去世后的情况作了交代。学生听后立刻带着自己的思考进入文本的学习,这就为阅读课文开了一个好头。

之后,我设计了几个亲近阅读的问题,由浅入深地带领学生走进文本。我在屏幕上投影了这样几个问题:

1.文中写了一份怎样的怀念?(提示:"_____对_____的_____怀念")

2.为什么怀念?(提示:从"我"和母亲这两个人物着手分析)

(1)文章是怎样写"我"的?请找出表现"我"内心情感的句子或

词语。

　　（2）文章是怎样写母亲的？哪些句子或词语特别让你感动？请说出理由。

　　3.为什么是秋天的怀念？这一份怀念跟秋天有什么关系？（提示：题目可以改成"怀念母亲"或"对母亲的怀念"吗？为什么？）

这是典型的用问题引领课堂，用问题促使学生进行深入阅读。事实上，有了问题的存在，课堂教学目标就更加鲜明、集中了。

第一个问题聚焦全文的人物及感情基调，学生初步体会作者情感的深沉。第二个问题指向全文表达的主要内容，学生对秋天有了整体的理解。为了深入理解这个问题，我又设计了两个小问题，解答这两个小问题，要求学生回到文本中认真品读，感受"我"的情感变化，厘清文章脉络，理解文中儿子、母亲的形象——一位身患绝症的母亲无微不至地关怀双腿瘫痪、意志消沉的儿子，鼓励他好好活下去，儿子最终读懂母爱，积极面对人生，对离世的母亲深切怀念。学生对文本的理解已经深入文章内核。第三个问题探究文章的写作特点，是课文的难点。我做了一个小小的铺垫，提示换个作文题目，学生纷纷表示否定，有人觉得太直白太平淡，原题更有诗意，有人觉得没有体现"秋天"在文中的作用，然后大家就开始讨论"秋天"在文中的作用，比如：秋天是故事发生的背景；秋天叶落，"我"意志消沉，母亲担心；秋天菊花开了，母亲多次要带"我"去看花，母亲去世后，"我"和妹妹去看花，感受到生命力，体会到母亲的爱，开始了新生活。如此点拨后，文章难点的突破就水到渠成了。这节课学生感情投入深，讨论热烈，课堂效果很好。

这节课上，我以"读清、读透"为阅读策略，同时使用了问题导向的教学策略，学生的课堂阅读就有了"抓手"，有了"主心骨"。许多老师的课堂教学之所以平淡无味，主要是没有把学生引向对课文语言的感受与体验，没有引向对问题的探究与解决。从教师层面看，只有"吃透"了文本的情感，课堂上才能"讲透"，教学艺术才能"用透"；从学生层面看，只有"吃透"文本中的情感，才能清清楚楚地"说透"，才能扎扎实实地提出自己的阅读问题。

二、紧扣文本进行阅读，鼓励学生畅谈感受

《新课标》强调，阅读是一个多层面、多元化的对话活动，它有助于深化学生对世界的认知,促进学生思维能力的发展,让学生获取审美体验。在这一理念指引下,教师在阅读课堂上务必紧扣文本,组织学生开展巧读、研读、解读活动,要热情地鼓励学生畅谈感受、碰撞思维、分享成果。

(一)整体把握信息

阅读本身就是一个获取信息的过程,捕捉信息的多少决定了阅读质量。老师要教会学生从大体上把握文章的主旨,读了以后能说出段落大意、主题思想、写作特色是远远不够的,还应引导学生进一步从微观分析入手,对作品进行细读,尝试着去咬文嚼字,去品味赏析,在不断的阅读中学会巧读文章。

如《小草和大树》一文结尾处写道:"她们硬是用钢铁般的意志,敲开了文学圣殿的大门。硬是用汗水和心血把'小草'浇灌成'大树'。"作者为什么这么比喻?当问题摆在学生面前时,教师不必抓住关键字词进行烦琐的讲解,放手让学生联系上下文语境感悟,在文本中走几个来回,夏洛蒂三姐妹高大的形象、坚韧不屈的意志,自然而然浮现在学生眼前。从课后同学们在小练笔中对夏洛蒂三姐妹的崇高品质表示啧啧赞叹、深深折服的文字中,就知道他们早已融入课文情境。

(二)读与交流

课堂是学生们交流读书心得的一个极佳平台,如何学会巧读,很重要的一点就是读与议相结合,老师与学生、学生与学生之间的互动会促使阅读活动更加深入,一些陷入阅读误区的学生在交流中也会"迷途知返",读出文章的味道。

(三)读与思结合

让学生带着问题深入读文章是很重要的,语文老师要注重开发学生的思维能力,同时更需要培养学生思考问题的能力,要让学生跳出对文章的感悟层面,大胆地对文章提出问题。在主张学生自主学习的前提下,老师要精心设计问题,让学生带着问题去读懂文章,形成正确的阅读观念:不是一味地读文章,而是要在文章中有所收获,有技巧地读文章。

阅读是一种能力,因人而异。阅读能力强的学生,可能读一遍就能抓住课文的精髓。能力相对弱的,可能需要更多阅读方法上的指导。就如一个缺乏音乐细胞的人无法感受伟大的音乐作品一样,教师不可能让学生凭空去感悟,必须"授之以渔",更有效地提升学生的悟性,帮助他们掌握受用终生的探究文本的方法。

教育学家叶圣陶老先生曾说过:"多读作品,多训练语感,必将能驾驭文字。"读是一种简单却行之有效的教学方法,也是一种艺术化的教学手段。小学语文教学应"读"占鳌头,让学生充分地阅读、领悟文章,从小形成爱读书的习惯,成为学习的主角。

少数民族地区双语历史教学的问题与策略浅析
——以"经济重心的南移"课例为例
(徐梅虎 衢州市东岗学校)

20世纪90年代,新疆少数民族地区开始推进双语教学。进入21世纪,新疆少数民族地区的双语教学进入发展快车道,但由于新疆少数民族地区的地域差异及师资水平差距,各地的双语教学发展差异比较大。笔者在对阿克苏地区少数民族历史双语教师培训过程中发现不少双语历史教师存在轻目标落实、轻方法指导、轻资源挖掘等共性问题,在此建议双语老师努力做到"目中有标""心中有生""手中有法",通过不断实践和摸索,探寻一条适合当地少数民族特色的双语教学之路,从而促进当地少数民族地区教育教学水平的提高。

一、教学背景

自2010年党中央、国务院做出开展新一轮对口援疆工作战略部署以来,浙江省全面推进教育援疆,把为阿克苏地区培养双语教师作为教育援疆的工作重点,通过软硬件建设结合的方式,选派双语支教教师,对阿克苏地区35岁以下的5000多名少数民族教师进行双语培训。我非常有幸能够成为浙江对口新疆阿克苏地区双语援疆支教团中的一员,于2015年8月远赴新疆阿克苏教育学院开展双语教师培训工作。

为有效提高当地少数民族教师的双语教学水平,学院考虑到教与学的实际,开设了汉语精读、专业汉语、MHK、阅读与写作、听力、口语、教法与模拟、备课指导等学科,通过对学员的基本功及教学理论技能等的培训,推动当地少数民族地区的双语教学水平。根据学院工作安排,我承担了2014、2015级浙江班少数民族双语教师培训的历史学科教法模拟课程,近两年来,我与培训教师(学员)一起学习、共同提高。为提高学员的双语教学水平,我分两个阶段入手。第一阶段:理论学习。组织学员学习课标,组织高效课堂和教学策略讲座学习,收看名师课堂录像,组织学员点评,提高理论水平。第二阶段:实践应用。备课指导,从教学目标、导入、新授、小结、板书等诸环节入手,稳扎稳打;实践应用,说课、评课、上课,从模拟片段到无生课堂,最后到上一堂完整的课,分步推进。

二、教学问题

如今,2015级浙江班学员即将毕业,踏上双语教学的工作岗位。在培训期间,学员们基本都能用汉语完成教学任务,并努力向更高效课堂迈进,这的确是很大进步。根据学员的备课上课情况,我总结了一些需要改进的问题,下面就结合"经济重心的南移"课例具体谈谈。

(一)问题一:南辕北辙——轻目标

当全国上下轰轰烈烈掀起课改之风时,新疆这片美丽的大地也"闻风而动"。双语教师们吸收课改的理论精髓,并积极落实于行动中,课堂上师生面貌有了很大的变化,如三维教学目标的设置,顺应了新时期课程改革的风向,引领着双语教学改革的步伐。

在"经济重心的南移"课例中,有位学员确立了如下教学目标:

知识与技能目标:知道农业、手工业以及海外贸易三个方面的主要发展标志及主要成就,分析不同时期的社会发展表现。

过程与方法目标:通过学生自行阅读课文,概括宋代南方经济发展的主要成就。

情感态度与价值观目标:通过了解宋代经济的发展成就,认识我国古代劳动人民用辛劳和智慧创造了经济繁荣。

从形式上看,三维目标内容都有涉及;从内容上看,过程与方法目标略显模糊,虽不便于检测,但也能体现教学改革的方向。教学目标确立后关键在于落实,否则教学目标只能是一种摆设,沦为空谈。而该学员的课堂教学仅仅关注知识与技能目标,在课下与该学员的交流中,我发现,由于语言等多方面的障碍,教学中他难以顾及其他教学目标。三维目标中最形象直观也最便于检测的是知识与技能目标,加上当前的"两考"压力,所以双语老师在并不是很熟练的课堂教学中顾此失彼也就不足为怪了。

（二）问题二：愚公移山——轻方法

在具体备课过程中，有些学员或许是为了尽快完成课时目标，或许是因为教学手法的生疏，在教学设计中往往喜欢"开门见山"。如一位学员在讲授经济重心南移的原因这一难点时，直接发问："同学们，我们已经学完了这节课，那么，南方经济发展的主要原因你们知道了吗？有哪些？"

教学中的确需要开门见山，但这种形式的"开门见山"对学生的启发性学习激发甚少，特别是在教学难点学习过程中，"开门见山"式教学让学生完全不知从何下手，更谈不上整理思路、回答问题了。这样的教学设计在课堂中必然会导致冷场，此时如果教师临时救急，将问题的答案脱口而出，一方面，学生得到的仅仅是标准答案，学习能力得不到提高；另一方面，学生的求知欲没有被激发出来，久而久之，面对问题时学生也不会思考了。

（三）问题三：闭门造车——轻资源

历史教科书无疑是重要的课程资源，但是并不是唯一的课程资源。历史的学科特点决定了其拥有丰富的课程资源，如通史著作、视频资料、图片资料、文物资源等。这就需要教师在组织引导时灵活运用，通过课程资源的有效运用达到画龙点睛的效果。

在授课中，部分学员对课程资源的挖掘应用不够重视，问题预设过于直接，反而不能达到预期效果。如有位学员为了尽快引入课堂主题，在导入阶段提问："你心目中的江南是什么样的？"本以为是个简单的问题，可课堂却陷入冷场，学生不知从哪方面回答是好。随后该学员就顺势描绘了江南的美好风光，然后话锋一转："下面让我们穿越时光隧道来看看两千多年前的江南是怎么样的——"原以为挺简单的导入，最后却是草草收场，并没有出现自己期待的效果，这位学员脸上写满困惑。

很显然，该话题问得太大了，学生不知道从哪块回答——经济？资源？风光？环境？所以在上课中收不到预期的效果也在情理之中。出现这一状况的原因，一方面是学员对学情了解不够，另一方面是学员本身知识积累不够，视野不够宽阔，课程资源挖掘能力匮乏。

三、教学策略

（一）有的放矢，凸显学科目标

《义务教育历史课程标准》（2011 年版）强调，历史课程的实施必须以课程标准为依据，力求体现历史课程的基本理念和设计思路，注重课程目标中"知识与能力""过程与方法""情感态度与价值观"三方面目标的整合，并使其具体化为教学目标。

教学目标是课堂评价的一个重要标准，因此教学目标要避免空洞，这样方能在课堂中落实。在问题一所举案例中，笔者引导该学员对教学目标进行了如下修订：

> 知识与技能目标：引导学生分析并掌握两宋时期南方经济发展的具体表现，明确我国古代经济重心的南移完成于南宋之时。
>
> 过程与方法目标：通过史料分析经济重心南移的原因，掌握对历史现象进行比较、归纳的方法。
>
> 情感态度与价值观目标：使学生体验当时我国农业、手工业、商业贸易的发展水平居世界领先地位，对外贸易的发展传播了中国古代文明，增强学生的民族自豪感。

如此修改后，过程与方法目标更便于操作和检测，情感态度与价值观目标的落脚点放在了解对外贸易的发展传播了中华文明相关内容之上，这样该目标便切实可行。

当然，为有效达成教学目标，双语教师还需要不断突破语言关，不断丰富词汇量，创设学习环境，努力提高汉语运用能力和水平，从而在双语教学过程中得心应手。

（二）以生为本，深化课程改革

《义务教育历史课程标准》（2011 年版）指出，要根据教学目标、教学内容的特点，考虑到学生的实际情况和教师的自身特点，在相应的教学条件下，选择和运用适当的教学方式、教学方法和教学手段。教师要注重启发式、互动式教学，积极探索多种教学途径，组织丰富多彩的教学活动。

叶圣陶先生说："教是为了不教。"教学过程实质上是一个信息传递的过程,也是师生之间交往合作的过程,而在这一过程中教师只是引导者,学生是活动的主体。新课程改革的推进,需要教师不断更新观念,关注全体学生的发展,关注每一位学生的学习状态。

教师一味照本宣科,学生为应付考试而不断地练习,这种粗放式、低层次的教学,表现的是教师本位、知识本位,急功近利,强度大而效率低。师生角色错位了,教师对学生控制太多、约束太多,限制了学生想象力和创造力的发挥,学生在课堂中始终处于被支配的地位,这违背了素质教育的初衷。

在问题二的案例中,我建议该学员做如下修改:

阅读下面三则材料,回答以下问题。

材料一:唐后期,"安史之乱"与藩镇割据混战使关中地区经济受到严重破坏。五代之际,黄河流域政权更迭,战乱不已。其后,北方历经靖康之难、宋金对峙、蒙古灭金,战乱不休。

材料二:宋代时南北气温普遍变冷,南方相对适宜农作物生长。加之在长期的经济发展过程中,北方环境遭到严重破坏,而南方受到的破坏较小,南方农业发展较快。

材料三:

朝代	南方		北方	
	人口/户	占全国户口比例/%	人口/户	占全国户口比例/%
西汉	2470685	19.8	9985785	80.2
唐朝	3920415	43.2	5148529	56.8
北宋	11224760	62.9	6624296	37.1

由以上材料看出,中国古代经济重心南移的原因有:

①_____　②_____　③_____

不难看出,结合具体、生动的史实,可以多方面调动学生的学习积极性,激发学生学习历史的兴趣,引导学生从被动学习转向主动学习,提高学生的学习能力,实现师生角色复位,最终让学生成为课堂主体。

(三)挖掘资源,彰显学科特色

历史课程是人文社会科学中的一门基础课程,具有思想性、人文性、基础性、综合性的特点,拥有丰富的课程资源,对学生的全面发展和终身发展有着重要的意义。基于这方面的特点,历史课程应该大力开发课程资源,丰富学生的视野,激发学生学习的兴趣。

在问题三的案例中,如果学员能够对学情有更多的了解,充分挖掘资源,给学生多些启发,就不会出现学生失语的尴尬局面。

在该案例中,我和学员一起做了如下修改:

幻灯片播放江南水乡的美景,音乐伴奏《太湖美》。师问:谈谈你们对江南的印象如何?(生答)

2.师问:通过刚才的图片展示,我们看到了秀美的江南,富饶的江南,那么大家想不想知道古代的江南是怎样的?

材料展示:

材料一:楚地(江南)之越,地广人稀,饭稻羹鱼,或火耕而水耨……无积聚而多贫。

——《史记》

材料二:(江南)地广野丰,民勤本业,一岁或稔,则数郡忘饥。

——《宋书》

学生根据以上材料讨论分析:两则材料分别说明了当时江南的什么特点?

教师引导:通过材料我们知道,江南地区在汉代和南朝还是比较落后的。那么,从什么时候开始以及什么原因促成了江南的开发呢?今天我们就来学习"经济重心的南移"。

以上导入有效地运用了图片资料和史料信息,引导学生通过综合分析史料来学习课程内容,提高了学生信息提取的能力,充分体现了历史学科的综合性特点。

总之,少数民族地区的双语教学是推动东西部共同富裕、实现教育均衡发展、构建和谐社会的一项重要举措。面对少数民族地区双语教学基础薄弱的现状,双语教师要努力做到"目中有标""心中有生""手中有法",通过不断实践和摸索,探寻一条具有少数民族特色的双语教学之路。

一课一得,添香增色
——教法模拟课实验心得
(曾一晖 嵊泗县初级中学)

去年的教法模拟课,我任教的8班学员全部进行了模拟讲课,每位学员上完课,我就自己看出来的问题一一点评,虽然点评的时候大家频频点头,但是我心里仍感觉收效甚微,因为一个人做事的风格和思维很难因为几句话而改变,更何况是在消化汉语上存在不同程度的困难的学员。

这个学期,他们还将上课,有人说:"老师,我们去年上过了,别浪费时间。"是的,教学方法不变,课堂没有突破,缺少吸引力,还像去年那样一节课上全篇课文,每节课大家为"配合"而在海量的信息当中寻找答案,完成串联起课文的一道道思考题,换成谁都会疲劳和抗拒。所以,我需要动动脑筋,让40多人的班级能够全部顺利完成模拟,并且有所收获。

一、统一思想

学员们告诉我,在原单位,他们通常被要求将一篇课文分4~6课时来教授(各市县教育局或教研室要求不同),因此在他们的观念中,字词、句型(语法)、课文大意和课文中心是各自独立而无关联的,而从上学期上课的效果来看,有意地分割或者不能进行有机组合,只会让课堂了无生趣,这样一堂课下来,老师上得辛苦,学生学得无助,是非常不利于汉语的推广和使用的。因此,我建议学员在模拟上课前充分备课且反复消化,上课由面到点,重点突出,有读有练,争取在20分钟的课堂上有所收获。

由于每位学员已经在备课指导老师的点拨帮助下准备了6个教案,教法模拟只需要从中选择,课前讨论操作细节,因此学员压力相对较小。

二、选择段落

从过去的观察来看,学员模拟上课的内容一般为某篇课文的深学部分,即理解文章主要内容并回答相应问题。学员在理解全文的基础上,应该针对作者的思想感情对课文有所挖掘。

为学员将来返校考虑,我通常在学员模拟上课前要求其再研读课文,选择课文中感触最深的段落,磨课讨论。选择段落,上可联系全篇、掌握主旨,下可学习字词、直达感情,所以是很关键的一步。而被选择的段落,必须是最打动授课人的,因为他带着感情和体会去教,才能驾轻就熟,才容易打动听课人。

三、设计步骤

(一)导入

学员们用得最多的导入方式是提问式,因此常常引出"假问题",比如:"你们知不知道(了不了解、喜不喜欢)……"这类问题的回答非常容易,无须借助资料或回顾已学内容,对于吸引学生注意力、顺利引入课堂,起不到实质性的作用。因此,在学员向我咨询的时候,我推荐了表演式或体验式导入。比如:阿依努尔讲授《珍珠鸟》一文,导入方式是请学员观看老师进入教室后的系列动作(为讲解珍珠鸟动作部分做铺垫);古丽扎旦木讲授《中彩那天》一文,导入方式是请三位学员表演买彩票的过程(前情介绍);佐热古丽讲授《大瀑布的葬礼》一文,导入方式是采访班级学员(由彼及此)。

这类导入既关乎课文,又贴近实际,所以能够迅速吸引学生,对引导学生进一步学习很有帮助。从上课效果来看,学员们少了敷衍和疲惫,多了关注和微笑,并且争相改进。

(二)实施

学员习惯将词语和课文分割开来教学,但词语失去语境也就失去了联想空间和趣味,非常不利于理解和学习,反而增加了学习的难度。因此,我建议学员在课堂导入后直接学习本课的重点段落,在熟读段落的基础上寻找互相矛盾的、动人的或者不可思议的细节,讲明依据后再深入研读其中关键的词语(用删除法、替换法、对比法等),感受作者的用心。

比如阿依古丽·肉孜讲授《在那颗星星下》,重点词语是文末的"沉甸甸"和"纤细",提问:"既然老师是瘦小的,手是纤细的,那么作者缘何感觉'沉甸甸'?是否矛盾?"再比如,迪丽阿热讲授《枣核》,重点词语是开头段落的"殷切"和"托在掌心",引导学生关注疑难词的意思和用法,区别有无"殷切"的情况,区别"托"和"拿""捏"等的用法区别,从而理解感情的差异和作者的用意。

这样的教法实现了从触及皮毛到深入血肉,所以每次我们磨到这一环节的时候,学员会恍然大悟,上课中进行到这一环节的时候,往往能得到听课人的积极回应。

（三）练习

语言的学习重在运用,因此课堂教学应适时植入练习,趁热打铁,加深印象。课本上学的东西,可以模仿,甚至可以创造性地运用。

比如:阿依努尔讲授《珍珠鸟》,在梳理了珍珠鸟的系列动作后,立刻请买买提江表演了一番,然后请大家仿照课文连续使用动词的方法说一说、写一写;热依拉讲授《珍珠鸟》,在讲明其外形特点后,出示了另外三种动物的图片,请大家分组描绘其一,然后各组出示佳作,形成竞争氛围。

从学员们听课、讨论和练习的劲头和效果看,这样的设计是有成效的,并且也粗浅地解答了学员们在工作中的疑惑——学生为什么不会写作文?应该怎么训练? 我们有课本,每篇课文里都有值得学习的细节,为什么不充分利用,给学生现成的示例和及时的训练?

四、评课小结

每位学员讲课结束,由后一位学员进行评课,然后我再根据自己的听课笔记复评。虽然评课只占课堂时间的四分之一,但是不能忽视,评课可以检验学员听课的质量和评课的水平,可以带领全体学员回顾课堂要点,学长改短,还可以锻炼我自己的反应能力和对课程的判断能力。有的课堂教学内容超出了学员的理解能力,评课时如不指出,对学员的专业成长将十分不利。

阿丽米热在评买买提江的"维吾尔族的传统民居"一课时指出:①"对买买提江老师的×××环节特别印象";②"不知是提问不够清晰,还是自己理解错误,因此课堂上讨论羊角的时候,我就说和南北疆有关系了"。

在第1点中,阿丽米热犯了一个常见的语法错误:特别印象。名词"印象"的前面应该有动词"有"。第2点,阿丽米热中肯委婉地表达了买买提江老师提问不够严谨,从而误导了学员,既指出了问题,又保全了对方的面子。通过我的复评,学员又掌握了一个语法知识,还知道了提问时应严谨有效。

诚然,一节模拟课时间是有限的,但是精心设计、用心教授、虚心改进,就会让这 45 分钟产生不一般的能量。假若大家的努力碰撞出智慧的火花，并能照亮将来学员返岗后的日常工作，则善莫大焉！

痛并快乐着
——记一堂优质课的成长体验
（叶蓓蕾 瑞安市飞云中心小学）

从教近 20 载，上过各类公开课，从未像这次来得"压力山大"，因为面对的是刚接任的班级，接触的是汉语水平参差不齐的学员，所执教的是难度值高、学员为之惧怕的读写学科。都说教学如登山，充满艰辛，又收获风景，痛并快乐着。一堂优质课的观摩课亦是如此，我似一个蹒跚学步的孩童，在途中跌跌撞撞、摸爬滚打，伤痕累累，但一路的探究思变、成长体验恰是我的快乐源泉。从起初的矛盾踌躇到坦然接受，从备课过程中的苦思到课堂上的轻松自如，这是一份难得的磨课经历，更是一次痛并快乐着的体验。

一、山重水复疑无路

上学期上过一堂优质课，教学内容是一则故事，需要引导学员从中悟得人生的哲理。教材故事性强，配上相应的连环画，理解起来并非难事。而此次的优质课该从何入手，该让学员学会些什么，课题的选择成了摆在我眼前的大难题。

反复翻看了后面几个单元，切合学员的实际、贴近学员的内心，能引起学员共鸣，并能引起我个人兴趣的唯有第九单元"新疆民俗"。可我又迟疑了：我对"新疆民俗"了解泛泛，在学员面前"谈民俗"无疑是班门弄斧。

我，再次心怯地驻足在了门外，深感前路一片渺茫。

二、拨开云雾见青天

随着上优质课时间的逼近，我不得不又将目光投注其间，思来想去，依旧钟情于"新疆民俗"。也罢，边学边教，现学现卖！我试着围绕"新疆民俗"主题，从饮食、衣着、民居等方面在网上搜寻大量资料，了解当地的民俗习惯，走进文章的背景，然后委托学员帮忙寻找各类素材，包括图片与音频。

大致定下了教学设计框架之后，我开始试教，请同组的两位老师把关，并提出修改建议。整堂课下来,自我感觉思路比较清晰,但由于学员学前没有任何预习与准备,整堂课的内容过于饱和,教学环节显得冗长,而重点并不是很突出。一堂课下来,我大汗淋漓,浑身乏力,可学员掌握并不扎实,从他们做的练习答案就可以反映出来。

试教结束后,同组老师向我提出了许多中肯的建议,如音乐视频的适宜插入,文章重难点的突破,理解字词方法的渗透,师生互动环节的增加,等等。我重整旗鼓,审视教学的每个环节,记录其间的每个困惑,查找相关资料解惑并及时改进,从学员的需求点出发,寻找学员学习的兴趣点,力求一一突破各类难点,在课堂上形成思维的碰撞,并"授之以渔"。

4月20日上午的优质课,我先从图片音乐导入,让学员整体感知新疆民俗,继而将课堂的主体性还给他们——在规定的时间内完成相应的学习任务。分析课文内容环节,将课后的练习题穿插于内容讲解中,通过充分的讨论,引导学员总结出阅读文章时理解词语的几种常见方法,最后以一段有关新疆人待客礼的视频作为课堂的结束。课后,我被学员们簇拥,坎拜尼沙说:"讲得很好! 导入新课和让大家欣赏课程当中的习俗风味,最后的到此结束的方式,都挺好的!"得到学员们的肯定,让我更确信优质课需要立足学情,根据学员感兴趣的话题及具体存在的问题去选择教材内容,把握学习重点,根据学员真实存在的困惑去传授切实可行的方法。

三、为有源头活水来

这一堂优质课的磨课经历,给了我又一次历练的机会,个中滋味,唯有自知。当回眸过程时,感受颇深。

首先,关注学员,用心备课。备课,不仅仅只是备课文,更重要的是备思想,关注学员的兴趣和直接生活经验,抓住简单又直接的教学资源,在反复思考与准备的过程中,应从多方面考虑,方能因材施教。

其次,关注细节,注重过程。"态度决定高度,细节决定成败。"老师在思想上绝不能有丝毫麻痹,要关注课堂上的每个细节,如学员的知识薄弱点,重点的切入口,难点的突破口。虽然课堂上会有疑惑,体验中会有迷茫,尤其是每一次课堂上的"推翻"和"重建",让人无所适从,但经历过后便会发现,只有付诸实践才会有收获。从纠结、焦虑、紧张,及至心无旁骛地调整,每一段磨课经历都是教学经验的积累,都是个人教学风采的展示。

最后,继续历练,收获过程。每一次磨课的经历都是一次收获,在磕碰中前进,在前进中摸索,在摸索中领悟。成长的道路并非坦途,一路充满波折与艰辛,成功并非一蹴而就,需要踏实地走稳每一小步,在学习中提升,在历练中进步。这一成长过程不乏煎熬,但又何妨?痛,但也快乐着!为着这一份教育快乐,我们愿继续果敢前行,迈步于双语教学的阳光大道上!

倾注情感的雨露,浇灌读写教学的花朵
——阅读与写作组教学心得
(叶蓓蕾 瑞安市飞云中心小学)

读书造成充实的人,会议造成未能觉悟的人,写作造成精确的人。

——培根

一、课程现状

本学年我们"阅读与写作"教学组共七人,负责的课程教材为《新编汉语阅读教程》。它是阅读教材,侧重培训学生的阅读能力和阅读技巧,扩大学生的知识面和汉语的接触面。这本教材(浙江版)今年刚使用,面对不太熟悉的学术领域,毫无头绪的教学章节,以及教学资料为零的现状,全组人员陷入困境。

二、摸索探行

七人小组本着认真负责的态度,问询了前辈们的教学经验,聆听了他们的心得体会,采纳了他们的真知灼见,着重从教材的编排特点入手,结合学员的实际情况,详尽备课,制作课件。据正面调查和侧面了解,学员汉语水平存在着一定的差异,甚至一些班级相差悬殊,这给教学进度带来了不小的困难。

我们决定由浅入深、循序渐进,加强学习方法的指导,实施"拉帮带扶"措施,以求提高班级学员的读写能力,尽快适应汉语交际和汉语授课需要。

三、且行且思

众所周知,即使是最优秀的双语教师,也不可能教给学员在任何时候、任何情境都适用的操作方法。提高学习效率,离不开老师必要的讲解和一

定量的举一反三的练习,尤其是利用知识迁移的典型练习。

如阅读完《我的亲娘》后,安排学员在小组内讨论:"你是怎么看待亲情的?亲情在你的成长过程中起到什么作用?请举例说明。"我先让学员组成四人小组进行讨论,然后派一名代表执笔,一名代表发言。对于亲情,每个人都有话想说,只不过表达能力有所区别,书写能力也有差异,但以课文为载体,一定程度上可以缩小学员汉语表达的差距。

我们改作文时注重面批,因为有了前面许多环节的铺垫,这样的面批有更强的针对性。老师和学员结合优秀范文和自己的习作探讨修改,"吐糟粕而吸菁华,略形貌而取神骨"(清代著名文论家许印芳语),在模仿当中了解他人用意,发现规律、掌握精髓,然后逐渐注入自己的个性特征,向更高的目标迈进。

四、总结与寄语

经过一个学期的磨合调整,课堂上,学员们学习氛围活跃,交流讨论,读写结合,积累语言。我相信,在全体组员的用心、用情之下,定会浇灌出读写教学的灿烂之花。

双语教学"教法模拟"的"传移模写"策略
(詹喜庆　杭州市莫干山路小学)

1600多年前,谢赫在《古画品录》中提出了"传移模写"理论,该理论在今天仍然作为绘画学习者的基本方法之一。它是中国画学习的必由之路,中国历代绘画大师都有着这一学习经历。如张大千临摹传统古画技术已经达到登峰造极、以假乱真、超然洒脱之境界,三年敦煌临摹壁画的苦行僧习作也是遵循这种学习方法。我将它理解为"生而熟,熟而生,生而熟"——从陌生起步,通过大量的练习达到熟练,当熟练到一定程度时再寻找一种新生绘画风格,不断追求,最终形成自己成熟的艺术风格。

这种学习方法扩散到其他技能,如教师课堂教学技能中,也同样受用。来新疆阿克苏从事双语教学一年多时间,我根据双语课堂教学模拟的特殊性,结合多年的教学经验以及以前组织过的一些教研策略,摸索出新的"传移模写"模式,下面就自己一年多的教学实践谈谈所感所悟。

一、传道新思想，传递新理论

传道，旧时指的是传授古代圣贤的学说。在双语教学第一阶段，我在模拟课堂中大量渗透古今中外的美术理论知识，如利用 12 课时介绍《西洋绘画史话》（日本相良德二等）和《中国绘画史要》（何延喆），了解了绘画史的发展概要。学员表现出很大的学习兴趣，特别是对中国文化和中国绘画艺术，兴趣浓厚，阿依古丽和艾海提等学员就决心在双语教学中好好学习中国画的基本知识和技能。第二阶段，我利用 12 课时带领学员欣赏古今中外大量优秀的美术作品。学员通过赏析作品内化美学素养，提升美术鉴赏水平，这为他们日后重返美术课堂教学打下了坚实的基础。"要想给学生一杯水，自己必须有一桶水"，这样的理念渐渐深入老师们的心里，相信日后维吾尔族美术教师可以成为新疆艺术的急先锋。

传递，即在教学模拟中向学员传递新课标下的新理念，传递国内外美术教学新思想、新动向。我要求学员每人购置一本《义务教育美术新课程标准》（2011 年版），利用 12 课时详细解读了新课标，同时和学员一起观看杨景芝等专家对新课标的解读，让学员在思想上、认识上站在美术教学的前沿阵地。

二、移花接木，移情别恋

所谓"移花接木"，就是在模拟汉语课堂教学各个环节中，将别人的优秀的教学语言、教学方法、教学手段进行有效选择，巧妙地嫁接到自己的教学中，为自己的汉语课堂教学添彩。

一个良好的开始就是一堂好课的起步。在导入环节的模拟课中，我和学员收集了大量的导入手段、导入的激趣模式、导入语言等，如游戏导入法、场景模拟法、图片导入法、视频导入法、魔术导入法等。用汉语去演绎这些导入法，将"鲜花"巧妙地、流畅地、顺利地嫁接到自己的课堂教学中，是模拟课的一大亮点。

一个好课的结尾，必定留给学员美好回忆，换来学员对美术课的再一次期待，所以课堂教学的结束部分更需要"鲜花"来捧场。或是来一场意犹未尽的美术展，或是鉴赏学员的作品，或是神秘的课外延伸，抑或是教师或学员精彩的课堂小结……

除了头尾之外,中间的教学环节更是打磨的重要阵地,如教学环节之间的衔接语、表扬学生的各种丰富的语言,提问的技巧,等等,这些远非十几节模拟课能教授的,需要维吾尔族学员做个有心人,在不断学习汉语的基础上,更多地借鉴优秀教师的教学理念、课堂艺术、教学语言,为自己的汉语教学增光添彩。

"移情别念",是我在双语教学中经常向学员强调的一个工作和学习理念,它是指在说好用好民族语言的基础上,将语言重点和情感转移到汉语学习中来。在学校、在家里、在公共场合,尽量使用汉语,这样才会迅速提升汉语水平,能在美术课堂教学中游刃有余地发挥自己的双语特长,为阿克苏地区的教育事业增砖添瓦。

三、模大师的课,磨自己的课

"模"亦为"摹";摹,规也。对维吾尔族教师来说,用汉语教学其实是一门新的学问,要想很快地适应汉语课堂教学,临摹经典的优质课是捷径之一。我给学员观看了国家级、省市级优质课评比中的获奖作品,如浙江特级教师李正火、王献明、朱国华的优质课,北京美术特级教师张文琦的优质课,上海美术特级教师陆长根的优质课,让学员根据自己教学风格和喜好挑选优秀的优质课进行"临摹",从这些"大咖"的课堂中学习教学理念、教学语言、教学技巧。除了引导学员临摹学习美术课,我也大量收集其他学科的优质课,如王崧舟老师的小学语文课、窦桂梅老师的小学语文课等,对这些课的聆听和学习大大触发了学员的学习热情。

从临摹别人的课,过渡到慢慢地打磨自己的课,需要学员不断学习、不断研究。模拟课的后期,每位学员定下一节美术课,通过试讲、教研、再试讲、再修改的方式来打磨自己的优质课。来自沙雅中学的美术教师克里木临摹的是江苏省一位著名美术教师的小学国画课"五官的变化",先后临摹试讲了四次,每次试讲后学员都会提出合理的建议,最后他不仅改课题为"我的喜怒哀乐"(喜怒哀乐的描绘对于民族老师来说是个难题),还将原来的国画课改成卡通画课程,不管是教学思路还是教学效果,都有了质的飞跃。在青海省援疆项目组来阿克苏调研时,克里木展示了这堂课。

四、从模拟课堂的"写真",到创作课堂的"写意"

这里的"写真"即课堂模拟的写实。民族学员的课堂模拟试讲、全体教师教研、修改教学设计等形式的视频已经积累了将近 50G 的资料,我们要求学员拷贝自己的课堂视频进行观看,发现自己的优缺点,扬长避短,不断优化课堂教学,从教学设计、教学环节、教学语言、教学技巧、教学效果等方面不断改进。事实证明,这样的"写真"深受学员喜欢,也大大提高了模拟课堂的有效性和学员的参与积极性,很多学员在后期都争着上台展示自己多次修改后的作品。有的汉语基础薄弱的学员甚至拿着教案上台一遍又一遍地"写真"。

"写意"即直抒胸臆、抒写心意。"写意"是国画的专业术语,是国画表现手法的最高境界。课堂教学艺术的最高境界也应当是"写意",这要求美术教师要有极高的专业素养,能在课堂上滔滔不绝,讲解古今中外的美学知识;能在课堂上妙笔生花,示范简笔画、水彩画、国画等美术技法;能在课堂上随机应变,巧妙地处理教学中各种突发状况……当然,这对于任何一个美术教师来说,都是一辈子的追求。在一些特别勤奋、特别智慧的维吾尔族学员身上,我看到了他们的追求,如:温宿五中安外尔老师,多才多艺,活泼开朗,相信在民族语言课堂上他一定是出色的美术教师。这次的双语培训,他非常努力,不管是在别人的还是自己的模拟课堂上,他都能积极参与研讨。他自己研磨的教研课"美丽的装饰画",从"临摹"到"创作",一遍遍修改,反复和我研究 PPT 的制作、课堂语言的规范等。最终,在 2014 级双语教师培训毕业展示中,他取得了很好的教学效果,展示了他热情活泼、幽默机智的教学风格。这一案例可谓模拟课堂的"写意"之作。

我相信,随着双语教学的不断推进,阿克苏的美术课堂一定会涌现一幅又一幅"写意课堂"的画卷。当然,路漫漫其修远兮,打造优秀的双语教师,全面推开维吾尔族教师课堂教学的汉语之门,还有很长的路要走。

第二章　导师学术论文

"数学专汉"教学实践与思考

（徐斌华　温州市第八中学）

"数学专汉"教学的目的就是让学生通过对这门课程的学习，掌握数学定理、定义和一些专有名词的汉语表达，了解数学推理过程的表述，提高学术性汉语文献的阅读能力，并在阅读的过程中体会、比较维吾尔族和汉族文化在数学教学方式、方法上的不同，在比较的基础上获得一些对旧知识的新认识，了解对同样的知识点不同的阐释方式。而且对于学过的数学知识，也可以站在一个新的、更高的角度进行研究，扩大视野和知识面。

一、数学双语教学的现实意义

"义务教育阶段的双语数学课程，其基本出发点是提高民族学生民汉文能力，使学生获得对双语数学的理解的同时，在思维能力、情感态度与价值观等多方面得到进步和发展。"

数学是双语教学实验的重要课程，为了排除少数民族学生学习数学的语言障碍，保证教学的顺利进行，有的学校开设了专业汉语课，以其作为数学教学的辅助语言课程。

数学学科的双语教学具有非常重要的意义。

第一，数学学科的双语教学可以为学生提供更多学习汉语的机会。众所周知，环境因素对学好汉语非常重要，而汉语课堂上的短短几十分钟显然满足不了学生学好汉语的需要。双语数学课为学生创造了另一个接触汉语的空间。

第二，为学生学好其他双语学科和理解科学信息打好基础。数学学科的双语教学可以作为汉语教学的一种应用层面的延伸。学生在汉语课堂上接触的汉语是现实生活中的语言,很少能见到学科性很强的语言材料,这样的材料中包含了大量的专用词汇,有很多学科特有的表达形式,学生如果没有经过一些训练是很难读懂的。在双语数学课中,学生通过应用这些表达,既能复习一般意义上的汉语,又能学会数学和其他相关学科范围内的应用汉语。

二、数学双语课堂存在的主要问题

为了能上好初中数学专业汉语课,笔者多次进入教育学院地区班和拜城某中学双语班的课堂,认真听课并与相关老师坦诚交流,发现目前数学双语课堂存在如下问题。

第一,忽视了数学语言在维汉两种文化背景下理解上有差异的教学,没有重视数学语言结构的分析。

维汉学生对一些数学词汇存在不同认识。如某例题"过了 20 秒,飞机距离这个男孩头顶 5000 米",有的民族学生认为"头顶"指"头的上方";汉语语境中,这里的"头顶"是"头部一点"。教师对维汉学生理解有差异的语句未作任何解释和说明。

维汉两种语言结构不同。维吾尔语中动词后置,语句的基本结构为"主语＋宾语＋谓语";而汉语中,特别是数学语句中,大量使用限制和修饰词语,这些词语按照"主语＋谓语＋宾语"的次序排列。比如在某一课例中提到的语句"用直角三角形拼成一个含有以斜边 c 为边长的正方形",翻译成维吾尔语为"c 斜边的直角三角形正方形为边长作",这种维汉语言结构上的差异制约着民族学生理解汉文化背景下的数学文字语言。课堂中教师对民族学生感到困难的拼图语言"作一个含有以斜边 c 为边长的正方形"未作结构上的分析,其结果是学生记忆了大量的词语,却不会分析含有修饰关系的语句,更不理解复杂语句的实质意义。

此外,双语学生的实际语言能力与数学教学所需的基本语言能力有一定距离。

第二,未处理教学中的语言难点,教师"包办"应用题的文字分析。

在"探索勾股定理——证明勾股定理"这堂课中,解释完为何要证明勾股定理后,教师要求学生将 4 个全等的直角三角形拼成一个含有以斜边 c 为边长的正方形。含有限制和修饰关系的拼图语言是本节课的语言难点,民族学生很难理解这类语句。但在布置任务时,教师没有解释分析这个语句,而是要求学生参照教材图示拼摆。这种教学方式对学生理解类似的语言没有任何帮助,也限制了学生从事更高层次的数学思维活动——探究多种拼图方法。

随后的例题讲解中,教师代替学生分析题意。理解应用题的文字意义和文字意义所表达的数量关系是解答应用题的难点,其中,应用题的文字理解是民族学生解题困难的原因之一。而教师却采用一边读一边画示意图的方式分析题意,完全代替学生解答应用题时应做的文字分析工作;分析中也没有仔细考查学生是否存在语言理解障碍。当学生对飞机的路程产生错误认识时,教师也未予以足够重视,而是直接采纳其他同学的建议,学生独立分析能力没有得到培养。

第三,缺乏对小组合作学习中维吾尔语思维和维吾尔语交流行为的引导。

据调查,无论是在校外还是在小组合作学习的活动中,民族学生均习惯用维吾尔语交流,维吾尔语为主要思维语言。他们习惯将汉语译成维吾尔语,借助维吾尔语思考问题,并将思考的结果以汉语形式报告给教师。出现这种现象时,教师有责任指导学生用汉语讨论所要解决的问题,不断要求学生用汉语对其思考问题的过程进行描述,并做出必要的语言修正,使得学生的汉语表述有一个由不那么准确到比较准确的不断完善、不断发展的过程。而事实上,教师默许了学生在合作探讨问题中的维吾尔语交流行为,未对其加以指导,只关注学习结果,并没有引导学生对自己的思考过程用汉语做出说明,这样做无疑使学生失去了用汉语陈述、思考问题的机会。

三、部分沉浸式为主的双语教学模式

沉浸式双语教育,是指用第二语言作为教学语言的教学模式。在沉浸式为主的双语教学中,第二语言不仅是学习的内容,而且是学习的工具。学生在校的全部或部分时间内,沉浸在第二语言的环境中,教师只用第二语言面对学生。从教学形式上区分,双语教育可分为部分沉浸式双语教育及完全沉浸式双语教育。

迄今为止,沉浸式双语教育已经在许多国家和地区开展,包括加拿大、澳大利亚、芬兰、匈牙利、爱尔兰、新西兰、新加坡、南非等。部分沉浸式双语

教育,已经是一次成功的教育革新。研究表明,通过部分沉浸式双语教育,学生能够具备很好的双语能力,其母语能力并不会因为沉浸语(第二语言)受到削弱,因为母语在学校、家庭、社团中的应用仍然比较广泛。部分沉浸式双语教育,使学生能分享两种不同语言文字和两种不同的文化。

四、数学双语教学的课堂实践

双语教学不是简单的"学科＋汉语",而是学科与汉语相辅相成,即汉语与学科教学自然地融合在一起,汉语的引入是为学科教学服务的,而不是单纯地把维吾尔语换成了汉语。完整的双语数学教学包括两个部分:一部分是专业汉语的教学,即数学语言的教学;另一部分是数学知识的教学。对民族老师来说,数学语言的教学是数学知识教学的前提。汉语水平是决定双语数学教学实验成功与否的重要因素,因此,在教学中,应重视数学语言在两种文化背景下理解差异的分析,结合数学语境进行结构分析,并将数学语言的学习整合到数学课堂教学的各个环节。在实际教学中,我们采用各种措施把这两部分教学结合在一起。

五、数学双语教学的学科目标

第一,数学双语教学应以数学学科目标为首要目标。

由于数学双语教学的本质仍是数学教学,所以数学双语教学的学科目标应与使用汉语作为教学语言的数学教学的学科目标完全一致,即相同的教学内容,不论采用双语还是单语进行教学,都应达到相同的教学效果。数学学科目标应是数学双语教学必须首先达成的目标。在实际教学活动中可能会出现在规定课时内难以完成教学任务的情况,严格遵循"数学学科目标优先"原则,尽量在双语课堂上达成数学学科目标,是对数学双语教师的基本要求。

第二,数学双语教学应侧重汉语的工具性。

语言最主要的功能在于交流,与英美等国家的家庭成员之间同时使用英语与母语两种语言进行日常交流的情况不同,我国的少数民族老师(学员)很难在下课后找到一个适合培养听说能力的氛围。双语教学的开展很好地弥补了汉语课时有限的缺陷,延长了学生在校内学习汉语的时间。双语教师在教学中应侧重汉语的工具性,注重培养学生汉语听说方面的能力,同时帮助学生养成用汉语进行交流的习惯。

六、数学专业汉语课堂的具体做法

第一，双语授课重视数学语言的结构。

教师通过分析数学语言的结构，总结出数学定义、定理、概念中最常用的语言结构及相应的联结词、句型等，然后向学员详细讲解语言结构的特征、相应的联结词的意思，让学员理解并记住，这样才能有效地处理好教学中的语言难点。

第二，创设全汉语的语言环境最有利于学生的听说读写能力的发展。

在数学双语教学开展的初期，我所使用的汉语语句语法简洁、词汇简单，坚持用清晰、洪亮且比较慢的语速发音，必要时，还会使用夸张的面部表情与肢体动作以确保学员能够理解。还可以设计一些问题，要求学生用简单的汉语回答，培养学生的语言运用能力。随着学生汉语知识水平与课堂适应能力的不断提高，我有意识地策划一些师生互动、生生互动的教学活动，锻炼学生用汉语交流数学知识、讨论数学问题、进行数学思维的能力；要求学生在课后阅读一些与数学相关的汉语短文，扩大学生的词汇量；引导学生多接触数学知识，有意识地培养学生的多元文化意识。在教学过程中，我尽量用板书的形式展示相关教学内容。

第三，"说数学"让学员敢于开口。

"说数学"其实就是课堂上的口头交流，包括个人发言、学对话、分组讨论等，在进行这些活动时，对学员只有一个要求，就是必须用汉语来表达。每一节专业汉语课，我都会让两名学生分别用汉语简要总结上一节课的主要知识点，并讲解一道练习题。这不仅创造了一种语言环境，也使得那些害怕发音错误而不敢说汉语的学生迫于压力而开口。

充分利用早读课是提高学生理解数学公式概念的重要途径。我们可以利用这段时间组织学生读一读每节课中的概念，使其能在熟读的情况下逐步理解。中学数学学科的一大特点就是要学习的概念多，而数学概念是整个数学教学的基础，对它的理解和掌握是学习数学的第一步。任何一个概念，其基本的载体就是语言。学生对概念的学习，第一步就是感知和理解语言。所以，要让双语班的学生正确地理解和掌握概念，只能首先从语言上下功夫。

第四，"写数学"让学员勤于动手。

"写数学"即书面翻译。针对所教双语班学生汉语水平低的情况,我坚持让学员进行数学文字与汉语文字的书面互译训练。

例如,训练学生将"$2a+b$"用文字表述为:"a 的 2 倍与 b 的和是多少?"为了提高学员的文字表达能力,我让学员把作业做在本子上,并要求抄题。采用这种方法,不仅可以提高学员的文字表达能力、规范解题能力,还可以提高学员理解问题的能力。这看似很简单,但对于双语班学生来说,能否熟练做到将数学文字与汉语文字互译,关系到其学习数学的兴趣。

第五,培养阅读能力,提高学员理解应用题的能力。

课堂上留给学生一些时间阅读教材,给学生指出相关的关键词及其含义,可以提高学生的阅读理解能力。数学阅读是数学学习的基础环节之一,常常被忽视。阅读能力是学员可持续发展能力的一个重要标志。在数学教学中,教师可针对不同的课型,讲授不同的阅读方法,加强数学阅读能力的训练和培养,让学员掌握科学的数学阅读方法和技能,养成良好的阅读习惯,从而更好地理解和掌握数学知识。

总之,双语教学是新疆教育发展的必然趋势,开展双语教学不是一蹴而就的事情,需要从长远考虑,积累教学经验,分步推行。目前,阿克苏双语教师培训项目为双语教学构建了一个良好的发展平台,我们应该借助于双语教学的教学模式,博取众家之长,开辟一条富有时代特色的双语教育路线,在新课程标准的思想理念的指导下,共奏课堂教学的新乐章!

浅谈维吾尔族学员听说读写能力的培养

(叶旭华 武义县下杨中学)

语言培训的重要目标之一就是培养和提高听说读写能力。维吾尔族学员在听说读写方面具有其自身的特色,由于其母语不是汉语,在家庭中又缺乏学习汉语的氛围,学员听的能力、口语表达能力等方面得不到锻炼,汉语听说能力的发展受到制约。由于维吾尔族学员的母语在音位系统、语法规则上与汉语有一定差异,口语表达的规范、流利程度等方面就成了学习的难点。受母语影响,他们对 ou、un、in 等音无法读标准,常将 zh、ch、sh 读成 j、q、x,在写作时还常常会出现语序颠倒等不合现代汉语语法规范的语句。

基于以上问题,本文就培养维吾尔族学员的听说读写能力提出以下策略。

一、更新教学观念

任何语言的教学都必须符合学生的语言背景和学习能力，应体现其特殊性和差异性，对于少数民族地区的语言培训则更应注重这一点。我们应根据少数民族学员学习的差异性特点，强调教学的针对性，积极实施因材施教。

因材施教作为一种传统的教育思想，应贯穿于我们的整个教育和教学过程。我们应该弄清维吾尔族学员在学习汉语时存在的特点、困难，有准备、有目的地开展针对性的教学活动，反对忽视特殊性的一成不变的教学方法。

二、重视字词教学

教师要有目的地进行训练，使学员的语言能力得到发展，通过分层次锻炼，让学员的听说读写能力获得循序渐进的提高。教师不可忽视少数民族地区语言培训的特殊性、复杂性和差异性，不可拔高对学员的要求，片面追求较高层次的教学——语法分析、段落结构划分理解，甚至文章中心思想分析。教师应引导学员积累大量字词，并对学员的字词运用能力进行培养训练，让学员通过将所学汉字与维吾尔语相应字词相对照，来理解汉语字词。这样，我们的小学语文教学就不会陷入盲目，而是更加具有针对性。

三、注重能力训练

我们应该认识到少数民族学员的母语在音位系统、语法规则上与汉语有一定差异，应将教学内容、教学时间向这些方面适当倾斜，展开有针对性的教学。在"读"的方面，我们应该注意学员的发音，发现有错误的发音，应及时纠正，并通过对话、提问、朗诵、讲故事等练习方式有意识地巩固，提高学员的普通话口语表达能力；在"写"的方面，始终把字词训练与读写训练结合起来，如词语搭配、成语补充填空、歇后语、谚语、顺口溜等知识积累运用，使学员的汉语说写能力进一步提升。对学员选择的表达用语，不管是汉语还是其母语，都要给予积极支持。

四、注意循序渐进

现用的维吾尔文、哈萨克文版读写教材在教学内容的层进性上体现不足,这就需要我们对教材进行调整,针对各阶段、各学习层次提出不同的具体要求。即针对少数民族学员学习汉语的这一特点,从教学要求到教学内容,都应该做出相应改革,遵循由浅入深、从易到难、循序渐进、逐步提高的原则。

最重要的调整是教学内容,应遵循"汉语拼音→生字→词语→句子→段落→篇章"的顺序。平心而论,让汉语积累不多的少数民族学员强行识记生字新词,或者死记硬背词语解释,真有强人所难之嫌。其实对于词语的积累,更应该激励学员主动学习、自觉积累、模仿运用。至于词语的意思,不必强行记忆,不如学陶渊明,来一个"不求甚解,每有会意,便欣然忘食",岂不省事?让学员主动积累,自觉学习,在积累词语的同时,借助工具书,悟出意思,再学习句子,乃至篇章,这样由易到难、由浅入深、循序渐进,也会取得较好的学习效果。

少数民族地区双语培训的层次性应体现在教学的各个方面、各个环节。在教学目标的设定上,既不能迁就特殊性而过低,更不能忽视特殊性而过高,应根据少数民族学员的特点和"跳一跳,能摘到"的教学原则,制定从低到高循序渐进的教学要求,并贯彻于日常教学和测试中。比如在说话训练方面,我们不能一开始就要求他们作长篇大论,而应从片断的表达、简短的叙述开始,随之渐渐提高,直至他们掌握了一定的汉语表达能力。再如写作训练方面,起始阶段做到字词正确、语句通顺就可以了。

五、加强学法指导

在教学中,我们往往把注意力更多地放在"怎样教"上,忽略了学员应该"怎样学"。实际上,"方法比知识更重要"。我们在研究教法的同时,还要帮助、指导学员克服学习中的盲目状态,增强学习的自觉性、主动性,也就是加强学习方法指导,充分地调动、发展学员的主体性、能动性,促进学员在教师的指导下进行主动的、积极的、富有个性的学习。我们更要加强语文学习方法的指导,这对少数民族学员而言极为重要。他们的学习内容是自己民族语言之外的另一种陌生的语言文字,学习存在很多困难,如果我们加强学习方法的指导,使他们掌握科学的学习方法,那么他们的汉语学习将收到事半功倍的效果,所谓"善学者师逸而功倍,不善学者勤而功半"。

六、创设学习环境

现代教育理论认为,语言教学是一个开放性的系统,学员语言知识和语言能力的习得不仅仅来自课内45分钟,教师要指导学员建立"大语文观"。具体而言,把语文学习贯穿于课堂内外、学科内外,提倡、鼓励、督促少数民族学员与汉族老师之间在课内外进行大量的汉语口头交流,建立一种适于学习汉语的学习环境,培养和加强汉语语感;鼓励和督促学员在不同场合尽可能多说汉语,多说普通话,用多说促进多写,推动学员汉语听说、读写能力的提高和汉语综合能力的全面发展。

少数民族地区的语言培训,存在着特殊性、复杂性和差异性。在日常教学中,应转变和更新观念,在具体的语文教学中强调针对性,体现层次性,激发自觉性,这样才能有效提高学员的语言素养。

系统推进"精读"教学之策略浅谈
（童佳敏 杭州市江干区艮山路学校）

"精读"是双语培训中一门具有承前启后性质的重要的过渡学科,它前承口语、读写课程,使学员所学得到进一步巩固,学员能运用精读方法进行文本的解读;而解读文本的功底,又是第二年教材教法学科中钻研教材的重要前提和基础。可以说,精读学科是夯实双语教学、落实教学文本、传播文化知识功能的重要门槛。如何扎实开展好精读教学,是双语教学培训教师值得去研究的。

一、明晰发展蓝图——立基线

大局的发展蓝图看似与精读这一微小的学科没有关系,但如果我们换个角度来看,就会发现并非如此——那就是:文以载道。文以载道本是阅读教学的重要功能,而对双语教学来说,它还起着弘扬时代主题、传承传统文化、打开学生视界的功能。而这几点,对于新疆这一特殊的教育环境而言,恰恰起着十分重要的作用。因此,在推进"精读"教学前,我们必须明晰当前政治环境、时代环境所定位的发展蓝图,以此为基线,准确把握精读过程中的思想、文化解读程度。

在本学期,精读学科坚持以党的群众路线教育实践活动为契机,认真贯彻教育部和自治区教育厅关于全面提高高等教育质量的若干意见精神,认真落实阿克苏地委及教育主管部门关于全面落实双语培训工作的若干意见精神,进一步落实学院党委的工作思路和发展方略,以双语师资培养质量为生命线,突出教学中心地位,实施本科教学工作,强化教师教育特色,完善培养体系机制,加强实践教学建设,推行教学管理改革,坚持内涵式发展,提高主动服务新疆经济社会发展两大历史任务和"三化"建设的能力与水平。

正是在这一正确方针思想的指导下,全体精读学科教师踏实工作,积极进取,顺利完成了预定任务,也较好处理了本学期突发的多变的形势带来的一些情况,使本学期教学工作圆满结束。

二、立足课堂教学——抓主线

课堂是教学的主阵地,尤其是双语培训过程中,学员每天都要应对大量的课内、课外任务,且他们年龄普遍已经进入中年,特别是个别 20 世纪 60 年代出生的教师,记忆力、体力、精力已经大不如前,所以,课堂教学成为他们主要的学习时间段。加上民族习惯和文化的差异,学习博大精深的汉语文学作品,初始阶段学员必然要在课堂上依靠教师的带领和引导。因此,精读学科的教师必须立足课堂,以课堂教学为主线。

首先,教师必须对任教班级学院情况有较深入的了解,至少应该了解学员的来源及基础。每一批学员的来源不同,双语基础不同,其中大多数人正值中年、拖家带口,而已有一定教学经历的学员,在学习动机、学习基础及学习积极性上存在差异。在这样的状况下,要使课堂教学效果最优化,作为教师,必须对生情有所了解。如本学期面对的是 2013 级学员,成绩较好的学员大约占总人数的 20%,以中学教师为主,学习比较积极主动;成绩中等的学员约占总人数的 40%,他们有学习基础,但不稳定,容易失去学习的兴趣,需要老师的不断引领;成绩较差的学生占 40%,他们的学习效果不佳,缺乏学习动力和良好的学习习惯,跟不上总体进度。

其次,教师应该明确自己的学科定位。明确了定位,方能更好地把握教学进度,确定教学重难点。作为主要基础课程,本课程与口语、普通话、读写、听说课在教学方面有密切关系。但本课程的教学重点在于听说读写的综合训练，如听老师和其他学员的对话，说出自己的想法，读生词和课文，写汉字、句子及短文。

最后，教师应遵循语言学习规律，根据民族地区成人教育的特点，因材施教。成人已经具有了一定的知识积累，而我们的学员今后又从事双语教学，因此，在教学过程中要积极发挥教师的主导作用和组织作用，调动学员的积极性和主动性，讲清楚词语的用法，在扩大学员词汇量的同时细化词语使用规则，精讲多练，安排好学员的实际训练，采用灵活多样的教学方法和丰富多彩的教学实践活动，使学员的汉语综合水平不断提高。

维吾尔族本就是一个崇尚快乐、追求快乐的民族，而培训的课程专业性比较强，学员们多是整天坐在教室里，缺乏情绪调节的机会，因此，教学过程中应尽量采用课堂教学与课外实践相结合的方式。如课堂教学中尽可能运用语音设备和多媒体进行教学，对学生的听说读写能力进行综合训练。结合各班学员不同的汉语语言水平及学习积极性，分别通过玩游戏、听介绍和编讲故事等多样化的形式来丰富学员的感性认知，提高学员听说读写的综合能力，使之在日常教学过程中、在期中期末的考核中乃至在日常的校园生活中，都能得以良好展现。

三、提升师资队伍——放长线

良好的师资队伍是提升教学成效的关键，然而，由于环境的特殊性，我们的精读教师队伍在一些时间段显得不太稳定。如本学期由于第三批援疆教师提前回程，以及应对2012级学员实习变化而在期中进行了师资调整，组内师资队伍变动较大，变化较多，不断有教学新手加入。

从提升双语培训成效、建设专业化学科组的角度来说，这些情况还是有相当的处理难度的。因此，必须针对这一多变的情况采取应对举措，使其负面影响减到最小。

学期初，学科组就应着手加强师资培训。一方面，积极发挥"以老带新"机制的作用，让新教师通过学习老教师的观摩课、示范教案等，尽快熟悉学科教材及教学目标、教学特点。另一方面，积极开展集体备课活动，通过分课到户、协同备课等举措，使新老教师在相互支持、相互探讨中加强对课堂的把握，促进课堂教学效率的提升。

学期中，结合学院教学周公开课开展活动，学科组可组织组内教师每人上一堂教研课,组内老教师及骨干力量应积极示范,最先开课。通过听一听、评一评、议一议等方式,让组内教师相互学习、相互帮助,有效促进后半学期教学工作效果的提升。对于经组内推荐上学院公开课的骨干教师,学科组应大力支持,如请老教师亲身示范教学,请骨干教师群协助试教评议等,共同钻研教材,提出改进建议,力争收到最佳的展示效果。

针对学院教学工作日益规范的形势及需求,精读组教师们应遵照相应要求,努力做到用标准流利的普通话组织教学,课前认真备课,课上关注学员,努力让每一个学员都开口,课后认真反思,不断调整并改进自己的教学。

四、坚定政治立场——守底线

2014年上半年,社会上涉疆暴恐事件比较集中,且非常恶劣,这给民族间的和谐带来了一定的影响。偏偏精读学科特点就在于要钻研教材,而教材的内容又丰富多样,其中难免会涉及一些不同的民族文化。加上教材选编的优劣,因此,在教学中也不可避免会出现一些不适合的教学现象。

比如《新疆茶俗》这一篇课文,作者所述的很多关于新疆尤其是南疆的知识都很荒谬,使维吾尔族学员感到可笑甚至还有些小小的气愤。面对这些情况,在集体备课及有教师反馈遇到的情况时,精读组老师应牢记自己援疆的政治使命,坚决以维护民族团结及促进民族和谐为己任,一方面想方设法淡化教材的内容,从语句语法角度去引导学员关注双语学习;另一方面应由学科组组长协助精读组老师们定下策略和基调:当有学员提出质疑时,按照学科组交流时的统一口径引导学员,如可以说"作者也许是因为语言交流障碍才理解错误的,可见双语培训多么重要,希望大家今后积极推进双语教学,让我们能更好地向全国人民介绍新疆,介绍我们维吾尔族"。

诸如此类的细节经常会出现,但因为提前做好了对策,授课中便可巧妙化解,为边疆维稳工作及双语教学顺利开展尽绵薄之力。

总之,援疆双语培训工作适逢一个关键时期,多变的形势和队伍,也是对每位援疆教师工作的一次锤炼和考验。在学院领导、援教团领导及学院主管部门的指导下,学科组全体教师应大力支持、团结一心,在努力工作的同时,勇敢面对并克服各种困难,为达成更好的培训成效而不辱使命!

巧施粉黛增颜色
——浅谈初中作文教学中的人物描写修改策略
（许　剑　建德市新安江第一初级中学）

一、初中作文人物描写中存在的问题

记叙类的作文是初中作文训练的重点，而写人的作文对于初中生来说又是重点中的难点。在平时的作文训练中，经常会碰到诸如人物描写失真、描写语言平淡、人物形象单薄和人物脸谱化的问题。

（一）人物描写失真

有位同学写自己的妈妈——"我的妈妈是一个有着水灵灵的大眼睛和一把长长的头发的美女。她披着一头如云的乌发，穿着一袭白裙，在厨房里为我们做早饭"；有的同学写自己的老师的头发是爆炸头；写同学感冒了——"如今的她面色苍白，嘴唇发紫"……不难看出，这些人物描写，严重脱离了现实，失去了本应有的生活的真实。第一个例子中的妈妈更像是琼瑶剧中的女主角，第二例中老师的头型有点像古惑仔，而第三例中的同学哪里是得了感冒，简直是得了不治之症！

（二）描写语言平淡

如有同学写："我不高兴的时候比较明显，沉默是我的代言人。我喜欢与朋友分享快乐和痛苦，这是金牛座人的特点"；"我的同桌，她叫黄梦婷，是一个稍微胖的女生"；"语文老师对我们特别好"……这些描写，语言平淡、枯燥，缺少表现力。

（三）人物形象单薄

如有同学写："我还有一个和蔼可亲的哥哥，他非常帅，还非常会干生意，所以我很崇拜他"；"我的姐姐很漂亮，很多人都喜欢她"。类似的句子只是概括而笼统地点出人物某个方面的特点，没有从多个角度、多个层次对人物进行细腻刻画，因而人物就显得单薄，不够立体。

（四）人物描写脸谱化

如有同学写："我的爷爷满头白发，脸上有很多皱纹"；"我的妈妈大约四

十岁,身材不胖不瘦,个子中等";"弟弟长得又白又胖,有些调皮"。上述例子中的人物毫无特点,写的是某一类人,忽视了作为个体的活生生的人与人之间的巨大差异,因而千人一面,就像是京剧中的脸谱。

二、初中作文人物描写修改策略

对于以上常见问题,我认为必须进行有针对性的训练,才能让人物从虚假走向真实,从平淡走向生动,从单薄走向立体,化腐朽为神奇。写人就像平时给人化妆一样,要巧施粉黛,细心勾画,唯如此,方使得笔下人物俊眉秀眼,顾盼神飞。具体来说,宜从以下四方面着手。

(一)细心观察,注意积累

观察力强不强是作文能否写好的重要因素。孩子一般贪玩,看什么容易囫囵吞枣。事后问:看见了吗? 看见了。看见什么了? 讲不出来。训练学生的观察力便显得尤为重要。

训练学生的观察力可以先让他们观察动植物,孩子们一般都喜欢这些。我曾经带了四种不同的树叶到课堂上来,我问孩子们这些叶子有什么不同,孩子们七嘴八舌地说:"松树叶像针,杨树叶掌形,柳树叶像眉毛,银杏叶像一把小扇子。"可是再问他们这些树叶白天和夜晚有什么不同,晴天和雨天有何不同,他们便回答不上来了。我就让学生回去注意观察,写一篇观察日记。有学生写:白天的柳树叶在阳光下,闪闪发亮,绿得耀眼;晚上的柳树叶边似乎卷了起来,缺少生气。通过观察,学生看到了同样景物在不同时间的形貌,写出了景物的特点。

观察植物、动物对孩子们来说相对简单一些。可是,让他们观察人,就有欠缺了。有一次,我让学生写"我的爸爸",有个学生写道:"我爸爸个子很高,也很胖。"写得很笼统,人物没有特点。我让他回家后仔细观察爸爸个子到底多高,体重是多少,走路时的样子。修改之后是这样的:"我爸爸一米八三的大个儿,体重二百多斤,走起路来呼呼生风,身体左右摇摆,踩得地板吱吱直响。"此外,指导学生观察人物,还应教他们观察这个人独有的特征,比如人的脸型、发型、五官、身材、面色……把这个人与其他人不同的地方记录下来,每天写人物观察片断练习,既锻炼了观察能力,又积累了写作素材,提高了写作水平,一举三得,何乐而不为?

（二）妙用修辞，巧增文采

中学生写作文，最容易出现语言平淡、干涩、缺少表现力的问题。要解决此类问题，一是要加强语言基本功的训练，二是学会运用恰当的修辞方法，化平淡为生动，化抽象为具体。

语言基本功的训练可以融入平时的教学中去，在记住生字的字音、字形，理解字义后，还要知道字词在具体语言环境中的意义和作用，最关键的是学以致用。我在上《伟大的悲剧》这一篇课文时，先是让学生读生词，正字音，然后解释词义，接着要求学生用刚刚学过的生词概括文章的内容。这样，学过即用，印象深刻又理解准确。另外，选择一些精美的描写片断进行仿写训练，也不失为一个行之有效的方法。

在夯实语言基本功的同时，指导学生在描写人物时恰当地使用一些修辞方法，增加文采。比喻是最常见的一种修辞方法，一个好的比喻，能让读者对所写人物如见其人、如闻其声，留下异常深刻的印象。如鲁迅笔下像个细脚伶仃的圆规的杨二嫂，刘绍棠《蒲柳人家》中的"一丈青"大娘——"骂起人来好像雨打芭蕉，长短句，四六体……"，阿累《一面》里留着一字须的鲁迅。这些人物形象鲜明生动，让人过目难忘。训练时，要让学生有意识地使用比喻的修辞方法。有位女同学写："一个同学上课时在看漫画书，被王老师瞪了一眼。"我指导她用比喻的手法修改这个句子，改后的句子是："一个同学上课时在看漫画书，被王老师瞪了一眼。那眼神犹如一道闪电，瞬间击中了那位同学。"这个比喻句，生动地刻画出了王老师眼神的犀利，比原句传神多了。除了比喻，夸张有时也能鲜明地突出人物形象。茨威格在《列夫·托尔斯泰》中对托尔斯泰须发的夸张描写，有力地突出了托翁面部多毛的特征。有位同学写自己的爷爷爱美："爷爷的头发每天梳，还会把他的皮鞋擦得很亮。"用夸张的手法修改后："爷爷每天都要站在镜子前，梳半个小时头，还把他的皮鞋擦得锃亮，亮得可以照出人影来！"改后句子更具表现力，突出了爷爷人老心不老、爱美的特点。可见，在描写人物时，有意识地使用适当的修辞方法，能够让人物形象更鲜明，文章更具有文采。

（三）多维刻画，骨血丰满

中学生在写人时，经常出现人物形象单薄的缺点。究其原因，是缺乏对于描写对象多方位、多角度的刻画。描写人物的方法有多种，常见的有肖像描写、语言描写、动作描写、心理描写等。如果只选择其中一种,当然就会缺少层次感,人物形象不够立体。

莫泊桑的《福楼拜家的星期天》,就是一篇学习如何写人的典范之作。作者对四位大文豪进行了全方位、多角度的刻画,对每位作家的肖像、动作、语言都一一进行了详细的描写。文中对福楼拜的描写:"福楼拜转动着蓝色的大眼睛盯着朋友这张白皙的脸,十分钦佩地听着。当他回答时,他的嗓音特别洪亮,仿佛在他那古高卢斗士式的大胡须下面吹响一把军号。这时只见福楼拜做着大幅度的动作(就像他要飞起来似的),从这个人面前一步跨到那个人面前,带动得他的衣裤鼓起来,像一条渔船上的风帆。他时而激情满怀,时而义愤填膺;有时热烈激动,有时雄辩过人。他激动起来未免逗人发笑,但激动后和蔼可亲的样子又使人心情愉快;尤其是他那惊人的记忆力和超人的博学多识往往使人惊叹不已。"这些内容对福楼拜的肖像、动作、语言进行了全方位的刻画,淋漓尽致地表现了福楼拜热情豪爽、博学睿智的特点,使得福楼拜的形象丰满而立体。

有位同学这样写:"我的外公六十七岁,皮肤黑黑的,他每天都会吸烟。"我指导这位同学按莫泊桑的方法,对人物进行多维度刻画。改后内容:"我的外公六十七岁,总是穿着一身洗得发白的黄军装。满头白发中依稀夹杂着几根黑发,跟黑黑的皮肤形成鲜明对照。他每天都会吸烟,只要一坐到椅子上,他的左手便会习惯性地伸进口袋,摸出一根烟塞进嘴里,用打火机点着,深深地吸一口,再徐徐吐出来,样子很享受。"改后的内容由于对外公的服饰、外貌、动作进行了多方位的刻画,外公的形象变得有血有肉、丰满立体。

(四)个性粉饰,神采飞扬

还有一点不容忽视,那就是初中生在写人时也进行了认真的观察,也运用了相应的修辞方法,并且描写了人物的肖像、语言、动作等,但是总感觉人物个性不够鲜明,缺少一种神采。出现这种情况,是因为学生在写人时没有抓住人物最有特点的地方进行刻画,使写出的人物千篇一律,没有个性。这就要求我们在指导作文训练时,从以下几个方面进行指导。

1.重点刻画这个人与其他人不同之处

也就是说,这个人哪些地方与众不同,就抓住这个地方重点刻画。正如一提到《孔乙己》，我们立即就会想到孔乙己那件似乎十多年没有洗、没有补的长衫。鲁迅正是抓住孔乙己是站着喝酒而又穿长衫的另类形象，表现他既不属于短衣帮又不属于长衫顾客的尴尬身份，进而揭示孔乙己懒惰、迂腐、清高的个性特点，使得孔乙己这个人物形象鲜明，过目难忘。一位学生写自己的叔叔："叔叔一米七左右，看起来还顺眼，瘦瘦的身体，两腿稍长。"按要求修改之后："叔叔一米七左右，是个油漆工，常年戴着一顶藏青色的帽子，厚厚的旧迷彩服上总是落满了大大小小的白漆，老远便能闻到一股刺鼻的油漆味儿。"改后的句子鲜明地突出了叔叔作为油漆工的形象。

2. 勾画人物的眼睛

俗话说：眼睛是人心灵的窗户。鲁迅也认为画一个人的灵魂，最重要的莫过于勾画他的眼睛。他对祥林嫂死前眼睛的刻画可谓精妙传神："只有那眼珠间或一轮，还可以表示她是一个活物。"这处描写把祥林嫂死前的麻木、了无生气淋漓尽致地表现了出来。一位学生写邹老师："说到邹老师的容貌，令我印象最深的就是她的眼睛。"这里只是客观地叙述，难以给人留下深刻印象。按要求修改之后："说到邹老师的容貌，令我印象最深的就是她的眼睛。这双眼睛似乎会说话，时而如太阳般温暖，时而如月光般冷峻，时而如大海般深邃。"改后的句子较好地表现了老师眼睛的多变、富有内涵的特点。

3. 在人物描写时进行议论和抒情

有时，为了更好地突出人物个性，需要在描写中融入议论和抒情。莫泊桑在《福楼拜家的星期天》一文中就运用了这种方法。如："他时而激情满怀，时而义愤填膺；有时热烈激动，有时雄辩过人。他激动起来未免逗人发笑，但激动后和蔼可亲的样子又使人心情愉快；尤其是他那惊人的记忆力和超人的博学多识往往使人惊叹不已。他可以用一句很明了很深刻的话结束一场辩论。思想一下子飞跃过纵观几个世纪，并从中找出两个类同的事实或两段类似的格言，再加以比较。于是，就像两块同样的石块碰到一起一样，一束启蒙的火花从他的话语里迸发出来。"这段文字表现出福楼拜热情好客、容易激动、崇尚真理的个性。由此可见，必要的抒情和议论有助于揭示人物的性格特征，使读者更深刻地认识文章中的角色。

在学习了《福楼拜家的星期天》一文后，我在大屏幕上播放莫泊桑的照片，让学生进行仿写。一位学生写道："莫泊桑一副严肃而又慈祥的面庞，一对浓黑的眉毛微锁着,像是在思索着什么问题,又像是对现实充满了不满。"我让他再加一些议论和抒情句。改后内容:"莫泊桑一副严肃而又慈祥的面庞,一对浓黑的眉毛微锁着,像是在思索着什么问题,又像是对现实充满了不满,一对大而有神的眼睛发出尖锐的光,厚厚的嘴唇上两撇浓浓的八字胡微微向上翘着。他的脸总是沉着,看起来严肃认真而又和蔼可亲。"议论、抒情的运用,使莫泊桑的形象鲜明、突出,更具个性色彩。

画龙画虎难画骨,写物写人难写神。只有在平时的作文指导中让学生做到细心观察、妙用修辞、多维刻画、个性粉饰,才能巧施粉黛,使文章中的人物骨血丰满,神采飞扬,俊眉秀眼,顾盼神飞!

参考文献:

[1]肖复兴.我教儿子写作文[M].济南:山东文艺出版社,2003.

[2]牟怀松.初中生优秀作文思维导图[M].沈阳:辽宁教育出版社,2011.

初中语文古诗文阅读有效教学实践策略研究
(许　剑　建德市新安江第一初级中学)

古诗文阅读教学是初中语文教学的重要组成部分,然而现状不尽如人意。我们的课堂存在四个问题。①体式不分:篇篇串讲,字字落实,课堂沉闷。②"文""言"拼盘:疏通字词,分析翻译得并不高明的现代文,忽视了古诗文语言的精妙。③以练代讲:出于功利,盲目训练,欲速则不达。④偏离语文:片面追求人文素养的拓展延伸,造成"非语文化"倾向。课堂上有一定数量的学生存在"虚假学习"的状态,要想走出这一困境,必须从观念上梳理清楚,明白不同文章的功用,了解大部分学生的学习现状,这样才能选择相对有效的教学策略,让古诗文教学效果在原有的基础上增值,达到成效的最大化。笔者通过几年的探究,从以下四个方面来讲讲古诗文阅读教学增值的策略。

一、重视理解性背诵

苏轼曾说:"旧书不厌百回读,熟读深思子自知。"我们大家也都是这样做的。一碰到古诗文,就会要求学生读熟背诵,早自修的大多数时间都分配给了古诗文。然后抄写默写,甚至有敬业的老师让学生每篇古文、每首古诗都翻译。可是,最终的结果如何呢?以去年我区九年级的一模成绩来分析,古诗文默写共六句，三句识记性，两句理解，一句运用性，可区得分率只有0.74，最差的学校仅0.65，我们学校的得分也在0.70左右徘徊。要知道，默写在之前的考试中是拉不开差距的，而且得分率往往都在0.90以上。面对这样的薄弱点，单纯地拉长时间死记硬背肯定不能解决根本问题，只有在课堂寻找对策，让课堂增值，才能真正达成背诵的迁移和运用。

除了题型变化外，关键是我们课堂的教学策略存在问题。尤其是古诗，我们在讲解时，大多是一言堂，没有激发学生参与的热情，学生就如一个大口袋般，敞开着等老师来倒。下课不去咀嚼消化，过几天又全部还回来。到了复习阶段，又都是重新默写，整首诗默写、根据上句填下句、关键字填写等等轮番来一遍，付出的时间超多，得到的收获甚微。尤其是在目前理解性默写大幅度提分的情况下，再不改变课堂教学策略，只会让师生越来越累，而成效越来越低。

讲解古诗文，尽量以任务的形式组织学生进行自主合作学习。杜绝中等生的"虚假学习"，让学生在自学的过程中增强理解，而不是浮于表面、短时记忆。如本学期讲李白的古诗，利用《百家讲坛》中有关李白的资料，如"家世之谜""出道之谜""交友之谜""信仰之谜"，让学生在全面了解李白的情况下（另一个班是由对李白感兴趣的学生来讲解的），再来学习这些诗歌。如《访戴天山道士不遇》，我从诵读入手，然后出示问题让学生探究，分成四人或者五人一组，组内按照座位分为1、2、3、4号，后期按照对古诗文的学习能力分为A、B、C、D类，按照能力规定相应的任务。课堂可以即时规定让几号学生负责发言，几号负责补充，几号负责记录，最后让小组打分，达到要求即算合格，反之不合格。在学生的探讨过程中，尽量让A、B等学生发挥主动，小组展示时则尽量让中等生做课堂讲解，这样，中等生的学习就变得脚踏实地。

二、注重常用词的积累

从古代汉语到现代汉语，变化量大的是词汇。因此，积累一定数量的常用实词和虚词非常重要。这些就如打开古诗文大门的钥匙。什么叫常用词呢？就是古诗文中经常出现的，与白话文有着密切关系的词语。相较而言，实词更是阅读文言文的关键所在。要读懂浅易的文言文，必须注意以下四点：理解和掌握常用实词的古今异义；理解和掌握常用实词的一词多义；识别和掌握常用通假字;理解和掌握实词活用的多种形式。对常见常用的 14 个虚词,也要做必要的积累。那么具体有哪些方面的积累呢?

(一)增加性积累:查阅词典法

增加性积累就要靠查阅词典。初中伊始,笔者就要求每位学生备一本词典,无论是课内文言文还是课外文言文,不会就查,养成习惯,随时积累。久而久之,学生对那些常用常见的词语意义就会滚瓜烂熟,增加了对常用实词虚词的积累量。通过工具书获得知识,这是每一个学生必备的能力。

(二)理解性积累:比较归纳法

针对古今异义、一词多义和通假字,除增加性积累外,比较有效的方法就是比较归纳法,让学生在比较辨析中了解古义和今义,区分一词多义、通假字的常见义项以及词类活用。如掌握"走""益"这类一词多义字,"反""被""乐"这些通假字,掌握"雨""履""冠"这些词类活用的内在联系。其方法当然也是靠查工具书,让学生梳理同义词的义项,列出其本义和引申义,以便提纲挈领地掌握词义。如"阡陌交通"的"交通"指"交错连通","卷卷有爷名"的"爷"指"父亲","无论魏晋"的"无论"指"更不用说","死者十九"的"十九"指"十分之九",等等。

(三)强化性积累:检测竞赛法

学生脑中有了知识,也进行了理解,但是如何让这些知识内化为自己的能力并运用到文言文阅读中呢?检测竞赛法则是一个不错的选择。教师可以通过过关卷、检测卷来加强训练,可以通过竞赛卷进行刺激强化,让学生在不同的语境中熟悉这些常见常用词的基本用法,举一反三,触类旁通。

(四)深入性积累:链接旧知法

如何让学生灵活运用知识,将学过的和未学的内容完美融合呢?链接旧知法可达到此效果。在讲解新知识时,我们应做到经常温习之前的知识,达到融会贯通。如讲到"会宾客大宴",我们引导学生联系"每有会意",联系"迁客骚人,多会于此",联系"会天大雨,道不通",等等。让学生在链接已学知识的过程中深入理解一词多义,这样形成习惯,课外碰到词语,学生就会自然而然地联系之前所学。如讲到"益",学生会想到"自以为大有所益",也会想到"香远益清",其中的规律,学生自己会慢慢总结的。

（五）能力性积累：构建网络法

如果说前几种方法都是在知道的情况下让记忆更深入，让知识更黏附的话，那么"构建网络法"则是给学生一把钥匙，让学生在自我辨析、自我探究中获得知识。这种方法是结合学生的生活经验和语文经验，运用图式原理，结合白话文，帮学生构建文言实词的词义网络，力争使这个词的文言文和白话文达到"链接"和"同轨"。比如"缘溪行"中的"缘"，形声字，课文未作注释，学生肯定有陌生感，就会根据已有的图式联想到现代汉语常用的"缘故""缘由""姻缘"等词。以现代汉语"缘"字的"表示原因或目的"的基本义来"同化"眼前的语句，显然只能导致困惑。此时，可以考虑将"缘"字的多个义项按照先后依次呈现：①衣边，边饰；②绕，围绕；③攀援，攀登；④顺，沿；⑤依据，凭借；⑥因缘，机遇；⑦介词：由于，因为。这样，学生就可以明了古今话语的"缘"字的整个语言网络，也知晓了"缘"字"顺，沿"的古义同其本义"衣边，边饰"的内在关联（由字形"纟"也可以看出端倪），也不难看出"顺，沿"的古代词义同现代汉语的引申义（也是现代汉语基本义）"因缘，机遇"及"由于，因为"的内在演变关系。这样一来，不仅有利于学生把握"缘"字在当下文本中的文言常用义，而且有利于学生进行新旧图式之间的心理加工整合，形成举一反三的迁移能力。

同时，有意识地将课文中的文言字词同学生以往接触过的其他文言现象做对照，尤其是同生活当中的成语进行参照，也是很有效的途径。如讲授"渔人甚异之"，教师不需要引入"意动"这样的知识来实施教学，将相关的语法知识过早教给学生，徒增负担。正确的做法是引导学生参照以往接触过的语法现象（如"其家甚智其子""邑人奇之"）来理解，这样学生哪怕不能确切地把握"意动"的知识，也能根据具体的文言现象触类旁通，获得对"异"字的理解。学生既学了新知识，又复习了旧知识，实现了新旧知识的融会融通。

三、关注古诗文语言

阅读文言文，扫除字词障碍，这无须多说。除此之外，由于文言文自身的特点，还决定了文言文教学必须多方面牢牢地把握"语言"这个抓手。

（一）借助关键词句，把握诗文内容

文言诗文惜墨如金，有的简直一字不能易。阅读时要把握其关键词句，尤其是诗眼和文眼。"诗眼"是诗歌中那些具有特殊动感或情感色彩的词语。一般来说，充当"诗眼"的词语使用的都是很奇怪的动词或者形容词。如《滁州西涧》，全诗比较好懂，唯有"舟自横"有点费解。"横"，迂曲、任意、不定向，从其意思可以感受诗的意境：在渡口的湾里，船自由自在地、方向不定地漂泊着。这就从诗眼看出形象，体会出悠闲恬淡的心境。"文眼"是体现全文主旨的关键词句。如《醉翁亭记》，把握"然而禽鸟知山林之乐，而不知人之乐；人知从太守游而乐，而不知太守之乐其乐也"这一关键句，归纳"山水之乐""宴酣之乐""乐人之乐"的三乐归一，体味"与民同乐"的境界。这就从对关键句子的分析中把握了作者随遇而安、与民同乐的旷达情怀。

（二）关注词语的语境义，理解诗文内容

我们通常说的词义，是词的客观性、社会性意义，也就是词典义。但是处在作品中的词语，往往会受到语言环境的影响与改造，具有语境义，其中包含了作者的个人经验，抓住词语的语境义，才能更好地理解诗文内容。如《醉翁亭记》"苍颜白发，颓然乎其间者，太守醉也"中的"颓"字，课下注释为"醉醺醺的"。其实"颓"没有"醉"的意思。不过，"醉醺醺"的人本来就是目光呆滞、神情萎靡的，与"颓"的字典义"消沉、萎靡"有异曲同工之妙。这就是"颓"的语境义，说明我们的太守陶醉于山水、与民同乐的情状。还有《狼》中"屠乃奔倚其下，弛担持刀"中的"弛"字，字典义为"放松""延缓"，而在语境当中是"卸下"的意思。《望岳》中"阴阳割昏晓"的"割"，字典义项：①切断，截下，划分出来；②灾害：天降～于我。而在诗中，抽象的意境被具体化，以说明山高。"割"字就是诗眼。同时，我们讲解文言文时，应尽可能地结合具体语境，让学生掌握词义。如《答谢中书书》中的"晓雾将歇，猿鸟乱鸣；夕日欲颓，沉鳞竞跃"，课下注释："歇：消散；颓：坠落。"这仅仅是字面的意思，理解这一处，关键在于抓住其联想意义，如果不引导学生充分想象所描绘的情境，下文的"实是欲界之仙都"等就不会有着落。"颓"形象地写出了太阳坠落时的情境。一个字就把光线从有到无、气势从强到弱的整个状态勾勒出来，很容易由之想到人精神状态的萎靡以及情绪的低落。

（三）抓住词语的言外义，领悟诗文内容

言外之意，弦外之音，象外之趣，都是以有尽悟无尽。言外义就是未尝言传，却可以意会的。它存在于诗文的字里行间，虽未明说，却有暗示，引导读者往某一个方向去想，以达到作者的意向所在。如《江南逢李龟年》中的"寻常见""几度闻"写过去两人友谊之深，言外义也是开元盛世的繁华，而"落花时节"四个字，言外之意则是对李龟年潦倒凄凉的处境和对唐王朝的衰败的无限感慨。如《湖心亭看雪》中"崇祯五年十二月，余住西湖"和"问其姓氏，是金陵人"中的两个词"崇祯""金陵"，一个表纪年，一个表地点，无不体现着张岱内心的真实情思。当时清朝已经建立二三十年了，张岱依然沿用明朝的年号，南京在清朝称为"建宁"，而他却写"金陵"，这就分明体现出张岱对明朝的怀念。"客此"也并不是金陵和杭州两个地方那么简单，一个南京人离开了故乡来到杭州，他是可以回去的，可是张岱，一个明朝人，来到"清朝"做客，他是永远也回不去了，这就能看出张岱的故国之思。

（四）结合语词的造字法，深化诗文内容

结合象形、指示、会意、形声等造字法，可以让学生更好地领会文章的主旨思想，更深入地了解古诗文言简意赅的特质。有些字词句，只是浅表性地查出它的含义，是远远不够的。王荣生老师曾说："文言文的章法考究处、炼字炼句处，往往就是作者言志载道的关节点、精髓点。"

四、区分"文学经典"和"文言经典"

文言文教学的目标有二：第一，培养学生初步读懂文言文的能力，达到一定的语感积累，打下扎实的语言文字基础；第二，引导学生学会鉴赏和评价古代文学作品，领会作品丰富的思想内涵。课本中的古诗文，虽大都是历久传诵的经典，但它们所承担的教学任务是不同的，有些侧重于培养学生的文言文阅读能力，有些则侧重通过学习来体会古人的情怀。前者属于文言经典，后者则被称为文学经典。

"文言经典"，如《核舟记》《伤仲永》《狼》《送东阳马生序》《诫子书》等，这种文本中包含了大量的常用词汇，有非常多的文言常用句式，在课堂教授中，就应该通过各种方式帮助学生读懂、积累；而《桃花源记》《小石潭记》《醉翁亭记》《湖心亭看雪》《答谢中书书》等文本和古典诗歌则属于"文学经典"，非常讲究语言的艺术,通过各种方式来传达语言的感染力,注重章法。这些文本是指向心灵的,传递的是情感,教学时就应该带着学生去鉴赏"境""象"之中含蓄内敛的情感,了解古人传递情怀的方式,最终提高学生的欣赏品味能力和审美能力,使学生逐步形成良好的个性和健全的人格。

叶圣陶曾说,教任何功课,最终目的都在于达到不需要教。我们语文教师的目标,就是自己教的知识,学生能最大限度地掌握,不装模作样,不弄虚作假。只有适当改变策略,在课堂的增值上下点功夫,我们的付出才会与收获成正比。

我们希望,在古诗文课堂教学的过程中,教师通过自己的增值策略带着学生进入这一境界,让学生能够自己去探索,自己去历练,自己去讲解,从而获得正确的知识和熟练的技能。学生掌握了学习的技能,学会了学习,那就有了终身学习的能力,其创造性思维就会自然而然提升,这对学生的语文素养和科学素养的培养也很有帮助。我们也希望,语文教师能真正脚踏实地地行动起来,让学生具备独立阅读古诗文的能力,最终学会阅读。

参考文献:

[1]傅庚生.中国文学欣赏举隅[M].西安:陕西人民出版社,1983.

[2]黄灵庚.训诂学与语文教学[M].杭州:浙江大学出版社,2008.

[3]李扶九.古文笔法百篇[M].长沙:岳麓书社,1984.

[4]张中行.文言和白话[M].北京:中华书局,2007.

[5]周振甫.怎样学习古文[M].北京:中华书局,1992.

着力培养教师亲和力,延伸课堂模拟内涵

(顾梓华 绍兴市上虞区盖北镇中学)

作为一名接受过正规师范教学的教师,应该具备相当的学科知识基础,就算在某些方面与现行的教学要求有些差距,通过同事之间的相互交流或者自身思考,也是十分容易弥补的。但教师的教态、与学生的互动习惯以及学生主体地位的确立等意识却是当前影响教学效果的重要因素。许多学生因为教师的教态呆板而感受不到教师的和蔼、亲切,从而对教师敬而远之;因为课堂双边活动的缺失而丧失了对学习的兴趣;因为教师的满堂灌而逐渐失去参与课堂活动、积极思考观察的激情。

成功的课堂不在于教师的水平有多高,而在于双边活动是否恰当、热

烈;不在于教师在课堂上讲得是否生动全面,而在于教师的讲课是否激发了学生的兴趣和激情;更不在于让学生做了多少练习,而在于留给学生多少思考空间,在多大程度上让学生享受到成功、进步的乐趣。

基于这样的思考,我认为在课堂模拟中不能单纯地要求教师注重教学目的的落实和教学难点的突破,而应更注重对教师亲和力的培养,使学生对教师有亲切感、有认同感、有成就感,这样的课堂才是有活力的快乐课堂,也必定是效果显著的优质课堂。

一、围绕学生主体理念设计教学过程

教师撰写教案是实施教学活动的第一步,这一步工作虽然是由教师完成的,却不能由着教师的喜好任性而为。教师必须明确课堂这一舞台的主角是学生,教师只是这个舞台的导演,教师不能把学生当木偶安排,而是要让学生在这个舞台上展现一个个真实的自我,从而依学生的表现决定如何进行深入的引导。因此,在写教案之初,教师深入领悟教材只是明确了课堂的主题,也就是通过这堂课的剧本要让学生明白什么道理。那么如何更好地通过剧情设计让学生接受和明白这个道理,就需要教师在设计教案时充分考虑学生的身心特点、兴趣爱好等因素,合理运用各种教学手段来进行落实。比如设计"相似三角形"一课的教案,如果直接问学生什么叫"相似",学生会觉得很突兀,心理上接受不了。但如果我们能够拿几张照片让学生进行观察和小结,得出"一模一样""形状相同,大小不同"两种不同的结论,从而让学生明白"相似"是不同于"相等"的概念。在此基础上再让学生说说现实生活中"相似"的实例,这样的课堂设计会让学生感觉更有真实感、亲切感。

在课堂模拟教学活动中,作为指导教师,我要求教师充分注意学生的感受,并在撰写教案中对学生可能的反应有充分的考虑和准备。这是让学生亲近教师、融入课堂的第一步。

二、突出学生主体意识安排教学环节

在课堂教学的实施中,教师应该是什么地位和什么形象?是不容侵犯与质疑的司令员还是足智多谋的决策者?是谨言慎行的参谋长还是循循善诱的建言者?

课堂教学中教师的自我定位决定了课堂的气氛,影响着课堂教学的效果。教师应该有"为他人作嫁衣"的意识,也就是不要在课堂上唱主角,因为课堂是学生的,教师只是这个课堂的组织者。

在课堂模拟环节,我坚持要求教师牢记自己并非一个指挥者,而只是这个课堂的一个合作者,是和学生一起来探索、发现、解决问题的。比如上"正数和负数"一课,我建议模拟教师从游戏开始引入话题:"两个小朋友从同一起点出发去上学,一个向东,一个向西,请大家描述一下他们走过的路程。大家有没有办法用数学方法来描述?""某玩具飞机上升 20 米后下降 5 米到达楼顶,请用数学语言描述这一过程。"诸如此类贴近生活的例子,学生兴致很高,也就很快进入了角色。教师可以借题发挥,让学生说更多类似的事件,然后让学生对这类现象进行归纳,从而引出"相反意义的量"这一核心话题,最后理解正负数的概念。这一过程充分尊重了学生的认知规律,符合正负数应用的原始情境,学生容易理解,也愿意接受,教学效果自然十分理想。

三、落实学生主体观念开展双边活动

在课堂模拟过程中,我发现很多教师有满堂灌的习惯,从头到尾一讲到底,学生根本没有插话的机会。我不得不说这是一个认真的教师,但我却不敢恭维这位教师的教学能力和水平。在充分讲解了满堂灌的问题的弊端以后,我要求教师尽可能在课堂上尊重学生讲话的权利,要给学生说话的时间和机会,必要的时候也应该让学生有参与教学活动甚至干预教学环节的机会。比如在模拟讲授"概率和统计"一课时,我们鼓励学生在课堂中上讲台掷硬币、甩骰子、分扑克,这些活动正是学生日常活动的最爱,让他们带着问题去玩游戏,让他们在游戏中体验知识的无所不在。教师不必担心课堂秩序不受自己控制,其实课堂教学中学生能够提出问题甚至能够打破教学计划,正是学生"入戏"的表现,他们如果不积极进行思考,又怎么可能提出问题?他们如果不把自己当作整个课堂的组成部分,又怎么可能顺着教师的思路去发现问题?所以在课堂教学中学生能够提问才是高效课堂的标志,而没有提问的课堂、没有反对声音的课堂,必定是毫无生机的,教学效率也就无从谈起。

四、深化学生主体理念拓展课后反思

一个优秀的课堂，不仅要求学生在课堂上有积极参与的热情，更应该为学生留下足够深邃的思考空间。教师不能总期望把所有问题都给学生讲得清清楚楚明明白白，事实上，越是教师想讲清楚的问题，在学生一方往往是越听越糊涂。比如"函数"一课，有的老师为了让学生明白函数的概念，不惜让学生抄、读、背，能用的都用了，但结果呢？许多学生能说会背，却根本搞不清楚函数到底是什么。事实上，大多数学生在此前对"函数"一词接触得不多，一下子理解和接受这个名词确实有悖于学生的认知规律，要使学生真正理解和接受这一概念，不能光靠课堂。除了在课堂上让学生理解函数就是一种关系的实质，还应该给学生留下思考空间：在现实生活中函数到底有什么用？用在什么地方？教师可以在课堂上给学生布置这样的任务："回家找找家里有没有药瓶，看看药瓶里的剩余药量与已经服用的天数有什么关系？你能不能把药瓶的药量与服用天数之间的关系表示出来？它们是不是函数关系？谁是自变量，谁是因变量？""大家回家看看家里的牙膏买来时有多少克？一支牙膏你能用多少时间？你能不能大约估计你每次用多少牙膏？能否用一个数学式子来表达剩余牙膏量和使用天数之间的关系？"诸如此类的问题对学生而言并不陌生，当学生发现生活中也有这么多的函数问题时，他们就有了学好函数的信心。

教师亲和力的培养要求教师做生活的有心人，从生活中挖掘教学素材；要求教师从学生的角度去思考问题、制定教学方案；要求教师把学生当作课堂的主角，把课堂还给学生，让学生自己说、自己想，而教师就当一个引路人。

学生的成长离不开教师的启发，教师的启发不能居高临下，而应实实在在地尊重学生、相信学生、鼓励学生，这是成就优秀学生的必经之路，也是教师走向成熟、走向成功的康庄大道。

关于中职"问题学生"的原因分析及对策探究
——以 X 学生为例

（连夺回　绍兴市上虞区小越镇中学；

谌冬梅　阿克苏教育学院）

在校园里，每个班级或多或少存在一些让班主任或任课老师头疼的"问题学生",他们往往不好好上课,不是扰乱课堂秩序,就是蒙头大睡,对老师提出的问题不闻不问,沉浸在自己的世界里不能自拔,班主任往往不希望这样的学生分到自己班上,从教多年的我也不例外。对中职学生中个别"问题学生"的原因分析及对策探究迫在眉睫,帮助他们改正错误,树立正确的人生观、价值观、世界观,有利于其身心健康发展。

一、中职"X学生"校园现状

"X学生"在校园里或班级里往往表现得特立独行,我行我素,以自我为中心,主要有以下几种较为独特的表现方式。

(一)初显个性,班中立威

"老师,X又在课堂中闹上了,你快去看看吧!"这已经是新生入学一个月来X学生第三次作为"被告"了。第一次是社会老师"举荐"来的,学生N问题回答错误,他随意在课堂上骂N笨蛋,两人争执起来,破坏了课堂秩序。第二次是上课迟到,老师让其重新退出教室喊报告进来,他不但顶嘴,还发脾气不进教室。而这次是因体育老师公出,体育课改自修,他不服,赖地不起,班长没辙就向我求救了。

(二)转嫁情绪,耀武扬威

类似以上的事情愈演愈烈,从动口发展成了动手。活动课因与别班抢夺数量有限的篮球架,引发群架,被警告处分。自修课上因看不清黑板上的字,向Y同学借眼镜,遭到拒绝,就用书砸对方,导致Y皮破出血。美术课因美术老师请假,让大家自主绘画,X学生为了方便和他的"小跟班"讲话,就威胁周边的学生,强迫他们与自己调换位置。

(三)"狗急跳墙",激起公愤

X学生的行为使他不被同学接纳,在班中被排斥、孤立。他把情绪转嫁到别人身上,攻击弱者作为补偿。平时,X学生只要心情不佳,就找Z学生出气,对他拳脚相向,甚至扔书包,推翻桌子。自己吹不到电扇时,就故意把电扇关掉,门窗关上,让大家也不凉快。期中考试前的复习时间,X学生无法入睡、感到烦躁时,就故意大声朗读课文,吵得其他同学也无法安心复习。

二、中职"X学生"现象分析

从X学生的所有言行可以看出,他是个问题学生,特别表现在心理方面。根据心理学的研究对象分类,可以把学生分成以下三类:心理健康的学生,轻微心理失调的学生,有心理疾病的学生。其中轻微心理失调的学生是一个比较常见的群体,这类学生无法保持良好的心理适应,缺乏自我调节能力,特别是在环境发生明显变化时。由于心理发育不健全或不成熟,他们对环境有相当严重的不适应性,在行为倾向上表现为举止不得体。他们对一般或很轻微的刺激容易产生剧烈而不愉快的情绪反应,当个人的意愿或行动遭受挫折时,他们会生气、发怒以至于雷霆大发,伤害别人,导致人际关系紧张。他们的情绪极不稳定,对人冷漠淡薄甚至冷酷无情,把自己所遇到的任何困难都归咎于命运或别人的错误,不能察觉自己的缺点,不知道有什么需要改正,不能从失败中吸取教训。

根据多年教学经验,我认为其产生的原因是多方面的:第一,中职学生处于未成年期,自制力差,对自己的情绪不能很好地控制,容易发怒。第二,与家庭教育有关,如X学生自幼被母亲娇生惯养,予取予求,到了学校,自己的愿望无法满足,心理产生不平衡。此外,X学生的父亲经常不问缘由动手打他,使他在潜移默化中形成了暴躁易怒的性格。第三,与气质有关,胆汁质的人易怒且不善于控制自己的情绪与行为。

三、中职"X学生"相应对策探究

在集体当中,像X学生的这种性格有相当强的破坏力和攻击性,负面影响特别大,如果不及时纠正,任其发展,只会害了他人又害了X自己。如何解决这个棘手的问题呢?显然不可能凭一日之功,只能采用多种教育手段,让他正确认识自己,关注集体,体验走出个人小天地所获得的快乐,慢慢地成熟起来。

(一)积极进行情感教育,润物细无声

1.恳谈——消除影响

X学生的破坏行为部分来自其父亲的打骂式教育,所以他经常"桀骜不驯"地与老师和同学发生冲突。因此要从根源入手,让X学生的父母配合,改善家庭的气氛。我们与其父母诚恳沟通,分析其言行,引导他们转变教育观念和方式。如:建议 X 学生的母亲不要事事顺从他,发现他有什么不对的地方,不要护着,要及时提醒,随时纠正;建议 X 学生的父亲克制情绪,做到以理服人,而不是以武力制人。

2.共情——取得信任

在中职体育课中,X 学生认为篮球架分配不公,在不耐烦的心态下用自己习惯的方式解决问题。X 学生没有与别班学生沟通商量,直接拿着球挤到对方班级的球场投篮,影响到了他人打球,才引发了群架。作为教师,我转变观念,站在 X 学生的角度换位思考:为什么他会出现这样的反常态度?我进一步思索他的动机,了解他的真实想法,体会他的感受,进而从他的角度为他说话:"我很理解你的心情,最近校篮球队训练占用我们班的篮球架,对我们班是不公平的。每次你们体育课只能趁别人间隙打几下,一定打得不尽兴⋯⋯"X 学生在听了我的这番话后显得很惊讶,态度也变得温和多了,愿意听我说下去。"当然了,可能体育老师忙于体训,没有注意到这问题,我们可以心平气和地和其他班商量一起打,也可以向老师提议按班级轮流着打。你觉得呢?"之后,我陪着他找相关体育老师反映情况,最终商量出双方都可以接受的方案。通过这样换位思考的方式,交流才能触及学生的心灵,通过共情使其放松戒备之心,以获得最佳的教育时机和教育效果。

(二)热爱学生,以包容促引导

学生在成长的道路上难免会犯一些错误,会不断产生思想问题,这是正常现象。作为老师,我们的出发点和目标只是弄清问题、解决问题,而不是处罚学生。我们需要做的不是过多的刺激性评语,而是宽容地对待学生,及时给予辅导和帮助,做好正确引导。所以,对于类似 X 学生的某些错误行为,只要他有主动认错意识,就不该抓着小辫子追究到底,而应该及时肯定他的改变,强化他的正面意识和自我认同感。

为了让 X 学生更好地认识自我,我特意设计了一节有关情商的班队课,在课上使用一些心理测试和实例分析,让大家明白了情商的重要性,知道了提高情商的方法。课上,X 学生听得格外认真,这节课让他有了很深的触动。课后,我趁热打铁,结合实例帮他分析。比如,排队去食堂吃饭时,有几个男生不好好排队,他主动制止,但口气蛮横:"你们死人啊,队伍都排不好!"结果没人理睬他,他很不解。我首先肯定他的善意动机,然后教他换一种说法,把恶意的指责换成善意的提醒:"快排好队,不然你们的平时分就要被扣了。"这样同学对他就会有截然不同的态度。他开始慢慢认识到要让别人尊重自己,首先得自己尊重别人。此外,我还重点帮助 X 学生提高人际交往能力和沟通技巧,减少与其他同学的摩擦。

我们每个人都有情绪,不能只看到表面,要深入挖掘原因,设法打开学生的心锁,解开学生的心结,必要时还要让学生发泄情绪。像 X 学生这样的人,不能压制他自由地抒发情感,要引导其适时宣泄愤怒,教会其采取合适的方式,如撕纸、拍皮球、唱歌、丢枕头、跑步、冷水洗脸等。在这个过程中,教师一定要关爱学生,包容学生所犯的一些错误,引导他们往正确的、积极的方向改进,帮助他们培养良好的品质。

(三)培养正确的人生观、价值观和世界观

1.借力打力——重塑形象

X 学生遇事冲动,习惯于用激烈的行为方式去处理与他人之间的矛盾,这使他周围的人感到难以接受,进而不愿与之接触,他被班级排挤孤立,这样反过来强化了他"与人交恶"的行为倾向,使他的攻击性进一步增强。对此,一方面应赏识重用他,提供更多机会让他在同学面前展示自己优秀的一面,让大家逐渐接受并认可。例如,他的管理能力强,就让他担任班长助理,管自修纪律;同学间有了小纠纷,让他做调解员出面处理;同时,让他代表班级出任礼仪岗。另一方面,引导班级其他学生转变对 X 学生的负面看法,提醒他们不可主观地去判断一个人,"一棒子打死",要发现其另一面。比如,X 学生虽做了很多错事,但他很仗义,会在大热天跑出去为全班买水;集体荣誉感强,组织能力强,有责任心。通过这种方式,逐步扭转班级同学对 X 学生的负面评价,借力打力,培养他积极乐观的情绪,引导他体验成功的快乐,让他觉得为班级做些事情是有价值的,坚定他改变自己的信心,进一步树立正确的人生观、价值观和世界观。

2.成效——主动改变

经过两年的努力,X 学生在心理上成长了许多,虽然还不能看到非常明显的效果,但有了些许的改变已经是相当不容易了。X 学生改变了以自我为中心的思维习惯,心中有了他人,知道自己应该做什么、怎样做,明白自己的人生目标在哪里,并为之努力奋斗。同时,X 学生遇事也能先检讨自己,能为自己的行为负责,能以理性、宽容的态度来处理矛盾;对别人说话留有余地,做到对事不对人,正确处理自我发展中的问题。

四、总结

每个学生都不是天生的"麻烦制造者"或者老师眼中的"问题学生",他们都有自己个性成长的叛逆期。面对这样的学生,老师一定要保持良好的心态,冷静地处理问题。哪怕学生错得离谱,也不能用抱怨、冷淡、讥讽的态度去对待他,否则就会把学生推得更远。X 学生身上过于浓厚的自我中心意识,是中职学生身心发展必然经历的阶段,不能否定,只能引导其慢慢改变,从而使其树立正确的人生观、价值观、世界观。在努力纠正的同时,教师一定要做表率,让其了解如何用成熟的心态处理问题、解决问题。X 学生收到这样的信息之后,就会逐渐调整自己的行为,对自己的角色有一种期待,并逐步向教师靠拢。同时,在指出学生缺点的同时,一定要重视对其自信心和自尊心的保护,让学生愿意听从教师的指导,一步一步从泥潭中走出来,去亲近教师、亲近同学,最终实现与社会和谐相处。

总之,对 X 学生的教育经历让我们深深体会到教育需要爱,更需要一份清苦的坚持。因为学生的问题都不是"一朝突变"的结果,而是有层次地逐步形成的,都是由量变到质变的渐进过程。所以,教师的育人工作也是一项渐进工程,需要艰苦、漫长而又细致的"雨露滋润",需要倾注关爱、全心呵护,需要用心解读每个学生身上具体的问题,需要有针对性地采取有效策略和措施,帮助他们树立正确的人生观、价值观和世界观,实现身心健康发展。

试论音乐模拟课堂中的五部曲"听、记、背、唱、想"
(连夺回 绍兴市上虞区小越镇中学)

音乐课艺术性较强,它不仅是教会学生唱几首歌曲,而且是在唱歌中让学生获得新的知识和技能(双基)、心灵上得到美的感受。因此,音乐课要生动活泼,就要精心组织课堂教学,让学生愉快主动地学。

我们认为,在音乐课上不能停留在单方面的"唱"上,而要注意精心培育学生,使他们不仅能听谱、记谱、背谱、识谱,还能在演唱中展开想象的翅膀。下面就这一点谈谈自己的些许想法。

一、听

"音乐是听觉的艺术"这句话揭示了音乐的本质。一切音乐实践都必须把培养学生良好而敏锐的听觉放在首位,让学生有一对"音乐耳朵"。马克思曾说,对于非音乐的耳朵,最美好的音乐也没有任何意义。日本铃木教学法就很强调"听"。这种教学最显著的特点之一就是,教师指导学生在反复的听当中培养音乐方面的能力。可见,"听"是感知和理解音乐的前提,是音乐艺术实践中最重要的过程,更是迈入音乐艺术殿堂的第一步。

如在执教《良宵》时,先不出示标题,向学生提出以下问题:这首音乐是俗的还是雅的?是悠远古朴的还是时尚激烈的?是中国乐曲还是外国乐曲?这一连串的问题必然会激发学生倾听音乐的愿望,从而使学生以积极的态度去倾听音乐作品。

又如欣赏《故乡的小路》,听前教师出示几个准备好的问题,如:歌曲的情绪如何?曲子的速度如何?力度怎么变化?你听后有什么感受?让学生带着问题有目的地聆听,虽然问题很简单,但能使学生全神贯注地听,思维想象也因此而积极主动。通过提问法,充分发挥了学生审美功能的直觉力和知觉力,获得了初步的感性认识和理解,效果很好。

二、记

听记训练是提高学生音乐素质的重要环节,要求学生能写出旋律、写出节奏,还可以让学生根据生活中的某一些节奏把它记下来,或者创作出旋律。课堂中抽出一点时间进行节奏的听记练习,交流或演奏学生自己创作的"音乐作品",这样一来,学生的思维就异常活跃,音准也无形之中得到锻炼,音乐知识和技能也在记、写之中得到提高。

在《青春舞曲》的教学中,为了提高学生的听记兴趣,先让学生听老师唱全曲1~2遍,然后,教师一句一句地唱,学生一句一句地记,再出示小黑板,让学生在唱、听过程中检查听、记作业,矫正听、记错误,最后,教师组织学生视唱全曲。在听记过程中要注意:①听记前要做好充分的准备,由浅入深,多种多样地安排内容,听记前讲清楚听记要求、书写规格、注意事项等。②听的过程中要做好组织工作,用正常的速度唱给学生听,让学生初步获得整体印象,难度较大的片段也可放慢速度唱,学生边听边记,或听后再记,结束后再组织学生边听边纠错,借以强化整体印象。

　　我们往往会发现这样一种情况:有的学生能唱好一首歌,但是不识谱,也写不出歌中的曲谱来。这说明在音乐教学中不能够单一化,应该抓好基础练习。如果音乐教师能在教学当中抽出一点时间指导学生经常抄写歌谱,记录曲谱,那学生肯定不会对曲谱感到生疏,识谱能力也会在写谱的过程中得到提高。

　　三、背

　　培根说:"我们不应该像家蚕那样光会在那里吐丝,也不应该像蚂蚁那样单是收集,而应该像蜜蜂那样,采百花酿甜蜜。"通过背诵使学生学会"采百花酿甜蜜",让知识转为智能,寻求规律,最后达到举一反三、触类旁通的效果,学生的智力得到开拓。让学生多记谱、读谱、背谱,可使他们的记忆力得到提高,同时,也能为他们以后练习写旋律、创作歌曲奠定良好的基础。

　　如在学习《行进之歌》中的《拉德茨基进行曲》时,为了调动学生的学习兴趣,首先让学生聆听音乐主题段,有了一定的氛围后,让学生学唱几句,再在学生唱熟练的基础上背唱音乐主题,让学生感受相对完整和具有独立意义的音乐主题。这样能让学生加深对音乐作品的印象,加深记忆,同时也加深了对音乐作品的情感和韵味的深刻体会,在学习中能更好地掌握主题的发展和再现,了解音乐作品所表现的内容,学生感受美、鉴赏美乃至创造美的能力得到提升。

　　四、唱

　　德国音乐理论家舒巴尔特指出:"人声是自然的原音,而自然的所有其他声音,只是这个原音的遥远的回声,人的喉咙是创作的第一个最纯洁、最卓越的乐器。"

　　唱歌包括视唱、表演唱等,要求学生不仅能视谱歌唱,还要能够演唱,从而培养其音乐美感和歌唱技能。顾名思义,视唱教学就是培养学生的视与唱的同步能力。无论采用何种唱名法,均要注意培养学生看到由音乐符号组成的旋律时,能够同时在头脑中形成准确的音高和节奏的灵敏反应,即产生"内在音感"。从视到唱的过程就是对"音乐信号"的接收与回射过程,教师要充分重视循序渐进地培养和提高学生的视唱能力和反应灵敏的协调能力,并开拓其视域。

五、想

亚里士多德说:"想象力是发现、发明等一切创造活动的源泉。"所以,想象是创造的先导,想象是从模仿到创造的阶梯,而音乐又是想象和联想的源泉,因为,音乐以它特有的属性赋予了右脑无穷的想象。音乐课要从情感上去启发学生进入歌曲的意境,用想象和联想去启发学生。

如在教《铃儿响叮当》这首歌时,启发学生去联想和想象:一群活泼的年轻人在一个下雪天,坐上雪橇到田野里去玩,他们唱着歌儿,雪橇载着他们在一望无际的田野上奔驰,伴随他们的还有那些叮叮当当的马铃声。通过联想和想象把学生带入意境,让学生有一种身临其境之感。这样就可以使学生在联想和想象的基础上体会歌曲的思想感情,从而增加了学习兴趣。想象,特别是再造想象,在音乐及其他各门课的教学中已展现出愈来愈广阔的前景。

参考文献:

[1]韩春牧,徐孟东.音乐鉴赏学[M].天津:百花文艺出版社,1997.

[2]骆伯巍.教学心理学学理[M].杭州:浙江大学出版社,1996.

谈谈口语课在教学过程中的方法指导
(金永潮　绍兴市柯桥区平水镇中学)

双语教学是指学习本民族语言的同时用国家通用语言进行部分或全部学科的教学。双语培训的对象是已从事民族语言教学几年甚至十几年的学员,其在原来的教学中没有一定的语言环境,汉语也仅相当于幼儿园、小学生的水平,相对偏大的学习语言的年龄,要让他们开口用汉语交流,其难度可想而知。

阿克苏地区中小学少数民族双语教师培训,最终目标是通过语言关,并能进行双语教学。双语教学中最大的困难是没有一个适合学员交流的语言环境,而口语课学习有利于切实提高学员的口语表达能力,是学习其他学科如精读、阅读、听力、写作等成果的最直接体现。然而母语为维吾尔语的学员用汉语进行口语交流时往往存在以下几个问题:声调偏误或者无声调;没有轻重音;词汇运用不准确;语言表达不符合语法规律;等等。针对上述问题,我在教学中采取了注重基础、强化声调、词义详解等几个教学过程,取得了一定的成效。

一、注重基础,夯实语音语调

基础不牢,地动山摇。口语教学要让学员开口说话,第一步就是要加强学员汉语发音的基础训练,尤其是汉语的语音语调。双语培训的学员大多来自阿克苏地区各乡镇中学,教龄少则四五年,多则十来年,他们的汉语水平参差不齐,绝大多数是在大学里学的汉语课,脱产培训前在原单位一直用维吾尔语教学,所以最先的教学要从零开始,学习普通话中的声母、韵母的发音及声调对他们来说尤其重要。

开学初,我采取了课前三分钟朗读的方法,让学员不断练习双唇音、齿唇音、舌尖音、舌根音、舌面音、翘舌音、平舌音、前鼻音、后鼻音等,在夯实语音的基础上,使学员能自信地开口用汉语说话。朗读是训练学员正确发音的重要方法,学员通过朗读声母、韵母、正音、声调等内容,能快速掌握汉语的基本发音,为日后口语课文教学打下良好的基础。

接下来的口语基础训练中,学员遇到的最大困难是声调,所以我在讲解声调符号及标调法则的基础上,要求学员将阿克苏地区八县一市以及新疆地区主要水果名称等与他们生活密切相关的词语用普通话正确朗读,这样既激发了他们学习的兴趣,又强化了他们对声调的把握,可谓一举两得。

二、强化声调,注重咬文嚼字

突破重点,有的放矢。对学员声调的强化训练是口语课教学最重要的一环。在教学中,学员除了生词表中的词需要掌握外,课文中的好多词对他们来说也需要强化训练。学员易读错的字必须咬文嚼字,如他们会把"电视"读成"电系","冰箱"读成"奔箱","知识"读成"鸡西","自杀"读成"自虾","一定"读成"一邓","吃饭"读成"吃烦",等等,这都需要我们在上课中纠正。

宝剑锋中磨砺出,梅花香自苦寒来。在声调的训练过程中,一些词的变调尤其要强化。在教学中我发现,"一"和"不"在不同的组合词中发音是不同的:在一、二、三声前均读第四声,如"一起""不急"等;但在第四声前变第二声,如"一致""不错"等;夹在词语中间变轻声,如"猜一猜""想不想"等;

"一"在词句末尾，表示序数、基数时读原生调第一声，如"万一""五一"等。多音字的发音也需要特别留意，如"调查"和"调制"中"调"的发音，"漂泊""漂白""漂亮"的"漂"字声调各不同。再如"事在人为""因为"的"为"，作动词和介词时发音是不同的。在轻声训练中，除了"的""了""吗"在句子后面一般读轻声外，在教学中我还发现一些字在词语中没有其他意思，是辅助音的时候也读轻声，如"明白""儿子""砖头""晚上"；反之则不然，如"白云""子弹""头发""上面"等。在标音的训练中，除了 l 和 n 之外，其余韵母 ü 上面的标调可去掉，如"jiu—就""yun—允""ju—句""yu—于"等词就可以去掉。

为强化上述教学效果，我在 2014—2015 年期末命题时注重对上述易读错字、变调、多音字、轻声以及不同的声调词的考核，命题考核字词除了课文生词外，大量的是来自课文中的词语，学员考完后普遍反映这样的考核比较难。

三、区分词义，口语表达更自信

循序渐进，细水长流。根据学员对字词的理解程度，我对生词和课文中的关键词进行详细的讲解，对一些特别的词进行强化训练。

记得在一节课上，当我在讲述生词"简直"并让他们造句的时候，学员阿地力江举手就问："老师，'简直'与'除非'有什么区别？"他用自己知道的汉语知识理解这两个词的意思，认为它们的意思是一样的。这里的"简直"是程度副词，表示"差不多，但不完全一样"的意思；而"除非"是连词，表示一种先决条件。再比如，在上课的过程中，学员对"浪费"与"消费"、"如果"和"万一"、"原来"和"本来"等的词义不能很好地区分，教师需要对这些词进行详细的解释，再让他们通过造句来巩固。

可以说，通过日复一日对课文词语进行详细的讲解，学员的词汇量不断地丰富，对课文的理解也不断地深入，并且能把学到的词汇灵活运用到其他学科中去。

四、水到渠成，师生教学相长

回顾一学期的口语教学，取得成效的关键是贴近学员的实际，通过教学使学员能够大胆地把所学所想用汉语表达出来，而在这个过程中，教师自身的汉语水平也在不断提高，师生之间实现了教学相长。

教学过程实现了对教材的有益补充。虽然口语中级教材中已对课文中的部分生词做了标音和词性标注,但在实际的教学过程中,学员的读音错误远远不只这些生词,而且有些词发错音有共同的特点,因此通过归类整理更有利于学员掌握课文。通过教学,学员重新认识了《发展汉语——中级口语教程》(新疆版),对课文生词的理解和把握更加深入。更加明确地纠正汉字的发音是今后开展双语教学的最基本要求,有助于少数民族地区更加深入地开展双语教学。

教学过程符合学员教育培训的需要。教学中向学员展示课堂上易发错音的词汇,通过强化训练,使学员熟练地掌握汉语基本词汇的发音,并应用于今后的双语教学。通过对易读错字的归类和整理,使维吾尔族学员领会学科教材的教学目标和教学设计,更加注重对学生国家观、民族观、史学观、文化观、宗教观的教育。

教学过程是今后双语教学实践的载体。口语教学的最终目的是让学员两年后能用汉语给学生授课,提升他们汉语教学的信心,能有效地指导课堂,避免因语言障碍而使课堂存在知识性的错误。通过口语教学,可以突破维吾尔族学员不敢用汉语上课的心理障碍和语言瓶颈,使学员自觉地进行双语教学,并注重积累相关的教学素材,注重对汉语言闪光点的挖掘和运用。

带少数民族教师一起过中国节
——在少数民族双语培训教师中开展
中华传统节日文化教育的探索与思考
(姜　清　江山市上余镇中心小学)

在我国,一年四季中有许多流传于民间的约定俗成的传统节日,如喜气洋洋的春节,张灯结彩的元宵节,还乡祭祖的清明节,纪念屈原的端午节……这些传统节日蕴含了我国人民敬老爱幼、勤劳善良、与人为善等优良品德,凝结着中华民族的民族精神和民族情感,承载着中华民族的文化血脉和思想精华,是维系国家统一、民族团结和社会和谐的重要精神纽带,是建设社会主义先进文化的宝贵资源。可是由于民族习俗的差异,中华传统节日在少数民族聚居区的影响有限,作为教书育人的少数民族教师群体对中华传统节日也是知之甚少。笔者投身援疆双语支教工作以来,曾对 2015 级

6个班的 200 位学员进行了一次调查问卷,问卷结果见表 1。

表 1 少数民族教师对传统节日的认知情况

	知道传统节日的名称与日期			知道传统节日的来历与风俗			了解传统节日知识的渠道			传统节日家里会举行庆祝活动			对传统节日与西方节日的喜欢程度	
	知道较多	知道少数	完全不知	知道较多	知道少数	完全不知	很多	较多	很少	每次都会	偶尔会	不会	喜欢传统节日	喜欢西方节日
人数/人	40	132	28	12	145	43	23	74	103	8	128	64	81	119
占比/%	20.0	66.0	14.0	6.0	72.5	21.5	11.5	37.0	51.5	4.0	64.0	32.0	40.5	59.5

数据显示,少数民族教师对传统节日的认知和参与程度普遍不高,这直接影响了他们在自己的学生中开展传统节日文化教育的热情和能力。因此,在少数民族教师中加大对中华传统节日的宣传,通过挖掘传统节日的文化内涵、思想精髓,对他们开展丰富多彩、形式多样的传统节日文化教育,迫在眉睫,势在必行。

一、设计教育活动操作用表

我们应该从大德育观出发,对开展节日文化的道德教育活动进行整体思考、整体规划、整体实施。实施前,要积极主动地理解节日文化的内涵,明确教育的目标和内容,组织支教团教师收集有关信息,检索相关资料。在此基础上,有目的地选择部分节日作为具体的载体,设计形成教育活动操作用表(见表 2)。

表 2 节日文化教育活动操作情况

节日名称	教育主题	活动目标	特色活动	教育拓展
春节	勤劳节俭	认知目标:了解春节的由来、有关传说和习俗。 实践目标: (1)开展"我与家人共做家务""我向长辈拜个年"的活动,培养勤劳节俭、孝敬长辈的优良品质。 (2)开展抄写春联活动,体会浓浓的节庆氛围。	开展献爱心活动	感恩思源

续表

节日名称	教育主题	活动目标	特色活动	教育拓展
元宵节	文明孝亲	认知目标：了解元宵节的由来、有关传说和习俗。 实践目标： (1)开展做元宵、扎彩灯等活动，对少数民族教师进行"文明孝亲"教育，让他们体会家庭生活的温馨，做到与家人互亲互爱。 (2)与家人一起外出赏花灯、猜灯谜，感知元宵节的欢乐、喜庆、祥和的气氛，丰富知识，发展兴趣。	开展"欢乐元宵节"小小灯展会	民族狂欢
清明节	缅怀亲情	认知目标：了解清明节的由来、有关传说和习俗。 实践目标： (1)开展扫墓踏青活动，让他们缅怀革命先烈，传承优良传统。 (2)与家人一起开展祭扫活动，缅怀亲人，了解家族历史，不忘生命的根。 (3)知道"清明植树造林"的习俗，参加植树绿化活动。	举行英烈故事会	注重环保
端午节	爱国进取	认知目标：了解端午节的由来、有关传说和习俗。 实践目标： (1)开展端午节赛诗会活动，了解屈原的故事，培养爱国进取的精神。 (2)开展"与家人共同包粽子"等活动，体验持家的辛劳。	开展"吃粽子、话屈原"主题班会	珍爱生命
中秋节	亲情友情	认知目标：了解中秋节的由来、有关传说和习俗。 实践目标： (1)开展搜集、诵读有关中秋佳节的诗词的活动，体会诗词描绘的美好意境。 (2)在与家人品月饼、赏明月过程中激起对远方亲人的思念之情，感悟举家团圆的幸福。	同长辈、父母一起中秋赏月；开展"明月千里传我情——给家人或远方的朋友写书信"的主题活动	月球探秘

续表

节日名称	教育主题	活动目标	特色活动	教育拓展
重阳节	尊老敬老	认知目标：了解重阳节的由来、有关传说和习俗。 实践目标： (1)开展关爱长辈的活动,在体验活动中懂得敬老爱老是我国的优良传统。 (2)去敬老院和老人一起过重阳节,培养尊敬长辈的良好品质。	开展尊老敬老慰问活动	志在高山

二、搭建传统节日文化教育平台

开展节日文化教育,光靠说教则无效,重要的是给受教育者搭建多样化的平台,给他们以积极主动的切身体验,让他们感受浓浓的节日氛围,参与节日环境的布置以及各项庆祝活动等,自然萌发敬老、友爱、勤劳、善良等情感。

(一)潜移默化的环境熏陶

环境对人起着潜移默化的作用,因此节日文化教育应该把握好环境这一教育因素,积极创设和利用节日环境,使环境发挥应有的节日教育功能。比如,我们可以在教室或者学员经常生活的场所设计布置一面传统节日文化墙。文化墙可分不同的板块,每个板块设计一个节日主题,图文并茂地介绍该节日的时间、由来、相关的传说、各地的风俗习惯等,凸显多元的民族文化内涵。每个节日到来之前,文化墙上就及时挂出由学员搜集的与该节日有关的诗词曲赋:"清明时节雨纷纷,路上行人欲断魂""遥知兄弟登高处,遍插茱萸少一人""爆竹声中一岁除,春风送暖入屠苏"……这些诗词曲赋天天和学员照面,加上我们适时地进行解读,学员闲暇时记忆吟诵,内心一定会被节日诗歌所隐含的浓浓亲情、友情一遍一遍地浸润。除此之外,校园橱窗、校园广播、校园网站等都是我们开展传统节日文化教育的有效阵地,学员们在潜移默化的熏陶下,将逐渐加深对传统节日文化的理解。

(二)适时适度的教学渗透

课堂教学是学校德育的主阵地。在对少数民族教师的汉语听、说、读、写等各项能力进行培训的同时,我们可有意识地引入一些涉及传统节日文化的素材,深刻挖掘其中蕴含的文化内涵与德育因素,并进行充实、改编,适时、适度地融入节日文化教育。例如:我们可设计一组综合性的学习内容"走进中国传统节日",教师运用生动形象的多媒体,带领学员领略春节贴春联、吃年糕、放爆竹,清明节荡秋千、蹴鞠、踏青、植树、放风筝等习俗,并且指导学员分工合作,搜集整理我国传统节日的相关资料,通过倾听、朗诵、歌唱、舞蹈、视频、手抄报等方式与他人分享成果和心得感受,从中得到情感启迪与熏陶,激发对中华民族的认同感。节日文化同样可以走进我们的口语交际课堂。我们可以设计一些相关的话题来启发学员,如:亲情融融的春节里,如果你有不能回家团聚的亲人,你能给他们打个电话、发条短信问候一下吗?你能给他们寄一张亲手设计制作的贺卡吗?等等。写作训练同样也是节日教育的载体,如中秋节给远方亲人写一封信,元宵节写写灯会上的所见所闻等。

(三)自主探究的实践体验

过节,不能仅停留在了解的层面,而应该让学员亲身参与到节日中去,组织和指导他们自主活动、自主探究,让学员在活动中获得体验,在体验中增长知识,情感才能得到净化与升华,也才有可能外化为具体行动。比如:为了让学员体会到春节贴春联的习俗,我们可以指导他们动手写一写春联,哪怕字写得不怎么样也无伤大雅。清明节到了,我们可以在学员中开展清明节祭文、墓志铭评比活动,也可引导他们带上孩子一起祭奠先人,并给孩子说说先人创业的事迹,让孩子更多地了解自己家族的发展史,这既可以培养学员的写作能力,又教育了后代更加珍惜生命,懂得尊敬逝者。再如端午节,我们除了可以引导学员了解端午习俗,参与包粽子、缝香袋等实践活动外,还可以开展"走进屈原"专题活动,通过讲屈原故事、朗诵屈原诗词等活动,与伟大诗人屈原面对面,让学员深刻感受屈原上下求索、九死无悔的情怀,激起他们学习和传承屈原高尚人格的强烈信念。中秋月圆人盼圆,每当中秋佳节到来,我们可与学员一同搜集有关中秋节的图片、故事、传说,一同赏月,让他们体会到团圆的可贵;学院还可开展"中秋月圆心连心"活动,组织学员们慰问孤寡老人、困难群众和留守儿童,或者组织学员与支教团教师互寄节日祝福语,一起排练歌曲、舞蹈、小品等节目,各民族共同感受传统节日的魅力。

三、对传统节日文化教育的思考

在少数民族教师中开展传统节日文化教育,是一项全新的探索,客观上会受到一些制约,会遇到一些困难。但任何一件事都有开头的压力,只要我们立足少数民族教师的工作生活实际,用心设计实施思路,上述教育活动的开展是切实可行的。

当然,要顺利开展好这项教育,笔者还有如下三点思考。

（一）育人者要先受教育

传统节日文化的博大精深是无穷尽的,我们支教团的教师尤其是现在一些年轻教师对此其实也知之甚少。要让教育更丰富,施教者的内涵必须丰富。可以这么说:教师对传统节日文化的认知和理解度,决定了节日文化教育的效度。因此,支教团教师本身就要主动采用多种方式,通过多种渠道,利用多种载体学习、了解传统节日的文化内涵,更加具体深刻地理解和认同传统节日。

（二）传统与创新并不对立

说到传统,很多人就会把它与墨守成规、世代相袭等词语联系在一起,这显然是不妥的。节日文化的道德教育同样需要处理好继承与发展的关系。我们在秉承传统节日文化德育内涵的同时,也要与时俱进,将时代所倡导的精神赋予其中。如春节,除了追求喜庆、团圆外,还要融入"感恩思源"的意识,引导受教育者常怀感恩之心;清明节除了缅怀先人,又新赋予了"环保"的理念,引导受教育者踏青不折柳,扫墓不烧纸,低碳祭祖;而中秋节赏月、遥想天宫的同时,可以联系我们国家日新月异的航天技术,让受教育者深切感受中华民族的发展成就,激发身为中国人的自豪感。

（三）节日文化要形成教材

对少数民族教师开展传统节日文化教育,一定会积累一批素材和经验。组织者要对有关的节日文化素材进行收集、整理,并进一步开发与充实,同时邀请业内的行家里手予以指导,力求形成易为受教育者所认同的校本教材,引入课堂,引入课外活动之中,从而使传统节日文化教育体系更臻完善,同时也为这些率先接受教育的少数民族教师今后返回工作岗位,对广大少数民族中小学生开展节日文化教育和民族精神教育提供有效的载体和模板。

　　作为优秀传统文化之一的传统节日,以其丰富的思想文化内涵滋养着民族的心灵。加强传统节日文化教育,是建设和发展中国特色社会主义先进文化的重要举措,有利于增强受教育者的爱国意识、文化认同感和民族归属感,对构建和谐社会大有好处。在少数民族教师中开展传统节日文化教育,并通过他们将传统节日文化传递到广大少数民族中小学中,不仅必须,也十分可行。

参考文献:

[1]韩养民,郭兴文.中国古代节日风俗[M].西安:陕西人民出版社,1987.

[2]邱伟光.培育民族精神:学校德育的新任务[J].思想·理论·教育,2003(1):14-17.

[3]宋兆麟,李露露.图说中国传统节日[M].西安:世界图书出版西安公司,2006.

[4]杨景震.中国传统节日风俗的形成及其特征[J].中华文化论坛,1998(3):33-37.

[5]杨琳.中国传统节日文化[M].北京:宗教文化出版社,2000.

[6]张亚平.传统节日:远古文化之具象[J].学术探索 2000(5):87-89.

[7]周文柏.中国礼仪大辞典[M].北京:中国人民大学出版社,1992.

科学整合资源　全面深化德育

（黄洁清　浙江海洋大学）

　　在德育载体设置上,学校要积极构建立体式德育工作网络,努力形成多管齐下的强势德育工作格局,充分利用和挖掘校内、校外教育资源,全面延伸和拓展学校德育工作触角,在建立德育工作长效机制上加强思考与探索。

一、环境立德

　　学校环境建设是德育工作的重要组成部分,环境对学生德育目标的实现起着潜移默化、切肤入髓的深刻作用。因此,评价学校德育工作成败的第一要素就是看这所学校在环境建设上的巧妙构思与布局。学校要充分注重环境对学生德育的影响力,在学校布局规划、环境优化等方面渗透德育因素,对学生造成入境随"德"的优势牵制力。在具体环境布置上,要充分利用校内墙、路、廊、柱等载体,以大幅面、大规模、大范围的强势策略牢牢占领学校德育工作的主基调,让学生时刻处于环境德育功能的辐射与影响之中,使学生身、心、情始终接受环境德育功能的强势刺激。

就硬件环境而言,一是要加强校园硬件环境的建设和改造。以学校德育体系目标为主要内容,大张旗鼓地利用校内一切可以利用的德育素材进行全方位渲染。二是强化学校现有设备设施的德育功能,如对教室布局、餐厅布局进行综合设计等。三是切实加强教师队伍建设,努力让每一位教师成为德育工作者。四是规范德育管理环境,彰显学校德育主题。

就软环境而言,学校要在师生关系、师师关系、生生关系等方面构建核心旋律,鼓励人与人之间以和为贵,和谐共存。同时要在语言、礼仪、孝德等方面努力形成学校自己的特色乃至品牌,让学生一进入校园就得到学校德育主题的提示,就能立即对自身的言行举止进行自我修整与反省。这是环境建设应该也必须实现的目标和要求。

二、文化树德

校园文化是一所学校办学理念的综合体现,学校要在既定规划的框架下有侧重、有主次地设立学校育人一、二级子目标,要让学生通过学校文化的熏陶,逐步接近和实现总体目标的标准。

学校在校园文化建设上应充分考虑校园文化的德育功能,充分挖掘文化育人功能,通过文化长廊、校刊班报、宣传窗、广播台甚至微信公众平台等载体持续、持久、一贯地向学生进行学校文化的渗透,指导学生的日常言行,占领学生主观空间的主导地位,压迫一切有违青少年学生健康成长的消极因素从学生思维空间退出、消亡。

要保证学校文化对学生主观空间的强势占领,一是要在校园文化规划上落实主次分明、层次鲜明的指导思想,做到德育目标随处可见,德育要求随时可闻。二是要全面落实和完善学校德育管理制度和机制,形成本校特色的机制文化,做到紧扣主题,特色鲜明,使学生能够随时感知德育目标,随处领悟德育意图。三是要进一步规范教学、管理行为,形成学校特有的教学、管理文化,让学生随时明白德育动机,随处知晓德育内容。

三、氛围育德

学校氛围是学校软环境的一个组成部分,同时也是一个动态的、有生命的软环境,这是需要进行动态引导和管理的环境。学校氛围对德育成效的保障和巩固更显灵活和灵敏,德育工作的领导和管理部门要在学校氛围营造上有对策、有预案、有远见。

在德育工作开展中,学校要积极营造强势、高频、持续的刺激机制,通过营造氛围大造声势,让学生时时闻其声、处处见其影。如谱写校歌、统一口号等,同时注重学科渗透,要求全体任课教师在教学活动中全面渗透和落实德育任务,努力做到对学生的刺激最大化。一是要以校园环境、文化为基础,做深、做强、做大宣传文章,让学校既定德育目标和内容深入人心,成为小环境舆论的主旋律。二是要强化氛围营造,利用一切可以利用的师生双边活动机会,全面渗透学校主题目标和内容,形成说主题、唱主题、写主题、话主题、演主题的浓郁氛围,努力奏响学校生活最强音。三是强势推介,借助外部力量参与学校主题德育的建设和壮大,切实巩固德育主题对学生的影响力和绝对控制力,让学生知主题、懂主题、学主题、践主题,谱写新时期学校德育新篇章。

四、活动践德

德育活动是学校教育活动的中心,巧妙设计活动形式,精心构思活动流程,让活动的每个环节、每个细节紧密围绕德育主题,彰显德育目标的要求,是提高德育工作效率的必要保障。

学校通过设计一系列活动强化对学生的刺激,在与全局工作合理对接的前提下,有创造性地设计本校特色活动,渗透德育理念。一是要规范和落实日常教育活动,如法制安全教育、生命健康教育、文明礼仪教育、尊重感恩教育、孝心诚信教育等,切实做到前期准备充分,活动过程组织严密,活动效果评价客观。二是以学生社团为依托,逐个落实德育目标。三是严密组织和落实学生节假日生活指导,保证德育效果从校内向校外延伸。四是精心策划特色活动,提高学生参与热情,提升活动辐射广度与深度。

学校活动的设计与实施要围绕德育工作总目标和学校德育规划体系的步骤和要求,有侧重地进行。要把活动策划、实施的每个细节都放在实现德育目标的大要求下进行。任何违背学校德育目标的活动和细节,宁可取消活动也不要勉强上马,为了活动而动摇德育目标的做法是得不偿失的,但也往往是不少学校容易忽略的。

五、名贤荐德

学校要充分发掘本地本校德育资源,充分利用乡贤、校友、本地区名人等对学生开展德育。通过各级各类名人名家的言传身教激励学生从小立志,树立远大理想。一是利用本校明星校友回校反哺。学校要全面了解掌握本校校友情况,积极发现校友中的成功人士、社会名流,利用他们的影响力为学校德育工作壮势。要有计划地定期组织校友返校参观,并择优做专题讲座或开展互动活动。二是要想办法邀请知名乡贤来校参观,以他们的成长精神、创业故事激励学生修整自己的人生观。三是邀请知名人士来校做讲座,以他们的力量提升学校德育工作力度。

六、榜样铸德

榜样的力量远胜于枯燥的说教,学校要积极在本校师生、本地民众中寻找本土榜样,也要积极从各类媒体中寻找先进典型人物,以他们的成长、成才历程为学生提供人生模板,促使学校德育工作走向高效、高速。

学校要通过树立典型、榜样,让学生有学习的目标,有模仿的模板。一是要不断提升校内师生榜样的标准和要求,榜样要能充分体现其先进性和示范性。二是要健全和规范对榜样的管理制度,做到榜样不搞终身制,真正的榜样永远不被冷落。三是要建立和规范榜样示范考核机制,即榜样不但要做好榜样,还要带好身边人。

一支经得起考验的榜样队伍是学校德育工作的可靠后备军,培育好一支对学生有影响力的榜样队伍在很大程度上是给学校德育工作领导和部门松绑,但松绑不是放手。学校还是要在榜样提纯、提精上想办法,要想办法让榜样在学生心中牢牢扎根,要让学生对榜样保持相当的崇敬。

七、书香养德

学校要积极倡导学生养成读书习惯,通过向学生推荐好书、出版适合学生的校本教材等途径,还学生一个健康的阅读环境。

在开展好书推荐的过程中,学校不能一厢情愿,而是要积极让学生发声,把学生真正喜欢的书籍推荐给学生。一是开展"好书大家荐"活动,要求学生把自己看过的好书介绍给其他同学。二是开展"美文共赏"活动,学校以有奖征集的形式设立美文推荐机制,引导学生多读书、读好书。三是成立校本教材编委会,每学期编印一至两本校本教材。四是开展"我是小作家"活动,引导学生养成善读乐写的好习惯。

八、体验砺德

成功的德育体验活动是巩固德育成效的必要途径,学校要有目的地安排各种体验形式,让学生体会到实现德育目标的乐趣和意义,从而不断调整和完善自身的道德修养。

学校要通过组织一系列体验活动,让学生在体验中接受德育再刺激,巩固德育效果,提升学生自律能力和水平。一是要利用各种假期组织学生深入社会参加社会实践活动,写下心得体会。二是要组织学生深入有关单位和部门、基地参观调查,让他们在参观体验中提高认识,加深理解。三是组织各类学生社团,让学生在社团活动中体验德育目标,理解德育动机和意图,切实巩固德育效果。

学校德育工作不是学校单方面的工作,而是一项系统工程,学校不能关起门来搞德育。学校德育不但要积极挖掘内部潜力,更要想办法从周边单位、部门争取外部支持和参与,要把学校德育工作在声势上做大,在内容上做实,在实效上做深。学校德育不能搞形式化,要因人因地广开思路、广求合作,努力为培养社会需要的合格人才做出应有的贡献。

多元反馈促双语教学之浅探

（曾一晖　舟山市嵊泗县初级中学）

自接受双语援疆任务,进入双语课堂,与民族学员共同学习以来,我发现学员学习水平参差不齐,学习效果差异巨大。

如何将学习水平参差不齐的学员,统一到课堂教学中？如何提高基础薄弱学员的学习效率？如何在时间上给他们以刺激,实现课余时间的积极利用？我认为,课堂教学能够实现的目标十分有限,反馈是对课堂成效的检验,也是对学员学习的良性促进,蕴藏着不可小觑的力量。在十余年的初中语文教学中,我发现无论何种风格和类型的教学,都需要借助反馈来进行评估,任何一项教育改革都要参考反馈的信息来把握方向和力度。我想,对于双语教学,反馈同样适用。

现在,我的工作对象是成年人,从一年多的教学实践来看,他们同样期待当堂的反馈。反馈应该从内容、形式、主体等多个层面下功夫,尽量使学员不仅喜欢前面的授课,还期待后面的反馈;不仅珍惜课堂上共处的时间,还会主动拨出部分课余时间,共同探讨汉语学习。

一、反馈的内容可以多元化

援疆以来,我一直担任 MHK 的教学工作。这门课程包含了听力、阅读、书面表达和口语四个板块,所以汉语基础知识,包括语言习惯、关联词等毫无疑问可以成为反馈的内容,除了这些,作业的上交、作业的书写、课堂的纪律等方面,同样可以作用于我们的双语课堂。

学员们总是反映,许多时候想说但不能顺畅地表达,我鼓励他们多说多表达,并公开自己的电话号码(微信号),欢迎他们随时"打搅"我,所以课间十分钟或者校园里的偶遇、周末的闲暇时光,总会有学员来与我交流或者发微信。艾比不拉江几乎每次下课都会同我讲自己的儿子,或者讲自己和邻居的故事;阿曼古丽·依不拉音跟我说到派出所办理身份证的故事;玉散江关切地询问我的近况,并担心地说"你已经有三天没有笑了"……

这些看似随意的聊天,实际上是对汉语的应用,因为融入了学员的情感,表达非常顺畅。我尊重所有的交流,在保护当事人自尊和隐私的前提下,我将其中部分内容反馈给学员,一来对当事学员是一种鼓励,二来也给其他学员树立了一个非常接地气的榜样,让他们知道可以和我交流很多话题。

6 班学员吐尔逊阿依非常好学,自从加了我的微信,她几乎每天都会提问求解,有时候是问一个词语的使用,有时候是问一个句子,有时候是将写好的作文拍照发给我看,请我帮忙修改。可以说,她对汉语的学习热情在班里是数一数二的,那种急切地想要更多地掌握汉语的进取精神也深深地震撼了我,每次将她的提问向全体学员反馈的时候,我都带着欣赏的语气,学员也都表示佩服。此举既让学员们掌握了小知识,又给学员形成了一个良好的刺激。

期中考试结束,学员们纷纷跟我抱怨口语考试分数过低。其中就有漂亮的木克兰木,考试完她都委屈得哭了,因为她本来非常自信,过去她的口语考试成绩一直都是八九十分,这次只有七十多分,这让她很难接受。我将劝慰她的话也告诉给了其他学员："我们在社会上做许多事情，人们都有不同的评价标准，许多时候我们不要去质问标准为什么提高了，而是该反思一下自己是否退步了。"木克兰木是个非常有语言天赋的女孩子，但是一个学期以来，她几乎没怎么认真学习过，所以我告诉她"学习如逆水行舟，不进则退"，她非常信服地点头，其他学员都赶忙将这句话记下来。

二、反馈的形式可以多元化

一般情况下，我更多采用的是口头反馈，这是用时最少的反馈形式。教师可以在短时间内掌握学员学习的情况，但是效果持续时间不长。学员在反馈当时存在短暂记忆，从而可能造成"已经完全掌握该知识"的假象。基于此，我会选择重要的基础知识，在课堂开始时、快结束时或者在发现一些学员开小差的情况下进行"开火车"点名复述，点到名的学员按我的提示或者 PPT 上的展示回答，然后下一个学员再接着答，这种非常直接的反馈，在一定程度上帮助那些知识点掌握不够好的学员找到问题所在。轮到一些比较马虎的学员复述时，我会让他一个接一个地答下去，大家看老师有意"刁难"他，就会更加关注该学员的回答，任何一点小纰漏都逃不脱大家"无情"的批判，如果这位学员紧张起来，就会冒出一长串的维吾尔语自我解嘲，引得大家哈哈大笑，有的女学员笑起来，音域非常广，音频很高，此时的课堂往往会形成一个小小的高潮，所有学员对该知识点的印象就略深于其他。

有时，我会选择书面反馈。这样的反馈形式比较费时，如果是全班性的，则更要花去不少时间，还涉及收齐作业、批改作业、再反馈。基于时间的考虑，我一般是在休息时间批改作业，特别是作文，为他们标注好错误所在，还有哪些地方需要详写，并建议详写什么内容，然后我将优秀的作文和有极大进步空间的作文跟全体学员进行一个口头的反馈。在这个过程中，请学员们根据所听的内容进行速记练习和帮别人修改句子的练习，结束以后再请学员修改自己的文章，不能理解的则提问，然后再次将大家的作业收齐，再批改，打分数，看有无进步。

这种方式比口头反馈来得更务实，在时间允许的前提下，我更钟情这样的反馈，只有反映在书面上的东西才看得出问题和进步。

还有一种是延时反馈，这其实就是一种阶段反馈，可以出现在课堂结束时的练习当中，也可以出现在考试之后的教学之中，还可以在间隔更长时间的课堂中出现（相同或相似知识点的巩固）。这种反馈设计可以是学员对已学知识的思考和再发现，也可以是教师的有意为之。延时反馈是一个循环往复、不断提升的过程。

比如上面提到的，期中考试过后，我"无意"讲到木克兰木的退步情况，这就是一种延时反馈。当时我还提到口语考试最后一题，当我说起许多学员在完成"中国传统节日"一题走入的误区时，引起了更多学员的关注，唤醒了他们的记忆。（我讲明维吾尔族同胞过的古尔邦节并非全中国都过的节日，所以不能算作全民族的传统节日。我还给大家比较了两位学员阐述喜欢过节的理由，一位说"因为过节有肉吃"，一位说"因为过节可以陪伴爸爸妈妈"，然后请学员讲讲区别，选择一个更好的答案。大家迅速回忆起这个题目，展开小范围的讨论，有人恍然大悟，明白自己失分的地方，有人羡慕别人答对题目，也有人后悔。）

因为时间的延后，延时反馈容易在反馈时出现部分学员仍记忆犹新，部分学员早忘到九霄云外（因而容易走神）的现象，所以要想办法抓牢他们的注意力，才不至于使延时反馈变成走形式。

三、反馈的主体可以多元化

一般情况下，反馈的主要工作是教师在做，其实也可以大胆地交给学员，当然，这要在学员有所准备和积累的情况下进行。

在教师作为反馈主体的时候，我往往对相应知识点或者课堂作文进行再次学习和研究。比如，MHK学科组的陈老师曾提出第3套题第86题答案有争议，原题为：

容易犯错误的人，_____认为什么都不懂，_____认为什么都懂。

A. 不是……就是……　　　　B. 不是……而是……

C. 是……也是……　　　　　D. 不但……而且……

我们在群里讨论了很久，有的老师从关联词性质入手，有的老师从认识逻辑入手，将这个问题的讨论推向一个又一个高潮，后来我还将这个题目放到了微信朋友圈里，征询大家的看法。的确，真理越辩越明，当我再跟学员去讲解的时候，内心就明晰了。（这道题应该这样理解，容易犯错误的人，

"什么都不懂"和"什么都懂"是经常出现的两种极端表现,正是因为如此,才容易犯错误。选项 A 表示这两种表现可能居其一,选项 B 表示否定前一种表现、承认后一种,这样来看,应该选择 A。)

学员作为反馈主体的时候,我往往要给他们充分的准备时间,或者是在他们的能力可以胜任的前提下进行。

比如在一次 MHK 考试结束后的课上,我问学员现在最想做的是什么事,学员们都表示非常累,"想休息"。我随即展开采访:"为什么会感觉累?"多数学员表示复习时早起晚睡,所以十分疲惫。在采访到加纳提古丽的时候,我故意放慢节奏,细细地打探(她是个非常刻苦、非常用心的学员,每天坚持早读,并且有记笔记的好习惯。在我上第一节课的时候,就发现她将我讲的细节都记录了下来,她的不寻常引起了我的注意,所以这次我将采访重点放到了她的身上,意在借她的切身体会来启发大家)。

(师)问:你为什么会感觉累?

(生)答:因为最近考完了 MHK 就是期中考试,复习非常多,睡眠非常少。

问:你是否只是考试期间才睡得少?

答:不是,我平时也休息得少。

问:你平时都几点起床?

答:一般都七点多或八点的样子。

(注:在新疆七点多相当于内地五点多,这是典型的"闻鸡起舞")

问:(故作惊讶)起这么早干什么?

答:读书。

问:你读的哪一科?

答:一般是精读,有时候也读 MHK。

问:一般读多久?

答:每篇都好几遍吧。

问:读到什么程度? 会背吗?

答:(有点不好意思的)不是,就是流利一些。

……

在采访深入的过程中,加纳提古丽勤奋努力的形象慢慢立体起来,那些付出不够，只哀叹辛苦的学员渐渐坐正了，眼睛里交织的是惭愧和敬佩。

在教学过程中，学员接受信息的速度、水平是不一致的，师生共同的学习必定产生这样或那样的结果，从学员的反馈来看，有的知识要强调，有的要调整，有的要纠正。教师若在第一时间或者稍后的时间将这些信息反馈给学员，那么对于教师的"教"和学生的"学"都可以起到调整、促进的作用，从而有效地避免了重复出错，有助于及时转变学员的学习态度，增加学员学习的信心等。如果教师不根据学员的反馈做出评价，学员就无法知道自己是否理解知识点或正确完成题目。因此，我们应对学员的关键性反应，如回答问题、课堂练习、问题质疑、课外作业等及时做出评价，让他们辨明对错、知道优劣。所以，反馈是课堂教学十分必要而实用的一种手段。而我们的反馈千变万化，它的时间可以随机，它的形式可以变化，它的"包装"可以时尚，它的语言可以给力，多元的反馈完全可以给课堂注入新鲜血液，也许可以成为双语课堂的下一个教育契机。

"传统"与"现代"齐飞，"挖掘"与"创新"一色
——浅谈新课程标准下初中语文作业的有效设计
（沈明亮 杭州天成教育集团）

新课标明确指出："语文课程应致力于学生语文素养的形成与发展，积极倡导自主、合作、探究的学习方式，努力建设开放而有活力的语文课程。"目前，广大教师正对语文课堂教学进行着大胆的创新，灵活多样的教学形式令人耳目一新，学生在课堂中的主体地位得到了充分的体现，但作为教学环节之一的作业设计却往往被我们所忽视，传统作业中的精华也没有发掘和利用，使得很多学生要么在题海中挣扎，要么在题海中"受伤"，语文因而背上了"劳民伤财"的骂名。伟大的教育家孔子曾有过"学而时习之""温故而知新"的精辟论述，可见符合学生身心特点的作业在语文学习中是一个不容忽视的环节。在作业设计中如何做到既不囿于书本，又不偏离新课标要求呢？近年来，笔者针对传统语文作业中如何挖掘优势做了一些尝试，取得了一定成效。

一、积累感悟式作业设计

新课标指出："语文教学要注重语言的积累、感悟和运用，注重基本能力

的训练,给学生打下扎实的语文基础。"古人云:"不积跬步,无以至千里;不积小流,无以成江海。"教学实践中不难发现,大凡重视语言积累的老师,其所教学生的综合素质普遍较高,如果能够将积累和感悟同步进行,那么离"轻负高质"就不再遥远了。因此,积累感悟是传统作业中的优势,对学生语文素养的提高起着不可忽视的作用。

(一)积累课内知识:感悟语言意趣

初中语文新教材充分体现了语文学科的工具性和人文性,积累课内知识是学好语文的必要条件,也是最直接、最有效的方法。

教学中,要求学生做好以下的积累性作业:①积累一些雅词、成语,说说有关故事。②积累优美语句,背诵课文中自己认为写得美的句子。③积累相关的文学常识,对重要作家作品的相关资料做好记录、整理,说说其特点。④积累能给自己启发的哲理性句子或名人名言。⑤积累常规的文言文词句,比较其特征。⑥积累古诗词名句,如写春花秋月以及雨雪的诗句等。⑦积累写作的知识,如学习一个巧妙的构思,总结自己认为写得好的课文的结构特色并进行模仿。

这些积累方法看似陈旧,但蕴藏着巨大的生命力,关键是教师要给学生提供一个表现、展示的机会,每堂课都适时安排这样的环节,听说读写一起趁热打铁,学生的积累有机会展示,赢得了别人的认可,学生的信心就有了,感悟语言的意趣随之产生。

(二)积累课外知识:感悟语言情趣

人的知识绝大部分来源于间接经验,而语文课本只铺就了通往课外的道路,因而拓宽作业新领域、积累课外知识对学生来说至关重要。

教学中,布置学生阅读相关的书籍,可由教师推荐,也可由学生互荐,如讲授完《从百草园到三味书屋》后就推荐鲁迅的相关作品。①做好课外阅读和摘抄。要求学生每周做好摘抄作业,字数可多可少,但分级评价:500字及以下为"入门",800字及以下为"欣赏",800字以上为"耕耘"。摘抄的内容为自己所读的课外书中的精彩语句或语段,后面要附上自己的点评,点评的内容可以是摘抄的理由,也可以是自己的阅读体会,还可以是自己的疑问。②做好资料的搜集与整理。要求学生在学习课文前,结合文章内容,查找相关资料增加课外知识。例如,在学习《珍珠鸟》一文时,课前我就要求学生查找有关冯骥才的资料,选择自己感兴趣的某一方面编写一则冯骥才的材料,如"冯骥才简介""少年时期的冯骥才""冯骥才作家外的角色""冯骥才与熊勃"等,在课堂上交流这些资料之后,学生对冯骥才的人生态度已经相当了解,上课时就有话可说。③做好一些小故事的积累。小故事往往能给人一定的启发或教益,能为学生的写作提供很好的素材,如《班主任不在时》《两张包裹单》等就是由此产生的成果。课外是知识的海洋,学生得到的不尽相同,在学习中有内驱力,可以自我"强身",在交流中有新鲜感、成就感,可以相互"健体"。

(三)积累生活知识:感悟语文美趣

新课标指出:"多角度地观察生活,发现生活的丰富多彩,捕捉事物的特征,力求有创意地表达。"陆游曾说:"纸上得来终觉浅,绝知此事要躬行。"这说明观察生活、发现生活、感悟生活中的美对学生来说是不可或缺的,因此学生要在生活中做个有心人,学会观察,有所感悟,真情表达。

体育课上观察投篮时有了《篮筐的高度》《篮筐上打转的球》等的片段记录。妈妈不让看电视时有了《知识不一定要读书》的心语:"电视优越于书籍的地方,在于它能以生动的图像、声音或文字说明等多种渠道提供给人们信息,巨大的信息流量使我们更高效地了解事物。"观察、体验家庭生活时有了日记《电表也要休息》:"用遥控装置将电器关机后,电器上的指示灯由绿色转换成红色,这时的电器并没有完全关机,只是处于待机状态,仍然消耗着电能。"学生在生活中懂得了观察积累的方法,交流也随之有了内容,兴趣悄然而生,形成了良性循环。"积土成山,风雨兴焉,积水成渊,蛟龙生焉。"积累感悟式作业的设置促使学生多读书,学生在完成作业时接受了思想文化熏陶并积累了丰厚的文化养料,这对学生语文素养的提高自然是益处无穷的。

二、合作活动式作业设计

新课标指出,"教育必须着眼于学生潜能的唤醒、开掘、提升,促进学生的可持续性发展"。古人云:"独学而无友,则孤陋而寡闻。""一个篱笆三个桩,一个好汉三个帮。"因而合作学习并不是新的发明,而是传统的继续和优化,合作学习的成功之处在于,他人的信息为自己所吸收,自己已有的知识被他人的视点所唤醒和激活。合作学习有助于因材施教,弥补教师难以面向有差异的众多学生教学的不足,从而真正实现使每个学生都得到发展的目标。

（一）优势合作:钻研教材式作业

课本是学生学习语文的载体,课文的人文性又给学生钻研教材式作业的布置提供了广阔的空间,小组合作扬长避短,能让语文课出现"柳暗花明又一村"的前景。

比如,在单元学习过程中选择一篇难度不大的课文,让学习小组共同备课,确定教学目标,把握教学重点,疑惑不解时请求教师指点,然后由小组长主持课文教学,并接受其他学习小组的质疑。我曾经在《台阶》《陈太丘与友期行》《端午的鸭蛋》等课文中尝试过,学生投入的学习热情和对教学内容的准确把握,以及讲课的认真、执着是令我兴奋的,尽管出现过如《台阶》中"为什么新屋的主体工程写得简单,造台阶反而写得详细"（因为台阶是地位的标志）的简单错误,也出现过《端午的鸭蛋》中画出一个双黄鸭蛋,其中一个蛋黄写上"情",另一个蛋黄写上"趣",表达"思乡之情""人生之趣"的教学场景,给人一种别有洞天的感觉。教学角色的转变使学生的主体地位得以真正意义上确立。这项小组合作学习的作业如果能够持之以恒,学生对课文的整体感知能力和深入探究能力将得到很大的提高。

（二）自愿合作:语文活动式作业

古人云:"读万卷书,行万里路。"它强调了读书与活动的关系。活动是学生的天性,再内向的学生一听到有活动也会兴高采烈。这类作业就是引导学生设计和参与形式多样、感兴趣的语文实践活动,在丰富多彩的活动中"滴水穿石"。

新教材每单元都有综合性学习,让小组成员讨论并设计活动方案,集体登台展示本组学习成果是培养合作能力的良好举措。还有课后练习,如《皇帝的新装》练习三是开展"真话"与"假话"辩论赛,几个考试成绩滞后的学生,从来不被人重视,却有这方面的才能,他们的表演才艺得到了其他同学的认可,他们从中获得了成就感。另外,每周一节的语文活动课,如"诗歌对对碰""趣事窗""广告摄影棚""我来当家长"等,学生为了本组有出色的表现,课外都能自觉地查阅资料、寻找依据。这既有助于培养学生的合作精神、团队意识和集体观念,又有助于培养学生的竞争意识和竞争能力。

合作活动式的语文作业将学生从繁重的书写作业中解脱出来,使学生的协作精神和创造力都得到了很好的发挥,也激发了学生对语文学习的兴趣。我的最大感受是学生的语文学习状态明显转变,学生对待语文作业的态度不再是敷衍了事,更可喜的是,平时课堂作业都懒得做的学生,学习热情也高涨起来了。

三、自主探究式作业设计

新课标指出,教师必须给学生独立思考、自主探索的时间和空间。古人云:"学贵知疑,小疑则小进,大疑则大进。"有疑问就有探究,传统教育中并未忽视自主探究,新课标是在其基础上加以改革。要实现这一目标,教师在教学过程中设计一些利于学生自主探究、培养能力、张扬个性的作业就显得非常重要。

（一）模仿探究:完成迁移式作业

学生有了一定的知识积累,通过合作交流具备了一定的能力,最终还要回归到应用上来,因此教师可以设计相应的能力迁移式作业。

能力迁移式作业形式不一,因"课"制宜。①仿句练习。课文中有许多优美的句子,让学生仿照其句式造句能训练学生的语言表达能力。如在学习《从百草园到三味书屋》时,让学生仿照"不必说……也不必说……单是……"造句。②想象和联想练习。如在学习《天上的街市》一文时,学生知道诗人由街灯联想到明星,然后想象到天上的街市等,可设计相关练习让学生巩固对想象和联想的理解。③修辞运用。学到了比喻、拟人、排比、顶真等修辞手法,就让学生训练写句子,并将所学的修辞手法用上。这些迁移式作业在形式上看似传统,但能切实提供给学生表现的机会,让学生展示自我,对提高学生的语文应用能力有很大的帮助。

（二）情景探究:体验感悟式作业

阅读是读者与作者在情感上的个性交流与对话的过程,每个学生的阅读积淀不一样,他们的阅读体验和感悟也有不同。因此,依据教学内容设计一些体验感悟式作业,能激活学生的思维。

如在教《丑小鸭》一文时,就设计了这样的作业:"当丑小鸭变成白天鹅之后,它最想告诉别人的是什么? 请用丑小鸭心语的形式写出来。"学生的体验不同,写出来的内容自然不一样。教《邓稼先》时设计了如下作业:"'我不能走',从这句话里,你感受到了邓稼先怎样的精神和气概?"大家各抒己见(身先士卒、不怕牺牲的精神,体现了他对工作的负责),情景为载体,探究为工具,体验为劳动,感悟出成果,分享彼此的思考、经验和知识。教《三张假币》时设计了如下作业:"你从⑤段中的'想到老教授总穿一件皱巴衣服的寒酸样'外貌描写和⑧段中的'但我更知道一个山里的孩子该多艰难,那样做对他产生的后果不堪设想,为区区 300 元钱扼杀一个人才,吾不屑为之也'的语言描写中得到什么信息?"学生在对文本充分理解、感悟的基础上,说出了自己的解读(说明老教授生活俭朴;将自己收入的大部分都资助了贫困的学生;目光远大,懂得爱护学生的尊严),学生经历了以体验促感悟、以感悟促发展的过程,有了"原来如此"的感受,真正实现了"相互交流、相互启发、相互补充"的目标。

(三)生活探究:学写随笔式作业

生活中哪怕是考试成绩最糟糕的学生也有自己的心声,而抒发心声又是人的本能愿望,因此随笔就为学生提供了一个张扬个性的天地、一个反映真性情的舞台。可以毫不夸张地说,生活有多宽广,随笔的范围就有多宽广;生活有多丰富,随笔的内容就有多丰富。《早操时……》《地摊上的零食》《并肩骑车多危险》《我也参与了》《他不挨揍才怪》等都是学生真实的生活记录。在随笔中,孩子们的思维可以穿越时空,自由翱翔。

每个学生都拥有独一无二的世界,随笔式作业能促进教师与学生交流思想、学生与学生互相启发。通过随笔能够发现,我们在付出的同时,也在丰富地获得。

(四)比较探究:拓展阅读式作业

拓展阅读式作业与广义的课外阅读有相似点也有不同点,都是课文以外的阅读,但前者是根据所学课文向外拓展,后者是根据自己的阅读爱好自由阅读。拓展阅读能加深对课文的理解。

一篇课文的结束是拓展阅读的开始,学习冰心的《纸船·寄母亲》时,课后布置学生结合"名著导读"去阅读《繁星》《春水》等作品,以加深对冰心作品中所表现的情感的领悟,巩固了课堂教学成果。学习老舍的《济南的冬天》时,课后让学生去阅读《济南的秋天》及老舍的其他作品,加以比较,感悟老舍的语言特色。这样的针对性阅读既增加了学生的阅读量,又改变了以往"摁着牛头吃草"的窘境,为学生以后系统阅读名著奠定了基础,对学生自如应付考试也具有十分重要的意义。

（五）专题探究:发现技巧式作业

初中学生思维活跃但想法单纯,尤其是对一些技巧性的知识容易产生混淆,而专题探究式作业专业性强、时间短,能使学生精力高度集中,牢固掌握。

针对学生修改病句得分率低于平均水平的现象设计专题"如何修改病句",让学生归纳。①原则:改通顺、改正确（不改变句子原意）。②方法:增（增加字词）、删（删去多余字词）、调（调整字词顺序）、换（更换字词）。③窍门:缩句法、分类法。例如:"张老师很有教学经验,每堂课都讲许多数学中的难题。""许多"是修饰"数学"还是修饰"难题",学生一目了然。针对课前一分钟演讲,设计"如何提高演讲水平"的探究题,让学生去查找相关资料、搜集名家指点的方法,用以点评课前演讲,提高学生的演讲技巧。有时还设计阅读与写作技巧方面的探究题（"如何生动写景""怎样将人物写活"等）。

总之,专题探究能加深对所学知识的印象,把握解题规律,提高语文综合能力。

自主探究式作业调动了学生的主体参与意识,让学生自己动手、动脑,体验知识,走进知识;在学会知识的同时,注重激发学生关注社会、关注生活的欲望和责任感。作为语文教师,首先应该思考学生需要什么,据此运用好教材,既要有正确驾驭教材的本领,又要有飞出教科书狭小空间的能力。其次,要为学生设计更广泛的课程资源,让学生置身于广阔的人文世界。

创新并不意味着对传统的摒弃,而是在传统基础上将优势挖掘并予以拓展。本文提到的这些作业形式赋予了传统作业以新的生命,是读、听、思、写、说等学习能力的成功实践,只要能坚持,就能培植出"活"的语文课堂。

参考文献:

[1]潘涌.语文新课程与教学的解放[M].广州:广东教育出版社,2004.

[2]盛群力.个体优化教育的探索[M].北京:人民教育出版社,1996.

[3]朱昌元.窥探作者的灵魂:人教版第三册第三单元备教策略[J].语文教学通讯,2006(11):30-32.

初中语文名著阅读教学的实践思考与策略

（沈明亮　杭州天成教育集团）

一、引言

《初中语文新课程标准》对初中七至九年级学生提出了阅读要求：欣赏文学作品，能有自己的情感体验，初步领悟作品的内涵，从中获得对自然、社会、人生的有益启示。对作品的思想感情倾向，能联系文化背景做出自己的评价；对作品中感人的情境和形象，能说出自己的体验；品味作品中富于表现力的语言。学会制订自己的阅读计划，广泛阅读各种类型的读物，初中三年课外阅读总量不少于 260 万字。然而，作为一线教师，我深知学生对阅读的兴趣缺失，阅读能力欠缺，所以，当名著阅读成为迫在眉睫的任务时，我们不得不开始思索：何为阅读？ 怎样利用名著阅读激发学生的阅读兴趣，提高学生的阅读水平和语文素养？ 如何将名著阅读教学落到实处？

二、名著阅读教学的必要性

国际阅读协会指出，阅读能力的高低直接影响到一个国家和民族的未来，没有阅读就没有个人心灵的成长，就没有人的精神发育。世界著名语言学家、阅读教育理论学者斯蒂芬·克拉克在《阅读的力量》中指出一个残酷的事实——直接教学对提高学生语文能力没有功效，也就是说大部分教师花大量时间在课堂上教字词句、语法规则、语文知识、阅读方法，基本上是浪费时间，远不如让学生自由阅读成绩更突出。所以，阅读是语文学习的基础，就如同造房子的地基一样，只有地基打好了，房子才能稳固，而单靠我们语文教材上的篇章，很难满足学生的阅读需求。学生不仅需要阅读文质兼美的篇章段落，更需要整本书的阅读，来开阔视野、提高思维，因此，名著阅读教学迫在眉睫。

三、学生的阅读现状

苏联教育家苏霍姆林斯基说："让学生变聪明的办法不是补课，不是增加作业，而是阅读，阅读，再阅读。"确实，阅读可以帮助学生了解社会，认识人生，丰富情感，陶冶情操，形成健全的人格。另外，阅读对于学生文学素养的熏陶和积淀,以及培养学生开放、多元的文化精神,增强适应社会的能力等都具有不可替代的作用。但是,中学生的阅读现状令人担忧,突出的问题是以下三方面。

(一)观念陈旧落后

首先,语文课上,不少教师就是不肯少讲,总是不相信学生,舍不得花时间去让学生进行自主阅读。一堂课,学生读书的时间往往只有可怜的几分钟,大部分时间都被教师烦琐的分析和频繁的提问所占用。正如苏霍姆林斯基所批评的那样:"学生在课堂上阅读得很少,而关于阅读的谈话却很多。"其次,由于受应试教育的严重影响,学生课业负担过重,教师搞的是题海战术,家长热衷的是请家教,这就苦了我们的学生,每天的作业要做到晚上九十点(甚至更晚),双休日还要忙于补课或参加各种类型的辅导班。学生用什么时间来进行课外阅读呢?做作业是硬任务,阅读是软任务,学生普遍的心理是"欺软怕硬"。最后,部分家长和教师对学生课外阅读的认识不够,他们不但不鼓励学生读书,而且阻止学生阅读课外书籍,并美其名曰:为了学生的前途和未来。有的家长采取简单粗暴的方法,严令禁止,甚至约法三章:一经发现,一律收缴或销毁。

(二)阅读量小面窄

现在的教辅用书及乱七八糟的街头小报和刊物可谓铺天盖地,但适合中学生阅读的好书却是凤毛麟角。学校图书馆藏书不少,但真正适合学生看的数量有限。笔者前一阶段曾在所任教的两个初三班作过专题调查:完整读过四大名著的人一个也没有,读过鲁迅、巴金、冰心等现代作家作品的极少,读过罗曼·罗兰的《名人传》、高尔基的《童年》及莎士比亚的《威尼斯商人》等外国作品的也少之又少。试问有多少老师能经常把新出版的时文佳作推荐给学生?有多少老师经常与学生一起交流自己的阅读体会?再问问我们教师自己:又有多少老师自身把阅读当作每天的必修课?

(三)阅读猎奇求快

现代社会,科技突飞猛进,花花绿绿的世界充满了诱惑。上网聊天,玩电脑游戏,看动漫、电影、电视,这些比看课外书籍更有吸引力。阅读过程中猎奇心理又极为突出,初中学生往往对形形色色的奇闻逸事特别感兴趣,武侠小说、言情杂志、侦探故事、卡通漫画,这些五花八门的书刊如走马灯似地换来换去。这些所谓的快餐文化,能丰富多少知识,提高多少能力,积淀多少文化底蕴? 个别学生甚至因迷上有害书刊而误入歧途。当然,我们有些教师和家长,似乎也知道阅读的重要性,但他们大多出于一个共同的目的——应付考试,所以他们给学生买的最多的是书作文书,让学生看的最多、背的最多的还是作文书。

既然阅读教学是语文教学的灵魂,而名著阅读又是阅读的主要阵地,学生的阅读现状又如此堪忧,那么作为语文教师,我们就不得不参与学生的名著阅读,扮演一个引导者的角色,利用教育智慧点燃学生的阅读激情,提升学生的阅读能力,进而全面提高学生的语文素养和语文学习能力。理想是丰满的,现实却是骨感的,名著教学是新兴的教育领域,实施难度可想而知,相信每一个亲身实践过的教师都深有同感。作为一名教龄不满五年的新教师,我不断地探索,由最初的心怀厌恶和抵触,慢慢地摸索出自己的一些门道,如今蓦然回首,自己走过的是一条曲折却又收获满满的道路。

四、关于名著阅读教学的探索和实践

回顾自己走过的道路,大致可分为九个阶段。

(一)无为而治,放任自流

一开始接触名著教学的时候,我十分抵触,一度抱怨,不解在当今教学压力如此重大的情况下为何还要考察名著阅读。一直固执地认为阅读是基于兴趣的、发自内心的,用考试的方式去检测个人阅读是极不科学的。所以,在名著教学提出的初期,我一直采取坐视不管的方式,任由学生自由阅读,这就直接导致了相当一部分不爱阅读的学生在期末考试中名著阅读这一模块分数的缺失。但是,苦于没有任何阅读教学经验,我只能采用"坐以待毙"的方式,听天由命,任由考试的尖刀宰割"鱼肉"般的学生,然而这样的坐以待毙终究是要被时代的潮流所吞没的,没多久,传来了一个"噩耗":中考也加入了名著阅读考查的部分。这犹如一个晴天霹雳,逼迫我去思考如何调动学生的阅读兴趣,带领他们进行高效的名著阅读。

(二)死记硬背,疲于应付

基于名著阅读纳入考试,大部分学生又不爱阅读这一现状,我首先想到的是强迫式的阅读激励手段。以《西游记》和《水浒传》为例,两本书都是章

回体小说,故事情节性很强,所以我曾让学生每天回家阅读一两章,并概括故事情节,记在笔记本上,以"作业"的形式强迫学生去阅读。一开始,学生完成的作业质量尚可,但是时间一长,由于学生内心深处没有阅读的渴望,加之课业负担加重,作业的质量明显大不如前,不少同学甚至上网搜寻相关章节的概括文字来蒙混过关。显然,这项作业终究是一纸空谈,学生花费了时间,却丝毫没有收获。到了期末,为了弥补名著阅读的漏洞,我将每一章节的主要内容一一概括,下发到学生手中,发动全班一起出题,收集大家的题目,形成一张所谓的"试卷"。而题目大致无外乎"谁在哪里做了什么"这一类基于故事情节的简单填空,学生在之前背诵的基础上进行习题操练。这样一来,一部分同学在期末考试的名著阅读中能够得到一至两分,相比之前的无为而治,这样的方式似乎是有效的。然而阅读的目的终究不是熟记书中的情节和故事,甚至一些无关紧要的细枝末节,而在于文字所承载的情感、思想在读者心中引发共鸣,语言的魅力让读者记忆犹新,这一点,是亘古不变的。所以,这样的死记硬背、疲于应付的临时抱佛脚,终究是没有任何意义的。期末考试中名著阅读的题目越来越灵活,识记类题型越来越少,给我敲响了警钟,迫使我重新开始审视自己的教学,从反感、逃避名著阅读教学,转变为直面问题,积极想办法去解决问题,真正发自内心地去激发学生的阅读兴趣。

(三)直面问题,名著教学入课堂

陷入迷途的我开始思考如何把班里那些不爱阅读的学生的阅读积极性真正调动起来。首先找寻他们不喜欢阅读的原因:或许是没有足够的时间,或许是没有从阅读中体会到快乐。于是,我决定把阅读课搬上课堂,不再一味将阅读变成全靠自觉的回家作业,而利用宝贵的课堂时间让学生阅读。每周一和每周四,是雷打不动的阅读课,尽管考试的压力很大,课堂时间贵如油,但力气花在刀刃上,是有百利而无一害的。在课堂上,学生可以心无旁骛,专心享受阅读的乐趣,阅读的效率大大提高,一部分学生开始对阅读产生些许兴趣。然而漫无目的的阅读于学生来说收效甚微,我开始思考如何让学生做到"真正有所思、有所悟",如何利用宝贵的课堂时间最大限度地调动学生课余时间自主阅读的兴趣。我想到了任务型的课堂阅读模式,以《城南旧事》为例,该书篇幅短小,非常适合在课堂上精读,也十分贴近学生的生活,符合他们的认知水平。因此,在阅读时,我布置了画人物关系图这样的任务,既富有趣味性,又具有创造性,带着这样的任务,学生就如同寻宝一样、带着期待,高效阅读完全书,不仅了解了人物之间的关系,厘清了故事的来龙去脉,更为关键的是,学生通过自己的笔将人物关系创造性地再现,这样一来,对作品的理解必然深于简单粗略的阅读。同时,在阅读兴趣的指引下,再引导学生利用课余时间自主阅读,效果自然是事半功倍。所以,把阅读搬上课堂、明确任务的探索性阅读,起到了一个"放长线钓大鱼"的作用,牺牲两节课的时间,换来的是课后学生发自内心探幽寻胜似的高效自主阅读,何乐而不为呢?

（四）升级课堂,思想碰撞

课堂的时间终归是有限的,作为一名优秀的教师,不仅要懂得合理运用课堂时间,更要学会合理利用课堂之外的时间,在看不到学生的情况下"运筹帷幄,决胜千里"。我深知阅读的主阵地一定在课外,于是开始思考如何合理利用课外时间,让短暂的课堂时间起到穿针引线、提纲挈领的作用,阅读分享会便是一个极佳方式。以《水浒传》为例,108 个好汉,各个形象典型,学生对这 108 将各执一词,那不妨就来一个"水浒英雄大比武"。基于这样的设想,我开设了一堂读书交流会——"水浒英雄擂台赛",学生基于自己的喜好,划分为几个小组,每个小组代表不同的英雄,利用课堂时间,每个小组为自己所喜爱的英雄争取到"水浒英雄之最"的名号。在这一过程中,故事情节、人物形象、学生的个人看法都得以在课堂呈现,不同小组之间的交流和碰撞,远比教师的"喋喋不休"更具吸引力,让人印象更深刻。

（五）片段精读、主题研讨,课内课外相结合,全面升华阅读的品质

任何一篇优秀的文学作品,必然美在其精湛的文学呈现方式与独特的情感或思想。虽然课堂无法用来让学生阅读整部名著,但足以为学生自主研读作品传授一些方法,起到"引人入胜"的作用。而我也发现,初中课本里的许多课文,与我们的名著都颇有关联,例如七年级下册的课文《爸爸的花儿落了》就选自《城南旧事》,八年级下册的课文《列夫·托尔斯泰》里所描写的主人公托尔斯泰则是《名人传》里的名人之一,这些精讲的课文便成为课内与课外的完美结合点。通过课文的精讲品读,联系到相对应的名著,理解

了课文的主题,再到整部书中去寻找蛛丝马迹来印证,将自己从课文中感受到的放进整本书去感悟,收获是可想而知的。例如,在上《爸爸的花儿落了》时,学生全面理解了文章主题情感之后,我顺势开设了一节阅读课,让学生在整本书中去寻找那些有异曲同工之妙的段落、细节,这样一来,学生不仅会牢牢抓住课文本身给予他们的养料,更能从整本书中汲取更多的精华。又比如,在上《列夫·托尔斯泰》时,我抓住了文中这样一句话:"他肯定缺少一样东西,那就是人世间的幸福。"读到这里,学生自然会产生疑问:为什么呢? 此时借机开设一节阅读课,让学生自己去《名人传》中寻找答案,这对于学生普遍抗拒的《名人传》的阅读,无疑是有促进作用的。又比如,在学习鲁迅的《藤野先生》时,与契诃夫的《胖子和瘦子》进行写法上的对比,鲁迅和契诃夫都是善用讽刺手法的大师,这样的对比阅读对于学生感受语言的魅力,亦是高效而有助益的。

(六)丰富多样、趣味盎然的作业设置

阅读一定要有反馈,阅读作业的布置关系到学生阅读的动力和兴趣,为此,我也做了许多尝试,慢慢地,由最初的情节概括式作业演变成为情感再现和创新、评论式作业。例如,阅读《城南旧事》,我并没有让学生写读后感,而是布置学生自创一首小诗,结合自己的经历和作品,写写对青春的感悟。又如,阅读《水浒传》,让学生以《水浒日报》的形式出一份小报,以媒体人的身份对自己感兴趣的人物和故事进行再现甚至戏说。又如"给自己所喜爱的英雄好汉写一封信"这样的作业,效果远胜于简单的读书心得。再如,"假如水浒也有朋友圈,会发生什么"这样的作业,让学生以某一位英雄的名义发一则朋友圈消息,并配上五个不同人物的评论,这样的作业,看似荒诞,实则需要学生对故事情节、人物关系、人物性格都有十足的了解和把握,同时它又足够有趣新奇,学生乐意去完成,并且颇具价值。长此以往,名著教学就并非难事。

(七)演绎名著,释放真我

在教学过程中我发现,许多名著都是十分适合搬上舞台的,例如《水浒传》,于是,我所在的年级组决定举办一次水浒演绎大赛,演绎的方式不限,可以是课本剧,也可以是小品和相声,甚至是自创歌曲,在班级海选的基础上,每班出一两个节目。一开始大家都怀着忐忑的心情,毕竟第一次举行如此盛大的名著演绎活动,学生又都没有舞台演出经验,但结果是令人意外的:每个班的同学都表现得异常出色,许多同学在日记里提到,这是一次非常成功的活动,并且期待这样的活动多多益善,因为在这样的活动中,他们收获到的不仅是快乐,还有知识。那一年的期末考试,我们年级组的名著阅读得分率意外地创下了历史新高,我想,这与活动的有效推进是密不可分的。从那以后,我对于名著教学不再恐慌,我坚信,给学生一个平台,一定能收获意想不到的精彩。

(八)读写结合,对比阅读,写出真我

常言道:"不动笔墨不读书。"读和写是相辅相成的,只读书而不动笔,绝不能有深刻的领悟,写,是名著阅读最重要的环节之一。摘录、批注、评论等,都是写的方式,我为学生定制了专门的读书笔记,包括了"我的读书计划""我的读书摘录""我的读书心得"几大模块,旨在引领学生有目的、有规划地去阅读,真正将文字读进心里,有所思,有所悟。一年下来,学生积累了厚厚的几本读书笔记,这些都将是他们人生的一笔财富。而我也发现,许多名著非常值得细细品读、仔细思考,例如《契诃夫短篇小说选》中,契诃夫深刻的思想与独具一格的语言都十分值得仔细品味,其中的许多文章在主题和手法上都具有可比之处。于是,我花了大量时间精读文章,提出了一些具有探讨价值的问题,让学生自主思考,以书面的形式呈现自己的观点。例如,《胖子和瘦子》和《一个文官的死》,其讽刺的手法可谓入木三分,我设置了这样的探讨题目:从《胖子和瘦子》和《一个文官的死》看讽刺的力量。学生所写的内容十分精彩,从他们的写作中我看到了他们对语言文字的独特感悟和分析。又如《万卡》和《渴睡》这两篇文章在主题上有共性,又有不同,于是,我设置了这样的探讨题目:从主题看《万卡》和《渴睡》的异同。有一个学生在作文中这样写道:"瓦利卡掐死了娃娃,她获得了解脱,得以安然入睡,然而她不知道,等待她的,将是死亡的代价,这是一种人性的扭曲,被压抑到极致后可怕的扭曲。万卡和瓦利卡都是沙皇统治下贫苦的底层少年的代表,然而万卡还存有希望,他期待爷爷带他回家,而瓦利卡则彻底绝望,以扭曲人性为代价,瓦利卡的今天,或许就是万卡的明天……"这样的文字令我深有感触,我惊叹于学生思维的广度和深度,更惊叹于其驾驭语言的能力,同时,我也十分庆幸,这样的作业是高效的。诸如此类的探讨作业还有

"从正面描写和侧面描写的角度谈谈契诃夫小说《苦恼》",有些同学注意到了这篇小说中所着力刻画的人们的"麻木",这就是一种侧面描写。又如："结合《跳来跳去的女人》来谈谈自由和放纵谁更有价值""以安德烈·叶菲梅奇的角度写一写'我眼中的第六病室'"。这样的作业,无非就是抛出一个话题,给学生充分思考的空间,起到抛砖引玉的效果。

（九）不断思考,把握全局,探索出题

结合近年来名著阅读考查的特点,我也在不断地思考名著阅读考查的价值与题目的意义,渐渐发现,名著阅读的题目由最初的机械识记演变成了观点的阐明,而我也在平时的作业中不断实践着这一原则,有意识地引导学生去表达自己的观点,提升思维。以《名人传》为例,我曾经布置过这样的题目：

1. 中国有句古话叫"吃得苦中苦,方为人上人",说的是经得起苦难的锻造,方能终成大器,而法国作家罗曼·罗兰的《名人传》也从痛苦和磨难出发,着力刻画了三位伟人不平凡的一生,请结合相关情节对这一观点进行论证。

2. 契诃夫是俄国最具代表性的一位批判现实主义作家,其作品语言独树一帜,讽刺意味浓烈,请结合你所喜欢的一篇小说,从"批判"和"讽刺"两个角度中任选一个进行论证。

诸如此类的题目虽然略显粗糙,但它足以反映我们在名著教学过程中所秉持的态度——从畏缩不前到被逼前行再到主动出击。其实,反观名著教学之路,固然难走,但一旦走了,就没有回头路,这固然可怕,但当你苦心钻研、精心策划后,你会发现,终有一日,峰回路转,呈现在你眼前的是"柳暗花明又一村"。

五、结语

今天的社会,充满了浮躁之风,读书,则可以使人变得沉静。读书风气其实是一个社会的文化风气的反映,甚至是衡量国民道德和素质的一个重要指标。余秋雨曾说："阅读的最大理由是想摆脱平庸,早一天就多一份人生的精彩,迟一天就多一天平庸的困扰。"而语文教师所要扮演的就是一个充满激情的导游角色,引导我们的学生在浩瀚的书海中体验丰富多彩的世界,感悟人生百态,虽足不出户,却遨游世界,虽年纪轻轻,却经历世间百态、品尝人生冷暖,最终活出自己的人生、自己的态度。

参考文献:

[1]付登秀.浅析新课改背景下的初中语文教育[J].科教文汇,2010(5):84.

[2]李紫军.初中名著阅读有效教学方式初探[J].语文学刊,2013(1):123-124.

[3]杨春兴.与名著的自由对话[J].语文学刊(教育版),2014(22):95-96.

设计前置性学习任务,打造高效美术课堂
(詹喜庆 杭州市莫干山路小学)

《义务教育美术课程标准》(2011年版)中明确指出,美术基础学科的教育,力求体现素质教育的要求,"以学习活动方式划分美术学习领域,加强学习活动的综合性和探索性,注重美术课程与学生生活经验紧密关联,使学生在积极的情感体验中提高想象力和创造力,提高审美意识和审美能力,增强对大自然和人类社会的热爱及责任感,发展创造美好生活的愿望与能力"。

重视前置性学习恰恰与课标里的课外学习探索精神是吻合的,让学生根据老师布置的思考题,有针对性地寻找、发现相关的一些资料、图片,备好需要用到的学习工具、材料等,为下堂课的学习做好充分准备。同时,前置性学习为培养学生的学习主动性、独立性和个性化,从而达到课标里所提到的教育教学要求,提供了一个非常大的空间。因为前置性学习是在课堂以外的时间和空间里进行的,它有两大特点:自由性和体验性。自由性体现在学生心灵的自由性、学生探索学习的时空的自由性。生活是艺术创作的源泉,学生根据学习的要求,可以在课前进行充分观察,感受、体验生活中的一切。正因为这两大特性,前置性学习这个学习环节,对培养学生综合素质,培养学生的创新性和独立性,以及学生个性的发展有不可忽视的作用。

而且,学生只有充分做好美术课前置性学习,才能在课堂上获得上新课的主动权,学习才会轻松起来,从而提高学习美术的兴趣,获得愉快的学习体验,最终达到提高课堂效率的目的。

那么,如何设计学生美术前置性学习任务呢?

一、精心设计前置性学习的内容

目前,根据学生的年龄特点,学生的学习主动性、自觉性是比较薄弱的。

因此,为了让学生真正做好前置性学习,激发学生的课外求知欲,教师在布置课前学习的问题上,必须力求内容的明确性、层次性与生活性,否则,很难真正调动学生前置性学习的积极性。

（一）内容的明确性

学生的前置性学习,在内容上一定要有明确的目标和要求。内容设计得如何,直接关系到学生对本课的学习与掌握。故教师在设计题目时,应该紧紧围绕课标,抓住教材的内容,明确本节课的教学目标,精心设计好适合学生的课前学习内容。比如:在讲授《"神舟"五号游太空》一文时,为了让学生更好地掌握本堂课的知识点,我精心设计了表格(见表1)。学生就围绕这个表格,通过各种方式来完成课前学习任务,最终达到了我预期的教学目标。

表 1 《"神舟"五号游太空》课文知识点

	"神舟"一号	"神舟"二号	"神舟"三号	"神舟"四号	"神舟"五号	"神舟"六号	"神舟"七号	"神舟"八号	"神舟"九号
执行任务									
外形特征									
宇航员									
其他									

（二）内容的层次性

不同年龄阶段的学生和同年龄阶段学生个人能力的差异决定了教师在设计内容的时候,必须考虑到内容的层次性。面对中低年级的学生,设计的内容要简单、具体、明确。随着学生年级的增高和各方面能力的增强,设计的内容相对来说就要复杂而具有概括性,这样才能让高年级的学生有更多的空间发挥他们的能力。如讲授"凡高的画"一课时,我设计的内容十分简洁:课前通过网络了解凡高其人其画。学生根据自己的实际情况,采取不同的方法来完成,他们可以去了解凡高的生平及所处的时代背景,也可以了解"后印象派",欣赏、收集凡高的绘画作品……这样,他们在前置性学习中自由发挥的空间就更大了。

（三）内容的生活性

生活是艺术创作的源泉。内容的设计应尽量贴近学生的生活。在讲授

"交通安全标识"一课时,我先让学生明白什么是标志,然后根据学生的实际情况,分组分类设计了几个小问题:"你观察到哪些交通安全标识?""根据学校实际情况,你觉得学校哪些地方可以设置安全标识?"除了让学生完成这些小问题外,还要求他们收集一些具有代表性的标志图案。

总之,教师在设计前置性学习的内容时,要围绕教学目标,既要目的明确,又要有难易程度的变化。只有这样,才能使不同层次学生的能力都得到发展。

二、多元化前置性学习的方式

学习,就其组织形式而言,可以划分为独立学习与合作学习。前置性学习也可以采用这两种主要形式。

(一)独立学习

独立学习是指由个体独立按照某项问题或任务进行有针对性的学习。独立学习可以培养学生的主体意识,增强学生独立思考的能力,并使学生成为一个自主、自立的人。

前置性学习是学生独立自主去思考、发现,探索知识的广阔空间。正因为前置性学习的重要性,所以教师在设计学习内容时,应尽量考虑周全,一定要设计出能适合学生独立完成任务的内容,以达到培养学生自主探究学习能力和发展学生个性的教学目标。

(二)合作学习

合作学习是指学习者为了完成某些共同任务,在明确责任分工的基础上以小组或团队的形式进行的学习。在前置性学习中,合作显得尤为重要,学生和学生之间积极地讨论交流,相互促进、相互影响。合作学习中多元化的知识拼接、脑力激荡等,足以让学生体验到课堂外探讨知识的乐趣。

在美术课的合作学习中,有以下几个特点:①以学生的自主学习作为基础;②明确合作学习要解决的问题;③组内有明确的分工;④相互支持与配合;⑤共同分享学习成果。如"立体造型"是综合探索课,其主要教学目标就是增强学生合作学习的能力、与他人交流合作的能力,培养学生的集体主义精神。因此,在布置课前学习任务时,我抓住这个目标设定了以小组为单位,小组长负责制的形式,让他们共同完成以下前置性学习任务:①拍摄杭州街头各种雕塑;②收集三种以上废旧材质;③通过网络收集世界各种著名建筑的照片。

当然,独立学习和合作学习只是两种主要的学习方式,只要是对前置性学习有帮助的学习方式,都可以鼓励学生大胆去尝试和体验。

三、前置性学习的方法

随着社会的日趋开放,网络科技的发展,学生的学习方法、手段也在发生很大的变化。学生预习时,可以根据教师布置的内容,通过各种渠道,如查阅相关的文献、社会调查、采访、网上查询等,搜集相关信息,完成前置性学习任务。

在教学过程中,我主要采用了以下三种方法。

(一)查阅文献

学生在前置性学习时,可以根据学习任务,查阅与之相关的文献,然后从中选择重要的和确实可用的资料,并以摘录卡、资料卡、读书笔记等方式记录下来。如讲授“自行车的故事”一课时,我让学生借助网络查找发明自行车的人,了解最古老的自行车,还让学生去了解自行车最早诞生于哪个国家,等等。

(二)社会调查

社会调查是在科学方法论的指导下,通过问卷、访谈等科学方式,有目的、有计划地搜集有关的资料,从而找到解决问题的方法。学生在进行社会调查时,调查的对象可以是同学、老师,也可以是家长、社会上各行各业的人。调查的方法也是多种多样的,如问卷调查、访问调查、采访等,学生可以根据预习题目的实际需要自行设计。如在“交通安全标识”一课的学习中,许多学生以小组为单位,根据我设计的表格,通过采访、调查等形式完成了任务。

(三)网上学习

网上学习可以说是前置性学习的最为主要、便捷的学习方法之一。网络资源信息量大、内容丰富、形式多样,并且形象生动、直观,学生易于接受、乐于接受。

网络资料鱼龙混杂,而学生在这方面的甄别能力有限,可能不易找到想要的内容,所以提供一些教育权威部门的网址供学生参考非常有必要。

四、前置性学习的检查

学生的兴趣程度不同,学习能力、学习的自觉性不同,学习的环境和条件不同,直接导致了学习任务完成度存在差异。所以,我们应该对学生前置性学习的效果进行有针对性的检查。

检查的内容很多,除了检查规定内容是否完成外,还可以检查学生的学习态度、学习方式、学习方法等。

为了更好地突出学生在学习中的主体地位,发挥他们的主动性、积极性,我在每个班级成立学习检查组,成员由各小组的小组长组成,由课代表担任副组长,我担任组长,实行网络化责任监督制。小组长负责收齐、检查学生的课前学习作业,并填好课前学习检查情况汇报表(见表2),然后交到美术课代表处,最后由课代表汇总后转交给我,并进行总体的、详细的汇报。我根据具体情况,全部或个别进行抽查。

表 2　第_____小组前置性学习检查情况汇报表

组长_____

序号	姓名	完成情况	上交时间	学习方式	学习方法	学习工具	其他

刚开始,大部分学生唯以适应前置性学习的检查,我运用循序渐进的方式,让学生明白前置性学习的重要性,尽量鼓励、表扬学生,激发他们的积极性、增强自信心,使他们对这种学习方式越来越感兴趣,逐渐变成自觉的学习行为。

前置性学习其实就是让学生在课堂学习中做到胸有成竹,通过课前的一些准备工作让学习资源进一步得到丰富,并呈现素材多元化的局面,对于激发学生的创造性具有不可小视的功效。同时,学习资源在课堂上得到互动和共享,同学们通过"说""展"等形式,在小组、班级上展示自己的学习成果,这样,学生的个人综合能力得到充分的发展,同学之间的互动性得到增强,课堂的学习氛围大大活跃,美术课堂教学效率显著提高。

如何让家中的孩子调节好心态
(何华飞 台州市椒江区前所中学)

"分分分,学生的命根;考考考,老师的法宝。"曾经流传于孩子们中间的顺口溜,真实反映了应试教育体制下分数至高无上的地位。分数,联结着每个孩子的喜怒哀乐,更牵动着无数家长脆弱的神经。其实,只要调整好心态,分数以内能洞察孩子的发展任务,分数以外有宽广的教育天地。那作为家长的我们如何帮助孩子建立良好的应试心态,从而考出理想的成绩,让大家皆大欢喜呢? 首先,作为家长的我们先来了解一下心态的相关概念。心态就是一个人的心情,心情的好坏会直接影响我们工作、学习的效果。在体育比赛中,由于心理状态的起伏,参赛选手的发挥会跟着有较大的起伏。同样的道理,心理状态正常与否对参加考试的孩子来说也至关重要。心理方面的任何失衡都会使孩子手忙脚乱,得分率降低,平时的水准也有可能发挥不出来;反之,保持良好的心态,则会使学生如虎添翼,发挥出最佳水平。

作为家长,有必要调节好孩子的心态,那么家长该如何调节呢?

一、营造良好的家庭文化氛围,帮助孩子建立积极的心态

十年树木,百年树人。良好的心态不是临考前一朝一夕就能调节好的,这需要我们平时营造良好的家庭气氛,"润物细无声"。

家庭气氛的营造是一门学问,也是一门艺术。人的一生有三分之二的时间是在家庭中度过的。实践证明,在宽松、和谐的家庭气氛中成长的孩子,一般都有健康的心理和开朗随和的性格。相反,如果家庭气氛很紧张、不协调,孩子的性格容易变得孤僻、暴躁、多变,就更难回避来自社会方方面面的负能量的影响,一遇困难就会自暴自弃。因此,营造和谐、宽松、健康的家庭气氛,对每个家庭来说都是很重要的。为营造良好的家庭气氛,每个家庭成员都应该多动动脑筋,比如适当组织一些形式多样、内容丰富的家庭娱乐活动。这样不仅使家庭充满生机,而且可以增强家庭的凝聚力,有利于家庭成员的身心健康。平时,家长不仅要关注孩子的成绩,更要关注孩子身心的健康成长。即使孩子成绩考得不理想,家长也不能把焦虑的情绪表现出

来,而是积极引导和适当肯定,给孩子传递正能量。下面来看一个案例。

　　小男孩在一次考试中得了全班最后一名,当他紧张地将试卷拿给爸爸签名时,爸爸竟然微笑着说:"太好了儿子,以后你没有什么负担了!"儿子大吃一惊,但爸爸的回答让孩子笑了:"一个跑在最后的人还有什么负担呢? 不用担心再有人超过你,但你只要往前跑,肯定有进步。"孩子在第二次考试时得到了 29 名,这位爸爸又兴奋地跟孩子说"你比上回前进十几名了",到第三次考试时爸爸又称赞说"你离第一名只差 9 名了"……不管孩子的成绩好坏,这位爸爸总是坚持正面激励,奇迹就这样在孩子身上悄悄出现。

　　如果父母的心态总是被分数所牵制,对孩子的期望过高,孩子的心理压力就会过大,哪来的良好心态去应试? 反之,父母坦然接受孩子的成绩,并帮孩子找到问题所在进而纠正问题,给予肯定和鼓励,孩子的心理压力就较小,他们就有可能去阅读感兴趣的书籍,做一些有益于身心健康的活动,思考那些新奇的事物并动手实践,因而他们也就会有机会发展个性,培养多方面的才能。有了这些综合素质,还怕他们没有积极的考试心态吗?

二、临近考试,帮助孩子调节好考前的心理状态

　　考前十天:此时每个学生的实力已经稳定,一般无论怎么用功,水平也不会有显著提高。家长应该引导孩子在这个时段主要进行一些提纲挈领的复习,即考前复习要有所侧重,特别是检查重点内容的掌握情况,如老师明确指定和反复强调的重点内容,自己最薄弱的、经常出错的地方。所以,考前十天考生宜看书,查漏补缺,而不宜做以前没有做过的题,特别是以前没碰到过的难题。因为,会做还好,只是花费了一点点时间而已,万一不会做,就容易挫伤孩子的自信心,这样孩子的心理就会紧张起来。而通过看书可以温习已有的知识,增强孩子的自信心。另外,考试前人的精神往往高度集中,理解力和记忆力在短期内急剧提高,因此在这个时段内应该加强学科知识的记忆,如历史、地理、政治、英语等科目,但是也不可过度紧张而耗费考试时的精力。

　　考前三天:这个时间很多学生认为万事大吉,完全不沾书本,这是十分错误的。重要内容虽然已掌握了,但家长还是要提醒孩子适当温习一下,

如历史、地理、政治的基本知识，语文的文学常识，英语的单词，数学的公式，等等。对自己已经考过的试题应该看一看，把经常出错的地方再强化一下，适当地做一点"热身题"。所以，考前三天还要适当地翻阅一下书本，这样做不仅使这些重点内容始终在大脑中处于待提取的激活状态，而且可以使自己心里踏实。

在这三天，家长不要让孩子把弦绷得太紧，适当地让孩子放松，如陪孩子散步、聊聊天或一起听音乐等。此外，还应该帮助孩子做好考试前的材料准备，如文具、准考证等。

考前一天：考前一天学生仍然有许多准备要做，不要认为"万事俱备，只欠东风"，也不要"破罐子破摔"，听天由命。家长应注意以下方面：第一，注意孩子的饮食，考前一天应该遵循孩子平时的饮食习惯，可以多加几个菜，适当增加肉蛋类，但不要为了补充能量而暴饮暴食，以免消化不良，直接影响第二天的考试。第二，不要让孩子参加剧烈的运动，以免体能消耗过大或发生其他的意外，从而影响第二天的考试。也不要长时间地玩棋牌、上网打游戏，以免过度兴奋。适当的放松和休息应该是最后一天的主旋律。第三，提醒孩子去熟悉考场，应该仔细考察通往考场所在地的交通线路，选择路程最短、干扰最少、平时最熟悉的路线，还应该考虑如果发生交通堵塞后的应对措施。对考场所在学校、楼层、教室、厕所以及座位都要亲自查看，做到心中有数，以防发生不测。第四，和孩子一起认真检查考试时所使用的准考证、文具等，并把它们全部放在文具盒内，保证第二天不出现慌忙现象。第五，如果孩子不看书心里就不踏实，还要临阵磨枪，那就不妨让他把第二天所考科目的课本随意翻阅一遍，但不可太动脑筋。如果孩子不愿再看书，那就让他听一些轻松欢快的音乐，放松一下。第六，提醒孩子严格按照平时的作息时间上床睡觉，不宜太晚，也不宜太早。睡前可用温水洗脚，不要服用安眠药。第七，在进入考场之前，告诉孩子给自己积极的心理暗示，多想一些有把握获取好成绩的条件，如"已经全面和系统地复习了""考试就像平时测验，无非多做几道题而已"，尽量回忆和憧憬一些美好的事情，设法使大脑皮层产生兴奋中心，传递积极的情绪。

为了能让孩子在考试中发挥正常水平，甚至最佳水平，家长不仅要在考前提醒孩子应该干什么，而且在平时的家庭教育中就应培养孩子的良好心态，让其受益终身。

浅谈语文课堂的"度量"把握

（赵刚锋　绍兴市越城区东浦镇三川小学）

教学是一门探索无止境的艺术。在平时的听课中常会发现：有的教师讲授滔滔不绝，思路清晰，而学生却昏昏欲睡，"云雾缭绕"；有的课堂热热闹闹，多媒体充分利用，一节课结束，学生却不知道这节课需要掌握些什么，"语文味"荡然无存；有的教师简单安排后，让学生大量做题，结果时间浪费了，收效甚微；但是，也有教师导入精彩，讲解适时，充满激情，有效讨论，高效练习，提高了学生内化知识、运用知识的能力。

上述课堂教学现象中，前三类缘于教师的教学目标定位不准，学生没有积极参与到课堂中来。第四类课堂教学现象表明，只有讲练有"度量"，课堂教学目标定位准确，学生在老师的引导下积极参与、有效练习，才能提高学生的语文能力。

在教学实践中，我通过不断地、多渠道地学习先进理论和经验，坚持不懈地反思和总结，逐步解决了一些问题，形成了一些教法、学法，并且取得了较好的效果。我认为，激发学生语文学习兴趣的关键是把握好语文课堂教学中的"度量"。

一、"提问"是学生攀登的阶梯

（一）根据教学内容和教学目标确定提问的"度量"

由于每个课时的教学内容和教学目标各不相同，要依据学生实现目标的难易度确定提问的"度量"。

从课型上看，有新课、复习课，其教学内容及密度是不同的，教学目标也是不一样的。从人教版教材的编排体系上看，有主题单元的文章、语文综合性学习、写作练习、名著导读，教学的内容不同，教学目标的确定就要有系统性、整体性、阶段性。从学业水平考试的角度看，有语言积累与运用、语文综合运用、阅读、写作。而学业水平考试又是依据《义务教育语文课程标准（2011年版）》（以下简称《课程标准》）命制的，综合考查学生义务教育阶段的语文知识、语文能力、语文素养等情况。所以，课堂教学中，要以教学内容和教学目标确定提问的"度量"。

（二）根据学生现实状况确定提问的"度量"

古人云：知己知彼，百战百胜。语文教学也讲究知根知底。如果教师在教学中不了解学情，只注重自己的主观意志，要么实行满堂灌，要么搞题海战术，教学效率必然低下。

教学内容确定后，教师要充分了解学情，根据学生的认知水平，预计学生在学习时可能会出现哪些问题，采取有针对性的措施确定提问的"度量"。《课程标准》对学段内各板块知识已有明确要求，教师在教学中要创造性地利用教材落实《课程标准》的要求，促使学生达到掌握知识、形成能力的学习目的。在课堂教学中，对于教师自己认为简单的知识，或者学生早应该掌握的知识，如果学生觉得理解困难或不理解，教师都要有针对性地提示，为学生弥补知识上的遗漏。对于大多数学生理解困难之处，教师就应该精讲，让学生明白知识的内在联系。

二、"讨论"是学生认知的互补

改变学生的学习方式是新课程理念的核心，合作学习、交流讨论是学生学习方式的补充。在课堂教学中，合作学习也成为我普遍使用的教学方法，这里我把它称为讨论式教学法。我在采用这种方法时，感到效果总是不理想，时时出现以下问题：其一，合作学习流于形式。通常的做法是：教师提出问题后，马上组织分组讨论，小组的分配也是按座位临时分成四人或六人小组。大多数学生对要讨论的问题还摸不着头脑，无事可做，游离其外，到头来还是班上的少数学生在说。其二，讨论的时间过短，学生在叽叽喳喳地说，互相之间听不清楚。其三，讨论的安排过于频繁，每提出一个问题都进行小组讨论。其三，课堂上小组讨论后，往往会安排小组代表汇报，由于教师指导没跟上，小组代表说的时间过长，且相互重复，这时教师又不好打断，往往是一节课就这样"说"过去了。

合作学习是让学生在独立探索的基础上，彼此互通独立见解，展示个性思维的方法与过程。学生在交流中反思，使自己的见解更加丰富和全面。交流讨论有两个层面：发表自己的看法；倾听他人的意见，从中得到启发，进一步改进和完善自己的观点。

通过反复实践，我认为，把握课堂讨论中的"度量"，应注意以下三方面。

（一）精选讨论的问题

苏格拉底说："问题是接生婆,要能帮助新思维的诞生。"讨论主题的设定要摆脱应试教育的影响,以提高学生素质为宗旨,贯彻教学大纲,着重于对基础知识内涵的理解和掌握。一般而言,讨论都是由问题引发的,但不是所有的问题都值得讨论,更不是所有的问题通过讨论都能取得实效。因此,教师要充分发挥主导作用,要善问、巧问,精心设计讨论议题,从学生的认知方面考虑,从学生的情感因素方面考虑,从论题难易程度方面考虑,必须选择那些能够激发多向思维,揭示事物矛盾,体现重点、难点,贴近学生生活,蕴含创新价值的问题,让学生进行有价值的思考与讨论。

（二）把握讨论的时间

一方面,教师必须给予学生充足的自由讨论时间,环环相扣,真正激发学生的积极性,开发潜力,让学生达成共识,对问题有深入看法。另一方面,讨论也不能没有时间的限制,必须在明确了讨论的问题后告诉学生讨论的时间。这就需要教师对学生的知识储备、接受能力有所了解,对问题引起的反响有预见性。

在讨论过程中,教师要积极参与,引导学生围绕议题中心进行发言并促进学生之间的相互交流,积极发挥组织者、调节者的作用。

（三）变换讨论的形式

课堂教学中,教与学的活动和信息交流不是一成不变的,而应是随机应变的,使课堂讨论呈现多种活动轨迹。采用何种讨论方式,需要根据教学目标和教学内容的需要,根据学生课堂学习的心理特点和课型特点,优化调控,精心设计。

1.导向式合作讨论

这种方式是从主导者角度着眼安排讨论程序,通常呈现为:定向导入→设坡点拨→归纳总结。"定向导入"阶段主要是教师根据本堂课的教学目标和重点,提出合作讨论的问题,为合作讨论"定向",使学生有的放矢。"设坡点拨"是讨论的主要阶段,教师在学生讨论过程中把握时机和火候,或大题化小,或难题化易,或铺设思维坡度,由浅入深、层层启发、步步引导,或指点迷津、纠偏矫枉。而学生则随着老师的层层导向,对问题的认识和理解不断跃向新的台阶,逐步探寻要旨,达到学习目标。"归纳总结"阶段,或者由学生总结讨论成果,或者由教师谈个人看法,总结正确答案。有时还可以把问题扩展开去,指导学生通过课外途径,如查找资料,把合作讨论引向更深的层次。运用这种合作讨论方式的关键是选取讨论点,找准讨论的最佳突破口,教师相机诱导,使合作讨论流程环环相扣。其特点是既突出了教师的主导作用,又体现了学生的主体地位。

2.自由式合作讨论

这是一种从发展学生个性、发挥学生主体性、培养学生主动探索精神着眼,侧重学生的自由探究的讨论方式。它一般适用于预习课和自读课,没有固定的程序。学生在认真自学课文、做好阅读笔记的基础上,推选讨论主持人,目的是控制自由讨论的过程。根据同学们提出的一些共同性问题,再根据自读目标,确定几个中心讨论题,在课堂上展开自由讨论,搜智集见,相互启发,明辨正误优劣,提高认识,并允许有不同答案。其间,学生唱主角,教师只起催化剂的作用,完全放手松绑,让学生按自己的方式自由探索,形成正确的观点。这种合作讨论方式的优点是:学生在自由、宽松的讨论气氛中,充分发挥各自思维潜力,使思维处在最佳竞技状态,引爆出创造性思维的火花,从而有利于调动学生自学探究的积极性。同时,教师还能观察到学生的学习心理轨迹、认知水平和求知欲,为以后设计教学提供了学情依据,使教学更富有针对性。

3.竞赛式合作讨论

这是一种针对学生好胜心强、乐于竞争的心理,引进竞争机制来组织讨论,解决某些主要问题,达到教学目标的讨论方式。运用这种方式需要注意两点。首先,教师要善于强化学生的竞争意识,即以饱满热情,鼓励学生思考问题要有自主意识,表达见解要有自由意识,参与讨论要有自强意识,保持勇气和竞争心态。其次,要根据教学内容需要和课堂讨论的智力气氛,灵活变换竞赛形式。①个人竞赛。即从能否勇于参与讨论、讨论结果的正确性和创造性、发言的敏捷性和流畅性等角度进行激励,在学生之间植入一种相互竞争的心理,活跃讨论气氛。②团体竞赛。主要从参与讨论者的覆盖面和气氛,讨论问题的正确性和创造性角度,在平行班之间、小组之间、同桌之间形成竞争,从而提高讨论效率。③自我竞赛。即引导学生从参与讨论的勇气、次数和讨论问题的正确率等方面形成"昨天之我"与"今天之我"乃至"明天之我"的自我竞争,形成自我激励,促进自我提高,从而提高全班讨论的整体水平。当然,运用竞赛式合作讨论要注意适量适度,切忌让学生产生嫉妒、自卑等心理乃至削弱班级凝聚力,引导学生既要有竞争意识,又要有合作精神。

4.双向咨询式合作讨论

双向咨询式合作讨论一般围绕中心讨论题,通过学生提问老师作答、老师提问学生作答、学生提问学生回答的方式展开。运用这种讨论方式时应注意:第一,学生要认真预习,做好咨询准备;第二,教师要坦诚欢迎学生围绕讨论问题提出各种疑难问题,循循善诱,晓之以理;第三,教师的提问要在前者的基础上,致力于提高学生的认识,深化学生的理解;第四,宜以学生提问教师作答的方式为主。这种类似谈心的合作讨论方式,优点是气氛平和,师生感情融洽,鼓励学生提问题,容易激发学生的讨论欲和思维力,促使他们通过自己的努力来揭示知与不知的矛盾,通过自我训练提高发现问题的能力,养成独立思考的习惯。

总之,讨论方式因文、因人、因势而异,组织的关键在于审时度势地选择最优的合作讨论方式,调动学生的思维积极性,提高课堂效率。

三、"练习"是学生能力的提升

"练习"的目的是检查学生是否实现了课堂教学目标。所以,题目的设计与选择应以"精度"为前提,通过训练让学生掌握知识、运用知识,提高解决问题的能力。

(一)"练习"是落实教学目标

一节课的教学目标以 2~3 个为宜。设计练习题时必须紧紧围绕课时教学目标,以调动学生的思维和引导学生灵活运用知识为出发点,而非随意地照抄照搬资料上的试题来让学生练习。因为学情不同,设计练习题就要有差异。不加选择,试题随意,不仅浪费学生的学习时间,也不能准确检查教学效果。通过有效练习,学生才能把学到的知识转化为能力,达成教学目标。

(二)"练习"更应以"精"为前提

针对课堂教学目标设计好的题目并非易事,既需要教师善于钻研,又需要教师善于积累,才能在备课时信手拈来。作为语文教师,一是要钻研《课程标准》,因为它是教学的出发点与归宿。只有把《课程标准》解读清楚并铭记于心,才能更好地利用教材开展教学,也才不会奔波于应试教育的迷茫之路上,教学中才能循序渐进地通过课堂教学达到课标要求。二是要钻研教材体系,明白每一册教材涉及哪些知识,侧重点在哪里,义务教育阶段语文教材的编排体系是否有利于达到《课程标准》的要求。三是要根据学情考虑如何利用教材开展教学。

精练的习题有助于学生内化知识,提升运用知识的能力。学习语文知识并不是为了装点自己,而是为了在生活中灵活运用,解决生活中的实际问题。而考查学生的语文知识掌握情况的方法很多,如词语(含成语)的运用、标点符号的运用、语病辨析、语句排序、古诗文中的理解运用与默写、语文综合运用、古诗文阅读理解、现代文阅读理解、写作等。从这些考查要求和考查内容可看出,精练语文知识是必要环节,但运用语文知识才是语文教学的核心。因此,在语文教学中,练习题的设计要立足于语文知识的积累和语文知识的运用,在夯实基础的同时,要侧重于提升学生运用语文知识的能力。

书山有路勤为径,学海无涯"度"作舟。在课堂教学中,教师要注意指导学法,课堂教学若能注意各教学步骤的时间长短以及教学内容的难易兼顾、深浅适宜,就能调控教学节奏,从而培养学生良好的学习习惯和自学能力,使每个学生都学会学习,达到愿学、乐学、会学、善学的境界,让学生对语文产生浓厚兴趣,促进学生在语文学习的道路上化坚冰为暖流。

双语培训中少数民族学员的写作困境及对策

(丰爱静　衢州学院)

语言培训的重要目标之一就是培养和提高听说读写能力。维吾尔族学员在听说读写方面都有自己的学习困境,由于母语不是汉语,在家庭中又缺乏学习汉语的氛围,学员的汉语各方面能力的发展都受到制约。写作能力是一个人运用语言能力的集中体现,写作能力的高低直接决定了一个人汉语水平的高低,所以写作也就成了维吾尔族学员学习的重点和难点。

一、少数民族学员汉语写作水平止步不前的原因

(一)重视不够

许多少数民族学员对写作课的认识是模糊不清的,或者认为这只是校

方一厢情愿安排的课程,可上可不上,或者认为写作课对自己没有多大的帮助,只要把口语、听力、阅读学好就够了。相应地,许多汉语教师也认为写作课费时费力,并且相较于其他汉语课程来说很难见效,久而久之也就没有了信心,应付了事。老师和学员对写作课都没有一个正确的认识,学习效果必然大打折扣。

（二）学员对写作没有兴趣

从我们对学员学习汉语写作的动机与兴趣进行的调查可以看出,在200份有效问卷当中,有154名学员认为学习写作是专业学习的需要,是学校的课程安排,是被动的学习,只有46名学员对汉语写作有一定的兴趣。如何激发学员的汉语写作兴趣是对汉语老师的莫大考验,引导得当则事半功倍。

（三）学员受母语干扰严重,没有形成用汉语思维的习惯

许多学员在进行汉语写作时喜欢用母语思维,然后再翻译成汉语,这样就不可避免地将母语中的许多表达习惯带进写作中,写作时常常会出现语序颠倒等不符合现代汉语语法规范的语句,长此以往,汉语写作水平很难提高。

（四）教师的教学方法老套,难以适应信息化时代的要求

传统的汉语写作教学通常是以课本为主,讲述写作理论,然后布置练习,考试时设计好题目让学生完成。如今,传统的写作课程体系以及老套的教学方法已经不能适应时代的需求和学习者的需要,在信息技术高速发展的今天,如何开创信息化背景下的新型教学模式,是我们要思考的问题。

二、提高少数民族学员汉语写作水平的对策

（一）加大写作教学的比重,做到写有所获

在汉语写作课堂上,多数教师都有一种避重就轻的观念,认为写作对于少数民族学员来讲是一项艰巨且难见成效的工程,对写作课的考核也不是很重视,常常是出一个简单好写的题目让学员应付一下,打个分数,算是修完了该课程,至于效果如何,基本不会考虑。久而久之,汉语写作课成了摆

设,成了空架子。实际上,写作是衡量学生汉语水平的重要标志,《中国少数民族汉语水平等级考试大纲》(三级)对少数民族学生汉语写作能力的训练要求是:"能够使用书面语比较清楚地叙述事件的主要过程和具体细节;能说明和解释事物的基本事理和形成的原因;能阐述对某种现象的看法和理由;能比较具体地描写出事物的状态和主要特征。"因此,汉语写作课教师应该将写作课和其他课程有机地结合起来,不怕烦琐,采取灵活的教学方式,激发学员的写作兴趣,对于学员写的东西要认真评改,将学生的点滴进步熟记于心,适时地给予鼓励,使学生真正做到能听、会说、不怕写。

(二)多方面调动学员的写作积极性

学员是整个写作行为的实施者和完成者,教师要使学员明确写作的目的,以多种形式激发学员的写作兴趣,让学员学习课本中的例文,了解作者如何遣词造句、布局谋篇,然后指导学生仿写。待学员有一定的写作基础后,再鼓励自由发挥。教师的讲评对学员来说至关重要,每次都应对总体情况做概括,既要肯定成绩,还要指出问题。选择写得较好的文章作为范文朗读并进行点评,还可以让学员互相评议。对于具有代表性的问题要解释说明,对于个别问题可以在作业评语中单独提出来。讲评完要让学员进一步修改,如段落层次、结构布局、遣词造句等。评价时,不要只注重优秀之处,更要看到进步,要了解每个学员都有发展、有进步。

(三)正确引导学员克服思维障碍

美国心理学家卡洛尔(J. B. Caroll)说:"不同语言对某些生活经验的编码方式肯定有所不同。不用指称体系的语言必然对使用这种语言的人在思维方式上有影响。"因民族文化与汉文化的差异,母语思维成为少数民族学员学习汉语时的重大障碍。很多学员在进行汉语写作时往往是先用母语进行构思,然后译成汉语,如果教师硬性要求,很多学员因汉语水平较低,会出现词不达意、前后不连贯等现象,学习效果不尽如人意。所以,在教学时应该弱化此方面的影响,比如可以从句子、段落着手,通过积累和积淀,先组成句子,再将句子衔接成段落,慢慢地组成语篇,逐渐培养学员运用汉语思维写作的能力,摆脱母语的干扰。当然,这需要一个长期的过程,但只要坚持不懈就会见成效。

（四）充分利用信息网络技术手段推动写作水平的提高

在信息时代，手机、电脑等成为汉语学习的工具，并且其体验性强，非常符合年轻人追求新鲜事物的心理特点，教师可以利用手机短信、微博、电子邮件等对少数民族学员进行汉语写作的教学，使学员的学习不再局限于课本，不再局限于面授，从而最大限度地调动学员写作的积极性，推动其写作水平的提高。

新疆双语教师汉语词汇教学中的学理嵌入与求简思维
（施伟伟　湖州师范学院）

本文基于新疆双语教师汉语词汇教学所遇瓶颈，从本体因素、教学误区、习得误区等三个方面分析词汇教学瓶颈的主要成因和限制因素，明确汉语词汇教学的主要原则，并从求简思维的角度探讨了以学理嵌入为主要实现模式的汉语词汇教学策略和教学方法。

一、汉语词汇教学的重要性

词汇是语言的建筑材料，是语言的三要素之一，而词汇量的大小也是衡量学习者语言水平高低的重要参数。英国语言学家威尔金斯曾经说过："没有语法，人们还能进行一些言语交流，但是没有词汇，人们就根本无法说话了……"具体到汉语，汉语词汇教学具有"多元融合性"，与汉语语音教学、语法教学、文字教学、文化教学直接相关，是汉语教学的核心部分。胡明扬先生曾经说过："实际上语汇是语言存在的唯一实体，语法是无法脱离具体的语汇而存在的，因为说到底只是无数具体语词的具体用法的概括……"也就是汉语的语音教学、语法教学、汉字教学乃至文化教学最终都必然以词汇教学的具体形式进行，而词汇教学也贯穿于整个语言学习过程之始终。汉语历史悠久，词汇丰富，汉字众多，语法空灵，使得汉语的词汇教学在整个汉语教学体系中发挥着基础作用和关键作用。

二、汉语词汇教学的瓶颈

笔者从事汉语作为第二语言教学十余年，发现大部分的汉语非第一语言学习者，包括第一语言为外语的学习者和第一语言为少数民族语言的学习者,在汉语学习的中高级阶段,都会遭遇词汇学习停滞不前的瓶颈阶段。初级阶段是词汇量迅速增加的阶段,中高级阶段词汇量却呈现缓慢增长的趋势。在中高级阶段,汉语学习者在词汇学习方面耗费较多、投入较大而收效甚微,事倍功半,词汇巩固和词汇扩展效率较为低下。这种词汇教学的瓶颈阶段主要表现在以下两个方面。

（一）倒 U 形曲线

一般来说,第一年是汉语学习者的词汇量爆发期,或者可称为词汇量高速增长期。在第一年内,尤其是第一个半年内,汉语学习者的语言新鲜感较强,习得兴趣较浓,新词新语吸纳能力较好,所学词语出现频度较高,并能将习得词汇频繁运用于日常交际,有意识地将接受性的消极词汇转化为使用性的积极词汇,在运用中不断加以巩固提升,因此词汇量增长显著。而一年后,由于共核词汇以外的词汇比例加大、语言类课程以外的课程增多、记忆负担加重、部分词汇复现率低、学习兴趣减退、词汇认知超载等多种原因,学习者词汇学习的进步速度明显放缓。也就是说,以一年为界,词汇习得呈明显的倒 U 形曲线。

（二）"死心理词典"

根据认知语言学与心理语言学的研究成果,无论是母语习得还是外语习得,其词汇习得、积累、巩固、扩展的过程也是心理词典逐渐建构并且日趋扩大的过程。但当学习者的词汇量达到一定程度之后,会出现一个明显的"死心理词典"阶段。这一阶段,词汇习得速度大大降低,旧词汇遗忘较多,而新词汇又未能及时补充,心理词典在较长的一段时间内未能有效扩充,反而停滞不前或者日渐萎缩。此外,当学习者运用已学词汇进行口头交际和书面表达时,偏误不断,无法将所习得的词汇材料运用于实践,词汇习得效率较低。

三、汉语词汇教学瓶颈阶段形成因素

汉语作为第二语言,教学中之所以出现词汇习得瓶颈阶段且短期难以突破,既有汉语语言本体因素,也有汉语教师的教学误区、学习者的习得误区等多种因素。

（一）汉语语言本体因素

1.汉语词汇众多

众所周知,汉语历史悠久,使用地域广大,使用人口众多,口语与书面语分层明显,又融入了少数民族语言词汇、外来语言词汇、地域方言词汇等多种因素,使得汉语词汇量非常巨大。北京航空航天大学"现代汉语词频统计"课题组的研究结果表明,汉语词汇量为 4 万。据统计,一部面向中等教育水平学习者、主要记录现代汉语共同语词汇的中型词典《现代汉语词典》,1978 年第 1 版与 1983 第 2 版收词 5.6 万条,1996 年第 3 版与 2002 年第 4 版收词 6.1 万条,2005 年第 5 版收词 6.5 万条,2012 年第 6 版收词 6.9 万条,其中还未包括各个学科的专业词汇与每年以爆炸式增长的新词新语。汉语词汇数量之多,可见一斑。

2.汉语词义丰富

词汇系统的本质是词义系统。整个现代汉语词汇系统,不仅系统个体单位基数庞大,而且各个单位义项较多。据张和生统计,《汉语水平词汇与汉字等级大纲》共收录汉语词汇 8822 个,其中有 8566 个收录于《现代汉语词典》(第 5 版)。8566 个词的总义项数为 15280,平均义项数为 1.8,单音节词的平均义项数则达 3.1,即大部分的多音节词和绝大部分的单音节词,均是多义词。且汉语的词义系统构成复杂,单个义项不仅具有词汇意义、语法意义和色彩意义,而且色彩意义也分为语体色彩、感情色彩、形象色彩、地域色彩等多个次类。义项与义项之间还存在着等义、近义、反义、类义、上下义等多种聚合关系。汉语词汇的丰富性既为汉语表达的生动形象、严谨细致提供了有利条件,又给汉语词汇教学增加了难度。

（二）教师教学误区

根据汉语词汇教学的课堂实践和调查研究,部分教师在汉语词汇教学中存在着两个明显的误区。

1.词汇自然习得

我们在问卷调查中发现,有相当一部分汉语教师认为,无论是汉语作为第一语言的教学还是汉语作为第二语言的教学,汉语词汇的增加完全是学习者自主自觉学习的结果,与教师的讲授频率和讲授强度不存在明显的正比例关系。也就是说,部分教师认为学习者汉语词汇的增加和词汇的获得是一个自然习得的过程,随着教学进程的深入,学习者的词汇量也会相应扩大,因而教师教学的重点应该集中在语法的讲解和句型的操练上,而不应该将宝贵的课堂时间浪费在巩固和扩充相关词汇上。

2.重语法轻词汇

偏误分析已经成为汉语教学界行之有效的教学方法和研究方法。从学习者汉语语音、词汇、语法、汉字习得偏误出发,分析偏误类型,挖掘偏误原因,进行偏误预警,从而提出有针对性的教学策略和教学方法已经成为汉语教学界的习惯模式。问题的关键在于,许多教师在进行偏误分析时普遍重语法轻词汇、重规则轻结构,对汉语词汇习得问题涉及较少,重视不够,研究不深,讲解不细,以至于词汇偏误成为汉语习得偏误分析中最无足轻重的一个环节。

汉语教学重语法轻词汇,原因是多方面的。首先,从外部因素来说,与中国语言学受西方语言学思潮重语法轻语义研究传统的负面影响有直接的关系,也与照搬照抄西方第二语言教学法而忽视汉语本身"语义型语言"特质有关。其次,从内部因素来说,词汇教学与语音教学、语法教学不同,必须有一个长期的缓慢积累过程,短期内难见明显成效。再次,从语言教学因素来看,由于汉语孤立语的语法特性与学习者第一语言的语法特性差异较大,汉语作为第二语言习得过程中所出现的语法偏误比例远高于语音偏误和词汇偏误且较为凸显,吸引了大部分语言教学者和语言研究者的注意,致使汉语教学研究和课堂讲解的重心都集中于语法教学而不同程度地忽视了词汇教学。

(三)学习者习得误区

在汉语作为第二语言的习得进程中,学习者认知模式与习得策略等不够科学,直接导致词汇教学瓶颈的出现。

1.学习者认知背景差异:汉字文化圈与非汉字文化圈

汉语作为第二语言的习得进程明显受到学习者认知背景影响,最典型的表现为汉字文化圈的学习者与非汉字文化圈的学习者汉语词汇习得的认知差异较大。

汉语教学界一贯认为汉字文化圈的学习者在习得汉语词汇方面具有母语对应的优势,然而这种优势在不同教学阶段所发挥的作用有较大差异,在中高级阶段甚至有可能演变为劣势。以韩国为例,韩语中存在大量"汉源词",即韩语中来源于汉语的词汇。根据孟柱亿的统计,"汉源词"占韩语词汇总量的 60% 左右。韩语中的"汉源词"与汉语词汇音近义通,在韩国学习者汉语学习的初级阶段,能够发挥积极的正向作用。但是到了中高级阶段,"义通"并不等于"义同","汉源词"与汉语词汇之间词义及用法存在着重要而又细微的差别,韩国汉语学习者受制于"汉源词"的固有模式而不能积极有效地扩充汉语词汇量,"汉源词"反而会发挥明显的反向作用,中高级阶段韩国学生的大部分词汇偏误发生在音近义通的"汉源词"上即是有力的证明。

2. 习得策略失误:回避策略

汉语作为第二语言的词汇教学,教学对象以成年人为主。成年学习者早已过了语言习得的关键期,理性思考能力较强而模仿能力较弱。在词汇教学的初级阶段,由于所接触的词汇一般都是汉语和母语的共核词汇,使用频率较高且较为实用,与学习者日常生活直接相关,学习者学习兴趣较高,词汇习得效率较高。而到了中高级阶段,学习者已经积累一定量的必要词汇,基本可以满足日常生活交际需要,词汇扩充的积极性和迫切性降低,且中高级阶段汉语词汇相对难度加大,词汇数量增多,再加上成年学习者较强的自我保护心理,往往对新学词语采取回避策略,即用简单的初级词语代替中高级阶段的复杂词语。不恰当的回避策略使得词汇量达到一定程度之后长时间停滞不前甚至日渐萎缩。

四、汉语词汇教学的原则

汉语词汇教学出现瓶颈,教学效率不高,教学进程缓慢,从本质上来说,也是我们对汉语词汇教学原则认识不够深入、考察不够全面所致。词汇教学,作为音义结合体的汉语语言要素的教学,不仅仅是量的积累,还必须有质的飞跃。正所谓"授人以鱼,不如授人以渔",要解决汉语词汇教学中遇到的深层次问题,首先必须明确汉语词汇教学的主要原则。我们认为,在汉语词汇教学中,必须有效处理好以下三对矛盾。

（一）结构单位与结构规则

汉语词汇是一个庞大的结构系统。该系统不仅包括数以万计的结构单位，如词、固定短语、词块、构式、框架结构等，而且包括具有强理据性的结构规则。也就是说，汉语词汇教学的对象不仅包括系统结点，也包括系统联结方式。因此，我们在汉语词汇教学的过程中，不仅要注重词汇单位的习得，而且要注重词汇构成的理据性。而且汉语的构词规则与词组成短语的规则、组词成句的规则有较大的一致性，因此在词汇教学中对结构规则的重视可以有效辅助语法教学，起到事半功倍的效果。

在词汇教学过程中，必须以词汇单位的认识和应用作为基础和前提，以期形成汉语词汇丰富多样的感性认识。但是词汇单位的习得达到一定的数量之后，必须辅以相应的结构单位的构词规则，也就是结构单位的教学与结构规则的掌握应该相辅相成，且规则的掌握能够有效地促进单位的积累和引用，即对汉语词汇的感性认识必须结合规则才能上升为词汇应用的理性认识，进入语言学习者的长时记忆系统，并通过不断提取和反复使用成为隐含的、自动化的语言知识，以供各种不同类型的言语交际活动使用。

（二）量的积累与类的均衡

汉语词汇教学必须是一个有序渐进过程。量的积累必不可少，正所谓"巧妇难为无米之炊"，没有一定量的汉语词汇积累和储备，就无法进行准确有效、流利得体的交际。然而量的积累不可盲目，不可漫无边际，必须与类的均衡相适应。也就是说，在汉语词汇教学进程中，量的积累要与类的扩充相适应，要兼顾各类词汇习得的均衡和高效。我们要有意识地巩固和扩充现代汉语中使用频率较高的常用词汇、语法功能突出的副词词汇、偏误率较高的疑难词汇、语言对比差异较大的国俗词汇等，力求以少驭多、以简驭繁，切实提高词汇教学的针对性和实用性。

（三）积极心理词典与消极心理词典

心理词典，即储存在语言使用者长时记忆中的某种语言词库，其中的每个词由形、音、义三要素组成，向来有积极心理词典和消极心理词典之分。积极心理词典主要包括使用性词汇，而消极心理词典主要包括接受性词汇。每个语言学习者所拥有的消极心理词典与其语言表达能力直接相关，积极心理词典与其语言理解能力直接相关。积极心理词典与消极心理词典的关系并不是绝对对立的，而是随习得时间的推移和习得重点的变迁存在相互转化的可能。一般来说，无论是汉语作为第一语言的教学还是汉语作为第二语言的教学,汉语的基本词汇都应该进入学习者的积极心理词典的范畴,否则无法有效进行交际。而视学习者学习动机、学习专业的不同,消极心理词典的范围应有所不同。在汉语词汇教学具体过程中,教师应有意识地监测学习者心理词典状况,适时调整积极心理词典与消极心理词典比例,力求达到事半功倍的学习效果。

五、汉语词汇教学中的求简思维

(一)求简思维与经济原则

所谓求简思维,是指人类在形成概念、做出判断、进行推理等思维活动和思维过程中,总会以最小的认知付出获得最大的认知回报。众所周知,语言是人类最重要的交际工具和思维工具,所有工具必然涉及成本付出与收益获得之间的效益问题。语言是音义结合的符号系统,经济原则和明晰原则是该系统的两大运作杠杆和调节机制,这两大原则之间的动态平衡使得言说者使用语言能够清晰有力而又简单明了地表达所思所想,并成功高效地进行言语交际。

(二)汉语语言要素中的求简思维

汉语作为孤立语的典型代表,求简思维在汉语语音、汉语词汇、汉语语法、汉字形体等汉语语言要素方面均有所体现。

1.汉语语音的求简思维

语音是语言的物质基础,是语言的外在表现形式。从语言历时演变的角度来看,现代汉语相对于上古汉语、中古汉语、近代汉语的语音形式较为简练:音素个体数目较少,元音音素 10 个,辅音音素 22 个;音节结构简单,长度较短,最短音节仅 1 个音素,最长音节 4 个音素,无复辅音,入声消失;声母 21 个,韵母 39 个,声调 4 个,在不增加音节长度的前提下使用超音段音位区别意义,大大增加了音节的辨义度,组成约 1400 个音节,与现代汉语 3000 个常用汉字、7000 个通用汉字相适应,且在历史的演变过程中不断简化,语音模式简洁高效。

2.汉语词汇的求简思维

汉语词汇系统虽结构单位比较庞杂,但造词规则和构词规则等结构规则相对来说具有较强的理据性,是"以简驭繁"求简思维的集中体现。

（1）汉语造词法中的求简思维

造词法即创造新词的方法。汉语的造词法有音义任意结合法、摹声法、音变法、说明法、比拟法、引申法、双音法、简缩法等，其中音变法、双音法和简缩法集中体现了汉语发展过程中新词创制求新求简的思维方式。

所谓音变法，是通过语音变化的方式来产生新词，典型的代表如儿化韵造词和多音字造词。如"尖"本为形容词，儿化之后的"尖儿"变为名词，指称"物体锐利的末端或细小的头儿"；而多音字"好"，读如 hǎo 是形容词，表示"优点多的，使人满意的"，读如 hào 是动词，表达"爱好"之意。这两种音变法都通过改变音义对应关系的方式为同一个字体形式增加了多个意义进而扩展了汉语词汇，付出较少而回报较高。

所谓双音法，是通过双音化的方式来产生新词，可以分为重言、联合、附加三种方式。其中，重言即相同语素重叠，如"常"重叠成"常常"、"往"重叠成"往往"，前者新词与原词意义基本相同，后者新词与原词意义基本不同，但都是采用了原有相同单位构建了新词。联合是采用原有意义相同、相近、相关或者相反的单音节词构成双音节词，如"道路""动静""开关"等等，原有单位两两联合，语义整体大于部分之和即成新词，不额外增加学习者的记忆负担，简单高效。

所谓简缩法，是通过将多音节词组或者词组串简缩成非单音节词的造词方法。如"外交部部长"简缩为"外长"、"高端大气上档次"简缩为"高大上"、"喜闻乐见、大快人心、普天同庆、奔走相告"简化为"喜大普奔"。简缩而来的词，与原词组语义相当而形式简化，词长变短，便宜指称，因此能产性极强。《现代汉语词典》（第 6 版）对于字母词收录问题的讨论，也是汉语求简求便思维发展趋势的典型体现。

（2）汉语构词法中的求简思维

所谓构词法，又称词法，即汉语词汇内部结构规律。汉语的词法和句法有极大的一致性，由于汉语没有丰富的形态变化，因此无论是语素与语素组合成词，还是词与词组成成句，依靠的主要组合手段是语序和副词。词和句所具有的内部组合关系也较为一致，共有联合、修饰、陈述、补充、支配等多种方式。汉语词法和句法组合手段与组合关系的一致性，减轻了学习者记忆负担，节省了学习者工作记忆容量，增强了汉语词汇记忆的有效性和持久性。

3.汉语语法的求简思维

语法是语言的结构规则,一般包括词法和句法两部分。一种语言的语法规则是该语言民族特性的集中体现。汉语外在的语法手段和内在的语法范畴都不同程度地体现了汉语的求简思维。

(1)汉语语法手段的求简思维

汉语作为"语义型语言",从语言谱系分类来说属于汉藏语系的典型代表,从语法特性分类来说属于孤立语的典型代表。孤立语一般形态变化较少,多采用语序和副词等语法手段来表达语法意义。也就是说,在汉语的语法体系中,一个词进入句子,一般不发生形态变化,主要是通过词在语流中线性序列的位置和主要的副词来表现词与词之间的语法关系与语义关系。以线性序列为例,"我爱你"与"你爱我"这两个句子中,施事与受事语义角色的差异主要是通过二者在句子中所处位置来实现的,外在的词形没有任何差别。学习者只要掌握一定的线性排列顺序就可以进行有效表达,无须另外记忆词形变化。

副词,又叫作功能词,内容词与内容词之间不同的语法关系主要通过功能词表现出来。汉语的功能词主要包括副词、介词、连词、助词、语气词等,汉语中存在着大量的功能词兼类情况,也就是一个功能词可以表达多种语法意义,这极大地提高了功能词的使用效率。如"他吃了饭""他吃过饭了""他吃着饭",动词"吃"的进行状态主要通过时体助词"了""着""过"来表达。"了"既可以用作行为完成的标志,也可以用作陈述语气的标志,且无论在口语语体还是书面语语体中使用频率都极高,一词多用,言简意赅。

(2)汉语语法范畴的求简思维

所谓语法范畴,指的是一定的语法形式所体现出的语法意义集合。一般来说,大部分语言都具有"性""数""格""时""体""态""级"等语法范畴。

汉语的语法范畴相对来说比较精简,无"性""级"等语法范畴,不需要专门的形态变化来表达"数""格""态""级"等语法范畴,仅仅利用极少量的形态变化如"们"来表达指人名词的复数范畴,利用名词的重叠来表达每一或者逐一的语法意义,利用动词的重叠来表达短时或者尝试态,利用形容词的重叠来表达程度的加深,且重叠可以反复利用,既表达了语法范畴意义又增强了语言表达的生动性,一举数得。

4.汉字中的求简思维

汉字是汉语的书面载体,是记录汉语的书写符号系统。从汉字的历时发展来看,无论是汉字的造字法、用字法还是古今汉字形体演变历程,都鲜明地体现了汉语社会群体求新求简求易求便的思维方式。

(1)造字法中的求简思维

造字法,即汉字从无到有的产生之法。汉字的造字法向来有象形、指事、会意、形声、转注、假借等"六艺"之说。从编码方式来说,汉字属于汉语的"形码",字形是视觉信息认知的基础和起点,汉字形体与意义之间的关系越直接,则学习者的记忆负担就越轻,付出的认知努力也就越小,汉字习得的效率也就越高。以象形字为例,所谓象形,是"画成其物,随体诘诎,日月是也",即用线条描画出事物的形象,其字形与字义的关系较为具体直接、紧密直观,一见字形即可知晓其义,认知付出最小。从语言发生学的角度来说,指称一个事物或者陈述一个动作行为的最直观之法即是将其描画下来,传承汉字的具象性是汉民族语言社团具象思维的集中体现,同时也蕴含了直接高效的求简思维。

不仅汉语传承字的造字法体现了汉语的求简思维,汉语新造字的造字方法也是经济原则的典型体现。如近年来随着计算机技术的不断发展和网络社交平台的广泛应用,网络语言赋予许多汉字旧的形体以新的意义。如"囧"字本义为"光明",从2008年开始在汉语网络社群间成为一种流行的表情符号,成为汉语网络交际平台中高频字之一,具有"尴尬、郁闷、无奈"之意,被形容为"21世纪最风行的单个汉字"之一,其形体极似一张眉毛耷拉、哭笑不得的脸,表意形象生动,简洁明了。

(2)用字法中的求简思维

严格意义上说,"六艺"中的"转注"与"假借"不是造字之法,而是用字之法,因为二者均未产生新的汉字形体,而是为了弥补现有汉字的表意不足而采用以旧有汉字形体来表达新的意义的权宜之计,而这也同样体现了汉字使用中的求简思维。以假借为例,所谓假借,就是"本无其字,依声托事,令、长是也"。也就是说,在具体语境能够清晰别义不至于混淆的前提之下,假借就是拿同音字进行替代,不增加汉字个体数目而有效地增强了汉字表意的多样性和有效性。

（3）汉字形体演变中的求简思维

据保守估计，汉字从产生到现在，经历了 4000 多年的演变历程，汉字的数量不断增多，而汉字的形体却不断简化，陆续出现过甲骨文、金文、小篆、隶书、楷书、草书、行书等各具特性的字体，总体的演变趋势是由繁难变为简易，具体的发展方向是结构成分归并或者省减，书写图画性逐步减弱，符号性缓慢增强，绘画式的线条变成由点和直线构成的笔画，等等。在社会交际中，要求文字高效率地为人们的书面表达服务，要求文字辨认容易、书写快捷、印刷简便。虽然在汉字漫长的演变过程中为了具体别义的需要也有形体结构繁化的反例，但反例数目极其有限，而总体求简求便的大趋势从未改变，简化是汉字形体数千年演变的主流。

六、求简思维在汉语词汇教学中的实现形式——学理嵌入

语言教学不仅要与教学对象、教学目标相适应，也必须与语言自身规律和内在特质相适应。求简思维是汉语语言要素所鲜明体现出的构成理据，同时也是汉语词汇教学所要遵循的重要指导思想。美国语言教育家克拉申（Stephen D. Krashen）提出的"输入假说"认为：人类获得语言的唯一方式就是对信息的理解，即通过吸收可理解输入习得语言知识。而根据德国心理学家艾宾浩斯（Hermann Ebbinghaus）的"遗忘曲线"，不同性质的材料具有不同的记忆效果。有意义的材料容易记忆，而无意义的或者无规律的材料比较难记忆，也比较难进入学习者的长时记忆系统进行匹配、提取和再次应用。理解和记忆有着极密切的相互关系：理解是良好记忆的前提，记忆中已有的知识又是理解的基础。

在汉语词汇教学中，如何使输入的词汇变为可理解的、有意义的语言知识，"知其然并知其所以然"，从而牢固地建立起汉语词汇形、音、义之间的对应关系并有效地储存在使用者的心理词典之中，提高语言处理过程中的匹配提取速度，关键在于以学理嵌入的具体模式增强汉语词汇形、音、义之间的理据性联系。从汉语作为第二语言学习者的认知风格和情感因素角度来讲，学习者多为成年学习者，理解能力较强而模仿能力较弱，词汇教学中大量理据性联系的输入也能够有效地扬长避短，在有限的学习时间内切实提高习得效率。

汉语的词汇教学一般可以依次分为词汇展示、词汇解释、词汇练习与测

试三个环节,求简思维最好的实现模式,即在这三个环节中都有意识地增加可理解性和有意义的理据输入,以学理嵌入的具体模式达到简单高效的教学目的。

（一）汉语词汇展示中的学理嵌入

词汇展示是词汇教学的第一步。词汇给人的第一印象非常重要,充分感知是有效记忆、高效运用的基础和前提。词汇展示过程旨在充分运用语言学习者听觉感知模式、视觉感知模式等具体认知模式,从汉语词汇的结构方式、造词方法、汉字形体、词类聚合、义类练习、文化意义等角度对汉语加以充分展示,以求给学习者留下生动又深刻的印象,方便记忆。

1. 从结构方式角度展示关联词汇

上文已经探讨过求简思维在汉语构词法中的具体表现。汉语构词单位无穷,但构词规则和结构方式有限。在展示词汇的过程中,从词语的结构方式角度出发,抓住有限的结构方式和结构规则,以旧带新,采用已经学过的构词语素和构词方法带出新词,可以收到很好的展示效果。从认知心理学的角度来说,"只有当外部信息纳入记忆的已有信息网络之中,心理表征才得以建立,理解才得以完成"。举例来说,在初级阶段学习者已经学过"服务员"这个词,理解了偏正式合成词的构成方式并掌握了"员"的类词缀功能。那么我们在此基础上展示"售货员""售票员""播音员""消防员""飞行员"等,学习者把新展示词汇有效纳入已有结构方式之中,不仅可以准确理解新词并加以内化,而且在遇到相同结构方式的陌生结构如"讲解员""裁判员"时也能提取、回忆内化模式并合理猜测,不至出现理解上的巨大偏差。

2. 从造词方法角度展示关联词汇

汉语的造词方法具有较强的理据性。由于汉民族具有具象思维的传统,多用比喻或者夸张等修辞手段来构造新词,因此在展示该类词汇时辅以必要的造词方法的说明,明确汉语造词理据,学习者可以迅速理解并进行有意义的识记,借助形象记忆使相关词汇进入长时记忆系统并有可能终生难忘。如"龙头"一词,其概念意义指的是"管道上放出液体的活门",但从结构方式上看,造词理据不明,若在初次展示之时用出水的龙形之头图片加以说明,学习者不仅能够当场理解词义,而且能对比喻式的造词法留下深刻印象,并迅速运用到日常交际之中。同理可证,我们在展示"万年青"和"飞毛腿"等词汇时,从夸张式的造词方法角度明确其造词理据,可以有效强化学习者记忆,切实提高学习者对词汇概念的猜测能力。

3.从汉字形体角度展示关联词汇

汉字字形是汉语学习者视觉信息认知的基础。"中文心理词典中存在字形与词义之间的联结,词汇识别开始于对字形特征的提取,字形加工的结果被传递至意义层次,从而使整词得到识别。"虽然随着古今汉字形体演变的自然趋势和汉字结构简化的人为干预,汉字构形的直观性和可解释性逐步衰减甚至缓慢消失,但是根据张和生等人的研究,《汉语水平词汇与汉字等级大纲》内形声字的理据度仍可达到 0.67。也就是说,在形声字字体的展示中,利用现代汉字形体来解释字义,仍具有较高的可行性和实际应用价值。以汉语手部动词为例,众所周知,汉语手部动词数量众多,表意精细,词频较高且难以分辨,历来是词汇教学的重点和难点所在。在中高级教学阶段,如果在手部动词的展示过程中以形旁"扌"作为理解的线索,并出示"扌"的甲骨文字体理解其造字理据,在此基础上展示各个不同的手部动作词,如"打""拉""推""抱""抓""挠"等,并辅以相应的手部动作运动方向、运动方式的具体演示,将汉字形体的逻辑记忆、形象记忆、运动记忆有机结合,即可降低汉语手部动词的习得难度,以一当十、举一反三地提高习得效率。

4.从词类角度展示关联词汇

词类是汉语词汇的功能类,即依据词能够跟哪些词组合、能够充当何种句法成分而划分出的具体类别。在中高级词汇教学的展示环节中,由于学习者在初级阶段已经积累了一定量的基本词汇并建立了初步的词类意识,我们可以将某一课的所有词汇从词类的角度加以调整,重新安排其展示顺序,按照名词、动词、形容词、副词、介词、连词等类别依次加以展示,并与其具体的语法功能讲解相适应。

在具体的教学过程中,可以采取词类矩阵的方式展示。如以词类为横轴,分别排列名词、动词、形容词、副词、介词、连词等;以具体词汇为纵轴,如名词下分列 N1、N2、N3、N4、N5 等,动词下分列 V1、V2、V3、V4、V5 等,形容词下分列 A1、A2、A3、A4、A5 等,依次分类,纵横交错,词汇功能和词类聚合一目了然。

5. 从义类角度展示关联词汇

义类是汉语词汇的语义分类。"义类与形类的交叉,应当是汉语的特点之一。"我国词典编撰素有按义分类的传统,西汉初年即产生了中国第一部义类词典《尔雅》,科学地反映了汉民族先民对客观事物逻辑分类的具体认识。受其影响,后世的多部重要词典都有按义分类的整体趋势,如唐代的《艺文类聚》、宋代的《太平御览》、当代的《现代汉语分类词典》等。在汉语词汇教学中也素有利用义类进行教学的传统,如《史籀篇》《仓颉篇》《百家姓》《千字文》等均采用"同类义聚"的方式进行字词教学。2007 年张和生等人利用义类进行教学的对比试验也可以有效证明,利用义类进行汉语词汇教学,对各个阶段的汉语学习者都有明显的作用,且延时记忆效果比即时记忆效果更为突出。在词汇展示阶段,如果有意识地按照义类来排列词汇出现和词汇解释的顺序,在同一个上位语义场中展示、解释、运用具有同位意义的词汇,整体呈现,相互补充,可以取得更好的记忆效果。例如,在某一课的课文中先后出现了"包子、钢笔、馒头、饺子、橡皮、米饭"等词汇,我们可以分别建立两个不同的义类,在主食类语义场中展示"饺子、包子、面条、馒头、米饭、饼"等相关词汇,在文具类语义场中展示"铅笔、钢笔、中性笔、圆珠笔、笔记本、橡皮"等相关词汇,并在后续的词汇教学中对不同的语义场分别加以复现、补充、扩展,不断以义类系连旧词与新词并在口语和书面语表达中进行图式还原,词汇习得效率可以得到极大提升。

6. 从文化意义角度展示关联词汇

文化意义往往不是语言之间的词汇意义的共核部分,而是目的语词汇与母语词汇意义差别较大的部分,学习者兴趣较为浓厚而偏误率较高。文化意义是词汇教学的重点和难点之一。

举例来说,由于汉语作为第二语言的学习者受制于母语的干扰,多从"词本位"的角度认识汉语词汇系统,缺乏基本的语素意识,对汉语词汇往往是整体感知,汉语词汇内部语素顺序错乱是词汇习得过程中的高频偏误之一,如"国家""父母""兄弟""祖孙"往往写作"家国""母父""弟兄""孙爷"。在展示此类词汇过程中,如果辅以一定的文化意义讲解,如汉语构词的语素顺序往往"尊义在前、卑义在后",是中国传统社会等级秩序和伦理观念的典型体现,那么就可以大大加强学习者的可理解性输入,有效进行偏误预警和偏误预治。

（二）汉语词汇解释中的学理嵌入

汉语词汇的解释，是打通汉语的音、形、义之间的联系，使语言学习者更好地理解词汇的过程。从语言心理学和认知心理学角度来看，理解即是"求同"的过程。"同"即同化与适应，也就是把汉语新词汇的意义纳入原有的语义系统并不断加以延伸扩展的过程。

汉语词汇教学中的词义解释，是词汇教学的重点，同时也是词汇教学中较难控制与把握的部分，因此前人的研究成果较为丰富。在词汇展示环节中的词汇之间多角度理据性系连，不仅是词汇展示之法，同时也是词汇解释之法，二者不可截然区分。根据中高级汉语词汇教学的课堂实践，我们认为汉语词汇的解释，不仅要体现出汉语词汇的特点，也必须深入汉语词汇的本质。也就是说，在词汇解释过程中，必须坚持语素分析与理据挖掘相结合的原则。不仅要对构成词汇的语素意义进行分解剖析，也应当从语素构成词汇方式的理据角度加以有效整合，即在词汇解释过程中需要有效把握"整体大于部分之和"的基本原则。如中高级阶段讲解汉语成语，与初级阶段主要用故事演绎的方式讲解成语意义有所不同，必须明确成语结构的稳定性和意义的整体性，防止学习者望文生义、随意肢解。

（三）汉语词汇练习与测试中的学理嵌入

练习与测试是汉语词汇教学中的应用环节，词汇练习和词汇测试的结果也可以作为检验词汇习得效果、进行教学反馈的重要依据。关于汉语词汇练习和测试的研究成果较为丰富，但基本上都是词汇练习方法和词汇测试信度效度方面的探讨。根据我们的调查研究，词汇练习和测试可以参照人类语言词汇储存的"激活扩散模式"进一步加深所学词汇之间的理据性联系，为学习者感知、识记、理解、运用词汇提供强有力的线索。

根据语言心理学和认知心理学的研究成果，人类语言的词汇，不是零散地、无规则地存储在头脑中的，也不是像词典那样按照字母顺序进行排列，而是呈现为一个复杂多变的网络系统。也就是说，每一个词都是这个网络系统的一个节点，各个词之间可以通过各种各样的联系加以激活，比如语音的联系、语义的联系、形体的联系、语法功能的联系等等，即词汇的"激活扩散模式"。也就是说，词与词之间，不是简单的上下级语义关系，也不是简单的同音、同义、同形关系，而是依靠多重联想所建立的立体关系。由于人类语言语义的恒常性和稳定性,语义联系是词汇之间最稳定、最牢固、最本质的联系。认知心理学认为,人的语义记忆是以语义网络方式表征的。当视觉系统或者听觉系统感受到一个单词,其词义会激活扩散到与之关联的一大串语义。举例来说,"牛肉"是一个现代汉语基本词汇,在烹饪方式上可以激活"红烧、烤、炸、炒、煮、煎"等词汇,"炸"又可以激活"爆炸、炸弹、炸药"等词汇,从一个基本词汇不断延伸开去,可以把某一个单元或者某一节课文中的所有词汇系连到一起,有效地防止遗忘,提升词汇再认的速度和词汇回忆的确定性。

七、结语

求简思维是汉语语言的工具特性,是汉语社团的群体趋向,是汉语要素的形成理据,也是汉语教学的基本原则,更是汉语学习者所要达成的目标。在求简思维指导下的学理嵌入模式与汉语的语言特性相适应,也能够有效提高汉语词汇教学效率,克服中高级阶段词汇教学瓶颈,具有较强的针对性与可行性。

双语教师培训对话式课堂的构建研究

（郑春燕　金华职业技术学院）

随着教育教学改革进程不断深化,党和政府对新疆少数民族教学给予了足够的关注,尤其是在双语教师的培训方面效果非常明显。经过多年发展,双语教学已经能够延伸至学前教育。双语教师作为教育水平提升的关键,在对口援疆过程中,国家非常重视对双语教师的培训,但当前,无论是教师数量还是质量,都难以满足双语教学活动顺利开展的需要。因此加强对双语教师培训中对话式课堂构建的研究具有非常重要的现实意义,不仅能够帮助新疆地区教师深入感知汉语言的魅力,还能够最大限度地提高阿克苏地区双语教师培训效果。

一、对话教学概念

所谓对话教学,是指建立在当代对话哲学基础之上的一种崭新的教学理念。它在实践中强调主体间性,通过一定的策略,在教学中建构对话教学交往关系,逐渐培养良好的对话关系,从而促进个体持续发展。可见,对话教学作为一种新型教育教学理念,能够在教学活动中增强双向互动关系,形成知识转换桥梁,唤醒学生内心深处的生命感及价值感。

二、双语教师培训课堂对话特点分析

对话教学理念的提出是对传统教学模式的一种革新,在实践中强调对学习者主体地位的关注。因此,明确学员在培训课堂中的对话特点非常必要。第一,主体方面。双语教师培训对象主要是维吾尔族教师(学员),由于所处环境、教育经历等存在不同,他们在思想观念等方面都存在一定差异性。第二,认知方面。认知作为人们感知和认识世界的方式,也是一种学习方式。学员在接触母语过程中,已经形成了一种完整的认知模式,他们的思维都是成熟的。第三,学习方式。学员自我意识较强,不愿意表现自我,且不善于采用自然习得方式,模仿、记忆能力大打折扣,使得掌握语音、口语能力难度较大。

三、双语教师培训课堂对话中教师因素分析

双语教师作为培训核心和基础,其对话意识及能力高低在一定程度上影响培训效果。一方面,从双语教师对话意识来看,一些教师自身对话意识较为薄弱,对于提升教学技能和水平缺乏自信心及热情,对培训存在逃避情绪。加之少部分学校为了不影响教学质量,目光短浅,抵制本校双语教师参与培训,在一定程度上挫伤了教师的积极性。另一方面,对话能力作为教师必备能力之一,虽然受训双语教师通过一系列选拔工作进入培训环节,但是多数学员汉语水平并不高,直接影响了对话式课堂的构建,最终导致课堂对话教学效果大打折扣。

四、双语教师培训对话式课堂实现路径

(一)口语

口语表达能力是双语教师必备能力之一。为了提高学员汉语口语表达能力,在教学实践中,可以采取听新闻、写新闻、写日记、写观后感、写读后感等多元方法,培养学员口语表达能力。一般来说,听说不能分开,当学员已经掌握一定基础之后,可以布置听新闻、写新闻作业。通过这种方式,不仅能够督促学员在日常生活中每天接触汉语,而且能够提高教学针对性,形成语言输入与输出的良性循环。另外,还可以通过演讲、朗诵、解说、复核等形式,给予学员自主权,如自主选择演讲题目、收集资料,锻炼学员口语表达胆量。

（二）精读

从认知语言学层面来看,对于语言形式的认识及感知需要建立在语言输入基础之上。因此,在对话精读课堂教学初级阶段,应给予学员一定的语言关怀,如使用一定比例的维吾尔语、适当放慢语速,使用常用的词汇、实物等,在一定程度上强化汉语语音、词汇等输入密度,以便增强学员对汉语的多重感知,更好地调动学员积极性、趣味性,构建高效教学课堂。随着学员汉语学习进入中高级阶段,可以借助现有的良好的语言环境,开展针对汉语语音、词汇等基本要素的输入,并适当强化汉语听说读写等方面的信息输入,逐渐提升学员的汉语水平。

（三）听力

听力教学中,双语教师要将有声语言作为主要交际形式,并适当配合表情、动作等副语言,运用无声的交流构建高效课堂。参与培训的民族教师大多缺少汉语语境的支持,对于汉语语言的理解存在一定障碍,因此在培训中对板书的运用非常必要,将重要的知识点、语法点等列在黑板上,对其进行准确的记录,以便增强学员对汉语语言的记忆。另外,课堂教学中,还应重视学员的课堂状态,采取多元方式,吸引学员注意力,如运用多媒体技术提供图片、视频等,不仅能够丰富教学内容,而且有利于加强学生对知识的记忆,达到事半功倍的教学效果。如讲授"旗袍""话剧"等词汇,可以借助视频资料更好地解释其含义,从而提升听力教学效果。

（四）读写

针对双语教师培训中存在的语言基础薄弱等问题,还需要重视对学员进行读写能力的培养。在读写教学中,应坚持"听说领先,读写跟上"的原则。在初级阶段的教学中,应加强对学员听说能力的培养,强调语音标准问题,以此来增强其对汉语语言的敏感性及辨识性,逐渐消除汉语学习上的消极情绪。当学员已经具备较为扎实的汉语语言基础知识后,在确保语言能力不断提升的前提下,适当对汉字的书写、书面语表达能力进行培养,从组词造句到连缀成篇章,逐渐增强书面语表达有效性,最终实现听说读写能力的全面提升。

五、双语教师培训对话式课堂的对话技术分析

(一)营造良好学习氛围

兴趣是最好的老师,在对话式教学中,要及时注意到学员需求,营造活跃、愉悦的学习气氛,以此来消除学员心理焦虑,不断满足学员求知欲。另外,教师还需要加强对学员个性化特点的分析和研究,对主动表现的学员,要给予其更多表现的机会,而对内向的学员,应给予更多关心和爱护,消除其内心的抵触情绪。在实践中,还应强化早读、晚自习制度,确定学习内容及辅导人员,在学员中开展"结对子""一帮一"活动等,解决学员开口难等问题,为学员交流创建良好的平台,帮助学员养成良好的语言学习习惯。

(二)加强深入对话

在教学中,应加强深入对话,加强对学员培训特点、任务等方面的研究,将提升学员汉语授课能力放在首位。对话课堂中,不仅仅关注学员的汉语能力,还需要加大对学员汉语备课、讲课能力的培养。如制定并完善具有较强操作性的汉语讲课能力考核方案,从制度层面确保学员加强对汉语的重视。同时,进一步强化模拟实践训练环节,深化开展模拟授课活动,促使学员能够围绕教学内容开展教学,提升对话深度。

(三)重视教学评价

教学评价作为双语教师培训效果提升的关键环节,不仅能够帮助学员及时发现自身在汉语学习中存在的不足,而且在优化对话教学方面具有积极作用。在实践中,教师应采取多元评价方法,加大对学员在对话教学中表现的评价,需要及时地、更多地发现学员的闪光点,并进行鼓励和肯定,增强学员自信心。针对学员在双语学习中存在的问题,教师要进行针对性纠正,帮助学员正视自己存在的问题,不断提升自身双语教学水平。

六、结语

根据上文所述,双语教师是少数民族地区教学发展的关键,重视对双语教师的培训是教育教学改革的重要内容。对话式教学模式作为一种崭新的教学模式,在培训中的应用,不仅能够增强教学有效性,而且能够提高双语教师教学能力。在教学中,教师应加强对学员特点的分析,并从当前双语教师自身存在的薄弱点入手,采取相应的措施,不断提高双语教师汉语综合应用能力;同时,为学员构建轻松、愉悦的课堂氛围,加强深入对话,加强对教学的评价,从而促进双语教师培训工作持续、健康发展。

参考文献:

[1]陈硒.内蒙古中小学少数民族双语教师普通话培训研究现状分析[J].语文学刊(外语教育教学),2016(5):162-164.

[2]金晶.新疆少数民族双语教师培训对策研究[J].中国成人教育,2015(13):114-116.

[3]李曙光,吕青.新疆少数民族中学双语教学存在的问题及对策[J].和田师范专科学校学报,2013(5):45-47.

[4]刘旭.新疆少数民族小学双语教师培训现状及对策研究:以喀什地区为例[J].新疆社科论坛,2014(6):79-82.

[5]木尔扎别克·阿不力卡斯,加米拉·沙克.新疆少数民族双语教师培训课堂学习中存在的问题及对策[J].新疆教育学院学报,2013(3):9-11.

[6]孙明霞.新疆少数民族"双语"师资培训成效研究:以新疆师范大学为例[J].新疆师范大学学报(哲学社会科学版),2012(2):84-90.

[7]闫新红.影响新疆中小学少数民族"双语"教师培训文化适应成因探析[J].新疆职业教育研究,2013(1):65-67,82.

[8]赵建梅.新疆双语教师队伍建设的问题及对策:基于一项人类学的研究[J].新疆社会科学,2012(6):150-156,164.

民族双语教师教学现状研究及提高汉语教学能力的微课调查
——基于阿克苏教育学院的调查

（刘学峰　杭州市江城中学）

一、研究背景及意义

过去,我们都曾录制过大量课堂实录。但是这种满堂记的录像课,镜头频繁地在埋头学习的学生和激情讲课的教师之间切换,观看视频的学习者无法看到教师的完整板书和屏幕展示内容,对学生学习来说意义不大。出现此种问题的根源在于,录制者对录像在教学中的定位模糊不清:将展示教师风采、学生活动和教学内容等多重目的混杂在一起。这些录像是对课程的综合记录,而不是专用于帮助学生学习的。随着时代的发展,我们的生活越来越"短平快",总是希望花较少的时间,得到较多的资讯、知识。"微课"就在这个背景下诞生了。

一般认为,微课是按照新课程标准及教学实践要求,以视频为主要载体,记录教师在课堂内外教育教学过程中围绕某个知识点(重点、难点、疑点)或教学环节而开展的精彩教与学活动全过程,时间一般为5～10分钟。

作为一种新型的教学资源类型,微课在教学工作中有极其重要的作用。它适合学生自学,尤其适合在没有教师督促的情况下自学。由于微课视频时间较短,符合人的注意力集中规律,更有利于学生保持专注,透彻理解教学内容;与此同时,学习者可以随时随地利用自己零碎的、闲散的时间,在电脑、手机、iPad上进行学习。此外,微课内容不贪多求全,只要求合理呈现某一知识点,因而也可以很方便地进行资源库索引,实现资源共享。当然,最关键的是微课中的学习内容精练浓缩,大大促进了资源质量的优化。

双语教学,即学校教师使用第二种语言进行各学科教学的教学模式。在新疆地区,这种模式以少数民族双语教师使用国家通用语言(汉语)教授各学科知识为主要表现。而现如今,少数民族双语教师数量不足和教学能力欠缺这两个因素限制了双语教学在更大范围内的发展。因此,为中小学培养和输送合格的双语教师,是新疆地区教师培训的重点。在双语教师培训过程中,笔者发现,尽管大多数学员(主要是维吾尔族双语教师)通过2年脱产培训,通过了MHK考试(中国少数民族汉语水平等级考试),有一定的汉语表达能力和文字书写能力,但一回到少数民族聚居地区,因与汉族人交流变少、缺少语言交流环境,又出现汉语发音不标准、掌握汉语词汇量退化等问题。而维吾尔语和汉语语法表达上的不同也导致维吾尔族双语教师用汉语交流时经常发生语法错误。语言的障碍以及少数民族双语教师对新课程理解的不到位,阻碍了少数民族双语教师在教学实践中的能力发展,相当一部分少数民族双语教师只能够拿着事先准备好的书面稿进行宣读,缺乏眼神和肢体交流以及对学生精准到位的即时教学评价,使高效教学举步维艰。微课的出现,为解决以上问题提供了新的契机:它在占用较少时间的条件下,为少数民族双语教师提供学习平台以及教学范本,便于其随时随地接受汉语教学培训。这对于少数民族双语教师提高自己"用汉语精准表达自己的教学思想"的能力是极有力的帮助。

少数民族双语教师在汉语教学水平上的提高,能够极大地推动少数民族学生的双语学习,进一步培养学生的跨文化意识和多元文化素养,即获得适应本民族文化和主流文化所必需的知识、技能和态度,从而达到不同民族间的互相理解与包容,促进国家的长治久安。

二、阿克苏地区双语教学以及双语教师现状

阿克苏地区是一个以维吾尔族为主体的多民族聚居区。由于师资条件不同,双语教育采用如下两种模式。①小学:汉语、数学、科学、信息技术;初中:汉语、外语、数学、物理、化学、生物、信息技术;高中:汉语、外语、数学、物理、化学、生物、信息技术和通用技术。这些课程使用国家通用语言文字授课,其他课程使用本民族语言文字授课。②全部课程用国家通用语言文字授课,同时开设本民族语言文字教学课程。

据阿克苏地区教育统计资料(2014 年),小学生双语比例为 74%,中学生双语比例为 46%,高中生双语比例为 34%,双语教师的比例为 47%。《阿克苏地委、行署关于进一步加强双语教育工作,提高教育教学质量,积极推进素质教育的决定》(阿地党发〔2014〕32 号)指出了双语教育工作的总体目标:到 2015 年,少数民族中小学基本普及双语教育,接受双语教育的少数民族中小学生占少数民族中小学生的 76%左右,其中义务教育阶段达到 83%左右;到 2020 年,这两项指标分别提高到 92%以上和 97%左右。

由此可见,双语教育还有很大的提升空间,必须培训更多的双语教师。而智力援疆的最重要一项工作就是培训少数民族(主要是维吾尔族)双语教师。从 2010 年开始,浙江总计要培训阿克苏地区民族双语教师 6 批共 5072名(35 周岁以下教师),每批脱产培训 2 年。浙江援阿克苏地区民族双语教师培训情况见表 1。

表 1 浙江援阿双语教师培训情况

	年级	学员数/人	学业状态	浙江教师数/人	教学状态
第 1 批	2010 级	300	已结业	19	已结束
第 2 批	2011 级	937	已结业	61	已结束
第 3 批	2012 级	850	已结业	59	已结束
第 4 批	2013 级	895	已结业	58	已结束
第 5 批	2014 级	973	在校	59	在岗
第 6 批	2015 级	1117	在校	60	在岗
合计		5072		316	

数据来源:阿克苏教育学院,2015 年 10 月。

到 2017 年 6 月,浙江援疆培训双语教师项目结束。培训民族双语教师任务就要由本地教育学院独自承担。尽管项目结束,但留下大量的资源可供当地培训部门使用,微课无疑是其中一个很好的资源。对 260 名培训学员的调查表明,93%的学员喜欢用微课学习汉语,他们认为微课的知识点紧凑、时间短,便于学习。

三、35 周岁以下民族双语教师汉语学习问题抽样调查

提高双语教师教学能力,首先要调研参训学员(民族双语教师)学习汉语遇到的问题及汉语教学能力较为低下的原因。

对阿克苏地区 260 名民族教师(参训学员中 35 周岁以下教师,主要是维吾尔族双语教师)的调查显示,维吾尔族双语教师学习汉语遇到的问题有:①读音问题,由于维吾尔语没有升降调,读不准汉语的四声,zh、ch、sh、z、c、s 难以区分,j、q、x 和 zh、ch、sh 混淆。②汉语语法和维吾尔语语法不同,维吾尔语语法谓宾倒置,如用汉语说"我买书",维吾尔语却说"我书买"。说汉语时,要把想说的话先由维吾尔语译成汉语。③词汇量不够,不能很到位地表达自己的意思。同义词、近义词很多,很难掌握。一些专业名词说不出来。④汉字太复杂,很难记忆和书写。维吾尔语是表音的文字,只要会说,稍加培训,一般都会写。而汉字是独立于拼音之外的一套字符,不仅要单独记忆,还要记住汉字书写顺序。⑤没有适当的语言环境,周围都是维吾尔族亲戚、朋友、同事,没机会说汉语。⑥没有信心,不敢大声说汉语,害怕

说错,害怕被嘲笑。⑦汉语理解力和表达力的不够,导致对教材理解不到位、课堂教学设计不理想、课堂教学评价不精准。

四、双语培训中的微课设计

语言限制了维吾尔族双语教师教学能力的发展。提高维吾尔族双语教师教学能力,首先要提高维吾尔族双语教师的汉语表达能力,其次是解决专业词汇的掌握、教材理解、教学设计、教学评价等方面存在的问题。"你认为微课可以提高你的汉语及汉语教学能力吗? 如果制作微课,你认为应该做哪些方面的微课?"88%的学员认为微课可以提高汉语及汉语教学能力。基于以上调研、分析,微课设计的课程有:快乐拼音、汉字探源、汉语语素、汉语实词、汉语虚词、汉语词组、汉语句子成分、教学中常用的导入方式、中小学常用的教学方法、教学设计的基本程序等(以上微课内容多数是学员自己提出来的)。

设计的这些微课可以部分解决维吾尔族双语教师学习汉语的一些问题。如"快乐拼音"可以加深学员对拼音的认识,纠正汉字音调;"汉字探源"可以加深学员对汉字的认识,帮助学员记忆、理解汉字的意思;"汉语语素"等微课可以使学员更加深入地了解汉语的语法,帮助学员说好标准的汉语;"教学中常用的导入方式"等微课可以提高学员的汉语教学能力。

微课中多媒体课件设计软件主要是 PowerPoint 和 Flash,微课录制软件是 Camtasia Studio。

五、微课学习效果调查

"来参加培训学习汉语,是由于学校的压力被迫来学习还是自愿来学习?"80%的学员是自愿来学习汉语,希望提高汉语教学能力。这表明学员有学习的内驱力和学习的兴趣。

"你最喜欢多长时间的微课?"在 3 分钟、5 分钟、8 分钟、10 分钟、15 分钟等选项中,81%的学员选择 5 分钟。

"你愿意在微课上花费时间吗? 愿意用微课提高汉语教学能力吗?"88%的学员选择愿意。

"你在家会看这些提高汉语教学能力的微课吗?"87%的学员回答会看,而且会多次看,并且模仿语音、语调,进行晨读。而随机调查 20 名学员对微课内容的了解程度时(调查了 5 次),可确定学员全部看过这些微课。由此可见,微课对培训学员提高汉语教学能力有很大促进作用,并使培训拓展到课外,实现了移动学习。

另外,针对调查中的问题"如何学好汉语",有学员指出:"加强自信心,要坚持,有恒心,大胆说出来,多听、多说、多读、多写,背诵课文,增加词汇量,抽时间看汉语电影,和汉族朋友多交流。"

十年树木,百年树人。学习汉语,促进各民族融合与团结,是一个长期的过程,期待微课能在其中发挥重要作用。

参考文献:

[1]艾山·西尔亚孜单.对喀什市巴楚县恰尔巴格乡中学"双语教学"的感想[J].赤子(上中旬),2015(11Z):170-171.

[2]程岚,肖贵桥,王英,等.微课教学设计思路探讨[J].江西电力职业技术学院学报,2013(2):79-81.

[3]达娜古丽.双语教学中的困惑[J].读写算(教育教学研究),2015(24):268.

[4]桂耀荣.微课及微课的制作和意义[J].化学教与学,2013(5):41-42.

[5]胡铁生.微课的内涵理解与教学设计方法[J].广东教育(综合版),2013(4):33-35.

[6]乃比江·阿卜拉.浅谈新疆和田地区少数民族农村小学数学的双语教学[J].教育,2015(20):51.

[7]尚菲,肖月.对我国双语教学的思考[J].读书文摘,2015(7):51.

[8]宋福平.浅析新疆少数民族地区的双语教学[J].新教育时代电子杂志(教师版),2015(19):143.

[9]汪晓东.微课的外在特点与核心特征[J].中小学信息技术教育,2014(1):35-37.

[10]吴秉健.国外微课资源开发和应用案例剖析[J].中小学信息技术教育,2013(4):23-26.

[11]许敏.浅谈我国双语教学的现状及对策[J].中学课程辅导(教学研究),2015(15):156-157.

[12]张一川,钱扬义.国内外"微课"资源建设与应用进展[J].远程教育杂志,2013(6):26-33.

第三章　导师援疆心声

与你同在
——记阿克苏教育学院新学期第一次升旗仪式
（曾一晖　嵊泗县初级中学）

今天，周一，学院照例举行升旗仪式。

沙尘天气，持续了近一周，仍然顽固，在眼睛看得到的每个角落里，在鼻子呼吸到的每个节拍中。

但是这些，不影响仪式的举行。

因为这片土地，需要这种仪式。

"中华民族到了最危险的时候……"是的，汉族和维吾尔族，同在中华大地，我们是一家人，我们都不会忘记那个"最危险的时候"。

是的，我是 80 后，长在和平年代，没有经历过那个"最危险的时候"，但是看到叙利亚难民危机，我感同身受，为之痛彻心扉。

那些画面一直在冲击着我的大脑，我格外庆幸我们的国家足够强大，我们得以庇佑，免遭流离之苦，自由安乐地生活，可以选择今晚吃什么菜，看哪个台的电视节目，几点睡觉以及是否要发个朋友圈。

一个国家，不管是内部的分裂，还是遭遇外敌入侵，受苦受难的都是百姓，孩子会可怜巴巴找妈妈，妈妈会老泪纵横找孩子。我们新装修的房子被夷为平地，里面也许还有刚刚买来的地毯；我们辛辛苦苦种下的粮食都被硝烟吞噬,成为一堆焦黑刺鼻的垃圾。

我们曾经灾难深重,所以不愿再重复那段历史。

我们曾经灾难深重,所以格外珍惜今天的生活。

所以,中华大地需要这样的仪式。为讴歌,为告白,为祭奠,为呼号,为团结,为复兴!

所以你看,天安门升国旗,总有那么多国人凌晨就守候在广场,其中除了青年,还有老人和孩子;你听,国旗护卫队的士兵们走过金水桥时,全场肃静,国歌响起,全场大合唱。

没有导演,没有指挥,这是一种自然而然的流露,这是植根在中国人的血液中的情感,这是我们民族的符号。

而在新疆,在阿克苏,教育学院每周一的升旗仪式,全校几千人按浙江班、中职班、国培班等不同板块站队,井然有序,全场肃静,零星的几个晚到的女学员会抛掉平时的优雅步态,踩着高跟鞋狂奔,只为及时站到自己的位置上,参加这个神圣的仪式。

当学院的国旗护卫队护送国旗走出,当旗手将五星红旗挥向天空,当国歌响起,当所有人举起右手宣誓,早已习惯的场景总会给人带来一种来自灵魂深处的触动和由衷的感动——五星红旗在这里升起,《义勇军进行曲》在这里响起,告诉世界:这是我们的家园,中华固若金汤!我们爱这个家,外寇勿扰,老少爷们血气方刚!

的确,沙尘侵入,每个缝隙每分每秒都难逃它的窥探,我们不堪其扰,但是升旗仪式不可撼动。因为,这片土地需要,我们同样需要!

我们都叫努尔古丽

（曾一晖 嵊泗县初级中学）

援疆生涯第一节课在化学班,当我点到"努尔古丽"的时候,第一排的她仰起头,笑呵呵看向我,我说好巧,我也叫努尔古丽。30张严肃或平淡的脸,顿时都扬了起来,像追寻五彩阳光的向日葵。

省厅确定援疆老师名单后,天空的颜色好像不一样了,气压也隐隐约约有些不同,之前心情时起时落,好多事情都在"做"和"等一等"的天平上摇晃,而文件的发出,仿佛吹响军号,我辈须立刻擦亮钢枪、整理行装,随时出发。

前方没有敌人,那是一种挑战自我、颠覆现在的节奏、完全重新排列组合的生活,这样的生活充满未知,犹如蒙着面纱的阿拉木汗,没有经历过的人是体会不到那种冲动,那种想要快快一睹芳容的急切和渴望的。

那么,除了普通意义上的思考——到新疆后的衣食住行,我还应该做哪些考量和准备呢?

在社交当中,名字是交往的最初阶段十分显眼的符号,牢记对方姓名,是一种尊重,让自己更好地被接纳。我将要支教的是新疆维吾尔自治区,这是生平第一次真正意义上的跨民族交流,在没有途径提前了解学生姓名的情况下,我首先想做的是——给自己起个维吾尔族名字!

查阅了有限的资料,我发现我的名字当中的"晖"在维吾尔语中可以找到相应的词,即"努尔",二者都是"阳光、日光"的意思。阿克苏在天山南麓,据说南疆的妇女习惯在名字后面加一个"汗",所以"努尔汗"便应运而生。到了阿克苏以后,培训我们的老师建议我更名为"努尔古丽","古丽"是"花儿"的意思,老师大概希望我更柔和一些,我也愿做一朵小花,学着用一种宁静的气质,种下一串美好,留下无数想念。

"我叫努尔古丽,'努尔'就是我名字里的'晖'……"我讲述这个名字的由来,学员们脸上荡漾笑容和好奇,眼睛睁得更大。

"我看了点名册,我们班加我一共 12 个'古丽'!有吉米古丽、热亚古丽、斯曼古丽,两个阿斯古丽,分别是阿斯古丽·沙吾提和阿斯古丽·库班尼亚孜……"我逐一背出"花儿"们的名字,学员们笑出了声音,我看到了酒窝和眼睛里的光彩。

名字就是一个人来到这个世界,从始至终都有的标签,不够熟悉的人若叫出我的名字,我亦如此开心和满足。这是一种认同。

从教十余年,我几乎都能在磨合阶段记住大多数学生的名字,其他年级各班表现突出的学生,我也能叫出他们当中的八九成。好几次我们班级在值周过程中都遇到不服管理的学生,孩子们跟我倒苦水,我往往能在第一时间赶到现场,用洪钟般的声音吼出其人姓名,"肇事者"瞬间收敛,紧接着的一句话一定是"你怎么知道我名字!?"看那表情无限崇拜,好像我有法术。过后再相遇时,这些孩子还常用恭敬的目光看我,并问好。其实我只是记住了一个名字而已。

眼前,是我的同胞,是响应祖国号召探索双语教学的成年人,我们远离故土,有我们的苦楚,他们何尝没有需要克服的困难? 使用了几十年的维吾尔语的他们,现在要打开自己,在那么短的时间里学拼音、学汉字、学组词、学造句、学语法,用那灵巧得可以连续发颤音的、能翻跟斗似的舌头,来慢慢学着说汉语,并且还肩负通过双语教学培养一批又一批维吾尔族学生的使命。他们不值得敬佩吗?

所以我应该取这个名字,也非常有必要记住他们的名字,向他们致敬!

突然觉得一切好像安排好似的次第打开,从我这个"努尔古丽"名字的诞生,到学员轻掩的心门因它怦然打开,到我背出她们的名字,到现在她们亲近我、喜欢我——

课余时间有人给我几颗核桃,见我不吃,又特意剥了那层包衣;有人给我"妈妈种的"酸甜的红枣,说特意为我带来;还有我的努尔古丽姐妹教我学维吾尔语字母,一遍遍发音、一次次誊写,昨天她说想让妹妹缝一件衣服给我,因为我们都叫努尔古丽,她想和我拥有一件一样的衣服。

也许这是冥冥中的一种注定,"努尔古丽"像是一条神奇的丝带,穿过人生 30 多年的毫无征兆的等待,系住原本在生命里没有交集的无数个"我们",这当中的意义远胜过当初的设计。

还在路上
(曾一晖 嵊泗县初级中学)

暑假结束,返回新疆。仍然是飞行七八小时,腰疾加重,模糊的痛感渐渐清晰,自欺欺人的拖延被叫停,看来治疗势在必行。

仍然是带着对家的牵挂,尤其想到小煜一边哭泣一边讲出一系列我应该留在家里的理由的样子,就又揪心又欣慰又歉疚。

是呵,援疆已经满一年。

可是为什么许多情境和心境却是既熟悉又陌生的感觉?

飞机带着我们跨过崇山峻岭，机舱里没有了大家初见群山与积雪时的惊叹和呐喊，这条线上走了几回，早已是半个新疆人的自我定位。飞机遇到气流，持续颠簸，心里一阵难受，想起小煜清唱的 *Eyes on Me*，终又平静一些，他爸爸知道我最喜欢听这首歌，就教会了孩子，哪怕就几十秒的收藏，足以陪伴好多日子。

是呵，援疆时光就在这驻足疾步、云卷云舒里溜溜过去了 300 多天。

那么我的工作和使命呢？新的学期来到，又会迎来好多的未知。

这个学期，我任教 8 班的教法模拟。换了班级，重新认识学员；换了科目，重新建立教法，了解学情，实施教学。

来到新疆，进入阿克苏教育学院后才发现，支教并不可能完全复制在内地学校的做法，具体工作都是带有挑战性的，比如由于老援友结束任务离疆或支教团本身的人员变动，教育学院教师的增减或岗位变动，基本上每个学期我们都可能面临更换任教班级、任教科目的局面，教学缺少连贯性，但是又必须服从大局，尽快调适自己，进入状态。所以，非汉语言文学专业的老师会被安排教授语法方面的知识，这就需要在专业之外下很大功夫。另如教法模拟课，没有教材，我们需要自己摸索，准备教案，自己制作课件，许多老师还自掏腰包，网购辅助资料，供学员更全面地学习。在上理论课的阶段，有必要插入大量课例事实，以免讲课枯燥难懂；进入实践课阶段，我们力图使每个学员都有备课、上课、评课、说课的实战经验，或者在原来基础上有大幅度提高，并为他们第二年到基层汉语学校实习提供支持。

纸上描述，只是管中窥豹，实际上，每门科目的准备、讲授过程，花费的时间和精力远远超过预期，因为我们是援疆人，我们要在有限的两年里完成使命，我们渴望尽善尽美。

是呵，援疆还有一年。

不，援疆只有一年。

他日桑葚紫红时，只余树间鸟雀栖。出使西域无念它，唯愿书声入天脊。

浙江再见，新疆又见
（曾一晖 嵊泗县初级中学）

2016 年，新的学期来了，我再次挥别家人，踏上双语援疆的征程。

伤离别

尽管援疆已逾半年,尽管 4 个月后便是暑假,但是这次仍然无法那么决绝地离开。候船室里,朋友们电话、微信里的哽咽和不舍已经让我心里泛起涟漪。上船前,儿子扭着身子,极力挣脱他奶奶的管束,大呼"要乘船",固执地要跟我走,我心里开始堵得厉害。坐进船舱,看着码头上伛偻的公婆,被老公高高举起的儿子,被儿子挡住的难掩离愁的老公,我的眼泪就再也止不住了。

过去的 6 个月,我在祖国的西北边陲,在万里迢迢山重水复之外,在和儿子的视频一次次被他"不耐烦"地"终结"后,在寝室四面白壁前,我对家人原本模糊的意识,已慢慢清晰。我认识到了自己为人妻、为人母的不足,领悟到母子亲情并不是一句"妈妈好想你",或给他买衣服和玩具那么简单。它是给儿子洗脸时轻轻搋他的小鼻子,他昂起的闭目小脸;是看他画好一只螃蟹,并熟练地剪好,我夸张吃下的表情;它珍藏在无言的陪伴里。

所以我伤怀,所以我不舍,可是我不后悔。

如果不来,我永远不会领悟对生活的热爱与珍惜,所以当初选择援疆是对的,这是巨大的意外收获。至于过去遗失的,我会找寻,弥补,守护!

新开始

这个学期,我任教的班级换成了 2015 级初中语文班,虽陌生,可新学期的第一堂课我和学员们畅所欲言。

我聊我来自浙江嵊泗,同他们一起区别农民、牧民和渔民,说起生活的不易,有时候甚至性命堪忧,大家都感慨万千。

"国家给了我们工作机会,还出钱请我们坐在这里学习,相比父母种棉花种红枣,要轻松许多,所以我们是幸福的!"我说。

大家纷纷点头。

学员艾比布拉说:"老师,我一个朋友去内地,说你们内地人很好玩,问我朋友新疆有没有汽车,出行是不是骑马。"

我解释说:"如果我没来新疆,我的脑海中也只有吐鲁番大葡萄,漂亮的姑娘穿长裙跳舞,还有纯爷们骑马,这是民族特色,宣传蒙古族不也有骑马的镜头吗?骑马的男人很帅,不是吗?"

学员们笑了。

这节课上,学员们时不时发出欢快的笑声,一个女学员大喊:"老师你好幽默感!"

"谢谢你的夸奖,可是这个句子有问题。你可以说'你好有幽默感',加个'有'字,后面可以接名词'幽默感',也可以说'你好幽默','好'是副词,后面接形容词。"

几个学员赶快拿出笔记本开始记录,我们的新学期就这样在轻松愉悦中拉开帷幕——

时间进入新的一轮,我们的事业仍在继续,我们的生活如常。小小的不同是,老师们任教的学科或学员发生了变化,阿克苏的天气开始呈现前面半年未曾有过的姿态和韵味。教得不一样,不影响援友们认真地备课;沙尘造访,我们全副武装,权做楼兰姑娘!

唱红歌,当指挥
(曾一晖 嵊泗县初级中学)

学院要举行红歌比赛,我所任教的两个班的学员纷纷邀请我帮他们练歌,我的第一反应是支持。平心而论,我们和维吾尔族学员之间见面都客客气气,真正走近、走进,是需要时间的,同他们一起唱歌,未尝不是个加速相融的办法。因此每天上完课,我们都利用一些时间来熟悉歌曲。

我们援疆的本职是提高维吾尔族兄弟姐妹的普通话水平,表面看和唱红歌关系不大,实则非也。唱红歌不仅不耽误学习,相反,它可以更好地促进学习。首先,咬字吐音要求准确,会一遍遍地抠;其次,红色歌曲中有我们先辈共同走过的历史,每唱出一个音符,就让我们强化了对彼此之间血脉相连关系的认知;最重要的是,这样的形式受到学员的欢迎,因为他们非常热爱音乐。

这个民族是热爱歌唱和舞蹈的民族,他们对音乐的热情超过我的认知,让我切切实实感受到一种魅力并且深深被感染,好几次,伴随歌曲,我看到他们翩翩起舞,那样陶醉,那样沉迷,那样深情,那样优美,那细微的手指动作,每个关节都散发着香气和魔力——这是舞蹈演员诠释不来的,是天生的,是灵魂里带来的,在他们每个人的生命里,很自然地存在,然后延续……

平时,如果学员的学习状态欠佳,一番询问安慰过后他仍可能萎靡不振,而这几天,我发现一组织唱歌,所有的"精灵"就都被叫醒,本来疲惫的脸上立刻容光焕发,看到了音乐四两拨千斤的超能力!

维吾尔族同胞唱歌的能力非同一般,那种对音乐的与生俱来的亲近和超群的领悟力,让我们的歌声很快就产生共鸣,甚至我能听出来我有运气不够的地方,而他们却透着信天游般的洒脱和浩荡。尽管如此,要学员们把字唱准,音唱准,感情到位,还要对得上伴奏,何其难也!即便是专业选手,要达到理想效果,也需要大量的练习,更何况是正在学习汉语的维吾尔族同胞和临危受命非科班出身的我。

所以一遍又一遍,一句又一句!

所以黑板上不断出现需要正音的字词,领读、跟读,又不断擦去,再不断写下新的发现,如此反复,求知欲特别强的学员还会一边跟读一边认真做笔记,甚至提相关问题;红歌要唱出精神,唱得有劲,大合唱更是要唱出气势,温和的维吾尔族学员习惯了抒情唱法,怎么办?比如唱到《中国心》中的"长江长城,黄山黄河……心中一样亲"一句时,我指挥的双手也同时做出大幅度的狠狠劈柴似的动作,他们的眉宇便更多一分紧凑,声音更多一分高亢,甚至,吐尔洪还唱得呛了起来。

每一句我都跟他们一起唱,舒缓的、激昂的,我们都一同演绎,我们看着彼此的眼睛,感受着彼此的呼吸,此情此景就是"同呼吸,共命运"的写照,不需要太多的语言。每一遍我都按我对歌曲的理解来指挥,需要他们慢下来、需要他们喊出来、需要他们等待……所有的手势一出来,他们便配合默契地完成。学员站队排练,我就站到凳子上继续指挥,直到演唱、伴奏、指挥和谐统一。虽然每次唱罢我都是满头大汗,但是我非常享受这种酣畅感,从他们越来越带劲的表情里,我看到民族融合的美妙。由此,我感到幸福!

双语援疆,根本目的是增进民族感情,加强民族团结。站好 45 分钟的课堂是援疆,和学员一起学红歌唱红歌,也是援疆。

浓重的记忆
——第一次在新疆过教师节
（曾一晖　嵊泗县初级中学）

还记得在浙江过的某个教师节,校长迎接每位清晨来上班的老师,并双手递上一束鲜花。是的,那天天气很好,空气一如既往的清新,阳光透过校门和高高的树枝,投到每个老师身上、肩上、头上甚至睫毛上,丝丝缕缕金黄色、橙黄色。我好像很容易被感动,那天的情形让我鼻子酸酸——已经不算年轻的校长,一大早恭迎老师们,递过鲜花的同时更是递过一份尊重和温暖。尽管鲜花已老,但此情长生!

今年,我援疆来了,抵达阿克苏一周之后,便是教师节。怎么过?没想过。

听说省厅领导会来慰问,我的感知仍然停留在电视新闻报道上,有些小茫然。

直到9月9日那天下午,直到一阵欢呼声从楼下传来,直到人群突然齐齐静默、照相机"咔嚓"声响起、众人又发出欢呼声并从楼外移向楼内,我终于意识到,我又要过教师节了,并且今天非比寻常,这将又是一份浓重的记忆!

声音很快到达二楼,我悄悄探头,熟悉的、不熟悉的,交谈的,等待的,整个走廊都是,人群移动虽然缓慢但趋势明显,我开始局促不安,回到房间踱来踱去,不知道如何面对接下来可能进入我宿舍的一切。

问候声、告别声离我的房间越来越近,时间仿佛变得瘦小,一种神秘的氛围黏着我,想逃却更想直面,怕说错做错却更怕错过。空气里流淌的是一种无法抗拒的吸引力和立时爆发的幸福感。

几分钟后,我的门帘被掀起,教育厅韩平副厅长笑容可掬地走了进来,后面是阿克苏教育学院张淑萍院长,我们舟山队领队许烽老师、副领队黄思海老师。

这是我这个来自海上小岛的普通老师生平第一次近距离地接触厅级领导,刚刚还觉得瘦小的时间被呼吸挤成了闪电。我该怎么说、怎么站、怎么放我的汗涔涔的双手?

韩平副厅长亲切地问我:"怎么样,还适应这里的生活吧?"我有点回过神了,点点头,调皮地说:"嗯,还没流过鼻血呢!"他听了哈哈大笑,马上又关切地说,现在这个季节可能还好,冬天就干燥了。旁边有人告诉他:"我们有加湿器,还好。"

我能告诉副厅长,从到阿克苏开始,鼻子就一直干燥,寝室里的加湿器24小时工作才有所减缓吗?我能说其实这里自来水富含矿物质,连加湿器都无法适应,所以我们往里添加的是桶装水吗?我能说我们吃的水是自己批发来的4L一瓶、六瓶一箱的农夫山泉,然后兄弟姐妹相互帮忙扛进寝室的吗?

不，此时此地此情此景，接受关心就好了，这份关心足以挤扁一切困难，足以让每个人全然忘却自己在浙江从没吃过的"苦"。有这份关心在，屋子里的人、走廊里的人，都憨憨地笑着，乐着。

我终于能够体会具有公众影响力的人物，一颦一笑一问候给普通人的巨大心理动力和安慰，它其实是告诉人们——我知道你们，我和你们在一起！大家没忘记你们，所有人都关心你们！

这个教师节，收获满满。

写给每个你
——致亲爱的学员
（曾一晖　嵊泗县初级中学）

时间真是个奇怪的东西。在你思乡心切时，它似发酵过头的面包，一直慢慢腾腾地膨胀，一副优哉游哉的模样；在你学成即将返乡时，它又瘦成一张纸片，倏地就飘到你眼前，给你个措手不及。此时的你却开始踟蹰——是否要迈出最后那一小步？

2016，要离开的不是我，可是为何我也在不舍？

那是因为进入我生命的每个你，正在渐渐淡出我的世界。我们并行一年的轨道将在下一个路口，一个向左，一个向右。

明明是回归各自原来的生活，可是时间在彼此身上种下了回忆。两年援疆，国与家，你与我，同呼吸，共命运，我们从希望的春奔向热辣的夏，跨过沉郁的秋，进入无畏的冬。

你在里面闻鸡起舞，操场上是你一边举着书本，一边迎着朝阳的影子，一个两个又一个，重叠错开再重叠。

你在里面秉烛夜读，哪怕冬日滴水成冰，哪怕家中诸事牵挂，第二天，仍然看见你得体的妆容衣着，满满的课堂笔记，间或，课间飘逸灵动的舞姿，如湖水流动的眼波。

我听得，你用民族语言的发音方式念出汉语的抑扬顿挫，声音悠扬婉转，无比可敬可爱。

你从一个忙碌的起点迈向下一个起点。

周一，升旗仪式若已开始，你便疾走如飞，那明艳的红色高跟鞋分外夺目，划出一道绚烂的线条，它们在水泥地上击打出的清脆的"咯噔、咯噔"声，绕过校园,定格在每张高高仰起的脸上和众口一致的誓言中。

周末,你拖着大大小小的行李,手里还拎着几个馕,几样水果,一袋瓜子,行色匆匆,那是要和别人搭伴赶回阿瓦提、温宿或者乌什的家,路太远了,有的到家已经是次日凌晨。尽管如此,还是要回去,家中有你要孝顺的老人,有堆积如山的家务,还有惦念的稚子。

繁忙过去又是周一。

……

两年的时光,你就这样过来了。以后的时光,再也不会这样过,它无可复制。

因为这当中,有意气风发、追求进步的你,有常常哭鼻子、自叹无可奉献更多的我,有这个春天飘满柳絮的校园,还有那个吃饭时间摩肩接踵的食堂。这一切,过去就永远过去了。

那天你们离开后,我去了你们的教室,112。教室门锁了,蓝色的窗帘遮住了外面的阳光和悲欢离合,不过仍能看见整齐的桌椅和干净的地面。反光的玻璃中又浮现库尔班大叔温柔的目光,艾克拜尔江将小雪球猛地塞进阿斯买的后脖颈,如克耶木和月尔古丽执着地问着问题,祖力皮亚对我投来的赞许和鼓励的笑,还有我们响彻云霄的《中国心》的表演,我在指挥你在唱……

"长江长城,黄山黄河,在我心中重千斤,无论何时,无论何地,心中一样亲……2014级物理班向祖国致敬!"

余音绕梁,小我顿悟,相聚离开,都有时候,相聚时若珍惜,分开时不可惜,无论何时,无论何地,心中一样亲!

援疆,援疆!

(曾一晖　嵊泗县初级中学)

花开花落,是一种轮回的美。然而生命不止一种形式和走向,我要绽放!

——题记

最初,"援疆"这个概念只是遥远的存在,因为过去只是听说外校有老师援疆,提及的时候总是非常羡慕他们有这样华丽的过往。人生可以有这样的经历,难道不是一件很牛很值得骄傲的事情吗?

今年我终于有幸加入这个队伍,大概是幸运女神听到了多年来我内心的企盼。

的确,上级对于援疆老师待遇上的考虑非常周到和体贴,其实,凭良心说,单单一个"到新疆教书去",就足够吸引我,也许是骨子里本来就带有的一种闯荡的本性和欲望使然吧。

向往·荣光·期望

我是个川妹子,2000 年自己拿主意填报了吉林的大学,开始了 4 年独立的旅行,单程 3000 公里旅途在我一次次拖着行李奔跑、中转签票、候车到黎明之中悄然划过;2004 年我又"自作主张",作为人才引进到浙江,来到美丽海岛从事教育事业,日子在一天天朝六晚九的作息、一次次和学生推心置腹的谈话、一首首唱给他们听的歌当中一篇篇翻过。

个中艰辛和理解,委屈与幸福,像抱成团的石榴籽,目不暇接,最终我因着长辈朋友的支持关心以及愈挫愈勇的心劲,扛了过来,并且把班级带出了成绩,带出了特色。

而就在将要摘取胜利果实的时候,省厅组织的第 6 批双语援疆工作展开了。

"新疆!到新疆去!"仿佛有一个声音在召唤,在指引。我知道这虽然是远行,虽然是未知,但也是令人无比向往的——到广阔天地中去,再次奔走!就算荆棘密布又怎样,青春不就是用自己特有的方式来镌刻吗?我的血液沸腾了!

家长和学生听说后纷纷挽留,甚至写信给教育局局长,要求把我留下。我告诉他们援疆是神圣的,是光荣的,也感激他们的真情厚意。最终,他们理解了。

儿子尚不足 5 岁,不懂我即将远赴西域意味着什么,但家中尚有一个痴迷教学的老公,以及身体孱弱的公婆。面对他们,我陷入沉思,我在思量国家的战略部署与小家的柴米油盐的取舍。我太看重这样一个可以为国效力的机会,是的,巾帼柔情,但铁骨铮铮,胸中燃烧的,是爱国的真诚和不输须眉的志气。很快,在家庭会议上公婆表态:你放心去援疆,家里有我们!

远在四川的老母亲是不舍的,因为不了解新疆的情况;老父亲却不同,这位老共产党员年轻从戎时曾在新疆修过铁路,对新疆,他有着终生难忘的记忆,他说援疆非常好,去走走他走过的路。是的,我们在不同的年代,在相同的地点,向祖国致敬并奉献自己之所能。两代人的足迹在这个美丽的地方相遇,是多么浪漫温馨和让人振奋的事情!

理想的嫩芽·现实的土壤

2015年8月28日深夜11点,在飞行了7小时后,我们的飞机平安降落在阿克苏的土地上。略带寒意的夜晚,疑似干燥的空气,兴奋不已的几十个"大孩子",为我们接机的暖暖的眼神,灯火通明的食堂里热热乎乎的饭菜,寝室里干净的床单、崭新的被子……

这就是我接下来要生活两年的地方吗?非比寻常的未来就这样徐徐展开了吗?

我们的使命是在两年时间里提高维吾尔族老师的汉语水平,争取让所有学员培训结束后可以流利地使用普通话上课。但是,这个难度何其大!大多数学员汉语零基础,连听都听不懂,说也很吃力,写作就更别提了。难还难在,他们年龄基本在30岁左右,有的甚至超过40岁,这个阶段的成年人,认知和接受新事物的能力已经开始下降;难还难在,他们都有家庭有老人需要照顾,有时人在课堂心在路上;难还难在,他们都生活在纯粹的维吾尔语家庭,没有汉语语境,学了之后,如果不巩固和练习,很快就会忘记,或者印象不够深。

学院里大片的草坪,里面是疯长的草,长到弯了腰,挤成团。它们肆意且傲娇地宣告着它们的存在,让我一度不解:这里是典型的暖温带大陆性干旱气候,降水稀少,蒸发量大,气候干燥,可是你看,杨柳依依,绿草如茵,什么原因?天山庇佑,福泽深厚!这里的人们依靠天山雪水,得以解忧。

许多事情看似不可能,最终都办成了。双语培训的困难一定可以在我们的不断摸索和实践中得到最大限度的解决。何况,前辈们的培训都取得了很大成效,MHK通过率也十分可观,那么我有什么理由悲观?

于是,教学的时候,我注意放慢语速,不时问学员"我讲明白了吗"并欢迎他们随时提问;我注重教学氛围的温馨,不时会给学员送上一首歌或者同他们开一些小玩笑。

那天上写作课,我先唱了一首阎维文的《母亲》,请他们说出听到的歌词,再谈谈我们的母亲,许多学员都红了双眼。两个班的70多篇作文,我都认真批改,并且归纳了亮点和问题,然后在班级进行讲评。我特别表扬了热亚古丽,她的作文结构完整,开头有引用,中间有细节,做到这些其实非常不容易,除了基础扎实,我想她一定将我讲的都进行了非常彻底的消化。经她同意,我念了她的文章。她既高兴又害羞,其他学员听得津津有味,纷纷点赞。

我很感慨,端端正正坐在我面前的是三四十岁的成年人,可是他们好认真地看着我,虽然他们汉语说得不流利,写得不通顺,但是他们在努力,努力到让我肃然起敬! 他们在自己单位可能是高层或中层干部,可能也是教学上的一把好手,可是他们此刻在这里像学生一样冲我举手,问我如何修改,并尽量工整地写下每个字,然后无一例外地都跟我说"谢谢"。

在这片广袤的土地上,在那座圣洁的雪山下,我们共同书写着对国家的赤诚和对民族的担当,援疆无悔,今生无悔!

春日,南疆梦
（谢建强　杭州市富阳区富春春蕾中学）

几天前,我站在这株梨树前,忆想起,去年盛开的梨花多美啊,花瓣洁白,又有珠玉的色泽,轻轻触碰,柔如丝绸。可今年的梨花什么时候开呢?

此时此刻,眼前的梨花纷纭如雪,清风拂过,枝摇花颤,在红墙绿叶的衬托下绚烂如梦幻。

这塞外的春天,其实也有妩媚的一面。

郊外的牧场已是绿草如茵,牛羊安闲吃草;地上的草木也纷纷抽芽出土,像初生的婴儿一样惹人怜爱;雪峰上的水夹着身世迥异的大小石头汩汩而流,溪水冰凉,溪沟崎岖。

塞外的春天生机盎然,就连戈壁滩上也是光影有致,各类石头熠熠生辉。珍珠大小的玛瑙,在阳光下发出各种折射光的水晶,各类颜色和形状的玉石,虽然并不珍贵,却总让爱石人流连忘返。

这里的每寸土地都演绎着自然的神奇,就如那恼人的沙尘,它取道而来的塔克拉玛干沙漠,曾让多少心怀梦想的人一念倾心。这是一片能催人独立奋进的苍茫土地,那么多人不远万里来到沙漠,只为一睹她神秘的面容,就像窥探洁白面纱后的美丽容颜;或者骑上骆驼体验古代商旅在沙漠中走出一片繁华的丝绸之路;或者赤脚奔跑,嘴里含着细沙,像个孩子一样咿呀欢叫……个中乐趣,除了与援友分享,更与何人倾吐?

在600多个日日夜夜里,我们牵挂故乡,却深耕足下,直面双语教师培训的种种挑战。我们曾为进教室而忐忑,也曾为上不好课而失眠,但我们最终赢得了民族学员的信任,在离别将近的日子里,我们一起欢笑,一起流泪。

世界需要中国的担当。梁启超有少年中国梦,孙中山有恢复中华梦,而我们这群双语援疆人有这样的梦:像诗人一样建筑祖国的语言,让它开花落英于祖国美丽的南疆。

用"情"行走支教路

(李 挺 杭州市滨江区西兴中学)

一只有力量的手,留在肩头的是温度

忽然,左肩被一只有力的大手按住,接着一口稍显笨拙的维吾尔族普通话与他的另一只手同时向我"袭"来,"亚克西木塞斯,李——老——师——你——好!"抬头间我看到了一张有棱有角的质朴笑脸,他是体育班的艾合买提·库尔班老师,是我班里的学生,每次遇到他,我从不会"失之交臂",总能远远地就感受到简单纯粹的眼神,再简洁不过却充满真情的问候。班里像他一样说一口不流利的普通话,大眼睛长睫毛,热情真诚的维吾尔族学员还有很多,他们总是用最直接的、友善真挚的方式表达着对他人的喜爱和赞赏。对一个来自江南的支教老师来说,对一个决心不辱使命、尽心尽力的文化交流使者来说,这是收获,更是欣慰。

不改初衷,援疆无悔

一年前,当接受组织交给的这个支教任务时,我的心情是沉重而忐忑的,整个暑假都在家人的反对声中度过。不过内心强大的信念支撑我不改初衷,做好了家人的思想工作后,我便开启了一段有理想、有憧憬而又有些许陌生的援疆岁月。当带着家人的牵挂、朋友的叮嘱踏上阿克苏这片祖国最西北、最神圣的土地时,我的信念更加坚定。

开学后我们迎来了 2014 级的新学员,我被分配到体育班,教授口语。口语,几乎陌生的学科,对我这个美术老师来说压力自然不小。于是,我课前逐字逐句地斟酌理解,把学员有可能出现的问题一一列出,几节课下来,我得到了班上 50 多名体育老师的信任。班上学员人数太多,我不得不利用课余时间帮助基础较弱的学员从口形到读音逐个突破,反复训练,讲解他们提出的每个疑点。学员们有了进步,信心大增,每一次对话训练,他们都像刚入学的小朋友一样举手抢着回答。被他们铺天盖地的学习热情感染,我不吝言辞地夸赞他们。一次课间,我应大家的要求给一位学员画像,居·买是班上的活跃分子之一,最先举手。当我把他的神态活灵活现地呈现在黑板上的时候,教室里掌声、手机拍照的快门声响成一片。绘画,将我们之间的情感拉得更近了,班里学习口语的气氛也愈来愈浓厚。5月,当得知我不再担任本班的口语老师时,班上年纪最小也最调皮的学员祖力·皮卡儿说:"老师,你是一个好老师,我知道你真的是为我们好,我原来不够认真,现在后悔了!"

真情的投入很多时候比华丽的辞藻更令人信服,更能打动人。

不需鲜花和掌声,你们少一些艰辛,我就多一分幸福

去年年底,被推选为支教团总务负责人,压力很大,面对大家的信任,我一定不能让大家失望。凭借热心、负责心,上任不久我就得到了援疆团老师的好评。我不要鲜花,更不需要掌声,但他们的肯定是对我最好的鼓励。

停水,向来是困扰支教团的大问题,特别是到了植物灌溉高峰期,宿舍几乎没水可用,经常得等到半夜两点后才能洗澡、洗衣,供水成了学院和支教团最揪心的问题。在金团长的支持下,我向学院打了报告,做出了一个大胆的决定,要求教师楼从文化路总水管进水。学院领导决策英明,给予大力支持,在暑假就完成了进水口的改造,缓解了不断停水的老问题。暑假,部分宿舍设施需要维修,必须事先对各寝室设施进行详细的检查,那段时间的劳动量很大,但是想着能给团里的老师带来不小的便利,我又浑身是劲了。

这个学期,为了迎接第六批老师,让他们一到就能得到安顿并投入岗前培训和工作中,我提前四天,独自来到阿克苏,为老师们提供食、住、行等后勤保障。老师们得知情况后,看到我总会表达赞许:"李老师把浙江速度带到了阿克苏。"

用画笔将援疆涂成一个彩色中国梦

"离疆留什么?"

明年,我就要离开这个让人魂牵梦萦的地方,一条白水河,一段无悔的青春,一个有我来过的阿克苏,我该是怎样的不舍。这些充满艰辛与欣喜的日子,将成为我一生的美好记忆。为了定格每一个入眼入心的画面,我决定拿起手中的画笔,抓住时间,留下片段,留下美丽!

教学工作之余,我窝在寝室,画异域风情,我的每一张作品都有一个故事,我在画纸上述说着这些见闻,我要把我见到的美丽阿克苏展现给大家,一起分享这个神秘富饶的南疆城市。路人、学员、水果、风景、牛羊、集市，一年多下来，我积攒了近百幅作品。彩色的梦，也传递了我这个普通的双语援疆教师对第二故乡阿克苏的深情。6月，我的作品《阿克苏巴扎见闻》入选了浙江省第14届水彩画展。

学习红柳、学习胡杨，其实我只求做沙漠中的小草，根植大漠，不为人知，但扛得住寂寞，扛得住压力，扛得住狂风和沙尘。雨露滋养时我是大漠中的一点绿，枯萎时我就是那几抹褐黄。援疆是一种担当，援疆是一种情怀，我坚信，只要有光，就有我的色彩，只要用"情"，就能拥有感化大漠的力量！

广袤新疆，我来过
（顾梓华　绍兴市上虞区盖北镇中学）

飞越千山万水，远离如画江南，置身广袤西域。新疆，我来了！

带着好奇，藏着思念，怀着忐忑。新疆，我来了！

亲爱的学员们，我无法让你复制我的语言、我的理念、我的思维，但我们同样从事教育工作，我们有许许多多的共同话题。不管有多大的困难，不管有多大的障碍，我们可以通过耐心交流达成一致。没错，过去的一年，我们谈生活、聊工作、说理想，我们在理解中融合，在包容中亲近，在共勉中进步。以江南美景、趣闻逸事、古圣先贤为桥梁，以西域风情、特色水果、传统美味为纽带，双语教学就是在这样的氛围中和谐而有序地进行着。培养、激发维吾尔族教师学习和应用汉语的兴趣，把学习汉语的方法、提高汉语水平的途径教给他们，切实提高他们学习和应用汉语的能力，这是我所坚持的双语教学目标。一年的努力，我任教班级的学员们慢慢地习惯用汉语和我进行准确流畅的交流，我推荐的汉语影视作品逐渐被他们所接受和喜爱，他们的汉语阅读、汉字书写能力也有了很大提升。在送走一批学员以后，我不时收到他们用汉语发来的问候短信。初到新疆时的忐忑已经被满满的信心取代，远在他乡的孤寂因为融入了这片土地和这片土地上的人们而渐渐淡化，沉浸于深入开展双语教学的思考中，让我可以暂时搁置对家人的思念。

学院的同行们，谢谢你们的谦逊和刻苦，你们的努力，让我实现了入疆工作效益最大化的目标。凭着在浙江多年的工作经验，本着我对教育教学工作的认识和理解，我们共享教育理念，领悟教育理论，分析管理对策。尤其是在计算机和网络技术、动漫开发方面,我们做计划、定方案、查原因、除故障,努力为学院各项工作的开展提供技术支持,并积极利用现代传媒技术宣传党和国家的民族宗教政策、普及计算机和当代电子技术知识,促进教研成果向周边渗透,提升教育工作者的责任感和成就感。

从踏上新疆这片土地的那一刻起,我就是新疆的一分子了,我就理所当然地成了美丽新疆、平安新疆、幸福新疆、智慧新疆的建设者,踏踏实实践行社会公德、尊重民族习俗、参与环境保护、热心公益宣传,把最美的形象留在新疆。

我亲爱的家人,感谢你们的支持,感恩你们付出的艰辛。尤其是妻子,孝敬双亲、抚育幼子、操持家务,你从未推托。每次通话,你的宽慰总是让我备感踏实。日渐长大的儿子,虽然饱尝了父亲不在身边的委屈,但从未有过一句抱怨。儿子,谢谢你的坚强!年迈的父母含泪送我西行,却从未告知你们身体不适,从未有过反对我入疆的言语。你们如此深明大义,我有何理由不安心在疆做好自己的工作!

再有一年,我就要完成援疆任务。剩下的日子,我要把最纯的友谊留在新疆,把最真的情怀留在新疆,把最美的自己留在新疆。无论何时,回首自己经历的艰辛,细数入疆以后取得的些许成绩,我可以自豪地说:广袤新疆,我来过!这不仅仅是我生命中宝贵的经历,更将是我这辈子最珍贵的荣誉!

离别的笙箫

(施伟伟　湖州师范学院)

2015 年 5 月,吹响离别的笙箫。

5 月 7 日,跟 2013 级浙江班 13 班和 14 班的学员一起拍了毕业照;5 月 8 日,开始收到各种各样的告别礼物;5 月 10 日,送别晚宴开始;5 月 11 日清晨,送第一个援友上飞机。忽然发现,离别近在眼前。那每一桩,每一件,每一人,每一事,忆往事,上心头,点点滴滴。

书生重名轻别离,离愁别绪非我擅长,柳三变的离别词一直深以为矫情异常,没想到今日清晨一别,在那颗星子底下,在朦胧的晨昏中,在微凉的夏风里,终有一日我也会竟无语凝咽,只忆那杨柳岸晓风残月。

转眼一生,转身一世。援疆七月,离别在即。亲爱的学员,十年修得同船渡,百年乃得师生缘。跟你们相处时的所言所语,所思所想,所见所闻,所感所悟,赋予汉语作为第二语言习得更丰富的意义、更深邃的内容、更广阔的价值。大家还记得吗,知恩楼里,那一笔一画的挥汗如雨,那一字一句的斟酌推敲?还记得吗,学院操场上,那一句一调的一丝不苟,那一声一韵的抑扬顿挫?相识相聚,相惜相依,那一起走过的道路,一起看过的风景,一起经历的风雨,一起克服的困难,一起收获的进步,都是人生最美的珍藏。

你们让我明白,汉语不是现代汉语教科书上烦琐的条条框框,而是自有其伟大的生命和不朽的灵魂。那么悠久的历史,那么灿烂的文化,那么宽广的胸襟,那么深厚的积淀,那么无私的包容,自有其独特的魅力所在。你们让我理解,对南疆的双语教师来说,汉语不仅是生活语言、工作语言、交际语言,更是生存语言;你们让我懂得,汉语教育不仅是汉语语言知识和汉语语言技能的教育,更是汉语的凝聚力、向心力和感召力的教育,是汉语之美的天下大美;你们让我思考,汉语作为第二语言习得不是语言教学理论中虚幻的海市蜃楼,而是建立在真实而坚固的现实需求之上的,我们的学问不仅要追求无用之用,更要追求当用之用;你们让我反思,我们对汉语知之甚少而不知甚多,汉语远比我们想象的更加丰富复杂,更加引人入胜,更加楚楚动人,更加悠远绵长;你们让我知道,所谓"行者无疆"的真正含义。当我跳出象牙之塔,从杏花春雨江南的诗情画意中走出来,超越小桥流水人家的狭隘眼界,在新疆的大漠孤烟和黄沙漫漫中体会心怀天下和千秋家国的责任,感受心无边界和雄浑壮阔的情怀。

人生种种,皆是无常。聚是无常,散也无常;喜是无常,悲亦无常;得是无常,失更无常。援疆七月,目睹许多失去,诸般误解,若多感动,随缘随心,随性随喜。

佛曰:不嗔不怒,万事皆空。三月花,四月天,五月风,各自安好,心有苍穹。愿你们温如春水,生若夏花,宁如秋叶,暖似冬阳,一路欢歌,前程似锦。

阿克苏的秋天

（施伟伟　湖州师范学院）

阿克苏的秋天,是什么颜色的?

阿克苏的秋天,首先映入眼帘的,应该是绚丽耀眼的金黄色;那沉甸甸的温宿稻谷,经过一个夏天炽热阳光的丰厚滋养,开始弯下腰来,脸上溢满了幸福而满足的笑容;那成熟稳重的沙雅胡杨,在温暖的秋风中,用尽生命的全部力量呈现出那种摄人心魄的明黄,年复一年地坚持演绎着那一千年不死、一千年不倒、一千年不朽的伟大神话;那低调含蓄的塔克拉玛干沙漠,一望无际,高低起伏,在纯净如洗的蓝天的映衬下显得分外苍茫辽阔,绵远悠长。有一种蓝,叫新疆的碧空蓝;有一种黄,叫阿克苏的璀璨黄。

阿克苏的秋天,应该是温暖热烈的大红色:爽朗的秋风,如同母亲略显粗糙的双手,轻轻地拂过山冈,拂过果园,拂过一个又一个农场。红旗坡的苹果熟了,圆嘟嘟、肉鼓鼓地卧在枝头,彼此嬉戏着,打闹着,唱着欢快的歌。树叶尚未落尽,还可以为它们遮挡最后的风风雨雨。一眼望去,红绿掩映,煞是好看。苹果们心安理得地藏在绿叶丛中,蓄积着最后的力量,努力变得更大、更甜、更诱人。它们都在默默地等待,等待着秋天霜降的来临,好凝结出水晶般玲珑剔透的冰糖心。跟苹果做伴的,还有阿瓦提的红枣。一阵秋风一阵寒,一场秋雨一场凉。在这秋风秋雨的锤炼中,枣子上的红色慢慢地晕染开来,一丝丝,一点点,一片片,一个个……最后红色溢满枝头,整个枣园里都弥漫着那种温柔的甜香,似乎又回到了枣花盛开时候的青春模样。那大大的石榴哦,本来说好了要跟苹果和枣子一起红火一番的,结果石榴是个急性子,实在等不及小伙伴们就自己先绽开了圆圆的笑脸,里面的石榴籽挤得满满当当的,好像马上就要崩裂开来一样。细细凝视,一颗颗石榴籽闪烁着耀眼的光芒,如同美人的明眸,深情地望着你那微红的脸庞。

阿克苏的秋天,还应该是绿色的。那高高挺立的白杨树,历经磨难不改其直,风吹雨打不改其硬,那一片片叶子都在努力向上,向上,向上,绿色的,绿色的,还是绿色的,努力跟肃杀的秋风相对抗。他们始终明白,终有一天,他们会败下阵来,黄色慢慢地侵蚀着他们的意志,绿色将会慢慢退场,直到全部枯黄,散落一地,东西飘零。然而只要有最后一丝希望,他们还是努力展示着自己生命的葱茏顽强,生前在枝头高歌,死后在泥土静卧,只待来年再次欣然登场。如果说白杨树的绿是倔强挺立的绿,那么马奶子葡萄的绿就是净明澄澈的绿。那一粒粒长圆形的水晶珠子,连缀成一串串透明的流苏,从葡萄架上轻轻垂落,应和着冬不拉和都塔尔的悠扬旋律,只等着姑娘们的纤纤素手把它们轻轻采摘,放进库房,积蓄力量,酿造成世间罕有的柔甜。

阿克苏的秋天,是收获的季节,是丰收的季节,是流淌着柔情的季节,是蕴含着蜜意的季节,更是验证春天觉醒和夏天奋斗的季节。一切的等待,一切的辛苦,一切的努力,一切的期盼,都将得到丰厚的报偿。

新疆,感恩双语教育
(施伟伟 湖州师范学院)

不到新疆,不知中国之大;不到新疆,不知中国之美。弹指一挥间,来新疆已满七个月,逐渐习惯了新疆干燥的气候,习惯了新疆漫天的风沙,习惯了新疆浓烈的饮食。读万卷书,行万里路,在阿克苏苍茫的天地间,我渐渐体会到了双语教育的历史意义,体会到感恩的时代价值。

感恩新疆

感恩新疆,主要是感恩新疆之美。新疆之美,乃天下至大至刚至善之美。美在何处? 美人,美景,美食而已。

感恩新疆的美人。来新疆以后,得到诸多或熟悉或陌生朋友的关照,感受阿克苏人民质朴而热烈的善意。感恩教育学院同事的同舟共济,感恩宿舍大伯阿姨的嘘寒问暖,感恩食堂师傅的无微不至,感恩学院校工的温暖笑容,感恩陌生路人的古道热肠。偶然在新疆的沙漠公路开车,开出去几十公里,渺无人烟,忽然有一辆车交会,互相鸣笛致意,心中涌动着满满的暖意。

感恩新疆的美景。生于江南,长于江南,自小习惯了"杏花烟雨"的江南意境,放眼望去,皆是小桥流水人家的舒缓节奏,倏然来到新疆广阔的天地间,目力所及之处,皆是塞北苍茫辽阔之风,充满了"大漠孤烟直,长河落日圆"的雄浑气魄,那终年覆盖积雪的托木尔峰,那高峻挺拔的白杨树,那绚丽多彩的胡杨林,那漫无边际的塔克拉玛干沙漠,那蜿蜒曲折的塔里木河,美得让人忘却人世间的一切烦恼。

感恩新疆的美食。与清淡闲适的江南风味不同,新疆的美食有着火辣辣的情怀:馕坑肉的油亮生辉,羊肉火锅的回味悠长,烤包子的鲜香十里,沙雅抓饭的细腻香甜,拜城酸奶的入口即化,红旗坡苹果的脆生多汁,库车白杏的绵软柔甜,在舌尖味蕾上荡漾开来,幸福原来如此简单。感恩阿克苏的黄天厚土,感恩阿克苏的蓝天白云,感恩阿克苏的丰厚滋养!

感恩家人

临行之前,学院院长语重心长地跟我说:"伟伟,到了新疆好好照顾自己,努力工作,同时也要安排好家里的事情,两头都要兼顾。要记住一人援疆,全家援疆。"当时并不明白这句话的含义。作为一名对外汉语教师,东奔西走、漂洋过海本是我们的宿命,自认为来新疆不过出了一趟两年的公差,或者换了个地方教汉语而已。而过去的七个月中,我深深体会到了这句话沉甸甸的分量。

我们家情况比较特殊:我先生在北京攻读博士学位,我在新疆支教,家中稚子年幼,全托付给父母照料,"三城记"是对我们家生活的真实写照。芳草苑前的离别,跟先生和宝宝说好不流泪,飞机从萧山机场起飞的那一刻,泪流满面。每次给宝宝打电话,宝宝都会先问一句:"爸爸妈妈,你们什么时候回来?"

去年古尔邦节回家探亲,飞行九小时,归心似箭。结果遇到航空管制,飞机晚点,凌晨才到家,宝宝早就睡熟了。先生说宝宝一直坚持到 11 点,等不到妈妈回来,实在很困就怏怏不乐地睡着了。我摸黑走进去,听着她均匀而香甜的呼吸声,忍不住轻轻摸了摸她的小脸颊,宝宝迷迷糊糊中竟然马上叫了一声"妈妈"。就在那一瞬间,我眼泪掉下来。

离别更让我明白团聚的可贵,相思让我更懂得家人的珍贵。父母老迈,稚子年幼,先生远游,援疆路上,我们总是不断问自己:进疆为什么、在疆干什么、离疆留什么?"四为"是我们坚定的誓言:为国家分忧,为新疆奉献,为浙江增光,为人生添彩。

为了这个目标,我们的家人默默扛下家中的重担,不让我们为家中琐事分心,每次打电话总是报喜不报忧:爸爸妈妈住院了,瞒着不让我们知晓;孩子在学校调皮了,家人反复叮嘱老师不要透露,以免我们忧心。感恩我们的父母,感恩我们的孩子,感恩我们的先生和我们的妻子,你们永远是我们最强大的后盾和最坚实的港湾。因为你们,我们在新疆才无后顾之忧,才能全力以赴。感恩你们无怨无悔的付出!

感恩同志

2014 年 8 月 28 日晚上 11 点半,我们浙江双语支教团的同志一行 59 人,到达阿克苏教育学院,开始为期两年的双语教师培训工作。我们立志要把双语教育苗壮的种子,播撒在阿克苏宽广雄浑的土地上。

感恩同志,致远楼里,我们集体准备公开课、优质课、观摩课,那一声一韵的一丝不苟,那一扬一抑的声调婉转,那一笔一画的挥汗如雨。

感恩同志,知恩楼里,为了追求最好的录音效果,我们录制听力考试材料直到凌晨 3 点,那一字一词的反复推敲,那一句一段的追求完美,那一篇一章的抑扬顿挫。

感恩同志,绿洲餐厅,最难忘那八菜一汤的欢歌笑语,那一咸一淡的浙江风味,那一招一式的厨艺比拼。

感恩同志,还记得否? 高烧之时,你深夜送来的药;痛哭之时,你默默递来的毛巾;想家之时,你温柔的轻声细语……还记得否? 断水之日,左邻右舍的雪中送炭;停电断网之时,我们的秉烛夜谈……

感恩学员

转眼一生,转身一世。5 月是双语教师培训毕业的季节,也是别离的季节。十年修得同船渡,百年乃得师生缘。

你们温暖了我的记忆,开拓了我的眼界,增长了我的见识,加深了我的思考,丰富了我的内涵,使我对汉语、汉语教育、汉语作为第二语言教学有了更为清晰而成熟的体察和认识。教学相长,师生共进,我们共同感受的不仅仅是语言的魅力,还有对双语教育的希望和信念。我们相互传递的不仅是知识的力量,更是对新疆未来的信心和期待。

感恩新疆,你那博大的情怀赋予我的灵魂以更深刻的内容和更丰富的内涵;感恩家人,你们是我坚持下去的温暖力量;感恩浙江双语支教团的 118 位同志,你们是我在这个时代伟大的同行者;感恩我的学员,你们渴求知识的目光是我永不放弃的支撑;感恩淳朴善良的阿克苏人民,你们的默默无言是我们最强有力的寄托;感恩这个平凡而伟大的时代,感恩这个历尽艰辛而自强不息的国家。唯有感恩,才能远行。

参加学员聚会

(丰爱静 衢州学院)

晚饭吃到一半,突然接到了学员凯迪日耶的电话,说他们班今晚聚餐,邀请我参加。这是我上个学期教过的 2013 级浙江 12 班,她坚持要我去,不去他们不开始。盛情难却,我只好放下筷子打车过去,这是我第一次参加学员的聚会。

下车时凯迪日耶已在楼下等候,精致的妆容、金黄色的夸张耳环、细尖高跟鞋、黄色紧身裙,小姑娘变得明艳动人,我差点认不出来,吃个饭,还要穿成这样? 她带我上了二楼,这是一个典型的维吾尔族餐厅,装修得非常具有民族特色,能容纳几十桌,桌子都摆放在两边,中间留出宽阔的场地。同学们分两桌而坐,男生一桌,女生一桌。男生们与平时的穿着并无二致,再看看女生,个个浓妆艳抹,耳环、戒指、项链、晚礼服、高跟鞋是标配,隆重得像参加皇宫的舞会,我这样穿着牛仔裙、只擦了点口红,像冒冒失失闯入的灰姑娘。

此时已是晚上9点半,桌上只摆了几盘水果和茶水,我问为什么不先吃,他们说,必须要等贵客到才能上菜,这是他们的风俗,这样一说,我更不好意思了。人齐后,开始上菜,大盘鸡、烤羊肉、抓饭、拌面……新疆的美食分量足,味道好,一看就有食欲。男生们开始喝酒,女生们开始吃菜。在维吾尔族,喝酒是男人的专利,公众场合女人是绝不允许喝酒的。我小声地问:"如果喝了会怎么样?"凯迪日耶朝我做了个鬼脸。吃了没几口,音乐声响起,他们纷纷进入舞池,男男女女在或舒缓抒情或活泼明快的音乐中翩翩起舞,全然不似上课时正襟危坐的模样。男生会过来邀请女生,也可以两个女生一起跳,或者自己跳,搂腰、对跳,笑语盈盈,眉目传情。不论是民族舞还是华尔兹、俄罗斯舞,每个人都在享受歌舞带来的快乐,热情奔放的音乐,会把你一下带入快乐喜庆的气氛,情不自禁地跟着一起载歌载舞。你方舞罢我登场,他们笑着,跳着,跳到大汗淋漓……这哪里是聚餐,分明是舞会嘛,怪不得都这么精心打扮呢!如果说我们的聚餐无酒不成席的话,他们的聚餐就是以歌舞为主,美食为辅,酒可有可无,无舞不成席。

维吾尔族人喝酒习惯也与我们不同,我们喝酒时每人都有自己的杯子,而在这里,酒桌上只有两只或三只杯子,大家共用。每个杯子可以盛大约一两酒,杯子转到谁那里,谁就必须三杯一饮而尽,通常从主人开始,再到客人,依次转下去。第一轮不管会不会喝酒都必须喝,否则就是对别人的不尊敬,第二轮、第三轮可以根据酒量选择不喝。聚会中途,卡迪尔端着一个小小的托盘,上面铺着一张洁白的餐巾纸,放着两个斟满酒的酒杯,恭恭敬敬地过来敬酒,我问:"不是女人不能喝酒吗?"他说:"你是老师,可以破例。"

这样吃吃跳跳,他们的聚餐要持续到半夜,我决定先行告退。女生们纷纷过来和我拥抱告别,阿斯古丽紧紧地抱着我,左脸贴在我的脸颊跟我行贴面礼,这是女性之间最亲密的礼仪了,在依依惜别中我坐上了回学校的车……

我把爱融进新疆的诗情里
（冯 宇 台州市黄岩区江口街道中心小学）

有人说，选择到新疆支教，就等于选择了吃苦与受累；

我要说，选择到新疆支教，就等于选择了幸福与荣光。

有人说，支教生活也许是清苦的、寂寞的；

我要说，支教生活更应是修身的、净心的。

栖息在新疆诗意的风情里，我醉了……

甲午杂诗
（冯 宇 台州市黄岩区江口街道中心小学）

其一

燕赵慷慨自有侠，齐鲁古风起将相。

吴楚男儿多才俊，孔孟贤子定安邦。

李唐盛世抚边地，王左勇士尽出湘。

陈年美酒歌一曲，祝贺兄弟来援疆。

其二

万里跋涉赴他乡，辗转丝路即为家。

我自请缨报夙愿，丹心一片守天涯。

其三

自古入塞尽苍茫，我言边地好风光。

一鸿飞雁掠秋水，满目胡杨画金黄。

其四

瑟瑟边风起黄沙，漫漫飞雪白满发。

一夜乡心不觉寒，冰封千里候春花。

乙未杂诗

（冯　宇　台州市黄岩区江口街道中心小学）

赋友人江南景寄情（其一）

江南春已开，君寄美景来。闲看杏花雨，燃成一片海。

今在关山外，相思入梦田。静听杨柳风，吹度玉门关。

访杏花有感（其二）

每向梦中寻故乡，烟雨江南展春华。

君须怜我相思意，忍看天涯笑杏花。

临铁门关有怀（其三）

孔雀源头迹已陈，银山碛口建平川。

丝绸古道音尘绝，雄关不复当年险。

千载纵横弹指间，天翻地覆变万般。

条条大道通西域，敢教丝路换新颜！

夜宿库尔勒（其四）

孔雀河畔天鹅湖，建设桥上霓虹舞。

关山月照春风夜，直呼梨城似明珠！

天净沙·记克孜尔千佛洞

（冯　宇　台州市黄岩区江口街道中心小学）

戈壁黄沙夕阳。石门彩画青崖。木河绿洲白杨。秋色漫长，千泪泉话苍凉！

这一刻，我是历史的见证者

（金永潮　绍兴市柯桥区平水镇中学）

金秋九月结硕果，瓜果飘香传佳节。随着历史的车轮进入 2015 年的金秋，作为新时期浙江援疆大军中的一员，我将有幸在祖国的边疆见证新疆维吾尔自治区成立 60 周年的庆典。这一刻，新疆维吾尔自治区喜事不断，我们还迎来欢庆的古尔邦节、中秋传统佳节和祖国66周年华诞。这一刻,我是历史的见证者。

60年前的10月1日,天山南北沉浸在欢乐的海洋中,这一天,新疆维吾尔自治区政府宣告成立。回首风沙肆虐、驼声铃铃的那个年代,西域都护府在这里设立,广袤新疆从此纳入中国的版图。历史在一代又一代人的耕耘中向前发展,西域三十六国,安西都护府,北庭都护府,玄奘西域记……历经千百年而成为永恒的见证。时至今日,当我站在塞北大漠的土地上,站在庄严肃穆的国旗前,聆听着新疆60年来取得的翻天覆地的变化,我感到无比的自豪,因为,作为援疆人,我见证了这一时刻。

体验异域的风土人情是人生中一段难忘的经历。古尔邦节,又称"宰牲节",是穆斯林新年。节日期间,家家户户把家里打扫得干干净净,宰杀牛羊,精制糕点,沐浴礼拜,以牛羊肉招待宾客,聚会于清真寺听阿訇朗诵《古兰经》。节日期间,还将举行丰富多彩的活动,麦西莱普是必不可少的。清晰记得去年古尔邦节,在刀郎部落,叼羊、荡秋千、赛马、斗羊等民族特色节目一一呈现在我的眼前。金秋的九月,我将再次感受这别具特色的民族节日,这一刻,我是各族人民友好团结的见证者。

何处关山家万里,夜来枨触客愁多。"塞北的中秋,当我在戈壁沙漠边仰望天空如画如磐的朗朗明月,自然会期待与家人团聚。可离家万里的我,只能在明月下寄托对故乡和亲人的思念之情。"这是去年中秋时我的感怀。时光总是匆匆,今年的中秋节转眼又将到了,中秋之夜,举杯团圆,叶已纷飞,情义绵延。在思乡的游子心中,中秋像是天山的雪莲,我将花的清香洒到天山南北,洒一地的清辉;中秋又像是江南的溪水,流过每一个援疆人的心田。每逢佳节倍思亲,这样真切的感受,是我们浙江援疆人"三思四为"的真实写照。

别了,江南

（宣玉梅　湖州师范学院）

别了,我的爱人
感谢你把爱的视野放大
我是你手里的风筝
让我飞吧,飞吧

我终会回家

别了,我的孩子
你已长大
我的视线总要离开你
我要提前适应你展翅高飞后的落差

别了,我的朋友
怀念那些我们一起旋转的舞步
怀念那些飘散在空气中的欢声笑语
感谢你们和我一起走过青春年华

别了,我的书柜、衣橱
感谢你们装饰了我的梦
绚丽多彩的梦就要实现
忧伤的是,我带不走你们啊

别了,太湖水、仁皇山
感谢你们默默相伴
因我的忧伤而忧伤
为我的快乐而快乐
我会怀念你们的深情、豁达

别了,江南
如果不曾别离
我怎知今夜的天空如此温润清丽
如果不曾别离
我怎知玉兰花也会开在秋天里

大漠孤烟,长河落日
这世界有太多太多的美好

让我去追逐吧

你看,漠风中美髯飘飘的那个男子

正是契丹的后裔

为了他心中的圣念

八百年前策马到了西域

为什么我不可以

胡杨树下,任漠风将长发吹起

前 世

(宣玉梅 湖州师范学院)

前世,我该是博格达峰上的一抹云彩

不慎落入天池玉碗

与西王母一起演绎

穆王八骏东边来的神话

前世,我该是龟兹城墙上的一块泥巴

任能工巧匠纵横捭阖在身上

凿一片,飞天罗汉如来

漫天飞舞又庄严肃穆的壁画

前世,我该是塔克拉玛干上的一棵胡杨

百万年不曾停息的狰狞风沙

怎能阻挡我高贵的灵魂

上吸日月之气,下看人间沧桑变化

前世,我该是楼兰古国的一名女子

看流水枯竭,闻风沙渐起

恨契丹后裔来得太晚

美丽的家园已沉睡在大漠之下

可是可是,前世已经风干

我要如何才能够

看穆王归来,观如来起舞

惊胡杨复活,叹楼兰重现

演一场前世与今生的童话

会有来世吧,会有来世吧

来世,我定要生在这个世界上

最高最低,最冷最热,最荒凉极致

又神秘莫测遍地诗意的,苍穹之下

寻找阿曼尼莎汗

（宣玉梅　湖州师范学院）

来阿克苏几天了,渐渐适应。一大早停电,支教团老师们互相打趣:"我们回到远古社会喽。""我正想去冥想。""我吟诗。"……两个多小时后,接到通知:"因停电,食堂做饭困难,午饭只提供面条。"

傍晚,一群人聚在楼下聊天,时不时地抬头看天,太阳一点一点下去,直到最后一抹彩霞也消失,整幢楼暗下来,还没有来电的迹象。老队员很淡定:"这里停电是常事,停一天一夜还算幸运的。""下次就是停电停水断网。""回屋子看月亮吧……"

上楼,走过伸手不见五指的走廊,摸黑找到自己房间的门,推门看见一屋子的月光,真是惊喜极了! 和衣躺下,望月出神。新疆的月亮真是清澈无比,月亮里不再是嫦娥,恍惚间一个美丽的西域女子正翩翩起舞。

月亮下面,是一片神奇的土地。有位学者说,中华文明的诸多"老祖宗"中,在形态和气度上最让人震撼的,是西域。阿尔泰山、天山、昆仑山、塔克拉玛干大沙漠,这几个真正的天下巨构,只需窥得其中任何一角,就足以让世人凝神屏息。但在这里,它们却齐齐地排列在一起,千百年来,看沧桑巨变,静默无语。天气好的时候,我们跑到屋顶去看天山山顶的积雪,只远远望一眼,便能感受到她的庄重圣洁。主人只静静地往那儿一站,客人便领略到那非凡的气势,所谓神奇,莫若如此。能将汗水洒在这样神圣的土地上,真是我们的造化。

月亮下面,有一个古老的民族,一群热爱生活的人们。在飞速发展的现代化进程中，他们的脚步暂时慢了，但他们正努力改变一切，他们渴望学汉语、学习汉文化。我班里的学员来自阿克苏各县中小学，他们克服种种困难率先走在学习汉文化的前列，承担起培养双语人才的历史重任，令人敬佩，让人感动。艾海提·艾尼其实比我小，一头的白发却显得无比沧桑，第一天上课，14 个生词他没念对几个，第二天他竟然全念对了，同学说他天不亮就起来念了。古丽加乃提·亚生有一双美丽的大眼睛，她对我说很想学汉语，列了一些想学习的理由。由于汉语基础差，她在表达的过程中夹杂了维吾尔语，边上有同学做翻译，其实不用翻译，我怎会不懂那清澈眸子里深深的渴望？那一刻，我觉得我要做的事真是神圣极了，我若不教好他们，如何对得起脚下这片神圣的土地，还有这片土地上圣洁的灵魂？

可是，现实打乱了我的计划。学员的汉语基础太差了，许多人是零起点。原计划在这两年中，边教语言边传授汉文化，现在看来，仅仅教会他们掌握日常汉语都很难。应该说，在政府主导推广双语教育的今天，维吾尔族人民熟练运用汉语的那一天不会很远。不会很远——但毕竟不是今天，不是我在这儿支教的这两年。满腔热血来到这儿，停水停电断网都没关系，但若不能在这个伟大的历史事件中写下浓墨重彩的一笔，就太辜负自己了。

起身走到窗前，远处飘来悠扬的歌声，似乎还有舞步，还有音乐，那是传说中的木卡姆吗？对世界，木卡姆是人类共同的非物质文化遗产，可是对这儿的人们，木卡姆就是他们的生活。忽然一惊，今晚月亮上的女子莫非是阿曼尼莎汗？她来指点我了?! 那个美丽的叶尔羌女子！14 岁以平民身份入宫，成为阿不都热西提汗国王最心爱的女人。她短暂的生命中，曾面对多少敌意和困苦？然而，带着对这片土地和人民深深的爱，她将眼泪轻轻拭去，弹起琴弦，舞起衣袖，聚起艺人，整理出人类艺术的顶级翡翠《十二木卡姆》！

月光无言，静静流洒，阿克苏的夜静极了。睡吧，梦里定要遨游天空，寻找阿曼尼莎汗。我心中的阿曼尼莎汗，让我做你的侍女吧！我愿助你再造一个"木卡姆"！

愚公移山

（宣玉梅　湖州师范学院）

北京时间 8:00，阿克苏的晨曦时间，我已跑步回来，外面响起雄壮的《义勇军进行曲》，学生们做操时间到了。我端起一杯水，望着窗外的他们出神。

来阿克苏 18 天了,已完全融入阿克苏教育学院的工作和生活,学员们说我是他们最喜欢的老师,一下课就围着我争着跟我聊天,一张张灿烂的笑脸在面前晃来晃去,这让我很有成就感。支教团几十位老师相处很好,像一家人一样亲。

偶尔,也能去街上走走。天永远都是清冽冽的蓝,云永远是那么通透。

似乎,一切都比想象中完美。

可是,为什么心里总有一丝挥之不去的忧愁呢?

支教,兼顾了我们的家国情怀和个人梦想。我们赶上了一个好时代,政府主导推广双语教育,我们的才学有了更大的用武之地,我相信所有来支教的老师都怀揣着一份报效祖国的浓厚情感:我们来这里,不仅仅是完成普通话教学任务,还有一份沉甸甸的民汉文化交流的历史责任在肩头。而后面这项工作,没有课标,没有大纲,没有教材,没有任何经验,有的只是一颗跳动的心。个人的梦,也就在这颗心里。

打开网页,翻动书籍,面向外国留学生的汉文化知识很多,而专门针对维吾尔族学生的则非常少。一切都要自己整理,自己摸索。

梳理出内容:学员们的民汉文化基础到底如何? 他们曾经学过哪些文化知识? 其中有多少内容对他们产生了深刻影响? 他们对哪些感兴趣? 哪些对他们今后的教育工作有帮助? 我们曾经读过的那些历史文化书籍是否适合他们? 如何改编? ……这些都需要在调查摸底和分析研究的基础上,进一步选定内容进行试点探索。

选择好方式:交流是平等的,不是汉文化的单向流动,而是民汉文化的双向流通。那么,我们首先得学习他们的历史文化,建立平等交流的基础。这个好办,书桌上、电脑里的资料已悄悄多起来,许多人已经进入边找资料边学习的状态;难的是,如何让汉文化流到学员的心里? 交流的目的不是让他们记住几个空洞零散的汉文化知识碎片,而是让他们真正汲取汉文化的精华,并与他们的民族文化融会贯通,然后再去哺育他们的学生……

这么做,是愚公移山、精卫填海。但教育是百年大计,为之付出再多也在所不惜。我们这么做了,就会带动阿克苏教育学院的老师们去思考、去行动,文脉相通,再由他们传给他们的弟子,弟子再传给后人……我们撒下的文化种子和文化情感,总有一天会孕育出新一批促进民汉文化大融合的旷世奇才拓跋宏、耶律楚材,孕育出新时代的思想家孔子、科学家张衡、诗人李白、大文豪苏东坡……无数为人民造福的民汉兼通人才将陆续出现在华夏大地之上。

那一天,或许我们永远看不到,但即便如此,我们这一生有此经历,便再无遗憾。

太阳照在塔里木河上

(宣玉梅　湖州师范学院)

阿克苏多晴天,这儿的太阳像老朋友一样,几乎天天都与我们相见。它总是明晃晃的,烈烈地照在身上。到这里后,我特别喜欢抬头看它,尽管它的强光刺得人眯起眼,我仍然对它欢喜不已。

半睁半闭之间,隐约感受到它的惊讶:天山脚下、塔里木河岸边,怎么忽然多了这么多陌生的容颜?他们与本地人容貌相异、服饰不同、语言相迥,但他们大声交谈的场景如此热闹,他们望向彼此的眼神如此真挚,连风的疾驰脚步也慢下来,连云的高贵身姿也坐下来。它不由得驻足,往这里多看了几眼。

这驻足一望,实在可贵,塔里木河流域的文化福音到了。

曾经,它长时间把目光投向黄河流域、长江流域,甚至还眷顾过长城以北的大草原,唯独把这儿遗漏了。曾经,它多情的目光看到哪里,就催生哪里的高度文明,使那里的政治、经济、文化一派繁荣。

它望向黄河的时候,黄河边出现了《诗经》的稻草香虫鸟声,出现了诸子百家在山东稷下学宫的争辩声,出现了司马迁书写《史记》的沙沙声,以及李白浪迹天涯、飘逸洒脱的身影。

它望向长江的时候,长江边出现了吟着《离骚》的屈原,出现了提着篮子"采菊东篱下"的陶渊明,出现了泪眼婆娑的南唐后主李煜,还有在赤壁前举杯感叹"大江东去"的苏东坡。

它望向长城以北的时候,中国文化的生命场地立即放大,生命状态顷刻多姿,北魏孝文帝拓跋宏拜汉文化为师,中国北方出现了前所未有的文明大会聚,中国由此迈向强盛的大唐王朝。

唯独,它把这片土地遗漏了。对塔里木河流域,许多年前它也曾稍稍用余光打量过。仅仅那一打量,丝绸之路便横贯东西,从容优雅地将世界联结起来,西域成为当时世界文明交汇中心。遗憾的是,当年它用情不深,目光不炯,没能催生西域本土的高浓度文明,只让她扮演了一场场文明集会东道主的角色。

中国的历史实在太长了,长得连太阳也有些疲倦,在看过黄河长江流域极度辉煌灿烂的文明之后,它长长地打了个瞌睡。一觉初醒,一眼望见天山脚下、塔里木河两岸,一群群满怀激情的人们,正举办着一场场类似稷下学宫的学术争辩、恍若岳麓书院的朗朗盛宴。

它深深地感到,过去太愧对塔里木河了。这个美丽的地方,虽然曾产生过玉素甫和马赫穆德这样的文化智者,创造过《福乐智慧》和《突厥语大词典》这样的维吾尔文化经典,但这些与中原大地高度发达的文明相比,实在是太少太少了。这儿,应该诞生更多民汉兼通的文化巨人,应该盛产更多丰富多元的文化之果,以及受此文化启迪、不断追求更高层次文明的现代新疆人。

我为什么可以凝视太阳?原来是它浓烈的光芒有了脉脉柔情。太阳一旦多情起来,历史必定风起云涌。史无前例的对口援疆热潮使塔里木河巨浪滚滚,涛声阵阵,而中国文脉在长期游历长江黄河之后,也理应到达这里。

浙江人总是勇于开拓,经由他们之手,双语教育援疆蓬勃发展起来,并且很快从技术培训大踏步迈向文化引领时代,"双语论坛"是浙江教育援疆的里程碑。这个饱含浙江人民无限深情、凝聚浙江援疆教师心血的新事物,通过一场场文化交流、思想碰撞、心灵互通,将文化的两大基因"爱与善良"深深埋下。人们期盼,在天山庄严肃穆的注视中,在塔里木河的滔滔声中,不久的将来,民汉兼通的文化巨人将陆续站在胡杨树下,创造出一批批璀璨的文化硕果。至此,双语教育援疆才完成了全部的历史使命。

余秋雨曾在给上海援疆团的讲座上说:请记住,在西域和喀什让世界文明血脉畅通的年代,上海还是海边荒滩。没有西域和喀什,就没有今天的中国,今天的亚洲,今天的世界。中华文明有一个好处,就是永远保持着生生不息的循环记忆。正是时间和空间的大幅度回馈、反刍和互济,使这个文明成为人类所有古文明中未曾中断和湮灭的唯一者。

"双语论坛",正是我们浙江人给西域人的精神回馈。

守望塔克拉玛干

（宣玉梅　湖州师范学院）

"老师,今天我们聊聊文化吧!"一进教室,古丽巴努尔就提出这个要求,这女孩想考汉语言文学专业研究生。其他学员齐刷刷地望着我,等待着我的回答。我心中暗喜:昨天举办的题为《文化传承与教师的使命》的讲座有效果了。

"老师,你怎么知道那么多维吾尔文化呢？我是教维吾尔语的语文老师,但我对我们民族文化知道得太少了。"阿提坎木很是惭愧。

"老师,我当老师十几年,从来没想过文化传承的问题,听了你的讲座,我知道了我也有责任,可是我该怎么做呢？"斯曼古丽一脸茫然。

"老师,以前你只上口语课,昨天听你讲文化,我很激动,汉文化有那么多经典,你跟我们讲一讲吧。"阿依古力满是期待。

……

看来,今天的课堂要换一换内容了,就围绕"文化传承"展开吧。学员一听,热情高涨,一改平时说汉语的畏难情绪,提问、辩论、总结等等,每个环节都积极踊跃发言。一节课很快过去,他们意犹未尽。下课后安尼瓦尔问我:"老师,有人说世界文化的钥匙在塔克拉玛干,你怎么看这个问题？"尽管普通话有些不准,但他提的问题令我眼前一亮。这个小伙子对他们的民族文化有一种近乎偏执的爱,爱得痴迷、爱得固执。安尼瓦尔今年 26 岁,但那一脸的沧桑令我常常质疑他的年龄。我常常盯着他过早谢顶的大脑袋发呆,怎么看他都像个中年人。他的固执与沧桑,直到我走进塔克拉玛干沙漠才找到答案,原来他身上带着古代大漠的基因。

塔克拉玛干沙漠位于塔里木盆地中央,面积达 33 万平方公里,仅次于非洲撒哈拉大沙漠。这里长年黄沙堆积,狂风呼啸,渺无人烟。我去的那一天,天气预报说是微风。没想到沙漠里的微风竟如此剽悍,沙子打得我脸颊生疼,长发乱舞,围巾四散。才一会儿工夫,嘴巴里、鼻子里、脖子里全是沙子。举目四望,一片荒寂。见远处有一棵胡杨,忙走上前去问候。走近一看,它已枯死,只好在它身旁坐下来,默默祭奠。背靠胡杨,喘一口气,平一平心跳,抑制一下心中的激动,细细思量:脚下,沉睡着我们的祖先和他们曾经幸福美丽的家园。

美国学者摩尔根曾说:"塔里木河流域是世界文化的摇篮,世界文化的钥匙遗失在了塔克拉玛干,找到这把钥匙,世界文化的大门便打开了。"人类很好奇,不断地寻找这把钥匙。20世纪初,英籍匈牙利人斯坦因在塔克拉玛干沙漠南缘发现了尼雅遗址。尼雅与楼兰是我国最著名的两座湮没于沙漠之中的古城废墟,尤其是尼雅,有"东方庞贝"之称。古罗马有一座叫"庞贝"的城市,公元79年被维苏威火山爆发时的火山灰所埋。后人挖掘出来一看,竟然街道、商店、剧院等一应俱全,有位工人抱肩蹲在地上,想避一避火山灰,没想到一蹲千年。尼雅与庞贝不同的是,一个埋于流沙,一个埋于火山灰。据考证,尼雅就是西域三十六国之一"精绝国"所在地。《汉书·西域传》有记载:"精绝国,王治精绝城,去长安八千八百二十里,户四百八十,口三千三百六十,胜兵五百人。"小国寡民,使得人与人、人与自然紧紧偎依。

塔克拉玛干大漠上的精绝国,曾是丝绸之路途经之地。清脆的驼铃声带来了繁华、聚起了文明,不断出土的文物默默地诉说着这里曾有的辉煌。然而,这个小国却在1500年前的某一天突然神秘消失了!已有考证,原因并非战乱,也不是自然力,那会是什么呢?茫茫大漠埋葬了一切,只剩下尼雅河上的一座大桥,或许尼雅所有的秘密只有这座大桥知道?当年,南来北往的客人都要经过尼雅河大桥,过桥的税收成为精绝国的重要收入来源,一时国民衣食无愁,日子过得很是富裕。人们赋予尼雅河大桥崇高的地位,年年用最隆重的方式祭祀它,并给它最好的维修与保养,大桥遂与精绝人相依为命。千年后精绝国消失,大桥仍朗朗健在,它似乎以自己的存在提醒着人类,总有一天浮沙流逝,精绝人必重返人类历史舞台。尼雅大桥就像一位大漠痴情汉,痴痴地等候着他神秘消失的妻子,坚信她在某一天一定会回来。纵然岁月风沙百般蹂躏,他始终不离不弃,深情地守望在大漠里。

尼雅遗址中出土的佉卢文书,被北大一位学者破译了。从那些从右到左书写在木简上的古老文字中,我们得知:在精绝国,国王对全国事务实行直接治理,接受每一个臣民的申诉。比如第160号文书记录了国王对水与种子的管理,第125号文书中提到"现在精绝更需要水",第621号文书中记载了一次婚姻纠纷的处理。佉卢文书内容广泛,涉及精绝国日常生活的方方面面,读佉卢文书,仿佛在观赏一部演绎了千年的历史话剧。我常想,那些盘腿而坐、用木笔书写佉卢文字的精绝书吏,一定有着与司马迁一样的历史文化情怀。当年司马迁忍辱负重写成《史记》,从《报任安书》可知他的动力源自内心。精绝书吏与司马迁日日盘腿而坐、不知疲倦,夜夜提笔下书、写得自然。若非对家园有一份深入骨髓的挚爱与痴迷,他们怎能如此自觉、这般坚韧!这种挚爱与痴迷沉淀了便是文化,写下了便是历史。略有不同的是,司马迁在《史记》里守望着英雄,精绝书吏在木简上守望着家园。

　　……

　　沙漠里的风说大就大起来,吹得有些冷,坐久了,腿脚有些麻木,赶快站起来,深一脚浅一脚地走向沙漠深处。塔克拉玛干沙漠是狰厉的,也是慈祥的,她让生活在这儿的子民历尽了沧桑,也让他们感受到了她的博大胸怀,她教会人类互爱才可生存。尼雅大桥的痴情,说到底是人对自然的痴情;精绝书吏对家园的挚爱,说到底是人与人之间的互爱。精绝人,以及曾在塔克拉玛干生存过的楼兰人、若羌人等,都在相互偎依、守望互助中,在与自然的和谐共处中,得以生存。时间一久,守望同类、守望家园就成了一种虔诚的信仰。

　　风沙越来越大,吹得我只能侧着走,难道1500年前有一阵超级大风吹走了精绝人?好在风沙把虔诚的守望留下了,使得后代尽管多有战争,但最终凭着互爱与守望走向了现代、走向了和平。想到这里,我对安尼瓦尔的固执与沧桑产生了深深的敬意,连他光光的脑袋也显得无比可爱起来。忽然想:安尼瓦尔会不会是精绝书吏的后代?西域人民几经迁徙融合,但一直生活在塔克拉玛干沙漠周围,冥冥之中,安尼瓦尔必与他们有着千丝万缕的生理血缘与文化血缘。基因是个稳固的东西,安尼瓦尔对自己民族文化的痴迷,一点儿也不亚于精绝书吏。

　　当然,在科技飞速发展的现代,守望还须拥抱开放与多元。毕竟,地球越来越像一个村,互爱之道、守望之道,理应在人类共同的村落里盛行,不分种族、不分彼此。

　　我已想好,下一节课就以这个为话题。

千年基因

（宣玉梅　湖州师范学院）

　　初夏,又一轮风沙袭来,卷着南疆最后一抹春意呼啸而去。即将结束支教任务的老援友要回家了。回家本是欢喜的,可真到了打点行囊的时候,动作却慢了下来,慢成一种风景:他们喜欢在校园里漫步,更多的时候是坐在教学楼的大树下,看学生来来去去,听校园书声琅琅,偶尔互相聊一两句,更多的时候则是望着远处若隐若现的天山出神……

大树之下,那神情极尽复杂,说不清是回家的欢喜,是离别的忧伤,是未尽的心愿,还是更深的期许?只觉得,它似曾相识。

西汉时期,一位两鬓斑白、举止优雅的女子脱下乌孙服,穿上汉装,走在回长安的路上,一步三回头,心中既有千般欣喜,又有万般不舍……她在西域生活了50多年,为西域与汉朝政治、经济、文化交流做出了巨大贡献,她是西汉派往乌孙国和亲的解忧公主。

东汉时期,一位70多岁的老人最后一次跨上战马,荣归故里。面对前来送行的百姓,这位戎马一生的将军潸然泪下……他在西域度过了30多个春秋,使西域保持了长期异乎寻常的稳定与繁荣,他是东汉戍边大将班超。

离别之时,解忧公主与班超的神情都是极复杂的。这神情,我每次读他们的故事,都要揣测一番。他们都因政治使命而来,可我总觉得,除政治使命外,在他们身上似乎还深藏着一种情怀。这情怀,我曾在书卷里想象过无数遍,不承想,如今它竟出现在眼前的大树下。这一刻忽然想,当初解忧的一步三回头、班超的潸然泪下,与今日老援友的出神,是否同出一辙、一脉相承?

解忧公主出嫁是被动的。不过,她很快就入乡随俗,最彻底的"随俗"是她按照乌孙风俗先后嫁给三代乌孙王。我既敬佩又疑惑:这个在我们看来严重违背伦理的行为,别说在古代,即便在现代也很难做到,她心理上如何接受的?很可能是,无数次政治较量把她与乌孙紧紧地绑在一起,政治使命激发了她的生命使命,使她全身心地融入这里,深深地爱上了这片土地。几十年的西域大风,花季少女吹成了暮年妇人,当初的忐忑不安沉淀为后来的浓浓本土情。我常想,那个年代有哪一个女子像她那样:最亲的人,一半在长安,一半在乌孙;最美好的年华,既有长安的落叶,也有西域的朔风;最深的牵挂,已说不清是长安还是乌孙。在那个路途遥远、交通不便的年代,无论去哪里都可能是终生的离别,前后都是故乡,这让一位暮年女子如何选择、怎么割舍?唯一能做的是一步三回头,满眼尽是眷恋,步步含着祈愿。

班超是自愿到西域的。他自小胸怀大志,跟随窦固远赴西域,打败匈奴,使西域再次划入汉朝版图。那些年,西域连年战争,他苦心经营,屯垦戍边,让西域人民过上安稳的好日子;那一天,东汉朝廷撤兵,西域百姓闻讯痛哭,于阗王侯哭着拦住他的马不肯放行,班超感动之余立即勒马回头,不惜违抗圣旨留驻西域。违抗圣旨是大罪,他冒着生命危险留下,只因他割舍不了那份赤子情怀:多年边疆生活,无数个与边疆将士同生死、与西域百姓共患难的日子,他早已把自己的生命深深地烙进这片大地,戍边既是为国,更是为己,为保护自己在西域的这位饱经风霜的母亲。30年边疆情,铁血男儿也有离别泪,那一刻,他跨上马,看看密密麻麻前来送行的百姓,再看看那条通向洛阳的路,不禁长叹一声:回去的是身体,回不去的是魂魄。

自他们开始,或许更早,中原人对西域的本土情怀、赤子情怀便代代相传,绵延至今。漫长的岁月里,中原人与西域人互相搀扶着,你拉着我、我拽着你,一路踉踉跄跄走到现在,这份手足情意历久弥坚,渐渐沉淀为超越民族的无疆大爱。这份爱的基因,带着解忧、班超的强大生命力,一旦开始就不曾间断,两千多年来流淌在国人的血液里,奔腾在历史的长河中。它穿过唐朝善于处理民族关系的安西大都护郭元振,穿过明朝可与张骞功绩相辉映的友谊使者陈诚,穿过清朝屯田地、修水利、防侵略的林则徐,走到了现代援疆人身上来了。

对于每一位双语援疆老师来说,或许此生最珍贵的经历就是在新疆的这两年,虽短暂,却刻骨铭心。解忧用五十年温柔,促成西域划入汉朝版图;班超花三十年心血,使一度被匈奴掠走的西域再次回归中原;可历史只给了他们两年时间,如何把解忧、班超几十年的情怀浓缩在这短短的两年当中?支教老师用智慧与深情回答了一切。第一批支教老师刚来时,没有宿舍、没有教材、没有经验,语言不通、生活不适……一切都得从零开始,解忧、班超如是,支教老师亦如是。没有宿舍就借房,没有教材就自编,没有经验就自创,还主动学维吾尔语,爱上抓饭和馕……六年后,几批支教老师为这里留下了教材与经验,留下了文化与理念,留下了一支带不走的高水平师资队伍,更留下了浙江人民对南疆人民的深情厚谊。还记得,他们通宵达旦地编材备课,精力充沛地穿梭课堂,披星戴月地送教下乡;很难忘,那些亲如一家的双语学员,朴实善良的维吾尔族人民,勤劳守信的巴扎商贩;犹震撼,那热烈奔放的麦西来甫,一望无际的戈壁大漠,永世不朽的雪山胡杨;最意外的是,竟然收到了西域人民的丰厚回礼:他们在这片贫瘠的土地上顽强地生活了千百年的生命精神……凡此种种,点点滴滴,都深深地刻进了支教老师的骨髓里，他们，已然是地地道道的南疆人。此生何事堪比？唯有援疆！援疆！

千年基因，薪火相传，原来历史早有安排。

然而，历史终有遗憾。遗憾时间太短、去日眼前，还来不及参与双语教育的明天，还来不及学习十二木卡姆，还来不及穿一穿艾德莱斯衣服……唉，真恨不能向天再借五百年！

历史的车轮滚滚向前，解忧回长安了，班超回洛阳了，第五批支教老师也要回浙江了。就让老援友们在大树底下多坐一会儿吧，不要打扰他们。

巴加尔古丽问我："老师，最近我看到好多浙江老师到教室里来，他们很难过的样子，有些老师还哭了呢。听说他们要回浙江了，明年你们也要回去了，你也会舍不得我们吧？"

我鼻子一酸，说不出话来，还没走呢，就已深深不舍。

三城记·教师节随感
（沈明亮　杭州天成教育集团）

20 年前

我在合肥

成了一名人民教师

踌躇满志的我开启人生之旅

进入了一个广阔而深邃、诗意而温暖的精神世界

把工作当成事业，学生当成朋友

让学生的生命之树神奇地生长、开花、结果

朴实的教师节让我感受到职业的神圣

从此，教书育人成了我的理想

15 年前

我在杭州

成了一名新杭州人

豪情满怀的我开启了异地生命之旅

进入了一个多彩而斑斓的工作领域

把上课备课作为乐趣，把交流沟通作为桥梁

用欣赏的眼光看待学生,用内心真诚和他们和谐交流

祥和的教师节增加了对这份职业的幸福感

从此,教书育人成了我坚定的信念

现在

我在阿克苏

成了一名光荣的援疆教师

充满期待的我开启了人生的信念之旅

把用情、用心和用力作为准则

将团结、纪律和奉献作为信仰

竭力为这片广袤而神奇的土地带来无尽的绿意

异域的教师节让我感受到民族团结、民族融合的氛围

从此,传道授业也成了我毕生的追求

我来了,阿克苏!

(沈明亮 杭州天成教育集团)

阿克苏,在教材中感觉她是那样的神秘莫测,从地理课本中知道她北靠天山汗腾格里峰,东望塔里木河,西界中吉(吉尔吉斯斯坦)边境天山山地,南邻塔里木盆地。阿克苏河为冲积平原带,"阿克苏",维吾尔语意为"白水"。记忆中,只有那里的冰糖心的苹果和红枣。

当得知今年要到阿克苏支教两年时,妻子全力支持,儿子也没有反对,但心中仍然有种莫名的不舍,也有万般的担忧:儿子刚上小学,上学谁接送?妻子要用她柔弱的肩膀独自承担家庭的重任,行吗?儿子生病时谁来照顾?诸多的忧虑困扰着我。就在我焦虑和不安中,教育局的领导和学校的同事纷纷向我伸出了援助之手:为方便照顾儿子,妻子暂时交流到离家最近的学校;朋友说家里无论遇到任何困难都会帮助解决。这时只觉得心里暖暖的,也坚定了我赴疆的决心。

临行的日子在一天天迫近,8 月 27 日晚上打电话给远在安徽的母亲告诉她我要去援疆两年时,原本准备听到母亲的责备,不想收到的满是鼓励和安慰。母亲说在老家还不错,身体硬朗,过得很好,有哥哥姐姐照顾,不必牵挂。放下电话,我默默地点燃了一支烟。我知道母亲是为了支持我的工作,

她理解我也相信我,但她已经 70 多岁高龄且乳腺癌手术才两年啊! 儿行千里母担忧,我何尝不懂得呢?

当晚我整夜未眠,妻子一早起来帮我收拾临行物品并多次检查,朋友一早就开车送我到浙江教育学院参加行前培训。下楼时,妻子叮嘱好好照顾自己,我没敢看她;儿子说"爸爸再见",我含糊地应了一声。我慌忙上了车,不敢看他们,我怕控制不住自己的泪水。

行前会上,省教育厅领导的鼓励让我低落的情绪得到了平复,当行程近 7 个半小时的飞机在阿克苏机场平稳降落时,浙江省援疆指挥部和阿克苏教育学院的领导到机场热情地接待了我们一行共 60 名援友,安顿好后我马上打电话向家人报了平安。夜已经深了,我却躺在舒适的床上难以入眠:我到底能为这片神奇而广袤的土地带来些什么呢? 耳际还在不停地回荡着老援友的话:"不是每一朵花都能盛开在雪山之上,雪莲做到了;不是每一棵树都能屹立在戈壁,胡杨做到了;不是每一个人都能去援疆,我们来了!"

第二天一早就开始了紧张的培训——新疆双语教学的特点,新疆双语教学的教学指导,等等,一天下来,备感充实,同时也感到肩上的责任重大。吃完晚饭,回到宿舍便整理一天的听课笔记,或许刚来还不适应这里的气候,突然发现自己流鼻血了。这时妻子来电说儿子昨晚半夜哭着要爸爸,而她刚开始工作,再加上开学前期有大量准备工作要做,感觉很累。我顿时感觉到鼻子酸酸的,我知道作为丈夫的我,作为父亲的我,在未来的两年中将会亏欠他们太多太多……

记得刘希平厅长说过,来到阿克苏的老师就要充分发扬红柳精神,他们是沙漠中的绿色英雄,绵延于荒沙之中,不畏风沙,不畏干渴,不畏严寒酷暑,深深扎根,昂扬向上。援疆老师就是要发扬和崇尚红柳精神。要耐得住寂寞,一心一意潜心教学和培训;要坚忍不拔,敢于吃苦,勇于吃苦。讲团结,讲纪律,讲奉献。要像红柳那样,竭尽全力为这片广袤的土地带来无尽的绿色!

援疆是一次无私的奉献,是一份光荣的使命,是一份宝贵的财富,更是一次难得的磨砺! 我来了,阿克苏! 这两年里,我将利用平生所学,为阿克苏的双语教学贡献绵薄之力!

在路上，我们载着灵魂
——阿克苏双语援疆手记
（许 剑 建德市新安江第一初级中学）

在路上

翻山越岭，踏着朝阳，追寻心中的梦想

飞跃千山，白山黑水，迎着旭日的光芒

晨曦中祈祷，智慧给了力量

黑夜中仰望，苍穹赐予光芒

只期许过程艰辛，结局完满

在路上

不怕流沙无情，何惧容颜改变

星辰落下定会升起，岁月沧桑心却永恒

有理想，祈一段与雪莲结悠远的情

有信念，写一首阿克苏血脉相连的歌

在路上

研教学，意气风发，斗志昂扬

探教法，披荆斩棘，无可阻挡

每个白天都像晴空般纯净——学员交流

每个夜晚好似清茶般醇香——援友畅谈

在路上

希广袤的土地留下那串串浅浅的脚印

千年的沧海桑田，斑驳的只是岁月的颜色

凝固的记忆，驻足着我们恒久的梦想

愿景一直未曾停留，于是选择了在路上

她承载着我们的灵魂，继续狂奔，永不停息

我们会一直在路上……

那一份勇气，来自责任

（何华飞 台州市椒江区前所中学）

启程，我的 2016 援疆路

犹记得 2015 年 11 月那个灰蒙黯淡的日子，那一天我拿到了援疆干部的健康体检报告单，它沉甸甸地落在我的手上，更压在了我的心头。那上面一个个撑伞的箭头令我胆战，更让人触目惊心的是其中一个检查项目仅有一个指标结论显示正常，其余四项结论皆异常。最让我心惊的是：报告诊断肿瘤相关抗原偏高，建议定期复查，必要时到肿瘤科进一步确诊。这对一向身体素质好、追求健康的我来说，无疑是晴天霹雳。由于阿克苏的医疗设备和技术相对不足，援友们建议我回浙江复查。

2016 年 1 月返浙后，回原单位忙碌工作之余，我去了台州市中心医院复查。经肿瘤放射科的专家和妇产科专家的共同会诊后，通过各项检查，确认为卵巢肌瘤，并且嘱咐下个月进一步确诊，必要时动手术！这时正撞上了要提早订回疆机票，我无法确认自己的身体状况，因而迟迟未作决定。

上天总是眷顾心地善良的人。2016 年 2 月，农历正月初八，我怀着忐忑的心情再次跑了趟医院，医生的答复是暂时没事，开点药，每月按时复查，再做下一步的打算。家人极力劝说，让我最好请假，在家做全方位检查。还没有到非动手术不可的地步，况且阿克苏又有我的工作，我得追赶上回疆的大部队——我果断决定买返程机票，不巧 29 日返回阿克苏的机票已售空。家人欣喜着，以为我会因此而耽搁几天，可以去医院再多做一次检查，同时也可以多陪伴只有四周岁多的女儿。那一刹那，我犹豫了，选择 28 日从杭州到阿克苏就意味着放弃与家人难得的团聚时间，舍弃了多一次检查身体的机会，更让我担心的还是孤身上路的安全问题。从杭州到阿克苏如若不误点，回到学院也已是凌晨。可这份担忧我又不能向家人透露，否则他们定会反对我独自返阿，那样必然会耽误我的工作，多少会影响到整个支教团的工作进程。

当飞机俯身着陆缓缓滑行时，当鼻子呼吸到熟悉的尘土味时，当知恩楼的孤灯在夜里闪烁时，我知道大爱面前，需舍小家！曾经无数个不眠的夜里，我反反复复问自己：为何选择援疆？援疆又是干什么？不就是为了组织,为了接受这光荣的使命吗?不就是为巩固祖国的统一、民族的团结尽自己的绵薄之力吗?这半年时间的援疆让我更坚定地告诉自己,选择援疆,就是选择一份责任,选择无悔地付出。

一个人的启程,我亦勇敢面对。

电话万里寄相思

(何华飞 台州市椒江区前所中学)

"丁零,丁零……"电话在夜幕中轻叩心扉。已是晚上 10 点,宝贝应该早睡着了,那会是谁?我带着疑惑接通电话,电话那头,是熟悉的泣音,在声声呼唤着:"妈妈,你快回来,你快回来,我想你马上就回来!""我想你这次去了,就不要再去了,因为我想你陪陪我!"……一句句的重复,一声声的颤音,哭得歇斯底里,电话一头的我顿时哽咽了。我知道我不可能离疆,因为我的使命还没有完成,我更不能回答我很快回家,因为我刚到新疆不久。宝贝不歇止的哭泣声响于耳际,揪得我的心阵阵作痛,但是我无法答应,我只能在电话里婉言拒绝:"妈妈也很想你,不管你在哪里,妈妈最爱你;不管妈妈在哪里,妈妈最想你;不管我们是否在一起,妈妈一直牵挂着你!"宝贝见我没有答应她任何一个要求,哭得更凶了:"妈妈,我就要你快点回来嘛!呜……"宝贝凄厉的哭泣声,像一记记重鞭抽打在我的心头,此时的我饱含热泪,但欲哭不能,否则宝贝将哭得更伤心。我只得努力用平和的语气说:"妈妈尽力快点把事情做完,然后回家陪陪你……"尽管我知道,时间不是由我决定的,我再次说谎了!电话那端的稚子,仍旧不依不饶,期待着妈妈能给她一个满意的答复。

不过,宝贝,你知道吗?那个令你满意的答复妈妈目前给不了,因为妈妈明白,既然妈妈选择了援疆之路,就意味着选择了艰辛,选择了奉献。为了民族的大团结,妈妈只能暂时离开,离开咱们的家,去万里之外的新疆,奉献自己的青春,挥洒自己的汗水。

宝贝,你知道吗?你想妈妈,妈妈更想你。天底下有哪个妈妈不爱自己的儿女呢!有多少个日夜,我倚在窗前巴望着你那瘦小的身影能跳入我的眼帘,尽管我知道那是一场梦;有多少个日夜,我躲在角落里默数着自己流下的泪滴,尤其是得知宝贝你生病时,我却只能为你默默祈祷;有多少个夜晚,我孤枕难眠,因为我习惯了枕边你那熟悉的鼻息;又有多少个夜晚,我在梦中呼喊着你的名字,梦里泪雨滂沱⋯⋯

宝贝,妈妈对你的思念挥之不去,它时时刻刻盘旋在我的眼前,萦绕在我的耳边,沉淀在我的心里。可是妈妈现在真的不能回去,请你原谅狠心离你远去的妈妈。妈妈相信,等你长大了,你一定能理解妈妈现在的决定,一定会为妈妈感到骄傲的。因为,妈妈不但要尽力摆脱新疆的时差困扰、语言困扰、生活困扰这三大困扰,还要努力闯过气候关、孤独关、饮食关、安全关这四道难关。而你,是光荣的"援二代"!

江南春美
(何华飞 台州市椒江区前所中学)

清晨,打开微信,看到朋友圈里的照片,不由得触景生情了!

我们的家乡——浙江,此时已是我们所熟悉的春天了。乍暖还寒的初春时节,料峭的春风吹得人微微发冷,可是怎么也挡不住人们出游的心情。春日迟迟、卉木萋萋、清水盈盈,小桥、流水、人家⋯⋯曾经陶醉了 30 多载的江南春天,如今只能在朋友圈里、在记忆中找寻了。

曾记得,那个春天,我跟随父母来到家里的一亩三分地,看着他们耕田插秧,而我则嬉戏在纵横的阡陌间,时而捡起石子,向小河里扔出一圈圈的涟漪,时而挖点泥土捏出各种各样奇形怪状的玩意儿,时而对着立在"五线谱"上的鸟儿高歌,虽然不成曲调。

也曾记得,那年春天,油菜花开了,金黄的一大片。那里满是飞舞的蝴蝶,它们跳着柔和而优美的舞姿,一会儿在空中飞舞,一会儿静静地停留在油菜花上,一会儿又扑扇着翅膀飞走了。我和我的伙伴们在那留下了一张张美丽青春的倩影。

犹记得,还是一个春天,你我乘一叶扁舟,撑一支竹篙,穿行在青山绿水中。任凭暖暖的阳光随意地洒在身上,和煦的春风拂过脸庞。看绿水萦绕着白墙,红花洒落于青瓦,听小河在浅吟低唱,小鸟在喳喳啁啾。盈盈清水,悠悠木船。阳光在肌肤上静然流淌,诗意在心间轻舞飞扬。

家乡的春天是那么令人心动,也令人心醉!

情系阿克苏 爱献阿拉尔

（何华飞 台州市椒江区前所中学）

我不去想是否能够成功，
既然选择了远方，
便只顾风雨兼程。
我不去想身后会不会袭来寒风，
既然目标是地平线，
留给世界的只能是背影。
我只有挖掘自己灵魂深处的真诚，
把握瞬间的辉煌，
拥抱一片火热的激情。

——题记

作为一名普通的援疆教师，我选择的是坚强，选择的是无悔，选择的是爱与责任。

初到阿克苏，尽管困难重重，但我毅然决然地来了。既然来了，就该为这里留点东西。作为阿克苏教育学院双语支教团台州分队的一名教师，为充分发挥自身的智力优势，我积极参与同新疆建设兵团第一师第四中学的教育教学交流活动。2015 年 10 月 28 日，浙江双语支教团台州分队教师张升等一行十人与新疆建设兵团第一师第四中学举行帮扶结对签约仪式。

台州分队教师在四中姚朝庆校长等校领导的陪同下参观了学校基础建设和校园文化建设，听取了一师四中关于学校历史发展的介绍，得知该校于 2006 年正式更名，是一所九年一贯制学校，共有 22 个教学班，其中以中青年教师居多，学校目前面临的任务就是教师专业素养的提升、教学理念的更新和教科研能力的提高，希望台州分队援疆教师能把新理念、新思想注入四中，融进四中文化。在随后的签约仪式上，支教团队代表、学校代表均作了表态发言，希望从课堂教学、德育管理、教科研三个方面，通过专题讲座、听课评课、一对一结对等形式进行具体帮扶，并将根据制订的计划扎扎实实地开展帮扶工作，力求活动有成效，有实效。

为了使这项帮扶工作落到实处，我即刻从领导那边了解我所帮扶教师的姓名、联系方式等,随后我私下找结对的刘婷老师了解情况,知道今年是她参加工作的第二年,并且接班,所以今年教三年级(1)班的数学……在交谈的过程中让我大吃一惊的是:她是小学数学教师,而毕业后一直担任初中数学教学。那天晚上回来后,忙完了常规的教学工作,已经夜深人静了。万籁俱寂,我开始有时间整理自己的思绪,脑海里反复跳出下午结对的事:我对小学数学没有深入接触,更别提钻研了,那我该拿什么来与结对的刘婷老师交流?……清晨5多点,我睡意全无,辗转反侧。突然,一个念头从脑海里闪过:现在网络比较发达,我何不查查资料,先简单大体地了解一下小学数学教学的现状、小学数学教学的侧重点……于是我纵身而起,立即打开电脑,查阅相关资料。查阅一番后,我发现相关内容有很多参考资料。

另外,考虑到刘婷老师是新教师,我开始查找新教师的成长需要哪些帮助,结合自己的成长之路,我总结了关键性的几点:①抓课堂纪律;②充分发挥班主任和家长的作用;③了解班上每个学生的性格和兴趣;④要有自信心;⑤提高自己的业务水平;⑥树立自己的教师生涯目标。尽管一夜未眠,但是此时我并不累,反而觉得如释重负。

由于我态度认真,准备比较充分,在第二次的深入交谈中,刘婷老师不时地点头微笑。听完后,她拉着我的手真诚地说:"谢谢!何老师,您今天讲的内容让我受益匪浅,让我茅塞顿开……"这一声谢谢,给了我勇气,也让我明确了接下来的帮扶方向。为了能最大限度地帮助她快速成长,我认真研究教材和小学数学的教法,并发动家乡亲友团的力量辅助教学,一有疑惑就请教家乡的老同学……

去年期末,刘婷老师所教的班级成绩进步显著,47位学生,90分档的有13个,80分档的有15个,不及格仅仅4个,而且分数临近及格分。看到孩子们的进步,她的脸上闪耀着自信的神采,我也会心地笑了。

有人说:"生命的美不在它的绚烂,而在它的平和;生命的动人不在于它的激情,而在它的平静。唯平和才见生命的伟大,唯平静才见生命的深远。"一年来,我为自己是援疆老师而骄傲,情系阿克苏,爱献阿拉尔,我无怨无悔!

唱响春天的歌

——由阿克苏教育学院第一周升旗仪式想到

（徐梅虎　衢州市东港学校）

三月的江南,已经莺歌燕舞,春暖花开,正是一年里最宜人的时节。皑皑天山雪,潺潺塔河水,你可曾知道,我们在江南思念着你!

在这美丽的季节,我们踏上返疆的征程。再见,浙江!绿绿的水,青青的山,我们在祖国西北边陲思念你!那一草一木,一颦一笑,再次成为我们心头的记忆!你好,新疆!我们来了,春天来了,沙尘也来了!

3月3日,一夜风沙大作,沙尘在空中弥漫,无孔不入,空气中夹杂着呛鼻的泥土味,让来自江南的我们有些措手不及,纷纷戴上口罩出行。

3月7日,浮尘天气仍在持续。我们一直与沙尘同在。9点45分,学院广场上响起了庄严的国歌声,升旗手步伐稳健。伴随着雄壮的国歌声,国旗缓缓升起,显得格外的艳丽,在我们心中是那么美丽!是的,风沙挡不住我们返疆的脚步,又怎能阻挡我们爱国的满腔热情!

在新学期升旗仪式上,我们唱响了嘹亮的国歌,唱响了春天的故事!

浓浓浙阿情,殷殷双语梦!我们唱响双语援疆的歌!

自2010年党中央和国务院做出开展新一轮对口援疆工作战略部署以来,浙江省全面推进教育援疆,把为阿克苏地区培养双语教师作为教育援疆的工作重点,通过软硬件建设结合的方式,选派双语支教教师,对阿克苏地区35岁以下的5000多名少数民族教师进行双语培训。我们非常有幸能够成为其中的一员,能为国家分忧,为新疆奉献,为浙江争光,为人生添彩!

我们来了,在这里我们播下双语援疆的种子,春华秋实,双语教学的鲜花在这片肥沃的大地上灼灼盛开!

胡杨有情,大爱无疆!我们唱响友谊之歌!

著名诗人艾青说:"为什么我的眼里常含泪水?因为我对这片土地爱得深沉……"天山之南,塔河以北,这是片美丽富饶的大地,美丽的白水河缓缓穿城而过,滋润着这片干旱的大地,这里人杰地灵、大爱无疆。8月11日,湖州市对口支援新疆阿克苏地区柯坪县指挥部指挥长黄群超突发心脏病,在万里之外的异乡骤然倒下,生命的最后一刻也没有离开他的指挥部,人生定格在 47 岁,谱写了一曲可歌可泣的赞歌! 英雄逝去,气壮山河,震撼阿城,感动新疆!

祖国西北一隅与万里东南沿海一线牵。我们来了,在这里我们播下爱的种子,春华秋实,我们收获满树的爱!

"一年之计在于春!"我们唱响春天的歌!

2015 年,我们喜迎自治区成立 60 周年;2016 年,我们在改革开放的春天里迎来了"十三五"规划的开局之年,新疆各项建设正迎来希望的春天! 山高高路长长,策马扬鞭追梦忙! 踏上这片广阔的土地,在丝路上追寻当年张骞、玄奘西行的足迹,心中的敬意油然而生! 这里市井巷陌与高楼大厦交相辉映,这里马车奔走在柏油路上,这是一块古老与现代文明交融的宝地,这是一座充满希望的聚宝盆。

在希望的春天里,我们来了,在这里我们播下春天的种子,春华秋实,我们将收获秋天累累的硕果!

这一年,我们一起走过

（徐梅虎 衢州市东港学校）

2016 年 4 月 13 日上午,阿克苏教育学院致远楼广场。

浙江援阿双语培训项目 2014 级培训学员教学实习动员大会正在进行中……

光阴荏苒,转眼来疆支教已近一年。一年里,一幅幅感人的画面就在眼前,一张张亲切的脸庞尽在脑海。这一年,春夏秋冬,天山之脚,塔河之畔,我们一起走过。

太阳底下最美的花

开学第一天前一夜。

我躺在床上辗转难眠,有气候和时差的不适应,更多的是我对第一堂课没有底气的忧虑:学员都是成年老师,不少年龄比我大,这课好上吗? 听说他们汉语基础薄弱,到时上课怎么交流呢?"可七里克·可皮其力克·亚克西木斯来"(从维吾尔族老师那里学的维吾尔语"大家好"的汉语译音)反复地在脑海里回响着。"吾加阿不都拉,买合木提……"心里反复背着学员的姓名等信息。

在期待与忐忑中,等到了第一节课。我带着微笑迈入课堂:"可七里克·可皮其力克·亚克西木斯来!"接下来是自我介绍,相互认识,学员们初学"徐老师"的发音打破了课堂开始的沉静(初学汉语者可能连发音都很困难),竟也让大家笑得前俯后仰,对初见面时出现不自然氛围的担心就此被"徐老师"的发音给解除了。

随后是学员们的自我介绍。努尔古丽,阳光底下最美的花! 阿斯古丽,小小的花! 吐尔乃木,樟树的花! 吾斯曼,蛇王的儿子! 玛尔加古丽,珍珠花! 努尔加古丽,你又是什么花呢?

生怕语速太快学员们听不明白,我讲得耐心,学员听得认真,很有滋味。很快,下课铃声响了,学员们意犹未尽。在我准备转身和学员说再见之际,手被一双双苍劲的手紧紧握住,从没感受过如此有力热情的握手,手很痛很痛,可心里很暖很暖。努尔古丽,阿斯古丽,吾斯曼……我知道,你们不仅是大漠里的红柳,是熊熊燃烧的红烛,更是民族团结的使者!

我们一起走过阿克苏的夏,都说大陆性气候的夏天是很炎热的,酷热难当,但阿克苏的夏天是很宜人的。

"儿子娃娃"的担当

肉孜,是我们班的一位男学员。名字,在维吾尔语中十分普通;人,在维吾尔族男人中,不算粗眉大眼。但他说话吐词清晰,一字一句,有板有眼。最早引起我注意的是肉孜老师的汉字,算不上写得漂亮,版面也不是很美观,但那一笔一画的用劲,很是工整,如果说字能看出人的性格,或许这也能看出他求学的态度吧。

肉孜老师很热心——每天最早进班,在上课前将教室里的卫生打扫干净,每天如此,从无怨言。

肉孜老师很细心——每次交作业,他都会将作业本翻到作业那一页,并且将自己的作业本整齐地放在已经交上来的作业后面。

肉孜老师很用心——为了上好第一堂教法模拟课,他写了三遍手稿,上课前一天晚上准备到12点才肯休息。这不就是"儿子娃娃"(维吾尔语"男子汉"的意思)的担当吗?

课余的时间,我们一起谈阿克苏房价,叙阿克苏历史,道阿克苏景点,说阿克苏美食,尽管他们的汉语还很生硬,听着有些吃力,有时还因为发音问题,需要借助工具书和手势用语理解,紧随着的是我的恍然大悟和他们在百般着急后最终突破语言障碍,心领神会时的会心之笑。然后我们狂喜,拼命点头,这就是沟通,这就是友情!

半学期的理论学习已经完成,我们开始进入教法模拟阶段。每位学员都要上台展示用汉语授课,课前他们咬文嚼字,反复推敲,操场上散步之际,晚自习之时,经常能看到他们对着蓝色教案本不厌其烦地指手画脚,嘴里还念念有词。

此时,红彤彤的冰糖心挂满了树梢! 这一年,我们一起走过阿克苏的秋,秋高气爽!

麦吾鲁代,加油!

那日,教法模拟课堂,老师正在讲台前神采飞扬,我站在教室后面静静地听,学员们在认真地记。

突然,一个身影从座位上栽下……

"不好!"阿扑力米提、艾斯卡尔箭步上前,扶起了已栽倒在地的麦吾鲁代,全班同学很快围了过来,倒水的,搬凳子的,披衣服的,打电话的……事发突然却没有慌乱,井然有序。麦吾鲁代脸色铁青,身上直冒冷汗,喝下半杯温开水后,神情逐渐恢复,大家紧绷的心弦终于舒缓了些。家属第一时间赶到,即刻送往医院,随后是学员们焦虑的等待。

第二天的课堂,麦吾鲁代如往常一样来上课,他说怕耽误了学习。

窗外,雪花纷纷扬扬,舞进我的心间,舞出激昂又催人奋进的旋律。这一年,我们一起走过阿克苏的冬,心里暖洋洋的。

离别季

"人间四月芳菲尽,山寺桃花始盛开。"阿克苏的春天比内地来得晚一些,我们迈着春天的气息来了,沙尘也来了。漫天沙尘无孔不入,却挡不住爱的脚步,挡不住春天的脚步!

戈壁残垣,荒漠连绵,风沙扑面袭来。为了让阿克苏的沙尘少一些,绿意多一些,在阿克苏河生态建设工程场地,我们在一起! 你看,艾斯卡尔挥动着大铁锹在挖树坑,阿卜力米提在搬树苗,肉孜在奋力填土……这是一场同戈壁、风沙和干旱气候的抗争。在这里,我们种下了担当,留下了希望!

这一幕又一幕,仿佛就在昨天。今天,致远楼前,我们留影,然后挥手道别……

校园里垂柳依依,轻轻地在微风中摇曳,一切都那么随心,那么自然,又那么依恋。万物回春,这一年,我们一起走过阿克苏的春。

　　春夏秋冬，这一年，我们建立了深厚的友谊；这一年，我们播下了爱心，定会收获满树果实。

　　这一年，学员带去的是希望，放飞的是理想！

大爱无疆　胡杨有情
（徐梅虎　衢州市东港学校）

　　又是一年开学季，返校的日子临近了，寂静的校园即将迎来新的气息……

　　8月28日，杭州萧山机场，来自浙江各地的60名援疆教师开始踏上两年背井离乡的征途，我是其中的一员。穿越4673公里，经过近12小时的奔波，我们终于顺利抵达新疆阿克苏地区。虽已是深夜，但一下飞机就受到了热烈欢迎，我深切感受到了新疆人民的热情，浙江、新疆人民一家亲，56个民族亲如一家！

　　这一步的迈出是不易的，也是充满着期待的。还记得6月16日获悉组织要派遣援疆教师的通知，我的内心无比激动，终于盼来了这一天！在征求了家人的意见后，我义无反顾地报名了，为天山的梦想而去，为促进民族团结而去，为推进边疆教育现代化而去。我甘愿做大漠中的一棵乐于奉献的胡杨树，一棵促进民族团结的胡杨树！

　　行前准备是充分的。行前一周准备，整装待发！最割舍不下的当数亲人了，在跨出家门的那一刹那，真心有些留恋。我知道，在跨出家门的那一小步后，就是离亲人万里之遥了，这700多个日夜将会充满着无尽的想念和牵挂。年迈的父母，柔弱的妻子，乖巧懂事的女儿，该是多么的不舍。但我更明白，"舍弃小家是为了大家"，怀着对父母和妻女的万分愧疚与不舍，我踏上了赴疆之路。

　　行前动员是铿锵有力的。天山雪莲的高洁，大漠胡杨的顽强，"儿子娃娃"的担当，让我们充满激情，也深感自己责任的重大和工作的伟大。我们要在这片神奇而广袤的新疆大地上履行神圣的职责，传递伟大的友谊。我们60个人已凝聚成单位"1"，我们是一家人，有理想、有抱负、有责任、有担当的一家人。我们会用行动践行"三问"——"援疆为什么、在疆干什么、离疆留什么"，我们会用心、用情去做大漠中一棵棵甘于奉献、勇于担当的胡杨树！

我们的这个大家庭是温馨的,援疆兄弟姐妹们是热情的。万里之外,地域甚远,多长时间能到?气候不同,冬天有多冷,带多少衣服合适?民俗不同,异地待人接物如何不失礼节?⋯⋯行前的我们对这些感到茫然,而行前一个多月,援疆工作群建立了,大家像是幼儿园的小朋友一样,叽叽喳喳问开了:行李箱买多大?冬天衣服带几套?⋯⋯援疆前辈们一一解答,知无不言,言无不尽,虽从未谋面,但感觉相识已久。齐聚杭州时,我们已经能直呼其名了,虽未一起扛过枪,但我们一起援过疆,这份情谊难能可贵!

工作安排是高效的。29日凌晨到阿克苏,29、30日即刻培训,31日备课⋯⋯井然有序!双语教学如何进行?第一堂课如何和学员见面?学员的名字如何称呼,怎样记得更快?新疆与内地的教学有何差异?我们又讨论得开了锅⋯⋯

援疆人是幸福的。领导的悉心关照,援疆团的嘘寒问暖,前辈们的热心帮助,兄弟姐妹的团结互助,让万里之外的我们不再孤单。虽然远离美丽的家乡和可爱的亲人,但短短的几天时间这里已经成了我们的第二故乡。

不是每一朵花都能盛开在雪山上,雪莲做到了;不是每一棵树都能屹立在戈壁中,胡杨做到了;不是每一个人都能来沙漠边陲,我们做到了⋯⋯在祖国西北边疆的塔克拉玛干沙漠北缘小镇阿克苏,一支来自万里之外的双语教学援疆团正飞赴而来,这里承载着一个伟大的梦想!

我们甘愿做大漠里的一棵棵胡杨树,铸造"千年不死,死后千年不倒,倒后千年不朽"的胡杨精神。这就是大漠之魂!

江南忆　南疆爱
（徐梅虎　衢州市东港学校）

当小桥流水的印迹开始在记忆里褪去,当朋友祝福的余音渐渐在耳边模糊,当大漠西风微微拂过脸庞,不知不觉中,我们援疆人在第二故乡已经半月了⋯⋯

再见了,烟雨江南

烟雨楼台,流光溢彩。这曾经是多么熟悉的梦境。

最忆是江南,我们会常想念你梦幻的柔情。

山河壮丽,溪水潺潺,这里曾经留下太多太多美好的记忆。"临行密密缝,意恐迟迟归。"离别有太多太多的不舍,无奈身后亲人目送的身影渐渐远去……

8月28日,还没来得及细细回味亲朋的再三叮咛,我们已经登上了远行万里的班机。当飞机在萧山机场离地的那一瞬间,当美丽的江南在视线里渐渐远去时,我的视线开始变得模糊,思绪万千……

我是幸运的,搭上了浙江双语援疆的末班车。感谢妻女在援疆路上给予大力支持,她们尽全力让我一路没有后顾之忧,纵使我有万般的牵挂。妻子已怀有身孕,二宝即将降临,这意味着柔弱的妻子即将独自一人肩付起更加重大的责任,拖着大的还要抱着小的,这是我此行最割舍不下的。刚过完十岁生日的女儿,乖巧懂事,勤奋刻苦,她知道,我离开家门的那一刻,就是离别的开始和再聚的期盼,这将会是700多个日夜的厮守和牵挂。"爸爸,你放心吧! 从今天起我就是家里的顶梁柱了! 我会照顾好自己,还有妈妈和弟弟妹妹的!"女儿稚嫩的童音至今还在耳边回旋,高速路口送别的画面在脑海不断浮现……

我明白,这一刻开始,我会飞得更远。"你放心远行吧! 好男儿志在四方,努力去实现那天山梦想!"突然,感觉肩上的担子开始沉甸甸的,思念也随之沉甸甸了,天山的脚步,近了,近了。

我来了,南疆边塞

大漠孤烟直,长河落日圆。这又是何等壮丽的画面。此刻,烟雨江南,已经成了记忆。

刚踏入这片神奇而又广袤的土地时,心中充满激动,继而又陷入了彷徨,随之转化为理性,我们开始用心思考"三问":来疆为什么? 到疆干什么? 离疆留什么? 恍惚间,我们又仿佛找到了答案:为国家分忧,为新疆奉献,为浙江争光,为人生添彩!

我们会努力演绎这段生命的精彩。我们决定不了自己生命的长度,那就让我们不断拉长自己生命的厚度吧。

新疆是个好地方。阿克苏的秋天,气候宜人,秋雨阵阵,一派江南景象。放眼远眺,天山托木尔峰,皑皑白雪在柔情的光照下闪闪发亮,山脚下应该是瓜果飘香、牛羊成群的世界。

9月6日是来疆的第一次升旗仪式,又逢抗日战争胜利70周年,自治区成立60周年纪念。在祖国的边疆亲历五星红旗在雄壮的国歌声中冉冉升起,心中特别激动和自豪。天山雪松根连根,各族人民心连心,祝愿新疆的明天更美好！

当熟悉的《运动员进行曲》在校园里响起的时候，当我们迈着轻松愉快的脚步步入教室的瞬间，我们随即明白：我们要倍加珍惜援疆这份来之不易的荣誉，我们要用心呵护胸前这朵光彩夺目的大红花，不负组织重托，甘愿做大漠里的一棵棵红柳！

"选择了援疆，就选择了担当；选择了援疆，就选择了奉献，我们此生不再遗憾！"这是我们援疆人共同的心声！

爱在浙疆传递，我在家校奔跑
——我的援疆路（一）
（徐梅虎　衢州市东港学校）

12 月 11 日，阿克苏迎来了今冬的第一场雪，纷纷扬扬，几天几夜。大雪纷飞的世界，银装素裹，分外妖娆，将这座边陲小镇装饰得愈加美丽。转眼，我们在阿克苏这片美丽丰饶的大地上工作生活了近一学期，初来乍到的我们渐渐适应了迥异的水土，融入了第二故乡……街巷市井，沙漠绿洲，在这片汽车马车并驾齐驱的西域大地上，我们留下了难忘的记忆。

忐忑的心

2015 年 11 月 18 日，注定是个难忘的日子。二宝似乎是抵挡不住对这个美丽世界的诱惑，突然提早问世（因母体孕期综合征），这让还无充分准备的家人们忙得四处乱窜，而此时的我正在讲台上激情飞扬，一颗心却悬在浙疆万里间，只能静静等待电话那头的消息。待到母女平安时，这颗悬着的心终于落地了。

次日，星夜启程，11 月的西北大漠，已经寒意阵阵，却挡不住归去的脚步。飞机在万米高空翱翔，机窗外，白云朵朵，光照从机窗投射进来，心里暖烘烘的。离家的脚步越来越近，脑海又浮现出半年援疆的记忆！

那高速公路入口家人送别的画面，转眼已近半年。记得当时爱人的肚子微微隆起，并伴有孕期反应，可以想象以后的生活只会愈加不便，这半年又要付出多少的艰辛？"爸爸，你放心吧，从今天起我就是家里的顶梁柱了！我会照顾好自己，还有妈妈和弟弟妹妹的！"大宝的话一直在我耳边回旋，但我怎能忘记离别前的那一晚她噙着泪水睡去和那被泪水浸湿的被角？忘不了在爱人生产的那一刻，外表坚定的我内心深处有多么的不安，忘不了那一刻领导的关切,援友的帮助,还有学员们的宽慰,努尔古丽,阿斯古丽……你们都是太阳底下最美的花!一幕幕,历历在目……

窗外,细雨蒙蒙,已经到了朝思暮盼的江南,这里的气息依然那么熟悉。只是病床上的她现在恢复怎么样?此刻还在挂点滴吗?肝功能、血糖检测结果如何?血压恢复得怎样?于是,心中不免升起丝丝的愧疚和不安,回家的心愈加急切。

一路奔波,顾不上回家,顾不上整理行装,第一时间赶到医院,已近晚上九点,也算是朝发夕至了。病床上的她果然在挂着点滴,脸色有些苍白但略带微笑,这也让我宽慰不少。那一刻,我很想给个拥抱;那一刻,我很想自己承担这些痛楚;那一刻,我的眼眶突然湿润了……

那一夜,大宝住在学校,二宝在新生儿护理中心,我们则在病房里。夜深人静,婴儿的哭闹声不断,然而,瞬间却觉得这哭闹声是无与伦比的神曲!花开花落,生命轮回,这不美吗?

想念大宝,想见二宝……

满满的收获,浓浓的亲情

南方阴雨绵绵,持续近一个月。25 日是个好日子,雨停了,我们也真正意义上实现了一家团圆。终于见上了出生 8 天的二宝,而此时捷报频传,大宝进入《衢州晚报》"优秀小记者"前 20 强。满心欢喜!

晚饭后,老妈、岳母、爱人、两个宝宝和我齐聚一堂,我们在孩子的哭闹声中回味这段经历,享受这份亲情,倍加珍惜在一起的时光。

没进过几次城的老妈也学着在城里"安营扎寨"了,忙碌于田间的她对城市的生活显然还有些不习惯。岳母每次坐车都会晕车,这次也是强忍着晕车的不适从百里外的大山赶来。一周下来,尽管大家身体疲惫,但心里盛满幸福。

第二天,天放晴了,晴空万里……

时间都去哪儿了

知道大宝喜欢吃牛肉,这次回来顺便捎带了一点。可是几天里忙里忙外,晕头转脑,一直放在包里,等想起来时表面已经长毛了。我说,那就扔了吧,下次回来重新带些。老妈说从那么远的地方带来太不容易,扔了太可惜。手巧的她就动手开始处理这长毛的牛肉,说也奇怪,牛肉表面虽然长毛,但里面还是非常完好的,没有一点异味。

在家里片刻,可以忙里偷点闲,等待大宝放学回家,这样温馨的场景好像不曾有过。这些年来,为工作为生活奔波,忙忙碌碌,陪伴家人的时间少之又少,以前不以为然,援疆后我们只能远隔万里视频聊天,因而倍加珍惜和亲人在一起的每分每秒。"咚咚咚",终于,楼道里远远地传来了大宝的脚步声和欢笑声。

听说长毛的牛肉,大宝说牛肉长了毛她也喜欢,"长了毛的牛肉就是牦牛肉嘛!"才9岁的人儿啊,这让我心里更加宽慰,女儿真的长大了。这也是援疆半年来的又一大收获。

晚饭席间,一家人谈笑风生,其乐融融,我们一起分享在新疆的见闻和快乐,这一刻甚是温馨。行程匆匆,机票已经订好了,大宝是在餐桌上得知这一消息的。平时爱哭鼻子的她强忍着泪水,把头歪向一边,唱出了一曲《时间都去哪儿了》……

是的,时间都去哪儿了……

宝贝,加油

《爱在浙疆传递 我在家校奔跑》是我和大宝一起为《衢州晚报》"优秀小记者"评选事迹材料所拟的标题,它能真切地表达一家人在浙疆两地家校之间的爱心传递。

29日是大宝参加《衢州晚报》"十佳小记者"现场评比的日子,为了这次比赛,全家总动员,才艺展示、准备服饰、模拟面试,一刻也没闲着!

清晨,初冬的小雨淅淅沥沥,有些阴冷,犹如现场的气氛一样紧张,但大宝表现得非常从容。在众多的评委及选手面前,她微笑着上台,微笑着走下展台,努力展现自我,好样的!

是的,结果不重要,努力就好……

返疆的路

回程时间到,恰巧忙完,我可以安心了。

7:30,大宝已经上学去了,爱人陪着二宝,我则踏上了返疆的路。没有送别,没有驻足,带着满满的牵挂,我走得更加从容,步伐更加稳健。因为这背后,我有一支强大的亲友团。

飞机起飞的一刹那,我知道离家的脚步又越来越远了,和家人一起的这段美好时光,再次成为记忆。

到阿克苏已是次日凌晨,弱弱的灯光静静的夜,一轮皎洁的弯月犹如一张笑脸浮现在空中,仿佛和援友们一道欢迎我归队。

虽说初冬乍寒,但这个冬天让我感动的太多太多,人间真情永驻,暖流阵阵涌入我心。正是有大家的全力支持,我才能越走越远,越走越轻松。皑皑白雪可以见证,魏巍天山可以见证,我们正在亲历这个温暖的冬天,这个冬天爱满人间!

窗外,雪花飘飘;援疆,收获满满……

爱在浙疆传递,我在家校奔跑
——我的援疆路(二)
(徐梅虎　衢州市东港学校)

在阿克苏教育学院从事双语支教以来,浙江班的教室换过 6 个,每个教室都布置得很用心,有挂匾,有贴图,还有盆景,但每次课间,我却总喜欢在教室门口那面墙上的学员信息表前驻足,我喜欢在心底里一遍一遍读着那些维吾尔族学员长长的名字,还有她们名字后面那长长的校名:

　　阿瓦提县英乡托克拉吾斯塘小学

　　拜城县温巴什乡奥依库木西村小学

　　乌什县阿恰塔格乡拖克逊小学

　　沙雅县央塔克协海尔乡铁热克波斯坦小学

　　……

读着,脑海里便会涌起很多的好奇:这些学校是什么样子? 眼前的这些学员在她们各自的学校里是怎样工作、生活的呢? 她们的学生调皮吗?……

于是便忍不住感慨:如果能去她们的学校走一走、看一看、听一听,那该多好啊!

却也只能感慨,感慨过后,然后望着这些长长的校名想象。

这两日正在上一篇题为《山村教师》的课文,它讲述了这样一个故事:一位女大学生在等待毕业分配工作期间,受乡里所托,给一所偏远的山村小学代课,却因为不忍舍弃那些渴望知识的山里孩子,竟然放弃所分配的工作,整整 20 年留在这所山村小学任教。故事情节感人,读来让人肃然起敬。

山村小学? 山村小学?! 教室墙上那些有着长长名字的学校,会是文中描写的这个样子吗？对,何不以此为契机,来一场口语秀,让学员们说一说自己的学校,说一说自己在学校里工作、生活的情景呢？这不正好与课文的交际话题不谋而合吗？

我不禁为自己的灵感点赞！

一张小纸片写一个学号,折一折,装在小纸盒里,抽出一张,中者开讲,讲完的学员,有权抽取下一个号,依次类推,教室里气氛立刻就上来了。

"我的学校离家不算太远,大概10公里吧,但路不好,没有公交车,每天早上都是我老公骑摩托车送我到学校上班,下午放学了再来接我。"

"哇,你太幸福了！"汗尼克孜的话刚开了个头,同学们便羡慕开了,弄得她一脸的羞涩。

我在想,或许,这些抱以羡慕的学员都是没有坐过摩托车的吧。10公里的颠簸,对于一个女人来说,其实并不是什么享受。但我也知道,她们羡慕的其实并不只是这个,更多的,还是那份来自爱人的呵护和陪伴。

"我在温宿县克孜勒镇中心小学,参加工作14年了,一直都教维语语文。我们学校没有食堂,附近也没有饭店,中午我们和学生一样,都是吃从家里带去的馕。"

"每天中午都吃馕？"我似乎有点不相信,脑海里自然而然地冒出自己小时候每天早上口袋里揣上两块米糕去上学的情景,可那是30多年前的事了啊。

"我们学校的老师和学生也都吃馕。""我那儿也是。"几位学员争着补充,他们显然看出了我的疑惑。"如果要吃抓饭或者面条什么的,要骑车跑很远才有,我们不放心学生,所以就不出去吃了,陪他们一起吃馕。"她们说这话的语气,很平淡,很轻松,我心里却沉沉的。

"老师,我来说！"那个平日里不怎么开口的依米提或许也被这种氛围感染了,没等前一位同学抽签,便主动高高举起了手,很多同学也自发地为他鼓掌。"我以前也是一名代课教师,"此话一出,教室里突然安静下来,"我从1989年3月24日开始代课,到2012年才转为公办教师。"我在心里默默算了一遍,23年！"我们学校现在有7位老师,6个班级,我一个人包一个班,所有的课都要上。"

"你觉得累吗？"我知道这话不应该问,可还是忍不住脱口而出。

"以前代课的时候,我每个月的工资才两三百块钱,也上很多课,都不觉得累,现在每个月有 4000 多块,比以前好多了。"依米提纯朴的脸上流露出一份满足和自豪,看得出,那是发自内心的。

眼前这个个头并不高大的维吾尔族男人,在我心目中的形象瞬间变得伟岸起来。

交流还在继续,我的目光落到了米黑尔阿依的脸上,我已经两次看到她跃跃欲试的表情了,我知道,这个时候的她最需要鼓励。"来,米黑尔阿依,老师很想听你说一说你们的学校,可以吗?""上,上,我们也想听!"周围的同学也都给她鼓劲,这个扎了长长马尾辫的女学员深深吸了口气,终于站到了讲台前。

"我在一所牧场小学上班,我们学校还有幼儿园,不管是小学生还是幼儿园的孩子,他们都住校,"顿了顿,米黑尔阿依继续说道:"我很喜欢当老师,很喜欢和学生在一起。我觉得我们的学生很厉害,特别是那些幼儿园的小孩子,3 岁、4 岁,那么小,就离开爸爸妈妈自己生活,自己吃饭,自己睡觉,真的很了不起!"

我感觉到米黑尔阿依的声音有点颤抖,看到她用手轻揉了一下自己的眼睛,"那么小的孩子都不怕困难,我们当老师的还有什么困难不能克服呢?"掌声不约而同,很多学员的眼眶红红的……

那一节课,我认识了很多学员工作、生活的学校。

那一节课,我看到了学员们奔波在路上,忙碌在办公室、教室、学生宿舍的场景。

那一节课,我感受到了南疆教师朴素的教育情怀和五彩斑斓的教育梦想。

"同学们,山村教师的工作、生活是艰苦的,但你们用自己的行动证明,你们就是那一朵朵绽放在山村的雪莲,不争奇斗艳,却乐观向上,自强不息;你们就是那一棵棵生长在戈壁滩上的红柳,不知难而退,却深深扎根,坚韧不拔。你们当中的每个人,都让老师很敬佩!"说到这儿,我走下讲台,面向全体学员,深深地鞠了一躬。

那一刻,教室里出奇的安静。

背后的温暖
——三个湿眼的瞬间
（姜　清　江山市大溪滩小学）

援疆半年，被感动的时候太多：领导的叮咛鼓励、同事的祝福问候、亲人的牵挂相思，时常让我这个远游的中年男人像年少时那样热血沸腾。在此，仅撷取三个小片断，略表我此刻的心境。

——题记

每天串门的生产队长

年前返浙休假，令我归心似箭的不只有妻儿，更有我那在乡下老家独居的老父亲。

父亲年过七旬，身体向来无恙，可去年一场不期而至的脑梗死却让他左半身行动变得迟缓。上了年纪的老人对老宅都有一种特殊的情结，任凭我们怎么劝，都无法说动他进城与我们同住。无奈，只能依了他。

于是，援疆半年，对老父亲也牵挂了半年。

返浙到家已近凌晨，第二天简单买了几样小菜便匆匆赶回乡下看望父亲。得知远在大西北的儿子回来了，父亲显得有些激动。大半天的唠嗑，父亲依然精神焕发，似乎要把儿子不在身边的那些日子沉在心底的话都释放出来方为痛快。近午时，我开始点火烧饭，父亲起身对我说："你烧着，我去叫个人。""叫谁呢？我去吧！""没事，我走慢点，不远的。"叮嘱他老人家小心点，我便不再细问，继续手上的活。

简单几个小菜上桌，父亲也回来了，和他一起到的，还有我们生产队的江队长，他住得离我们有近两里路，也算是父亲的忘年交。

握手，问候，寒暄，三人围桌而坐。有客来，酒自然是不能少的，父亲只能以茶代酒。刚倒好，老父亲便拉住我的手，颤颤巍巍地站了起来，面对江队长："来，老弟，今天姜清也在家，我们父子俩一起敬你一杯，谢谢你这半年来对我的关心。"说罢，饮杯而尽。

再次落座，老父亲向我细细道出了原委：自从我进疆之后，江队长便每天都会来串一次门，不管刮风下雨，不管手头多忙。用队长他自己的话说，只要每天走到这儿，能够看到老姜家的门开了，看到父亲在院子里，或在路上闲走,他便放心了。他还专门把自己的手机号码写在一张大大的纸上,交给父亲,再三叮嘱,只要感觉身体有什么不适,一定要及时告诉他,他有车,方便,千万别耽误了……

父亲的话还在继续,而我的双眼已经湿润,起身给江队长还有自己都倒上满满的一杯酒,碰杯,含泪,饮尽,然后是重重地握手……

偷偷放在车上的红包

返疆前一天,带上妻儿去丈母娘家吃饭,也算是跟她老人家打个招呼告个别。

丈母娘这些年的辛苦是无法用言语一一诉说的:田地里的活,老人家舍不得荒了,哪一季都不肯落下;孙女、外孙、外孙女,只要子女家里有需要,她都义不容辞顶上帮着带。十多年了,我是看着她老人家头发一点点变白,腿脚一点点变慢,腰一点点变弯的。但她在我们小辈面前总是表现得很乐观,感觉自己一点也不老。

那天晚饭过后,我和小舅子坐着喝茶、聊天,见天色渐晚,加之第二日要返疆远行,所以唤上妻儿上车欲回。丈母娘笑盈盈地站在车旁相送,自然是少不了一番叮嘱的。车行半程,坐在副驾上的妻想整理一下头发,伸手翻下额顶上的化妆镜,却见一个印有金黄"平安"二字的红包飘落下来。似乎有感应一样,妻沉默片刻,探出左手轻轻往我额顶上的遮阳镜后一摸,手里又捏着一个红包。"一定是妈妈放的!"妻显得有些激动,电话拨过去:"妈,车里的红包是您放的吗?""不要嫌少,一点心意,明天姜清又要出远门了,又得在大老远的地方待上好几个月,做妈的没什么送的,最大的心愿就是他在外面能够平平安安。还有,他不在家的日子,你自己开车上下班记得要慢慢来,不急,平平安安就好……"电话那头老丈母娘再说什么我已经不记得了,任凭泪水一点点滑落脸颊……

独自生活一周的儿子

我是 2 月 29 日返疆的,妻第二天便住进了离家 40 多公里外的市医院。妻之所以选择我进疆后才动手术,一是为了寒假在家多一点时间陪我,二是专家号难挂。妻住院了,丈母娘自然得在医院里日夜照顾,这下可苦了儿子。儿子正上六年级,之前都是外婆一手带着的,从来没有一个人单独生活过。如今,家里最疼他的两个女人都不在家了,他的日常起居成为我最大的顾虑。想过很多种法子,比如让他早晚跟着老师在学校食堂里用餐,再比如让他到朋友、同事家去住几天,可哪种方案他都不接受。电话里,儿子信心满满地对我说:"老爸,您不用担心我,我自己一个人可以的!"尽管我一再强调,这可不是一天两天的事啊,起码得一周以上,可小屁孩仍然坚持要挑战一回自己。想想也是一个机会,我们也就同意了。

接下来的日子里,儿子的生活轨迹基本是这样的:为了早上上学不迟到,他给自己设了闹钟,铃声一响,穿衣、洗漱,从储蓄罐里拿上几个硬币,上学路上顺道买点早餐;中午在校用餐;下午放学自己回家,到冰箱里拿两个粽子或大饼,放微波炉里热一下当晚餐,或者索性从食品箱里翻点小面包充饥;晚饭后完成作业,洗漱完毕上床睡觉……那天傍晚,打开微信,跳出儿子发来的图片:一碗煮好的方便面、一盒牛奶,旁边还加了注——"姜就(儿子名)的晚餐"。莫名地眼眶一热,赶紧拨了电话过去,儿子告诉我说,吃了好多天的粽子和面包,嘴巴都没味道了,买包方便面"改善"一下,还一再保证,绝不多吃,偶尔而已。那一刻,心底只有一句话想对儿子说:"吃吧,吃吧,只要不饿着就行。"想想为人父母十多年,我们平日里教给孩子的真的太少了。

妻住院的第四天,儿子学校举行科技节开幕式。儿子有个节目,之前道具、服装等我们都已经帮他准备妥当,可如今没有大人在家,这些东西他一个小孩子怎么弄得到学校去?早上醒来打电话回家,儿子已经出门了,也没能联系上他的班主任,只得半安慰半担心着过了一天。放学时分,电话打到家里,响了半天那头才听到儿子气喘吁吁的声音,想象着他应该才跨进家门,迫不及待地与儿子连线视频,摄像头打开的那一瞬间,一张被太阳晒得红扑扑的小脸上还淌着汗水,嘴巴张得大大的,不停地喘着粗气:"爸爸,开幕式结束了……他们都说我的节目很不错……就是有点累。""那么多道具、服装,你是怎么拿到学校去的?""来去的路上,我把表演用的衣服和平时的衣服都穿在身上,到学校再换掉,道具就顶在头上,书包背在背上,没想到今天太阳这么猛,唉,热死我了!"儿子说着,小手还不停地擦着脸上的汗水。我的泪水又忍不住在眼眶里打转,心暖暖的,却又夹着丝丝的疼。朦胧中,一个稚嫩的身影印入:穿着厚厚的衣服,背着沉沉的书包,顶着大大的道具,自信地走在回家的路上……

后记: 感动还在继续,努力更无止境。背后的温暖一如这春日里的阳光,生出许多温情蜜意,沐浴其中,我何言懈怠?

老师,我喜欢听您的课

（姜 清 江山市大溪滩小学）

新学期,学院对学员进行了重新编班。到一个全新的班级里上课,说真的,我们很多老师还是有很大压力的,我当然也不例外。所以,那天我特意提前 20 分钟走进教室,为的是能够有时间在课前和新学员们聊一聊,放松一下身心。

"老师,您是姓姜吗?"当我走到教室后排靠窗户的那个角落时,一个甜美的声音从身边传来。

"嗯,你怎么知道?"我刚刚才看过贴在教室前墙上的课程表,上面并没有我的大名。再看看这个学员,我敢断定她之前一定不是我班里的。

"老师,我以前听过您上的课,在 109 教室。"

"109?"哦,想起来了,去年 11 月中旬,学院里举行优质课展示活动,我也鼓起勇气参加,代表 2015 级浙江班精读学科组上了一节展示课。为了那节课,我可是足足准备了半个月!

"老师,那次您还叫我起来回答问题呢! 还说我的普通话说得不错!"说这话的时候,她满脸的自豪,还带着兴奋。

再往下聊,我渐渐弄明白了,那节课上,原本只是由我自己任教的两个班学员参加听课,可后来,同级的隔壁几个班学员也一起过来了。记得当时在与学员的热身闲聊中,我还说过这样一句话:"这可是我当老师以来进的最大的一个课堂,老师也感到特别了不起!"那个时候,眼前的这个学员应该就坐在底下的某个角落注视着我,注视着那个来自其他班级的老师。

"老师,您的课上得真好,我很喜欢听!"

"是吗? 谢谢你!"此时的我,除了略有一丝被人表扬后的快感,更多的却是压力。要知道,那节课可是为了展示而精心准备的。我平时的课堂,能做到那样吗? 我的每一节课,都能上得那么好吗?

虽然谈不上额头冒汗,但真真切切,当我再对视学员那期待的眼神时,我感受到了肩上责任的重大,也体会到了前所未有的存在感。

都说老师的关注是学生的动力,而今天,面对学生的这份关注,我们为师者又有什么理由不开足马力、负重前行呢?

寻找四叶草

（姜　清　江山市大溪滩小学）

那日午间，路过校园东南角的小树林，看到树下蹲着一个人，不停地用手扒拉着地上的草叶，似乎在寻找着什么。

绕到正面，正遇上那人抬眼，"吐尔迪，是你啊！找什么呢？"在这个偏僻的林间碰到自己的学员，我还是有不小的意外。

"呵呵，老师您好！"吐尔迪显然对我们的相遇也毫无准备，人虽站了起来，可满脸的尴尬，双手很不自然地相互搓着，"在找一种草。"

"草？很珍贵的草吗？"我顿时也变得好奇起来。

"是一种四叶草，有四片叶子。"吐尔迪指着眼前成片的绿色说道，"它跟这些草长得很像，这些叫三叶草，只有三片叶子。我已经找了很久，可就是没看到有四片叶子的。"吐尔迪说这话的时候，眼光还是斜在那成片的叶丛上。

"怎么会想到找四叶草的？"作为一个从小就爱好文学的汉族人，我自然听过不少有关四叶草的传说，但还是忍不住想一探眼前这个维吾尔族小伙子的内心。

"这段时间，好多事都不那么好，家里人的，还有我自己的，"吐尔迪叹了口气，"听说四叶草是一种幸运草，找到它，就会有好运。"吐尔迪不愧是班里汉语水平数一数二的学员，"听说"的东西还真不少。

脑子里再一次翻起那些关于四叶草的美丽传说，但翻归翻，在我心里，它们仅是传说而已，可以慰藉人心，却缥缈得很。

"吐尔迪，你相信命运吗？"我不知道自己怎么会突然问出这样的问题。说真的，我本是不忍去打破面前这个小伙子美丽的念想的。

"其实，我也不知道，就是碰到困难的时候会有点信。"

我感觉得到，吐尔迪这话说得很实在。

每个人的人生都不会那么一帆风顺，当面临无法逾越的困境，内心极度无助的时候，我们又何尝不是这样的心态？何尝没有产生过等待奇迹发生的焦虑与不安？

但，等待真的能一解困境吗？答案显然是否定的。

"来，我们聊聊家里的事。"我向吐尔迪发出了诚挚的邀请。

那个午后，就在那片林子里的草坪上，沐浴着暖暖的阳光，一个汉族的中年大哥，与一个维吾尔族的青年小弟，聊得风生水起……彼此的成长经历，彼此的工作状况，家庭状况，曾经的成功和喜悦，还有那些刻骨铭心的伤感，甚至绝望，都一一抖落。

说出口的，竟是出乎意料的相似。

"老师，你觉得这个世界到底有没有命运？"

"当然有啊！"

"命运究竟是怎么回事？既然命中注定，那奋斗又有什么用呢？"他再问。

我没有直接回答他的问题，只笑着抓起他的左手，对他说："来，让我先帮你看看手相。"我给他讲了诸如生命线、爱情线之类的话，然后，看着他的眼睛说："把手伸好，照我的样子做一个动作。"他学着我的动作：举起左手，慢慢地而且越来越紧地握起拳头。

"握紧了没有？"

他显得有些迷惑，答道："握紧啦！"

"那些命运线现在在哪里？"我又问。他还是迷惑地回答道："在我的手里呀！"我继续追问："那么请问，命运在哪里？"他凝视着那片茂盛的三叶草，若有所思："哦，明白了，命运就在自己的手里！"

说完这话的时候，他深深地舒了一口气。

回到房间，我郑重地给他发了一条短信："人生，越努力，越幸运。"

宅也多彩
——援疆生活的闲情逸致
（姜　清　江山市大溪滩小学）

双语支教，工作、生活一步一环，规律得很。忙碌之余，团里的同事们也多以宅为主，极少步出校门。

但宅，并不影响我们的多彩。

宅着，可以聆听援疆的故事。如今，战斗在阿克苏教育学院汉语教学岗位上的，是第五、第六批的浙江教师。后来者为新人，初来乍到之时对身边的一切都那么好奇，渴望近距离接触，援兄、援姐便成为我们的领路人。只要闲下来，我们这些新人总喜欢围着他们打听新疆的风土人情，他们以及他们的援兄、援姐的援疆故事,说者总能知无不言、言无不尽。从他们的脸上,隐隐可以读出西北干旱留下的沧桑;他们的眼里,更有着经历风沙过后的坚定。他们的心路历程,潜移默化地在感染着我们,教导着我们,也激励着我们。正所谓"前事不忘,后事之师",从他们的故事中,我们新一批的援友更多地了解到了援疆人的生活,更深地领悟了教育援疆的意义,也更清晰地认识到怎样继续走好每一步的援疆路。

宅着,可以沐浴艺术的气息。在我们支教团里,琴棋书画,高手如云。那个儒雅温厚、沉稳练达的书法弟喜庆,可谓团里一大笔,其眉宇间的深沉、言谈时的睿智,一如他笔下的字,气韵浑然天成,妙趣匠心独具。走进他的房间,你可以感受到浓浓的书卷气息。看他练字时凝神静气、物我皆忘的入境,怎一个赏心悦目了得?

再看那个背着画夹来援疆的挺哥,来疆之前就是一名挺有造诣的中学美术老师。援疆的日子很少有机会外出,偶尔出去买东西、办事、学习,他总会带上相机一路狂拍,更多的空余时间里,他总是窝在寝室,伴着优雅的音乐,静静描绘他眼中的路人、学员、牛羊、集市……大漠中傲然孤立的胡杨、大街上温和善良的维吾尔族老人、公园里多才多艺的古丽,都成为他画中的主角。他用手中的画笔,定格画面,留下记忆,与更多的友人一起分享这个神秘富饶的南疆城市,这,是挺哥的一大心愿。

让人陶醉的还有从五楼传来的萨克斯曲子,《十送红军》《再回首》……声音细腻委婉,清新悠扬,就像夏天的一缕清风,又如冬日里的一抹暖阳,带给人如痴如醉的享受。听它,什么样的疲惫和烦恼都会随之飘远,留给听者的只有韵律的沉醉与美好的回味。这个吹萨克斯的小伙,我们喜欢喊他小林子,不高的个儿,却因为萨克斯,变得又帅又酷。

宅着,可以享受运动的激情。此宅,有大有小。小宅之内,太极开练:悠扬的音乐响起,预备,起势,左右野马分鬃……捋、挤、按,进步、退步、冲拳、推掌,动作柔绵而有力,连贯而不失节奏。一套拳完,满身松爽。如果觉得不够尽兴,可紧接着上一组俯卧撑、仰卧起坐,一口气来它个三五十下,保管叫你气喘吁吁。小宅之外,健身房内热火朝天:跑步机上的挥汗如雨、动感单车上的疾驰如飞、拉力器前的力敌千钧,无不让步入者跃跃欲试。邻近的球室内,乒乓球爱好者你推我挡已经练开,撤身归位,抬手抽杀,干得不亦乐乎。移步球场,老范、祖贵他们的篮球赛已是热火朝天,传球、突破,健步如飞的身影、精彩至极的远投,带给场外观众强烈的视觉冲击,博得阵阵喝彩声。尽管已是汗流浃背,球员们却个个精神饱满,越战越勇,青春的活力与激情,在他们身上尽情体现。

宅着,可以品尝美食的香甜。支教团的老师们来自浙江省不同的地市,援疆,让大家有缘走到一起,建立了温馨又幸福的大家庭。休假结束返疆时,援友们大包小包的,尽是各自家乡的特产美食。闲暇之余,同事们邀三喝五,围坐一起,分享故乡的味道:金华的酥饼、江山的米糕、黄岩的蜜橘、临安的核桃……身处异地他乡的我们,在与同伴分享心意的快乐中,感受着各地的特色,感受着同事的关怀和家的温暖。

宅男宅女还有很多,宅的快乐亦有很多。搬上一椅,靠坐阳台,任凭午后的阳光斜射,独品余秋雨的《何谓文化》,此姐为宣宣;泡杯浓茶,嗑俩瓜子,对着视频里还在襁褓中的女儿一会儿挤眉弄眼、一会儿手舞足蹈的,此弟必为小虎也……对于支教团的每一个人来说,闲暇时光总是惬意和充实的。

因为,宅并非无所事事,纵然足不出户,一样可以过得很多彩。

而我,就在这样寂静的南疆之夜,伏于柔和的灯下,听指间的键盘声啪啪作响,一如我此刻寂静的心。

人生如玉
（姜　清　江山市大溪滩小学）

周末,闲来无事,应同事之约,三五为伴,去玉石市场走走,是为慕名,不为淘宝,聊为欣赏。

市场内摊连摊,好不壮观,有静坐赏玉一脸凝思的,有手持玉石对光把玩的,有与店家讨价还价迟疑不决的,而更多的却是像我们这样,在人群中走马观花穿梭不定的。偌大的市场里虽谈不上人声鼎沸,摩肩接踵,却也是去了一拨又来一拨。

同事中有人看似对玉略懂一二的,一圈下来,便提议放慢节奏,有步入正题之意。我是十足的观客加听众,因为无论是论"财力"还是论"才力",我都没有勇气与玉打交道。同事显然是做足功课而来的,光那些我听得云里雾里的术语,就已经令我敬佩不已。尽管如此,要在这鱼龙混杂的地方淘得心仪的东西还是不易的,那种大师级的东西自然是不敢问价的,问了徒添自卑；一些没有款的货色，价是便宜，可又看不上眼。临近市场打烊，仍是无获。

出了市场大门，路过一家门面不大的玉器小店，不经意往里瞥了一眼，门边上两块个头庞大却灰不溜秋的石头闯入视线。玉器店里怎么会摆两个如此丑陋的石头？出于好奇，我和同事抬步而进，径直围着石头细看起来。

二石形状颇为相似，均呈椭圆形，长端直径不下半米，通体灰色，像两个上了年纪的老者互视而立，静谧得让人羡慕。店家一如这石头，也静静坐在台面后，手捧一书，相当入神。好奇心驱使我们上前打扰，想一探此二石的秘密。

店家是个热心人，他来到二石旁，先出一题："这两块石头当中有一块是很值钱的，如果两块我开一样的价，你们会选哪一块？"这可是相当具有挑战性的，不过，警惕性还是让我们都缄口不语，我们不知道店家卖的什么关子。

"看不准吧？"店家转身去拿了一只小手电筒，挨个儿对着两块石头打光，如此反复数次："瞧出什么了没？"紧盯之下，一个"悟性"高的同事终于叫出声来："这块光线照去通体泛绿、透明，而另一块什么也看不见。"像发现新大陆，随行的都纷纷点赞。

点赞之余，不禁感叹：如果往日，如果在哪条小路旁，不经意看到这两块石头，它们除了是石头，还能是什么呢？

只能是石头而已。

或许是我们普通人无识玉之利眼，但如若不曾打磨，玉匠也非十拿九稳。有史例为证：

古时，楚国有个名叫卞和的人，一天，他在山里找到了一块还没有琢磨过的玉石，便把这玉石呈现给当时的楚厉王。没想到，宫中玉匠竟说这只是一块普通的石头，厉王一怒之下，命令部下把卞和定了罪。

厉王死后，武王继位，卞和又将这玉石献予武王，可是，他仍遭被定罪的命运。卞和失望地抱着石头，在山脚下哭了三天三夜。

文王即位后得知此事，便将卞和请进宫来，命玉匠将这块石头好好打造一下，发现果然是一块上等的美玉，于是便将它命名为"和氏璧"。

这，便是"玉不琢不成器"的典故。

人生何尝不似玉？也许，我们每个人潜质里都是一块玉，有的人用心打磨自己，成了一块好玉；有的人守着自己一辈子不打磨，一辈子就只能是块不值钱的石头;还有人下错了刀、雕错了地方,结果人生留下了败笔。对待自己的态度不同,用功不同,便有了各自不同的人生。

再来审视自己:已近中年的我,如今是玉还是石?在平凡的教师岗位上走过二十余载,每天波澜不惊的生活渐渐让身心染上了一层唤作"惰性"的灰色,一如之前所见的那两块灰色的"石头",若再不打磨,必将成为被遗弃路边的顽石。

爱因斯坦有句名言:"人只有献身社会,才能找出实际上是短暂而又有风险的生命的意义。"搭上双语援疆的末班车,匆匆已过半年有余。半年来,我喜欢和学员在一起的生活,珍惜为学员上的每一堂课,因为我知道,课堂正是将我打磨成玉的地方。南疆是片沃土,双语援疆是把利锄,只要我们真情投入,真心融入,在未来一年多的援疆生活中,有许多的事可以做,有许多的光和热可以发,更有许多的充实和多彩可以收获。

打磨人生,方成大器。

国旗,您告诉了我另一种意义

（姜　清　江山市大溪滩小学）

"起来,不愿做奴隶的人们,把我们的血肉筑成我们新的长城……"当熟悉的国歌声响起,我第一次站在祖国南疆阿克苏教育学院的操场上,看五星红旗冉冉升起,心潮澎湃,眼噙热泪。

不停浮现的是刚刚谢幕的"9·3"阅兵仪式。三军列阵,礼炮齐鸣;铁流滚滚,战机翱翔,它向世界展示了中华民族的铁骨豪情!《太行山上》《铁在烧》《我的家乡晋察冀》,一部部的抗战巨作,让我们与前辈们一起回味了那段光辉历史、峥嵘岁月。阅兵式向全世界宣告:饱经沧桑、历经磨难的中华民族,更加热爱和平,更加懂得珍惜和平。

此刻,我脚踏边疆热土,仰望五星红旗迎风飘扬,内心有太多不一样的感慨。

自古以来,新疆就是一个多民族聚居和多种宗教并存的地区。自治区成立60年来,新疆各民族人民团结协作,努力开拓,共同书写了开发、建设、保卫边疆的辉煌篇章,新疆的社会面貌也发生了翻天覆地的变化。然而,"三股势力"却无视人民对和平安宁的渴望,不时地制造舆论,蛊惑人心,大搞暴力恐怖活动,破坏社会安定。作为一个在江南土生土长的教育人,当听到主持人为我们领诵国旗誓词"加强民族团结、维护祖国统一、反对民族分裂"的那一刻,内心深处像打翻了五味瓶,同时也深感使命重大。

离家万里来疆,在艰苦的环境中工作,没有一种精神引领那是万万不行的。来疆之前,听得最多的就是红柳。千百年来,红柳之所以能存活于荒漠且生生不息,斗志昂扬,创造出生命的奇迹,靠的是它能深深地扎根下去。能够参与教育援疆工作,是一种荣幸。眼望国旗,临行前领导、兄长的叮嘱变得清晰:来疆为什么?在疆做什么?离疆留什么?新学期的各项工作已经启动,我正积极转换角色,主动应对新的挑战,在扎实开展好双语教学培训的同时,用我们的心,用我们的绵薄之力做好民族团结的使者,努力实现为国家分忧、为新疆奉献、为浙江争光、为人生添彩的伟大追求。

还会有无数次这样的升旗仪式,还会有无数个凝望五星红旗的日子。亲人在看着我们,组织在看着我们,边疆的百姓在看着我们。在祖国西北边陲的这片热土上,我会和我可亲可爱的援友们一起,走好两年援疆路,洒下终生援疆情。

谢谢你,感动了我
——2015级浙江班学员带给我的暖心瞬间
(姜 清 江山市大溪滩小学)

走进阿克苏教育学院已经半月有余,和浙江班学员的融洽共处,让我之前所有的担心和焦虑一扫而尽。相反,一幕幕暖心的瞬间不时映入眼帘,让已是不惑之年的我,常常为之感动。

替妻子写假条的汉子

第一次进援疆课堂,我有意提早了半个多小时,为的是让自己有足够的时间与学员课前唠嗑,拉近距离。置身其中,明显地感受到了少数民族学员的外向和热情,虽然他们普通话有些生硬,但丰富的表情、夸张的手势表现出他们内心强烈的表达欲望。热闹中,我的目光还是被坐在六组最后、低头书写的男学员所吸引。我装作不经意地走到他身边,轻轻的脚步似乎并没有打扰到他,他仍是那样认真地在笔记本上写着什么。俯身细看,最先映入眼帘的是"请假"两字,稚嫩却很端正,看得出那是一笔一画用力写成的。我没有继续往下看,轻轻坐到他身旁的空座位上。他这时才停住手中的笔,抬起头来朝我微微一笑,黝黑的脸上竟然略带害羞。

"写得这么认真啊!"

"呵呵,帮我妻子写一张请假条。"他显得有点局促,不停地用手折着笔记本的一角。

"请假条? 怎么不用张好一点的纸啊?"我看着他手下那本半旧的本子,疑惑地问道。

"现在先打一下草稿,中午我会把它重新抄一份。"

什么样的假让这个汉子这么用心呢? 在与他随后的交流中我了解到,本来这次学校选派少数民族教师参加双语培训,他们夫妻双双入选。可就在开学前几天,妻子却意外受伤了,需要住院动手术,估计得个把月才能来校。

"现在最担心的是妻子丢了这么多课赶不上。"他叹了口气,一脸的无奈。"老师,我想用手机把你上的课录下来,晚上带回去给她听,可以吗?"他像是鼓了好大的勇气,说出了一句让我很意外的话,然后用期待的眼神看着我。那一刻,丝毫的犹豫也没有,我给了眼前这个汉子最坚定的回答:"行,如果需要,我给你把每一课的朗读都录起来,你带回去。"我注意到了他的眼圈一红,说实在的,那一刻的我何尝不是一样?

我们的未来一定会更好

出于对当地教师平时在一线开展汉语教学情况的好奇,课间我有意和学员们聊起了这方面的话题。由于汉语教师总体数量上的缺乏,不少基层学校能够胜任汉语教学的教师不多。但为了正常开设汉语课程,并最大限度地提高汉语教学的质量,让维吾尔族学生更好地学习汉语,就需要这部分占比极少的汉语教师承担起更多的工作量。课时多、备课要求高、作业批改严,如果说这些都还是可以克服的,那年终的绩效考核带给他们的失落感就显得更强了。由于学生的汉语基础薄弱,汉语教学成绩合格率明显要比其他学科低很多,汉语教师的业绩考核自然处于弱势……正当这样的抱怨在教室里渐成共鸣的时候,一个矫健的身影快步迈上讲台,"咳咳"两声清嗓之后,教室里安静了下来。"同学们,我和大家一样,在学校里也上汉语课,课多,改的作业也很多,但我觉得自己很幸福。我经常想,别人无法代替我的工作,所以自己在学校里才显得重要……"教室里出奇的安静,一双双眼睛都盯着台上那个激情洋溢的男人。他告诉我们,毕业之初,因为当地乡政府缺少能说汉语的人,他便被拉去当了三年的"翻译"。感觉一个人的力量实在太单薄,他执意要回学校去,教孩子们学汉语,帮助更多的人掌握汉语。他所在的学校目前只有三位从事汉语教学的老师,虽然工作量很大,但他感觉很充实,在同事眼里他是个了不起的人物,一个汉语说得挺不错的维吾尔族老师。"浙江支教团的老师们来了一批又一批,我们的汉语老师也会增加一批又一批,我相信,汉语教学力量一定会越来越强,我们的未来一定会更好!"

那一刻,我和这个叫买哈木提·艾麦尔的男人紧紧拥抱在一起。

老师,教我写一份请柬好吗?

上午两节课上完,我回到寝室不久,接到一个陌生的号码,原来是班里一个叫依不拉音·买买提的学员:"姜老师,您在哪儿呢?想请您帮个忙。"和他约好在宿舍楼下见。分把钟时间,便远远看见一个高个子朝我快步走来,他手里似乎还有一叠大红色的东西。近到眼前,才看清那是一叠请柬。"老师,今天是教师节,我们全班学员打算放学后聚一下,想请你和我们班另外三位老师一起参加。可我没用汉字写过这东西,您能教我一下吗?"此时此刻的我,还能说出拒绝的话吗?就在软软的草坪上,就在暖暖的阳光下,我和他一起一字一句地写好了请柬。就像完成了一件无比重大的工程,他的脸上洋溢起了暖暖的笑容。

一场朴素的聚会,一份隆重的邀请。晚宴上,当年长的班主任艾拜杜拉郑重地为我戴上维吾尔族的巴旦木花帽时,这个刚组建不久的大家庭,带给了我这个离家万里之遥的江南书生沉甸甸的温暖。

感谢命运的垂青,带我走进伟大祖国的西北边陲;感谢双语援疆,让我有幸与塔克拉玛干沙漠边缘的绿洲城市阿克苏结缘;感谢你,我可敬又可爱的学员。

谢谢你,感动了我!

即兴的"导课"

（姜　清　江山市大溪滩小学）

今天是 2014 级学员毕业合影的日子,虽与己无关,但出于好奇,我趁没课的空隙,像许多新学员、新同事一样,围观凑个热闹。

镜头前那些身着盛装、春风满面的主角相当吸引眼球。对其中的每一个人来说,今天这个特殊的日子,都将成为他们生命里重要的记忆。当快门的"咔嚓"声过后，当那些台上的主角纷纷散开，挤在人群中的我注意到了各色的眼神，那眼神，也相当有味道，而个中深意，只能揣摩，难以言表。

心中愈发好奇：此刻的他们，会想些什么呢？

正好接下来有课。铃声过后，我用比以往任何一次都深情的声音开场："同学们，刚才你们去看了师兄、师姐们拍毕业照的场面了吗？"

"看了！"

"谁能用一两个词语来形容一下你看到的场面？"

"漂亮！"

"帅！"

"热闹！"

……

毕竟都是小学语文老师，脑子里存货还真不少。

"你们能猜一猜你们的师兄、师姐们现在的心情吗？"

教室里鸦雀无声。

教了20多年的书，课堂上的冷场自然难不倒我。经过简单的引导，举手的学员一个接着一个——

"我想，师兄、师姐们现在心里一定很难受，因为马上就要和同学分别了，会舍不得。"最先开口的叫布尼牙孜汗，说话的时候，他一脸凝重，仿佛说的就是自己。从很多学员的眼神中，我知道他们也被这话触动了。

"老师，我觉得这个时候也有人会害怕。"热比艳姆的回答让我颇感意外："害怕？怎么会害怕呢？""因为马上就要去实习了，如果平时没有好好学习，现在要用汉语给学生上课，心里肯定有点害怕，怕讲错知识，怕被学生的问题难住。"热比艳姆的一席话说得同学们纷纷点头，看来，有着这份担心的不只是热比艳姆一个人。

"那你们会希望这个毕业的时间早点来到吗？"我忍不住插了一句。

"不，不希望。"几乎是异口同声地回答。

"为什么？"

"我们希望培训的时间再长一点，希望学到更多的汉语知识。"从他们的眼神中，我看到的是真诚和信心。

看看情绪已差不多了，我正了正嗓子："同学们，时间过得很快，明年的这个时候，你们也将像今天的师兄、师姐们一样，成为毕业合影中的主角，拍完毕业照,你们也将带着自己所学的知识和技能,走进各自的课堂进行汉语教学。怎样才能让自己在走上讲台的时候不感到害怕呢?办法只有一个,那就是珍惜眼前的分分秒秒,更加努力地学习,掌握更多的汉语知识,不断提高课堂教学技能。我也将尽自己所能,与你们一起努力,让我们都来做一位有底气的好老师!"

掌声,不约而同。

那节课,向来不喜欢举手的古丽巴哈也一次又一次高高扬起了手……

老师在哪里
(姜　清　江山市大溪滩小学)

这是一节句型教学课,按照以往的经验,句型学习是维吾尔族学员普遍感到有难度的内容之一,因为维吾尔语和汉语两种语言在表达上存在差异,他们在用汉语说一句话的时候,经常将句子成分错放。

这不,上午的这节课就着实让人喷饭。

在指导学员用转折词"却"造句时,我发现很多学员都犯了一个同样的错误。请看几个学员写的句子:

> 我已经准备好了,却他不去了。
> 他平时学习很用功,却成绩不好。
> 这件衣服很好看,却价格很贵。

对于每天与汉语打交道的我们来说,上面这些句子的错误是显而易见的,学员没有弄清楚"却"这个词应该用在哪个位置。针对这个问题,我重点做了纠正,并再一次强调:"却"一定要用在句子的主语后面,不能用在主语前面。强调完后,我又特意把正确的三个句子和之前学员错误的句子进行了对比板书:

> 我已经准备好了,却他不去了。
> 我已经准备好了,他却不去了。
> 他平时学习很用功,却成绩不好。
> 他平时学习很用功,成绩却不好。
> 这件衣服很好看,却价格很贵。
> 这件衣服很好看,价格却很贵。

　　想想学员应该明白了,我又以开火车的形式进行口头巩固训练,并随机对少数同样的病句进行了纠正,一切进行得得心应手。

　　轮到四组六号阿不都热合曼了。

　　　今天我很早就到教室了,却老师没来上课。

　　耳尖的同学很快听出了问题,争先恐后地帮着纠正,可因为大家七嘴八舌地,阿不都热合曼听得云里雾里,直发愣。我示意大家安静下来,并走到阿不都热合曼跟前,轻声问道:"老师在哪里呢?"

　　问题一出口,我便发觉不妥,其实,我的意思是想提醒他:"老师"这个词应该放在哪个位置呢?

　　没容我改口,阿不都热合曼就用奇怪的眼神看了我一会儿,说道:"不知道,我没看到老师,不知道老师在哪里。"教室里响起了笑声,但还只是轻微的,因为只有少数同学听清了阿不都热合曼的话。

　　说实在的,阿不都热合曼的汉语表达真的是不容易听明白的。

　　"不好意思,刚才是老师没有说明白,我的意思是,你造的那个句子中'老师'这个词应该放在哪个地方?"我尽量放慢语速,看着阿不都热合曼的眼睛,一字一句地再问了一遍。

　　"老师可能是生病了吧,生病了,所以没来上课。"阿不都热合曼可能是怕我听不明白,还用手配合着比画了好一会儿,一脸的着急。

　　这回,教室里终于炸开了。

　　而我,尽管强忍着,可终究还是没忍住,忙转个身呛了口气。

　　待我再回过身来,阿不都热合曼的同桌正在用维吾尔语对他说着什么,明显地,他的脸变红了:"老师,对不起,我刚才听错了。"紧接着,他重新把自己原来造的句子说了一遍,这次,一点问题都没有。

　　我带头为他鼓了掌,紧跟着,教室里掌声一片。

　　这掌声,于他而言,是一种鼓励和肯定,于我而言,又是什么呢?

　　或许,除了对他的鼓励和肯定之外,还有些许的歉意吧,为自己一个不甚恰当的提问。

清明杂思

（黄思海　岱山县高亭中心小学）

再过几日就是清明了。

在我的家乡，清明是一个非常重要的日子。成家后，每年的这一天，我总要带着妻子和孩子，和母亲一起去翠柏青青的山上，给父亲扫墓，缅怀先人。随着时间的河流不断流淌，祭扫时也许少了哀伤欲绝的悲痛，但我、妻、儿子又一次承欢年迈母亲膝下，母亲脸上的皱纹是那般快活地舒展着，似乎空气里都弥散着天伦的乐趣。

但今年的清明节……妻发来了她周末带着孩子外出游玩的合照。老屋依旧，水泥院墙下，几树桃花正开得旺腾，但照片上分明少了一个人。我手指在手机屏幕上划动，把照片放到最大，看着看着，鼻头一阵酸涩，泪，终于还是没能忍住，迅速打湿了手机屏幕。

去年我报名援疆，妻是十分支持我的。向来，我要做的任何事情，她都是无条件地信任我、支持我。但我始料未及的是，当我暂别家乡，她一个人既要上班，又要照顾孩子，竟会如此辛苦。而年迈的母亲、岳父母素来体弱多病，为了不给已经身兼父职和母职的妻子增加负担，岳父母还时常送饭菜来。

可是每次电话里，妻、母亲和岳父母总是笑呵呵地说："家里一切都好着呢，什么都好！"就连才 12 岁的儿子，也都是"报喜不报忧"，只挑他开心的事在视频那头和我说。

那么，远在新疆的我，又有什么理由不好好工作，为我的事业、为我们的双语培训事业，奉献我全部的智慧和力量呢？！

本学期我任教听说课程，于我这个小学数学教师而言，这是一门全新的学科；于我的学员而言，如果听和说的能力基础没有打好，那么读和写的能力提升，就无从谈起。

维吾尔语虽然也有四声的变化，但其规律和汉语四声变化规律大不相同，学员们常有把"平安"读成 pìng'ān、把"借钱"读成 jièqiàn 等情况。为了纠正这一现状，在教学中我多运用对比教学法，如把"苦—哭""收入—瘦肉"等容易搞错、混淆的词，进行汇总、对比，尽可能发现学员存在的问题并予以解决。这样一来，一节课 45 分钟的教学任务，常需要花三四小时来备课。

让我欣喜的是,在我们的共同努力下,开学一个月来,学员们循序渐进,从"听音跟读"开始,到"写拼音—听音写词语—听音理解句子",能力逐步提高。课堂内外,遇到学员不懂或者没有掌握之处,我就耐心地反复示范、辨析,一次又一次纠正读错之处。阿克苏的三月很干燥,时常扬尘肆虐。读多了,喉咙哑了,我就稍微读轻一点,但从不敢放宽对学员的要求。渐渐地,他们的发音比开学时标准了很多,阿依努尔等几位学员一下课就喜欢找我说话,谈生活,谈工作,甚至谈我们的家庭情况。"老师,我们喜欢你,喜欢上你的课!"

这个时候,我和我的学员们就会一起开心地笑起来。

他们淳朴的神情、灿烂的笑容,就定格在这个春天温暖的阳光下,定格在我——一位离家万里的支教者的心坎上!

人不寐,塞外冷夜燃孤灯;千嶂里,援疆红柳谋新篇
(詹喜庆 杭州市莫干山路小学)

人不寐,将军白发征夫泪。正如范仲淹诗云:人,不寐。这些日子和援友怀着满腔热情在塞外凉爽的秋风里度过,我们如期进行了岗位培训,渐渐适应了艰难的地理环境和生活环境,却面临新的岗位不适应。这学期我的教学任务是2014级初中美术的教法与模拟,如何让课堂融洽、和谐而高效,让维吾尔族老师在短短的一年里掌握并运用先进的教学理念进行说课教学和模拟上课,这对于我来说"压力山大"。除了夜以继日地充电外,我还要经营与维吾尔族学员的课堂关系。

今天是第三次授课,按之前的教学计划,第一节课讲授中学美术教学内容及教学策略之设计,第二、三节课是经典案例"点线面"的剖析,但学员要求留一节课讲授经典美术作品赏析,所以昨晚我备课到2点仍意犹未尽,不仅复习了教材教法,而且浏览了大量的美术史内容及经典画作,这个过程让我十分享受,也增加了我对课堂掌控的信心。

匆匆吃完早饭后回到宿舍,开始整理之前一直做到凌晨3点的课件,每张幻灯片、每一段文字和出处都再三斟酌,课堂预设语言也重新打了腹稿,力求每个知识点都用他们能听懂的方式阐述。比如平面构成的重新学习就花了整整一个多小时(平面构成知识以前在杭师大学习过,虽说没有忘记,但要站在讲台上说出个来龙去脉,就必须得再次"回炉"消化)。虽然是枯燥

无味的,但毕竟是自己感兴趣的东西,还可以时不时拿笔涂涂抹抹,很是过瘾。整理过后,我整个身心无比放松,非常愉悦。

课件好了,成竹在胸的我长吁一口气。极目远眺,天山似乎近在咫尺,雪峰如耀眼的钻石嵌在湛蓝天空,一群不知名的鸟儿绕着城市的天空自由地翱翔,又是美好的一天。

在下午的三节课中,我和学员们在不太顺畅的普通话交流中非常从容、充实而愉悦。特别是第三课时"外国名家欣赏——毕加索",他们非常感兴趣。当说到画坛大咖毕加索时,徐克然、吐尔逊异常兴奋。毕加索是我很感兴趣也十分崇拜的一位外国画家,我曾经感叹:"画画的人,能像毕加索那样,活得很久,身边美女很多,佳作很多,那就幸福啦!"

在讲解中,我设计了一个小问题:"透过画面你还看到什么?"先发表意见的是阿力(一个和《上海滩》里的丁力酷似的中学老师——阿卜杜克里木),他说他看到了鲜花和美女。安外尔老师说他看到了"战争之中的断壁残垣,血流成河"……

一切出乎我的意料,这节课围绕着一件作品的讨论,氛围就像朋友们围坐在火锅旁开怀畅饮,享受着视觉上、精神上的饕餮盛宴。我看到了徐克然、吐尔逊、安外尔对双语课堂教法模拟课的态度的转变,深层次的原因当然是他们对艺术的热爱,以及由此而激发的学习热情。

下课的音乐声已经响起,阿提古丽说:"老师,明天给我们讲达·芬奇,好不好?"我开心地看了一下墙上的时钟,思考片刻说:"达·芬奇是很了不起的画家,也是伟大的建筑师、数学家,徐克然崇拜他,下次课让他来讲达·芬奇,我以后和大家一起来欣赏中国的名画《富春山居图》。"

双语教学教法模拟是援疆教师比较头疼的一门课程,大家都摸着石头过河,每每授课归来,有长吁短叹者,有默不作声者,有激动兴奋者,大家在茶余饭后都会交流心得,总结策略。很庆幸我的授课内容是美术——视觉表达没有语言障碍,艺术表达更能彰显个性。在这种沟通中,传递美、感悟美、发现美,一方面促进学员们提高汉语水平,更新教学理念;另一方面,也督促我马不停蹄地在专业领域钻研、提升。

相信,经历了援疆这段时光的锤炼,我的人生高度和醇度将会有所提升,感谢这塞外清澈的蓝天,感谢伴我寂寞的孤灯,更感谢淳朴善良的维吾尔人!

距　离

（顾青峰　杭州市萧山区高桥小学）

杭州到阿克苏的公路距离约 4673 千米,海拔距离约 1050 米,时差是 2 小时 30 分。我们肩负援疆的使命,飞越千山万水来到阿克苏,作为民族团结的使者、传播友谊的桥梁,拉近民族之间心灵的距离。

第一堂课,看着一张张陌生而又亲切的脸庞,心中不免有一些忐忑和紧张,但我相信,微笑是最好的沟通方式,保持微笑,用真心对待、用耐心教学、用善心沟通,一定会消除彼此的隔膜。渐渐地,学员看向我的目光从陌生变得熟识,从警惕变得柔和,从尴尬变得亲切,我们彼此之间的心灵距离在慢慢地缩短。

课前、课后,学员主动来找我聊天了,讲新疆、聊浙江、说工作、谈生活,还常常热情地拿给我核桃、葡萄等新疆特产,让我既不好意思又没有理由拒绝。我深知,我们的心在渐渐聚拢,我们的情也在渐渐变浓。我为他们普通话的点滴进步而甚感欣慰,他们也为自己汉语水平的日渐提高而欢呼雀跃。教师节那天,我们互道节日祝福。

微信里的维吾尔族学员渐渐多了,他们的名字也深深地烙在了我的心里,在班级微信群中看着他们聊天,我偶尔也讲几句,他们都会用不是很通顺的汉语友善回复。这时,我仿佛有种不真实的感觉,在与故乡相隔万里的新疆,我有了学生,有了好友,更有了一份单纯而又充满温情的友谊。

不巧的是,学院对 2015 级的学员重新进行了分班。那天上课结束,学员纷纷和我道别。班长依米提说:"我们大家都很喜欢你。"吐尔逊阿依说:"我们有点舍不得。"虽然语言称不上华丽,但从质朴的声音中我感受到了这份难以割舍的情谊。中气十足的依米提、羞涩的古力先克孜、好学的卡合尔曼、美丽的茹仙古丽、热情的帕热旦木、普通话最好的阿比旦、憨憨的吐尔洪……虽然只是短短的两个星期的缘分,我们的心已彼此走近。你们的身影已恒久地留在了我的记忆深处,相信真诚的我也已栖息在你们温暖的记忆中。

那天停电,学院里的好多学员都聚集到了足球场上。不时传来了歌声、笑声、喧闹声,还能看到手机闪闪的光亮,此起彼伏,相映成趣。维吾尔族学员们这边一群,那边一群,围坐在操场上,有的唱着民族歌曲,有的跳着民族舞蹈,有的做着游戏。感受着他们的欢乐,听着他们原生态的歌唱,忽然忘记了停电中的无聊,思乡的结也慢慢地打开,人也变得快乐起来。欢歌笑语中,我看到了一个能歌善舞的民族,一个开朗热情的民族,我想起了学院墙上的宣传语:"汉族离不开维吾尔族,维吾尔族也离不开汉族,各族人民要像石榴籽一样紧紧抱在一起!"是啊,正因为有了56朵不一样的盛开的花朵,彼此相依,祖国花园才变得如此美丽。实现民族伟大复兴的中国梦,同样需要我们各族人民共同努力,因为我们是相亲相爱的一家人。

有一种距离,我们渴望到达,那就是梦与梦的距离;有一种距离,我们渴望缩短,那就是心与心的距离。心灵的距离,没有可量的尺,只有可度的情。

龟兹古韵书香情,维汉一家鱼水亲
（刘学峰 杭州市江城中学）

2015年,我非常荣幸地成为一名双语教师,来到新疆阿克苏,培训维吾尔族教师。位于南疆的阿克苏,译成汉语,就是白水城。几条河流穿城而过,不仅为阿克苏提供了必要的水源,也让她成为名副其实的塞外江南。漫步多浪河边,波光潋滟,杨柳依依,仿若故乡西子湖畔。只有那维吾尔族儿童不时的玩耍声和从身边走过的高鼻深目的姑娘小伙的身影,在不断提醒着我这里是新疆。

刚下飞机时,风尘仆仆、背着拎包的我带来的还有一肚子忐忑:维吾尔人好相处吗?我能顺利完成任务吗?时日越长,接触的维吾尔人越多,这些忐忑就加速化为欢喜和舒适。这真是一个纯朴善良的民族啊!去买牛奶,他们的牛奶绝对原汁原味,挤奶的阿妈那微笑的神情透露着善良,心里看着舒畅,那就再来点吧!如果你问路,他们会耐心地告诉你,从来不嫌你烦。尽管语言有些障碍,我却仿佛在自己的家乡一样从容自若,没多久就把自己也当成了本地人。如果我穿上民族衣服,拿上冬不拉,看上去肯定也是个有模有样的新疆人!

学院的工作和生活平淡中不失快乐,维吾尔族教师们可爱认真,个性十足,又能歌善舞,为学习带来了美妙的色彩。肉孜古丽是个典型的维吾尔族姑娘,总是戴着一块黑色头巾,一下课就开始吃东西。我经常调侃她,吃多会变成大胖子。她也不介意,还微笑着对我说:"老师,瓜子很好吃,你也来。"热比古丽总是带着一份忧郁,但学习特别刻苦,是个非常优秀的老师。

后来才知道，她为了不让学生辍学，亲自到学生家劝说，由于车辆颠簸，导致流产两次。多么好的老师啊！在敬佩你的同时又是多么地心疼你。辛勤耕耘的老师，请爱惜一下自己吧，身体好才能干好工作，才能勇往直前啊！伊再提古丽毕业于乌鲁木齐师范大学，根基比较好，汉语也好。我在教二进制时，请她到讲台给大家讲一下，她竟然反客为主，一下子讲了十几分钟，可惜说的是维吾尔语，我仅仅懂一点。我告诉她，下次到讲台，要讲汉语。她突然害羞起来，脸红红地说："知道了，老师。"木斯塔帕是一个诚实健壮的维吾尔族汉子，聊起本地特产，他说得头头是道，哪里苹果最好，怎样挑选苹果，什么叫冰糖心。他又问我"红枣啥样才是土红枣"，我想了半天，只能说："还是你介绍吧。"他认真地说："有土的红枣就是土红枣。"我傻眼了，大家都笑，他还在继续介绍。古丽娜尔是一个非常漂亮的维吾尔族女孩，我说想学维吾尔语，要把阿克苏当第二故乡，她就带着一本工具书来教我。我读音不准，她就耐心地在一旁纠正，像我为他们讲课一样。慢慢地，这个地方、这片热土，因为身边的人变得不再陌生，他们让我这个外乡人的生活溢满深情——对阿克苏的热爱、对维吾尔人民的感激和对未来的向往。

教师这个职业就是这样，总是被年轻的血液和新鲜的气息包围，在每一个明天的旭日里，我既期待又踌躇。

阿克苏是地级市，但也会停电。停电了，晚自修自然不能继续进行，当老师的我可有些郁闷，学员们却兴奋不已。他们跑到运动场，对歌唱起来，民族舞跳起来，冬不拉弹起来。如果再来一把篝火，那就是我见过的最美妙的篝火晚会！认识的，不认识的，只要一个微笑，就可以融在一起。

在这里，人与人之间少了隔阂，多了亲密；少了猜忌，多了真诚。

这里就是阿克苏。

这里生活着简单快乐的维吾尔族同胞。

汉族离不开少数民族，少数民族也离不开汉族。我们在同一片蓝天下，同一个国家里，是真正的一家人。作为双语教师，有机会来到新疆这片土地，传递汉族人民对维吾尔族人民的热情，我感到自豪而光荣。祝愿维吾尔族和汉族人民的友谊地久天长！

援疆路上，我们在演绎精彩

（连夺回 绍兴市上虞区小越镇中学）

我们或许不能延伸自己生命的长度，但可以拓展生命的宽度。我希望用这样的方式拓宽自己的生命，诠释人生的意义。

——题记

"援疆，就是我们无悔的选择。"进疆工作半月有余，来到阿克苏后，我们才明白这句话的真正含义。这一路走来，从刚接到援疆任务时的惶恐，到印证了"辽阔新疆，大美新疆"说法的兴奋，在经过多天的了解与熟悉后，我深深地意识到，走在援疆路上，我们就要尽自己最大的努力去演绎精彩。

舍安逸而取艰难

"选择了援疆就选择了吃苦，选择了新疆就选择了奉献。"我们肩负着历史使命和责任担当，舍弃安逸的家庭生活而选择艰难、选择奉献。

刚到阿克苏的那几天，很多援友身体便有了不良反应。阿克苏地区是典型的温带大陆性气候，气候干燥，降雨量少，日照长，饮食口味偏重，水体总碱度高，这对于从沿海来的我们来说，是一个不小的考验。因为水土不服，身上总会出现过敏，喉咙痛、没有食欲，甚至还有鼻腔出血等症状；部分援友没能顺利地调整时差，总是在很早就习惯性地醒来，睡眠无法得到保证。

但我们心中只有一个信念，既然来了，就选择了奋斗，牵手奉献，就一定要克服种种困难，尽快适应这里的生活。

弃小家而顾大家

2010 年 10 月，为了促进新疆发展，增进民族团结、稳固祖国边疆，党中央审时度势，提出对新疆地区进行新一轮的援疆行动。我们每位援友都积极报名，经过组织选拔考察，最后光荣地成为浙江最后一批双语援疆教师。

"我们告别家乡、远离亲人，来到万里之外的陌生环境，舍小家，顾民族团结这个大家。如果不参加援疆，我们和大家一样，既是父母膝下孝顺的儿女，也是孩子眼中慈爱的爸妈。"支教团教师如是说。

刚到阿克苏教育学院，我们克服各种困难，立刻投入工作中，践行红柳精神，坚持"三问四为"要求，按照学院教务处的要求尽快掌握当地使用教材的知识体系，熟悉教材结构。针对双语学员的特点，迅速调整教学思路：低起点,密台阶,多反馈,严要求。我们对每一堂课都认真钻研,精心设计,跟同教研组的老师探讨,向老援友请教。为了激发学员学习兴趣,大家尽量使用多媒体教学,课堂效果很好。有位双语教师所带的音乐班,后进生较多,学员汉语水平较差,他采用"两手抓"的方式:一方面,对学员实施"赏识教育",坚信每个学员都能在老师帮助下取得进步;另一方面,在教学策略上,因人施教,分层教学,设置不同层次的教学目标,布置不同层次的作业,使不同层次的学员在课堂上都有自己的位置,各尽所能,各有所得,都能品尝到成功的喜悦,从而杜绝上课开小差的情况,提高了课堂教学效率。

一段时间的辛勤努力,换来了学院领导和学员的高度认可,我们坚信,只要我们弘扬浙江援疆精神,在未来的援疆工作中始终坚守岗位,一定会取得丰硕的援疆成果。

抛繁华而乐寂静

离家万里,最怕的就是寂寞孤独、思乡思亲。援疆教师始终过着"5+2"的生活模式,抑制不住的思念不时如潮水般向他们涌来。远离亲人长期在外,对人是种煎熬,特别是过节的时候、家人生病的时候。

但孤寂压不垮我们,我们相互谈谈心、散散步、读读书,生活乐观而充实。支教团会组织小型文体活动,为大家提供相聚的机会,共同排解寂寞和思乡的情怀。同时,我们还通过各种途径与家人、单位联系,感受家人叮嘱的温馨,体会领导同事关心的温暖。我们深知,一旦肩负援疆使命,面对组织重托,面对阿克苏人民的期盼,我们就是勇敢的战士。亲人的理解支持,坚定了我们援疆的选择,我们无怨无悔。

"为人师表、爱岗敬业是援疆老师们永远坚守的信念,为了祖国强盛、民族振兴,我们有责任、有义务为新疆教育的均衡发展贡献自己的微薄之力。这两年的援疆生涯既是我们教育生涯中一段难忘的经历,更会成为我们人生当中一份宝贵的回忆。"支教团教师代表说。

浙阿情　援疆路

（赵祖耀　湖州市吴兴区织里镇第二中学）

我,是一位普通的教师,2015年8月28日,我离开了家人和亲人,离开了同事和朋友,离开了养育我多年的家乡,飞向了万里之外的新疆阿克苏,飞向了美丽而又神秘的西北边陲!

临走前,我心里感受到的是领导的信任、家人的牵挂。同时,我也感受到了这份工作的责任和压力,感受到了这份使命的光荣!

飞机整整飞了7小时,降临祖国西部的那一刻,我终于感觉到了祖国天地之广阔:从万米高空俯视这片陌生的土地,沟壑纵横,层峦叠嶂,那是一片灰黄,那是一片火红,那是一片洁白……我们这批来自浙江省不同地区的60位教师,将在这里共同度过两年的时光,开展新的教学工作,结下民族间的深厚友谊,想到此,大家无不感到激动和兴奋!

每当夜幕降临的时候,我都会静静地思念我的亲人。作为父亲,我有万般不舍,尤其是刚满周岁的小女儿,还不会叫爸爸;作为丈夫,我不知今后如何去补偿平时已经十分劳累的妻子,这次除了承担家务,她更肩负起了照顾好两个孩子的重任;作为家中独子,面对年迈的父母,我不知如何去尽一份孝心……我也曾犹豫过,但是心中的那份援疆信念在不停地召唤——一定要去援疆!

转眼已经过去一个月了,我慢慢适应了这里的生活。在阿克苏教育学院,我的教学工作任务是中学历史课的教学教法与模拟,学员都是来自阿克苏不同地区的中小学教师。课堂中,他们个个都很认真,个个都很朴实,这让我更加坚定了信心:在这里,我将忠于教育事业,呕心沥血,用满腔的热情、火热的忠心、十足的干劲,在这片热土上留下我踏踏实实的工作足迹!为国家分忧,为新疆奉献,为浙江争光,为人生添彩!

雪天漫思
(郭英丹 东阳市东阳江镇初级中学)

校园里,阿克苏的第一场雪,正纷纷扬扬地绽放着最美的舞姿。寒假的脚步越来越近了,追忆这半年,反观内心:我是否也尽力绽放了呢?

一

公元2015年8月28日,一群来自浙江各县市的老师。

我们追随着夸父逐日的足迹,怀揣着民族团结的梦想,飞过座座雪山,飞过茫茫戈壁,一路向西。终于,飞越万里,深夜落地。阿克苏,我们来了!

二

与学员的相处,欢乐而感动。

这是一个热情友善的民族。

　　课间,欢声笑语不断。女学员教我跳舞,当我手舞足蹈稍有进步时,男学员也会毫不吝啬地把赞美的话送给我。学员们同我分享各自从家里带来的红枣、核桃、巴旦木,热情得不能推却。我们互聊家常事,互说暖心话。女孩子的名字中多"古丽",数一数,班上36个女孩子中就有17个古丽——阿孜古丽、阿依古丽、热依汗古丽、古丽克孜、古丽娜尔、古丽其曼等,她们是希望之花、月亮之花、十姊妹花,开在美丽的"古丽扎尔"花园里。作为教学班主任的我,愿自己是一朵石榴花——阿娜尔古丽,开在民族融合的大花园里。

　　这是一群求知若渴的学员。

　　这些学员,年龄大都在35岁左右,来自阿克苏的温宿、阿瓦提、柯坪、乌什等地,食宿在学院,每个周末回家一次。路途远的,离家甚至有三四小时的车程。每天都是满满的课程,还有早晚自习,学员们学习很辛苦,但很少抱怨。我任教的教法与模拟,没有现成的教本与学本,没有可供借鉴的教案与范例,我请教专家朋友(教研员杜老师,新结识的新疆朋友魏博士,还有支教团的许多援友,都给了我无私的帮助),搜集资料,自编教学内容,尽量给他们提供教法上的指导与帮助。学员也理解我备课的不容易,在课堂上像小学生似的认真听课、真诚互动。如今,学员模拟上课实践阶段有序进行,学员们精心备课,课前一遍遍地修改教案、修正课件,轮到上课时则衣着光鲜地登台亮相,仿佛上公开课一般隆重。我也丝毫不敢懈怠,听着记着,组织点评,尽力指导。前几天,艾力江说:"我觉得老师的点评对我以后上课很有帮助,老师你能把你每节课的点评内容让我复印一份吗?复印费我自己出。"面对这样的要求,我很感动,也深感责任重大。

　　三

　　阿克苏,浮尘很多,衣服和鞋子上每天都会积一层尘土;空气干燥,怎么喝水怎么抹水,皮肤都是干痒难受,鼻子还不时会有血丝"报到";自来水碱性重,水质偏硬……

　　但是,种种的磨难,无法阻挡我们追逐梦想的脚步,无法阻止我们执夸父神杖潜滋西域的豪情。我们争取让每一个日子都过得像诗一般美丽,我们愿像石榴籽那样紧密团结,缔结民族友情。

　　我骄傲,因为我是援疆一分子。

　　为期两年的援疆之门,已经开启,无论前方是荆棘还是坦途,我都无畏无悔。我将感恩领导关怀,牢记援疆使命,讲政治,顾大局,为国家分忧,为阿克苏奉献,为浙江争光,为人生添彩!

雪还在纷纷扬扬地飞舞着,舞进我的心里,舞出了激昂而催人奋进的旋律!

别样教师节

（叶蓓蕾　瑞安市飞云镇中心小学）

别样一

时至今日,新疆时差,未曾调节。

尤为今晨,六时便醒,兴奋异常。

翻身侧坐,电脑开启,备课模式。

时间转瞬,窗外通明,纸页密麻。

微启小扉,徐风探入,神清气爽。

别样二

早课两节,学员提议:

专考在即,可否挪课?意在温习。

视其恳切,怜其好学,自然应允。

学员大喜,连声致谢。老师学员,顷刻移位。台上严谨,台下专注。时而讲解,时而讨论,时而高谈,时而沉思。维吾尔语,绵绵入耳,犹如小令。

换种形式,亦成精彩!

别样三

教师节至,祝福连连,微信 QQ,温暖盈满。

浙江诸班,敬送贺礼,礼轻情重,感人入怀。

四棱花帽,喜戴头顶,嘻哈聚拍,情深意长。

聊以数语,现作记录。所到之处,遍地阳光。

日影下的艺术家

（叶蓓蕾 瑞安市飞云镇中心小学）

黄昏时分，独自漫步阿克苏教育学院，我邂逅了一群艺术家。

彼时八点，大地依旧通明。飞扬的柳絮，疯长的青草，细密的柳条，风起时它们像波浪一样起伏，遮掩了他们大部分的身影。但悠扬的琴声，仍旧从叶缝中穿透而来，如缠绵的藤蔓，瞬时勾住了我的脚步。

学院甚是空旷，正值晚餐时间，行人寥寥。抬头便是如洗的碧空，摇曳的柳枝，每每遇见心便欣然。琴声似有一种神奇的魔力，我情不自禁地朝他们走去，每个旋律都清晰地流入耳内，宛如沁凉的天山雪水，注入我的灵魂。

站在不远处，我久久地凝视他们。他们席地而坐，随意自在。黧黑的肤色中透着健康，我似乎在他们身上看到了阳光亲吻过的印痕。微鬈的黑发，浓密地贴于前额，一把吉他慵懒地架于盘坐的腿上，身子前倾，轻轻拨动琴弦，偶一闭目抬眉，歌声便自嘴边流淌而出，如涓涓细流，温柔又多情。而另一个他，手指娴熟地跳动在色彩分明的黑白键上，鼓动着腮帮子，随着吉他的琴弦配合得游刃有余。他像一只鸟鼓动翅翼，琴音里流淌着脉脉温情，流淌着一种令人心安的力量。我身飘飘然，仿若乘着琴声的翅膀飞上了旷远的长天。

身着一袭红裙的女子正朝我转过脸来，微微地歪头，定定地看着我，仿佛在一泓清澈的泉水里寻觅稍纵即逝的小鱼的行踪。眼前的一切并未让我感到唐突与无礼，因为对于他们，我终究是一个不速之客。微笑是最美的语言，嘴角一扬，就能从唇边漾开善意的微笑。红衣女子将底下的坐垫轻轻一扯，瞬即抖落了衣服上沾惹的碎草，果断为我留出了一个空座，恰巧可容坐一人。多善意的微笑，多温暖的举止，多友善的人儿！在这样一个黄昏时分，我为自己能融入他们而惊喜，为他们的坦诚接纳而感动。

琴声依旧在飞扬，一曲终了，一曲又起，正如绵绵不绝的天山水，缓缓流淌于灵魂的深处。"花儿为什么这么红，为什么这么鲜……"红衣女子轻启绛唇，浓密的睫毛在日影下像两把羽扇，妩媚动人。我们身体内都流淌着中华民族的血液，我们说着共同的语言，我们身处同一片蓝天下，我们同坐于一片绿地上，我们共同的呼吸中飘满了幸福，空气中氤氲着阳光蒸腾后的缕缕香气。

那个黄昏,日影下,我就这么一直静静地坐着,默默地看着,痴痴地听着。绿柳的枝条在蔚蓝的天穹下起舞,在柔和的清风里曳动,曳出了一段悠远如歌的岁月。视野所及,阳光仍照耀着整片大地,在琴音缭绕里轻快地跳跃……

都说曲终人散,而那个黄昏的琴声,人离曲未散。在秋凉里,日影下,我邂逅了一群艺术家,欣赏了一场音乐盛宴,开始了一段心灵的游走。

得到的和失去的

（黄洁清　浙江海洋大学）

"你要去'援疆'！那么可爱的儿子你舍得吗?"

"啊? 要去两年? 那里条件恶劣,肯定很辛苦……你受得了吗?"

"'援疆'呀！哇,你真厉害,边远地区就是缺少你这样有经验的老师!"

不同的声音不同的看法,让我心情忐忑。

"去吧！你可是代表着学校,相信你会为学校争光的!"在学校为我举行的欢送大会上,校长这样说。

"去吧！把你的教学和工作经验传播给维吾尔族的兄弟姐妹们,我们都是中国人,都为了祖国的未来而努力工作。"处长是这样鼓励我、肯定我的!

"去吧！家里的一切有我和儿子,你尽管放心。"老公话不多,但是让我感觉心里特别踏实。

"去吧！妈妈,等你回来我就会长得更高了！力气更大!"宝贝儿子似乎已经快成为大人了,他只有 9 岁。

> 明月出天山,苍茫云海间。
>
> 长风几万里,吹度玉门关。
>
> 汉下白登道,胡窥青海湾。
>
> 由来征战地,不见有人还。
>
> 戍客望边色,思归多苦颜。
>
> 高楼当此夜,叹息未应闲。

上学时读过的李白的《关山月》又回荡在我的耳边。

"援疆",以前听学校的老师们说过,但也就是听听而已。我的办公室隔壁就是人事处的同事们,前一段时期,听到了很多关于援疆的事情,有一天就和家人谈到新疆。老公说:"一直想去新疆,全国就只有新疆和西藏没去过了,如果你能援疆,那岂不是十分难得?"儿子说:"新疆有马,有雪山,有羊肉串。"可我想的更多的是完成这次任务可以很好地锻炼自己。从那时起,我就开始了援疆的准备工作。报名,找原来援疆的老师了解情况,恶补新疆的地理、人文、风土人情知识,熟悉国家的民族政策……既然决定了,就要全力以赴,这就是我的性格!

出发的时候,老公和儿子送我到小区门口,这时的我才真实地体会到了亲人离别的心酸,眼泪就要夺眶而出,可我忍了下去,不能让儿子看见。

8月28日,我们登上了飞机,离开了家,离开了同事,离开了浙江,飞向万里之外的阿克苏,飞向那片神秘的西北边陲!

我们是经停乌鲁木齐再飞往阿克苏的,到达阿克苏时已是29日凌晨。刚下飞机,我们就站在机场情不自禁地高呼:"新疆我来了!阿克苏我来了!"匆匆拿上行李,坐上了接站的汽车,直奔我们在阿克苏的驻地。在驻地,我们受到了高标准接待,也感受到了真正的西部风情。初到,少了一些喧嚣,多了几分新奇。时差、气候、饮食,在阿克苏培训学习的几天时间里也很快就适应了。但远离了家乡,远离了亲人和朋友,远离了熟悉的圈子和氛围,对故土的怀恋,对亲人的牵挂,有时简直难以排遣、无处倾诉,只能深深地埋在心里。

几天的培训和参观学习后,我对阿克苏地区已有了初步了解。阿克苏市位于塔克拉玛干沙漠西北边缘、塔里木河上游,因水得名,维吾尔语意为"白水城",古为秦汉之际西域三十六国的姑墨、温宿两国属地,是古丝绸之路上的重要驿站,也是龟兹文化和多浪文化的发源地,素有"塞外江南"之美誉。近些年来,阿克苏地区的发展取得了巨大的成就,几乎可以说是翻天覆地的变化,完全是一个奇迹!这些奇迹的取得得益于党中央的正确领导,得益于国家对西部大开发建设的大力支持,更得益于当地广大干部群众的辛勤付出。是他们,在如此贫瘠的土地上,在如此恶劣的自然环境中,在如此紧张的形势下,用辛勤的汗水和一腔热血换来了今天的这一切。他们不计个人得失、无私奉献、戍边卫国、建设美好家园的献身精神,让我由衷敬佩。

在这里,援疆干部走了又来,一批接一批,他们用真心、用真情,用智慧和汗水,用来自先进地区的成功经验,用对这片土地的挚爱,用对这片土地上的人们的由衷敬佩,写下可歌可泣的壮丽篇章,为阿克苏地区的跨越式发展和长治久安做出了巨大的贡献。他们将对父母的孝心、对家人的爱心转化为对祖国、对人民的忠心,他们用实际行动换来了理解和支持,用真心换来了真情,用出色的工作换来了当地人民的认可。

我的思绪又回到了文章的题目——"得到的和失去的":

我得到了新疆人民的信任和关怀,失去的只是短暂的家庭温馨,值得!

我得到了见证祖国边疆发展的机会,失去的只是在原来小小空间里的自我欣赏。

我得到了参与阿克苏跳跃式发展的机会,失去的可能仅仅是为多发表几篇文章而投入的写作时间。

更加让我欣慰的是——我得到了为祖国边陲的发展做贡献的机会,这里能让我大展身手!

最宝贵的,是来自儿子的肯定——妈妈,你去援疆,你好伟大! 好厉害!我崇拜你!

清明忆
——一个 88 岁老太太的新疆情结
（周绿萍　衢州学院）

还没有来得及问外婆得知我援疆消息那一刻的心情,便永远没有机会问了。

2015 年 8 月,出发前去乡下和外婆道别。一直硬朗的她年初因为脑梗死而半身瘫痪。虽然早已得知我援疆的消息,见我的第一眼,她还是泪流满面。外婆没有文化,不知道新疆在哪里,只记住了它在很远很远的地方,只记住了援疆后我只能半年回来一次。告别时,外婆"笑"着叮嘱:"不用担心外婆,我会好好吃饭,好好等你从新疆回来。"我知道,对于九十高龄的外婆来说,这着实不容易。我更知道,这一刻她是强忍着不哭。接下来的瘫坐轮椅的日子,半年成了她的时间单位,新疆的天气成了她关心最多的话题。外婆的心中多了一份对遥远的新疆的念叨。

这一次,她做到了等我回去。寒假回家,半年没见,看见被病痛折磨得不成样子的外婆,我哭了。外婆却笑着叨叨:"我大外孙女回来看我了,我大外孙女回来看我了!"那神态,让我心酸。帮她揉着疼痛的肩膀、手臂,没揉几下,外婆便阻止了:"不痛,你手会酸的。"外婆,您的疼痛我知道,您心疼我,我更知道。

2016年2月,结束寒假回新疆前,和外婆道别。临行前,外婆抱着我哭:"你在新疆好好的,外婆也会好好的。"这一次,她没有说等我回去。原来她已经为这一天做好了准备,她已经在担心她离去之后我的伤心。亲爱的外婆,答应您要好好的,我做到了,可是您呢?再次回到乡下,谁会在村口等我,谁会对着胖胖的我说着"好看好看",又有谁会用失落的眼神在村口送我离开?

接到外婆病危消息是5月10日。我知道,这一次外婆或许熬不过去了。听说我准备请假回去看她,外婆坚决不许,让爸妈转告我在新疆好好工作。11天后,外婆永远离开了我。11天中,原来天天念叨新疆的外婆没有提过一次新疆,没有提过一次我的名字。

生老病死是人之常情,离去,对于病痛折磨中的外婆或许是一种解脱。让我痛到刻骨铭心的不是外婆的离去,而是我欠外婆一个告别的眼神。弥留之际,外婆惦记着好多人,唯独没有开口说惦记我。妈妈告诉我,外婆生命的最后一刻,一口气始终咽不下去,一遍又一遍打起精神睁开眼睛,在身边的亲人中搜寻,直到力竭为止。问她等谁,她始终没说。所有的人都知道那搜寻的目光的含义,都知道外婆在找谁,在等着谁,等着谁的告别。外婆没有说,没有人敢开口提我的名字。疼了一辈子的心心念念的大外孙女,最后时刻未能陪着,未能送她最后一程。不知道,走的那一刻,外婆的心中该是怎样的遗憾。祖孙一场,连个最简单的告别也来不及。

亲爱的外婆,"新疆"这两个字在您心里真的好重好重,就算是在生命的最后,就算您心里格外期盼着我的最后一面,就算您较劲似地对我的名字一字未提,但弥留之际,您久久咽不下的气,您一遍又一遍在亲人中搜寻的目光,清清楚楚地写着我的名字。

2016年2月24日,我见外婆最后一面。

2016年5月21日,外婆告别了这个世界。那一年,外婆88岁。那一年,外婆没有来过新疆,甚至不知道新疆在什么地方。那一年的那一天,新疆却深深地刻在外婆88岁生命的最后记忆里。

年年清明今又是。亲爱的外婆,我在遥远的新疆想您了。您放心,我在新疆会好好的。

后　记

　　在浙江省第九批援疆指挥部领导的指导下,这次组稿工作进展非常顺利,工作室的结对导师纷纷响应,积极参与。结对导师按照"六个特别"精神和"三问四为"要求,肩负"舍家报国、倾情援疆"的历史使命和家国情怀,为发展地区双语教育事业的发展添上了浓墨重彩的一笔,他们将自己教育教学研究之精华毫无保留地贡献出来与大家分享,这些都是他们汗水的凝结、智慧的展现,更是结对工作室成立以来所取得成果的集中展示。

　　翻阅书稿,如同聆听一个个唯美动人的爱情故事,画面不断地切换,心灵不时为之震撼！他们就是美丽、坚毅、柔韧的红柳的化身——风沙掩盖不了她的顽强,烈日干涸不了她的心田,执着诠释了她生命的全部内涵,在孤城绝域的天地间,她展示着独特的魅力与灿烂。他们亦如胡杨,在苍茫大漠任狂风肆虐、沙砾飞扬,不屈不挠,将拼搏雕塑成生命的姿势,将意志浇铸成坚固的屏障。或许胡杨的坚韧有些许孤寂和悲壮,而如胡杨般坚守在这里的他们却正在孕育着辉煌。难忘结对时那一双双期待的眼睛,更难忘收获成果时那晶莹闪烁的泪光。他们怀着"乡情满怀浓似酒,呕心边疆育桃李"的执着,更怀着"揽衣信步看星空,黄沙漫漫却无踪"的信念,在这里默默地奉献着、创造着、守望着！一个个鲜活的事例诠释着他们对援疆事业的挚爱,一份份沉甸甸的心得凝聚着他们对双语教育的孜孜探索,一句句感人肺腑的话语折射着他们对这片土地的钟情！

　　限于篇幅,我们只能选取部分导师的作品。我们深知,它记录的不只是双语教育模式的探索历程,更是援疆梦、浙阿情！

作　者

2019 年 4 月